Handeln im Handel

Ausbildung im Einzelhandel

1. Ausbildungsjahr:
Lernfelder 1–5

von
Dipl.-Hdl. Dipl.-Kfm. Hartwig Heinemeier
Dipl.-Hdl. Peter Limpke
Dipl.-Hdl. Hans Jecht

Friedrich-List-Berufskolleg		
Jahr	Name des Benutzers	Kl. / Kurs
	Janina	

6., erweiterte Auflage, 2012
Druck 1, Herstellungsjahr 2012
© Bildungshaus Schulbuchverlage
Westermann Schroedel Diesterweg
Schöningh Winklers GmbH
Postfach 33 20, 38023 Braunschweig
service@winklers.de
www.winklers.de
Redaktion: Amira Sarkiss
Lektorat: Susanne von Ahn
Satz: Ottomedien, Hanhofen
Druck: westermann druck GmbH, Braunschweig
ISBN: 978-3-8045-5530-3

Auf verschiedenen Seiten dieses Buches befinden sich Verweise (Links) auf Internetadressen.

Haftungshinweis: Trotz sorgfältiger inhaltlicher Kontrolle wird die Haftung für die Inhalte der externen Seiten ausgeschlossen. Für den Inhalt dieser externen Seiten sind ausschließlich deren Betreiber verantwortlich. Sollten Sie bei dem angegebenen Inhalt des Anbieters dieser Seite auf kostenpflichtige, illegale oder anstößige Inhalte treffen, so bedauern wir dies ausdrücklich und bitten Sie, uns umgehend per E-Mail davon in Kenntnis zu setzen, damit beim Nachdruck der Verweis gelöscht wird.

55302

Die Lernfelder des „Rahmenlehrplans für den Ausbildungsberuf Verkäufer/Verkäuferin und Kaufmann/Kauffrau im Einzelhandel" fassen didaktisch begründete und aufbereitete Handlungsfelder zusammen, die sich an typischen Aufgabenstellungen der Einzelhandelsberufe orientieren. Sie beziehen grundlegende Fähigkeiten und Fertigkeiten ein, über die heute und zukünftig eine Kauffrau/ein Kaufmann im Einzelhandel bzw. eine Verkäuferin/ein Verkäufer verfügen muss. Der Unterricht an der Berufsschule soll demnach dazu beitragen, Handlungskompetenz bei Schülerinnen und Schülern zu entwickeln. Sie sollen vor diesem Hintergrund befähigt werden zum selbstständigen Analysieren, Planen, Durchführen und Kontrollieren von Tätigkeiten, um komplexe Problemsituationen lösen zu können. Diesem Ziel wird der handlungsorientierte Unterricht gerecht. Noch stärker als im herkömmlichen Unterricht, in dem fragend-entwickelnde Aktionsformen und der Lehrervortrag dominieren, muss ein nach handlungsorientierten Gesichtspunkten gestalteter Unterricht die Schülerin/den Schüler zum Subjekt der unterrichtlichen Betrachtung machen. In diesem Sinn erfüllt ein Schulbuch nach unserem Ermessen die Aufgabe einer Informationsquelle, aus der die Schüler Lerninhalte entnehmen, die sie zur Lösung umfangreicher Problemstellungen aus den betrieblichen Handlungssituationen benötigen.

Das vorliegende Schulbuch fördert das selbstverantwortliche, selbstständige Erarbeiten von Lösungen in einem tätigkeitsstrukturierten Unterricht, in dem entscheidungsorientierte Probleme gelöst und Problemstellungen ganzheitlich betrachtet werden sowie in Teams vor allem interaktionsbetont gearbeitet werden kann. Ein modernes Schulbuch muss heute neben der Darbietung von Fachinhalten auch die Methodenkompetenz fördern. Selbstverständlich wird ebenfalls eine Förderung der Medienkompetenz angestrebt.

Durchgehend basiert das Buch auf einem **Modellunternehmen** – der Ambiente Warenhaus AG –, sodass es den Lernenden erleichtert wird, die Strukturen, Prozesse, Phänomene und Probleme abzubilden und nachzuvollziehen, mit denen sie auch in ihrer betrieblichen Praxis konfrontiert werden.

Komplexe Lernsituationen – sowohl für das gesamte Lernfeld als auch für die einzelnen Kapitel – konkretisieren das Lernfeld. Sie stellen den Ausgangspunkt problem- und entscheidungsorientierten Lernens dar.

Die einzelnen Kapitel dieses umfassenden und verständlichen Schulbuchs sind einheitlich gegliedert:
1. **Einstieg:** Jedes Kapitel beginnt mit einer anschaulichen Fallschilderung oder Darstellung, die auf eine Problemstellung des Kapitels hinweist.
2. **Information:** Es schließt sich ein ausführlicher Informationsteil mit einer großen Anzahl von Beispielen und weiteren Veranschaulichungen an.
3. **Aufgaben:** Die im Aufbau folgenden Lernaufgaben, die der Erschließung des Textes dienen, sollen von den Schülern mithilfe des Informationsteils selbstständig gelöst werden.
4. **Aktionen:** Durch Anwendung wichtiger Lern-, Arbeits- oder Präsentationstechniken im Zusammenhang mit dem be-

handelten Thema werden Grundlagen zum Erwerb der beruflich geforderten Handlungskompetenz geschaffen.
5. **Zusammenfassung:** Am Ende des Kapitels werden die wesentlichen Lerninhalte in Form einer farblich hervorgehobenen Übersicht zusammengefasst. Die Übersicht eignet sich sehr gut zur Wiederholung des Gelernten.

Die übersichtliche Gestaltung der Kapitel, die ausführlichen Erläuterungen der Fachbegriffe, die leicht verständliche Textformulierung und die vielen Beispiele, Fotos und Abbildungen veranschaulichen die Inhalte ganz besonders, sodass das Lernen wesentlich erleichtert wird.
Der zweispaltige Satz wurde gewählt, um die Erfassbarkeit des Textes zu verbessern.
Das umfangreiche Sachwortverzeichnis am Schluss des Buches soll dem schnellen und gezielten Auffinden wichtiger Inhalte dienen.

Dem Buch liegt die CD-ROM „Handeln im Handel – Das Warenwirtschaftssystem" bei. Anhand von Aufgaben und Aktionen aller drei Bände von „Handeln im Handel" können die Schüler alle wichtigen warenwirtschaftlichen Tätigkeiten im Einzelhandel durchführen. Das Programm ist eine Einzelplatzversion, die den Schülern im Rahmen eines vorgegebenen Datenkranzes die Abwicklung aller wichtigen Aufgaben von der Warenbeschaffung, dem Warenabsatz und der Lagerkontrolle im Einzelhandel bis hin zu vielfältigen Auswertungen für sortiments-, preis- und personalpolitische Entscheidungen ermöglicht.

In diesem Buch werden die Begriffe „Verkäufer" und „Kunde" neutral verwendet, d. h., sie bezeichnen Personen beider Geschlechter. Wir bitten speziell die Leserinnen um Verständnis dafür, dass wir zugunsten der Lesefreundlichkeit auf die zusätzliche Erwähnung der weiblichen Formen „Kundin" und „Verkäuferin" verzichtet haben.

Unser Dank gilt Sabine Sgonina für wertvolle Anregungen.

Herbst 2004   Verfasser und Verlag

Vorwort zur 6., überarbeiteten Auflage

Das Werk befindet sich auf dem Stand der Gesetzgebung vom 1. Jan. 2012. Statistische Tabellen und Bildstatistiken wurden – soweit dies möglich war – auf den neuesten Stand gebracht. Alle Kapitel wurden aktualisiert. An neuen Themen sind hinzugekommen:
• Nachhaltigkeit und Umweltschutz unter Berücksichtigung von Corporate Social Responsability,
• das Kommunikationsmodell nach Schulz von Thun (4-Ohren-Modell) und der Status als Instrument in Verkaufsgesprächen,
• Maßnahmen gegen Falschgeld.

Frühjahr 2012   Verfasser und Verlag

INHALTSVERZEICHNIS

55304

4 Waren präsentieren

5 Werben und den Verkauf fördern

DEN EINZELHANDELSBETRIEB ERKUNDEN UND PRÄSENTIEREN

Den Einzelhandelsbetrieb erkunden und präsentieren

Nach der Durcharbeitung der Kapitel zum Lernfeld 1 werden Sie diese Lernsituationen sehr gut bewältigen können. Zum Erfassen des Textes sollten Sie auch das Kapitel 1.16 zu Lern- und Arbeitstechniken heranziehen.

Lernsituation 1:

Die neuen Auszubildenden verschiedener Filialen der Ambiente Warenhaus AG treffen sich am zweiten Tag ihrer Ausbildung in einem Seminar. Dort fordert sie die Ausbildungsleiterin Daniela Rosendahl auf, in der nächsten Zeit ihre jeweilige Filiale zu erkunden und den anderen Auszubildenden vorzustellen. Berücksichtigt werden sollen dabei Präsentationsregeln und der Einsatz von entsprechenden Programmen für diese Darbietungen.

Damit auch Sie Ihr Ausbildungsunternehmen demnächst im Unterricht ähnlich vorstellen können, sollten Sie die folgenden Teilaufträge bearbeiten:

1. Arbeiten Sie die Unterschiede zwischen dem Modellunternehmen Ambiente Warenhaus AG und Ihrem Ausbildungsunternehmen heraus und halten Sie die Ergebnisse in einer übersichtlichen und aussagefähigen Tabelle fest.
2. Stellen Sie mithilfe von Mindmaps
   a) Ziele von Einzelhandelsunternehmen,
   b) Aufgaben von Einzelhandelsunternehmen am Beispiel Ihres Ausbildungsunternehmens vor.

3. Erläutern Sie die verschiedenen Informationsströme, die es
   a) einerseits innerhalb der Abteilungen Ihres Ausbildungsunternehmens und
   b) andererseits zwischen dem Ausbildungsunternehmen und anderen Wirtschaftsteilnehmern gibt.

Stellen Sie Ihre Ergebnisse grafisch dar.

4. Erarbeiten Sie in Gruppen Merkmale der verschiedenen Weisungssysteme, die es in Einzelhandelsunternehmen gibt.
   Visualisieren Sie anschließend Ihre gefundenen Ideen und Vorschläge auf Wandzeitungen und präsentieren Sie sie anschließend vor Ihrer gesamten Klasse.
5. Stellen Sie den Warenprozess Ihres Unternehmens als Schaubild dar.
6. Vergleichen Sie
   a) die Betriebsform,
   b) die Verkaufsform
   Ihres Ausbildungsunternehmens mit der des Modellunternehmens Ambiente Warenhaus AG.

Lernsituation 2:

Nachdem die Auszubildenden der Ambiente Warenhaus AG die Präsentation durchgeführt haben, bekommen sie von der Ausbildungsleiterin Daniela Rosendahl den Auftrag, sich über
1. die Rechte und Pflichten im Rahmen ihrer Ausbildung und
2. die Grundlagen der Entgeltabrechnung
zu informieren.

Damit auch Sie sich diese Informationen erarbeiten können, bereiten Sie ein Rollenspiel vor, in dem Sie als Interessenverteter der Auszubildenden in einem Informationsgespräch Ihre Mitschüler über diese Themenbereiche informieren.

Ein Betrieb im Einzelhandel

| Anja Maibaum, | Britta Krombach, | Robin Labitzke und | Lars Panning |

beginnen ihre Ausbildung zur Kauffrau im Einzelhandel bzw. zum Kaufmann im Einzelhandel bei der Ambiente Warenhaus AG in Schönstadt.

Am ersten Tag der Ausbildung informiert die Ausbildungsleiterin die Auszubildenden über das Unternehmen.

1. Vergleichen Sie die Warenwelten und Serviceeinrichtungen der Ambiente Warenhaus AG mit den Abteilungen eines tatsächlichen Warenhauses, das Sie kennen. Wo gibt es Gemeinsamkeiten bzw. Unterschiede?

INFORMATION

Kurz nach dem Zweiten Weltkrieg gründete Arthur Müller das erste Ambiente-Warenhaus in der südniedersächsischen Stadt **Schönstadt.** Später übernahm sein Sohn Leonard Müller das Warenhaus und gründete eine GmbH. Seitdem eröffnete er nach und nach weitere Häuser. Im Zuge der Expansion wurde die GmbH zur Ambiente Warenhaus AG. Sie hat also die Rechtsform einer Aktiengesellschaft. Eingetragen ist sie beim Amtsgericht Schönstadt unter HRB 1811 Schönstadt. 40 % der Aktien befinden sich im Familienbesitz, der Rest ist weit gestreut.

Die Ambiente Warenhaus AG umfasst 133 Filialen in über 80 deutschen Städten. Sie haben insgesamt eine Verkaufsfläche von 1,5 Mio. m² und 27 000 Mitarbeiter. Der Umsatz betrug im letzten Jahr 3,9 Mrd. €. Die Filialen mit einer service- und erlebnisorientierten Präsentation befinden sich überwiegend in der Innenstadt. Die Ambiente Warenhaus AG möchte sich dort als Warenhaus der Zukunft mit Fachgeschäftscharakter positionieren. Täglich besuchen rund 2 Mio. Kunden die verschiedenen Filialen.

Die Filialen sind gekennzeichnet durch:
- attraktive Fassaden- und Eingangsgestaltung

- Schaufenster mit Fachkompetenz: Damit soll der Kunde einen ersten Eindruck von der hohen Fachkompetenz der Ambiente Warenhaus AG bekommen.
- themen- und erlebnisorientierte Warenpräsentation
- fantasievolle und hochwertige Atmosphäre im Verkaufsraum
- Integration von Marken-Shops
- Service- und Dienstleistungsorientierung
- Wegeleitsystem zur schnellen Orientierung

Faszinierende Warenwelten und starke Marken strahlen hohe Kompetenz aus. Mit diesem „lebendigen" Konzept sollen die Warenwelten kontinuierlich auf die Wünsche und Bedürfnisse der Kunden ausgerichtet werden.

Die Zentrale befindet sich am Stammsitz in Schönstadt. Von hier aus werden die wichtigen Entscheidungen für alle Filialen getroffen. Die Beschaffung der Ware erfolgt bislang ausschließlich durch die Zentrale, um Kostenvorteile bei der Beschaffung größerer Mengen auszunutzen. Aus diesem Grund bieten die Warenhäuser der Ambiente Warenhaus AG in den meisten Bereichen ein einheitliches Sortiment an, das durch regionale Besonderheiten ergänzt wird. Um eine optimale Verkaufsbereitschaft zu gewährleisten, verfügt jedes Haus über ein eigenes Lager.

In Schönstadt befindet sich aber nicht nur die Zentrale. Weiterhin wird auch hier das Sortiment in einer Filiale mit zwei Häusern angeboten, die ihren Standort direkt gegenüber haben. Nach einer Sortimentsmodifikation bzw. -erweiterung sowie der Aufnahme weiterer Dienstleistungen aus Gründen der Modernisierung und Verbesserung der Umsatz- und Gewinnsituation setzt sich das Sortiments- und Dienstleistungsangebot dort wie folgt zusammen:

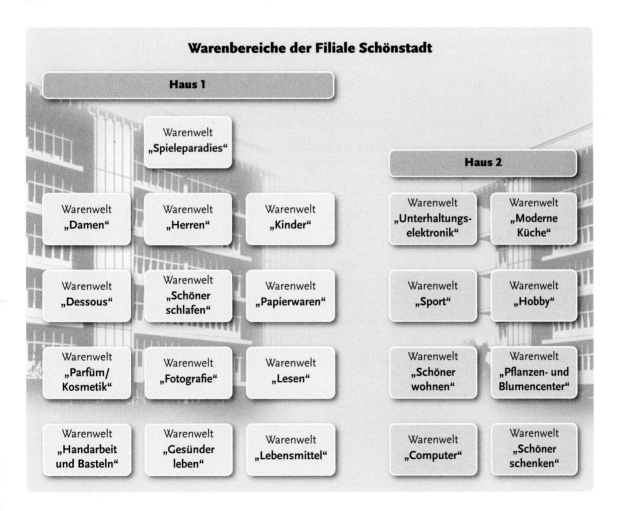

Warenbereiche der Filiale Schönstadt

Haus 1

Warenwelt „Spieleparadies"			**Haus 2**	
Warenwelt „Damen"	Warenwelt „Herren"	Warenwelt „Kinder"	Warenwelt „Unterhaltungs-elektronik"	Warenwelt „Moderne Küche"
Warenwelt „Dessous"	Warenwelt „Schöner schlafen"	Warenwelt „Papierwaren"	Warenwelt „Sport"	Warenwelt „Hobby"
Warenwelt „Parfüm/ Kosmetik"	Warenwelt „Fotografie"	Warenwelt „Lesen"	Warenwelt „Schöner wohnen"	Warenwelt „Pflanzen- und Blumencenter"
Warenwelt „Handarbeit und Basteln"	Warenwelt „Gesünder leben"	Warenwelt „Lebensmittel"	Warenwelt „Computer"	Warenwelt „Schöner schenken"

Warenwelt „Herren"

Warenwelt „Lebensmittel"

Warenwelt „Moderne Küche"

Dienstleistungen

- Parkplätze
- Änderungsservice für die Textilwarenwelten
- Reparaturservice
- Geschenkverpackung
- Garantiegewährung
- Umtausch von Waren
- Imbissecke (Standort 2)
- Restaurant (Standort 1)

- Backwarenstand (Standort 1)
- Reisebüro (Standort 2)
- Friseur (Standort 2)
- Farb- und Stilberatung für den Bereich Mode
- kostenloser Heimtransport der eingekauften Waren für ältere Kunden
- Spielecken für Kinder
- Sitzecke in der Warenwelt „Lesen"

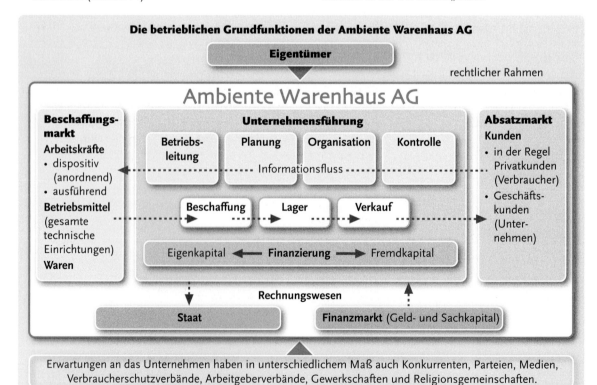

Die betrieblichen Grundfunktionen der Ambiente Warenhaus AG

Eigentümer

rechtlicher Rahmen

Ambiente Warenhaus AG

Beschaffungsmarkt

Arbeitskräfte
- dispositiv (anordnend)
- ausführend

Betriebsmittel (gesamte technische Einrichtungen)

Waren

Unternehmensführung

| Betriebsleitung | Planung | Organisation | Kontrolle |

·········· Informationsfluss ··········

Beschaffung ➞ Lager ➞ Verkauf

Eigenkapital ⬅ **Finanzierung** ➞ Fremdkapital

Rechnungswesen

Staat

Finanzmarkt (Geld- und Sachkapital)

Absatzmarkt

Kunden
- in der Regel Privatkunden (Verbraucher)
- Geschäftskunden (Unternehmen)

Erwartungen an das Unternehmen haben in unterschiedlichem Maß auch Konkurrenten, Parteien, Medien, Verbraucherschutzverbände, Arbeitgeberverbände, Gewerkschaften und Religionsgemeinschaften.

553010

In Schönstadt existiert neben der Ambiente Warenhaus AG ein weiteres Warenhaus von der Kette Larstadt. Beide Warenhäuser haben ihren Standort in der Fußgängerzone, allerdings in entgegengesetzter Richtung. Die Skizze verdeutlicht die beiden Standorte der Ambiente Warenhaus AG in Schönstadt sowie die Lage des Konkurrenzwarenhauses Larstadt.

Ambiente Warenhaus AG **Unternehmenszentrale:**
Groner Straße 22–24, 34567 Schönstadt
Tel.: 05121 839001, Fax: 05121 839002
E-Mail: zentrale@ambiente-warenhaus-wvd.de
Internet: www.ambiente-warenhaus-wvd.de

Konto: 7166707
Postbank Schönstadt
BLZ: 226 100 33
BIC: PBNKDEST
IBAN: DE76 2261 0033 0007 1667 07

Konto: 6343682
Commerzbank Schönstadt
BLZ: 226 400 10
BIC: COBADEST
IBAN: DE43 2264 0010 0006 3436 82

❶ Haus 1:	❷ Haus 2:	❸ Larstadt
Groner Str. 22–24	Groner Str. 22–24	
34567 Schönstadt	34567 Schönstadt	

Das Warenhaus bietet seinen Kunden ein breites und überwiegend tiefes Sortiment an. Gerade bei beratungsintensiven Artikeln bzw. Warengruppen wird auf qualifizierte Beratung Wert gelegt. Insgesamt erfolgt bei den erklärungsbedürftigen Artikeln die Bedienung durch Fachpersonal. Daneben gibt es in einigen Abteilungen Selbstbedienung, in anderen Abteilungen wird auch die Vorwahl als Verkaufsform angeboten. Hier können sich die Kunden zunächst in Ruhe einen Überblick über das Angebot verschaffen, bevor das Personal die weitere Beratung übernimmt. Die Geschäftsausstattung der Ambiente Warenhaus AG entspricht bei der Mehrzahl der Warenwelten der gehobenen Ausstattung. Die Preise liegen überwiegend in der mittleren bis gehobenen Preislage. Die Verkaufsfläche in beiden Häusern in Schönstadt umfasst insgesamt 25 000 m².

In der Ambiente-Warenhaus-AG-Filiale Schönstadt sind rund 160 Mitarbeiter beschäftigt. Der Anteil der Auszubildenden beträgt zurzeit 15 %. Die Ambiente Warenhaus AG ist bisher nach Funktionsbereichen organisiert.

Für jeden Funktionsbereich ist ein Bereichsleiter zuständig. Um einen reibungslosen Ablauf im betrieblichen Geschehen zu gewährleisten, wird mindestens einmal in der Woche eine Abteilungsleiterkonferenz einberufen, bei der alle wichtigen Informationen ausgetauscht und Themen von Bedeutung besprochen werden.

Vorsitzender der Ambiente-Warenhaus-AG-Filiale in Schönstadt ist Heinz Rischmüller, stellvertretende Vorstandsvorsitzende ist Andrea Bode. Die Funktionsbereiche werden von folgenden Personen geleitet:
- Funktionsbereich Beschaffung: Uwe Otte
- Funktionsbereich Lagerhaltung: Sabine Sgonina
- Funktionsbereich Verkauf/Absatz: Bärbel Hauck
- Funktionsbereich Personal: Babette Kraibaum
- Funktionsbereich Rechnungswesen: Martin Freiberg

Einmal im Monat wird eine Betriebsversammlung durchgeführt, bei der alle Mitarbeiter die Gelegenheit bekommen, neue Ideen vorzuschlagen, Verbesserungsvorschläge zu machen, aber auch aktuelle Probleme anzusprechen. Dadurch herrscht bei der Ambiente Warenhaus AG ein ausgesprochen gutes Betriebsklima. In regelmäßigen Abständen finden für die Mitarbeiter Schulungen statt. Insgesamt gilt bei allen Mitarbeitern von der Ambiente Warenhaus AG das Motto: Der Kunde steht im Mittelpunkt. Weiterhin wird auf die Warenpflege besonderer Wert gelegt.

Die Ambiente Warenhaus AG hält ihre Türen montags bis freitags von 09:30 Uhr bis 20:00 Uhr und samstags von 09:00 Uhr bis 18:00 Uhr geöffnet.

Um die gewünschten Waren jederzeit präsent zu halten bzw. eine optimale Belieferung der Verbraucher zu gewährleisten, hat jede Filiale der Ambiente Warenhaus AG – also auch die in Schönstadt – ein eigenes Lager. Durch die Größe des Lagers können gerade die gut laufenden Artikel in größeren Mengen zu günstigen Preisen eingekauft werden, wodurch dem Kunden weitere Vorteile entstehen. Beide Standorte der Ambiente Warenhaus AG in Schönstadt haben neben dem Verkaufslager innerhalb der Verkaufsräume ein Reservelager im Haus integriert, in dem von fast allen Artikeln, die die Ambiente Warenhaus AG in ihrem Sortiment anbietet, ein Reservebestand vorrätig ist.

Ein ausgeklügeltes EDV-gestütztes Warenwirtschaftssystem (WWS) dient der artikel-, artikelgruppen- oder warengruppengenauen sowie stück-, mengen- und wertgenauen Bestandserfassung und -führung des vorhandenen Sortiments und Lagerbestands an Waren sowohl in den Zentrallagern als auch in den einzelnen Warenhäusern der Ambiente Warenhaus AG. Die Erfassung der Warendaten bei Bestellung bzw. Wareneingang und im gesamten Warenfluss erfolgt mittels Personal Computern, z. T. auch durch MDE-Geräte. Bei Verkauf der Waren wird durch das WWS – das die Daten über die Kassen bekommt – automatisch die Lagerdisposition bzw. auch die Bestellung gesteuert. Erweitert wird das WWS durch ein Rechnungswesenprogramm. Ein WWS dient als Informationsquelle für das Marketing, um laufend das Sortiment bedarfsgerecht an Kundenwünsche anzupassen, den Lagerumschlag zu optimieren (optimale Bestellmenge), exakte Daten für die Inventur zu erhalten (Bilanzierung) sowie um den Personaleinsatz zu planen und Warenverluste und Auszeichnungsfehler zu vermeiden.

Die Geschäftsleitung der Ambiente Warenhaus AG strebt eine hochwertige Ausbildung ihrer Auszubildenden an, um sich langfristig qualifiziertes Personal zu sichern. Besonders gefördert wird daher der Erwerb von Fachkenntnissen. Zu einem weiteren wesentlichen Aspekt der Ausbildung ist die gezielte Förderung der Kundenbetreuung geworden, mit der Zielsetzung, den Kunden als König zu betrachten und ihn entsprechend zu behandeln. Neben der Ausbildungsleiterin werden die Auszubildenden von den Abteilungsleitern geschult und über Wesentliches informiert. Die Geschäftsführung bzw. Daniela Rosendahl als Ausbildungsleiterin halten einen engen Kontakt zu den ortsansässigen Berufsschulen, um die Ausbildung zu optimieren und eine Abstimmung der Lerninhalte und Lernziele beider Lernorte zu verbessern.

Jede Filiale verfügt über ein eigenes Verkaufslager.

Ein Auszug aus dem Leitbild der Ambiente Warenhaus AG,
das die Unternehmensphilosophie wiedergibt:

- Wer nicht ständig versucht, besser zu werden, hat aufgehört, gut zu sein. Dieser Erkenntnis ist die Ambiente Warenhaus AG verpflichtet.

- Zu Recht erwarten unsere Kunden, Aktionäre und die Öffentlichkeit auch in den Bereichen
  - Umwelt,
  - Gesellschaftspolitik
  großes Verantwortungsbewusstsein und überdurchschnittliche Leistungen. Wir sind konsequent bestrebt, diese Ansprüche mit Spitzenleistungen zu erfüllen – zum Nutzen aller.

- Der Schutz natürlicher Ressourcen ist ein wichtiger Bestandteil unserer unternehmerischen Tätigkeit. Dabei haben wir nicht nur innerhalb des Konzerns große Fortschritte für den Umweltschutz erzielt. Die Ambiente Warenhaus AG bezieht konsequent auch Lieferer und Partnerunternehmen in ihre Bemühungen mit ein.

- Tausende von Menschen sind weltweit direkt oder indirekt für die Ambiente Warenhaus AG tätig – innerhalb des Konzerns ebenso wie bei Produzenten und Zulieferern. Um der großen sozialen Verantwortung für diese Menschen gerecht zu werden, haben wir für alle Konzernunternehmen und Lieferer verbindliche Beschaffungsverhaltensregeln formuliert, die die Einhaltung von Sozial- und Umweltstandards gewährleisten.

- Wir pflegen den kooperativen Führungsstil.
  - Jede Abteilung erhält Umsatzvorgaben.
  - Mit welchen Mitteln und Aktivitäten diese Zielgrößen erfüllt werden, liegt im Ermessen der Abteilungen. Dabei beteiligen die Abteilungsleiter/-innen die Mitarbeiter/-innen am Entscheidungsprozess. Ihr Partizipationsmaß umfasst zumindest die Beratungsfunktion.

- Wir fördern die kontinuierliche Weiterbildung unserer Beschäftigten:
  - Neben fachlichem Wissen wie Warenkunde und Kundenberatung werden auch Schlüsselqualifikationen gefördert.
  - Wir arbeiten auch ständig daran, methodische sowie soziale Kompetenzen (wie Eigeninitiative und Selbstständigkeit) auszubauen.

- Wir stellen vorzugsweise Mitarbeiter/-innen ein, die aufgrund ihrer Lebensumstände und/oder Arbeitserfahrungen über ein hohes Maß an Methoden- und Sozialqualifikationen verfügen.

- In unsere Unternehmenspolitik fließt die Erkenntnis ein, dass motivierte und zufriedene Mitarbeiter einen entscheidenden Wettbewerbsfaktor darstellen.

- Wir streben flexible Arbeitszeiten an. Wir realisieren daher ein Arbeitszeitmodell, nach dem die Mitarbeiter/-innen sowohl den Umfang als auch die Lage ihrer Arbeitszeit selbst bestimmen können. Das auf die individuellen Gegebenheiten zugeschnittene Wochenarbeitszeitkontingent wird so verteilt, dass ein Tag frei bleibt und ganz für familiäre Verpflichtungen zur Verfügung steht. Die Abstimmung über die Arbeitseinsätze findet zwischen den Mitarbeiter/-innen in den Abteilungen statt. Die Führungskraft spielt bei den Absprachen die Rolle des neutralen Faktors und legt die getroffenen Entscheidungen in den wöchentlichen Dienstplänen nieder.

- Die Organisationsstruktur der Ambiente Warenhaus AG soll eine flache Hierarchie mit wenigen Stufen aufweisen. [...]

AUFGABEN

1. Was bedeutet der Handelsregistereintrag „HRB Schönstadt"?

2. Erläutern Sie den Zusatz „AG" in Ambiente Warenhaus AG.

3. Was ist ein Warenhaus?

4. Was sind Fachgeschäfte?

5. Was sind Warenwelten?

6. a) Was sind Verkaufsformen?

b) Welche Verkaufsformen gibt es bei der Ambiente Warenhaus AG?

7. Wie ist die Ambiente-Warenhaus-AG-Filiale Schönstadt organisiert?

8. Wodurch unterscheiden sich Verkaufs- und Reservelager?

9. Wozu dienen Warenwirtschaftssysteme?

10. Welche Aussagen kann ein Unternehmensleitbild enthalten?

AKTIONEN

1. Erstellen Sie – am besten mithilfe eines entsprechenden Programms – eine Mindmap, die das Unternehmen Ambiente Warenhaus AG beschreibt.

2. Erkunden Sie Ihr Ausbildungsunternehmen. Anschließend sollen Sie es kurz der Klasse vorstellen. Fertigen Sie dazu ein Plakat an, das alle wichtigen Angaben übersichtlich darstellt.
   Das Plakat könnte beispielsweise
   – den Namen des Unternehmens,
   – die Branche,
   – die Betriebsform,
   – die Anzahl der Beschäftigten,
   – die Anzahl der Auszubildenden,
   – die Verkaufsfläche
   enthalten.

Beachten Sie die Regeln zur Erstellung eines Plakats.

ZUSAMMENFASSUNG

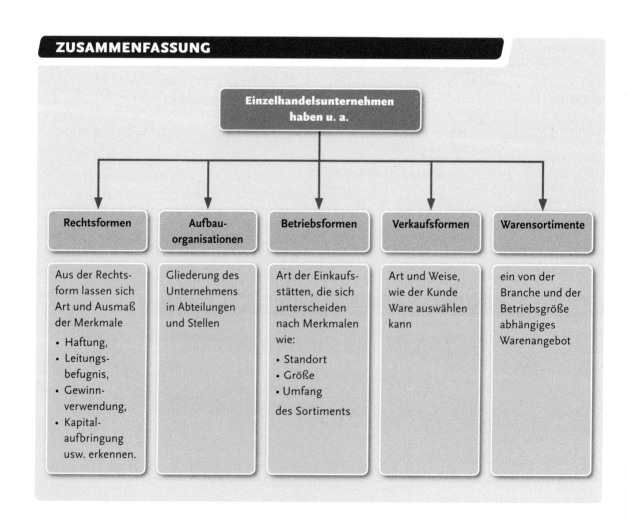

Einzelhandelsunternehmen haben u. a.

Rechtsformen	Aufbau-organisationen	Betriebsformen	Verkaufsformen	Warensortimente
Aus der Rechtsform lassen sich Art und Ausmaß der Merkmale	Gliederung des Unternehmens in Abteilungen und Stellen	Art der Einkaufsstätten, die sich unterscheiden nach Merkmalen wie:	Art und Weise, wie der Kunde Ware auswählen kann	ein von der Branche und der Betriebsgröße abhängiges Warenangebot
• Haftung, • Leitungsbefugnis, • Gewinnverwendung, • Kapitalaufbringung usw. erkennen.		• Standort • Größe • Umfang des Sortiments		

553014

Wir erkennen die Beziehungen zwischen Haushalten und Unternehmen (einfacher Wirtschaftskreislauf)

Kauf von Joggingschuhen

Christina Fröhlich, kaufmännische Angestellte in einer Modeboutique und ledig, in der Sportabteilung der Ambiente Warenhaus AG beim Kauf neuer Sportschuhe.

Im Wirtschaftskreislauf stehen sich Nachfrager und Anbieter gegenüber.

1. Woher erhält diese Kundin höchstwahrscheinlich das zum Kauf der Joggingschuhe notwendige Geld?

INFORMATION

In einer arbeitsteiligen Wirtschaft stehen sich Nachfrager und Anbieter gegenüber. Die Nachfrager erwerben Einkommen, indem sie ihre Arbeitskraft zur Verfügung stellen. Das Einkommen verwenden sie zur planvollen Befriedigung ihrer Bedürfnisse.

Die Nachfrager, man spricht auch von **Haushalten,** erzeugen kaum noch Güter für den eigenen Bedarf. Vielmehr kaufen sie ihre Güter bei den **Unternehmen,** die die Güter erzeugen und bereitstellen.

DEFINITION

Unter **Unternehmen** versteht man eine selbstständige rechtliche Wirtschaftseinheit mit eigenem Rechnungswesen, Risiko sowie Vermögen. Es stellt das finanzielle Fundament, die rechtliche Verfassung und die mit dem Markt verbundene Seite des Betriebs dar. Ein Unternehmen kann mehrere Betriebe[1] umfassen.

Die Beziehungen zwischen Haushalten und Unternehmen lassen sich durch folgendes Modell verdeutlichen:

Erklärung

❶ Die Haushalte stellen den Unternehmen, die nicht Eigentümer der Produktionsmittel sind, die Produktionsfaktoren zur Verfügung. Das ist zum einen ihre Arbeitsleistung (Faktor **Arbeit**). Darüber hinaus sind es aber auch Grundstücke (Faktor **Boden**) und Sachkapital wie z. B. Gebäude (Faktor **Kapital**).
❷ Die Haushalte erhalten als Gegenleistung Geld von den Unternehmen: Einkommen als Lohn, Pacht oder Zinsen.
❸ Die Haushalte verwenden das gesamte Einkommen zum Kauf von Konsumgütern. Sie sparen nicht.
❹ Von den Unternehmen fließen den Haushalten im Tausch mit ihren Geldausgaben Konsumgüter zu.

Die Ausgaben der Haushalte, die den Unternehmen zufließen (vgl. 3), sind für diese Unternehmen Erlöse, die als Einkommen für die Faktorleistungen wieder den Haushalten zukommen. Der Kreislauf beginnt von Neuem.

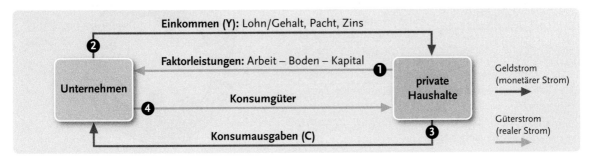

1 **Betrieb** = Produktionsstätte, in der durch die Kombination der Produktionsfaktoren Güter und Dienstleistungen für den Bedarf Dritter und den Eigenbedarf hergestellt werden.

Es findet also zwischen diesen beiden Wirtschaftsbereichen eine ständige Wiederholung von Kauf und Verkauf statt. Dabei steht einer großen Zahl von Haushalten eine Vielzahl unterschiedlicher Unternehmen, wie z. B. Automobilhersteller, Elektrogerätehersteller, Sportartikelhersteller, Groß- und Einzelhändler, gegenüber.

Es entsteht ein System von Geld- und Güterströmen, der sogenannte **Wirtschaftskreislauf.**

> Im Wirtschaftskreislauf fließt jedem Güterstrom ein wertgleicher Geldstrom entgegen.

AUFGABEN

1. Nennen Sie die Konsumgüter, die von den folgenden Unternehmen angeboten werden:
   a) Kaufhaus
   b) Verlag
   c) Apotheke
   d) Computerfachhandel

2. Warum kann man davon sprechen, dass das Modell des einfachen Wirtschaftskreislaufs die Wirklichkeit nur stark vereinfacht wiedergibt?

3. Was würde geschehen, wenn die Haushalte ihr Einkommen nicht in voller Höhe für Konsumgüter ausgeben, sondern einen Teil sparen würden?

4. Beschreiben Sie am Modell des einfachen Wirtschaftskreislaufs, welche wirtschaftlichen Auswirkungen eine Arbeitsniederlegung der Arbeitnehmer zur Folge hätte.

5. Wenn man den Wirtschaftsprozess in einer Volkswirtschaft veranschaulichen will, ist man auf eine Modellbetrachtung angewiesen. Der einfache Wirtschaftskreislauf zeigt entgegengesetzt verlaufende Ströme:
   a) den Geldstrom und
   b) den Güterstrom.
   Beschreiben Sie ausführlich beide Ströme.

AKTIONEN

1. Martin Freiberg leitet in der Ambiente Warenhaus AG den Funktionsbereich Rechnungswesen. Seine Frau Jennifer arbeitet halbtags als Verkäuferin in der Boutique Doysson; am Nachmittag kümmert sie sich um die vierjährige Tochter, erledigt die täglichen Einkäufe und hat mitunter sogar noch Zeit für einen kleinen Shopping-Nachmittag. Herr Freiberg hat es in der Ehe mit Jennifer übernommen, sich um die Finanzen und die Planungen für den gemeinsamen Jahresurlaub zu kümmern; dies kombiniert er nach Feierabend gern noch mit einem Cappuccino bei Mario. Den Kauf von Garderobe, Wohnungsgegenständen und sonstigen größeren Anschaffungen erledigt das Ehepaar stets zu zweit an irgendeinem freien Wochenende.
   Entwickeln Sie mithilfe von Diagrammen und Pfeilen ein Schaubild, das die wirtschaftlichen Beziehungen der Familie Freiberg zu den genannten, aber auch zu nicht genannten Unternehmen zeigt.

2. An diesem noch relativ kleinen Ausschnitt des Wirtschaftsgeschehens kann man erkennen, dass eine Darstellung aller wirtschaftlichen Beziehungen innerhalb einer Volkswirtschaft ein nicht zu überschauendes Netz ergeben würde.

Leiten Sie daher aus diesem Beziehungsgeflecht der Familie Freiberg und dem von vielen anderen Verbrauchern (Schüler, Auszubildende, Rentner, allein Lebende usw.) **typische Beziehungen zwischen Haushalten und Unternehmen** ab und erklären Sie den Verlauf der verschiedenen Ströme zwischen diesen Wirtschaftssubjekten.

3. Stellen Sie die Beziehungen in einem Kreislauf grafisch dar, in dem Sie alle Unternehmen zum **Sektor**[1] **Unternehmen** und sämtliche Haushalte zum **Sektor Haushalte** zusammenfassen und die verbindenden Ströme (Pfeile) als Geld- und Güterströme bezeichnen.

---

1 **Sektor** = Ausschnitt; hier: die Zusammenfassung gleichartiger wirtschaftlicher Einheiten bzw. die Zusammenfassung von Wirtschaftssubjekten

ZUSAMMENFASSUNG

Einfacher Wirtschaftskreislauf

wird gebildet von

ist ein Modell, in dem es keinen Staat und keine Wirtschaftsbeziehungen zum Ausland gibt (= geschlossene Wirtschaft ohne staatliche Aktivität).

Geldstrom und **Güterstrom**

= monetärer Strom, der aus dem Einkommen der **Haushalte** (Lohn für die Arbeit; Pacht für den Boden; Zins für das Kapital) und ihren Konsumausgaben besteht.

- Die Haushalte geben ihr gesamtes Einkommen für Konsumgüter oder immaterielle Güter (Dienstleistungen, Rechte) aus.
- Die Konsumausgaben werden bei den Unternehmen zu Erlösen.

= realer Strom, der gegenüber dem Geldstrom entgegengesetzt verläuft. Er umfasst

die Faktorleistungen der **Haushalte**

die bereitgestellten Güter der **Unternehmen**

Dazu zählen alle privaten Haushalte, unabhängig von deren Einkommen, Vermögen und Konsumgewohnheiten.
(= **Sektor private Haushalte**)

Dazu zählen sämtliche Unternehmen, z. B. Handel, Banken und Industrie.
(= **Sektor Unternehmen**)

- Sie verkaufen Konsumgüter und Dienstleistungen an die privaten Haushalte und verbuchen dadurch Verkaufserlöse (Umsatz).
- Die Unternehmen investieren nur in den Ersatz verbrauchter Investitionsgüter.

KAPITEL 3

Wir als Einzelhändler erfüllen verschiedene Funktionen in der Gesamtgesellschaft

Mitunter wird behauptet, der Einzelhandel verteuere die Waren unnötig und sei deshalb überflüssig.

1. Welche Nachteile würden sich für Sie als Verbraucher ergeben, wenn es Einzelhandelsunternehmen wie die Ambiente Warenhaus AG nicht gäbe?

Mitgehörte Aussagen von Kunden über die Ambiente Warenhaus AG

INFORMATION

Stellung der Handelsbetriebe in der Wirtschaft

Handel und Verkehr stellen die notwendigen Verbindungen zwischen Industrie und Handwerk (Leistungserstellung) einerseits und den Haushalten (Leistungsverwertung) mit ihren immer differenzierter werdenden Ansprüchen andererseits her.

Die Betriebe der **Urproduktion** schaffen die Voraussetzungen für die Produktion. Die nachgelagerten Betriebe, wie z. B. die des Maschinen- und Fahrzeugbaus, des Textilgewerbes, der Leder- und Mineralölverarbeitung, des Nahrungs- und Genussmittelgewerbes, der Elektrotechnik, des Stahlbaus oder das Handwerk, werden der **Weiterverarbeitung** zugerechnet. Auf dieser Stufe geschieht die eigentliche Herstellung der Güter.

Zum Endverbraucher gelangen die Wirtschaftsgüter über den Groß-, Außen- und Einzelhandel. Auf dieser dritten Stufe werden die Güter verteilt.

Die Verteilung **(Distribution)** kann als die Hauptleistung des Handels angesehen werden.

Darin besteht auch seine volkswirtschaftliche Bedeutung, denn
- der Verbraucher kann nicht sämtliche Waren direkt beim Hersteller beziehen (der Handel schafft die Ware herbei und bietet sie in bedarfsgerechten Sortimenten jederzeit in der verlangten Menge und Qualität an) und
- der Hersteller kann nicht sämtliche Waren direkt absetzen (der Handel nimmt den Herstellungsbetrieben eine große Zahl von Aufgaben im Absatzbereich ab, sodass sie sich auf ihre produktionswirtschaftlichen Aufgaben konzentrieren können).

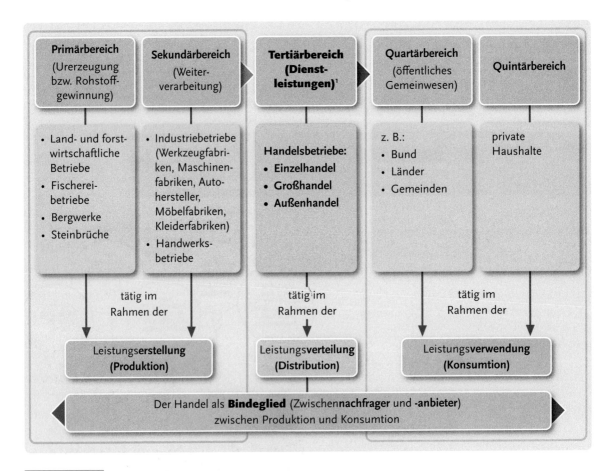

1 Zu den Dienstleistungsbetrieben gehören: • Handelsbetriebe • Verkehrsbetriebe
  • Dienstleistungsbetriebe i. e. S. wie Kreditinstitute, Postbank, Beratungsbetriebe (Rechtsanwälte, Steuerberater, Unternehmensberater, Werbeagenturen)

553018

Grundsätzlich kann ein Hersteller seine Güter auf dem direkten oder indirekten Absatzweg vertreiben.
- Beim **indirekten Absatzweg** werden zwischen Herstellung und Verbrauch Handelsbetriebe eingeschaltet, die dem Hersteller mit ihrem Verteilungs- und Dienstleistungsangebot auf der Absatzseite viele Aufgaben abnehmen.
- Beim **direkten Absatzweg** verkauft der Produktionsbetrieb unmittelbar, d. h. ohne die Zwischenschaltung des Handels, an den Endverbraucher, z. B. bei Autos oder Blumen, Eiern und Gemüse.

Der direkte Absatzweg ist nur dann möglich, wenn die Spannungen zwischen Herstellung und Verbrauch möglichst niedrig sind. Bestünden z. B. große räumliche und zeitliche Unterschiede, so würde das eine große Lagerhaltung des Produzenten notwendig machen. Lagerhaltung und die Einrichtung einer eigenen Absatzorganisation (z. B. Versandabteilungen, Auslieferungslager, Werksniederlassungen, eigene Verkaufsgeschäfte und/oder Reisende) wiederum erfordern den Einsatz von mehr Kapital. Andererseits bietet der direkte Absatzweg den Vorteil des engen Kontakts zwischen Hersteller und Kunde.

Der Handel lässt sich in Einzelhandel und Großhandel unterscheiden:

Als **Großhandel** bezeichnet man Handelsunternehmen, die Ware ohne wesentliche Veränderungen an gewerbliche Nutzer/Weiterverarbeiter (Handwerks- und Industriebetriebe), Großabnehmer (z. B. Krankenhäuser, Behörden, Werksküchen, Hotellerie) oder Wiederverkäufer (Groß-, Einzelhandels- und Handwerksbetriebe) weitergeben.

DEFINITION

Der **Einzelhandel**[1] bezieht Waren in großen bis mittleren Mengen beim Großhandel, Einkaufsverband oder Hersteller und verkauft sie **unmittelbar an den Endverbraucher** weiter.
Einzelhandelsbetriebe stellen **die letzte Stufe** des Weges einer Handelsware vom Hersteller bis hin zum Konsumenten dar.

Der Absatz von Handelswaren wird vom Einzelhandel mit unterschiedlichen Dienstleistungen kombiniert und ergibt so die Einzelhandelsleistung.

Wie viele Handelsbetriebe zwischen Urproduktion und Endverbraucher eingeschaltet sind, ist davon abhängig, welche Dienste der Handel dem Hersteller beim Absatz bieten kann. Der Hersteller wird stets prüfen müssen, welche Kosten ihm bei der Wahl des direkten Absatzweges entstehen und mit welchen Teilen dieser Kosten ihn die Handelsbetriebe entlasten können.

Während Großhandelsunternehmen auf allen Stufen zwischen Urerzeugung und Leistungsverwendung tätig sind (mit Ausnahme der Stellung unmittelbar vor der Endverwendung durch die Haushalte), erscheinen Einzelhandelsunternehmen nur am Ende der Absatzkette[2].

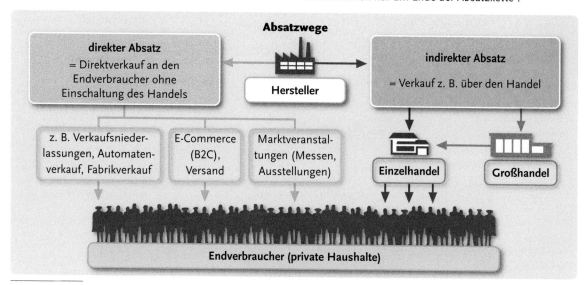

1 Der Einzelhandel wird häufig auch als Einzelhandelsunternehmen, Einzelhandelsbetrieb oder Einzelhandlung bezeichnet.
2 Die Stufen, die ein Produkt von der Urproduktion bis zur Verwendung durch den Endverbraucher durchläuft, werden unter der Bezeichnung „Absatzkette" zusammengefasst.

Wichtigste Aufgabe des Einzelhandels ist demnach die Nahversorgung der Bevölkerung mit Waren. Darin besteht auch seine volkswirtschaftliche Bedeutung, denn

- der Verbraucher kann nicht sämtliche Waren direkt beim Hersteller beziehen und
- der Hersteller kann nicht sämtliche Waren direkt absetzen.

Das Einzelhandelsunternehmen hält in seinen Verkaufsräumen jederzeit ein qualitativ abgestuftes und dem Bedarf angepasstes Warensortiment bereit, berät die Kunden bei der Auswahl und erbringt vielfach zusätzliche Dienstleistungen wie Warenanlieferung, Installation, Wartung, Änderung, Reparatur und Ersatzteilhaltung.

Stellung der Einzelhandelsunternehmen in der Absatzkette (Handelskette)

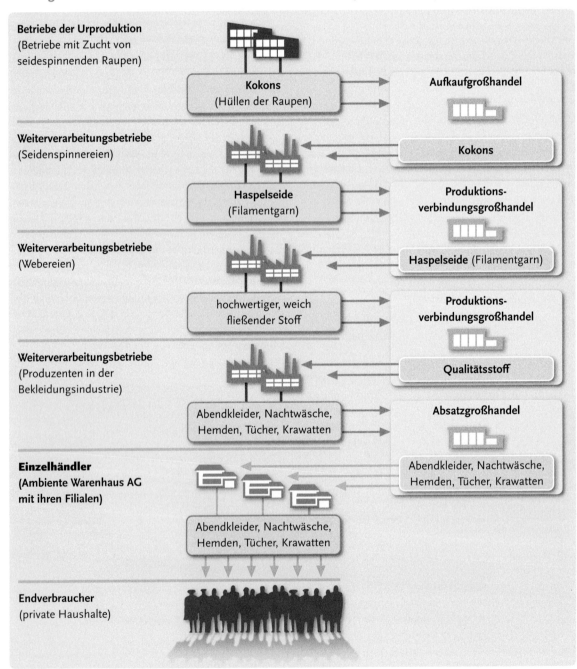

553020

Aufgaben des Einzelhandels

Der Einzelhandel liefert als letztes Glied der Handelskette die Waren an den Endverbraucher (Haushalte und kleine Unternehmen, wie z. B. Handwerksbetriebe). Dabei erfüllt er folgende Aufgaben (Handelsfunktionen):

Raumüberbrückung (Transport)

Der Einzelhändler nimmt – zusammen mit dem Großhändler – dem Hersteller die Aufgabe ab, die Waren an den Endverbraucher abzusetzen. Er bringt die betreffende Ware unmittelbar an den Wohnort des Verbrauchers.

> **BEISPIELE**
>
> - Kabeljau direkt von der Küste nach Hannover
> - Käse und Wein aus Frankreich
> - Bananen und Kaffee aus Südamerika
> - Aprikosen aus Griechenland
> - Jeans aus den USA
> - Tomaten aus Holland

Sortimentsbildung

Aus den vielfältigen Angeboten der Lieferer (z. B. Großhandel und Industrie) wählt der Einzelhändler für seine Kunden die entsprechenden Artikel aus und stellt ein bedarfsgerechtes Angebot zusammen.

Die Kunden finden daher beim Einzelhändler eine Vielzahl von Waren, die sich nach Art, Güte und Ausführung unterscheiden. Der Einzelhändler führt aber auch gleiche Waren verschiedener Hersteller. Die Kunden haben die Möglichkeit, die Angebote zu vergleichen und zu prüfen.

Der Einzelhändler ist bestrebt, alle Kundenprobleme zu lösen. Er ist daher nicht produktorientiert, sondern verwendungs- und problemorientiert. Dabei besteht die Gefahr, dass zu viele Waren in das Sortiment aufgenommen werden.

> **DEFINITION**
>
> Das **Sortiment** ist die Gesamtheit der in einem Geschäft regelmäßig zum Verkauf angebotenen Waren.

Lagerhaltung (Zeitüberbrückung)

Um ständig verkaufsbereit zu sein, muss der Einzelhändler bestimmte Warenmengen vorrätig haben. Die ständige Vorratshaltung macht es möglich, dass jeder Bedarf der Kunden jederzeit gedeckt werden kann, insbesondere bei Waren, bei denen Herstellung und Verwendung zeitlich nicht übereinstimmen.

> **BEISPIELE**
>
> - Der Verbrauch von **Honig** erfolgt das ganze Jahr über, obwohl er nur zu einer bestimmten Jahreszeit gewonnen werden kann.
>
> Oder **umgekehrt:**
>
> - Die Herstellung von z. B. **MP3-Playern oder Mikrowellenherden** erfolgt gleichmäßig das ganze Jahr über, obwohl der Bedarf Schwankungen unterliegt.

In beiden Fällen überbrückt der Einzelhändler die Zeit zwischen Herstellung und Verbrauch durch Lagerung.

Der zeitliche Ausgleich ist auch dann erforderlich, wenn Herstellung und Verwendung gleichmäßig erfolgen, z. B. bei Papier.

Das Lager vermindert auch Preisschwankungen, indem es in Zeiten geringerer Nachfrage und in Zeiten großer Nachfrage als preisausgleichendes Vorratslager dient.

Kundenberatung

Das Einzelhandelsunternehmen vergrößert durch persönliche Beratung die Marktübersicht, die dem Kunden bei der Vielzahl der angebotenen Waren fehlt, und erleichtert ihm dadurch die Kaufentscheidung.

Beratung ist unerlässlich beim Verkauf von z. B. komplizierten technischen Geräten wie Personal Computern, Digital-Camcordern u. Ä. m.

Fachgerechte Beratung und Information über Beschaffenheit, Pflege und Bedienung tragen zur Umsatzsteigerung bei.

Warenverteilung (Mengenausgleich)

Der Einzelhändler kauft Waren in großen bis mittleren Mengen ein und verkauft sie in kleinen haushaltsgerechten Mengen an die Verbraucher (= distributiver [verteilender] Handel).

Kundendienst (Service)

Der Kundendienst macht häufig den Verkauf einer Ware erst möglich.

Serviceleistungen, die mit der Ware und dem Verkauf zusammenhängen, können sich beziehen auf:
- Wareninformation und -beratung
- Wartung
- Installation

- Umtausch
- Reparatur
- Änderung
- Kreditgewährung
- Ersatzteilversorgung
- Zustellung
- Parkplätze
- Kinderhorte
- Verpackung
- Stellung von Ersatzgeräten

Markterschließung

Die Probleme der Herstellung beginnen am Ende des Fließbandes, dort, wo die Waren abgesetzt werden müssen. Der Einzelhandel trägt zur Lösung des Problems bei, die Herstellung mit der Nachfrage in Übereinstimmung zu bringen.

Da der Einzelhändler die Wünsche und Vorstellungen seiner Kunden kennt, kann er dem Hersteller helfen, die richtigen Absatzmärkte zu finden und zu erschließen. Seiner Marktkenntnis ist es letztlich zu verdanken, wenn der Hersteller über Nachfrage- und Bedarfsverschiebungen rechtzeitig informiert wird und Absatzmöglichkeiten für neue Waren geschaffen werden.

Haupttätigkeitsbereiche des Einzelhandels

Beschaffung der Ware

Wareneinkauf in großen bis mittleren Mengen beim Großhandel oder Hersteller

Bereitstellung der Ware

Lagerung und Darbietung eines kundengerechten Warensortiments

Absatz der Ware

Warenverkauf in kleinen Mengen an den Endverbraucher

AUFGABEN

1. Welche Aufgaben hat der Einzelhandel im Rahmen der Gesamtwirtschaft zu erfüllen?

2. „... und verkauft in kleinen Mengen an den Endverbraucher weiter." Wie muss der erste Teil dieses Satzes lauten, der die Tätigkeit des Einzelhändlers beschreiben will?

3. Beschreiben Sie die Stellung und die Bedeutung des Einzelhandelsbetriebs in der Gesamtwirtschaft.

4. a) Was verstehen Sie unter direktem Absatz?
   b) Was wird die Elegantia Textil GmbH, Lübeck, Großhändler für Damenbekleidung und Lieferant der Ambiente Warenhaus AG, dazu veranlasst haben, den indirekten Absatzweg für ihre Textilerzeugnisse zu wählen?

5. Warum zählt man den Einzelhandel zu den Dienstleistungsunternehmen?

6. Erklären Sie die Aufgaben des Handels am Beispiel Ihres Ausbildungsbetriebs. Beschreiben Sie möglichst genau, ob und wie das Unternehmen die einzelnen Aufgaben erfüllt.

7. Nennen Sie fünf Leistungen eines Einzelhandelsbetriebs, die zu den Serviceleistungen zählen.

8. Worin besteht die „Markterschließungsaufgabe" des Einzelhandels?

9. Welche Unternehmen sind aus den Produktionsstufen Urproduktion, Weiterverarbeitung und Dienstleistungen an der Herstellung und dem Verkauf folgender Waren beteiligt?
   a) Wollpullover
   b) Wohnzimmerschrank
   c) Automobil
   d) Bleistift

10. Welche Auswirkungen hätte es für
    a) die Hersteller,
    b) die Konsumenten,
    wenn es in einer Volkswirtschaft keine Handelsbetriebe gäbe?

AKTIONEN

1. Lesen Sie den Informationsteil dieses Kapitels (Seite 18–22). Arbeiten Sie zu den **Aufgaben des Einzelhandels** ein maximal zehnminütiges Kurzreferat aus und tragen Sie es vor der Klasse überwiegend frei vor.
Orientieren Sie sich an den Hinweisen des Kapitels 1.16.

2. a) Entwickeln Sie in Gruppenarbeit mithilfe des Brainstormings einen Fragebogen zu der (möglichen) Fragestellung: **„Welche Bedeutung haben für Sie die Einzelhandelsgeschäfte an Ihrem Wohnort?"** Der Fragebogen sollte nicht mehr als 4–5 Fragen enthalten. Berücksichtigen Sie sowohl offene als auch geschlossene Fragestellungen.

b) Führen Sie anschließend in der Innenstadt Ihres gewählten Ortes die Befragung bei den Passanten durch. Bei der Auswahl der Befragten sollten beide Geschlechter ausreichend repräsentiert sein und unterschiedliche Altersgruppen berücksichtigt werden.

c) Werten Sie die gesammelten Aussagen aus und ordnen Sie sie nach selbst gewählten Gesichtspunkten.

d) Bereiten Sie anschließend das Material für die Präsentation übersichtlich und leicht verständlich auf, z. B. mithilfe eines Diagramms.

e) Stellen Sie die so strukturierten Ergebnisse dem Plenum vor. Eine zusammenfassende Würdigung Ihrer Untersuchung sollte am Schluss nicht vergessen werden.

ZUSAMMENFASSUNG

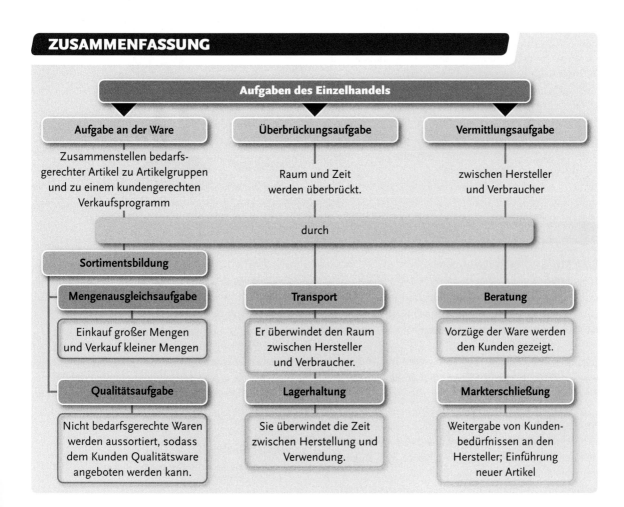

Die Abteilungsleiterin Daniela Rosendahl erläutert den Auszubildenden das Unternehmensleitbild:

Die Ambiente Warenhaus AG ist innovativ, ertragsorientiert, nah am Kunden und wird durch qualifizierte und motivierte Mitarbeiterinnen und Mitarbeiter geprägt.

Wir stellen den Kunden in den Mittelpunkt unseres Handels. Kundenzufriedenheit ist unsere wichtigste Zielsetzung. Wir verpflichten uns zu Qualität in Beratung und Kundendienst.

Wir handeln verantwortungsbewusst und erfolgsorientiert. Indem wir unser Unternehmen auf zukünftige Aufgaben und Anforderungen vorbereiten, sichern wir seine Zukunft und die Arbeitsplätze unserer Mitarbeiter. Die dafür erforderliche unternehmerische und finanzielle Unabhängigkeit gewährleisten wir durch nachhaltige Erträge.

Nur mit motivierten Mitarbeitern können wir unseren Unternehmenserfolg erreichen und sichern. Deren persönliche und berufliche Entfaltung unterstützen wir durch geeignete Fortbildungsmaßnahmen. Zur Erfüllung ihrer Aufgaben erhalten unsere Mitarbeiter die notwendigen Kompetenzen.

Bei all unseren Handlungen berücksichtigen wir die Auswirkungen auf die Umwelt. Bei unserer Sortimentsgestaltung nehmen Umweltaspekte einen wesentlichen Stellenwert ein.

Dieses Leitbild (vgl. auch Seite 13) ist eine Leitlinie und Orientierungshilfe sowohl für die Arbeit der Geschäftsführung als auch für jede einzelne Mitarbeiterin und jeden einzelnen Mitarbeiter der Ambiente Warenhaus AG.

WIR SIND FÜR SIE DA!

1. Welche Ziele müssen die Geschäftsführung und die Mitarbeiterinnen und Mitarbeiter der Ambiente Warenhaus AG zur Umsetzung des Unternehmensleitbildes verfolgen?
2. Durch welches Handeln können die Mitarbeiterinnen und Mitarbeiter der Ambiente Warenhaus AG zum Erreichen dieser Ziele beitragen?

INFORMATION

Das Streben nach Gewinn

Jeder Einzelhandelsunternehmer strebt durch seine selbstständige Tätigkeit einen möglichst hohen Gewinn an (= Gewinnmaximierung), da er sein Einkommen und damit seinen Lebensstandard sichert.

Häufig findet dieses Streben nach einem maximalen Gewinn in dem Ziel einer möglichst hohen Rentabilität des eingesetzten Kapitals seinen Ausdruck.

Rentabilität

Die Rentabilität gibt die Verzinsung des in einem Unternehmen eingesetzten Kapitals an. Bei der Ermittlung der Rentabilität unterscheidet man
- Eigenkapitalrentabilität (= Unternehmerrentabilität),
- Gesamtkapitalrentabilität (= Unternehmensrentabilität) und
- Umsatzrentabilität.

Bei der Ermittlung der Eigenkapitalrentabilität wird der erzielte Unternehmergewinn ins Verhältnis zum Eigenkapital gesetzt. Der Unternehmergewinn ist der Reingewinn vermindert um den kalkulatorischen Unternehmerlohn.

$$\text{Eigenkapitalrentabilität} = \frac{\text{Unternehmergewinn} \cdot 100}{\text{Eigenkapital}}$$

Die Eigenkapitalrentabilität gibt an, mit wie viel Prozent sich das eingesetzte Eigenkapital verzinst hat.

Der Aussagewert der Eigenkapitalrentabilität ist problematisch, da der Gewinn in der Regel nicht ausschließlich durch Eigenkapitaleinsatz verursacht ist (außer wenn das Unternehmen ausschließlich mit Eigenkapital arbeitet). Gewinn und Eigenkapital sollten deshalb auch nicht direkt aufeinander bezogen werden. Zudem kann die ermittelte Eigenkapitalrentabilität leicht zu Fehlschlüssen verleiten. Sie ist nämlich bei gleichem Gewinn umso höher, je geringer das Eigenkapital ist. Zum Beispiel wäre sie bei 100.000,00 € Gewinn und 50.000,00 € Eigenkapital 200 %, bei gleichem Gewinn und 500.000,00 € Eigenkapital aber nur 20 %. So könnte leicht der Schluss gezogen werden, es sei für einen Unternehmer empfehlenswert, nur in geringem Umfang Eigenkapital einzusetzen, weil dann eine große Eigenkapitalrentabilität erzielt werde.

Sinnvoller ist die Berechnung der Gesamtkapitalrentabilität:

Die Gesamtkapitalrentabilität gibt an, mit wie viel Prozent sich das gesamte eingesetzte Kapital verzinst hat. Bei ihrer Ermittlung wird der erzielte Kapitalgewinn zum Gesamtkapital ins Verhältnis gesetzt. Der erzielte Kapitalgewinn ist der Unternehmergewinn zuzüglich der Fremdkapitalzinsen. Das Gesamtkapital ist die Summe von Eigen- und Fremdkapital.

> **Gesamtkapitalrentabilität =**
> $$\frac{(\text{Unternehmergewinn} + \text{Fremdkapitalzinsen}) \cdot 100}{\text{Eigenkapital} + \text{Fremdkapital}}$$

Die Zurechnung der Fremdkapitalzinsen zum Gewinn ist erforderlich, weil bei Einbeziehung des Fremdkapitals in das Gesamtkapital des Unternehmens diese Zinszahlungen nicht mehr als Aufwand angesehen werden dürfen, sondern als Erträge des Fremdkapitaleinsatzes.

Durch einen Vergleich der Eigenkapitalrentabilität mit der Gesamtkapitalrentabilität kann der Einzelhandelsunternehmer feststellen, ob sich der Einsatz von Fremdkapital in seinem Unternehmen gelohnt hat. Er hat sich immer dann gelohnt, wenn die Eigenkapitalrentabilität höher als die Gesamtkapitalrentabilität ist. Der Einzelhändler hat in diesem Fall durch den Einsatz von Fremdkapital einen zusätzlichen Gewinn erwirtschaftet, der die Zinsen übersteigt, die er für das Fremdkapital bezahlen muss.

BEISPIEL

Unternehmergewinn:	100.000,00 €
Eigenkapital:	500.000,00 €
Fremdkapital:	500.000,00 €

Zinssatz für das Fremdkapital: 12 % Zinsen für das Fremdkapital: 60.000,00 €

Eigenkapitalrentabilität =
$$\frac{100.000,00\,€ \cdot 100}{500.000,00\,€} = 20\,\%$$

Gesamtkapitalrentabilität =
$$\frac{(100.000,00\,€ + 60.000,00\,€) \cdot 100}{500.000,00\,€ + 500.000,00\,€} = 16\,\%$$

Die Gesamtkapitalrentabilität (16 %) übersteigt den Fremdkapitalzinssatz (12 %). In einem solchen Fall führt eine Aufstockung des Fremdkapitals zu einem höheren Gewinn und damit zu einer höheren Eigenkapitalrentabilität.

Bei der Umsatzrentabilität wird der Unternehmergewinn ins Verhältnis zum Nettoumsatz gesetzt.

> **Umsatzrentabilität =**
> $$\frac{\text{Unternehmergewinn} \cdot 100}{\text{Nettoumsatz}}$$

Sie gibt den im Nettoumsatz enthaltenen Gewinn in Prozent an.

Umsatzrentabilität ist das Verhältnis von Unternehmergewinn zu Nettoumsatz.

Eine geringe Umsatzrentabilität führt bei gleichem Umsatz zu einem geringeren Gewinn als eine hohe Umsatzrentabilität.

Streben nach Umsatz

Viele Einzelhändler versuchen über einen möglichst hohen Umsatz auch einen möglichst hohen Gewinn zu erzielen.

Erhaltung des Betriebs

Gewinn- und Umsatzziele können auf Dauer nur in einem lebensfähigen Unternehmen erzielt werden. Um im Wettbewerb bestehen zu können, reicht es nicht aus, nur hohe Umsätze zu erzielen. Diese Umsätze müssen vielmehr auf möglichst wirtschaftliche Weise erzielt werden.

Ein Unternehmer handelt wirtschaftlich, wenn er versucht

- eine bestimmte Leistung mit möglichst geringem Aufwand

  oder
- eine möglichst große Leistung mit einem gegebenen Aufwand zu erzielen (= ökonomisches Prinzip).

Die Wirtschaftlichkeit eines Einzelhandelsbetriebs lässt sich aus dem Verhältnis seines Nettoumsatzes zu seinen Kosten ermitteln.

$$\text{Wirtschaftlichkeit} = \frac{\text{Nettoumsatz}}{\text{Kosten}}$$

Der Nettoumsatz ist die Absatzmenge bewertet zu Nettoverkaufspreisen. Die Kosten des Einzelhandelsbetriebs sind alle betriebsbedingten Aufwendungen des Einzelhandelsbetriebs, z. B. Personalkosten, Raumkosten, Lagerkosten.

Bei gleichbleibendem Umsatz kann ein Einzelhändler die Wirtschaftlichkeit seines Betriebs durch die Minimierung seiner Kosten erhöhen.

BEISPIEL

vor der Kostensenkung:

Umsatz: 100.000,00 €
Kosten: 40.000,00 €

$$\text{Wirtschaftlichkeit} = \frac{100.000,00\ €}{40.000,00\ €} = 2,5$$

nach der Kostensenkung:

Umsatz: 100.000,00 €
Kosten: 20.000,00 €

$$\text{Wirtschaftlichkeit} = \frac{100.000,00\ €}{20.000,00\ €} = 5$$

Sicherung der Arbeitsplätze

Eine wirtschaftliche Unternehmensführung ist auch im Interesse der Arbeitnehmer. Nur in einem wettbewerbsfähigen Unternehmen können Arbeitsplätze langfristig erhalten werden.

Soziale Ziele

Sie betreffen neben der Sicherung der Arbeitsplätze u. a.

- die menschengerechte Gestaltung der Arbeitsbedingungen (Gestaltung des Arbeitsplatzes und der Arbeitsräume, Arbeitsschutzmaßnahmen),
- betriebliche Sozialeinrichtungen und
- die persönlichen Mitbestimmungs- und Entfaltungsmöglichkeiten am Arbeitsplatz.

Bedarfsdeckung

Die Umsatz- und Gewinnziele des Einzelhandelsunternehmens lassen sich nur mit einem kundengerechten Sortiment erreichen. Deshalb ist der Einzelhändler bestrebt, ein Sortiment anzubieten, das dem Bedarf seiner Kunden entspricht.

Corporate Social Responsibility

In der Bevölkerung hat das Bewusstsein für die soziale Verantwortung von Unternehmen in den letzten Jahren stark zugenommen. Dies hat Auswirkungen auf das Einkaufsverhalten. Verbraucher bevorzugen Waren und Dienstleistungen von Unternehmen, die sich sozial und ökologisch verantwortlich verhalten.

Deshalb berücksichtigen Unternehmen bei ihrem Handeln zunehmend das Konzept der „Corporate Social Responsibility", das die soziale Verantwortung der Unternehmen betont.

553026

Einflüsse auf die Kaufentscheidungen

Wenn ein Unternehmen in bestimmten Bereichen gesellschaftlich verantwortlich handelt, werden seine Produkte und Dienstleistungen vom Verbraucher favorisiert. Ein Unternehmen, das neue Arbeitsplätze schafft, wird von der Gesellschaft besonders bevorzugt.

Umfrageergebnisse zur Einstellung von Konsumenten zum Thema soziale, ökologische und ökonomische Unternehmensverantwortung

„Welche Faktoren beeinflussen Ihre Kaufentscheidung für die Produkte eines Unternehmens?"
(Angaben in Prozent, Mehrfachangaben waren möglich)

guter Umgang mit den eigenen Mitarbeitern	74
hochwertige Produkte zu angemessenen Preisen	29
Produkte aus der eigenen Region	28
faire Preise für Zulieferer, keine Kinderarbeit	26
umwelt- und klimafreundliche Produktion	20
Verantwortung für Bedürftige	9
Verantwortung gegenüber Aktionären eines Unternehmens	8
Sponsoring von Sport, Kultur und Wissenschaft	6

Quelle: Stiftung Jugend und Bildung e. V. (Hrsg.), Mitverantwortung, Berlin 2009

DEFINITION

Corporate Social Responsibility (soziale Verantwortung der Unternehmen) ist ein Konzept, das den Unternehmen als Grundlage dient, auf freiwilliger Basis soziale Belange und Umweltbelange in ihre Unternehmenstätigkeit und in die Wechselbeziehungen mit den Stakeholdern zu integrieren.

Sozial verantwortlich handeln heißt dabei nicht nur, die gesetzlichen Bestimmungen einzuhalten, sondern über die bloße Gesetzeskonformität hinaus „mehr" in Humankapital, in die Umwelt und in die Beziehungen zu anderen Stakeholdern zu investieren.

Quelle: EU-Kommission, Grünbuch Europäische Rahmenbedingungen für die soziale Verantwortung der Unternehmen, Brüssel 2001

Stakeholder sind die Personen, die mit einem Unternehmen in Beziehung stehen, also Kunden, Lieferer, Banken, Mitarbeiter, Eigentümer, Gläubiger, Staat, gesellschaftliche Organisationen.

- Arbeitsschutz- und Arbeitssicherheitsmaßnahmen über die rechtlichen Vorschriften hinaus umsetzen,
- sich für Kinder- und Jugendschutz (z. B. gegen Kinderarbeit) einsetzen,
- Schulen und Kindergärten unterstützen.

Integration von Umweltbelangen
Neben der Berücksichtigung sozialer Belange sind Umweltschutz und Nachhaltigkeit ein wichtiger Aspekt im Rahmen von Corporate Social Responsibility.

DEFINITION

Nachhaltigkeit wird verstanden als Entwicklung, die die Bedürfnisse der heutigen Generation befriedigt, ohne zu riskieren, dass künftige Generationen ihre Bedürfnisse nicht befriedigen können.
Quelle: Brundland-Bericht aus dem Jahr 1987

Integration sozialer Belange
Unternehmen integrieren soziale Belange in ihre Unternehmenstätigkeit und in die Wechselbeziehungen mit ihren Stakeholdern, wenn sie
- die Aus- und Weiterbildung von Mitarbeitern fördern,
- die Chancengleichheit der Mitarbeiter fördern,
- familienfreundliche Angebote für ihre Mitarbeiter machen (z. B. flexible Arbeitszeiten),
- die Gesundheit der Mitarbeiter fördern,

Zum Umweltschutz und zur Nachhaltigkeit kann ein Unternehmen beitragen durch
- energiesparende Maßnahmen im Bereich Logistik (Lagerhaltung und Transport), in Gebäuden und Geschäftsräumen,
- umweltfreundliche Sortimentsgestaltung,
- Materialeinsparungen in den Bereichen Logistik und Geschäftsausstattung,
- Abfallvermeidung und -entsorgung.

Beispiele für Umweltschutzmaßnahmen im Einzelhandel	
Bereich	**Maßnahmen**
Energiesparende Maßnahmen im Bereich der Logistik	• Gute Auslastung der Transportmittel • Optimierung der Tourenplanung • Einsatz von Elektrofahrzeugen • Einsatz von Dreikammer-Lastkraftwagen, mit denen gleichzeitig frische, gekühlte und tiefgekühlte Waren transportiert werden können
Energiesparende Maßnahmen in Geschäftsräumen	• Einsatz von Energiesparlampen für die Beleuchtung in den Verkaufsräumen • Einsatz von Zeitschaltuhren für die Beleuchtung • Einsatz energiesparender Geräte, z. B. energieeffizienter Kühleinrichtungen für Lebensmittel
Sortimentsgestaltung	• Angebot von Produkten, deren Herstellung die Umwelt möglichst wenig belastet, z. B. Produkte mit umweltverträglichen Inhaltsstoffen • Umweltgerechte Verpackungen • Angebot regionaler Produkte • Angebot von Produkten aus kontrolliert ökologischem Anbau • Angebot von Produkten aus artgerechter Tierhaltung • Angebot von Fair-Trade-Produkten • Angebot schadstoffarmer Textilien • Angebot von Fisch aus ressourcenschonendem Fischfang
Abfallvermeidung und -entsorgung	• Verwendung von Packmitteln und Werbemitteln, die die Umwelt wenig belasten • Sparsame Verpackung • Verwendung von Mehrwegtransportbehältnissen • Konsequente Abfalltrennung • Stoffliche Verwertung (Recycling) und energetische Verwertung von Abfällen (Nutzung der Abfälle zur Energiegewinnung)

Auch die Ambiente Warenhaus AG hat beschlossen, diese Aspekte in Zukunft besonders zu beachten. Sie nimmt regelmäßig an einem Öko-Audit teil und hat sich eine Umweltcharta gegeben.

Umweltcharta der Ambiente Warenhaus AG

Die Ambiente Warenhaus AG, die ihre Verantwortung hinsichtlich der Umwelt, Gesundheit und Sicherheit gegenüber ihren Kunden, ihrem Personal und der Gesellschaft bekennt,

• verpflichtet sich, die legalen Forderungen in diesem Bereich zu respektieren sowie die menschlichen, technischen und finanziellen Mittel zur Verfügung zu stellen, um jede Art von Umweltverschmutzung, Abfällen, Schädigungen, Energiekosten und Unfällen zu verhindern und zu reduzieren, unter Vorbehalt, dass diese Mittel notwendig und wirtschaftlich erträglich sind.
• richtet ein Umweltmanagementsystem ein, das die kontinuierliche Verbesserung der umweltorientierten Leistungen ermöglicht.

Dies wollen wir durch folgende Handlungen erreichen:

Im Unternehmen:
• fachgerechte Entsorgung der Abfälle
• Begrenzung der Energiekosten
• Suche nach Sicherheit und Komfort
• adäquate Ausbildung des Personals

Bei den Kunden:
• die Fahrwege der Kunden begrenzen
• die Kunden über alle Aspekte der Umwelt-, Gesundheits- und Sozialverträglichkeit unserer Produkte beraten und informieren

Bei den Lieferern:
• die umweltschonenden Hersteller ermutigen
• auf fairen Handel achten
• die umweltschonendsten Produkte auswählen
• die mit dem Transport verbundenen Umweltbelastungen senken

AUFGABEN

1. Warum streben Einzelhändler nach einem möglichst hohen Gewinn?

2. Unterscheiden Sie Rentabilität und Wirtschaftlichkeit.

3. Weshalb streben Einzelhändler häufig einen möglichst hohen Umsatz an?

4. Ein Einzelhändler erwirtschaftete in einem Jahr einen Unternehmergewinn von 100.000,00 €. Sein Eigenkapital betrug in diesem Jahr 50.000,00 €. Das Fremdkapital betrug 100.000,00 €, der Fremdkapitalzinssatz 12 %. Ermitteln Sie, ob sich der Fremdkapitaleinsatz für den Einzelhändler gelohnt hat.

5. Weshalb sind
   a) der Inhaber eines Einzelhandelsunternehmens,
   b) die Arbeitnehmer eines Einzelhandelsunternehmens an einer hohen Wirtschaftlichkeit ihres Unternehmens interessiert?

6. Weshalb ist ein Einzelhändler bestrebt, den Bedarf seiner Kunden bestmöglich zu decken?

7. Durch welche Maßnahmen kann ein Einzelhändler zum Umweltschutz beitragen?

8. Welche Vorteile hat es für ein Unternehmen, wenn es bei seinem Handeln Aspekte des Konzepts „Corporate Social Responsibility" berücksichtigt?

9. Ein Textileinzelhändler besitzt eine Filiale in Bielefeld und eine Filiale in Münster. In beiden Filialen wird das gleiche Sortiment verkauft. In der Bielefelder Filiale wurden in einem Jahr 2.000.000,00 € Nettoumsatz erzielt. Im gleichen Zeitraum entstanden in dieser Filiale Kosten von insgesamt 1.200.000,00 €. Die Filiale in Münster erzielte im gleichen Jahr einen Nettoumsatz von 1.400.000,00 €. In dieser Filiale entstanden im gleichen Zeitraum insgesamt 800.000,00 € Kosten.
   Beurteilen Sie die Wirtschaftlichkeit der beiden Filialen.

AKTIONEN

1. Im Leitbild der Ambiente Warenhaus AG findet sich u. a. folgende Aussage:
   „Wir stellen den Kunden in den Mittelpunkt unseres Handels. Kundenzufriedenheit ist unsere wichtigste Zielsetzung."
   Wie müssen sich die Mitarbeiterinnen und Mitarbeiter der Ambiente Warenhaus AG verhalten, um diese Zielsetzung des Leitbildes zu fördern?
   Sammeln Sie in der Gruppe Handlungsweisen der Mitarbeiterinnen und Mitarbeiter, die die Kundenzufriedenheit fördern. Wenden Sie dabei die „Kopfstandmethode" an.

2. Die Leitung und die Mitarbeiterinnen und Mitarbeiter der Ambiente Warenhaus AG haben sich in ihrem Leitbild verpflichtet, bei all ihren Handlungen die Auswirkungen auf unsere Umwelt zu berücksichtigen.
   Erstellen Sie eine Mindmap zum Thema „Umweltschutzmaßnahmen des Einzelhandels".

ZUSAMMENFASSUNG

Unternehmerische Zielsetzungen		
Gewinnstreben	**Umsatzstreben**	**Erhaltung des Betriebs und Sicherung der Arbeitsplätze**
Rentabilität • Eigenkapitalrentabilität • Gesamtkapitalrentabilität • Umsatzrentabilität	• **Bedarfsdeckung der Bevölkerung** • **Berücksichtigung des zunehmenden Umweltbewusstseins**	Wirtschaftlichkeit • menschengerechte Gestaltung der Arbeitsplätze und -räume • Arbeitsschutzbestimmungen	• Umweltschutz • Angebote umweltverträglicher Waren • sparsame Verpackung • stoffliche und energetische Abfallverwertung

Die Ausbildungsleiterin Daniela Rosendahl liest zufällig in einer Zeitschrift einen Artikel über die Entwicklung der Wirtschaft in der Zeit vom Zweiten Weltkrieg bis heute. Sie bringt diesen Artikel mit in den Betriebsunterricht.

Vom Nachholkonsum zur Anschaffungskultur

In keinem anderen Jahrzehnt der bundesdeutschen Nachkriegsgeschichte sollte der Unterschied zwischen seinem Anfang und Ende so augenfällig werden wie in den Fünfzigerjahren – sichtbar an Lebensstandard und Konsumniveau, aber auch am Sozialverhalten der Menschen. Dabei hatte es zunächst gar nicht rosig ausgesehen. Bis zur Währungsreform liefen im vom Krieg verwüsteten Deutschland beispielsweise 18 Millionen Frauen strumpflos oder in Lumpen herum. In jedem Bereich des täglichen Lebens herrschte absoluter Mangel an Gütern. Es konnte nur das gekauft und konsumiert werden, was angeboten wurde – und das war sehr wenig.

Dies änderte sich zunächst mit der Währungsreform. Doch es kam noch zu einem großen Rückschlag: Mitte 1950 begann der Koreakrieg und die Rohstoffpreise schnellten auf dem Weltmarkt in die Höhe. Je mehr sich der Koreakonflikt im Winter 1950/51 verschärfte, Angst vor dem Ausbruch eines Dritten Weltkriegs grassierte, desto knapper und teurer wurden viele Waren. Sunlichtseife wurde im Frühjahr wegen Papiermangels schon ohne Verpackung angeboten und die Frankfurter Illustrierte bemerkte, dass „auf vielen Tischen immer noch ein paar Brote fehlen", und fragte bang: „Werden wir im Winter frieren müssen?" Hauptarbeit des Einzelhandels in dieser Zeit war die Verteilung.

Spätestens im Sommer 1951 war abzusehen, dass die Konfrontation der neuen Großmächte USA und UdSSR (und nun auch China) auf Korea begrenzt bleiben und sich nicht zu einem neuen Welt- oder gar Atomkrieg auswachsen würde. Die bis Ende 1952 reichlich gewährte Marshallplanhilfe (fast 3 Milliarden US-Dollar) konnte nun ganz in den Aufbau der westdeutschen Konsumgüterindustrie fließen. Und so verkehrte sich im Sommer 1951 die Korea-Psychose in den Korea-Boom. Der Wirtschaftsaufschwung begann: Und der Nachholbedarf der Westdeutschen, was ihre Konsummöglichkeiten betraf,

war enorm – nach 10 Jahren Kriegsalltag und Nachkriegszeit, Rationierungen, Hungererfahrungen, Lebensmittelkarten.

In der Folgezeit entwickelten sich die Märkte allmählich zu Käufermärkten. Käufermärkte sind Märkte mit einem Angebotsüberhang. Verpasstes wollte nachgeholt werden. Nach dem Kauf des Kühlschranks kam die Waschmaschine, danach der Fernseher usw.

Der Markt ist mittlerweile in den allermeisten Bereichen gesättigt oder gar übersättigt (Beispiel: Flugreisen, Baubranche, Computermarkt). Wird ein solcher Käufermarkt von vielen Anbietern stark umworben, so spricht man von einem Konkurrentenmarkt. Heute haben wir überwiegend solche Märkte. Um auf ihnen erfolgreich bestehen zu können, ist es zusätzlich erforderlich, immer neue Wettbewerbsvorteile zu erarbeiten, ohne dass der Markt bzw. Kunde dies zwingend fordert. Der Druck kommt vom Wettbewerb. Hier muss der Unternehmer sich konzentrieren auf

- Marktanforderungen,
- marktorientierte Gestaltungsinstrumente (Analysemethoden, Werbung),
- Leistungserstellungsprozess,
- Problemlösung,
- Kundennutzen.

Durch den Wandel zum Käufermarkt müssen die Unternehmen die Absatzmärkte erschließen, definieren und bearbeiten. Die Kenntnis der Bedürfnisse des (potenziellen) Käufers spielt damit heute eine sehr große Rolle im Handel. Immer wichtiger für unternehmerisches Handeln wird die Orientierung an der Kundschaft.

Quelle: Schindelbeck, Dirk, Illustrierte Konsumgeschichte der Bundesrepublik Deutschland 1945–1990, Landeszentrale für politische Bildung Thüringen, Erfurt 2001

1. Beschreiben Sie die Rolle des Einzelhandels und der dort beschäftigten Verkäufer früher und heute.

INFORMATION

In den letzten Jahren wandelte sich der Einzelhandelsmarkt vom Verkäufer- zum Käufermarkt. Dadurch sind Einzelhandelsunternehmen immer mehr gezwungen, sich mit den Problemen, Wünschen und Bedürfnissen der potenziellen Kunden auseinanderzusetzen. Sie konkurrieren untereinander heute nicht mehr nur mit der Qualität der Artikel im Sortiment, sondern immer mehr mit der Qualität der Mitarbeiter. Vor diesem Hintergrund ist es für erfolgreiche Unternehmen von größter Wichtigkeit, dass sich jeder Mitarbeiter der besonderen Bedeutung des Verkaufs bewusst ist.

Verkäufermärkte

Durch die große Nachfrage der Verbraucher bei gleichzeitig geringem Warenangebot haben die Verkäufer die Marktmacht.

Nach dem Zweiten Weltkrieg agierte der Einzelhandel zunächst auf einem Verkäufermarkt. Kennzeichen eines Verkäufermarktes ist eine Marktsituation, in der die Nachfrage größer als das Angebot ist. Der Einzelhandel musste sich nicht an den spezifischen Bedürfnissen des Marktes orientieren, da der Absatz der von ihm angebotenen Waren aufgrund der Knappheit nach dem Krieg problemlos war. Im Mittelpunkt der Einzelhandelstätigkeit stand die Versorgung der Bevölkerung mit Waren: Der Einzelhandel versuchte sie auf damals sehr engen Märkten zu beschaffen. Hatte er damit Erfolg, bot er die Artikel an und konnte sicher sein, die dringend nachgefragten Waren auch loszuwerden. Die Verbraucher waren froh, überhaupt etwas kaufen zu können.

Der Verkäufermarkt in der Bundesrepublik Deutschland

Direkt nach dem Zweiten Weltkrieg herrschte in der Bundesrepublik eine allgemeine Mangelsituation. Grundbedürfnisse konnten nur mit großen Schwierigkeiten befriedigt werden.

Diese Mangelsituationen konnten erst allmählich in den 50er-Jahren während des Wirtschaftsaufschwungs beseitigt werden. Es kam nacheinander zu verschiedenen Kaufwellen, die Grundbedürfnisse befriedigten:

- Fresswelle
- Bekleidungswelle
- Wohnungswelle
- Hauswelle
- Einrichtungswelle

Käufermärkte

Durch das riesige Warenangebot haben die Käufer die Marktmacht.

In den 50er-Jahren begann die Zeit des Wiederaufbaus und des Wirtschaftswachstums. Die mit dem Käufermarkt einhergehende Mangelwirtschaft hatte ein Ende. Ab 1960 setzte in der Bundesrepublik der Wandel vom Verkäufermarkt zum Käufermarkt ein: Immer mehr Unternehmen boten immer mehr Waren an, sodass es schwieriger wurde, Käufer für die angebotenen Artikel zu finden. Die Unternehmen waren daher zunehmend gezwungen, verkaufsorientiert anzubieten.

Ein Käufermarkt zeichnet sich dadurch aus, dass die Käufer gegenüber den Anbietern eine starke Marktposition haben. Auf einem solchen Markt übersteigt das Angebot die Nachfrage. Für die Einzelhandelsunternehmen ist der Engpass nicht weiter die Beschaffung, sondern mittlerweile der Verkauf von Waren.

Der Käufermarkt wird für Einzelhandelsunternehmen immer dynamischer:

- Die zunehmende Massenproduktion von Konsumgütern in der Industrie schlägt sich im Einzelhandel in riesengroßen Sortimenten nieder. Diese führen zu einer Sättigung aller relevanten Märkte.
- Der Einzelhandel sieht sich immer komplexeren Wettbewerbsbedingungen gegenüber. Einzelhandelsunternehmen sind beispielsweise einer Vielzahl neuer Wettbewerber ausgesetzt.
- Aufgrund des hohen Wettbewerbsdrucks sind die Gewinne, die von Einzelhandelsunternehmen erzielt werden, im Vergleich zu anderen Wirtschaftsbereichen relativ gering.

Aufschwung kommt beim Einzelhandel an

Umsatzentwicklung jeweils gegenüber dem Vorjahr in %

■ nominal
■ real*

2006 +1,0 / +0,3

2007 −1,2 / −1,6

2008 +2,3

2009 0 / −2,9 / −3,4

2010 Schätzung +2,7 bis +2,5 / +1,6 bis +1,3

Ⓖ 4009
© **Globus** *Preisanstieg abgerechnet   Quelle: Stat. Bundesamt

Der Wirtschaftsaufschwung ist nun auch beim Einzelhandel angekommen. Nach ersten Schätzungen des Statistischen Bundesamts konnten die Händler 2010 bis zu 2,7 % mehr als im Vorjahr umsetzen; rechnet man den Preisanstieg heraus, so bleibt immerhin noch ein reales Plus von bis zu 1,6 %.

Für die Schätzung wurden Umsätze von Januar bis November berücksichtigt; da viele Einzelhändler von einem sehr guten Weihnachtsgeschäft berichten, könnte das Jahresergebnis tatsächlich sogar noch etwas höher ausfallen.

Der Käufermarkt in der Bundesrepublik Deutschland

In den 60er-Jahren entwickelte sich langsam der Käufermarkt. Die Grundbedürfnisse waren befriedigt, durch steigendes Einkommen der Konsumenten entstanden Prestigebedürfnisse. Die Märkte waren zunehmend gesättigt. Hohe Kapazitäten auf Anbieterseite führten zu einer neuen Sichtweise des Marktes: weg vom Produkt, hin zum Kundenbedürfnis.

Der deutsche Einzelhandel nahm bis jetzt die zweite Stelle hinter der Industrie in der Umsatzliste der deutschen Wirtschaftszweige ein. Die heutige Entwicklung ist gekennzeichnet durch eine Vergrößerung der Verkaufsflächen; entsprechend nimmt auch die Zahl der Beschäftigten weiter zu. Mit seinen fünfzig Branchen gehört der Einzelhandel zu den vielseitigsten Wirtschaftszweigen. Fachleute schätzen, dass rund zwei Millionen Konsumgüter angeboten werden. Für den Verbraucher ist es kaum mehr möglich, sich in dieser Produktvielfalt zurechtzufinden. Daher wird in Zukunft der Stellenwert der individuellen Beratung des Kunden für viele Warenbereiche erhalten bleiben bzw. in vielen Fällen sogar steigen – als Hauptaufgabengebiet des Verkäufers und der Verkäuferin.

Das A & O beim Verkaufsgespräch ist die Kundenorientierung.

Veränderungen im Einzelhandel	Vergangenheit	Gegenwart und Zukunft
Markt	• Verkäufermarkt • geringer Wettbewerb • weitgehend nationale Konkurrenz • begrenzte Märkte	• Käufermarkt • Globalisierung • weltweite Märkte • intensiver Wettbewerb
Waren	• einfache Technologie • geringe Angebotspalette • relativ lange Lebenszyklen • oft Waren mit „Produktvorsprung"	• komplizierte Technologie • große Angebotspalette • relativ kurze Lebenszyklen • oft austauschbare Produkte

Die Veränderung der Verkäufertätigkeit

In Zeiten der Mangelwirtschaft nach dem Krieg waren Schulungen von Verkäufern im Einzelhandel so gut wie überflüssig. Es ging nicht darum, irgendetwas zu verkaufen, sondern eher darum, es zu bekommen, zu organisieren. In der späteren „Wirtschaftswunderzeit" – dem Übergang vom Verkäufer- zum Käufermarkt – war das Selbstverständnis des Verkäufers meist nur davon geprägt, dass er der Fachmann für die zu verkaufende Ware war. In diese Richtung gingen deshalb auch die meisten Verkaufsschulungen, die eher Produktschulungen waren. Es ging um Warenkunde, darum, was die zu verkaufende Ware z. B. alles konnte, woraus etwas bestand und wie etwas funktionierte.

Die heutigen Anforderungen an einen Verkäufer gehen erheblich weiter. Natürlich muss er sich auch mit der Ware auskennen, die er verkaufen will. Er ist darüber hinaus aber auch „Beziehungsmanager" des Kunden. In den Verkaufsgesprächen muss er eine positive Beziehung zum Kunden aufbauen und durch kundenorientiertes Verhalten eine langfristige Kundenbindung an das Geschäft erreichen. Zum Handwerkszeug gehören auch Fragetechnik, wirkungsvolles Präsentieren, gekonnter Umgang mit Kundeneinwänden, überzeugende Preisverhandlung, ein sicherer Abschluss sowie die Fähigkeit, eine angenehme Gesprächsatmosphäre aufzubauen.

Auch die Verkaufsphilosophie hat sich in der Zwischenzeit gewandelt. Um Kundenorientierung zu erreichen, muss der Verkäufer darauf verzichten, **Hardselling**-Methoden anzuwenden. Beim Hardselling (wortwörtlich etwa „hartes Verkaufen") wird der Kunde als Gegner gesehen, dem der Verkäufer häufig auch mithilfe manipulativer Methoden etwas verkauft, was er verkaufen will –

auch wenn der Kunde es nicht braucht: Dem kurzfristigen Verkaufserfolg steht damit langfristig ein schlechter Ruf gegenüber. Viele Menschen reagieren berechtigterweise sehr empfindlich, wenn sie das Gefühl haben, gedrängt oder manipuliert zu werden.

- Gleichberechtigte Gesprächspartner führen ein Verkaufsgespräch.
- gemeinsame Ermittlung der Kundenbedürfnisse
- Kauf dient der Bedürfnisbefriedigung des Kunden.
- Verkäufer und Kunde sollen gewinnen.
- zielt auf eine langfristige Kundenbindung

Softselling

Verkaufsphilosophien

Hardselling

- Verkauf, egal mit welchen Mitteln
- Die Kundenbedürfnisse sind für den Verkäufer nebensächlich.
- Der Kunde ist ein Gegner, den es durch einen Verkauf zu „besiegen" gilt.
- Anwendung von Druck und Manipulation vernichtet Vertrauen der Kunden.
- kurzfristiger Verkaufserfolg
- langfristig schlechter Ruf

Dem **Softselling** (wortwörtlich etwa „weiches Verkaufen") liegt dagegen die Einstellung zugrunde, dass Verkäufer und Kunde Partner sind. Das Ziel ist eine vertrauensvolle Gesprächsatmosphäre, ohne Druck zu schaffen, in der sich der Kunde frei für oder auch gegen etwas entscheiden kann. Beim Softselling wird angestrebt, die Bedürfnisse, Wünsche und Probleme des Kunden zu ermitteln und dafür Lösungen anzubieten.

Auch beim Softselling möchte der Verkäufer natürlich Verkaufsabschlüsse tätigen. Dies will er aber nicht in jedem Fall und vor allem nicht um den Preis eines schlecht beratenen und unzufriedenen Kunden.

Aufgaben des Verkäufers		
in der Volkswirtschaft	**gegenüber dem Kunden**	**für das Unternehmen**
• bringt Konsument und Produzent miteinander in Kontakt • erleichtert die Güterverteilung • schafft und vermittelt Dienstleistungen • erhöht Werte, weil Waren dank seiner Beratung besser genutzt werden • vermittelt Sicherheit, Komfort, Bequemlichkeit, Einsparungen, Gewinn • vermittelt Wissen und Können an die Verbraucher • leitet deren Erfahrungen und Anregungen weiter, um die Perfektion von Produkten voranzutreiben • trägt zur Erhöhung des Lebensstandards auf breiter Basis bei	• hilft Problemlösungen für den Kunden zu finden • vermittelt Angebote und Dienstleistungen • bringt nützliche Informationen über Markttendenzen, Anwendungstechniken usw. • trägt Neuheiten an den Konsumenten heran • nimmt sich spezieller Wünsche an • erleichtert den Bestellaufwand des Kunden • vermittelt in Reklamationsfällen	• bietet die Dienstleistungen des Unternehmens an • schafft ein persönliches Verhältnis zum Kunden • verkauft Ware und bringt damit Umsatz und Gewinn • dient damit der Existenzsicherung der Firma • beobachtet den Markt und die Konkurrenzleistungen • stellt Vergleiche mit der Konkurrenz an • regt organisatorische und qualitätsmäßige Verbesserungen an • erledigt Reklamationen und verwandelt sie in neue Chancen • macht neue An- und Verwendungsmöglichkeiten ausfindig • führt Neuheiten ein und überprüft ihren Erfolg

Kundenorientierung

Supermarktkassiererin geht auf Kunden los

Pinneberg (dpa/ap). Eine wütende Kassiererin in Pinneberg ist auf Kunden losgegangen. Zum Leidwesen der 28-Jährigen hatten ein 65-Jähriger und seine Frau Waren nicht richtig auf das Kassenlaufband gelegt, teilte die Polizei am Mittwoch mit. Von der Verkäuferin deswegen beschimpft, ließ das Paar alles liegen und ging davon. Als Quittung warf ihnen die 28-Jährige eine Dose und einen Blumentopf hinterher und ging dann auf beide los. Die Kundin wurde geschubst, ihr Mann mit Schlägen ins Gesicht und Tritten zwischen die Beine verletzt. Das Paar erstattete Anzeige wegen Körperverletzung.

HAZ vom 11. April 2002

Die Zeit des Verteilens auf einem Verkäufermarkt ist für den Handel lange vorbei. In den letzten Jahrzehnten hat sich im Einzelhandel damit aus absatzpolitischer Sicht eine Neuorientierung in der Denkhaltung durchgesetzt. Statt eines Produkts und dessen Verteilung wurden zunehmend die Bedürfnisse der aktuellen und potenziellen Kunden in den Mittelpunkt der Betrachtung gestellt. Dabei können im Wettbewerb nur die Anbieter dauerhaft bestehen, denen es gelingt, diese Bedürfnisse besser zu befriedigen als die Konkurrenz.

Mit dem Käufermarkt hat für den Einzelhandel das Zeitalter der Kundenorientierung begonnen. Kundenzufriedenheit stellt in Zukunft den wesentlichen Erfolgsfaktor für den langfristigen Geschäftserfolg eines Einzelhandelsunternehmens dar.

Nur zufriedene Kunden
- kommen wieder und kaufen erneut,
- bezahlen für Produkte auch einen angemessenen Preis.

Wenn der Kunde also den Erfolg eines Einzelhandelsunternehmens bestimmt, dann hat nicht er sich auf das Angebot des Einzelhandels einzustellen, sondern die Mitarbeiter des Einzelhandels haben auf den Kunden, seine Fragen und Wünsche einzugehen.

Die zentrale Frage, die sich jedes Einzelhandelsunternehmen stellen muss, ist: „Was muss ich tun, damit der Konsument bei mir kauft?"

553034

Fünf Elemente der Kundenorientierung	
Kunden-kenntnis	• Wie gut ist die Kenntnis der potenziellen und tatsächlichen Kunden? • Ist bekannt, welche Wünsche die Kunden haben?
Kunden-aktivität	• Laufen Maßnahmen, die direkt der Kundenorientierung dienen?
Kunden-zufrieden-heit	• Ist bekannt, womit die Kunden zufrieden oder unzufrieden sind? • Ist das Ausmaß der Kundenzufriedenheit ermittelt?
Kunden-freundlich-keit	• Wird die Kundenfreundlichkeit freiwillig oder gezwungenermaßen nach außen getragen?
Kunden-faszination	• Wird mehr geboten, als der Kunde erwartet? • Wird Außergewöhnliches geboten?

Zufriedene Verbraucher

Mit folgenden Branchen sind die Kunden in Deutschland am zufriedensten:

Notenschlüssel: 1 (vollkommen zufrieden) bis 5 (unzufrieden)

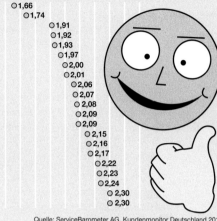

Buchversand und -klubs	1,66
Versandapotheken	1,74
Autowerkstätten	1,91
Optiker	1,92
Tiefkühlheimdienste	1,93
Bekleidungsversandhandel	1,97
Automobilklubs	2,00
Apotheken	2,01
E-Mail-Anbieter	2,06
Reiseveranstalter	2,07
Kfz-Prüfstellen	2,08
Hörgeräteakustiker	2,09
Heimtierbedarfmärkte	2,09
Rechtsschutzversicherungen	2,15
Drogeriemärkte	2,16
Mobilfunkanbieter	2,17
Fluggesellschaften	2,22
Krankenkassen und -versicherungen	2,23
Banken und Sparkassen	2,24
Lebensmittelmärkte	2,30
Tankstellen-Shops	2,30

G 3780 © Globus

Quelle: ServiceBarometer AG, Kundenmonitor Deutschland 2010

Was ist ein Kunde?

Ein Kunde ist die wichtigste Persönlichkeit für unsere Firma – gleichgültig, ob persönlich anwesend oder außerhalb unseres Hauses befindlich.

Ein Kunde ist nicht nur von uns abhängig, sondern wir von ihm – das ist nichts Neues, wird aber viel zu wenig beachtet.

Ein Kunde ist nicht nur die Unterbrechung unserer Arbeit, sondern ihr Zweck.

Ein Kunde ist ein wesentlicher Teil unseres geschäftlichen Daseins und damit indirekt Teilhaber unserer Firma.

Ein Kunde ist kein kalter Rechenfaktor, er ist ein Mensch mit Gefühlen und Empfindungen, wie auch wir sie haben.

Ein Kunde ist kein Streitobjekt, an dem man seine Tüchtigkeit beweist. Noch nie gewann man einen Streit mit einem Kunden.

Ein Kunde ist ein Partner, der uns seine Wünsche mitteilt. Unsere Aufgabe ist es, diese Wünsche für ihn und für uns zu erfüllen. *aus einer Arbeitsanweisung der Edeka Minden/Hannover*

Ansprüche von Kunden

Je mehr die Erwartungen von Kunden erfüllt werden, desto positiver wirkt sich dies auf ihr Verkaufsverhalten aus.

Ansprüche an den Verkäufer

- **Erscheinungsbild**
  - Kleidung
  - Körperpflege
  - Verhaltensweisen
- **Fachkompetenz**
- **Verkaufskompetenz**
- **Sprachkompetenz**
- **persönliche Kompetenzen**
  - verkaufsrelevante Einstellungen
  - soziale Kompetenzen
  - Selbstkompetenzen
  - Allgemeinbildung

Ansprüche an das Unternehmen

- **bedarfsgerechtes Sortiment**
- **Verkaufsatmosphäre**
- **Warenpräsentation**
- **Beratung und Information**
- **Serviceleistungen**

Ansprüche an die Ware

- **Gebrauchswert**
- **Geltungswert**
- **Preis-Leistungs-Verhältnis**
- **Qualität**
- **Sicherheit**
- **Bequemlichkeit**
- **Umwelt-, Gesundheits- und Sozialverträglichkeit**

Die heutigen Kunden möchten in einer ihren Kaufmotiven angepassten **Verkaufsatmosphäre** einkaufen. Von bestimmten Betriebsformen werden geschmackvolle Auslagen, interessante Warenlandschaften und eine stimulierende Kaufatmosphäre erwartet: Hier steht der Erlebniskauf für den Konsumenten in einer ansprechenden Umgebung im Vordergrund.

Beim Versorgungskauf für Güter des täglichen Bedarfs wird sehr stark auf das Preis-Leistungs-Verhältnis der Waren geachtet. Bei angestrebten kurzen Einkaufszeiten wird der Einkauf eher als Notwendigkeit statt als Erlebnis betrachtet. Die Verkaufsatmosphäre wird mehr auf die schnelle und reibungslose Abwicklung der Einkäufe ausgerichtet.

Der Handelsbetrieb bestimmt das gewünschte Erlebnisprofil (z. B. Natur, Genuss, Exotik, Fitness) und wählt danach die Artikel und das Ambiente aus.

Ausrichtung von Sortimenten (z. B. Ausbildung von Sortimentsteilen nach Erlebnisbereichen)

Erlebnisstrategien knüpfen an die emotionalen Bedürfnisse und Verhaltensweisen der Kunden an.

ansprechende Aufmachung von Geschäftsräumen, Verkaufsständen und Schaufenstern

Merkmale des Erlebniskaufs

Erlebnisorientierung bedeutet, dem Kunden durch Ausgestaltung der Einkaufsstätte, der Standortumgebung und des Angebots angenehme und interessante Wahrnehmungen zu bieten, um ihn damit anzuziehen, zu längerem Verweilen am Einkaufsort zu bewegen und zum Kauf zu motivieren.

Veranstaltung von Angebotsaktionen (z. B. Spanienwoche), Preisausschreiben, Musikdarbietungen, Autogrammstunden, Bereitstellung von Spielgeräten für Kinder

emotional beeinflusster Kaufvorgang

Versorgungskauf	Erlebniskauf
• Güter des täglichen Bedarfs • vorbestimmter Einkauf • Kaufentscheidung abhängig vom Preis • keine bzw. nicht aufwendige Warenpräsentation	• hochwertigere Konsumgüter und Lifestyle-Produkte • inspirierter Einkauf • Bereitschaft für Preisaufschlag • aufwendige Warenpräsentation

Der Versorgungseinkauf soll schnell und reibungslos gehen.

AUFGABEN

1. Was versteht man unter einem Verkäufermarkt?
2. Welche Aufgabe hat der Einzelhandel auf einem Verkäufermarkt?
3. Durch welche Merkmale ist der Käufermarkt gekennzeichnet?
4. Seit wann gibt es in der Bundesrepublik Deutschland einen Käufermarkt?
5. Warum wird der Käufermarkt für Einzelhandelsunternehmen immer dynamischer?

553036

6. Entscheiden Sie, ob ein Käufer- oder Verkäufer-markt vorliegt.

   a) Im November 1948 kommt der Einzelhändler Rudolf Neckernann überraschend in den Besitz von 500 Wintermänteln. Dies spricht sich rasend schnell herum. Angesichts des bevorstehenden kalten dritten Nachkriegswinters werden ihm die Mäntel von der Bevölkerung aus den Händen gerissen. Man schaut auch bei anderen Einzelhändlern vorbei, ob diese zufällig auch irgendwo irgendwelche Waren bekommen haben.

   b) In der Bundesrepublik werden knapp 20 Milliarden € für Werbung ausgegeben.

Deutschlands Werbemarkt

Netto-Werbeeinnahmen erfassbarer Werbeträger 2010:
18,75 Milliarden Euro (+ 2,1 % gegenüber 2009)
davon

Werbeträger	Wert	Veränderung gegenüber 2009 in %
Fernsehen	3,95	+ 8,6
Tageszeitungen	3,64	- 1,5
Werbung per Post	2,98	- 3,1
Anzeigenblätter	2,01	+ 2,3
Publikumszeitschriften	1,45	+ 2,9
Verzeichnis-Medien	1,15	- 2,5
Online-Angebote	0,86	+ 12,7
Fachzeitschriften	0,86	+ 1,0
Außenwerbung	0,77	+ 3,9
Hörfunk	0,69	+ 2,0
Wochen-/Sonntagszeitungen	0,22	+ 4,6
Zeitungssupplements*	0,09	+ 4,8
Kino	0,07	+ 4,1

4273 © Globus   *Zeitungsbeilagen   Quelle: ZAW

7. Wie veränderte sich die Verkäufertätigkeit in den letzten Jahrzehnten?

8. Welche von Verkäufern angewandten Verkaufsphilosophien lassen sich in den folgenden Äußerungen erkennen?

   a) „Wenn ich mir ein Paar neue Schuhe kaufe, bin ich zunächst sehr unentschlossen. Wenn ich mich dann endlich zum Kauf entschlossen habe, bin ich ganz erleichtert. Am meisten hilft mir, wenn ich jemanden habe, der mich bei der Entscheidung unterstützt. Dann habe ich hinterher das gute Gefühl, den richtigen Entschluss gefasst zu haben."

   b) „Sie sind doch auch nur wieder so einer, der mir nur was andrehen will."

   c) „Im Moment kann ich Ihnen leider keine für Sie optimale Lösung bieten."

9. Durch welche Merkmale sind die Verkaufsphilosophien des Hardselling bzw. des Softselling gekennzeichnet?

10. Warum ist die Kundenzufriedenheit der wesentliche Erfolgsfaktor des Einzelhandels?

11. Welche Folgen ergeben sich für Verkäuferinnen und Verkäufer angesichts der aktuellen Marktlage des Käufermarktes?

12. Warum müssen die Ansprüche von Kunden im Einzelhandel beachtet werden?

13. Welche Anforderungen stellen die Kunden an das Erscheinungsbild von Verkäufern?

14. Erläutern Sie den Unterschied zwischen der Fach- und der Verkaufskompetenz eines Verkäufers.

15. Bringen Sie Beispiele für die persönlichen Kompetenzen eines Verkäufers.

16. Warum sollte ein Verkäufer über eine hohe Sprachkompetenz verfügen?

17. Führen Sie Ansprüche von Kunden an das Unternehmen auf.

18. Wodurch unterscheidet sich der Erlebniskauf vom Versorgungskauf?

19. Führen Sie mögliche Erwartungen des Kunden an die Ware auf.

AKTIONEN

1. Lesen Sie das Kapitel mithilfe der Methode des aktiven Lesens durch. Erstellen Sie eine Mindmap, die die wichtigsten Inhalte wiedergibt.

2. Sie erhalten vom bekannten Fernsehmoderator Jörg Sönckens eine Einladung in dessen Talkshow „Talk 4".

Einladung

Hiermit laden wir Sie als Gast zur nächsten Ausgabe unserer Talkshow „Talk 4" am _____ ein.
Das Thema der Sendung lautet:

Ist der Einzelhandel kundenfreundlich?

Wir laden Vertreter aller betroffenen Gruppen ein:

- Wenn Sie Kunde sind, können Sie mal richtig Dampf ablassen: Ärgern Sie sich vielleicht über unfreundliche Verkäufer und schlechten Service in Ihrem Supermarkt? Sie als Kunde haben in der Sendung die Gelegenheit, Ihre positiven und negativen Erfahrungen mit dem Service im Einzelhandel vorzutragen.
- Sind Sie Geschäftsführer eines Einzelhandelsunternehmens, sollen Sie Ihre Sicht zum Service-Problem darstellen.
- Haben Sie als Verkäufer oft Ärger mit meckernden Kunden? Sie haben in der Sendung die Gelegenheit, Ihre Meinung zum Thema „Kundenorientierung im Einzelhandel" vorzutragen.

Bei Fragen bezüglich der Sendung setzen Sie sich bitte mit mir in Verbindung.

Mit freundlichen Grüßen
Jörg Sönckens   Offener Kanal

---

a) Bilden Sie fünf Gruppen und bereiten Sie sich in Gruppenarbeit auf die Ihnen zugewiesene Rolle vor.

b) Erarbeiten Sie in Ihrer Gruppe Punkte, über die Sie sich in Ihrer Rolle ärgern. (Sie können dabei gerne auch eigene Erfahrungen, z. B. als Kunde oder Verkäufer, in die Rolle einbringen.)

c) Überlegen Sie sich mögliche Gegenargumente vonseiten anderer an der Talkshow Beteiligter und versuchen Sie, sie zu entkräften.

d) Schreiben Sie sich die Punkte auf, die Sie in der Talkshow ansprechen wollen. Überlegen Sie sich ein „knackiges" Eingangs-Statement, mit dem Sie die Gegenseite provozieren wollen.

Rollenspielanweisung Kunde 1:
Ein Mitglied Ihrer Gruppe wird in der Talkshow die Rolle eines Kunden/einer Kundin übernehmen. Sie sind ein 28-jähriger, gut verdienender Single. Ständig ärgern Sie sich über Unfreundlichkeit und mangelhaften Service im Einzelhandel. Kürzlich waren Sie in den USA im Urlaub und waren begeistert von dem Service, der dort geboten wird.

Rollenspielanweisung Kunde 2:
Ein Mitglied Ihrer Gruppe wird in der Talkshow die Rolle eines Kunden/einer Kundin überneh-

men. Sie sind Rentner(in). Ständig ärgern Sie sich über Unfreundlichkeit und mangelhaften Service im Einzelhandel. Sie meinen, dass speziell auf die Wünsche älterer Menschen zu wenig Rücksicht genommen werde.

Rollenspielanweisung Verkäufer:
Ein Mitglied Ihrer Gruppe wird in der Talkshow die Rolle eines Verkäufers übernehmen. Sie sind Angestellte(r) in einem Supermarkt. Sie werden häufig von Kunden „angemotzt" und können das Gerede über die „Servicewüste" nicht mehr hören. Sie wollen in der Talkshow klarstellen, dass die Probleme eher beim Kunden liegen und nicht beim Verkäufer.

Rollenspielanweisung Geschäftsführer:
Ein Mitglied Ihrer Gruppe wird in der Talkshow die Rolle des Geschäftsführers/der Geschäftsführerin eines Supermarkts übernehmen. Sie legen großen Wert auf Freundlichkeit gegenüber Ihren Kunden und wollen so viel Service wie möglich bieten. Oftmals fällt es Ihnen schwer, Ihre Angestellten von der Bedeutung der Kundenfreundlichkeit und des Service zu überzeugen.

Rollenspielanweisung Moderator Jörg Sönckens:
Ein Mitglied Ihrer Gruppe wird in der Talkshow

553038

die Rolle des Moderators/der Moderatorin übernehmen. Bereiten Sie in Ihrer Gruppe die Moderation vor. Bearbeiten Sie dazu die folgenden Aufgaben:

I. Die Aufgabe des Moderators wird es sein, die Teilnehmer der Talkshow zu begrüßen und das Thema sowie das Ziel der Sendung vorzustellen. Erarbeiten Sie dazu einige einleitende Worte. Dann bitten Sie die Talkgäste um ein Eingangs-Statement.

II. Der Moderator steuert die Diskussion. Überlegen Sie sich Fragen, mit denen Sie die Teilnehmer in die Diskussion einbeziehen können.

Beachten Sie darüber hinaus bei der Talkshow:

– Der Moderator selbst hält keine langen Reden, er fasst hin und wieder das Gesagte zusammen.

– Die Talkshow dauert 15 Minuten! Der Moderator achtet darauf, dass jeder Talkshow-Gast zu Wort kommt und dass alle Gäste die gleiche Redezeit bekommen.

– Der Moderator sorgt dafür, dass immer nur einer spricht und dass jeder Sprecher ausreden darf.

– Der Moderator lässt keine persönliche Kritik zu („Sie haben ja keine Ahnung!").

e) Führen Sie die Talkshow durch.

f) Die Gruppenmitglieder, die nicht an der Talkshow teilnehmen, sind das Publikum. Sie können nicht direkt an der Diskussion teilnehmen. Stattdessen sollen sie einen Talkshow-Teilnehmer beobachten:

– Gruppe Kunde I beobachtet den Geschäftsführer.

– Gruppe Geschäftsführer beobachtet den Verkäufer.

– Gruppe Verkäufer beobachtet den Kunden II.

– Gruppe Kunde II beobachtet den Kunden I.

Bei der Beobachtung sollen Sie zum einen darauf achten, welche Argumente die zu beobachtende Person genannt hat. Zum anderen sollen Sie darauf achten, wie sich die Person verhalten hat. Nehmen Sie für Ihre Beobachtungen den Beobachtungsbogen zu Hilfe.

3. a) Lesen Sie den folgenden Text:

> Der Kunde wird noch anspruchsvoller werden und seinen „Dienern" alles abverlangen. Der Trend geht zur völligen Aufhebung der Ladenöffnungszeiten. Das bringt aber keinen Mehrumsatz, sondern nur eine Umverteilung, wie sich bisher in der Praxis herausgestellt hat. Der Mitarbeiter bleibt dabei auf der Strecke, wenn nicht Grundlegendes geändert wird.
>
> Die Handelsbranche scheint sich selbst vor lauter Konkurrenz- und Wettbewerbsdenken zugrunde zu richten. Nur die Stärksten werden diesen erbarmungslosen „Krieg um jeden Kunden" gewinnen. Kleinere und mittlere Unternehmen werden auf der Strecke bleiben. So schaffen die ungebremsten Dienstleistungsansprüche der Kunden nicht mehr, sondern gerade weniger Arbeitsplätze.
>
> Die Zukunft des Einzelhandels liegt sicherlich im „Erlebnis-Shopping". Elektronischer Handel wird ebenfalls zunehmen, aber das Einkaufen in konventionellen Geschäften wird nicht aufhören, da es auch ein „gesellschaftliches Erlebnis" bedeutet.
>
> Ob allerdings auch in Zukunft noch ein „menschlicher" Verkaufsmitarbeiter integraler Bestandteil hiervon sein wird, steht noch in den Sternen. Das Research Triangle Institute hat nämlich unlängst die ersten zwei virtuellen Verkäufer mit den Namen „Rocky" und „Roxanne" präsentiert. „Sie sind auch am Ende eines Arbeitstages noch auskunftsfreudig, zuvorkommend und witzig wie zu Beginn", beschreibt die Managerin Carol Gunther-Mohr die beiden virtuellen Helfer, die nie ermüden und immer freundlich sind. Ein effektives Spracherkennungssystem passt sich automatisch an die Verhaltensweisen des Kunden an, um die potenziellen Käufer immer umfassend zu informieren und zu bedienen. Die Verweildauer eines jeden Kunden wird gespeichert und sein Interesse an speziellen Produkten kann im Nachhinein analysiert werden. So können Angebote nach und nach optimal an die Wünsche der Kunden angepasst werden.
>
> Haben die menschlichen Diener des Kunden also bald ausgedient? Ich hoffe nicht. Noch ist es nicht zu spät, den Weg der „Menschlichkeit" zu gehen.
>
> Die Vision eines solchen „neuen Weges" für Mitarbeiter und Kunden könnte das „Zusammenspiel" beider Parteien, die doch stringent voneinander abhängig sind, leichter machen. Kundenansprüche und Mitarbeiterwünsche müssen kompatibler werden. Dazu gehören Toleranz, Verständnis und gegenseitiger Respekt von beiden Seiten, vor allem auch der der Kunden, sonst wird die Dienstleistungsgesellschaft der Zukunft nicht funktionieren.
>
> *aus: Grandt, Michael, Alptraum Kunde. Was Verkäufer zum Wahnsinn treibt, Frankfurt/New York 1999, Campus-Verlag*

b) Arbeiten Sie kurz (jeweils höchstens einen Satz) schriftlich die Thesen des Autors heraus.

c) Bereiten Sie sich darauf vor, Ihre Meinung (Zustimmung oder Ablehnung) zu den Thesen zu begründen.

4. a) In dieser Aktion geht es um die Ansprüche, die an einen Verkäufer gestellt werden. Sie sollen sich klarmachen, in welcher Weise Ihre Stärken für Ihre berufliche Tätigkeit förderlich bzw. Ihre Schwächen hinderlich sind. Bilden Sie dazu in Ihrer Klasse mehrere Gruppen.

b) Sie benötigen ein großes Blatt Papier und Stifte, eventuell Schere, Kleber und alte Zeitungen bzw. Zeitschriften.

c) Sie sollen zwei Ihrer Stärken und zwei Ihrer Schwächen, die sich auf den Verkauf auswirken können, darstellen, indem Sie

 I. entweder diese als vier Symbole auf dem großen Blatt skizzieren

 II. oder diese Stärken und Schwächen repräsentierende Fotos aus den alten Zeitungen/Zeitschriften ausschneiden und auf das große Blatt kleben.

d) Stellen Sie am Beispiel Ihres „Bildes" der Gruppe Ihre Stärken und Schwächen vor.

ZUSAMMENFASSUNG

Einzelhandel

früher → heute

| Verkäufermarkt | Käufermarkt |

Verkäufermarkt:
- Nachfrage der Kunden größer als das Angebot des Einzelhandels
- Mangelsituation (vor allem nach dem 2. Weltkrieg)
- Aufgabe des Einzelhandels: Verteilung knapper Ware

Käufermarkt:
- Angebot des Einzelhandels überwiegt Nachfrage der Verbraucher
- immense Produktvielfalt, die kaum übersehbar ist
- Markt wird immer dynamischer
- Aufgabe des Einzelhandels: Befriedigung der Bedürfnisse der Kunden

Erfolgsfaktor für die Unternehmen:
Kundenzufriedenheit

Konsequenz für Mitarbeiter in Einzelhandel:

- **Kundenorientierung:** Eingehen auf den Kunden, seine Fragen und Wünsche
- **Softselling:** Verkäufer und Kunde sind Partner (statt Hardselling: aggressives Verkaufen um jeden Preis)
- umfassende **Beratung** des Kunden
- Beherrschen effizienter **Verkaufstechniken**

Wir können den Kunden die Waren in unterschiedlichen Geschäften anbieten

Fachgeschäft

Warenhaus

1. Untersuchen Sie, durch welche Merkmale sich das Fachgeschäft und die Ambiente Warenhaus AG unterscheiden.

INFORMATIONEN

Die Verbraucher haben die Möglichkeit, zwischen verschiedenen Geschäften zu wählen. Da gibt es einmal Geschäfte derselben Art, wie etwa Juwelierfachgeschäfte, die um die Gunst der Kunden werben. Zum anderen kann man die gewünschte Ware aber auch in Geschäften verschiedenster Form kaufen, z. B. Turnschuhe in einem Warenhaus oder einem Sportfachgeschäft.

Heutzutage kann man sogar einkaufen, ohne die Wohnung zu verlassen. Der Verbraucher kann also nicht nur wählen, was er kaufen will, er kann auch wählen, wo er kaufen will.

Dabei hat er die Wahl zwischen einer Vielzahl von Betriebsformen. Neben der typischen Form des **Ladenhandels** gibt es den **Versandhandel und den ambulanten Handel (Wanderhandel).**

Ladenhandel

Die meisten Betriebsformen des Einzelhandels gehören zum Ladenhandel, bei dem der Kunde den Verkäufer in seinem Geschäft aufsucht. Zu den bedeutendsten Betriebsformen des Ladenhandels zählen:

Fach- und Spezialgeschäft

- **Verkaufsform:** Vorwahl oder Vollbedienung. Inhaber und Verkaufspersonal verfügen über spezielle Fachkenntnisse.
- **Sortiment:** Waren einer bestimmten Branche oder Bedarfsgruppe mit ergänzenden Dienstleistungen, z. B. Textilien, Lebensmittel, Elektrogeräte, Haushaltswaren (= Teilsortimente). Das in sich geschlossene Branchensortiment ist (z. T. extrem) schmal und tief.

- **Preisgestaltung:** relativ hohes Preisniveau, zu erklären durch das tiefe Sortiment und die Spezialisierung. Dadurch erhöht sich das Absatzrisiko, was häufig zu Kostensteigerungen und damit zu höheren Verkaufspreisen führt.
- **Betriebsgröße:** klein bis mittel
- **Standort:** innerstädtische Geschäftszentren (City)
- **Geschäftsausstattung:** hochwertig bis luxuriös

Vorwahl oder Vollbedienung – das Fachgeschäft

Spezialisieren sich Fachgeschäfte auf eine Auswahl von Waren einer Branche, so bezeichnet man sie als Spezialgeschäfte. Sie führen nur einen geringen Teil des Sortiments eines Fachgeschäfts, allerdings in vielen Ausführungen und Qualitäten, z. B. nur modische Herrenkonfektion (= Boutique), nur Feinkost, Kaffee, Tabakwaren, Süßwaren, Pelze, Wolle oder Spirituosen.

Fachmarkt (z. B. OBI, Media-Markt)

- **Verkaufsform:** Selbstbedienung und Vorwahl (sortimentsbezogene Beratung möglich)
- **Sortiment:** breit und tief; das Sortiment ist auf eine bestimmte Zielgruppe bzw. einen bestimmten Verwendungszweck ausgerichtet (branchengebunden: z. B. Baufachmarkt, Schuhfachmarkt, Haushaltswarenfachmarkt).
- **Preisgestaltung:** niedriges bis mittleres Preisniveau
- **Betriebsgröße:** mittel bis groß
- **Standort:** Stadtzentrum, Einkaufszentrum in Stadtrandlage
- **Geschäftsausstattung:** einfach und praktisch

Fachmärkte sind auf einen Verwendungszweck ausgerichtet.

Gemischtwarengeschäft („Tante Emma")

- **Verkaufsform:** (Voll-)Bedienung; in moderneren Geschäften schon Selbstbedienung
- **Sortiment:** sehr breit und flach; das „gemischte" Angebot umfasst normalerweise zahlreiche verschiedenartige Waren des kurz- und mittelfristigen Bedarfs, wie z. B. Lebensmittel, Haushalts-, Eisen- und Schreibwaren, Textilien und Kurzwaren (Gummis, Bänder, Knöpfe). Für modische Artikel finden sich in diesen Geschäften nur geringe Absatzmöglichkeiten.
- **Preisgestaltung:** relativ hohes Preisniveau
- **Betriebsgröße:** klein (25 m² bis 50 m² Verkaufsfläche)
- **Standort:** in ländlichen Gegenden; in Kleinstädten
- **Geschäftsausstattung:** einfach

Das Gemischtwarengeschäft – oft in ländlichen Gegenden zu finden.

Supermarkt (z. B. Edeka, REWE)

- **Verkaufsform:** überwiegend Selbstbedienung; Vollbedienung bei Frischware
- **Sortiment:** breit und zum Teil tief; Nahrungs- und Genussmittel aller Art und ergänzend Nichtlebensmittel; die durchschnittliche Artikelzahl liegt bei ca. 13 000, davon etwa 20 % Waren aus dem Non-Food-Bereich. Der Umsatzanteil der Frischwarenartikel nimmt ständig zu und wird bewusst beschleunigt.
- **Preisgestaltung:** mittleres Preisniveau; der Supermarkt betreibt eine überwiegend aktive Preispolitik mit einem Kampf-/Stammsortiment gegenüber Konkurrenten. Artikel, die nicht in das Preisbewusstsein des Verbrauchers eingehen, werden höher kalkuliert.
- **Betriebsgröße:** mittel bis groß (400 m² bis 1000 m² Verkaufsfläche)
- **Standort:** in den Haupt- und Nebenstraßen der Städte; in Nachbarschaftszentren am Rand der Städte; in Einkaufszentren
- **Geschäftsausstattung:** zweckmäßig, auf Selbstbedienung ausgerichtet

Auf Selbstbedienung ausgerichtet – der Supermarkt.

Warenhaus (z. B. Kaufhof, Karstadt)

- **Verkaufsform:** Bedienung bei erklärungsbedürftigen Artikeln (z. B. Uhren); Vorwahlsystem, z. B. bei Pullovern; Selbstbedienung, z. B. bei Lebensmitteln
- **Sortiment:** breit, aber unterschiedlich tief; es führt Waren vieler Branchen in mehreren Stockwerken.
  Ein Warenhaus besitzt heute oft Spezialabteilungen, etwa für Nahrungsmittel oder Hausrat, die sich in Angebot und Qualität mit jedem Fachgeschäft messen können. Die Warenangebote aus zahlreichen Branchen (Nahrungs- und Genussmittel, Textilien, Hausrat, Wohnbedarf u. v. m.), untergebracht in besonderen Fachabteilungen, enthalten zwischen 80 000 bis 150 000 Artikel.

- **Preisgestaltung:** mittlere bis gehobene Preislage
Vorteil des Großeinkaufs: durch das unterschiedliche Sortiment ist eher ein Risikoausgleich gegeben, z. B. lassen sich rückläufige Umsätze in einer Warengruppe durch erhöhte Umsätze in anderen Bereichen ausgleichen.
- **Betriebsgröße:** Das Warenhaus ist die Großform eines Gemischtwarengeschäfts; ein in Abteilungen gegliederter Großbetrieb des Einzelhandels; die Größe der Verkaufsfläche reicht von 6000 m² bis in Einzelfällen über 30000 m².
- **Standort:** im Zentrum von Großstädten; in den Citys von Mittelstädten; in den Einkaufszentren, wo sie in Konkurrenz zu den Verbrauchermärkten und SB-Warenhäusern treten.
- **Geschäftsausstattung:** mittlere bis gehobene Ausstattung; unterschiedlich je nach Abteilung

Zwei Warenhaus-Riesen

(GALERIA KAUFHOF) * **KARSTADT**

GALERIA	KARSTADT	
83		Operatives Ergebnis (EBITDA) in Mio. Euro
192		
26 608		Mitarbeiter (31.12.2006)
19 283		
184 112		Umsatz pro Mitarbeiter in Euro
187 834		
2 943		Umsatz pro m² in Euro
2 436		

*einschl. 11 Inno-Warenhäuser in Belgien (298 Mio. Euro Umsatz)

Quelle: EHI Retail Institute, Arcandor, Metro, eigene Berechnungen

dpa———
Grafik 4478

Kaufhaus (z. B. C&A, Peek & Cloppenburg, Möbel Höffner)
- **Verkaufsform:** Vorwahlsystem, z. B. bei Textilien; Bedienung, z. B. bei Elektroartikeln
- **Sortiment:** Kaufhäuser sind den Fachgeschäften verwandt. Sie unterscheiden sich von den Warenhäusern dadurch, dass sie auf eine Branche spezialisiert sind

(z. B. Textilien, Möbel, Elektroartikel). Kaufhäuser besitzen keine Lebensmittelabteilung.
- **Preisgestaltung:** mittleres, z. T. niedriges Preisniveau
- **Betriebsgröße:** Kaufhäuser sind Groß- und Mittelbetriebe des Fachhandels.
- **Standort:** im Zentrum von Groß- und Mittelstädten; in Einkaufszentren
- **Geschäftsausstattung:** fachgerecht; bequeme Verkehrswege (Rolltreppen, Aufzüge)

Das Kaufhaus ist auf eine Branche spezialisiert.

Discounter[1] (z. B. Aldi, Lidl)
- **Verkaufsform:** Selbstbedienung
- **Sortiment:** Sortimentsbreite- und -tiefe sind konsequent beschränkt; umfasst lediglich 700 bis höchstens 2500 Artikel; besteht aus problemloser Ware, meistens Nahrungs- und Genussmittel, Textilien, Körperpflegemittel, Haushaltswaren und Elektroartikel; hohe Umschlagszahlen.
- **Preisgestaltung:** besonders niedriges Preisniveau, da Einsparungen an Personal-, Miet-, Einrichtungs- und Lagerkosten; kein Service
- **Betriebsgröße:** mittel bis groß
- **Standort:** häufig in Stadtrandlage, aber auch in den Innenstädten
- **Geschäftsausstattung:** einfache Verkaufsräume

Das Sortiment im Discountgeschäft ist beschränkt.

---

1 discount = Abschlag

Fachdiscounter (z. B. KIK, Rossmann)
- **Verkaufsform:** Selbstbedienung
- **Sortiment:** beschränkte Breite und Tiefe
- **Preisgestaltung:** niedrige Preise
- **Betriebsgröße:** mittel
- **Standort:** Stadtrandlage bzw. Innenstadt
- **Geschäftsausstattung:** einfach

Die Ausstattung im Kleinpreisgeschäft ist einfach.

Marktanteilsentwicklung der Betriebsformen im Einzelhandel

Anteile in %

2001	2010	
10,5	14,9	Discounter
13,7	16,4	Fachmärkte
12,7	13,1	Filialisierter Non-Food-Fachhandel
23,5	23,2	Supermärkte, SB-Warenhäuser, Verbrauchermärkte
4,9	4,0	Versandhandel
4,3	3,0	Kaufhäuser
21,8	14,1	Fachhandel
		Sonstige

Quelle:
Zahlenspiegel 2011, hrsg. vom Handelsverband Deutschland e. V. (HDE)

Verbrauchermarkt und SB-Warenhaus
(z. B. Real, Kaufland)
(Der Verbrauchermarkt ist eine Weiterentwicklung des Discountgeschäfts.)

- **Verkaufsform:** überwiegend Selbstbedienung; bei Waren mit besonderen Anforderungen an die Hygiene (Frischfisch, Frischfleisch, Aufschnitt) Bedienung
- **Sortiment:** warenhausähnlich; breites und tiefes Food-Vollsortiment, Non-Food flach. Der Verbrauchermarkt wendet das Discountprinzip im Großen an und verbindet es mit dem Warenhausprinzip. So findet man ein breites, aber wenig tiefes, aus vielen Branchen zusammengesetztes Sortiment, vor allem Nahrungs- und Genussmittel, sowie eine weit darüber hinausgehende Palette an Konsum- und Gebrauchsgütern, die sich für Selbstbedienung eignen.
  Den Schwerpunkt bildet der Lebensmittelbereich; der Anteil des Non-Foods erhöht sich allerdings mit steigender Verkaufsfläche: 25 000 bis 30 000 Artikel. Des Weiteren verfügt er über eine oder mehrere ergänzende Dienstleistungsabteilungen, z. B. Restaurant, Kindergarten, Schuhreparaturschnelldienst, Tankstelle.
- **Preisgestaltung:** niedrige bis mittlere Preislagen; aggressive Tendenzen im Food-Bereich
- **Betriebsgröße:** weiträumige, meist eingeschossige Verkaufsfläche (mindestens 1000 m² beim Verbrauchermarkt; über 3000 m² beim SB-Warenhaus)
- **Standort:** in Stadtrandlage (auf der „grünen Wiese"); meistens an verkehrsgünstigen Plätzen mit guten Parkmöglichkeiten für die Kunden
- **Geschäftsausstattung:** einfach und zweckmäßig, entsprechend der Selbstbedienung

Versandhandel

Beim Versandhandel gibt es nicht wie beim Ladenhandel den persönlichen Kontakt zwischen Käufer und Verkäufer im Verkaufsraum. Typisch für den Versandhandel ist vielmehr, dass

- er seine Waren per Katalog, Anzeigen, Prospekten, Funk- und Fernsehwerbung sowie Internet (Homeshopping) oder über Vertreter (= Direktvertrieb) anbietet,
- der Warenversand per Post oder auf anderen Wegen an den Besteller erfolgt.

Mit einem Umsatzvolumen von jährlich fast 12 Mrd. € ist er in der Bundesrepublik Deutschland eine der wichtigsten Vertriebsformen des modernen Handels. Von 15 der großen Versandhäuser in Europa haben allein acht in der Bundesrepublik Deutschland ihren Sitz.

BEISPIELE

Otto-Versand, Neckermann, Schwab, Baur, Bader

553044

Die moderne Form des Handels – der Versandhandel

Sortimentsumfang und -zusammensetzung sind beim **Sortiments-Versandhandel** vergleichbar mit dem der Warenhäuser.

Der **Katalog-Spezialhandel** hingegen bietet eine bestimmte Ware bzw. eine bestimmte Warengruppe an. Sein Sortiment ist daher zwangsläufig schmal und häufig auch tief.

BEISPIELE

Sportartikel (Scheck), Möbel (Flötotto), Wäsche (Witt), Wein-Versand, Tee-Versand

Das gilt auch für den **Vertreter-Versandhandel,** der – gemessen am Sortiment – zum Fachversandhandel zu rechnen ist.

BEISPIELE

Direktvertrieb bei Vorwerk oder Avon Cosmetics

Bestellvorgang

Der traditionelle Weg beim Kauf über den Versandhandel ist der über die **schriftliche Bestellung** auf dafür vorgesehenen Bestellformularen (direkt oder über den Sammelbesteller).
Zunehmend gewinnt jedoch die **telefonische Bestellung** an Bedeutung.

Vorteile für den **Kunden:**

- Er erfährt sofort, ob die von ihm gewünschte Ware vorrätig ist;
- Zeiteinsparung, da keine Verzögerung durch die postalische Zustellung eintritt.

Einen zusätzlichen Service für den Kunden bietet das **Angebot im Internet.** Der Kunde kann sich dort zu jeder Zeit über das Warenangebot informieren und Bestellungen aufgeben.

BEISPIELE

REWE: Lebensmittel; Jako-o: u. a. Kinderbekleidung; Otto-Gruppe: u. a. Bekleidung, Schuhe, alles für Haus und Garten

Die **Standorte** der Versandhäuser befinden sich zumeist in Produktionsorten oder Hafenstädten, wo sie durch Direkteinkauf im Großen oder durch Angliederung von Herstellungsbetrieben günstig einkaufen und auch verkaufen können.

Vorteile für den **Verbraucher:**

- günstige Preise, die zudem bis zu einem halben Jahr gültig sein können (preisstabilisierender Einfluss)
- bequeme und ungestörte Auswahl der Ware zu Hause
- große Auswahl
- Bezahlung kann auf Raten erfolgen
- Zeitersparnis, insbesondere für Berufstätige
- Einsparung des Fahrgeldes für z. T. große Entfernungen zu den Einkaufsstätten
- Rückgaberecht – meist bis 14 Tage nach Eintreffen der Ware – ohne Angabe von Gründen

Vorteile für den **Versandhandel:**

- Er benötigt kein geschultes Personal.
- Ladenmiete und -ausstattung entfallen.
- Möglichkeiten zur Rationalisierung durch Einsatz von maschinellen Anlagen, in erster Linie bei der Ausführung der Bestellungen, bei der Verpackung und im Rechnungswesen, sodass die Kosten spürbar gesenkt werden können.

Die Ladengeschäfte der Versandhäuser stellen eine Ergänzung zum Versandgeschäft dar. Dadurch kann der Versandhandel am Saisonschlussverkauf teilnehmen und Restbestände, die der Mode oder Jahreszeit unterworfen sind, noch beizeiten abstoßen. Beim Verkauf ausschließlich über den Katalog wäre das nicht möglich, da so lange geliefert werden muss, wie der Katalog gilt.

Das Ladengeschäft ist daher auch ein Mittel, um die Kosten des Versandgeschäfts zu senken.

Durch Entwicklungen im Einkaufsverhalten der Bevölkerung sowie durch die Anwendungsmöglichkeiten neuer Kommunikationstechniken wird der Versandhandel seine bedeutende wirtschaftliche Stellung beibehalten bzw. in Zukunft eher noch ausbauen können. Dazu trägt auch das steigende Freizeitbedürfnis der Bevölkerung bei.

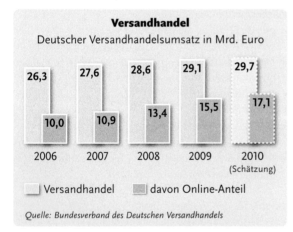

Online-Handel nach Branchen

Anteil der Unternehmen in den jeweiligen Branchen, die das Internet als Vertriebsweg nutzen, in Prozent

Branche	Prozent
Bücher	62
Spielwaren	30
Sportartikel	27
Bau- und Heimwerkerhandel	18
Haushaltswaren, Glas, Porzellan	17
elektronische Erzeugnisse	13
Möbel, Einrichtungsgegenstände	10
Bekleidung	9

Quelle: HDE-Umfrage

Versandhandel

Deutscher Versandhandelsumsatz in Mrd. Euro

2006	2007	2008	2009	2010 (Schätzung)
26,3	27,6	28,6	29,1	29,7
10,0	10,9	13,4	15,5	17,1

☐ Versandhandel   ☐ davon Online-Anteil

Quelle: Bundesverband des Deutschen Versandhandels

Wanderhandel (ambulanter Handel)

Die älteste Betriebsform des Einzelhandels ist der Wanderhandel – ohne festen Standort.

Der Wanderhandel tritt in Erscheinung als:

Hausierhandel

Waren wie Bürsten, Kurzwaren, Seifen und Küchenmesser werden von sogenannten fliegenden Händlern an der Haustür angeboten.

Markthandel

Waren wie Obst, Gemüse, Blumen, Geflügel usw. werden auf Tages- oder Wochenmärkten verkauft.

Verkaufswagen auf einem Wochenmarkt

Straßenhandel

Waren wie z. B. Obst, Gemüse, Spielzeug, Haushaltsartikel oder Fisch werden auf der Straße auf provisorischen Verkaufstheken oder aus fahrbaren Verkaufswagen angeboten.

Verkaufsstand auf einem Weihnachtsmarkt

Strukturwandel im Einzelhandel

Der Wandel im Einzelhandel ist durch folgende Entwicklung gekennzeichnet:

- Rückgang der Unternehmen
- zunehmende Intensität der Unternehmens- und Umsatzkonzentration
- Ausdehnung der Verkaufsflächen

Das Sterben im Lebensmittelhandel setzt sich weiter fort. Seit Anfang der 70er-Jahre bis heute ist die Zahl der Lebensmittelgeschäfte um über 100 000 geschrumpft. Eindeutige Gewinner der Entwicklung im Lebensmitteleinzelhandel werden die kleinen Verbrauchermärkte mit 800 m² bis 1 500 m² Größe und die Discounter sein. Zu den großen Verlierern gehören die Tante-Emma-Läden. Sie bieten zwar häufig persönliche Bedienung, im Wettbewerb um die Gunst der Verbraucher können sie aber meistens weder im Preis noch in der Angebotsfülle mithalten. Hinzu kommt, dass viele Inhaber kleiner Betriebe keinen Nachfolger finden.

Für 32,9 % des Einzelhandels in Deutschland ist das „Shopping per Mausklick" bereits Wirklichkeit. Allerdings beschränken sich 58,7 % der Händler auf reine Kunden- und Marketinginformation. Weitere 13,5 % wollen kurzfristig und 30 % langfristig auf diese neue Form des elektronischen Handels umstellen. Der Einzelhandel sieht durchaus die Vorteile von E-Commerce. Kleinere und mittlere Unternehmen versprechen sich von E-Commerce neue Möglichkeiten und halten dies für einen wichtigen Faktor der Kundengewinnung.

Wo wir einkaufen

	So oft kauft jeder Haushalt 2009 ein	So viel bezahlen die Haushalte 2009 je Einkauf
bei Discountern	70 mal	18,40 Euro
in großen Verbrauchermärkten	29	30,20
in kleinen Verbrauchermärkten	27	16,40
in Supermärkten	18	14,90
in Drogeriemärkten	16	12,00

3757 © Globus   Quelle: Nielsen

Handel im Jahr 2010: Discounter auf dem Vormarsch

IHR DISCOUNTER
ALLES, WAS DER MENSCH SO BRAUCHT
SPACE SHIP

Anteil der Discounter am Umsatz in Prozent		
	1995	2010
Unterhaltungselektronik	30–33	40
Lebensmittel[1]	30–32	**40**
Computer	27–28	35
Drogerie	18–20	35
Bau- und Heimwerkerbedarf	9–10	20
Schuhe	4–5	**20**
Textilien	5–7	19
Möbel	**5–6**	19

1 nur Lebensmitteleinzelhandel – Quelle: BBE-Unternehmensberatung, Institut der deutschen Wirtschaft, Köln

Bahnhofshopping – verkürzt die Wartezeiten

Shoppingcenter – lässt keine Wünsche offen

Neue Angebotsformen im Einzelhandel

Mehrfachmärkte

Fachmärkte, die mehrere Bedarfsfelder abdecken, z. B. Bau und Hobby, Möbel und Geschenke

Bahnhofshopping

Es bietet ein neu gewonnenes Erlebnis-, Handels- und Dienstleistungsangebot.

Airportshopping

Hier entfallen alleine auf die Duty-free-Läden weltweit Umsätze von rund 16 Mrd. €, in Deutschland 600 Mio. €. Dies ist zugleich nur ein Drittel der Airport-Umsätze. (Zum Vergleich: Das Umsatzvolumen des Einzelhandels beträgt in Deutschland rund 400 Mrd. €, das des Lebensmitteleinzelhandels rund 100 Mrd. €.)

Factory-Outlet-Center

räumlich integrierte Zusammenfassung verschiedener Fabrikläden zu einem Einkaufszentrum

Teleshopping

Waren werden im Rahmen einer TV-Verkaufsschau präsentiert. Während der Sendung kann der Zuschauer die Waren bestellen.

E-Commerce[1]

„Shopping per Mausklick". In einem virtuellen Supermarkt werden die Waren im Internet angeboten und können vom heimischen PC aus bestellt werden.

Fabrikläden

Verkaufsstellen von Produzenten, die ihre eigenen Erzeugnisse zu Niedrigpreisen direkt an den Endverbraucher verkaufen

Urban Entertainment Center

Deren Bedeutung für die Expansion der Verkaufsflächen und Produktangebote kann heute am Wachstum der Multiplex-Kinos festgemacht werden. Da Deutschland im Freizeitanlagemarkt im internationalen Vergleich noch Nachholbedarf aufweist, wird erwartet, dass internationale Freizeitkonzerne den deutschen Markt mit neuen Konzepten bereichern werden.

Off-Price-Geschäfte

Hier werden Waren der mittleren und hohen Qualitäts- und Preisstufe unter Vermeidung jeder Kosten verursachenden Dienstleistung mit hohen Preisabschlägen verkauft.

Club-/Event-/Fun-/Fan-Shop (CEFF-Shopping)

Beispiele für diese regelmäßig vernachlässigte Form des Handelns sind das Einkaufen von T-Shirts und Accessoires in Szene-Lokalen, von Bekleidung und Merchandising-Artikeln in Freizeitparks, von Overalls oder Blousons am Rande der Formel-1-Pisten und in Fußballstadien, von Handtüchern und Bekleidung in Hotels und Clubs, von Sportartikeln, Körperpflegeprodukten und Getränken in Sport-/Fitness-/Wellness-Clubs usw.

Discount-Catalogue-Showroom

Räume, in denen die Kunden nur Warenmuster und Kataloge einsehen, an einer zentralen Theke die Bestellung aufgeben und nach wenigen Minuten ihre Ware erhalten

Convenienceshopping

Unter den vielfältigen Formen, so C-Stores, Bäckereien, Kioske, sind heute besonders die Tankstellen-Shops hervorzuheben. Sie erzielen jährliche Umsatzzuwächse von 5 %, und zwar mit einem zunehmend breiten Waren- und auch Dienstleistungsspektrum, und bewegen sich in Richtung „reiner Shop", im Zweifel auch ohne die dazugehörigen Zapfsäulen.

Partiediscounter

Sie führen kein dauerhaftes Sortiment, sondern bieten je nach Verfügbarkeit Überschussware mehrerer Hersteller zu Sonderangebotsbedingungen an.

Secondhandshopping

Diese Form kann, entgegen ihrer früheren Bedeutung in unteren Einkommensschichten, heute auch als Ausdruck einer Schnäppchenjäger-Mentalität (Smartshopping) in Form des Kaufs von Designer-Marken aus zweiter Hand interpretiert werden. Auf der Angebotsseite etablieren sich in diesem Bereich erste Filialisten in Großstädten.

---

1 E-Commerce = Electronic Commerce, siehe Kap. 1.7

Angebotsformen

Wert	Angebotsform
81,8	Fachmärkte
67,9	Urban Entertainment Center
60,6	Shoppingcenter in Bahnhöfen
56,7	Factory-Outlet-Center
56,6	Discounter
56,2	Einkauf an Tankstellen
55,1	Formen des Electronic Shoppings
50,4	Convenience-Stores
48,2	SB-Warenhäuser/Verbrauchermärkte
46,0	Zustelldienste
36,5	Shopping-Tourismus
36,0	Supermärkte
32,4	landwirtschaftliche Direktvermarktung
27,7	Fachgeschäfte
26,3	Abholdienste
25,2	Fan-Shopping
19,6	Secondhandshopping
11,6	Tante-Emma-Läden
10,6	Airportshopping
9,1	Kauf-/Warenhäuser

Einschätzung der Entwicklung ausgewählter Angebotsformen

(Anteil der Manager, die starkes/sehr starkes Wachstum sehen)

nach: Tomczak/Belz/Schögel/Birkhofer (Hrsg.):
Alternative Vertriebswege, S. 44.
© *1999 Schäffer-Poeschel Verlag für*
Wirtschaft·Steuern·Recht GmbH & Co. KG in Stuttgart.

AUFGABEN

1. Welche drei typischen Gruppen von Betriebsformen sind im Einzelhandel zu unterscheiden?

2. Nennen Sie die Betriebsformen des Ladenhandels.

3. Welchen Standort bevorzugen die meisten großen Fachgeschäfte für Oberbekleidung?

4. Welche Vorteile bietet ein Fachgeschäft dem Kunden?

5. Welche Betriebs- und Verkaufsformen sind im Einzelhandel für folgende Warengruppen typisch?
   a) Herrenkleidung
   b) Feinkostwaren
   c) Computer
   d) Armbanduhren

6. Welche der folgenden sechs Betriebsformen des Einzelhandels sind auf dem Selbstbedienungssystem aufgebaut?
   a) Fachgeschäft
   b) Discountgeschäft
   c) Versandgeschäft
   d) Supermarkt

   e) Boutique
   f) Verbrauchermarkt

7. Bei welcher der folgenden Betriebsformen ist das Sortiment niemals tief?

   • Gemischtwarengeschäft
   • Spezialgeschäft
   • Warenhaus   • Versandhandel
   • Kaufhaus   • Discountgeschäft
   • Fachgeschäft

8. Welche Betriebsform ist dadurch gekennzeichnet, dass sie viele Warengruppen unter einem Dach anbietet?

9. Welche Vorteile bietet der Versandhandel dem Kunden?

10. Würden Sie folgende Waren eher von einem Versandgeschäft beziehen oder lieber in einem Fachgeschäft kaufen? Begründen Sie Ihre Antwort.

    • Abendkleid   • Mikrowellenherd
    • Waschmaschine   • Bettwäsche
    • Videokamera   • Hi-Fi-Anlage
    • Tafelservice   • Tennisschläger
    • Werkzeug für den Heimwerker

AKTIONEN

1. Führen Sie in arbeitsteiligen Gruppen eine Erkundung durch und stellen Sie dabei sicher, dass möglichst viele der im Lehrbuch erwähnten Betriebsformen besucht werden.

2. Untersuchen Sie die einzelnen Betriebsformen anhand ausgewählter Merkmale. Auf die einzelnen Merkmale sollen sich die Gruppen zuvor gemeinsam verständigt haben.

3. Halten Sie Ihre Ergebnisse in einer Tabelle fest.

4. Stellen Sie anschließend die Ergebnisse in der Klasse den anderen Gruppen vor, indem Sie hierfür farbige Pappen und eine Plakatwand verwenden.

5. Welche der untersuchten Betriebsformen ist aufgrund der festgestellten Ergebnisse die größte Konkurrenz der Ambiente Warenhaus AG?

ZUSAMMENFASSUNG

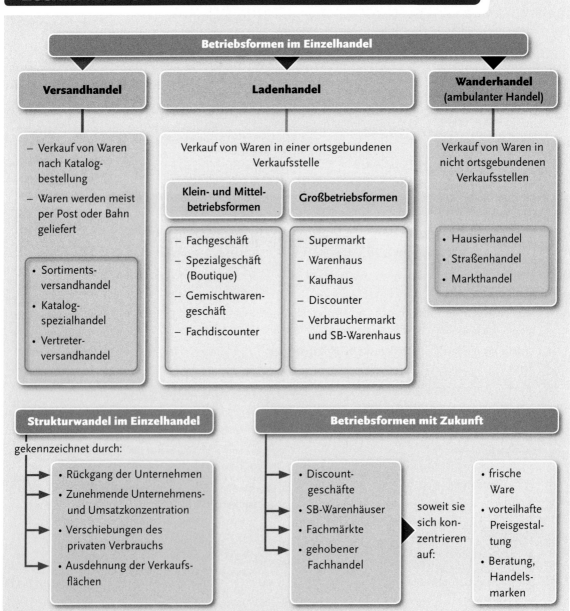

LERNFELD 1

KAPITEL 7
**Wir können den Kunden die Waren
auf unterschiedliche Arten anbieten**

Verkaufsformen im Einzelhandel

Mühevoll quält sich der kleine weiße Polo durch den Feierabendverkehr der Stadt. Die Blechkolonne schiebt sich im Schritttempo von Ampel zu Ampel, während sich ein feiner Nieselregen auf die Windschutzscheiben legt. „Es ist zum Heulen", mault Anja Maibaum ihren Freund an, „warum bin ich nur ausgerechnet an meinem freien Tag auf die blöde Idee gekommen, jetzt noch mal zum Einkauf in die City zu fahren?" „Stimmt", triumphiert ihr Freund vom Beifahrersitz, „das hätten wir alles von meinem PC aus machen können ..."

Aus dem Autoradio erklingt gerade zufällig das Lied „Tante Emma" von Udo Jürgens:

> Im Einkaufs-Center und Discount,
> da bin ich immer schlecht gelaunt.
> Im endlos großen Supermarkt,
> da droht mir gleich ein Herzinfarkt.
> Da liegen die Regale voll,
> ich weiß nicht, was ich nehmen soll.
> Da wird das Kaufen zur Tortur,
> ich geh' zu Tante Emma nur.
>
> **Refrain:**
> Im Tante-Emma-Laden
> an der Ecke vis-à-vis.
> Wenn an der Tür die Glocke bimmelt,
> ist das beinah' schon Nostalgie.

> Im Supermarkt bin ich allein,
> beim Suchen hilft mir da kein Schwein.
> Ich schiebe die Karre hin und her
> und schau' bei ander'n: Was kauft der?
> Dann steh' ich Schlange beim Bezahl'n,
> na, das ist gar nicht auszumal'n.
> Ich weiß, wo ich noch Kunde bin,
> ich geh' zu Tante Emma hin.
>
> **Refrain:**
> Im Tante-Emma-Laden
> an der Ecke vis-à-vis.
> Wenn an der Tür die Glocke bimmelt,
> ist das beinah' schon Melodie.
>
> Bei Tante Emma ist's privat,
> sie ist kein Warenautomat.
> Sie sagt, wenn ich nicht
> zahlen kann:
> Was macht das schon,
> dann schreib' ich an.
> Wenn Tante Emma nicht mehr ist
> und ein Discount den Laden frisst,
> setz' ich mich auf den Bürgersteig
> und trete in den Hungerstreik.
>
> **Refrain:**
> Im Tante-Emma-Laden
> an der Ecke vis-à-vis.
> Wenn an der Tür die Glocke bimmelt,
> ist das beinah' schon Poesie.

Eckart Hachfeld by Montana, München

1. Von welchen unterschiedlichen Verkaufsformen ist bei Udo Jürgens und dem Freund von Anja Maibaum die Rede?

INFORMATIONEN

Im Einzelhandel werden unterschiedliche Verkaufsformen angewandt. Eine Verkaufsform legt fest, in welcher Art und Weise der Kunde beim Einzelhandelsunternehmen Ware auswählen und in Empfang nehmen kann.

Eine Verkaufsform beinhaltet also die Ausgestaltung der Serviceleistungen des Verkaufspersonals im Handel. Es werden unterschiedliche Verkaufsformen unterschieden.

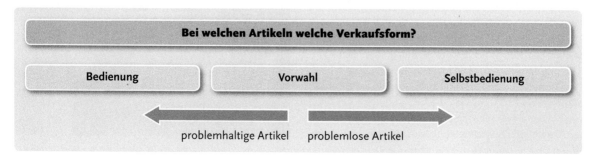

Bedienung

Die Verkaufsform der Bedienung liegt vor, wenn der Verkäufer die Beratung des Kunden, die Übergabe der Ware an ihn und das Kassieren des Verkaufspreises übernimmt. Bei der Bedienung ist der Kunde nicht in der Lage, ohne Verkaufsmitarbeiter an die Ware zu gelangen.

> **BEISPIELE**
>
> - Apotheken
> - Juweliere
> - Frischeabteilungen im Lebensmittelbereich, für die besondere Hygienevorschriften gelten (Fisch, Fleisch, Käse)
> - Delikatessen
> - Glas/Porzellan/Bestecke

Die Verkaufsform der Bedienung wird vor allem dort angewandt, wo es um den Verkauf erklärungsbedürftiger Ware geht: Der Verkäufer kann dem Kunden alle Informationen über die Ware geben, die der Kunde von sich aus nicht hat. Von dieser Beratungsqualität des Verkaufsmitarbeiters hängt der Erfolg des Verkaufsgesprächs entscheidend ab.

Bedienung	
Vorteile	**Nachteile**
• persönlicher Kontakt zwischen Kunde und Verkäufer • individuelle Beratung • Hohe Fachkompetenz (warenkundliche Kenntnisse und verkaufstechnische Fähigkeiten) der Verkäufer kann genutzt werden. • Vorführen des Handlings von Geräten ist möglich.	• Einige Kunden haben Hemmungen, Geschäfte mit Bedienung aufzusuchen, da sie sich zum Kauf verpflichtet fühlen. • hohe Kosten durch die intensive Bedienung • Wartezeiten bei Beratung mehrerer Kunden möglich

Selbstbedienung

Selbstbedienung ist eine Verkaufsform, in der gar keine oder kaum Beratung gewünscht wird. Der Kunde wählt die griffbereit ausgestellten Waren selbst ohne Mitwirkung des Verkäufers aus und bringt sie selbst zur Kasse.

Die Verkaufsform der Selbstbedienung kann beim Verkauf problemloser Ware angewandt werden. Da die Beratungsfunktion des Verkäufers hier weitgehend in den Hintergrund rückt, müssen die Verpackungen der Ware alle notwendigen Informationen und Erklärungen enthalten. Durch gute Ausschilderung müssen sich die Kunden in den Verkaufsräumen gut zurechtfinden können.

Beim Kauf von Lebensmitteln ist Selbstbedienung üblich.

Selbstbedienung	
Vorteile	**Nachteile**
• schnelle Durchführung der Verkaufsvorgänge • durch Verzicht auf Beratung Senkung von Personalkosten • durch Senkung der Personalkosten Kalkulation günstiger Preise • Weil der Kunde Zugang zu allen Waren hat, besteht die Möglichkeit von Impulskäufen. • Kunde braucht sich nicht durch Verkäufer beeinflusst zu fühlen.	• größere Diebstahlgefahr • geringe Beratungsmöglichkeiten

Vorwahlsystem

Das Vorwahlsystem ist eine Kombination aus Selbstbedienung und Bedienung. Es erlaubt dem Kunden, sich selbstständig umzuschauen, aber auch bei Bedarf Kontakt zum Verkäufer aufzunehmen, der ihn nach Aufforderung berät. Der Verkäufer kann sich ebenfalls dem Kunden nähern und Hilfe anbieten, falls er es für nötig erachtet. Bei der Vorwahl informiert sich der Kunde also selbst über das Angebot, der Verkäufer beschränkt sich darauf, noch unklare Fragen zu beantworten bzw. Zweifel auszuräumen und den Verkauf zum Abschluss zu bringen.

Das Vorwahlsystem kombiniert Selbstbedienung und Bedienung.

Haupttätigkeiten des Verkaufspersonals

Bedienung	Vorwahl	Selbstbedienung
Beraten	Beobachten	Regale auffüllen
Verkaufen	Beraten	Beraten nur bei Ansprache durch Kunden
Verpacken	Verkaufen	Beobachten
Kassieren	Verpacken	Kassieren
Ware übergeben	Kassieren	
	Ware übergeben	

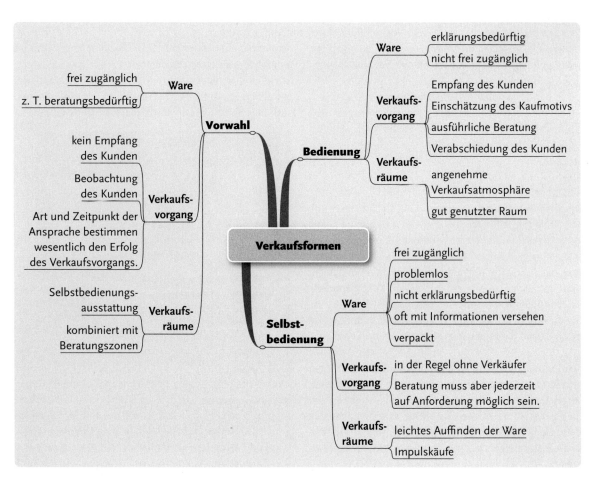

Besondere Verkaufsformen

Neben den vorherrschenden Verkaufsformen Selbstbedienung, Bedienung und Vorwahl gibt es im Einzelhandel noch einige besondere Verkaufsformen.

Automatenverkauf

Der Automatenverkauf ist ein mechanisiertes Absatzverfahren, bei dem der Käufer nach Eingabe von Zahlungsmitteln die gewünschte Ware dem Automaten entnimmt. Beim Verkauf aus Warenautomaten werden dem Kunden sämtliche Verkäuferfunktionen (Auswahl, Transport der Ware, Inkasso) übertragen.

Versandhandel

Beim Versandhandel – als Verkaufsform des Einzelhandels betrachtet – werden die Waren über gedruckte Kataloge, Prospekte, Anzeigen usw. oder durch Vertreter angeboten und dem Kunden zur Bestellung auf dem Versandweg durch die Post (oder andere Transportunternehmen) zugestellt.

> **Konsum per Katalog**
>
> Die Deutschen sind nicht nur die fleißigsten Katalogkäufer, sie beherrschen auch den Versandhandel in Europa. Über 40 % des Versandgeschäfts liegen in den Händen deutscher Unternehmen; genannt sei nur der Versandhandelsriese Otto. Im Jahr 2008 belief sich der Versandhandelsumsatz je Kopf in Deutschland auf 364,00 €. Weit abgeschlagen erreichten die Briten den zweiten Platz, gefolgt von den Norwegern und den Schweizern.

Teleshopping

Mit dem Begriff „Teleshopping" wird die Durchführung von Warenbestellungen am Fernseher bezeichnet. Aus dem Englischen übersetzt bedeutet Teleshopping „am Bildschirm einkaufen". Immer mehr Haushalte bekommen das Fernsehen über das Kabelnetz oder per Satellit. Statt im Katalog zu blättern, schaut der Kunde spezielle Teleshoppingsender oder Teleshoppingsendungen im herkömmlichen Programm einiger Privatsender an und bestellt dann direkt per Telefon.

Teleshopping – häufig auch **T-Commerce** genannt – hat gegenüber **E-Commerce** den Vorteil, dass es auf der weitverbreiteten Nutzung des TV und der Vertrautheit mit diesem Medium aufbauen kann. Der feste Platz, den das Fernsehen im Leben vieler Menschen hat, ist sowohl Chance als auch Herausforderung für T-Commerce-Anbieter.

Mediendienste wie Teleshopping boomen im deutschen Fernsehmarkt. Neben HSE24, QVC und Best Direct hat der Marktführer RTL seinen eigenen Teleshoppingdienst „RTL-Shop" eingeführt. Zudem nutzen die Teleshoppingsender Zeitfenster bei Vollprogrammen wie RTL, SAT1, DSF und Kabel 1.

Experten gehen davon aus, dass Teleshopping sich stark mit der Entwicklung des digitalen Fernsehens weiterentwickeln wird. Diese Fernsehtechnik wird Interaktivität zwischen Sender und Fernsehzuschauer ermöglichen, also beispielsweise den Kauf per Fernbedienung.

Beim Teleshopping wird per Telefon bestellt.

Onlineshopping

Onlineshopping ist eine Spielart des E-Commerce (Electronic Commerce). Unter E-Commerce wird die elektronische Geschäftsabwicklung über das Internet verstanden: Dazu zählen also alle Formen des Einkaufs und Verkaufs von Waren und auch Dienstleistungen auf der Basis von Rechnernetzen.

Einkaufen per Mausklick

Von je 100 Einwohnern* haben 2009 Waren und
Dienstleistungen über das Internet bestellt

Griechenland	10
Italien	12
Spanien	23
Polen	23
Tschechien	24
Belgien	36
Österreich	41
Frankreich	45
Finnland	54
Deutschland	56
Luxemburg	58
Schweden	63
Niederlande	63
Dänemark	64
Großbritannien	66

3506 © **Globus** Quelle: Stat. Bundesamt *16 bis 74 Jahre

Die modernen Informations- und Kommunikations-
technologien greifen in alle Lebensbereiche des Menschen mehr und mehr ein. So wird auch der Einkauf
zunehmend über das Internet abgewickelt. Im Weihnachtsgeschäft 2009 wurden in Deutschlands Einzelhandel 5,5 Mrd. € online umgesetzt, 10 % mehr als im
Vorjahr. Am gesamten Weihnachtsgeschäft hatte der
Online-Handel jedoch erst den bescheidenen Anteil
von knapp 4 %. 56 % der Bundesbürger haben im letzten
Jahr etwas per Internet bestellt. Damit liegt Deutschland im Vergleich mit anderen EU-Ländern im Mittel-
feld. Die Briten haben die Nase vorn. Zwei Drittel der
Bevölkerung Großbritanniens waren 2009 online shop-
pen.

Die zwei Arten des E-Commerce:

- Business-to-Business (B2B)
  Darunter fallen alle elektronisch durchgeführten Ge-
  schäftstransaktionen zwischen Betrieben.

  BEISPIEL

  > Die Ambiente Warenhaus AG bestellt über das In-
  > ternet bei der Hildesheimer Grünpunkt GmbH
  > 5 000 Autoradios. Geschäftspartner sind hier zwei
  > Unternehmen.

- Business-to-Consumer (B2C)
  Dies ist der elektronische Versandhandel mit Endkun-
  den über das Internet, das eigentliche Onlineshopping.

BEISPIEL

> Der Auszubildende Benedikt Plaumann kauft im
> Internetshop der Ambiente Warenhaus AG ein Auto-
> radio.

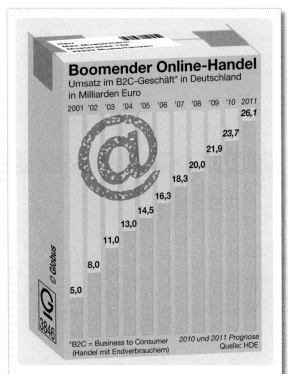

Boomender Online-Handel
Umsatz im B2C-Geschäft* in Deutschland
in Milliarden Euro

2001 '02 '03 '04 '05 '06 '07 '08 '09 '10 2011

Jahr	Umsatz
2001	5,0
'02	8,0
'03	11,0
'04	13,0
'05	14,5
'06	16,3
'07	18,3
'08	20,0
'09	21,9
'10	23,7
2011	26,1

*B2C = Business to Consumer
(Handel mit Endverbrauchern)

2010 und 2011 Prognose
Quelle: HDE

3846 © Globus

Gerade in den Wochen vor Weihnachten graut es vielen
vor einem Besuch der verstopften Innenstädte; denn
auf der Suche nach Geschenken drängen sich die Menschen dicht an dicht durch Geschäfte und Kaufhäuser,
und wer mit dem Pkw unterwegs ist, hat seine liebe Not
mit der Parkplatzsuche. Immer mehr Verbraucher ent-
ziehen sich diesem Stress und erledigen ihren Ein-
kaufsbummel im Internet. Wurden 2001 gerade mal
5 Mrd. € Umsatz im deutschen Online-Handel erzielt,
werden es in diesem Jahr schon fast 24 Mrd. € sein. Für
das kommende Jahr rechnen die Einzelhändler mit
einem weiteren Umsatzplus von rund 10 % – Wachs-
tumsraten, von denen der herkömmliche Einzelhandel
nur träumen kann.

Das Onlineshopping erfolgt über Webshops: Dies sind
Onlineangebote von Produkten an Endverbraucher, die
über das Internet Waren bestellen können. Im Internet
sind Anbieterseiten, Testveröffentlichungen, elektronische Tarifberater und Foren die wesentlichen Informationsquellen, bei den vorherrschenden Verkaufsformen
das Verkaufspersonal.

Unternehmen im Netz

60 von je 100 in Deutschland tätigen Unternehmen sind im Internet präsent

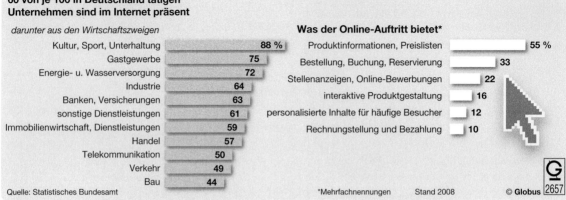

darunter aus den Wirtschaftszweigen

Kultur, Sport, Unterhaltung	88 %
Gastgewerbe	75
Energie- u. Wasserversorgung	72
Industrie	64
Banken, Versicherungen	63
sonstige Dienstleistungen	61
Immobilienwirtschaft, Dienstleistungen	59
Handel	57
Telekommunikation	50
Verkehr	49
Bau	44

Was der Online-Auftritt bietet*

Produktinformationen, Preislisten	55 %
Bestellung, Buchung, Reservierung	33
Stellenanzeigen, Online-Bewerbungen	22
interaktive Produktgestaltung	16
personalisierte Inhalte für häufige Besucher	12
Rechnungstellung und Bezahlung	10

Quelle: Statistisches Bundesamt   *Mehrfachnennungen   Stand 2008   © Globus 2657

AUFGABEN

1. Was sind Verkaufsformen?

2. Erläutern Sie die Verkaufsform der Bedienung.

3. Führen Sie Vor- und Nachteile der Bedienung auf.

4. Durch welche Merkmale ist die Selbstbedienung gekennzeichnet?

5. Führen Sie Vor- und Nachteile der Selbstbedienung auf.

6. Was versteht man unter dem Vorwahlsystem?

7. Bei welchen Artikeln empfiehlt sich welche Verkaufsform?

8. Welche Haupttätigkeiten übernimmt der Verkäufer
   a) bei der Bedienung,
   b) bei der Selbstbedienung,
   c) im Vorwahlsystem?

9. Wie werden die Waren beim Versandhandel und beim Automatenverkauf angeboten?

10. Wodurch unterscheiden sich Teleshopping und Onlineshopping?

11. Welche Vor- und Nachteile haben Tele- und Onlineshopping?

12. Momentan herrscht Hochbetrieb bei der Ambiente Warenhaus AG. Entscheiden Sie, um welche Verkaufsform es sich in den folgenden Fällen handelt:
   a) Eine junge Mutter schaut sich in der Kindermodenabteilung ganz begeistert Strampelanzüge an. Sie ist erfreut über die große Auswahl und sucht in aller Ruhe aus. Nach einiger Zeit geht sie mit drei Anzügen zur Kasse und sagt zur Verkäuferin: „Die nehme ich."
   b) In der Drogerieabteilung legt eine Kundin verschiedene Körperpflegemittel in ein Einkaufskörbchen und stellt sich dann an der Kasse an.
   c) Eine Kundin möchte ihrer Freundin zur Hochzeit ein Tablett schenken. Sie schaut selbst nach, welche Muster und Formen es gibt. Als sie sich für ein Dekor entschieden hat, fragt sie die Verkäuferin nach weiteren Artikeln dieser Serie und ob die Serie eventuell ausläuft.
   d) In der Schuhabteilung sucht eine Kundin allein aus. Sie mag es, ungestört und in aller Ruhe anzuprobieren und auszuwählen. Nachdem sie sich für ein Paar Schuhe entschieden hat, fragt sie die Verkäuferin, um welche Art Leder es sich handelt und wie die Schuhe am besten zu pflegen sind.

AKTIONEN

1. Führen Sie eine Erkundung durch.
   a) Besuchen Sie dazu fünf verschiedene Einzelhandelsgeschäfte. Beachten Sie bitte dabei, dass Sie Ihre Schule repräsentieren.

   b) Untersuchen Sie,
   • welche Verkaufsform im Unternehmen angewandt wird,
   • zu welcher Branche das Unternehmen gehört,

- wie erklärungsbedürftig und problembehaftet die angebotenen Waren sind,
- wie die Warenpräsentation und die Ausstattung des Geschäfts wirkt und
- welche Betriebsform vorliegt.

c) Halten Sie Ihre Ergebnisse in einer Tabelle fest.

2. Um sich über die Abläufe beim Onlineshopping zu informieren, besuchen Sie den für Sie eingerichteten Shop unter der Adresse: www.winklers.de im Internet.
   (Rufen Sie dann den Titel „Handeln im Handel" auf. Das Passwort lautet *Hih123*. Sie können dort jede Art geschäftlicher Transaktion vornehmen, ohne Furcht, für einen Artikel bezahlen zu müssen.)
   a) Kaufen Sie drei Artikel Ihrer Wahl.
   b) Vergleichen Sie die AGB mit normal üblichen AGB. Gibt es Unterschiede?

c) Unter welchen möglichen Zahlungsalternativen kann der Kunde dort auswählen? Erläutern Sie jeweils Vor- und Nachteil für Kunde und Unternehmen.

d) Erkunden Sie, welche Chancen und Risiken sich für Kunden beim Einkauf im Internet ergeben.

3. Führen Sie eine Pro-und-Kontra-Diskussion zum Thema Onlineshopping durch. Bereiten Sie für die Rollenspieler die Rollenkarten vor:
   - Silke Hartschwager, Geschäftsführerin eines Versandhandelsunternehmens: Pro
   - Mete Özcan, Kunde: Pro
   - Nicole Wagner, Kundin: Kontra
   - Jörg Lürssen, Inhaber eines Textilfachgeschäfts: Kontra

   Statten Sie die Rollenspieler mit den entsprechenden Pro- und Kontraargumenten aus.

ZUSAMMENFASSUNG

Verkaufsformen

Art und Weise, wie Kunden Ware auswählen und in Empfang nehmen können

vorherrschende Verkaufsformen

Bedienung
- Verkäufer übernimmt Beratung des Kunden
- Kunde gelangt ohne Verkäufer nicht an die Ware

Selbstbedienung
- Kunde wünscht keine oder kaum Beratung
- Ware steht für Kunden griffbereit zur Verfügung

Vorwahl
- Kombination aus Selbstbedienung und Bedienung
- Beratung nur, wenn erforderlich

besondere Verkaufsformen

Automatenverkauf
- Warenangebot aus Automat

Versandhandel
- Warenangebot durch Druck-Erzeugnisse bzw. Vertreter

Teleshopping
- Warenangebot über Fernsehsendung

Onlineshopping
- Warenangebot über Internet

Entstehung der Aufbauorganisation

Britta Krombach durchläuft in den ersten Wochen ihrer Ausbildung verschiedene Abteilungen. Eine Woche ist sie auch in der Buchabteilung beschäftigt. Die Abteilung besteht momentan aus drei Beschäftigten. Britta Krombach beobachtet folgende Vorfälle:

- Frau Geier muss mehrmals Kunden wegschicken, weil die gewünschten Titel nur als gebundene Ausgaben, nicht aber als Taschenbücher vorrätig sind. Die Kunden wollten die Bücher sofort mitnehmen.
- Frau Geier bestellt in Abwesenheit von Frau Lippert insgesamt 50 Taschenbuchausgaben.
- Frau Lippert ist ärgerlich und überrascht zugleich. Sie hat kürzlich ebenfalls zehn Taschenbuchausgaben bestellt, die eigentlich schon eingetroffen sein müssten. In einem Nebenraum findet sie den Karton mit den Büchern.
- Frau Geier hat Ärger mit ihrer Kollegin Frau Rose. Frau Rose behauptet, nur sie habe Zugang zur Kasse. Frau Geier weiß davon nichts.

1. Wodurch ist das schlechte Betriebsklima zustande gekommen?
2. Machen Sie Verbesserungsvorschläge.

INFORMATIONEN

Arten der Organisation

Jeder Betrieb sollte so organisiert sein, dass die betriebliche Tätigkeit reibungslos und mit dem geringstmöglichen Aufwand durchgeführt werden kann. Daher braucht jedes Unternehmen ein System von generellen und fallweisen Regelungen zur ordnungsgemäßen Erfüllung der Betriebsaufgabe. Durch die Organisation werden der Aufbau des Betriebs und der Ablauf der betrieblichen Tätigkeiten festgelegt.

Es werden für die Betriebsorganisation daher zwei Anwendungsbereiche deutlich:

- **die Aufbauorganisation:**
  Sie legt die Betriebsstruktur durch Aufgliederung der Tätigkeitsbereiche und Bildung von Stellen und Abteilungen fest.
- **die Ablauforganisation:**
  Sie versucht, den Arbeitsablauf optimal zu regeln.

Um **organisatorische Regelungen** vornehmen zu können, müssen bestimmte Voraussetzungen gegeben sein:

1. Vorhandensein einer Aufgabe
   Die Aufgabe ist beispielsweise der Betrieb eines Handelsunternehmens.
2. Teilbarkeit der Aufgabe
   Die Gesamtaufgabe muss in Teilaufgaben festgelegt werden können. Dies sind z. B. Einkauf, Lager, Vertrieb und Verwaltung.
3. Wiederholbarkeit
   Die Teilaufgaben sollen nicht nur einmal, sondern wiederholt durchgeführt werden.

Die **Ziele der Organisation** werden durch die drei Tätigkeiten erreicht:

- Planung (Soll-Zustand)
- Durchführung (Realisierung)
- Kontrolle (Stimmt die Planung mit den Ergebnissen der Realisierung überein?)

Der Organisationsaufbau richtet sich nach der Größe des Betriebs.

BEISPIEL

Während in einem Kleinbetrieb der Inhaber sämtliche Aufgaben selbst erfüllt, wird die Organisation in großen Betrieben wie der Ambiente Warenhaus AG in mehrere Aufgabenbereiche aufgeteilt.

Aufgabenanalyse

Mithilfe der Aufgabenanalyse wird zunächst einmal der gesamte Aufgabenkomplex des Betriebs untersucht und bis in kleinste Teilaufgaben aufgegliedert. Die Aufgabengliederung kann dabei nach unterschiedlichen Gliederungsprinzipien erfolgen.

BEISPIEL

Die Gliederung kann nach den Arbeitsarten vorgenommen werden **(Verrichtungsprinzip).** Die Aufgabenanalyse eines großen Einzelhandelsbetriebs sieht wie folgt aus:

Funktionsbereiche	Einzelaufgaben
Beschaffung	Marktforschung, Sortimentsgestaltung, Feststellung der Bezugsquellen und -wege, Führen der Bezugsquellenkartei, Feststellung der Einkaufsmenge und -zeit, Bestellungserteilung, Führen des Bestellbuches, Überwachung der Liefertermine, Prüfen der Rechnungen, Erledigung von Reklamationen
Lager	Annehmen und Auspacken der Ware (sofern keine eigene Abteilung „Warenannahme" eingerichtet ist); Verkehr mit den Beförderungsstellen; Wareneingangskontrolle; Einordnen der Waren nach Lagerplan; Führung der Wareneingangs- und -ausgangsbücher bzw. -karteien; Eingangs- und Versandmeldungen an die Abteilungen Einkauf oder Verkauf; Verpackung und Versand der Waren (falls keine eigene Versandabteilung eingerichtet ist); Überwachung und Einsatz des Fuhrparks; Bestandskontrollen und Meldung an die Einkaufsabteilung bei Erreichen des Meldebestands
Verkauf	Aufstellen des Werbeplans, Durchführung der Werbung (Schaufensterdekoration, Ladengestaltung, Inneneinrichtung), Werbeerfolgskontrolle; Verkauf über die verschiedenen Verkaufsabteilungen: Zahlung (Kasse), Warenausgangskontrolle (Packtisch), Warenübergabe (Kassenzettel); Verkaufsaufsicht; Kundendienst; Bearbeitung von Anfragen; Ausführung von Sonderbestellungen; Erledigung von Beanstandungen; Kreditverkäufe; Überwachung der Zahlungseingänge
Rechnungswesen	Buchen der ein- und ausgehenden Belege; Kontrolle der Zahlungsbereitschaft und der Außenstände; periodische Erfolgsermittlung; Verkehr mit den Finanzbehörden (Vorbereitung und Abgabe der Steuererklärungen, Überwachung der Steuertermine); monatliche, vierteljährliche und jährliche Abschlussarbeiten; Aufarbeiten der Unterlagen für die Betriebsabrechnung, Auswertung der Zahlen für die Betriebsstatistik
Verwaltung	Eintragen der Post in das Posteingangsbuch, mit lfd. Nummer und Eingangsstempel versehen; Prüfung durch Abteilungsleiter, Bearbeitung des Schriftwechsels und der Rechnungen hinsichtlich ihrer sachlichen und rechnerischen Richtigkeit; wichtige Durchschläge in Umlaufmappen allen zuständigen Sachbearbeitern zur Kenntnis bringen; Schriftgutablage in der Arbeitsplatz- oder Zentralablage; Bearbeitung von Rechts- und Personalfragen; Telefonzentrale

Eine Aufgabengliederung kann aber auch nach den Objekten eines Betriebs (z. B. den Artikeln) vorgenommen werden.

Hat ein Baumarkt die Abteilungen Teppiche, Tapeten und Farben, so liegt eine Gliederung nach dem **Objektprinzip** zugrunde.

Stellenbildung

Alle ständig wiederkehrenden Teilaufgaben, die eine Person zu erledigen hat, werden anschließend zu einer Stelle zusammengefasst. Eine Stelle ist daher der Aufgabenbereich einer Person und entspricht ihrem Arbeitsplatz. Sie ist die kleinste organisatorische Einheit eines Unternehmens. Die Zahl der Stellen in einem Unternehmen hängt von seiner Größe ab.

Manche Stellen sind gleichzeitig Instanzen. Dies sind Stellen, die Anordnungs- und Entscheidungsbefugnisse gegenüber untergeordneten Stellen haben.

BEISPIEL

Die Stelle des Lagerleiters, dem sechs Lagerarbeiter untergeordnet sind, ist eine **Instanz.**

Erforderlich ist, dass alle Beteiligten, also die Stelleninhaber und die Vorgesetzten, genau über die Aufgaben der betreffenden Stelle informiert sind, d. h., dass das Arbeitsgebiet und die Verantwortung eindeutig abgegrenzt sind.

Deshalb sollten folgende Inhalte schriftlich festgelegt werden:
- alle Aufgaben und Befugnisse des Stelleninhabers
- wer der Vorgesetzte ist
- wem man selbst „vorgesetzt ist"
- welches Leitziel man verfolgen soll (= Stellenziel)
- wie man selbst und wie der Arbeitsplatz „benannt" wird
- wen man vertritt und von wem man selbst vertreten wird
- welche Kenntnisse und Fähigkeiten die Stelle erfordert

Eine solche Beschreibung des Arbeitsplatzes wird als **Stellenbeschreibung** bezeichnet.

Vorteile der Stellenbeschreibung:
- keine Kompetenzstreitigkeiten
- leichtere Überwachung der Arbeitsleistung
- Orientierung für neu eingestellte Mitarbeiter
- Betriebsorganisation wird transparenter.

Abteilungsbildung

Aus der Unternehmensgröße ergibt sich schließlich die Notwendigkeit der Abteilungsbildung.

Eine Abteilung ist die Zusammenfassung mehrerer Stellen unter einer Leitung. Dadurch wird festgelegt, wer weisungsbefugt ist. Die Weisungsberechtigung muss auch für die einzelnen Abteilungen untereinander geregelt werden.

Die Abteilungsbildung kann nach dem **Verrichtungsprinzip** (Beispiel 1) oder nach dem **Objektprinzip** (Beispiel 2) erfolgen.

BEISPIEL 1

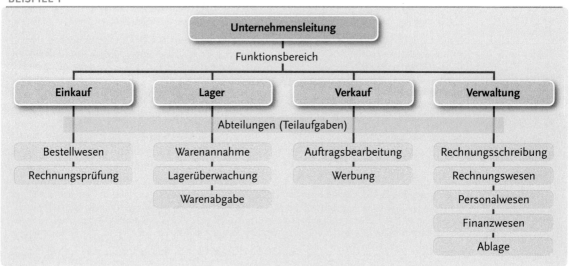

BEISPIEL 2

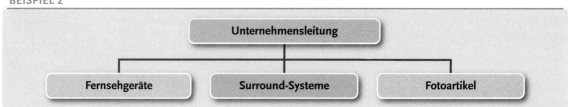

Weisungssysteme

Das jeweils gewählte **Weisungssystem** (oft auch Leitungssystem genannt) vervollständigt die Aufbauorganisation eines Betriebs:
Für jede Stelle wird genau festgelegt, welche anderen Stellen in ihren Aufgaben gleichgeordnet, über- bzw. untergeordnet sind. Die Weisungssysteme geben Auskunft über die offiziellen Befehls- und Informationswege im Unternehmen. Die wichtigsten Weisungssysteme werden im Folgenden genannt.

Das Einliniensystem

Alle Personen sind in einen einheitlichen Befehlsweg ein-
gegliedert, der von der obersten Instanz bis zur letzten
Arbeitskraft reicht. Jeder Mitarbeiter erhält nur von seinem unmittelbaren Vorgesetzten Anweisungen. Ebenso
kann er Meldungen und Vorschläge nur bei ihm vorbringen (= Instanzen- oder Dienstweg).

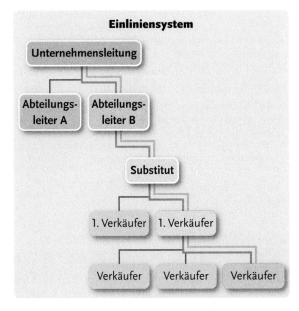

Einliniensystem

Einliniensystem	
Vorteile	**Nachteile**
• klare Verantwortungs-bereiche • eindeutige Regelungen der Weisungszuständigkeiten • gute Kontroll-möglichkeiten • übersichtlicher organisato-rischer Aufbau • einheitliche Leitung	• durch die langen Dienst-wege für Anordnungen und Meldungen sehr schwerfällig • Starke Belastung der obe-ren Leitungsebenen, weil alle Entscheidungen vom Vorgesetzten getroffen werden müssen. Mit stei-gender Ranghöhe nimmt die Arbeitsbelastung zu. • Gefahr von Fehlent-scheidungen • Spezialisierung wird erschwert.

Das Mehrliniensystem

Beim Mehrliniensystem kann ein Mitarbeiter von mehreren
spezialisierten Vorgesetzten Anweisungen erhalten. Das
erfordert eine gute Abstimmung und Zusammenarbeit der
jeweils weisungsberechtigten Stellen. Dadurch wird die Gefahr von Kompetenzüberschneidungen sehr groß, was sich
leicht leistungshemmend auf die ausführenden Personen
auswirken kann. Als vorteilhaft erweist sich jedoch häufig
der kurze und schnelle Dienst- und Instanzenweg.

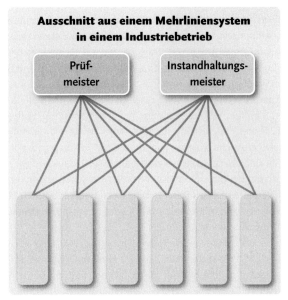

**Ausschnitt aus einem Mehrliniensystem
in einem Industriebetrieb**

Das Stabliniensystem

Das Stabliniensystem ist ein Liniensystem, wobei den
oberen Leitungsstellen Spezialisten zugeordnet werden.
Es werden sogenannte Stabsstellen gegründet. Ein Stab
kann eine eigene Stabsabteilung, aber auch nur eine einzelne Stelle sein, z. B. eine Sekretärin. Die Mitarbeiter in
diesen Stäben können selbst keine Anordnungen erteilen. Notwendige Anweisungen werden durch den obersten Leiter erteilt.

Die Aufgabe der Stabsstellen besteht in der fachkundigen
Beratung der Führungskräfte, z. B. in Fragen der Planung,
des Rechtes, der Organisation, des Marketings oder der
Finanzen. Sie sollen die Leitungsstellen entlasten.

Stabliniensystem

Die Spartenorganisation

Im Rahmen der Spartenorganisation – häufig auch divisionale Organisation genannt – werden große, daher in der Regel unübersichtliche und schwer zu steuernde Unternehmen in mehrere Geschäftsbereiche unterteilt. Diese Sparten oder Divisionen sind praktisch wirtschaftlich unabhängige Teilunternehmen, denen nur die Gesamtunternehmensleitung übergeordnet ist. Die Unternehmensbereiche werden nach dem Objektprinzip gebildet. Sie sind also beispielsweise für einzelne Produktgruppen zuständig, die sich oft sehr stark unterscheiden. Innerhalb der einzelnen Sparten sind das Einlinien- oder Stabliniensystem mit den üblichen Funktionsbereichen eines Unternehmens anzutreffen.

Verfügt ein Spartenleiter über die direkte Gewinnverantwortung gegenüber der Unternehmensleitung, spricht man im Zusammenhang mit der Sparte auch von einem „Profitcenter".

Spartenorganisation	
Vorteile	Nachteile
• bessere Anpassung an die Marktverhältnisse bei Produktgruppen mit unterschiedlichen Eigenschaften • Die Erfolgsentwicklung wird transparenter und beim Profitcenter-Konzept werden sogar Gewinne klar zurechenbar. • Die Unternehmensleitung wird durch Delegation von Verantwortung an die Geschäftsbereiche vom Alltagsgeschäft entlastet.	• Die Unternehmensleitung kann den Gesamtüberblick verlieren. • Mit der Zahl der Führungspositionen wächst die Gefahr, dass Informationen für das Topmanagement verschleiert werden.

Die Matrixorganisation

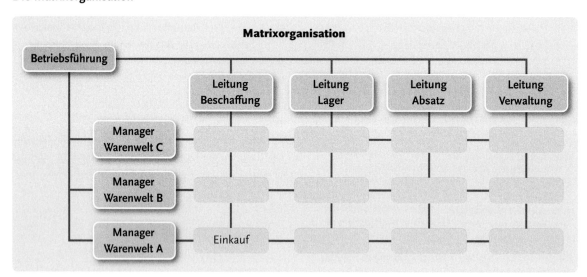

Wenn einzelne Mitarbeiter auf das Management bestimmter Produkte bzw. Projekte spezialisiert sind, ohne dass die übrigen Funktionsbereiche der Unternehmensleitung aufgegeben werden, liegt eine Matrixorganisation vor. Jeder Mitarbeiter untersteht also sowohl einer verrichtungsorientierten als auch einer objektorientierten Instanz.

In Matrixorganisationen kann es zu Konflikten zwischen Produktmanagern und Funktionsmanagern kommen. Diese z. T. sogar gewollten Konflikte bieten oft Wege, gemeinsam Möglichkeiten einer optimalen Lösung zu finden.

BEISPIEL

Einem Produktmanager sind in der Regel alle Entscheidungen vorbehalten, die sich aus der Sicht des Produkts ergeben. Er ist beispielsweise allein zuständig für Lebensmittel, er kümmert sich um alle anfallenden Probleme vom Einkauf über die Lagerung bis zum Verkauf. Dagegen entscheidet der Leiter eines Funktionsbereichs – der für alle Produkte verantwortlich ist –, wie in seinem Bereich die verschiedenen Aufgaben ausgeführt werden.

AUFGABEN

1. Wovon ist der Organisationsaufbau eines Einzelhandelsbetriebs abhängig?

2. Erklären Sie das Funktions- und das Objektprinzip.

3. Worin besteht der Unterschied zwischen einer Abteilung und einer Stelle?

4. Warum ist es sinnvoll, eine Stelle möglichst genau zu beschreiben?

5. Was verstehen Sie unter Hierarchie und Instanz?

6. Warum wird das Liniensystem in größeren Unternehmen nicht angewendet?

7. Welche Bedeutung haben Stabsstellen?

8. Welche Vorteile hat das Stabliniensystem gegenüber dem reinen Liniensystem?

9. Nennen Sie Beispiele für Abteilungen, Stellen und Stabsstellen Ihres Ausbildungsbetriebs.

10. Beschreiben Sie den Unterschied zwischen Einlinien- und Mehrliniensystem.

11. Wodurch unterscheiden sich die verschiedenen Liniensysteme von

    a) der divisionalen Organisation,

    b) der Matrixorganisation?

AKTIONEN

1. Informieren Sie sich über Ihren Ausbildungsbetrieb.
   Erstellen Sie ein Organigramm, das Auskunft über das Weisungssystem Ihres Ausbildungsbetriebs gibt.

2. In Ihrem Ausbildungsunternehmen ist eine Person für Ihre Ausbildung zuständig. Fertigen Sie eine Stellenbeschreibung für diese Person an.

3. Direkter Nachbar der Ambiente Warenhaus AG ist die Grotex Textilkaufhaus GmbH.

   a) Zeichnen Sie nach der unten stehenden Beschreibung ein Organigramm, aus dem der Aufbau der Grotex Textilkaufhaus GmbH hervorgeht:

      I. Geschäftsführer der Grotex Textilkaufhaus GmbH ist Bernd Schneider; sein Sekretariat leitet als Chefsekretärin Frau Tippe.

      II. Ernst Breit leitet das Lager und untersteht dem Leiter des Einkaufsbereichs (Herrn Bastian).

      III. Der Verkaufsbereich gliedert sich in die Abteilung Verkauf Haus Schönstadt und in die Versandabteilung.

      IV. Innerhalb der Textilabteilung ist Herr Scheuermann Gruppenleiter Einkauf Her-

      renbekleidung, Frau Winkelmann ist zuständig für die Damenbekleidung, Herr Otto ist Gruppenleiter Einkauf Raumtextilien.

      V. Der Verwaltungsbereich besteht aus den Abteilungen Hausverwaltung, Personal und Rechnungswesen/Controlling.

      VI. Herr Jansen ist Leiter des Verkaufsbereichs, die zwei anderen unter dem Geschäftsführer liegenden Bereiche leiten Frau Zuege und Herr Bastian.

      VII. Frau Dr. Kremtz berät die Geschäftsführung in Rechtsfragen.

      VIII. Innerhalb des Einkaufsbereichs gibt es neben der Textilabteilung noch eine Abteilung für Raumtextilien.

      IV. Frau Becke berät die Geschäftsführung in Organisations- und Datenverarbeitungsfragen.

   b) Geben Sie an, welches Weisungssystem vorliegt, und begründen Sie dies anhand des Organigramms.

4. Stellen Sie die Aufbauorganisation anderer Unternehmen vor. Führen Sie dazu eine Internetrecherche durch (z. B. Stichwort „Organigramm").

ZUSAMMENFASSUNG

Aufbauorganisation = Ordnung von Zuständigkeiten

▼

regelt die Gliederung der Betriebsaufgabe nach
a) Verrichtungen (Tätigkeiten, Funktionen)
b) Objekten (Waren)

▼

ordnet Aufgaben und Teilaufgaben Zuständigkeiten (Personen) zu

▼

soll durch die Stellen- und Abteilungsbildung
eine reibungslose betriebliche Leistungserstellung ermöglichen

▼

legt Weisungsbefugnisse und Über- bzw. Unter-
stellungen fest

▼

wird im Organisationsplan festgehalten

Einliniensystem
Jeder untergeordneten Stelle ist nur eine Stelle
mit Weisungsbefugnis (= Instanz) übergeordnet.

Mehrliniensystem
Jeder Mitarbeiter hat mehrere Vorgesetzte.

Stabliniensystem
Stabsstellen haben keine Entscheidungsbefugnis,
beraten aber die Vorgesetzten.

Divisionale Organisation
Auf der Ebene der Unternehmensleitung erfolgt
die Abteilungsbildung nach Objekten.

Matrixorganisation
Jeder Mitarbeiter hat einen produkt- bzw. projekt-
orientierten und einen funktionsorientierten
Vorgesetzten.

schlägt sich im **Weisungssystem** nieder

KAPITEL 9

Wir steuern und kontrollieren den Warenfluss durch das Unternehmen

Daniela Rosendahl liest den Auszubildenden einen Artikel aus einer Fachzeitschrift vor:

[...] Wie Helmut Reinekötter, Leiter der Abteilung Verkaufsorganisation des Warenhauses
Kaufstadt, mitteilte, sei man aufgrund der bisherigen Erfahrungen sicher, dass der mittelfristige
Nutzen von EDV-gestützten Warenwirtschaftssystemen den erforderlichen Investitionsaufwand erheblich übersteige. Die Einsparungen
beim Personal könnten mit 0,8 %, Reduzierungen
der Inventurdifferenzen mit 0,5 % und die verbesserte Sortimentssteuerung mit 0,45 % vom
Umsatz angesetzt werden. Diesem Bruttonutzen
von 1,75 % stünde ein Aufwand von etwa 0,75
Umsatzprozent (einschließlich der Wartung der
EDV-Anlagen) gegenüber.

Daniela Rosendahl
bemerkt dazu:

BRAUCHEN WIR – ALSO DIE AMBIENTE WARENHAUS AG – ÜBERHAUPT SO ETWAS ?!

Klären Sie,
1. was überhaupt Warenwirtschaftssysteme sind,
2. in welchen Unternehmensbereichen eines Einzelhandelsunternehmens man sie braucht.

INFORMATIONEN

Beim Einrichten eines Informationssystems wird im Einzelhandel das Hauptaugenmerk auf den Kernbereich des Handelsbetriebs gerichtet: den Bereich der Ware.

Die Warenwirtschaft

Der Warenbereich des Einzelhandelsunternehmens wird sehr oft auch Warenwirtschaft genannt. Die Warenwirtschaft umfasst sämtliche Tätigkeiten, die mit der Beschaffung, der Lagerung und dem Absatz der Handelswaren verbunden sind. Die Entscheidung, Waren zu erwerben, löst in der Warenwirtschaft des Betriebs eine Reihe voneinander abhängiger Vorgänge aus: Die Ware muss bestellt, geliefert, geprüft, ausgezeichnet und verteilt werden, bevor sie zur Auslage kommen und verkauft werden kann.

Im Unternehmen findet in der Regel folgender Waren- und Informationskreislauf statt:

Waren- und Informationsflüsse in der Warenwirtschaft

In der Warenwirtschaft gibt es also sowohl einen Waren- als auch einen Informationsfluss:

- Im **Warenfluss** wird die Ware physisch (= körperlich) durch das Einzelhandelsunternehmen bewegt. Die Mitarbeiter arbeiten mit und an den Waren.

  BEISPIEL

  > Die Mitarbeiter der Ambiente Warenhaus AG nehmen die vom Lieferer kommende Ware an, überprüfen sie und zeichnen sie aus. Anschließend wird sie in den Verkaufsraum transportiert und dort in ein Verkaufsregal eingestellt.

- Im **Informationsfluss** werden Informationen über Waren durch das Einzelhandelsunternehmen bewegt. Die Beschäftigten arbeiten mit Informationen über Waren.

  BEISPIEL

  > Der Eingang an Ware führt bei der Ambiente Warenhaus AG – z. T. zeitlich versetzt – u. a. zu folgenden Tätigkeiten:
  >
  > - Der Lieferschein wird geprüft.
  > - Die Rechnung wird kontrolliert.
  > - Der Bestand an Ware wird in den Büchern aktualisiert.
  > - Für den Verkauf wird der Ladenpreis mithilfe der Kalkulation festgelegt.
  > - Die Umsätze dieses Artikels werden beim Verkauf erfasst.
  > - Aufgrund der Nachfrage wird der Umfang der Nachbestellungen festgelegt.

Die Ware ist die wichtigste und meist die größte Investition im Handelsunternehmen. Da die Ware in der Regel nur kurzfristig geordert werden kann, können Fehler im Bereich der Ware den Bestand des Unternehmens direkt und relativ kurzfristig gefährden.

In der Warenwirtschaft geht das Bestreben des Handelsbetriebs dahin, die richtige Ware zur rechten Zeit, zum richtigen Preis, in der richtigen Menge und am richtigen Ort vorrätig zu haben. Sobald eine dieser Forderungen nicht erfüllt ist, entstehen den Unternehmen zusätzliche Kosten bzw. es entgeht Gewinn: Ist die Ware z. B. zu früh oder in zu großen Mengen am Lager, so entstehen unnötige Lagerkosten. An anderer Stelle dringend benötigtes Kapital wird gebunden.

Im umgekehrten Fall – wenn z. B. die Nachfrage nach einem Artikel das Angebot übersteigt – kann der kaufwillige Kunde nicht bedient werden und das Unternehmen kann wegen der ausbleibenden Verkäufe keinen Gewinn machen. Die gleichen Feststellungen können gemacht werden, sobald im Sortiment die nachgefragte Ware nicht enthalten ist oder nicht zum richtigen Preis angeboten wird.

Das Warenwirtschaftssystem

Damit die Ware möglichst rational vom Hersteller zum Kunden gebracht wird, arbeitet der Einzelhandelsbetrieb mit einem Warenwirtschaftssystem.

Ein Warenwirtschaftssystem ist das Steuerungs- und Informationssystem in der Warenwirtschaft des Handelsbetriebs. Es soll den gesamten Weg der Ware, angefangen vom Lieferer durch das Einzelhandelsunternehmen bis hin zum Käufer, abbilden und durch warenbezogene Auswertungen kontrollieren. Diese warenbezogenen Informationen können dem Einzelhändler helfen, optimale Entscheidungen im Warenbereich zu treffen.

Ein rationell arbeitendes Warenwirtschaftssystem, das den Warenkreislauf steuert und kontrolliert, kann wesentlich zum Unternehmenserfolg beitragen. Es hilft dem Einzelhändler vor allem bei der Lösung von Konflikten zwischen den beiden grundlegenden **Zielen der Warenwirtschaft:** Die **Beschaffung** und **Bereitstellung** aller Artikel sollte möglichst wenig Kapital binden und Kosten verursachen. Der Lagerbestand ist daher so weit wie möglich zu verringern. Gleichzeitig strebt der Handel aus Service- und Imagegründen häufig die permanente, sofortige Erfüllung aller Kaufwünsche an.

Warenwirtschaftssysteme sind so alt wie der Handel. Schon immer versuchen nämlich Handelsunternehmen, den Fluss der Ware im Betrieb zu planen, zu steuern und zu kontrollieren. Alle Handelsbetriebe arbeiten daher mit Warenwirtschaftssystemen, auch wenn sie nicht so genannt werden. Sie unterscheiden sich aber bezüglich Umfang, Methoden und Instrumentarium.

Die Hauptgründe dafür sind zu sehen in
- den verschiedenen Betriebsformen im Einzelhandel,
- der unterschiedlichen Größe der Einzelhandelsbetriebe,
- branchentypischen Besonderheiten,
- dem unterschiedlichen Ausstattungsgrad mit elektronischer Datenverarbeitung.

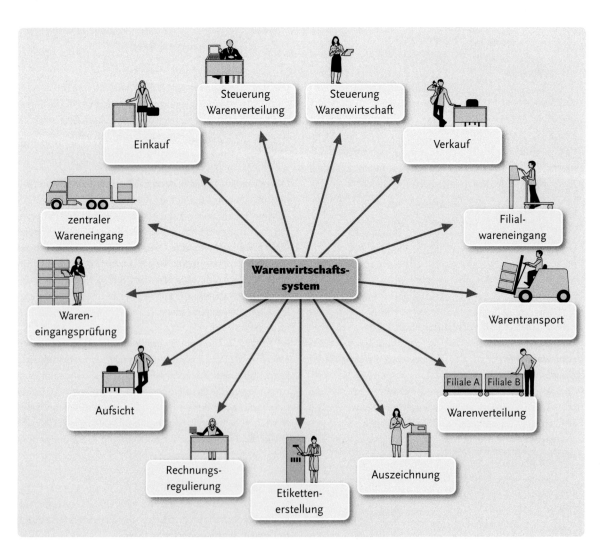

553066

Herkömmliche Warenwirtschaftssysteme

Die herkömmlichen Warenwirtschaftssysteme werden oft auch **manuelle** (= mit der Hand) **Warenwirtschaftssysteme** genannt. Sie listen alle Informationen über Warenbewegungen in Form von „handerstellten" **Belegen** (Listen, Karteikarten, Rechnungen usw.) auf. Um den Warenfluss in den Griff zu bekommen, wird im Betrieb eine Vielzahl von gleichen Informationen benötigt, die in unterschiedlichen Karteien gespeichert werden. Es kommt zu einer anwachsenden Papierflut im Unternehmen. Ein einziger Beleg, wie z. B. eine Bestellung, wird vervielfältigt und an mehrere Arbeitsplätze wie Warenannahme, Lager usw. geschickt. Auf diesem Weg werden laufend Daten hinzugefügt und übertragen. Falsches Ablesen und Unlesbarkeit können vorkommen. Verschiedene Mitarbeiter besitzen verschiedene Informationsausschnitte, sodass nicht jeder mit denselben Informationen arbeitet. Belege werden mehrfach bearbeitet. Daraus folgt ein begrenzter Datenumfang an den Arbeitsplätzen und die mit den herkömmlichen Warenwirtschaftssystemen gewonnenen Informationen sind ungenau.

Manuelle Warenwirtschaftssysteme – und seien sie noch so geschickt aufgezogen – laufen daher Gefahr, überfordert zu werden. Angesichts der Sortimentserweiterungen und des gestiegenen Informationsbedarfs im Handel erscheint ein herkömmliches Erfassen sämtlicher Artikelbewegungen in der Praxis als kaum lösbar.

EDV-gestützte Warenwirtschaftsysteme

Die Möglichkeiten der elektronischen Datenverarbeitung (EDV) haben zu einer wirtschaftlichen und überschaubaren Lösung geführt. Erst die EDV ermöglichte es, die Zeitabstände von der Entstehung bis zur Auswertung der Informationen – beispielsweise zwischen den verschiedenen Bereichen im Unternehmen – zu verkürzen. Mithilfe von Computern können warenwirtschaftliche Informationen also schneller und fehlerfreier verarbeitet und damit Arbeitsabläufe rationeller gestaltet werden. Im Einzelhandel werden daher verstärkt EDV-gestützte Warenwirtschaftssysteme eingeführt.

In einem EDV-gestützten Warenwirtschaftssystem wird der gesamte Warenfluss lückenlos – vom Wareneingang bis zum Warenausgang – von einer EDV-Anlage erfasst, gesteuert und kontrolliert. Dieses System ermöglicht also zu jeder Tages- und Nachtzeit in Sekundenschnelle die Informationsaufbereitung und -verarbeitung des Warendurchlaufs in einem Handelsunternehmen, indem es alle Artikelbewegungen vom Bestellvorgang über die Lagerhaltung bis zum Verkauf mengen- und wertmäßig erfasst.

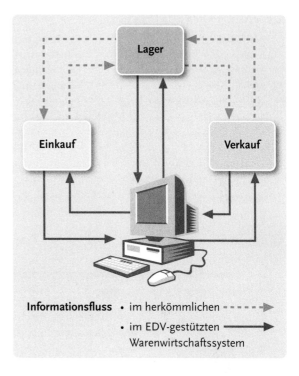

Informationsfluss • im herkömmlichen - - - - ▶
• im EDV-gestützten ⟶
Warenwirtschaftssystem

Die Routinearbeit in der Warenwirtschaft wird weitgehend dem Computer überlassen. Die entlasteten Mitarbeiter können sich mehr auf die Entscheidungsprozesse konzentrieren. Informiert das EDV-gestützte Warenwirtschaftssystem beispielsweise darüber, dass ein bestimmter Artikel kaum verkauft wurde, muss der Mitarbeiter nur noch eine Entscheidung darüber treffen, ob bzw. wie der Absatz des Artikels angekurbelt wird. Als Maßnahme stehen ihm u. a. eine verstärkte Werbung oder eine Preisherabsetzung zur Verfügung. In bestimmten Zeitabständen wird anschließend der Erfolg der gewählten Maßnahme wieder mithilfe des EDV-gestützten Warenwirtschaftssystems überprüft.

Der Trend geht immer mehr dahin, Warenwirtschaftssysteme in **ERP-Systeme** (Enterprise Resource Planning) zu integrieren: Früher isoliert eingesetzte Programme z. T. unterschiedlicher Hersteller wie Warenwirtschaftssysteme, Finanzbuchführung, Personalwesen usw. werden nun mithilfe einer zentralen Datenbasis zusammengeführt. Die zentrale Datenhaltung und die bereichsübergreifende Datennutzung bringen Effizienzvorteile durch Integration von Geschäftsprozessen.

Unterschiede zwischen traditionellen und EDV-gestützten Warenwirtschaftssystemen

Folgende Unterschiede bestehen zwischen den herkömmlichen Warenwirtschaftssystemen und den EDV-gestützten Warenwirtschaftssystemen:

Alle den Warenfluss betreffenden Daten und Informationen sind durch EDV-gestützte Warenwirtschaftssysteme **leichter zugänglich** und **schneller verfügbar.** Statt mehrere Abteilungen oder Personen um eine bestimmte Auskunft bitten zu müssen, kann heute über einen Bildschirm sofort und verlässlich eine Vielzahl von warenwirtschaftlichen Informationen abgefragt werden.

Bei EDV-gestützten Warenwirtschaftssystemen kommt es zu einem **Wegfall zeitraubender, ständig wiederkehrender Routinearbeiten,** wie z. B. Belegerstellung und -ablage, Verbrauchserrechnungen usw. Das bedeutet mehr Zeit für Entscheidungsprozesse bzw. für kundenbezogene Tätigkeiten wie Beratung und Verkauf.

Die Informationen über das Sortiment des Handelsbetriebs sind durch den Einsatz von EDV **genauer** und **aussagekräftiger** geworden. EDV-gestützte Warenwirtschaftssysteme ermöglichen eine artikelgenaue Beobachtung des Warenflusses bis zum Verkauf.

Jedes EDV-gestützte Warenwirtschaftssystem hat also grundsätzlich zwei Aufgaben zu erfüllen:

Es soll den Warenfluss in einem Einzelhandelsbetrieb abbilden, steuern und regeln. Durch den Einsatz der computergestützen Warenwirtschaftssysteme werden – im Vergleich zu früher – nahezu sämtliche Funktionsabläufe, die im Zusammenhang mit Warenbewegungen und den mit ihnen verbundenen Tätigkeiten stehen, rationalisiert. Der Warendurchlauf über verschiedene Stufen hinweg wird eindeutig verbessert.

Es soll Informationen aus dem Bereich der Warenwirtschaft – z. B. in Form von betriebswirtschaftlichen Kennzahlen – bereitstellen, um die Qualität der Entscheidungen im Handelsbetrieb zu verbessern.

Warenwirtschaftssysteme (Arten)

geschlossene

offene

integrierte

Alle Aufgaben der Warenwirtschaft werden mit dem PC gelöst.

Die EDV-Anlage begleitet den gesamten Warendurchlauf durch das Unternehmen.

Nur ein Teil der Warenwirtschaftsarbeiten wird mithilfe des Computers erfasst, die übrigen werden manuell gelöst.

(stark zunehmend)

Diese Warenwirtschaftssysteme binden Kunden, Lieferer und Banken in die Warenwirtschaft des Einzelhandels ein.

Die warenwirtschaftlichen Daten fließen ohne manuelle Erfassung direkt durch Datenträgeraustausch oder -übertragung in das EDV-System der Partner, schnell und kostensparend durch Wegfall der Mehrfacherfassung.

AUFGABEN

1. Welche Bedeutung haben Informationen für ein Einzelhandelsunternehmen?

2. Was versteht man unter dem Begriff „Warenwirtschaft"?

3. Warum wird der Warenwirtschaft im Einzelhandel eine sehr große Aufmerksamkeit geschenkt?

4. Erläutern Sie
   a) den Warenfluss,   b) den Informationsfluss
   in einem Einzelhandelsunternehmen.

5. Im Textilfachgeschäft Rohrmoser KG führen die Mitarbeiter die folgenden Tätigkeiten durch:
   a) Pullover werden im Verkaufsgespräch vorgeführt.
   b) Die Ware wird für den Kunden verpackt.
   c) Die Merkmale und Leistungen einer Ware werden beschrieben.
   d) Es wird eine Rechnung für den Kunden geschrieben.
   e) Ware wird im Verkaufsraum dekorativ angeordnet.
   Entscheiden Sie, ob die Tätigkeiten zum Waren- oder zum Informationsfluss im Unternehmen gehören.

6. Untersuchen Sie die Warenwirtschaft Ihres Unternehmens.
   Zeichnen Sie jeweils den Waren-, Geld- und Datenfluss in Ihrem Ausbildungsbetrieb. Tragen Sie den Standort von Computern und mit der EDV in Verbindung stehenden Geräten ein.

7. Was ist ein Warenwirtschaftssystem?

8. Welcher Zielkonflikt tritt in der Warenwirtschaft auf?

9. Durch welche Merkmale sind herkömmliche Warenwirtschaftssysteme gekennzeichnet?

10. Was ist ein EDV-gestütztes Warenwirtschaftssystem?

11. Welche Vorteile haben EDV-gestützte Warenwirtschaftssysteme gegenüber den herkömmlichen?

12. Experten bezeichnen die EDV-gestützten Warenwirtschaftssysteme als „neue Lösung für alte Probleme".
    Begründen Sie diese Ansicht.

13. Wodurch unterscheiden sich offene und geschlossene Warenwirtschaftssysteme?

14. Entscheiden Sie in den folgenden Fällen, ob ein offenes oder geschlossenes Warenwirtschaftssystem vorliegt.
    a) Bei der Rohrmoser KG werden beim Verkauf der Ware alle Artikel mengen- und wertmäßig exakt von den Datenkassen erfasst, die eine Verbindung zur EDV-Anlage haben. Diese Daten werden in alle anderen Bereiche der Warenwirtschaft weitergeleitet und dort ausgewertet.
    b) Im Zentrallager der Hintermann OHG werden die Lagerbestände mithilfe eines Computers gesteuert und kontrolliert. Die Umsätze in den Filialen werden warengruppengenau mit mechanischen Registrierkassen ohne Anbindung an die EDV erfasst.

15. Welche Art von Warenwirtschaftssystem wird in Ihrem Betrieb verwendet?

16. Was sind integrierte Warenwirtschaftssysteme?

AKTIONEN

1. Bearbeiten Sie dieses Kapitel mithilfe des aktiven Lesens.

2. Erstellen Sie eine Mindmap, die alle wichtigen Informationen dieses Kapitels zu Warenwirtschaftssystemen enthält.

3. Um sich in die Warenwirtschaft Ihres Unternehmens einzuarbeiten, müssen Sie die Tätigkeitsbereiche der Warenwirtschaft analysieren.
   a) Zeichnen Sie jeweils den Waren-, Geld- und Datenfluss in Ihrem Ausbildungsbetrieb. Tragen Sie jeweils den Standort von Computern und mit der EDV in Verbindung stehende Geräte ein.
   b) Versuchen Sie, den Waren- und Datenfluss im Kreislaufmodell darzustellen.

4. Entwerfen Sie eine Stellenbeschreibung für eine Stelle als Verantwortlicher im Bereich der Warenwirtschaft Ihres Ausbildungsbetriebs.

5. Die Ambiente Warenhaus AG hat sich entschieden, nach und nach alle Filialen mit einem neuen Warenwirtschaftssystem auszustatten.

Anja Maibaum bekommt von der Ausbildungsleiterin Daniela Rosendahl im Seminarraum das Programm zur Verfügung gestellt. Zur Einarbeitung in das Programm soll sie die Software und die zu Schulungszwecken eingerichteten Datenbestände untersuchen.

Um später ein EDV-gestütztes Warenwirtschaftssystem anwenden zu können, müssen Sie zunächst einmal den Aufbau und den Leistungsumfang im Überblick kennenlernen. Ein Programm für die Warenwirtschaft besteht aus verschiedenen Modulen (= Unterprogrammen). Diese haben unterschiedliche Arbeitsaufgaben im Rahmen der warenwirtschaftlichen Informationsverarbeitung: Sie dienen der Eingabe, Verarbeitung oder Ausgabe von Daten.

 Installieren Sie zunächst das auf der beiliegenden CD-ROM enthaltene Warenwirtschaftssystem. Ermitteln Sie dann anhand der Bildschirmmenüs,

- aus welchen Unterprogrammen (Modulen) sich das Warenwirtschaftssystem zusammensetzt;
- welche Einzelprogramme zu jedem Unterprogramm gehören;
- welche Arbeitsaufgaben die Einzelprogramme erfüllen sollen.

Erstellen Sie eine Tabelle nach dem folgenden Schema:

Unter-programm	Einzel-programm	Arbeitsaufgaben		
		Eingabe	Ver-arbeitung	Ausgabe

6. Erkunden Sie das Programm und beantworten Sie die folgenden Fragen:

a) Wo sind die Bereiche des Warenkreislaufs in der Software berücksichtigt?

b) Welche Daten sind über die Ambiente Warenhaus AG gespeichert?

c) Welche Lieferer sind bisher in dem Warenwirtschaftssystem enthalten?

d) Welche Kunden haben in der Vergangenheit Rechnungskäufe durchgeführt?

e) Welche Warengruppen sind bisher in das System aufgenommen worden?

f) Welche Informationen sind über den Artikel mit der EAN 4023007373140 gespeichert?

g) Welche Felder müssen wo in den Stammdaten geändert werden, wenn folgende Ereignisse eintreten:
   I. Änderung des Verkaufspreises für eine Sonderaktion
   II. Umzug eines Lieferers
   III. Änderung des Mehrwertsteuersatzes

7. Am Ende des Betriebsunterrichts möchte die Ausbildungsleiterin von Anja Maibaum wissen, wo die folgenden warenwirtschaftlichen Aufgaben im Programm bearbeitet werden können:

a) Eingabe von Artikeln

b) Tagesumsätze Barverkäufe

c) Limitrechnung

d) neuer Auftrag Rechnungsverkauf

e) Wareneingang

f) Firmendaten

g) kurzfristige Erfolgsrechnung

h) Barverkauf

i) Kalkulation

8. DEFINITION

Stammdaten sind Daten, die über einen längeren Zeitraum unverändert bleiben. Sie ändern sich selten oder nie. Dagegen versteht man unter Bewegungsdaten alle Daten, die öfter Veränderungen unterliegen.

a) Untersuchen Sie im Warenwirtschaftssystem, welche Stammdaten jeweils erfasst werden.

b) Führen Sie 15 Beispiele für Bewegungsdaten auf.

9. Bilden Sie in Ihrer Klasse vier Gruppen. Ihre Lehrerin/Ihr Lehrer nennt ein Unterprogramm aus dem Warenwirtschaftssystem, das Sie suchen müssen. Das Gruppenmitglied, das das Unterprogramm als Erstes gefunden hat, gewinnt für seine Gruppe einen Punkt. Gewinner ist die Gruppe, die am Schluss die meisten Punkte erzielt hat.

ZUSAMMENFASSUNG

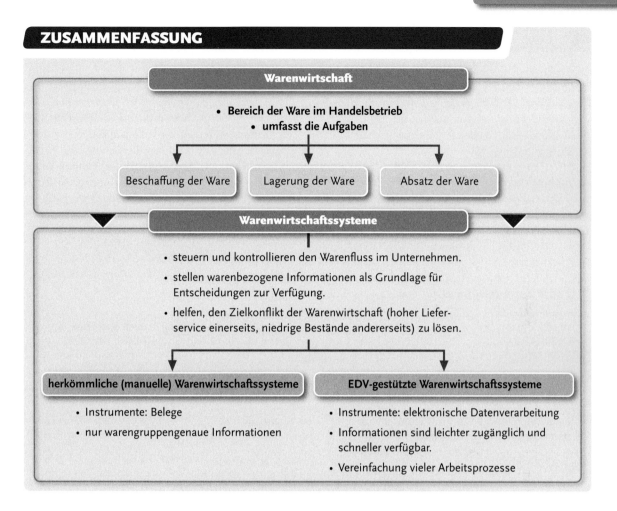

Warenwirtschaft

- Bereich der Ware im Handelsbetrieb
- umfasst die Aufgaben

Beschaffung der Ware

Lagerung der Ware

Absatz der Ware

Warenwirtschaftssysteme

- steuern und kontrollieren den Warenfluss im Unternehmen.
- stellen warenbezogene Informationen als Grundlage für Entscheidungen zur Verfügung.
- helfen, den Zielkonflikt der Warenwirtschaft (hoher Lieferservice einerseits, niedrige Bestände andererseits) zu lösen.

herkömmliche (manuelle) Warenwirtschaftssysteme

- Instrumente: Belege
- nur warengruppengenaue Informationen

EDV-gestützte Warenwirtschaftssysteme

- Instrumente: elektronische Datenverarbeitung
- Informationen sind leichter zugänglich und schneller verfügbar.
- Vereinfachung vieler Arbeitsprozesse

KAPITEL 10

Wir verstehen Rechte und Pflichten der Auszubildenden

Der Ausbildungsvertrag

Die Ambiente Warenhaus AG hat mit Anja Maibaum, Britta Krombach, Robin Labitzke und Lars Panning einen Ausbildungsvertrag über die Ausbildung zur Kauffrau im Einzelhandel bzw. zum Kaufmann im Einzelhandel abgeschlossen.

1. Stellen Sie fest, welche Pflichten Anja Maibaum, Britta Krombach, Robin Labitzke, Lars Panning und die Ambiente Warenhaus AG mit Abschluss des Ausbildungsvertrags übernommen haben.

INFORMATIONEN

Das Berufsbildungsgesetz enthält die wichtigsten Bestimmungen über die Berufsausbildung. Es regelt den Abschluss von Berufsausbildungsverträgen, die Pflichten von Ausbildenden und Auszubildenden, die Dauer der Probezeit sowie Kündigung und Beendigung des Ausbildungsverhältnisses.

Abschluss des Berufsausbildungsvertrags

Der Ausbildungsvertrag wird zwischen dem Ausbildenden (= Inhaber des Ausbildungsbetriebs) und dem Auszubildenden abgeschlossen.

Ist der Auszubildende noch keine 18 Jahre alt, so muss ein Erziehungsberechtigter (Vater, Mutter oder Vormund) den Ausbildungsvertrag mit unterschreiben. Der abgeschlossene Ausbildungsvertrag wird anschließend der zuständigen Industrie- und Handelskammer (IHK) vorgelegt. Die IHK prüft, ob die Inhalte des Ausbildungsvertrags mit den gesetzlichen Bestimmungen übereinstimmen, und trägt das Ausbildungsverhältnis in ein Verzeichnis der Berufsausbildungsverhältnisse ein. Sie wacht darüber, dass ordnungsgemäß ausgebildet wird.

Pflichten des Ausbildenden

1. Ausbildungpflicht	Der Ausbildende muss dafür sorgen, dass dem Auszubildenden die Kenntnisse und Fertigkeiten vermittelt werden, die zum Erreichen des Ausbildungsziels erforderlich sind.
2. Bereitstellung von Ausbildungsmitteln	Der Ausbildende muss Ausbildungsmittel, die für die betriebliche Ausbildung erforderlich sind, kostenlos zur Verfügung stellen.
3. Freistellung für den Berufsschulunterricht	Der Ausbildende muss den Auszubildenden zum Besuch der Berufsschule anhalten und freistellen.
4. Sorgepflicht	Der Ausbildende darf dem Auszubildenden nur Tätigkeiten übertragen, die dem Ausbildungszweck dienen und seinen körperlichen Kräften angemessen sind. Der Auszubildende darf keinen gesundheitlichen und sittlichen Gefahren ausgesetzt werden.
5. Vergütungspflicht	Der Ausbildende muss dem Auszubildenden eine angemessene Vergütung bezahlen.

Pflichten des Auszubildenden

1. Lernpflicht	Der Auszubildende muss sich bemühen, die notwendigen Kenntnisse und Fertigkeiten zu erwerben, die erforderlich sind, um das Ausbildungsziel zu erreichen.
2. Befolgung von Weisungen	Der Auszubildende muss die Weisungen befolgen, die ihm im Rahmen der Berufsausbildung vom Ausbildenden, vom Ausbilder oder anderen Weisungsberechtigten (z. B. dem Abteilungsleiter) erteilt werden.
3. Besuch der Berufsschule	Der Auszubildende muss am Berufsschulunterricht teilnehmen.
4. Führen des Berichtsheftes	Der Auszubildende muss ein vorgeschriebenes Berichtsheft führen und regelmäßig vorlegen.
5. Einhalten der Betriebsordnung	Der Auszubildende muss die für die Ausbildungsstätte geltende Ordnung einhalten.
6. Schweigepflicht	Der Auszubildende muss über Betriebs- und Geschäftsgeheimnisse Stillschweigen bewahren.

553072

Probezeit

Das Berufsausbildungsverhältnis beginnt mit der Probezeit. Sie muss mindestens 1 Monat und darf höchstens 4 Monate betragen.

Kündigung des Berufsausbildungsverhältnisses

Während der Probezeit kann das Berufsausbildungsverhältnis vom Auszubildenden oder vom Ausbildenden ohne Einhaltung einer Kündigungsfrist und ohne Angabe von Gründen gekündigt werden.

Nach Ablauf der Probezeit kann das Berufsausbildungsverhältnis nur gekündigt werden

- aus einem wichtigen Grund ohne Einhaltung einer Kündigungsfrist,
- vom Auszubildenden mit einer Kündigungsfrist von vier Wochen, wenn er die Berufsausbildung aufgeben oder sich für eine andere Berufstätigkeit ausbilden lassen will.

Ende des Berufsausbildungsverhältnisses

Das Berufsausbildungsverhältnis endet mit Ablauf der vorgeschriebenen Ausbildungzeit. Besteht der Auszubildende die Abschlussprüfung vor Ablauf der vereinbarten Ausbildungzeit, so endet das Ausbildungsverhältnis mit dem Bestehen der Abschlussprüfung.

Besteht der Auszubildende die Abschlussprüfung nicht, so verlängert sich das Ausbildungsverhältnis auf Wunsch des Auszubildenden bis zur nächstmöglichen Wiederholungsprüfung.

Wird der Auszubildende im Anschluss an das Berufsausbildungsverhältnis weiterbeschäftigt, ohne dass hierüber ausdrücklich etwas vereinbart wurde, so gilt er als auf unbestimmte Zeit angestellt.

AUFGABEN

1. Zwischen welchen Personen wird ein Ausbildungsvertrag abgeschlossen?

2. Wer überwacht die ordnungsgemäße Durchführung der Berufsausbildung?

3. Beurteilen Sie folgende Fälle:

   a) Karin Jäger meint, nach zehn Schuljahren genug gelernt zu haben. Sie bittet ihren Ausbilder, sie vom Berufsschulbesuch freizustellen.

   b) Vor seinen Freunden prahlt ein Auszubildender damit, welche Geldbeträge jeden Abend in der Firmenkasse seien.

   c) Ein Einzelhändler untersagt wegen der vielen Arbeit vor Weihnachten seinem Auszubildenden den Berufsschulbesuch.

   d) Herr Adams erklärt sich nach langem Bitten des Ehepaares Meyer bereit, dessen Tochter Sabine in seinem Betrieb auszubilden. Da er aber eigentlich keine Auszubildende benötigt, will er keine Ausbildungsvergütung bezahlen.

   e) In einem Berufsausbildungsvertrag ist eine Probezeit von 3 Monaten vereinbart. Nach 2 Monaten kündigt der Auszubildende fristlos.

   f) Claudia Maier gefällt die Ausbildung zur Kauffrau im Einzelhandel nicht mehr. Sie möchte daher ihr Ausbildungsverhältnis nach nunmehr 6 Monaten fristlos kündigen.

   g) Nach 6 Monaten kündigt ein Ausbildender fristlos mit der Begründung: „Die Leistungen reichen nicht aus."

AKTIONEN

1. Informieren Sie Ihre Mitschülerinnen und Mitschüler über die Dauer Ihrer Ausbildung und über Ihre Rechte während der Ausbildung.

   Entnehmen Sie die dafür notwendigen Informationen Ihrem Ausbildungsvertrag.

2. a) Führen Sie eine Internetrecherche über das Berichtsheft durch. Eine gute Adresse dafür ist u. a.: www.azubi-welt.de

   b) Halten Sie die Ergebnisse in einer Mindmap fest.

   c) Bereiten Sie sich darauf vor, Ihre Ergebnisse zu präsentieren.

ZUSAMMENFASSUNG

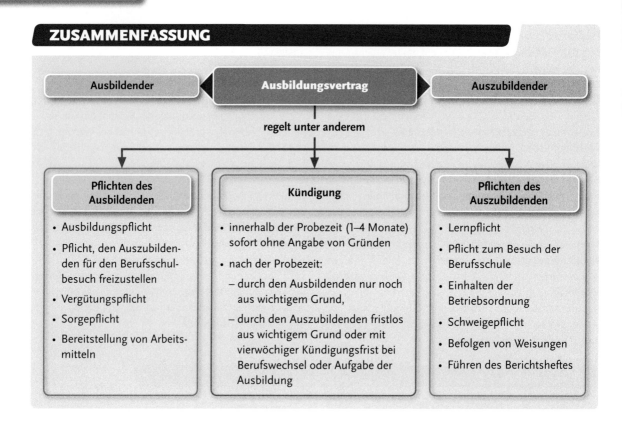

| Ausbildender | Ausbildungsvertrag | Auszubildender |

regelt unter anderem

Pflichten des Ausbildenden

- Ausbildungspflicht
- Pflicht, den Auszubildenden für den Berufsschulbesuch freizustellen
- Vergütungspflicht
- Sorgepflicht
- Bereitstellung von Arbeitsmitteln

Kündigung

- innerhalb der Probezeit (1–4 Monate) sofort ohne Angabe von Gründen
- nach der Probezeit:
  - durch den Ausbildenden nur noch aus wichtigem Grund,
  - durch den Auszubildenden fristlos aus wichtigem Grund oder mit vierwöchiger Kündigungsfrist bei Berufswechsel oder Aufgabe der Ausbildung

Pflichten des Auszubildenden

- Lernpflicht
- Pflicht zum Besuch der Berufsschule
- Einhalten der Betriebsordnung
- Schweigepflicht
- Befolgen von Weisungen
- Führen des Berichtsheftes

KAPITEL 11
Wir orientieren uns in der dualen Berufsausbildung im Einzelhandel

Anja Maibaum wird während ihrer Ausbildung in der Warenwelt „Damen", Britta Krombach in der Warenwelt „Unterhaltungselektronik", Robin Labitzke in der Warenwelt „Lebensmittel" und Lars Panning in der Warenwelt „Fotografie" der Ambiente-Warenhaus-AG-Filiale Schönstadt ausgebildet. Außerdem besuchen alle vier zweimal in der Woche die Berufsbildende Schule in Schönstadt.

1. Warum lernen die vier Auszubildenden der Ambiente Warenhaus AG an zwei verschiedenen Lernorten?
2. Wo können Sie Informationen über Inhalte und Ablauf Ihrer Ausbildung zur Kauffrau im Einzelhandel bzw. zum Kaufmann im Einzelhandel finden?

INFORMATIONEN

Auszubildende werden während ihrer Ausbildung an zwei Lernorten ausgebildet: im Ausbildungsbetrieb und in der Berufsschule. Deshalb nennt man das System der Berufsausbildung in der Bundesrepublik Deutschland auch „duales Berufsausbildungssystem".

Im **Ausbildungsbetrieb** sollen die Auszubildenden die im Ausbildungsrahmenplan vorgeschriebenen Fähigkeiten und Fertigkeiten erlernen und durch praktische Tätigkeit einüben.

In der **Berufsschule** werden den Auszubildenden allgemeinbildende und berufsbezogene theoretische Lerninhalte vermittelt. Die Inhalte des Berufsschulunterrichts werden durch Richtlinien der Kultusministerien der Länder vorgeschrieben.

Der Berufsschulunterricht kann in Form von **Teilzeitunterricht** oder als **Blockunterricht** stattfinden.

Wird der Berufsschulunterricht in Teilzeitform erteilt, so besuchen die Auszubildenden im Einzelhandel einmal oder zweimal in der Woche die Berufsschule. An den anderen Arbeitstagen werden die Auszubildenden in ihren Ausbildungsbetrieben ausgebildet. Beim Blockunterricht besuchen die Auszubildenden an mehreren aufeinanderfolgenden Tagen die Berufsschule (z. B. 2 oder 3 Wochen). Anschließend arbeiten sie mehrere Wochen in ihrem Ausbildungsbetrieb, ohne in dieser Zeit die Berufsschule zu besuchen.

Informationen über Inhalte, die zeitliche Gliederung ihrer Ausbildung und die Prüfungen findet man in der **Ausbildungsordnung** für die Ausbildungsberufe „Verkäufer/Verkäuferin" und „Kaufmann/Kauffrau im Einzelhandel".

Die Ausbildungsordnung wurde im Jahre 2004 vom Bundesminister für Wirtschaft und Arbeit erlassen. Sie enthält das Ausbildungsberufsbild, den Ausbildungsrahmenplan, Angaben zur Ausbildungsdauer, zur Zwischenprüfung und zur Abschlussprüfung.

Das **Ausbildungsberufsbild** beschreibt die Kenntnisse und Fertigkeiten, die Gegenstand der Berufsausbildung sind.

Der **Ausbildungsrahmenplan** regelt die Inhalte der betrieblichen Berufsausbildung verbindlich.

Die **Dauer der Ausbildung** beträgt im Ausbildungsberuf „Verkäufer/Verkäuferin" 2 Jahre und im Ausbildungsberuf „Kaufmann im Einzelhandel/Kauffrau im Einzelhandel" 3 Jahre.

Die Bestimmungen über die Zwischen- und Abschlussprüfung regeln Art und Inhalt der einzelnen Prüfungsteile.

Zwischenprüfung

Die Zwischenprüfung soll zu Beginn des zweiten Ausbildungsjahres stattfinden.

Für Auszubildende in den Ausbildungsberufen „Verkäufer/Verkäuferin" und „Kaufmann im Einzelhandel/Kauffrau im Einzelhandel" wird die Zwischenprüfung schriftlich in folgenden Prüfungsfächern durchgeführt:

- Verkauf und Marketing
- Kassieren und Rechnen
- Wirtschafts- und Sozialkunde

Abschlussprüfung

Die Abschlussprüfung im Ausbildungsberuf „Verkäufer/Verkäuferin" wird in den Prüfungsbereichen „Verkauf und Marketing", „Rechnungswesen" sowie „Wirtschafts- und Sozialkunde" schriftlich und im Prüfungsbereich „Fallbezogenes Fachgespräch" mündlich durchgeführt.

Die Abschlussprüfung im Ausbildungsberuf „Kaufmann im Einzelhandel/Kauffrau im Einzelhandel" wird in den Prüfungsbereichen „Kaufmännische Handelstätigkeit", „Einzelhandelsprozesse" sowie „Wirtschafts- und Sozialkunde" schriftlich und im Prüfungsbereich „Fallbezogenes Fachgespräch" mündlich durchgeführt.

AUFGABEN

1. Erläutern Sie das duale Berufsausbildungssystem.

2. Wer legt die Inhalte des Berufsschulunterrichts fest?

3. Unterscheiden Sie Teilzeitunterricht und Blockunterricht.

4. Welche berufsbezogenen Unterrichtsfächer werden in der Berufsschule angeboten?

5. Was sollen die Auszubildenden im Ausbildungsbetrieb vor allem lernen?

6. Wie lange dauert normalerweise die Ausbildung zum Kaufmann/zur Kauffrau im Einzelhandel?

7. Wann müssen die Auszubildenden die Zwischenprüfung ablegen?

8. Was wird in der Zwischenprüfung geprüft?

9. In welchen Prüfungsfächern werden die Auszubildenden am Ende ihrer Ausbildung schriftlich geprüft?

10. Was wird im Rahmen der mündlichen Prüfung geprüft?

11. Welche Teile der Ausbildungsordnung legen die Inhalte der betrieblichen Berufsausbildung fest?

AKTIONEN

1. Vergleichen Sie die Ausbildung zum Verkäufer/ zur Verkäuferin mit der Ausbildung zum Kaufmann im Einzelhandel/zur Kauffrau im Einzelhandel.
Erarbeiten Sie in der Gruppe die Unterschiede zwischen diesen beiden Ausbildungsberufen. Benutzen Sie dazu die Ausbildungsordnung für die Ausbildungsberufe „Verkäufer/Verkäuferin" und „Kaufmann im Einzelhandel/Kauffrau im Einzelhandel" als Informationsquelle.
Präsentieren Sie die Unterschiede zwischen den Ausbildungsberufen mit einem Plakat.

2. Stellen Sie Ihren Mitschülerinnen und Mitschülern die Aufgaben und Tätigkeiten vor, die Sie in der letzten Woche in Ihrem Ausbildungsbetrieb durchgeführt haben.

ZUSAMMENFASSUNG

System der dualen Berufsausbildung

Ausbildungsbetrieb	**Berufsschule**
• überwiegend praktische Ausbildung	• überwiegend theoretische Ausbildung
• berufsbezogene Ausbildungsinhalte	• berufsbezogener und allgemeinbildender Unterricht
• Ausbildungsinhalte sind durch den Ausbildungsrahmenplan vorgeschrieben	• Unterrichtsinhalte sind durch Richtlinien der Kultusministerien vorgeschrieben

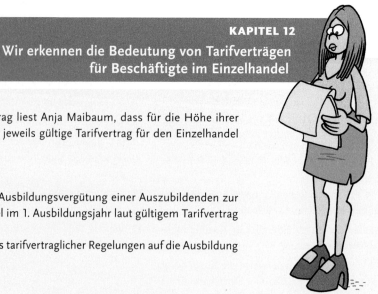

KAPITEL 12
Wir erkennen die Bedeutung von Tarifverträgen für Beschäftigte im Einzelhandel

In ihrem Ausbildungsvertrag liest Anja Maibaum, dass für die Höhe ihrer Ausbildungsvergütung der jeweils gültige Tarifvertrag für den Einzelhandel maßgebend ist.

1. Stellen Sie fest, welche Ausbildungsvergütung einer Auszubildenden zur Kauffrau im Einzelhandel im 1. Ausbildungsjahr laut gültigem Tarifvertrag zusteht.

2. Erläutern Sie den Einfluss tarifvertraglicher Regelungen auf die Ausbildung von Anja Maibaum.

553076

INFORMATIONEN

Tarifparteien

Zwischen Gewerkschaften und Arbeitgeberverbänden – den sogenannten Tarifparteien – werden die Höhe von Löhnen und Gehältern, Arbeitszeit, Urlaub, Arbeitsbedingungen und anderes mehr ausgehandelt. Die Ergebnisse dieser Verhandlungen werden in Tarifverträgen festgehalten. Die Gewerkschaften und die Arbeitgeberverbände haben das Recht, diese Tarifverträge ohne Einmischung des Staates auszuhandeln. Dieses Recht wird als **Tarifautonomie** bezeichnet.

In der Bundesrepublik Deutschland haben sich annähernd acht Millionen Arbeitnehmer in Gewerkschaften zusammengeschlossen. Gewerkschaften sind Selbsthilfeorganisationen der Arbeitnehmer, die sich für die Verbesserung der Situation der arbeitenden Menschen einsetzen. Die Mitgliedschaft in einer Gewerkschaft ist freiwillig. Der größte Gewerkschaftsdachverband ist der Deutsche Gewerkschaftsbund (DGB). Im Rahmen dieses Dachverbands vertritt die Gewerkschaft ver.di die Interessen der Arbeitnehmer im Einzelhandel. Arbeitnehmer im Einzelhandel können sich aber auch im Christlichen Gewerkschaftsbund (CGB) organisieren.

Die Arbeitgeber haben sich in Arbeitgeberverbänden zusammengeschlossen. Der Bundesvereinigung der Deutschen Arbeitgeberverbände gehören direkt oder indirekt über 88 Einzelverbände an. Auch die Mitgliedschaft in Arbeitgeberverbänden ist freiwillig. Der Dachverband der Arbeitgeber im Einzelhandel ist der Handelsverband Deutschland (HDE).

Ablauf von Tarifverhandlungen

Zu Beginn der Tarifverhandlungen zwischen Gewerkschaften und Arbeitgeberverbänden stellen die Gewerkschaften ihre Forderungen auf. Die Arbeitgeber machen ein Angebot, das niedriger ist als die Gewerkschaftsforderungen. Im Laufe der Verhandlungen versucht man, einen Kompromiss zu erreichen, dem beide Tarifparteien zustimmen können. Kommt es zu keiner Einigung, können die Tarifparteien das Scheitern der Tarifverhandlungen erklären. Lässt eine der Tarifparteien die Verhandlungen scheitern, so schließt sich ein **Schlichtungsverfahren** nur dann an, wenn das zwischen den Tarifparteien zuvor in einem Abkommen vereinbart worden ist. An dem Schlichtungsverfahren nehmen die gleiche Anzahl Gewerkschafts- und Arbeitgebervertreter teil. Die Schlichtung wird von einem unparteiischen Vorsitzenden geleitet. Am Ende der Schlichtung steht ein mehrheitlich gefasster Einigungsvorschlag. Stimmen beide Tarifparteien dem Einigungsvorschlag zu, wird dieser als neuer Tarifvertrag abgeschlossen. Wird der Einigungsvorschlag von einer der beiden Tarifparteien abgelehnt, beginnt entweder eine neue Schlichtungsrunde oder es kommt zum Arbeitskampf.

Können sich die Tarifparteien nicht einigen, gibt es Streik.

Die Arbeitskampfmaßnahme der Gewerkschaften ist der **Streik.** Bei einem Streik legen die gewerkschaftlich organisierten Arbeitnehmer für einen vorübergehenden Zeitraum die Arbeit nieder. Bevor die Gewerkschaft einen Streik erklärt, stellt sie die Streikbereitschaft durch eine Abstimmung unter ihren Mitgliedern fest. Diese Abstimmung wird als **Urabstimmung** bezeichnet. Die Gewerkschaft ruft offiziell zum Streik auf, wenn bei der Urabstimmung mindestens 75 % der Gewerkschaftsmitglieder für einen Streik gestimmt haben. Ein Streik kann auf einzelne Betriebe beschränkt sein, aber auch ganze Wirtschaftszweige, z. B. alle Einzelhandelsbetriebe, umfassen. Ziel des Streiks ist es, durch Produktionsausfall oder Umsatzeinbußen die Arbeitgeber zu zwingen, auf die Forderungen der Gewerkschaften einzugehen.

Die Arbeitskampfmaßnahme der Arbeitgeber ist die **Aussperrung.** Als Reaktion auf einen Streik verweigern die Arbeitgeber gewerkschaftlich organisierten und nicht organisierten Arbeitnehmern die Möglichkeit zu arbeiten.

Während des Arbeitskampfes erhalten die Arbeitnehmer weder Gehalt, Urlaub noch Gehaltsfortzahlung im Krankheitsfall. Die gewerkschaftlich organisierten Arbeitnehmer erhalten jedoch Streikgeld von ihrer Gewerkschaft. Die Höhe des Streikgeldes richtet sich nach dem monatlichen Gewerkschaftsbeitrag des Einzelnen. Arbeitnehmer, die nicht in einer Gewerkschaft organisiert sind, bekommen kein Streikgeld. Die bestreikten Arbeitgeber werden aus dem Arbeitskampffonds ihres Arbeitgeberverbands unterstützt.

Der Arbeitskampf wird beendet, wenn sich die beiden Tarifparteien in neuen Verhandlungen oder im Rahmen eines besonderen Schlichtungsverfahrens einigen. Es kommt zu einem neuen Tarifvertrag, wenn beide Seiten der in der Verhandlung oder dem Schlichtungsverfahren erzielten Einigung zustimmen. Aufseiten der Gewerkschaften, die Arbeitnehmer des Einzelhandels vertreten, müssen dazu in einer erneuten Urabstimmung mindestens 25 % der Gewerkschaftsmitglieder zustimmen.

Spielregeln für den Arbeitskampf

am Beispiel des öffentlichen Dienstes

Tarifverhandlungen Gewerkschaften/Arbeitgeber, oft begleitet von Warnstreiks

Erklärung des Scheiterns

Schlichtungsverfahren, wenn von einer Seite gefordert

Beschluss des ver.di-Bundesvorstands über Ergebnis *oder* Urabstimmung über Ergebnis (über 25 % Zustimmung erforderlich); Streik-Ende

Neuer Tarifvertrag

Annahme oder Ablehnung des Schlichterspruchs

neue Verhandlungen

neue Verhandlungsrunde

mögliche Gegenmaßnahme der Arbeitgeber: Aussperrung*

Streik

Beschluss des ver.di-Bundesvorstands über Streik *oder* Urabstimmung der Gewerkschaftsmitglieder über Streik (75 % Zustimmung erforderlich, falls nicht erreicht: neue Verhandlungen)

dpa—— Grafik 7291 *im öffentl. Dienst bisher nicht praktiziert

eines besonderen Schlichtungsverfahrens einigen. Es kommt zu einem neuen Tarifvertrag, wenn beide Seiten der in der Verhandlung oder dem Schlichtungsverfahren erzielten Einigung zustimmen. Aufseiten der Gewerkschaften, die Arbeitnehmer des Einzelhandels vertreten, müssen dazu in einer erneuten Urabstimmung mindestens 25 % der Gewerkschaftsmitglieder zustimmen.

schließenden Gewerkschaften und Arbeitgeberverbänden keine Arbeitskampfmaßnahmen (Streik und Aussperrung) durchgeführt werden dürfen.

Bindung des Tarifvertrags

Tarifverträge gelten nur für die Mitglieder der Tarifparteien (Gewerkschaften und Arbeitgeberverbände). Für die nicht organisierten Arbeitnehmer gilt der Tarifvertrag nur dann, wenn er für **allgemein verbindlich erklärt** wurde. Der Bundesminister für Arbeit und Soziales kann einen Tarifvertrag auf Antrag einer Tarifpartei für allgemein verbindlich erklären. Damit ist der Tarifvertrag auch für nicht organisierte Arbeitgeber und Arbeitnehmer gültig.

Mit und ohne Tarifvertrag

Von je 100 Beschäftigten arbeiten in Betrieben

in Westdeutschland | in Ostdeutschland

56	mit Branchentarifvertrag	38
9	mit Firmentarifvertrag	13
36	ohne Tarifvertrag	49

rundungsbed. Differenz Stand 2009 Quelle: IAB-Betriebspanel

© Globus 3978

Solange der neue Tarifvertrag gültig ist, besteht für die beiden Tarifparteien **Friedenspflicht,** d.h., dass während der Gültigkeitsdauer des Tarifvertrags von den vertrag-

Inhalt der Tarifverträge

Nach dem Inhalt werden Mantel- oder Rahmentarifverträge sowie Lohn- und Gehaltstarifverträge unterschieden.

Manteltarifverträge regeln allgemeine Arbeitsbedingungen, wie z. B. Kündigungsfristen, Urlaubsregelungen, Dauer der täglichen und wöchentlichen Arbeitszeit, Nachtarbeit, Mehrarbeit, Sonn- und Feiertagszulagen, Vorschrift über Schlichtungsverfahren.

In **Lohn- und Gehaltstarifverträgen** sind die getroffenen Vereinbarungen über Lohn- und Gehaltshöhen enthalten.

In diesen Verträgen werden sehr häufig Tätigkeitsmerkmale für verschiedene Lohn- und Gehaltsgruppen beschrieben, nach denen die Arbeitnehmer eingruppiert werden.

Die Bestimmungen der Tarifverträge sind Mindestbedingungen. Abmachungen in Einzelarbeitsverträgen zwischen Arbeitgeber und Arbeitnehmer dürfen die Normen des Tarifvertrags nicht unterschreiten. Die Vereinbarungen im Einzelarbeitsvertrag dürfen den Arbeitnehmer jedoch besserstellen, als es die Bestimmungen des Tarifvertrags regeln.

AUFGABEN

1. Wer sind die beiden Tarifparteien?
2. Für wen gelten die Bestimmungen eines Tarifvertrags, wenn er nicht für allgemein verbindlich erklärt wurde?
3. Wer darf Tarifverträge für allgemein verbindlich erklären?
4. Beschreiben Sie den möglichen Ablauf von Tarifverhandlungen.
5. Welche Voraussetzung muss erfüllt sein, damit eine Gewerkschaft den Streik erklären kann?
6. Welche Regelungen enthält
   - ein Manteltarifvertrag?
   - ein Lohn- und Gehaltstarifvertrag?
7. Welche Auswirkungen haben Arbeitskampfmaßnahmen auf Arbeitgeber, gewerkschaftlich organisierte und nicht organisierte Arbeitnehmer?

AKTIONEN

1. Erstellen Sie eine Übersicht über die Arbeitszeit-, Pausen- und Urlaubsregelungen des zurzeit für Sie maßgeblichen Tarifvertrags.
2. Bei Tarifverhandlungen versuchen Gewerkschaften, möglichst hohe Gehaltserhöhungen durchzusetzen. Die Arbeitgeber versuchen hingegen, möglichst geringe Gehaltssteigerungen zu erreichen.

Sammeln Sie Argumente für und gegen Gehaltserhöhungen.

Bilden Sie dazu in Ihrer Klasse zwei Gruppen:
- Gruppe 1 sammelt Argumente für Gehaltserhöhungen.
- Gruppe 2 sammelt Argumente gegen Gehaltserhöhungen.

ZUSAMMENFASSUNG

Gewerkschaft	→ vereinbaren ←	Arbeitgeberverband

▼

Tarifverträge

Lohn- und Gehaltstarifverträge		Manteltarifverträge	

| • Bei Tarifverhandlungen ist die **Tarifautonomie** gewährleistet. | • Arbeitskampfmaßnahmen sind **Streik** und **Aussperrung**. | • Tarifverträge sind **Kollektivverträge**: Grundsätzlich gelten die Bestimmungen nur für Mitglieder der beteiligten Tarifparteien. | • Durch **Allgemeinverbindlichkeitserklärung** des zuständigen Bundesministers für Arbeit und Soziales wird der Tarifvertrag für alle Arbeitgeber der betroffenen Branche gültig. | • Während der Laufzeit des Tarifvertrags gilt für die Tarifparteien die **Friedenspflicht**. |

Während der Mittagspause unterhält sich der Vorsitzende der Jugend- und Auszubildendenvertretung der Ambiente Warenhaus AG mit Britta Krombach und Robin Labitzke:

1. Stellen Sie die entsprechenden Regelungen des Jugendarbeitsschutzgesetzes in einer Übersicht zusammen.

INFORMATIONEN

Das Jugendarbeitsschutzgesetz (JArbSchG) soll jugendliche Arbeitnehmerinnen, Arbeitnehmer und Auszubildende vor Überforderungen im Berufsleben schützen. Es gilt für 14- bis 17-jährige Personen.

Arbeitszeitregelungen

Die wöchentliche Arbeitszeit darf 40 Stunden pro Woche nicht überschreiten. Jugendliche dürfen nur an 5 Tagen in der Woche beschäftigt werden. Die regelmäßige tägliche Arbeitszeit beträgt 8 Stunden. Sie darf bis 8,5 Stunden erhöht werden, wenn dadurch die wöchentliche Arbeitszeit von 40 Stunden nicht überschritten wird. Jugendliche dürfen frühestens um 06:00 Uhr mit der Arbeit beginnen und nach 20:00 Uhr nicht mehr beschäftigt werden.

Ausnahmen von dieser Regelung sind für das Gaststätten- und Schaustellergewerbe, mehrschichtige Betriebe, die Landwirtschaft, Bäckereien und Konditoreien vorgesehen. In Bäckereien und Konditoreien dürfen über 16-Jährige ab 05:00 Uhr beschäftigt werden. Über 17-Jährige dürfen in Bäckereien ab 04:00 Uhr arbeiten.

Jugendliche, die im Einzelhandel beschäftigt sind, sollen an mindestens zwei Samstagen im Monat nicht arbeiten. Da es sich hierbei aber nur um eine Soll-Bestimmung handelt, können Jugendliche auch an diesen Samstagen beschäftigt werden, wenn es die betrieblichen Verhältnisse erfordern.

Pausen

Bei einer täglichen Arbeitszeit von mehr als 4,5 Stunden müssen Jugendlichen mindestens 30 Minuten Pause gewährt werden. Bei mehr als 6 Stunden sind es mindestens 60 Minuten. Die Pausen werden nicht auf die tägliche Arbeitszeit angerechnet. Eine Pause muss mindestens 15 Minuten lang sein. Jugendliche dürfen nicht länger als 4,5 Stunden ohne Ruhepause beschäftigt werden.

Urlaub

15-jährige Jugendliche haben einen Anspruch auf 30 Werktage Urlaub im Jahr. Für 16-jährige Arbeitnehmerinnen, Arbeitnehmer und Auszubildende sieht das Jugendarbeitsschutzgesetz 27 Werktage und für 17-jährige Beschäftigte 25 Werktage Jahresurlaub vor. Werktage sind alle Wochentage außer Sonntag.

Anrechnung des Berufsschulbesuchs auf die Arbeitszeit

Beginnt der Berufsschulunterricht vor 09:00 Uhr, dürfen Jugendliche vorher nicht mehr im Ausbildungsbetrieb beschäftigt werden. Dies gilt auch für Personen, die über 18 Jahre alt und noch berufsschulpflichtig sind.

Jugendliche sind an einem Tag in der Woche den ganzen Tag von der Arbeit befreit, wenn sie an diesem Tag mehr als fünf Unterrichtsstunden die Berufsschule besuchen.

553080

Dieser Berufsschultag wird mit 8 Stunden auf die wöchentliche Arbeitszeit angerechnet. Für einen zweiten Berufsschultag gilt diese Regelung nicht. Dieser zweite Berufsschultag wird auf die wöchentliche Arbeitszeit nur mit den Stunden angerechnet, die der Auszubildende in der Berufsschule verbringen musste (Unterrichtsstunden + Pausen).

Beschäftigungsverbote

Jugendliche unter 15 Jahren dürfen nur in einem Ausbildungsverhältnis beschäftigt werden. Akkordarbeit wird für Jugendliche durch das Jugendarbeitsschutzgesetz untersagt. Außerdem dürfen Jugendliche nicht mit Arbeiten betraut oder an Orten beschäftigt werden, die eine sittliche Gefährdung darstellen. Gesundheitsgefährdende Arbeiten sind für Jugendliche unter 16 Jahren grundsätz-

lich verboten. Für 16- und 17-jährige Beschäftigte sind gesundheitsgefährdende Arbeiten nur dann erlaubt, wenn im Rahmen der Ausbildung nicht auf sie verzichtet werden kann.

Gesundheitliche Betreuung

Vor Beginn einer Ausbildung müssen alle Jugendlichen von einem Arzt untersucht worden sein. Die Untersuchung darf nicht länger als 14 Monate zurückliegen (Erstuntersuchung).

Nach dem ersten Ausbildungsjahr müssen sich alle Jugendlichen einer ersten Nachuntersuchung unterziehen (Pflichtuntersuchung). Weitere Nachuntersuchungen sind freiwillig.

AUFGABEN

1. Für welche Personen gilt das Jugendarbeitsschutzgesetz?

2. Ein Jugendlicher arbeitet 7,5 Stunden am Tag. Wie viel Minuten Pause stehen ihm zu?

3. Wie viel Stunden dürfen Jugendliche täglich höchstens arbeiten?

4. Wie viel Stunden dürfen Jugendliche wöchentlich höchstens arbeiten?

5. Wie viel Werktage Jahresurlaub stehen einer 16-jährigen Auszubildenden nach dem Jugendarbeitsschutzgesetz zu?

6. Eine 17-jährige Auszubildende soll an der Inventur in einem Warenhaus teilnehmen. Bis wie viel Uhr darf sie höchstens im Betrieb beschäftigt werden?

7. Eine 16-jährige Auszubildende besucht an 2 Tagen in der Woche die Berufsschule. Am 1. Berufsschultag werden sechs Unterrichtsstunden in der Zeit von 07:45 Uhr bis 12:45 Uhr erteilt. Am 2. Berufsschultag hat sie von 07:45 Uhr bis 11:00 Uhr 4 Unterrichtsstunden. Mit wie viel Stunden wird der Berufsschulbesuch auf die wöchentliche Arbeitszeit angerechnet?

8. Für welche Arbeiten dürfen Jugendliche nicht eingesetzt werden?

9. An wie viel Pflichtuntersuchungen müssen Jugendliche teilnehmen?

AKTIONEN

1. Sammeln Sie in Ihrer Klasse Gründe für die Notwendigkeit des Jugendarbeitsschutzgesetzes. Verwenden Sie dazu die Methode der Kartenabfrage.

2. Der Abteilungsleiter von Robin Labitzke möchte für Robin einen Wocheneinsatzplan aufstellen. Stellen Sie den betrieblichen Wocheneinsatzplan auf.

Berücksichtigen Sie dabei folgende Punkte:

- Das Warenhaus ist montags bis samstags von 09:30 Uhr bis 20:00 Uhr geöffnet.

- Robin Labitzke hat am Mittwoch von 08:00 Uhr bis 14:45 Uhr und am Freitag von 08:00 Uhr bis 13:00 Uhr Berufsschulunterricht.

- Robin ist 16 Jahre alt.

ZUSAMMENFASSUNG

Jugendarbeitsschutzgesetz			

gilt für 14- bis 17-jährige Jugendliche; enthält Regeln über:

Arbeitszeit und Freizeit	**Urlaub**	**Beschäftigungs- verbote und -beschränkungen**	**gesund- heitliche Betreuung**
• tägliche Arbeitszeit: bis 8,5 Stunden • wöchentliche Arbeitszeit: 40 Stunden • 5-Tage-Woche • Berufsschule: arbeitsfrei an einem Tag der Woche nach mehr als fünf Unterrichtsstunden • Ruhepausen: 4,5 bis 6 Stunden = 30 Minuten, mehr als 6 Stunden = 60 Minuten • bis auf wenige Ausnahmen keine Sonntagsarbeit • Samstagsarbeit: nur in einzelnen Beschäftigungszweigen; mindestens 2 Samstage sollen arbeitsfrei bleiben. • Nachtruhe: normalerweise 20:00 bis 06:00 Uhr	• 30 Werk- tage für 15-Jährige • 27 Werk- tage für 16-Jährige • 25 Werk- tage für 17-Jährige	• gesundheits- gefährdende Arbeiten • Akkordarbeit • Arbeiten, die die Leistungsfähigkeit der Jugendlichen überschreiten • Arbeiten, bei denen Jugend- liche sittlichen Gefährdungen ausgesetzt sind	• Erst- unter- suchung • 1. Nach- unter- suchung • weitere freiwillige Nachunter- suchungen

---

KAPITEL 14

Wir nutzen Möglichkeiten der innerbetrieblichen Mitbestimmung

Die Vorsitzende des Betriebsrats und der Vorsitzende der Jugend- und Auszubildendenvertretung der Filiale Schönstadt der Ambiente Warenhaus AG begrüßen die neuen Auszubildenden der Filiale Schönstadt:

„Liebe Kolleginnen und Kollegen, wir freuen uns, dass Sie eine Ausbildung in unserem Haus begonnen haben. Wir möchten uns Ihnen heute als Ihre Arbeitneh- merinnen- und Arbeitnehmervertreter vorstellen. Wann

immer Sie Fragen zu Ihrer Ausbildung haben oder Hilfe und Unterstützung brauchen, kommen Sie zu uns. Sie finden uns während der angegebenen Sprechzeiten im Betriebsratsbüro."

1. Stellen Sie fest, welche Aufgaben der Betriebsrat und die Jugend- und Auszubildendenvertretung haben.

INFORMATIONEN

Im Betriebsverfassungsgesetz von 1972 sind die Mitwir- kungs- und Mitbestimmungsrechte der einzelnen Arbeit- nehmer, des Betriebsrats und der Jugend- und Auszubil- dendenvertretung im Betrieb geregelt.

Wahl des Betriebsrats

Der Betriebsrat ist die wichtigste Interessenvertretung der Arbeitnehmer in einem Betrieb.

Er wird von allen Arbeitnehmern eines Betriebs, die mindestens 18 Jahre alt sind, gewählt. In den Betriebsrat können alle Arbeitnehmer eines Betriebs über 18 Jahre gewählt werden, wenn sie seit mindestens 6 Monaten in diesem Betrieb beschäftigt sind. Die Amtsdauer des Betriebsrats beträgt 4 Jahre. Betriebsräte dürfen in allen Betrieben gewählt werden, die mindestens 5 Arbeitnehmer über 18 Jahre beschäftigen. Die Mitgliederzahl des Betriebsrats ist abhängig von der Anzahl der wahlberechtigten Arbeitnehmer eines Betriebs.

Bei 5 bis 20 wahlberechtigten Arbeitnehmern wird nur ein einzelner Betriebsobmann gewählt.

Der Betriebsrat besteht in Betrieben mit	
wahlberechtigten Arbeitnehmern	**aus**
21 bis 50	3 Mitgliedern
51 bis 100	5 Mitgliedern
101 bis 200	7 Mitgliedern
201 bis 400	9 Mitgliedern
401 bis 700	11 Mitgliedern
701 bis 1000	13 Mitgliedern
1001 bis 1500	15 Mitgliedern
1501 bis 2000	17 Mitgliedern
2001 bis 2500	19 Mitgliedern
2501 bis 3000	21 Mitgliedern
3001 bis 3500	23 Mitgliedern
3501 bis 4000	25 Mitgliedern
4001 bis 4500	27 Mitgliedern
4501 bis 5000	29 Mitgliedern
5001 bis 6000	31 Mitgliedern
6001 bis 7000	33 Mitgliedern
7001 bis 9000	35 Mitgliedern

In Betrieben mit mehr als 9000 Arbeitnehmern erhöht sich die Zahl der Betriebsratsmitglieder um zwei Mitglieder je weitere angefangene 3000 Arbeitnehmer.

Die Mitglieder des Betriebsrats wählen aus ihrer Mitte den Betriebsratsvorsitzenden und seinen Stellvertreter. Für ihre Tätigkeit müssen die Betriebsratsmitglieder so viele Stunden von ihrer beruflichen Arbeit befreit werden, wie zur Erfüllung ihrer Betriebsratsaufgaben notwendig sind. Sind in einem Betrieb mindestens 200 Arbeitnehmer beschäftigt, muss mindestens ein Betriebsratsmitglied ganz von der Arbeit freigestellt werden.

Allgemeine Aufgaben des Betriebsrats

Zu den Aufgaben des Betriebsrats gehört es, darüber zu wachen, dass im Betrieb alle zum Schutz der Arbeitnehmer erlassenen Gesetze, Verordnungen, Unfallverhü-

tungsvorschriften und Tarifverträge eingehalten werden. Darüber hinaus hat der Betriebsrat eine Reihe von Mitwirkungs- und Mitbestimmungsrechten.

Mitbestimmung des Betriebsrats bedeutet: Die betriebliche Maßnahme wird erst mit Zustimmung des Betriebsrats wirksam.

Mitwirkung des Betriebsrats bedeutet: Der Betriebsrat hat ein Informations-, Beratungs- oder Anhörungsrecht. Durch seinen Widerspruch wird die vom Arbeitgeber angeordnete Maßnahme jedoch nicht unwirksam.

Mitbestimmung in sozialen Angelegenheiten

Ein volles Mitbestimmungsrecht hat der Betriebsrat in sozialen Angelegenheiten. Dazu gehören:
- Kurzarbeit und Überstunden
- Beginn und Ende der täglichen Arbeitszeit
- Errichtung betrieblicher Sozialeinrichtungen (z. B. Kantinen und Aufenthaltsräume)
- Entscheidung über Arbeitsplätze mit leistungsbezogenem Entgelt (Akkordlöhne oder Prämien)
- Einführung von Arbeitskontrollen

Verweigert der Betriebsrat in diesen Angelegenheiten seine Zustimmung, so entscheidet eine Einigungsstelle. Sie setzt sich aus der gleichen Anzahl von Vertretern des Arbeitgebers und des Betriebsrats sowie einem unparteiischen Vorsitzenden zusammen.

Mitwirkung und Mitbestimmung in personellen Angelegenheiten

Ein Zustimmungsverweigerungs- oder Widerspruchsrecht hat der Betriebsrat bei folgenden personellen Angelegenheiten: Arbeitsplatzgestaltung, Beurteilungsfragen, Berufung und Abberufung von Ausbildern, Versetzungen, Umgruppierungen und Einstellungen.

In einem Unternehmen mit mehr als 20 wahlberechtigten Arbeitnehmern dürfen Einstellungen und Versetzungen grundsätzlich nur durchgeführt werden, wenn der Betriebsrat vorher zugestimmt hat **(= volles Mitbestimmungsrecht).** Verweigert der Betriebsrat die Zustimmung, kann der Arbeitgeber das Arbeitsgericht anrufen. Das Arbeitsgericht ersetzt die Zustimmung des Betriebsrats, wenn die Verweigerung der Zustimmung unbegründet war.

Bei Kündigungen von Arbeitnehmern hat der Betriebsrat nur ein **Anhörungsrecht.** Wird der Betriebsrat vor einer Kündigung nicht gehört, ist die Kündigung unwirksam. Ein Widerspruch des Betriebsrats kann eine Kündigung jedoch nicht verhindern; der Arbeitgeber kann den Arbeitnehmer trotzdem entlassen. Hat der Betriebsrat einer ordentlichen Kündigung binnen einer Woche widersprochen und hat der Arbeitnehmer Kündigungsschutzklage erhoben, so muss der Arbeitnehmer jedoch auf sein Verlangen bis zum rechtskräftigen Abschluss des Rechtsstreites weiterbeschäftigt werden.

Mitwirkung in wirtschaftlichen Angelegenheiten

In wirtschaftlichen Angelegenheiten hat der Betriebsrat nur ein Informations-, Unterrichtungs- und Beratungsrecht.

In Unternehmen mit mehr als 100 Arbeitnehmern wird ein Wirtschaftsausschuss eingerichtet. Die Mitglieder dieses Ausschusses werden vom Betriebsrat bestimmt. Die Unternehmensleitung ist verpflichtet, den Wirtschaftsausschuss umfassend über die wirtschaftliche und finanzielle Lage des Unternehmens zu unterrichten. Ein Widerspruch des Betriebsrats in wirtschaftlichen Angelegenheiten bleibt ohne Folgen. Letztlich kann hier der Arbeitgeber allein entscheiden.

Betriebsvereinbarungen

Zwischen dem Betriebsrat und dem Arbeitgeber können Vereinbarungen geschlossen werden, die für die Arbeitnehmer eines Betriebs unmittelbar gelten. Diese Betriebsvereinbarungen müssen in schriftlicher Form getroffen und von Arbeitgeber und Betriebsrat unterzeichnet werden. Der Arbeitgeber ist verpflichtet, Betriebsvereinbarungen durch Auslegen oder Aushang an einer geeigneten Stelle im Betrieb bekannt zu machen.

Eine Sonderform der Betriebsvereinbarung ist der **Sozialplan.** Er soll die wirtschaftlichen Nachteile, die dem Arbeitnehmer infolge einer geplanten Betriebsänderung (z. B. Stilllegung oder Verlegung des Betriebs) entstehen, ausgleichen oder mildern.

Betriebsversammlungen

Der Betriebsrat muss einmal in jedem Kalendervierteljahr auf einer Betriebsversammlung alle Arbeitnehmer (einschließlich der Auszubildenden) über seine Tätigkeit informieren und sich zur Diskussion stellen. Der Arbeitgeber, der ebenfalls eingeladen werden muss, hat das Recht, auf den Betriebsversammlungen zu sprechen. Mindestens einmal im Jahr muss der Arbeitgeber oder sein Vertreter in einer Betriebsversammlung über das Personal- und Sozialwesen einschließlich des Standes der Gleichstellung von Frauen und Männern im Betrieb sowie der Integration der im Betrieb beschäftigten ausländischen Arbeitnehmer, die wirtschaftliche Lage und

Entwicklung des Betriebs sowie über den betrieblichen Umweltschutz berichten.

An den Betriebsversammlungen können Beauftragte der im Betrieb vertretenen Gewerkschaften beratend teilnehmen. Der Arbeitgeber kann Vertreter seines Arbeitgeberverbands hinzuziehen, wenn er an einer Betriebsversammlung teilnimmt.

Die Jugendvertretung setzt sich für jugendliche Arbeitnehmer ein.

Jugend- und Auszubildendenvertretung

Die besonderen Belange der jugendlichen Arbeitnehmer unter 18 Jahren und Auszubildenden unter 25 Jahren werden durch die Jugend- und Auszubildendenvertretung wahrgenommen. Eine Jugend- und Auszubildendenvertretung kann in Betrieben gewählt werden, in denen mindestens fünf Arbeitnehmer bis 18 Jahre oder Auszubildende bis 25 Jahre beschäftigt sind. Sie wird von allen Arbeitnehmern unter 18 Jahren und allen Auszubildenden unter 25 Jahren gewählt. In die Jugend- und Auszubildendenvertretung können alle Arbeitnehmer des Betriebs gewählt werden, die noch nicht 25 Jahre alt sind. Die Amtsdauer der Jugend- und Auszubildendenvertretung beträgt 2 Jahre.

Die Zahl der Vertreter in der Jugend- und Auszubildendenvertretung richtet sich nach der Zahl der in dem Betrieb beschäftigten Jugendlichen bis 18 Jahre und Auszubildenden bis 25 Jahre.

Vertretung in der JAV	
Jugendliche bis 18 Jahre bzw. Azubis bis 25 Jahre im Betrieb:	Zahl der Vertreter
5 bis 20	1
21 bis 50	3
51 bis 150	5
151 bis 300	7
301 bis 500	9
501 bis 700	11
700 bis 1000	13
über 1000	15

553084

Ansprechpartner für die Jugend- und Auszubildendenvertretung ist der Betriebsrat. An allen Sitzungen des Betriebsrats kann ein Vertreter der Jugend- und Auszubildendenvertretung teilnehmen. Stehen besondere Probleme der Jugendlichen und Auszubildenden im Betrieb zur Debatte, kann die gesamte Jugend- und Auszubildendenvertretung an der Betriebsratssitzung teilnehmen. Die Jugend- und Auszubildendenvertreter haben im Betriebsrat dann Stimmrecht, wenn die Beschlüsse des Betriebsrats überwiegend jugendliche Arbeitnehmer oder Auszubildende betreffen.

Mitwirkungs- und Beschwerderechte des einzelnen Arbeitnehmers

Bei den im Betriebsverfassungsgesetz aufgeführten Rechten des einzelnen Arbeitnehmers handelt es sich in erster Linie um Informations- und Anhörungsrechte in Angelegenheiten, die die Person des Arbeitnehmers und seinen Arbeitsplatz betreffen.

Der Arbeitnehmer kann verlangen, dass ihm die Berechnung und die Zusammensetzung seines Gehalts erläutert wird. Seine Leistungsbeurteilung und seine beruflichen Entwicklungsmöglichkeiten im Betrieb müssen mit ihm erörtert werden, wenn er es wünscht. Dazu kann er ein Mitglied des Betriebsrats hinzuziehen.

Der Arbeitnehmer hat das Recht, sich über den Inhalt der vom Arbeitgeber über ihn geführten Personalakte zu informieren. Auch dazu kann er ein Betriebsratsmitglied hinzuziehen. Er hat die Möglichkeit, zum Inhalt der Personalakte Erklärungen abzugeben. Er kann verlangen, dass diese Erklärungen der Personalakte beigefügt werden.

Der Arbeitnehmer darf sich bei der zuständigen Stelle des Betriebs (z. B. Geschäftsinhaber, Geschäftsführer) beschweren, wenn er sich benachteiligt oder ungerecht behandelt fühlt. Dabei kann er ein Betriebsratsmitglied zu seiner Unterstützung hinzuziehen.

AUFGABEN

1. Wie viele wahlberechtigte Arbeitnehmer müssen in einem Betrieb beschäftigt sein, damit ein Betriebsrat gewählt werden darf?

2. In welchen Fällen ist eine Entscheidung des Arbeitgebers ohne Zustimmung des Betriebsrats ungültig?

3. In welchen Angelegenheiten hat der Betriebsrat nur ein Informationsrecht?

4. Welche Folgen hat es, wenn einem Angestellten ohne Einschaltung des Betriebsrats gekündigt wurde?

5. Ein Einzelhändler will einen zusätzlichen Verkäufer einstellen. Der Betriebsrat stimmt der Einstellung nicht zu. Kann der Verkäufer trotzdem eingestellt werden? Begründen Sie Ihre Antwort.

6. Welche Personen dürfen zu Jugend- und Auszubildendenvertretern gewählt werden?

7. An wen muss sich die Jugend- und Auszubildendenvertretung in Streitfällen wenden?

8. Zwischen wem werden Betriebsvereinbarungen abgeschlossen?

9. Wie oft müssen Betriebsversammlungen in einem Jahr mindestens stattfinden?

10. Ein Angestellter liest in seiner Personalakte, dass er häufig zu spät gekommen sei. Tatsächlich ist er bisher nur zweimal verspätet zur Arbeit gekommen. Was kann er tun?

11. Was kann durch Betriebsvereinbarungen geregelt werden?

AKTIONEN

1. Auf der nächsten Sitzung des Betriebsrats der Ambiente Warenhaus AG sollen Fragen und Probleme der Auszubildenden des Unternehmens behandelt werden. Aus diesem Grund ist zu dieser Sitzung die gesamte Jugend- und Auszubildendenvertretung eingeladen. In einer eigenen Sitzung bereiten die Jugend- und Auszubildendenvertreter die gemeinsame Sitzung mit dem Betriebsrat vor.

   Führen Sie die Sitzung der Jugend- und Auszubildendenvertretung im Rollenspiel durch.

2. Führen Sie eine Internetrecherche durch. Beantwortet werden sollen folgende Fragen:
   a) In welchem Gesetz stehen die Regelungen der Betriebsratsarbeit?
   b) Welche Aufgaben hat der Betriebsrat im Unternehmen?
   c) Wie wird die Wahl des Betriebsrats durchgeführt?
   d) Welche Rechte hat der Betriebsrat?
   Siehe z. B.: www.betriebsrat-ist-besser.dgb.de
   www.betriebsrat.com

ZUSAMMENFASSUNG

Wahl des Betriebsrats

- Er kann in Betrieben mit mindestens fünf wahlberechtigten Arbeitnehmern für 4 Jahre gewählt werden.

- Wahlberechtigt sind alle Arbeitnehmer über 18 Jahre.

- Wählbar sind alle wahlberechtigten Arbeitnehmer, die seit mindestens 6 Monaten in dem Betrieb beschäftigt sind.

Aufgaben des Betriebsrats

Mitwirkung (= Anhörung oder Unterrichtung)   **+**   **Mitbestimmung** (= Mitentscheiden)

bei wirtschaftlichen Angelegenheiten ← → bei personellen Angelegenheiten ← → bei sozialen Angelegenheiten

| Der Betriebsrat | – achtet auf Gleichbehandlung aller Betriebsangehörigen, | – überwacht die Einhaltung von Arbeitsgesetzen, Verordnungen, Tarifverträgen und Betriebsvereinbarungen, | – schließt mit dem Arbeitgeber Betriebsvereinbarungen ab, | – führt regelmäßig Betriebsversammlungen durch. |

Jugend- und Auszubildendenvertretung (JAV)

- Sie vertritt in Betrieben mit mindestens fünf Arbeitnehmern unter 18 Jahren oder Auszubildenden unter 25 Jahren die Interessen der Jugendlichen und Auszubildenden im Betrieb.

- Sie wird von allen Arbeitnehmern unter 18 Jahren und Auszubildenden unter 25 Jahren für 2 Jahre gewählt.

- Wählbar sind Arbeitnehmer und Auszubildende, die noch nicht 25 Jahre alt sind.

Rechte des einzelnen Arbeitnehmers

- Informations- und Anhörungsrecht in Angelegenheiten, die seine Person oder seinen Arbeitsplatz betreffen

- Recht, seine Personalakte einzusehen

- Beschwerderecht

KAPITEL 15

Wir erkennen Notwendigkeit und Grenzen der sozialen Sicherung

Anja Maibaum hat am 1. Sept. ihre erste Ausbildungsvergütungsabrechnung (siehe Seite 87) in Händen.

1. Welche Abzüge wurden von ihrer Ausbildungsvergütung einbehalten?
2. Welche Ansprüche erwirbt sie durch die einbehaltenen Beiträge?

Stellen-Nr. 005173	Stamm-Nr. 000 191L4		Name, Vorname Maibaum, Anja	Religion 00	St.-Kl. I/0	Freibetrag	AOK-Nr. SVK 132-09	Monat/Jahr 09/12

Gehaltsabrechnung	Lohnart Ausbildungsvergütung Sept. 2012			Tage/Std.	Lohnersatz	sozialverspfl. 700,00	steuerpfl. 700,00	gesamt 700,00

gesamt gesetzl. Abzüge	Lohnst.	Solidari- tätszuschl.	Kirchenst.	Krankenvers.	Rentenvers.	Pflegevers.	Arbeitsl.-Vers.	SV-Abzüge	Steuer- Brutto	Gesamt- Nettolohn
lfd. Monat	–	–	–	57,40	68,60	8,58	10,50	145,08	700,00	554,92

	sonstige Abzüge	Schl.-Betrag 041 39,00	Schl./Betrag	Schl./Betrag	Schlüssel Betrag		Schlüssel Betrag	Gesamt 39,00

					Bankverbindung Sparkasse 0815		Ausgez. Betrag 515,92

INFORMATIONEN

Die Sozialversicherung ist in der Bundesrepublik Deutschland der weitaus wichtigste Teil der sozialen Sicherung. Die fünf Zweige der Sozialversicherung sind:

- die gesetzliche Rentenversicherung
- die gesetzliche Krankenversicherung
- die soziale Pflegeversicherung
- die Arbeitslosenversicherung
- die gesetzliche Unfallversicherung

Die Sozialversicherung ist eine gesetzliche Pflichtversicherung, der die Mehrheit der Bevölkerung zwangsweise angehören muss. Sie wird durch Beiträge finanziert, die von den versicherten Arbeitnehmern und den Arbeitgebern aufgebracht werden müssen.

Die Arbeitgeber sind verpflichtet, Arbeitnehmer innerhalb von 14 Tagen, nachdem sie sie eingestellt haben, bei der gesetzlichen Krankenkasse zur Sozialversicherung anzumelden.

Die Beiträge zur Kranken-, Pflege-, Renten- und Arbeitslosenversicherung müssen von den Arbeitgebern an die gesetzliche Krankenkasse abgeführt werden. Die Krankenkasse leitet dann die Beiträge, die nicht für sie bestimmt sind, an die gesetzliche Rentenversicherung und die Arbeitslosenversicherung weiter.

Die gesetzliche Rentenversicherung

In der gesetzlichen Rentenversicherung sind alle Arbeiter, Angestellten, kaufmännischen und gewerblichen Auszubildenden pflichtversichert.

Am 1. Okt. 2005 haben sich alle **Rentenversicherungsträger** – die Bundesversicherungsanstalt für Angestellte (BfA), die 22 Landesversicherungsanstalten (LVA), die Bundesknappschaft, die Bahnversicherungsanstalt und die Seekasse – sowie der Verband der Deutschen Rentenversicherungsträger (VDR) unter einem Dach zusammengeschlossen. Sie treten jetzt gemeinsam unter dem Namen **„Deutsche Rentenversicherung"** auf.

Der Beitrag des einzelnen Arbeitnehmers zur gesetzlichen Rentenversicherung ist abhängig von seinem Bruttogehalt oder Bruttolohn. Im Jahr 2012 sind 19,6 % des Bruttogehalts oder Bruttolohns als Rentenversicherungsbeitrag zu entrichten. Die Hälfte des Beitrags (9,8 %) wird dem Versicherten vom Lohn oder Gehalt abgezogen. Die andere Hälfte muss der Arbeitgeber zahlen. Bei der Ermittlung des Rentenversicherungsbeitrags wird der Bruttoverdienst jedoch nur bis zu einer festgesetzten Höchstgrenze berücksichtigt. Diese Beitragsbemessungsgrenze steigt jährlich. Im Jahr 2012 liegt diese Grenze in den alten Bundesländern bei 5.600,00 € und in den neuen Bundesländern bei 4.800,00 € monatlich.

Generationenvertrag

Die Leistungen der gesetzlichen Rentenversicherung werden aus den Beiträgen der Versicherten (Arbeitnehmer- und Arbeitgeberanteil) und einem Bundeszuschuss aus Steuermitteln gezahlt. Die Altersruhegelder, Hinterbliebenenrenten und Erwerbsminderungsrenten für die jetzigen Rentner werden also im Wesentlichen aus den Beiträgen der heute Berufstätigen gezahlt. Die heutigen Beitragszahler verlassen sich darauf, dass ihre Rente später durch die Beiträge der nachfolgenden Generationen gezahlt wird. Dieses Finanzierungsverfahren wird als Umlageverfahren oder Generationenvertrag bezeichnet.

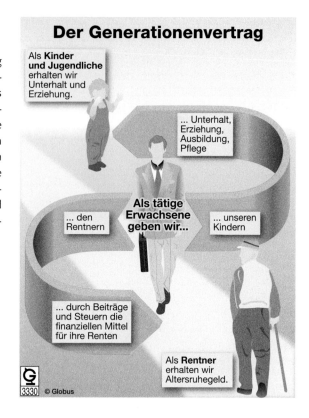

Altersrente

Bei der Altersrente gibt es verschiedene Möglichkeiten:

- **Regelaltersrente:** Sie wird ab Vollendung des 65. Lebensjahres gezahlt. Die Altergrenze wird zwischen 2012 und 2029 schrittweise von 65 Jahren auf 67 Jahre angehoben.

- **Altersrente für besonders langjährig Versicherte:** Wer eine Wartezeit von 45 Jahren erfüllt hat, kann mit 65 Jahren ohne Abschläge in Rente gehen.

- **Altersrente für langjährig Versicherte:** Die Altersgrenze für eine abschlagsfreie Altersrente erhöht sich für langjährig Versicherte (ab Geburtsjahrgang 1949) stufenweise von 65 auf 67 Jahre. Langjährig Versicherte können ab dem 63. Lebensjahr vorzeitig Altersrente mit einem Abschlag von 14,4 % beziehen.

- **Altersrente für schwerbehinderte Versicherte:** Die Altersgrenze für eine abschlagsfreie Altersrente wird (ab Ge-

burtsjahrgang 1952) stufenweise von 63 auf 65 Jahre angehoben. Gleichzeitig wird die Altersgrenze für eine vorzeitige Altersrente von 60 auf 62 Jahre angehoben.

vgl.: www.deutsche-rentenversicherung.de

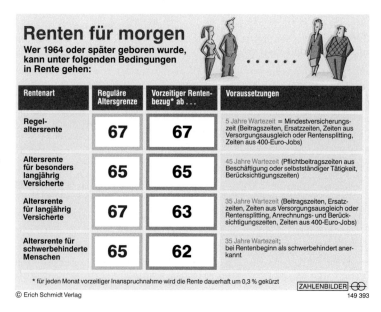

Erwerbsminderungsrente

Wer aufgrund seiner gesundheitlichen Einschränkung nur noch unter 3 Stunden täglich arbeiten kann, erhält eine volle Erwerbsminderungsrente. Wer noch 3 bis unter 6 Stunden täglich arbeiten kann, erhält eine halbe Erwerbsminderungsrente.

Wer noch 6 Stunden täglich und länger arbeiten kann, hat keinen Rentenanspruch.

Von der Neuregelung sind alle Versicherten betroffen, deren Rente ab dem 1. Jan. 2001 begann. Für Renten mit einem Beginn vor dem 1. Jan. 2001 gelten weiterhin die alten Regelungen zur Berufs- und Erwerbsunfähigkeitsrente.

Hinterbliebenenrente

Wenn ein Versicherter stirbt, zahlt die gesetzliche Rentenversicherung Hinterbliebenenrente. Sie zahlt auch, wenn der Versicherte gestorben ist, ohne vorher selbst Rentner gewesen zu sein. Er muss allerdings die Wartezeit für die Erwerbsminderungsrente erfüllt haben.

Frauen und Männer erhalten, wenn der Ehegatte stirbt, gleichermaßen eine Witwen- oder Witwerrente. Die Witwe oder der Witwer bekommt 60 % von der Rente des verstorbenen Ehegatten. Eigenes Einkommen des Hinterbliebenen wird jedoch zum Teil auf die Witwen- oder Witwerrente angerechnet.

Kinder des Verstorbenen erhalten Waisenrente bis zur Vollendung des 18. Lebensjahres. Bis zur Vollendung des 25. Lebensjahres können sie Waisenrente beziehen, wenn sie sich noch in einer Schul- oder Berufsausbildung befinden. Wenn die Schul- oder Berufsausbildung durch Wehr- oder Ersatzdienst unterbrochen wird, kann die Waisenrente noch über das 25. Lebensjahr hinaus gezahlt werden.

Sonstige Leistungen

Die Beiträge der Rentner zur gesetzlichen Krankenversicherung zahlt die Deutsche Rentenversicherung zur Hälfte. Die andere Hälfte wird den Rentenempfängern von ihrer Rente abgezogen.

Die Rentenversicherung zahlt jedoch nicht nur Renten. Zu ihren Aufgaben gehört es auch, die Erwerbsfähigkeit der Versicherten zu erhalten, zu bessern und wiederherzustellen. In diesem Rahmen bietet die Deutsche Rentenversicherung Heilbehandlungen (besonders Kuren) und Berufsförderungsmaßnahmen an.

Dynamische Rente

Die Renten werden in der Regel den jährlichen Lohn- und Gehaltssteigerungen der rentenversicherungspflichtigen Arbeitnehmer angepasst. Seit dem Jahr 2005 erfolgt die Rentenanpassung unter Berücksichtigung des neuen Nachhaltigkeitsfaktors. Dieser Nachhaltigkeitsfaktor berücksichtigt das Verhältnis von Rentenempfängern und Beitragszahlern. Die Rentenanpassung orientiert sich künftig an den gesamten beitragspflichtigen Bruttolohnsummen und nicht mehr an dem gesamten Bruttoentgelt. Damit führen weniger Beitragszahler zu einer geringeren Rentenerhöhung und mehr Beitragszahler zu einer höheren Rentenerhöhung.

Die gesetzliche Krankenversicherung

In der gesetzlichen Krankenversicherung sind Arbeiter, Angestellte, Auszubildende, Arbeitslose, Rentner und Studenten pflichtversichert. Angestellte und Arbeiter sind nur dann pflichtversichert, wenn ihr monatliches Gehalt eine bestimmte Grenze nicht übersteigt. Diese Versicherungspflichtgrenze beträgt in den alten Bundesländern und in den neuen Bundesländern 4.237,50 € monatlich (Stand 2012). Angestellte und Arbeiter, deren Gehalt die Versicherungspflichtgrenze überschreitet, können der gesetzlichen Krankenversicherung freiwillig beitreten oder sich freiwillig bei einer privaten Krankenversicherung versichern. Selbstständige und Freiberufler, wie z. B. Architekten oder Rechtsanwälte, können der gesetzlichen Krankenversicherung ebenfalls freiwillig beitreten.

Träger der gesetzlichen Krankenversicherung sind die
- Allgemeinen Ortskrankenkassen (AOK),
- Ersatzkassen,
- Betriebskrankenkassen,
- Innungskrankenkassen,
- landwirtschaftlichen Krankenkassen,
- Knappschaft (inklusive See-Krankenversicherung).

Die Beiträge der einzelnen Arbeitnehmer richten sich nach ihren Einkommen. Der allgemeine Beitragssatz liegt 2012 bei 14,6 % vom monatlichen Bruttoverdienst. Diesen Beitrag zur gesetzlichen Krankenversicherung bezahlen Arbeitnehmer und Arbeitgeber je zur Hälfte. Zusätzlich zahlen die versicherten Arbeitnehmer noch einen Sonderbeitrag von 0,4 % ihres Bruttoeinkommens für Zahnersatz und 0,5 % für das Krankengeld. Diesen Zusatzbeitrag zahlen die Arbeitnehmer allein.

Die Beitragsbemessungsgrenze der gesetzlichen Krankenversicherung beträgt in den alten und in den neuen Bundesländern monatlich 3.825,00 € (Stand 2012).

Die Träger der gesetzlichen Krankenversicherung (AOK, Ersatzkassen usw.) zahlen bei Erkrankung eines Arbeitnehmers Krankenpflege und Krankengeld.

Krankenpflege

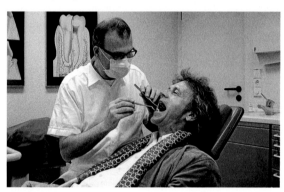

Zur Krankenpflege gehört die zahnärztliche Vorsorge.

Die Krankenpflege beinhaltet u. a.
- die ärztliche und zahnärztliche Behandlung,
- die Versorgung mit Arznei-, Verbands-, Heilmitteln, Körperersatzstücken (Prothesen), orthopädischen und anderen Hilfsmitteln,
- Zuschüsse zu den Kosten für Zahnersatz und Zahnkronen,
- Krankenhauspflege,
- häusliche Krankenpflege,
- das Stellen einer Haushaltshilfe.

Bei sämtlichen Arzneimitteln muss der versicherungspflichtige Arbeitnehmer 10 %, mindestens jedoch 5,00 € und höchstens 10,00 €, selbst zahlen. Kinder und Jugendliche bis zum 18. Lebensjahr sind von diesen Zuzahlungen befreit.

Pro Quartal ist bei ärztlicher und zahnärztlicher Behandlung eine Praxisgebühr von 10,00 € fällig. Für Überweisungen an einen Facharzt oder für Vorsorgeuntersuchungen fällt keine weitere Gebühr an.

Krankenhaus- und Rehaklinikpatienten zahlen 10,00 € pro Tag für höchstens 28 Tage.

Für Heilmittel, Krankengymnastik, Massagen und Hilfsmittel sind 10 % der Kosten und 10,00 € je Verordnung zu übernehmen.

Zugezahlt werden muss auch bei häuslicher Krankenpflege und einer Haushaltshilfe.

Keine Zuschüsse gibt es für Brillen und Kontaktlinsen (Ausnahme: Kinder bis 18 Jahre und Sehbehinderte), Fahrtkosten zu einer ambulanten Behandlung (Ausnahmen), Medikamente, die nicht verschreibungspflichtig sind.

Die Zuzahlungen sind für die Versicherungspflichtigen jedoch auf 2 % ihres beitragspflichtigen Bruttoeinkommens pro Jahr begrenzt. Chronisch Kranke zahlen höchstens 1 % ihres beitragspflichtigen Bruttoeinkommens pro Jahr.

Krankengeld

Ist ein Arbeitnehmer wegen Krankheit arbeitsunfähig, so zahlt die Krankenkasse Krankengeld ab der siebten Woche. In den ersten sechs Wochen hat der Arbeitnehmer Anspruch auf Lohn- oder Gehaltsfortzahlung durch seinen Arbeitgeber. Das Krankengeld beträgt 70 % des durchschnittlichen Bruttoverdienstes. Es darf jedoch nicht höher sein als der letzte Nettoverdienst. Krankengeld wird innerhalb eines Zeitraums von 3 Jahren für höchstens 78 Wochen bezahlt.

Seit dem 1. Juli 2005 wird von den Versicherten für das Krankengeld ein Sonderbeitrag von 0,5 % erhoben.

Maßnahmen zur Früherkennung von Krankheiten

Die gesetzliche Krankenversicherung gewährt ihren Mitgliedern nicht nur Schutz bei Krankheiten, sondern auch Schutz vor Krankheiten durch kostenlose Maßnahmen zur Früherkennung. Frauen ab dem 20. Lebensjahr und Männer ab dem 45. Lebensjahr können einmal im Jahr auf Kosten ihrer Krankenkasse zur Krebsvorsorge gehen.

Versicherte können ihre Kinder bis zum vierten Lebensjahr in regelmäßigen Abständen untersuchen lassen. Durch diese Früherkennungsuntersuchungen sollen angeborene Leiden oder Entwicklungsschäden schon in den ersten Lebensjahren festgestellt werden, da sie dann meist besser geheilt werden können.

Mutterschaftshilfe

Die gesetzliche Krankenkasse gewährt Schwangeren Mutterschaftshilfe. Zur Mutterschaftshilfe gehören

- Mutterschaftsvorsorgeuntersuchungen,
- Hilfe bei der Entbindung durch eine Hebamme und, falls erforderlich, durch einen Arzt,
- Pflege in einer Entbindungsklinik oder Hauspflege.

Außerdem erhalten Mütter, die Mitglied in der gesetzlichen Krankenversicherung sind, Mutterschaftsgeld. Es wird innerhalb der Mutterschutzfrist von sechs Wochen vor und acht bzw. zwölf Wochen nach der Entbindung gezahlt.

Familienhilfe

Die Leistungen der gesetzlichen Krankenversicherung erhält nicht nur der Versicherte selbst, sondern auch seine Familienangehörigen. Ehegatten und unterhaltsberechtigte Kinder sind mitversichert, wenn sie kein eigenes Einkommen oberhalb bestimmter Grenzen beziehen. Für diese Familienangehörigen muss der Versicherte keine besonderen Beiträge zahlen.

Die mitversicherten Familienangehörigen haben Anspruch auf Krankenpflege und Maßnahmen zur Früherkennung von Krankheiten in demselben Umfang wie der Versicherte. Krankengeld bekommen sie nicht. Mitversicherte Familienangehörige erhalten auch Mutterschaftshilfe.

Sonstige Hilfen

Ebenfalls zu den Leistungen der gesetzlichen Krankenversicherung gehören ärztliche Beratungen über Empfängnisverhütung und Familienplanung sowie Leistungen bei Schwangerschaftsabbruch.

Soziale Pflegeversicherung

In der sozialen Pflegeversicherung sind seit dem 1. Jan. 1995 alle Personen versichert, die in der gesetzlichen Krankenversicherung versichert sind (Arbeiter, Angestellte, Auszubildende, Arbeitslose, Rentner und Studenten).

Träger der sozialen Pflegeversicherung sind die bei den gesetzlichen Krankenversicherungen errichteten Pflegekassen.

Die soziale Pflegeversicherung gewährt den versicherten Pflegebedürftigen Leistungen zur Verbesserung der häuslichen Pflege (ambulante Pflege) und Leistungen bei stationärer Pflege (z. B. in einem Pflegeheim).

Die Beiträge zur sozialen Pflegeversicherung betragen 1,95 % des monatlichen Einkommens. Arbeitnehmer und Arbeitgeber zahlen jeweils die Hälfte der genannten Beiträge.[1] Kinderlose Versicherte, die älter als 23 Jahre sind, müssen einen Zusatzbeitrag von 0,25 % zahlen. Die Beitragsbemessungsgrenze der sozialen Pflegeversicherung entspricht der Beitragsbemessungsgrenze der gesetzlichen Krankenversicherung.

Arbeitslosenversicherung

Der gesetzlichen Arbeitslosenversicherung gehören alle Arbeiter, Angestellten und Auszubildenden an.

Der Träger der Arbeitslosenversicherung ist die Bundesagentur für Arbeit mit Sitz in Nürnberg. Die örtlichen Agenturen für Arbeit sind Zweigstellen der Bundesagentur für Arbeit.

Ebenso wie bei der gesetzlichen Krankenversicherung und Rentenversicherung werden die Beiträge zur Arbeitslosenversicherung je zur Hälfte von Arbeitnehmern und Arbeitgebern gezahlt. Im Jahr 2012 beträgt der Beitrag zur Arbeitslosenversicherung 3,0 % des Bruttoverdienstes. Die Beitragsbemessungsgrenze der Arbeitslosenversicherung entspricht der Beitragsbemessungsgrenze der Rentenversicherung (Stand 2012: 5.600,00 € in den alten und 4.800,00 € in den neuen Bundesländern), d. h., der Verdienst eines Arbeitnehmers in den alten Bundesländern, der 5.600,00 € monatlich übersteigt, wird bei der Berechnung des Beitrags zur Arbeitslosenversicherung nicht berücksichtigt.

Für Arbeitnehmer, deren monatlicher Verdienst aus allen Arbeitseinkommen zusammen unter 400,00 € liegt und die keinerlei sonstige Einkünfte erhalten, zahlt der Arbeitgeber die Sozialversicherungsbeiträge allein. Er muss einen Pauschbetrag von 22 % an die Rentenversicherung (12 %) und die gesetzliche Krankenversicherung (10 %) allein bezahlen. Für Auszubildende liegt diese Grenze bei 325,00 € monatlich (Stand 2012).

Arbeitslosengeld I

Ein arbeitsloser Arbeitnehmer muss sich bei der zuständigen Agentur für Arbeit arbeitslos melden. Dort kann er Arbeitslosengeld beantragen.

Die Arbeitslosenversicherung zahlt an Arbeitnehmer, die **unfreiwillig arbeitslos geworden sind,** Arbeitslosengeld. Anspruch auf Arbeitslosengeld hat ein Arbeitsloser, der

---

1 nur in den Bundesländern, in denen zum Ausgleich ein Feiertag abgeschafft wurde

in den letzten 2 Jahren vor Beginn der Arbeitslosigkeit mindestens 52 Wochen (360 Kalendertage) versicherungspflichtig beschäftigt war. Außerdem muss er arbeitsfähig und arbeitswillig sein. Er muss jede zumutbare Arbeit annehmen, die er ausüben kann.

So lange Arbeitslosengeld

Regelung ab 1. 2. 2006
Bundesagentur für Arbeit

So lange wurden Beiträge bezahlt*	So lange gibt es Arbeitslosengeld
12 Monate	6 Monate
16	8
20	10
24 und mehr	12

0378 © Globus *Dauer der sozialversicherungspflichtigen Beschäftigung in Monaten — Quelle: BA

Arbeitslosengeld I für Ältere

Diese Neuregelung wurde im Koalitionsausschuss vereinbart:

Alter	So lange wird ALG I gezahlt	Bei Beitragszahlungen innerhalb der letzten fünf Jahre von
über 50 Jahre	15 Monate	30 Monaten
über 55 Jahre	18 Monate	36 Monaten
über 58 Jahre	24 Monate	48 Monaten

dpa——
Grafik 4518

Das Arbeitslosengeld beträgt für Arbeitslose, die mindestens ein Kind haben, für das sie noch unterhaltspflichtig sind, 67 % vom durchschnittlichen Nettoverdienst der letzten 12 Monate. Für Arbeitslose ohne unterhaltspflichtige Kinder beträgt das Arbeitslosengeld 60 % vom durchschnittlichen Nettoverdienst.

Die Dauer der Arbeitslosengeldzahlung ist von 6 Monaten (= 156 Wochentage) bis 24 Monaten (= 468 Wochentage) gestaffelt. Sie ist abhängig von der Dauer der vorhergehenden versicherungspflichtigen Beschäftigungszeit und dem Lebensalter des Arbeitslosen. Wer mindestens 12 Monate beschäftigt war, erhält 6 Monate

Arbeitslosengeld. Arbeitslosen, die jünger als 50 Jahre sind, wird höchstens 12 Monate Arbeitslosengeld gezahlt. Nach Vollendung des 50. Lebensjahres beträgt die Bezugsdauer des Arbeitslosengeldes höchstens 15 Monate, über 55 Jahre 18 Monate und über 58 Jahre 24 Monate.

Arbeitslosengeld II

Wenn die Bezugsdauer für Arbeitslosengeld I abgelaufen ist, wird nur noch Arbeitslosengeld II gewährt. Dies wird nicht aus den Beiträgen zur Arbeitlosenversicherung, sondern aus Mitteln der Bundesregierung finanziert.

Arbeitslosengeld II wird nur an bedürftige Arbeitslose gezahlt. Ein Arbeitsloser ist dann bedürftig, wenn das Vermögen und das Einkommen des Arbeitslosen und seiner Familienangehörigen für den Lebensunterhalt nicht ausreichen. Auch das Einkommen und Vermögen einer Person, mit der ein Arbeitsloser in eheähnlicher Gemeinschaft lebt, wird bei der Prüfung der Bedürftigkeit berücksichtigt.

Erwerbsfähige Hilfebedürftige erhalten Arbeitslosengeld II, ihre Angehörigen Sozialgeld. Alleinstehende und Alleinerziehende haben Anspruch auf die volle Regelleistung von 364,00 €. Erwachsene Partner erhalten jeweils 90 % dieses Betrags (328,00 €). Für Kinder bis zur Vollendung des 6. Lebensjahres gibt es 215,00 €, für Kinder von 6 Jahren bis 14 Jahren 251,00 €, für Kinder zwischen 15 Jahren und 17 Jahren 287,00 €.

Sonstige Leistungen für Arbeitslose

Die Arbeitslosenversicherung zahlt für die Bezieher von Arbeitslosengeld die Beiträge zur gesetzlichen Kranken- und Rentenversicherung.

Arbeitnehmer, die bei Eröffnung des Insolvenzverfahrens über das Vermögen ihres Arbeitgebers oder Abweisung des Antrags auf Eröffnung des Insolvenzverfahrens mangels Masse noch Arbeitsentgelt für die vorausgegangenen 3 Monate beanspruchen können, erhalten von der Agentur für Arbeit **Insolvenzgeld** als Ausgleich für das nicht gezahlte Arbeitsentgelt.

Maßnahmen zur Arbeits- und Berufsförderung

Die Leistungen der Arbeitslosenversicherung beschränken sich nicht nur auf die Unterstützungszahlungen bei Arbeitslosigkeit. Damit es erst gar nicht zu lang andauernder Arbeitslosigkeit kommt, werden von der Bundesagentur für Arbeit Maßnahmen zur Arbeits- und Berufsförderung angeboten. Dazu gehören:

- die Arbeitsvermittlung
- die Berufsberatung
- die Gewährung von berufsfördernden Leistungen zur Rehabilitation (= Wiederherstellung) körperlich, geistig und seelisch Behinderter

Die Bundesagentur für Arbeit fördert die berufliche Ausbildung, Umschulung und Einarbeitung:
- An Auszubildende zahlt sie unter bestimmten Voraussetzungen eine Berufsausbildungsbeihilfe.
- In beruflichen Umschulungen werden Arbeitsuchenden Kenntnisse und Fähigkeiten vermittelt, die ihnen den Wechsel in einen anderen, aussichtsreicheren Beruf ermöglichen.

Leistungen zur Erhaltung und Schaffung von Arbeitsplätzen

Durch Zahlung von Kurzarbeitergeld und durch Maßnahmen zur Arbeitsbeschaffung versucht die Bundesagentur für Arbeit, Arbeitsplätze zu erhalten und neue Arbeitsplätze zu schaffen.

Kurzarbeitergeld erhalten Arbeitnehmer als Ausgleich für den Verdienstausfall, der durch eine vorübergehende Verkürzung ihrer Arbeitszeit verursacht wird.

Gesetzliche Unfallversicherung

In der gesetzlichen Unfallversicherung sind alle Arbeitnehmer und Auszubildenden gegen Arbeitsunfälle und Berufskrankheiten versichert.

Träger der gesetzlichen Unfallversicherung für Arbeitnehmer und Auszubildende sind die Berufsgenossenschaften für die einzelnen Berufszweige. Die Beiträge zur gesetzlichen Unfallversicherung werden allein vom Arbeitgeber aufgebracht.

Leistungen nach einem Arbeitsunfall

Die gesetzliche Unfallversicherung bietet Versicherungsschutz nach Arbeitsunfällen. Darunter sind Unfälle zu

verstehen, die im Zusammenhang mit der Berufsausübung eintreten, wie Unfälle während der Arbeit, Wegeunfälle und Berufskrankheiten.

Wegeunfälle sind Unfälle, die sich auf dem Weg von und zur Arbeit ereignen.

Berufskrankheiten sind Krankheiten, die durch besonders schädigende Einflüsse am Arbeitsplatz (z. B. Schadstoffe, Lärm) verursacht wurden.

Krank durch den Beruf

Die häufigsten Berufskrankheiten* in Deutschland 2008

Berufskrankheit	Anzahl
Hautkrankheiten	18 995
Lärmschwerhörigkeit	9 792
Wirbelsäulenschäden durch Heben und Tragen	5 550
Staublunge (Asbestose)	3 879
Lungen- und Kehlkopfkrebs	3 674
allergische Atemwegserkrankungen	2 444
Infektionen	1 495
Atemwegserkrankungen durch Chemikalien und Gifte	1 491
durch Asbest ausgelöste Krebserkrankungen	1 438

Quelle: BAUA   *angezeigte Verdachtsfälle   © Globus 3312

Die zuständige Berufsgenossenschaft leistet als Träger der gesetzlichen Unfallversicherung nach einem Arbeitsunfall:
- Heilbehandlung des Unfallverletzten (ärztliche und zahnärztliche Behandlung, Arznei- und Verbandsmittel, Heilmittel, Ausstattung mit Prothesen und Gewährung von Pflege bei Hilflosigkeit)
- Berufshilfe für den Unfallverletzten (z. B. Umschulungen)
- finanzielle Entschädigung für Unfallfolgen (Verletztenrente, Witwen- und Waisenrente, Verletztengeld, das dem Krankengeld entspricht)

Erste Hilfe und Verhalten bei Unfällen

1. Beachten Sie die ausgehängte Anleitung zur Ersten Hilfe bei Unfällen mit den Angaben über Notrufeinrichtungen sowie Personal der Ersten Hilfe, Arzt und Krankenhaus.

2. Informieren Sie sich, wo Erste-Hilfe-Material bereitgehalten wird und wer Erste Hilfe leisten kann.

3. Denken Sie bei einem Unfall daran, nicht nur den Verletzten zu retten und Erste Hilfe zu leisten, sondern erforderlichenfalls auch die Unfallstelle abzusichern.

4. Lassen Sie auch Ihre kleineren Verletzungen sofort versorgen.

5. Suchen Sie einen Durchgangsarzt auf, wenn aufgrund der Verletzung mit Arbeitsunfähigkeit zu rechnen ist.

6. Melden Sie jeden Unfall unverzüglich Ihrem Vorgesetzten.

7. Achten Sie darauf, dass über jede Erste-Hilfe-Leistung Aufzeichnungen gemacht werden, z. B. in einem Verbandbuch.

8. Lassen Sie sich zum Ersthelfer ausbilden, damit Sie auch anderen helfen können.

Quelle:
Sicherheitsratschläge der Berufsgenossenschaft für den Einzelhandel

Unfallschutzbestimmungen

Die Berufsgenossenschaften erlassen die Unfallverhütungsvorschriften zur Verhütung von Arbeitsunfällen. Sie sind für Arbeitgeber und Arbeitnehmer gleichermaßen verbindlich.

Die Durchführung der Unfallverhütung wird durch die zuständige Berufsgenossenschaft überwacht. Sie führt in regelmäßigen Zeitabständen Betriebsbesichtigungen durch. Festgestellte Mängel muss der Arbeitgeber in ei-

ner angemessenen Frist beseitigen. Bei schweren Verstößen gegen die Unfallverhütungsvorschriften kann die Berufsgenossenschaft gegen Arbeitgeber und versicherte Arbeitnehmer Geldbußen verhängen.

Arbeitssicherheit und Gesundheitsschutz

Außer den Unfallverhütungsvorschriften der zuständigen Berufsgenossenschaft müssen die staatlichen Gesetze und Verordnungen zur Arbeitssicherheit und zum Gesundheitsschutz in den Betrieben beachtet werden.

Gemäß **Arbeitsschutzgesetz** ist der Arbeitgeber für die Sicherheit und den Gesundheitsschutz bei der Arbeit aller Arbeitnehmer seines Betriebs verantwortlich. Er muss dies durch Maßnahmen des Arbeitsschutzes dauerhaft absichern.

Das Arbeitsschutzgesetz verpflichtet den Arbeitgeber,
- die Arbeit so zu gestalten, dass eine Gefährdung für Leben und Gesundheit möglichst vermieden und die verbleibende Gefährdung möglichst gering gehalten wird,
- die an bestimmten Arbeitsplätzen vorhandenen Gefahren zu ermitteln,
- die Beschäftigten über unvermeidbare Gefahren eines Arbeitsplatzes umfassend zu informieren, bevor sie den Arbeitsplatz einnehmen dürfen,
- die Beschäftigten während der Arbeitszeit über Sicherheit und Gesundheitsschutz ausreichend und angemessen zu unterweisen,
- den Beschäftigten zu gestatten, sich je nach den Gefahren für Sicherheit und Gesundheit bei der Arbeit regelmäßig arbeitsmedizinisch untersuchen zu lassen.

Das Arbeitsschutzgesetz bildet den Rahmen für viele weitere Spezialgesetze oder -verordnungen für den Arbeitsschutz, die der Arbeitgeber beobachten muss.

Das sind u. a
- das **Arbeitssicherheitsgesetz:** Es regelt den Einsatz von Betriebsärzten und Fachkräften für Arbeitssicherheit.

- die **Arbeitsstättenverordnung:** Sie regelt die Gestaltung von Arbeitsräumen, Pausen- und Bereitschaftsräumen, Sanitärräumen, Erste-Hilfe-Räumen und Unterkünften. Sie schreibt vor, dass der Arbeitgeber die erforderlichen Maßnahmen trifft, damit nicht rauchende Beschäftigte in Arbeitsstätten wirksam vor den Gesundheitsgefahren durch Tabakrauch geschützt sind. Soweit erforderlich, muss der Arbeitgeber ein allgemeines oder auf einzelne Bereiche der Arbeitsstätte beschränktes Rauchverbot erlassen

- die **Bildschirmarbeitsverordnung:** Sie regelt die Mindestanforderungen bezüglich der Sicherheit und des Gesundheitsschutzes bei der Arbeit an Bildschirmgeraten. Sie schreibt die regelmäßige Unterbrechung der Bildschirmarbeit durch andere Tätigkeiten oder Pausen vor. Außerdem verlangt die Bildschirmverordnung, dass Beschäftigte ihre Augen und ihr Sehvermögen vor Aufnahme der Bildschirmarbeit und anschließend in regelmäßigen Zeitabständen durch eine fachkundige Person untersuchen lassen.

- die **Gefahrstoffverordnung:** Sie regelt hygienische und technische Maßnahmen, z. B. die Kennzeichnung von giftigen Stoffen.

- die **Lastenhandhabungsverordnung:** Sie regelt die Verbesserung von Sicherheit und Gesundheitsschutz der Beschäftigten durch Arbeitsschutzmaßnahmen bei der manuellen Handhabung von Lasten.

Gewerbeaufsicht

Die Einhaltung der Arbeitsschutzbestimmungen wird durch die regionalen Gewerbeaufsichtsämter überwacht.

Die Beamten des Gewerbeaufsichtsamtes dürfen alle Betriebe in ihrer Region zu den Betriebs- und Arbeitszeiten unangemeldet betreten, besichtigen und prüfen. Das zuständige Gewerbeaufsichtsamt kann erforderliche Arbeitsschutzmaßnahmen anordnen oder notfalls zwangsweise durchsetzen.

AUFGABEN

1. Nennen Sie die Träger der einzelnen Versicherungszweige.

2. Wer zahlt die Beiträge zur Sozialversicherung?

3. Welche Angestellten sind in der gesetzlichen Krankenkasse pflichtversichert?

4. Welche Leistungen gewährt die gesetzliche Krankenversicherung im Rahmen der Krankenpflege?

5. Wie lange muss ein Arbeitgeber einem Angestellten im Krankheitsfall das Gehalt weiterzahlen?

6. Welche Leistungen erhalten schwangere Frauen im Rahmen der Mutterschaftshilfe?

7. Für welche Personengruppen zahlt die gesetzliche Krankenkasse Früherkennungsuntersuchungen?

8. Wann hat ein Mitglied einer gesetzlichen Krankenversicherung Anspruch auf Krankengeld?

9. Welche Personen sind im Rahmen der Familienhilfe in der gesetzlichen Krankenversicherung mitversichert?

10. Wer ist in der Rentenversicherung pflichtversichert?

11. Warum wird das System der gesetzlichen Rentenversicherung als „Generationenvertrag" bezeichnet?

12. Welche Formen des Altersruhegeldes gibt es?

13. Welche Personen haben Anspruch auf Erwerbsminderungsrente?

14. Welche Personen haben Anspruch auf eine Hinterbliebenenrente?

15. Welche Leistungen gewährt die gesetzliche Rentenversicherung einem Arbeitnehmer, der noch berufstätig ist?

16. Weshalb ist die Rente in der Bundesrepublik Deutschland eine dynamische Rente?

17. An welchen Versicherungsträger werden die einbehaltenen Sozialversicherungsbeiträge der Arbeitnehmer überwiesen?

18. Im Jahr 2012 wurde in den alten Bundesländern die Beitragsbemessungsgrenze für die Rentenversicherung von 5.500,00 € auf 5.600,00 € monatlich erhöht. Für welche Arbeitnehmer bedeutet diese Erhöhung eine Beitragserhöhung?

19. Aus welchen Gründen wurde 1995 die soziale Pflegeversicherung eingeführt?

20. Welche Voraussetzungen muss ein arbeitsloser Arbeitnehmer erfüllen, damit er von der Arbeitslosenversicherung Arbeitslosengeld erhält?

21. Die 45-jährige Frau Rosemeier wird nach 20-jähriger Berufstätigkeit arbeitslos. Sie ist verheiratet und hat eine 17-jährige Tochter, die sich noch in der Ausbildung befindet. Frau Rosemeiers Nettogehalt betrug im letzten Jahr durchschnittlich 1.400,00 € monatlich.
    a) Wie viel Euro Arbeitslosengeld kann sie beanspruchen?
    b) Wie lange hat sie höchstens Anspruch auf Arbeitslosengeld?

22. Welche Personen haben Anspruch auf Arbeitslosengeld II?

23. Welche Maßnahmen zur Arbeits- und Berufsförderung bietet die Bundesagentur für Arbeit an?

24. Aus welchen Gründen verhängt die Agentur für Arbeit eine Sperrzeit?

25. In welchen der folgenden Fälle ist die gesetzliche Unfallversicherung zuständig?
    a) Ein Angestellter verstaucht sich bei der Arbeit einen Knöchel.
    b) Eine Angestellte verletzt sich bei der Hausarbeit.

c) Ein Arbeiter ist durch den Maschinenlärm an seinem Arbeitsplatz schwerhörig geworden.

d) Ein Angestellter verunglückt auf der Fahrt von seiner Wohnung zu seiner Arbeitsstelle mit dem Auto.

e) Nach Betriebsschluss besucht ein Angestellter mit Kollegen noch eine Gaststätte. Auf dem Heimweg von der Gaststätte hat er einen Unfall.

26. Ein Angestellter hat einen schweren Arbeitsunfall. Welche Leistungen erhält er von der gesetzlichen Unfallversicherung?

27. Welche Leistungen gewährt die gesetzliche Unfallversicherung bei einem tödlichen Arbeitsunfall?

28. Durch welche Maßnahmen versucht die Berufsgenossenschaft, Arbeitsunfälle zu verhüten?

29. Welche Maßnahmen müssen Sie ergreifen, wenn Sie sich während der Arbeit verletzen?

30. Stellen Sie fest, welche Spezialgesetze und -verordnungen für die Arbeitssicherheit und den Gesundheitsschutz von Mitarbeitern beachtet werden müssen.

AKTIONEN

1. In der Diskussion um die Reform der Krankenversicherung wurden unter anderem zwei Vorschläge gemacht:
    a) Das bisherige System der gesetzlichen Krankenversicherung soll durch eine Bürgerversicherung ersetzt werden.
    b) Die bisherige Beitragregelung soll durch eine Kopfpauschale ersetzt werden.

Sie sind gebeten worden, an einer Diskussionsrunde zum Thema „Reform des Krankenversicherungssystems" teilzunehmen.

Bereiten Sie diese Diskussionsrunde vor.
Bilden Sie dazu vier Vorbereitungsteams.
Team 1 hat den Auftrag, Argumente für eine Bürgerversicherung zu sammeln.

Team 2 hat den Auftrag, Argumente gegen eine Bürgerversicherung zu sammeln.

Team 3 hat den Auftrag, Argumente für eine Kopfpauschale zu sammeln.

Team 4 hat den Auftrag, Argumente gegen eine Kopfpauschale zu sammeln.

Bestimmen Sie in jeder Gruppe eine Person, die Ihre gemeinsam entwickelten Argumente in der Diskussionsrunde vertritt.

Führen Sie die Diskussionsrunde zum Thema „Reform des Krankenversicherungssystems" durch.

2. Im Jahr 2030 müssen drei Erwerbstätige voraussichtlich zwei Altersrenten finanzieren, während sie heute nur für eine Altersrente aufkommen müssen. Sollen die Beitragssätze zur Rentenversicherung in Zukunft nicht steigen, werden die Renten zukünftig geringer sein als heute. Voraussichtlich wird dann die gesetzliche Rente als Einkommen im Alter nicht mehr ausreichen.

Informieren Sie sich über zusätzliche Vorsorgemöglichkeiten für das Alter.

Stellen Sie sich Informationen über eine dieser zusätzlichen Vorsorgemöglichkeiten zusammen und präsentieren Sie diese Informationen in Ihrer Klasse.

ZUSAMMENFASSUNG

Die Sozialversicherungszweige	Versicherungsträger	Versicherungspflicht	Leistungen
Krankenversicherung	Allgemeine Ortskrankenkassen, Ersatzkassen, Betriebskrankenkassen usw.	für alle Auszubildenden, Rentner; für Angestellte und Arbeiter bis zur Versicherungspflichtgrenze	Krankenpflege, Krankengeld, Maßnahmen zur Früherkennung von Krankheiten, Mutterschaftshilfe, Familienhilfe
Pflegeversicherung	Pflegekassen	für alle in der gesetzlichen Krankenversicherung Versicherten	Leistungen bei ambulanter Pflege und stationärer Pflege von Pflegebedürftigen
Rentenversicherung	Deutsche Rentenversicherung	für alle Arbeiter, Angestellten, Auszubildenden	Altersruhegeld, Erwerbsminderungsrente, Hinterbliebenenrente, Beiträge für die Krankenversicherung der Rentner, Heilbehandlungen
Arbeitslosenversicherung	Bundesagentur für Arbeit	für alle Arbeiter, Angestellten, Auszubildenden	Arbeitslosengeld, Arbeitslosengeld II[1], Insolvenzgeld, Beiträge zur Renten- und Krankenversicherung der Arbeitslosen, Maßnahmen zur Arbeits- und Berufsförderung, Kurzarbeitergeld, Maßnahmen zur Arbeitsbeschaffung
Unfallversicherung	Berufsgenossenschaften	für alle Beschäftigten	Heilbehandlung, Berufshilfe, Verletztengeld, Verletztenrente, Witwen- und Waisenrente

- Die Rente ist eine dynamische Rente.
- Das Finanzierungsverfahren der Rente wird als „Generationenvertrag" bezeichnet.
- Die Berufsgenossenschaften erlassen und überwachen die Unfallverhütungsvorschriften.
- Das Arbeitsschutzgesetz bildet den Rahmen für Spezialgesetze und -verordnungen für die Sicherheit und den Gesundheitsschutz von Beschäftigten am Arbeitsplatz.

---

1 wird aus Mitteln der Bundesregierung finanziert

Lern- und Arbeitstechniken in Einzelhandelsfachklassen

Die Einzelhandelsklasse von Anja Maibaum bekommt vom Klassenlehrer den Arbeitsauftrag, ein Kapitel des Schulbuchs durchzulesen. Gleichzeitig verteilt er den folgenden Text und fordert zum aktiven Lesen auf.

Aktives Lesen

Über 80 % unseres Wissens eignen wir uns durch das Lesen an. Wenn das Lesen ein so zentraler Informationsweg ist, werden sich schlechte Lesegewohnheiten umso nachteiliger auswirken. Sie werden also um die Frage, wie gut Ihr Leseverhalten ist, nicht herumkommen. Unwirksam ist es vor allem dann, wenn Sie einen passiven Lesestil praktizieren. Passiv bedeutet, einen Text lediglich mit dem Auge zu bearbeiten und ihn so ein oder mehrere Male durchzulesen. Dadurch wird das Gedächtnis unterversorgt, die Konzentration belastet und weniger gelernt.

Die Alternative zum passiven ist das **aktive Lesen:** Sie nehmen dabei den Lesestoff auf mehreren Lernwegen auf. Es wird mehr getan als nur gelesen. Wissenschaftliche Untersuchungen haben gezeigt, dass ein aktives Leseverhalten zu deutlich besseren Aufnahme-, Verarbeitungs- und Behaltensleistungen führt als das übliche passive Leseverhalten. Darüber hinaus wird auch Zeit gespart.

Zum aktiven Lesen gehört:

1. das Unterstreichen und Markieren <u>wichtiger</u> Textstellen

2. das Anbringen von Merk- und Arbeitszeichen. Bringen Sie dort, wo Textstellen eine bestimmte Bedeutung haben, am Rand Zeichen oder Buchstaben an.

3. das systematische und schrittweise Herangehen an den Text mit der 5-Schritt-Methode:

- **Schritt 1: Überfliegen Sie den Text grob.**
  Sie verschaffen sich durch diagonales Lesen einen ersten Überblick über den Inhalt des Gesamttextes. Um eine gewisse Vorinformation zu bekommen, lesen Sie rasch – ohne Zeile für Zeile durchzugehen – Überschriften, Einleitungen und Zusammenfassungen. Dadurch wird eine spätere Einordnung der Informationen erleichtert.

- **Schritt 2: Stellen Sie Fragen an den Text.**
  Grundlage sind die Informationen, die Sie im ersten Schritt gesammelt haben. Solche Fragen können sein:
  - Welche Kapitel, Absätze, Begriffe sind unbekannt, unverständlich?
  - Wo kann auf gründliches Lesen verzichtet werden?
  - Wo kann auf Vorkenntnisse zurückgegriffen werden?
  - Welche Informationsquellen müssen bereitgelegt werden?
  - Können alte Aufzeichnungen verwendet werden?

- **Schritt 3: Lesen Sie den Text gründlich und konzentriert.**
  Schritt 1 und 2 waren nur die Vorbereitung für das eigentliche Lesen, das dadurch jedoch aktiver, konzentrierter und mit dem Blick auf das Wesentliche erfolgt.
  - Lesen Sie den Text Absatz für Absatz intensiv durch.
  - Unterteilen Sie diese Lesephase in kleine Schritte.

Überlegen Sie nach jedem Schritt, ob die an den Text gestellten Fragen hinreichend beantwortet sind.
  - Schenken Sie Zeichnungen, Abbildungen, Tabellen besondere Aufmerksamkeit. Diese können zum besseren Verständnis des Textes beitragen.
  - Werten Sie andere Informationsquellen aus, um unbekannte Fachausdrücke und Definitionen kennenzulernen.

- **Schritt 4: Verkürzen Sie den Textinhalt auf das Wesentliche.**
  Durch Unterstreichen wichtiger Textstellen und das Anbringen von Merk- und Arbeitszeichen sollen Sie die wichtigsten Aussagen sichtbar machen. Dieser Schritt ist auch eine Art Selbstkontrolle. Sie überprüfen, ob Sie den eigentlichen Inhalt verstanden haben.

553098

- **Schritt 5: Wiederholen Sie den Gesamttext.**
Ohne alles gründlich zu lesen, wiederholen Sie vor allem die unterstrichenen bzw. markierten Stellen.Optimal wäre es, wenn Sie die wichtigsten Aussagen in einer Struktur darzustellen versuchen.

Auch wenn Ihnen das aktive Lesen zunächst etwas zeitraubend und umständlich erscheint, werden Sie nach einiger Übung sicherlich merken, wie viel schneller und besser Sie sich den Lernstoff einprägen und ihn behalten können.

1. Warum vermittelt der Klassenlehrer von Anja Maibaum nicht nur Fachwissen?

INFORMATIONEN

Nach Ihrer Ausbildung in der Berufsschule und Ihrem jetzigen Ausbildungsbetrieb werden Sie als Kaufmann/Kauffrau im Einzelhandel in ein Einzelhandelsunternehmen eintreten. Dort werden in Zukunft folgende Anforderungen an Sie gestellt werden:

Qualifikationsprofil

Auf die Frage, was sie von Mitarbeitern erwarten, antworteten österreichische Personalchefs wie folgt:

Kommunikationsfähigkeit	**55 %**
Lösungs-/Zielorientierung	**55 %**
Unternehmerisches Denken	**47 %**
Vernetztes Denken und Arbeiten	**44 %**
Konfliktlösungskompetenz	**41 %**
Teamfähigkeit	**39 %**
Leistungsbereitschaft/Engagement	**31 %**
Fachliche Kompetenz	**26 %**
Kritikfähigkeit/Selbstreflexion	**24 %**
Flexibilität	**24 %**
Kreativität/Innovationskraft	**20 %**
Entscheidungsfreude	**21 %**
Durchsetzungsvermögen	**19 %**
Belastbarkeit	**17 %**
Interkulturelle Kompetenz	**15 %**
Analytisches Denken	**12 %**
Selbstmotivation	**10 %**
Methodenwissen	**10 %**
Mobilität	**10 %**
Sonstige	**4 %**
Gerneralistentum	**2 %**

Quelle: Hill International 2007, www.hill-international.at

Deutlich wird, dass nicht mehr allein nur Fachkenntnisse (die im Laufe der Zeit durch neue Entwicklungen relativ rasch veralten) von Ihnen erwartet werden. Als immer wichtiger wird angesehen, dass Arbeitnehmer Schlüsselqualifikationen beherrschen.

Schlüsselqualifikationen

Schlüsselqualifikationen ermöglichen Ihnen eine umfassende Handlungsfähigkeit in Ihrem zukünftigen Beruf. Um die Arbeit in Ihrem späteren Berufsleben selbstständig planen, ausführen und kontrollieren zu können, sollten Sie also bereits in der Berufsausbildung – von konkreten Handlungssituationen ausgehend – die Möglichkeit haben, neben Fachkompetenz auch Methoden- und Sozialkompetenz zu erwerben. Sie sollten sich also mit den wichtigsten Lern-, Arbeits-, Gesprächs- und Kooperationstechniken vertraut machen. Das soll Sie in die Lage versetzen, an die mehr oder weniger komplexen Arbeitsaufgaben, die in Ihrer beruflichen Zukunft auf Sie warten, routiniert und kompetent heranzugehen.

Das wird erfolgreich sein, wenn Sie die Bereitschaft mitbringen,
- neue Inhalte, aber auch neue Methoden kennenzulernen und offen und vorurteilsfrei an diese heranzugehen.
- die Arbeitsaufträge (gemeinsam mit Ihren Mitschülern und Mitschülerinnen) selbstständig zu bearbeiten.
- selbst aktiv im Unterricht zu handeln (statt passiv eine Informationsvermittlung nur durch den Lehrer zu „erdulden").

Lesen: **10 %**

Hören: **20 %**

Sehen: **30 %**

Hören und Sehen: **50 %**

Mit eigenen Worten wiedergeben: **70 %**

Handeln und selbst ausprobieren: **90 %**

Um in der zukünftigen Arbeitswelt bestehen zu können, müssen Sie eine Vielzahl von Methoden beherrschen, mit denen Sie unterschiedliche Aufgaben, z. B. im Betrieb, optimal erfüllen können. Wir halten neben anderen die im Folgenden aufgeführten Arbeitstechniken und Methoden für so wichtig, dass sie Ihnen bereits in der Schule vermittelt werden sollten.

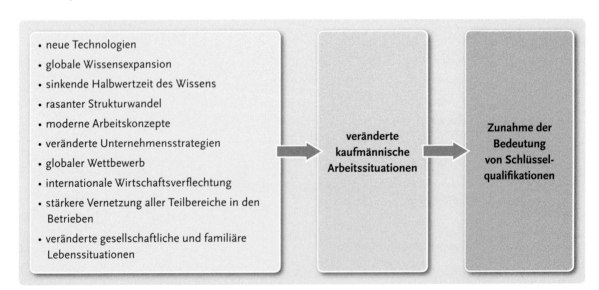

- neue Technologien
- globale Wissensexpansion
- sinkende Halbwertzeit des Wissens
- rasanter Strukturwandel
- moderne Arbeitskonzepte
- veränderte Unternehmensstrategien
- globaler Wettbewerb
- internationale Wirtschaftsverflechtung
- stärkere Vernetzung aller Teilbereiche in den Betrieben
- veränderte gesellschaftliche und familiäre Lebenssituationen

→ **veränderte kaufmännische Arbeitssituationen** → **Zunahme der Bedeutung von Schlüsselqualifikationen**

	Schlüsselqualifikationen				
Dimension	**I** **Organisation und Ausführung der Übungsaufgabe**	**II** **Kommunikation und Kooperation**	**III** **Anwenden von Lerntechniken**	**IV** **Selbstständigkeit und Verantwortung**	**V** **Belastbarkeit**
Zielbereich	Arbeitsplanung, Arbeitsausführung, Ergebniskontrolle	Verhalten in der Gruppe, Kontakt zu anderen, Teamarbeit	Lernverhalten, Auswerten und Weitergeben von Informationen	Eigen- und Mitverantwortung bei der Arbeit	psychische und physische Beanspruchung
wesentliche Einzelqualifikationen	Zielstrebigkeit Sorgfalt Genauigkeit Selbststeuerung Selbstbewertung systematisches Vorgehen rationelles Arbeiten Organisationsfähigkeit flexibles Disponieren Koordinationsfähigkeit	schriftliche und mündliche Ausdrucksfähigkeit Sachlichkeit in der Argumentation Aufgeschlossenheit Kooperationsfähigkeit Einfühlungsvermögen Integrationsfähigkeit kundengerechtes Verhalten soziale Verantwortung Fairness	Weiterbildungsbereitschaft Einsatz von Lerntechniken Verstehen und Umsetzen von Zeichnungen und Schaltplänen Analogieschlüsse ziehen können formallogisches Denken Abstrahieren vorausschauendes Denken Transferfähigkeit Denken in Systemen, zum Beispiel in Funktionsblöcken Umsetzen von theoretischen Grundlagen in praktisches Handeln problemlösendes Denken Kreativität	Mitdenken Zuverlässigkeit Disziplin Qualitätsbewusstsein eigene Meinung vertreten umsichtiges Handeln Initiative Entscheidungsfähigkeit Selbstkritikfähigkeit Erkennen eigener Grenzen und Defizite Urteilsfähigkeit	Konzentrationsfähigkeit Ausdauer, zum Beispiel bei Langzeitaufgaben, wiederkehrenden Aufgaben, Unterforderung und Schwierigkeiten Vigilanz, das heißt Aufmerksamkeit bei abwechslungsarmen Beobachtungstätigkeiten Frustrationstoleranz Umstellungsfähigkeit

Methoden zur selbstständigen Informationsgewinnung

Eine der wichtigsten Schlüsselqualifikationen, die von Arbeitnehmern in Zukunft verlangt werden, ist die Fähigkeit zur selbstständigen Informationsgewinnung. In Ihrer Ausbildung, erst recht aber in Ihrem späteren Arbeitsleben, müssen Sie alle Methoden beherrschen, um rasch und sinnvoll an wichtige Informationen heranzukommen.

Wichtigste Methoden in diesem Bereich sind:
- aktives Lesen (vgl. Einstiegsfall)
- kritisches Lesen
- Exzerpieren
- Notizen und Mitschriften machen
- Erkundung
- Interview/Sachverständigenbefragung

Methoden zur selbstständigen Informationsverarbeitung

Sowohl in der Schulpraxis als auch im Berufsleben müssen gewonnene Informationen verarbeitet werden. Sie müssen also alle Methoden beherrschen, um Informationen aufbereiten zu können. Diese Methoden befähigen Sie, Inhalte

- zu reduzieren,
- zu strukturieren,
- wiederzugeben,
- darzustellen.

Zu den wichtigsten Methoden in diesem Bereich zählen:
- Inhalte reduzieren und Wesentliches erkennen
- Informationen ordnen und strukturieren
- Bericht schreiben
- Protokoll führen
- Erstellen und Auswerten von Tabellen und Schaubildern

Visualisieren, Präsentieren, Moderieren

In Ihrem späteren Berufsleben – aber auch schon jetzt in der Schule – werden Sie häufig gefordert sein, in bestimmten Situationen frei zu sprechen bzw. auch zu argumentieren. Manch einer hat jedoch Hemmungen, vor anderen Personen aufzutreten.

Kundenorientiertes Verhalten und die Fähigkeit, sich selbst mitzuteilen, werden im Berufsleben immer wichtiger. Dazu gehören auch die Bereitschaft und die Fähigkeit zur Teamarbeit. Diese Qualifikationen verlangen von Ihnen die Beherrschung von Methoden, die für eine gedeihliche Zusammenarbeit und Diskussion unabdingbar sind.

In diesem Zusammenhang müssen die folgenden Methoden beherrscht werden:
- Präsentation
- Visualisierung
- Diskussion
- Rollenspiel

Innere und äußere Vorbereitung

Nicht optimale Lernbedingungen können den Lernprozess beträchtlich stören. Deshalb sollten Sie einmal genauer untersuchen, wie Ihre Lernumwelt aussieht und wie sie sich auf Ihr Lernverhalten auswirkt. Vielleicht müssen Sie als Konsequenz daraus einiges lernfördernder gestalten und ändern.

Wenn Sie sich innerlich auf eine bestimmte Arbeits- bzw. Lernsituation vorbereiten, werden Sie sie erfolgreich bestehen. Sie sollten also

- Ziele, die Sie anstreben, festlegen;
- versuchen, sich zu motivieren, die festgelegten Ziele zu erreichen;
- konzentriert an der Zielerreichung arbeiten;
- für die Zielerreichung störenden Stress abbauen.

Denkverfahren

Denkverfahren sind Lösungsstrategien für Probleme. Man benötigt sie zur erfolgreichen Bearbeitung von Aufgaben. In vielen Fällen ist es günstig, unterschiedliche Denkverfahren zu kombinieren. Anwendung finden z. B. Verfahren wie:
- Definieren
- Verallgemeinern

Ideenfindung und Kreativität

Ein wichtiger Baustein zur Wettbewerbsfähigkeit und zum wirtschaftlichen Erfolg von Unternehmen sind Innovationen. Besondere Wertschätzung werden Mitarbeiter erfahren, die eigene Ideen entwickeln und umsetzen können, aber auch an der Gestaltung ihrer Arbeitsplätze mitwirken können. Deshalb fordern die Unternehmen in den kaufmännischen Berufen Kreativität als Bestandteil des Qualifikationsprofils ein. Es ist für Sie daher sinnvoll, sich Methoden anzueignen, die Ihr kreatives Potenzial steigern: Einfallsreichtum, Improvisationsfähigkeit und schöpferische Fähigkeiten werden in kaufmännischen Berufen eine immer wichtigere Rolle spielen.

Dazu können solche Methoden führen wie z. B.:
- Brainstorming
- Mindmapping
- Kartenabfrage

Sozialformen

Abhängig von der Art der Aufgabe, die an Sie gestellt wird, können Sie unterschiedlich bei der Problemlösung vorgehen: einzeln, zu zweit oder in der Gruppe.

Lernen für Prüfungen

Die Unternehmen sind in der Wirtschaft einem ständigen Veränderungsprozess ausgesetzt. Neue Entwicklungen, Positionen, Herausforderungen und Ansprüche, die man an Sie stellt, werden Sie dazu zwingen, sich neue

Inhalte anzueignen. Mit der Schule hört das Lernen also nicht auf, sondern es fängt erst richtig an: Jeder Berufstätige muss heute während seiner Berufslaufbahn häufig Weiterbildungsmaßnahmen besuchen. Nur so kann er den Entwicklungen an seinem Arbeitsplatz oder an neuen Arbeitsplätzen folgen oder ihnen voranschreiten.

Deshalb ist es für Sie entscheidend, über geeignete Strategien zu verfügen, um
- Inhalte effektiv zu üben und zu wiederholen,
- sich auf Prüfungen angemessen vorzubereiten,
- selbstständig und ohne Druck zu lernen.

Exemplarische Erläuterung einiger Methoden

Gruppenarbeit

Die ideale Gruppengröße liegt bei 4–6 Teilnehmern. Bilden Sie die Gruppen selbst nach Sympathie. Nur bei Problemen bitten Sie den Lehrer um sein Eingreifen. Die Gruppen sollen **selbstständig** arbeiten: Die Gruppenmitglieder planen selbst die Herangehensweise an die jeweiligen Handlungsanweisungen oder Arbeitsaufträge, deren Lösung bzw. Durchführung und die sich eventuell anschließende Präsentation. Dabei kann die Gruppe entscheiden, Teilaufgaben in Einzel- oder Partnerarbeit durchzuführen. Die Ergebnisse sollten zu einem gemeinsamen Endergebnis zusammengeführt werden.

Die wichtigsten Regeln der Gruppenarbeit
Jeder fasst sich kurz.
Es redet immer nur eine Person.
Alle sind für das Gruppenergebnis mitverantwortlich.
Die Gruppendiskussionen sollten sich immer am Sachziel orientieren.
Jeder arbeitet mit.
An der Ergebnispräsentation sollten möglichst alle Gruppenmitglieder teilnehmen oder sie zumindest gemeinsam vorbereiten und dann einen Sprecher wählen.
Über den „richtigen" Weg wird diskutiert.
Diskussionsbeiträge dürfen nicht persönlich verletzend sein.
Jedes Gruppenmitglied darf sich frei äußern und ausreden. Alle Meinungen werden gegenseitig akzeptiert.
Alle dürfen ausreden.
Fühlt sich jemand unwohl, sagt er es sofort.
Vereinbarte Termine werden eingehalten.
Jeder ist gegenüber der Gruppe für übernommene Aufgaben verantwortlich.

Um eine effektive Gruppenarbeit zu fördern, ist die Verteilung von Rollen in den Gruppen sinnvoll. Für die Gruppenarbeit werden grundsätzlich die folgenden fünf Rollen vergeben:

Die Zeitnehmerin/der Zeitnehmer achtet darauf, dass die vereinbarte Zeit eingehalten wird. Sie/er erinnert, wenn die Gefahr besteht, dass die Zeit „davonläuft".

Die Gesprächsleiterin/der Gesprächsleiter ist Vorsitzende/-r der Gruppe, verteilt die Rollen in der Gruppe, eröffnet das Thema und leitet das Gespräch.

Die Wadenbeißerin/der Wadenbeißer achtet darauf, dass abgesprochene Regeln eingehalten werden, z. B.:
- es redet immer nur eine Person
- wir bleiben beim Thema
- sprich per „ich", nicht per „man"

Die Protokollführerin/der Protokollführer schreibt die Ergebnisse der Gruppenarbeit auf.

Die Präsentierende/der Präsentierende trägt die Ergebnisse der Gruppenarbeit vor der Klasse vor.

Die folgenden Rollen können bei umfangreichen Gruppenarbeiten und größeren Gruppen zusätzlich vergeben werden:

Die Gastgeberin/der Gastgeber sorgt für eine gute Atmosphäre:
- lüftet den Raum
- regelt die Temperatur
- gestaltet die Sitzordnung
- …

Die Logbuchführerin/der Logbuchführer schreibt Fragen und/oder Anmerkungen auf, die im Anschluss an die Gruppenarbeit im Plenum geklärt werden müssen.

Nach internen Unterlagen der Berufsbildenden Schule 11 Hannover

Mindmap

Das Mindmapping ist eine Arbeitstechnik, um Notizen und Gedanken, Gespräche und Ideen auf einfache Weise aufzuschreiben.

Eine Mindmap (wörtlich übersetzt: Gedankenlandkarte) lässt sich in unterschiedlichen Situationen anwenden:

- zur Zusammenfassung eines Vortrags, eines Artikels, eines Buches
- zur Ergebnisdokumentation einer Gesprächsrunde: Arbeitsergebnisse können sichtbar gemacht werden.
- für die Planung, Durchführung und Kontrolle von Projekten
- zur Vorbereitung auf Prüfungen und Tests
- als Visualisierungstechnik für Besprechungen und Konferenzen
- zur Kreativität und Ideenfindung: Einfälle und Ideen können festgehalten werden.

Für die Erstellung einer Mindmap sollte man sich an die folgende Ablauffolge halten:

1. Schreiben Sie ein Schlüsselwort für das Thema in die Mitte eines Blattes.
   Statt des Themas kann auch ein Symbol dafür ins Zentrum des Papiers gezeichnet werden.
2. Zeichnen Sie – vom Zentrum ausgehend – Linien („Äste"), die in verschiedene Richtungen gehen.
   - Versuchen Sie, die Linien so anzuordnen, dass Sie weitgehend waagrecht schreiben können.
   - Schreiben Sie auf jede Linie nur wenige Wörter in Druckschrift.
   - Verwenden Sie nur solche Begriffe, die eine Vielzahl von Fakten und Assoziationen zum Thema beinhalten.
3. Um Unterbegriffe aufzunehmen, werden bestehenden Linien neue **(„dünnere Nebenzweige")** hinzugefügt.
4. Zur Verbesserung des Arbeitsergebnisses können Sie evtl. Symbole, Pfeile, Zeichen und Farben verwenden.

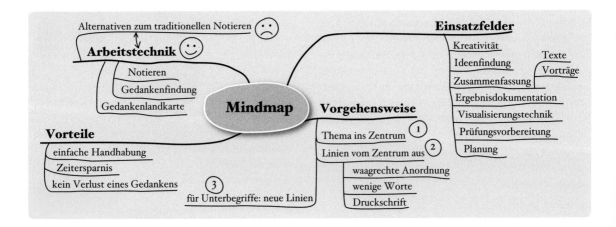

Referat

Die Vorbereitung und Durchführung eines Referats erfolgt in verschiedenen Phasen:

- Information
  Zunächst einmal müssen Sie sich zum Thema des Referats kundig machen. Mögliche Informationsquellen können Bücher, Lexika, Zeitschriften, das Internet oder Experten sein.
- Erarbeitung
  Zuerst wählen Sie die wesentlichen Informationen aus, ordnen sie und erstellen anschließend eine Gliederung. Dann formulieren Sie das Referat aus. Legen Sie parallel einen Stichwortzettel für den Vortrag an. Überlegen Sie, ob Sie ein Handout an die Zuhörer verteilen wollen.

- Vortrag
  Beachten Sie die Regeln der Präsentation und nutzen Sie nach Möglichkeit Medien zur Visualisierung (s. u.). Tragen Sie frei vor in Form kurzer Sätze.
- Auswertung
  Regen Sie nach dem Vortrag eine Diskussion an oder fordern Sie die Zuhörer auf, Fragen zu stellen.

Präsentation

Beginnen Sie eine Präsentation pünktlich und halten Sie die eventuell vereinbarte Zeit ein. Sprechen Sie laut, aber mit einem normalen Sprechtempo. Machen Sie Pausen und unterstreichen Sie Inhalte durch Gestik. Halten Sie immer Blickkontakt zum Publikum. Visualisieren Sie wichtige Inhalte durch Medien.

Durchführung der Präsentation	
Schritte der Präsentation	**Zeitanteil**
Eröffnung • Begrüßung • Thema/Inhalt/Ablauf • „Anwärmen"	ca. 15 %
Hauptteil • Gliederung der Inhalte • logischer Aufbau • Medien/Visualisierung	ca. 75 %
Abschluss • Zusammenfassung • Aufforderung/Appell	ca. 10 %

Beachten sollten Sie, dass eine Präsentation in der Regel einen typischen Aufbau hat. Sie setzt sich fast immer aus drei Teilen zusammen:

- Einleitung
  Nach einer eventuellen Begrüßung und Vorstellung des Präsentierenden sollte über Thema, Ziel, Inhalte und Ablauf der Präsentation informiert werden.
- Hauptteil
  Die Inhalte des Vortrags werden dargestellt: Beispielsweise können die Ergebnisse einer Projektarbeit in zeitlicher oder sachlogischer Reihenfolge präsentiert werden.
- Schluss
  Die wichtigsten Aussagen werden zusammengefasst und häufig wird ein Fazit gezogen. Auch zu einer folgenden Diskussion kann aufgefordert werden.

Visualisierung

Für die Visualisierung gilt:

- Stellen Sie nur Wesentliches prägnant dar.
- Die Inhalte müssen für Zuhörer leicht erkennbar und lesbar sein.
- Gliedern Sie deutlich.
- Zeigen Sie nicht mit dem Finger auf Sachverhalte, sondern mit Stift, Zeigestock oder Laserpointer.

Beispiel einer Visualisierung

Überschrift:
- markant
- zum Lesen animieren
- hervorheben durch
  - Farbe
  - Größe
  - Schriftart
  - Rahmen

Text:
- nur Wesentliches gliedern
- saubere Schrift
- einfache Sätze
- evtl. Hervorhebungen

Grafik:
Veranschaulichung und Hervorhebung durch:
- Bilder
- Symbole
- Diagramme

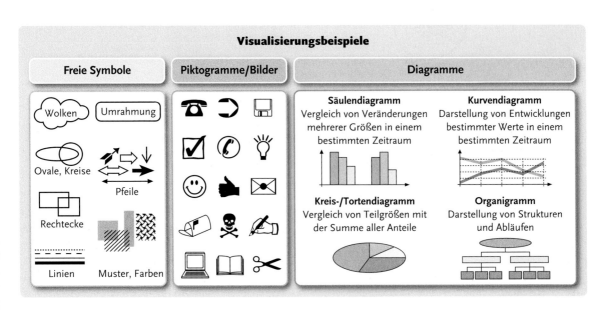

Visualisierungsbeispiele

Freie Symbole

Wolken, Umrahmung, Ovale, Kreise, Pfeile, Rechtecke, Linien, Muster, Farben

Piktogramme/Bilder

Diagramme

Säulendiagramm
Vergleich von Veränderungen mehrerer Größen in einem bestimmten Zeitraum

Kurvendiagramm
Darstellung von Entwicklungen bestimmter Werte in einem bestimmten Zeitraum

Kreis-/Tortendiagramm
Vergleich von Teilgrößen mit der Summe aller Anteile

Organigramm
Darstellung von Strukturen und Abläufen

Exkursion

Eine Exkursion bietet Ihnen die Chance, anschauliche Informationen direkt vor Ort (und nicht in der abgeschlossenen Lernumwelt Schule) aus erster Hand zu erhalten. Sie wird für Sie und die besuchte Institution erfolgreich sein, wenn Sie sich auf die Gastinstitution vorbereiten.

- Formulieren Sie das Ziel Ihrer Exkursion.
- Überlegen Sie sich die wichtigsten Fragen.
- Führen Sie eventuell ein Vorbereitungsgespräch.
- Klären Sie die organisatorischen Rahmenbedingungen wie Treffpunkt, Uhrzeit, Wegbeschreibung rechtzeitig und genau ab.
- Informieren Sie alle Beteiligten rechtzeitig über die getroffenen organisatorischen Verabredungen.

Interview/Sachverständigenbefragung

Interviews bzw. Sachverständigenbefragungen sind besondere Formen der Informationsbeschaffung, die häufig auch in Zusammenhang mit Exkursionen durchgeführt werden.

- Bereiten Sie sich gründlich auf das zu behandelnde Thema, aber auch auf den Interviewpartner vor. Besorgen Sie sich dazu alle verfügbaren Informationen.
- Halten Sie alle Fragen, die Sie stellen wollen, schriftlich fest. Klären Sie den Einstieg in das Gespräch.
- Versuchen Sie, Ihr Interview abwechslungsreich zu gestalten. Dazu können Sie beispielsweise unterschiedliche Fragearten wie offene oder geschlossene Fragen verwenden.

Kartenabfrage

Mit einer Kartenabfrage sollen alle Mitglieder einer Gruppe (z. B. Klasse, Arbeitsgruppe, Projektteam) an der Lösung eines Problems beteiligt werden, indem möglichst viele Lösungsvorschläge erfasst werden. Die folgenden Regeln sind zu beachten:

- Notieren Sie die Ausgangs- oder Leitfrage an einer Pinnwand oder Tafel.
- Schreiben Sie Ihre Antworten in Druckbuchstaben mit möglichst wenig Worten auf die zur Verfügung gestellten Karten. Formulieren Sie nur eine Aussage auf einer Karte.
- Die Karten werden eingesammelt, vorgelesen und an der Pinnwand bzw. Tafel mit der Ausgangsfrage befestigt.
- Die Karten werden in gemeinsamer Diskussion nach akzeptierten Merkmalen, zu denen Oberbegriffe gefunden werden, in Gruppen zusammengefasst. Diesen Vorgang nennt man **Clustern.**
- Anschließend erfolgt eine Diskussion der einzelnen Lösungsansätze.
- Falls sehr viele Äußerungen vorhanden sind, bietet sich eine Punktabfrage an, um die Wertigkeit der Meinungen festzulegen. Jeder Teilnehmer erhält dann drei bis fünf Klebepunkte und darf sie auf die für ihn wichtigsten Cluster oder Karten kleben.

Brainstorming

Das Brainstorming (frei übersetzt: Gehirnsturm) ist ein Verfahren zur Problemlösung und zur Ideenfindung: In einer Gruppe wird versucht, zu einer vorher festgelegten Fragestellung möglichst kreative Antworten zu erhalten. Dabei gelten folgende Regeln:

- Jede Idee ist erwünscht und sei sie noch so ausgefallen.

- Die geäußerten Ideen können aufgegriffen und abgeändert werden.

- Eine Bewertung und Kritik der Beiträge ist nicht zugelassen, um den Ideenfluss nicht einzuschränken.
- Die Ideen müssen festgehalten werden.
- Im Nachhinein erfolgt eine Auswertung im Rahmen einer Diskussion durch Beurteilung.

Kopfstandmethode

Diese Methode führt nicht immer zu völlig neuen Lösungen, aber hilft in der Regel, Denkblockaden aufzubre-

chen. Dabei wird eine interessierende Problemstellung in ihr Gegenteil verkehrt und anschließend ein Brainstorming durchgeführt. Zu jeder genannten Idee wird eine Gegenlösung gesucht, die zur Lösungsfindung führen soll.

Rollenspiel

Mit einem Rollenspiel können Sie ein als vorteilhaft oder konstruktiv empfundenes Verhalten einüben (was erheblich effizienter ist, als über das gewünschte Verhalten nur zu sprechen): Durch die spielerische Ausgestaltung eines Problems kann es häufig simulierend gelöst werden. Sie versetzen sich ausgehend von einem vorgegebenen Fall in die Rolle einer Person. Gelernt wird sowohl durch das direkte Erleben als auch durch die Rückmeldungen der vielen Beobachter.

BEISPIEL

Eine Schülerin spielt eine verärgerte Kundin, die wütend eine Reklamation vorbringt. Ein anderer Schüler übt, sich trotz arger Angriffe der Kundin freundlich und kundenorientiert zu verhalten. In einer der Realität angenäherten Situation wird ein Vorgang bzw. Verhalten beliebig oft wiederholbar und analysierbar gemacht. Die Handelnden werden von den Beobachtern mit zusätzlichen Tipps zur Verhaltensverbesserung versehen. Eine Wiederholung macht eine systematische Veränderung in Details möglich.

Pro-und-Kontra-Diskussion

In einer Pro-und-Kontra-Diskussion treffen unterschiedliche Meinungen zu einem bestimmten Thema aufeinander. Die Diskussionsteilnehmer versuchen, die anderen Beteiligten oder ein zuhörendes Publikum zu überzeugen.

Es ist empfehlenswert, einen Diskussionsleiter bzw. einen Moderator zu wählen, der auf die Einhaltung der Regeln achtet, die Diskussion an- und abmoderiert sowie für einen ordnungsgemäßen Ablauf sorgt.

Als Diskussionsteilnehmer sollten Sie auf folgende Punkte achten:
- Tragen Sie Ihre Meinung eindeutig und begründet vor.
- Setzen Sie sich mit den Meinungen der Gegenseite argumentativ auseinander.
- Vermeiden Sie nach Möglichkeit Killerphrasen oder andere rhetorische Tricks.

AUFGABEN

1. Was sind Schlüsselqualifikationen?
2. Welche Regeln gelten bei der Gruppenarbeit?
3. Wozu dienen Mindmaps?
4. Aus welchen Teilen besteht eine Präsentation?
5. Welche Vorteile hat eine Kartenabfrage?

AKTIONEN

1. a) Die Lösung dieser Aufgabe soll in Gruppenarbeit erfolgen. Bilden Sie deshalb in Ihrer Klasse eine angemessene Anzahl von Arbeitsgruppen.
   b) Bereiten Sie sich in Ihrer Gruppe darauf vor, ein kurzes Referat zu einer in diesem Kapitel aufgeführten Methode zu halten. Versuchen Sie, dabei auch andere Informationsquellen zu nutzen (z. B. aus der Schulbücherei).
   c) Versuchen Sie Ihr Referat unter Zuhilfenahme verschiedener Medien zu visualisieren.
   d) Halten Sie Ihr Referat unter Beachtung der Regeln für eine Präsentation.

2. Führen Sie ein Brainstorming durch und wenden Sie dabei die Kopfstandmethode an. Die Problemstellung lautet: „Was muss ich tun, um bei einer Bewerbung erfolgreich zu sein?"

3. Führen Sie eine Pro-und-Kontra-Diskussion als Rollenspiel durch. Diskutiert werden soll über die „Ausweitung der Ladenschlusszeiten".

4. Versuchen Sie, das Lehrbuchkapitel zum nächsten Thema, das der Lehrer mit Ihnen durchnimmt, nach der Methode des aktiven Lesens durchzuarbeiten. Schildern Sie Ihre Erfahrungen.

ZUSAMMENFASSUNG

Anforderungen an die Beschäftigten in der Zukunft

▼

Neben Fachkenntnissen wird die Beherrschung von Schlüsselqualifikationen immer wichtiger.

▼

Schlüsselqualifikationen ermöglichen eine umfassende Handlungsfähigkeit im Beruf.

▼

Konsequenz:
in der Schule eine Vielzahl von Methoden beherrschen lernen

KAPITEL 17
Wir planen und präsentieren mit Programmen

Daniela Rosendahl möchte später Abteilungsleiterin werden und bildet sich deshalb weiter. Auf einem Seminar zum Thema Marketing arbeitet der Vortragende zusammen mit den Teilnehmern die wesentlichen Merkmale des Marketings am Computer heraus. Über einen Beamer wird das Ergebnis an die Wand geworfen:

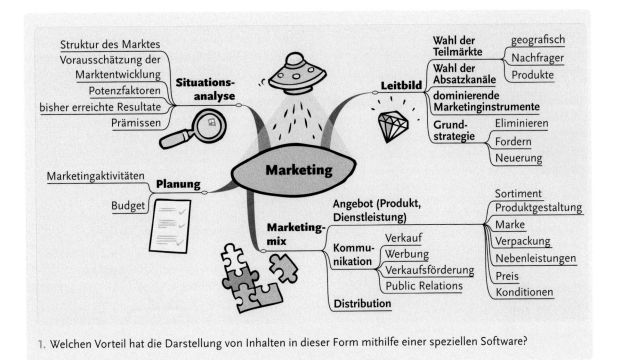

1. Welchen Vorteil hat die Darstellung von Inhalten in dieser Form mithilfe einer speziellen Software?

INFORMATIONEN

Im Geschäftsleben werden immer mehr Planungsprozesse und Präsentationen durch Einsatz von Programmen unterstützt.

Der MindManager

Mindmapping ist eine Methode (Seite 104 f.), mit der man Gedanken aufzeichnen und aufschreiben kann.

> #### DEFINITION
>
> Das **Mindmapping** ist eine Technik zur Denkorganisation, wobei das Lernen, Speichern oder kreative Gewinnen von komplexen Inhalten und Gedanken auf geringstem Papierraum und mit höchstem Erinnerungswert ermöglicht wird. Als Ergebnisse ergeben sich **Mindmaps** (vgl. Kap. 1.16). Diese sind hervorragende Mittel, um unstrukturierte Informationen und Prozesse durch Visualisierung in einer hierarchisch strukturierten Form darzustellen.

Im Computer kann man sehr komfortabel mit dem Programm MindManager Mindmaps erstellen. MindManager kombiniert also die Mindmapping-Methode mit modernster Technologie. Alle für eine Analyse bzw. Planung notwendigen Kriterien lassen sich nicht nur in einem Verzweigungssystem fixieren, sondern nach Bedarf ändern oder umorganisieren und ergänzen. Das Einfügen von Links, Texten, Abbildungen und verschiedenen anderen Verweisen sichert, dass alle wichtigen Informationen schnell zugänglich sind und aktualisiert werden können. Hyperlinks verschaffen schließlich den Zugang zu ausgewählten Adressen im Internet und zu eigenen Anwendungen. MindManager kann eingesetzt werden bei einfachen täglichen Arbeiten bis hin zur Ausarbeitung sehr komplexer Konzepte. Die Ergebnisse können direkt im Internet veröffentlicht werden. Problemorientiertes, systematisches Arbeiten wird auf diese Weise wesentlich erleichtert. Mit dem Programm MindManager kann man also planen, Ergebnisse zusammenfassen, Ideen dokumentieren und auch präsentieren.

Eine erste Mindmap entsteht

Eingeben des Mindmap-Titels

Nachdem das Programm MindManager gestartet ist, kann über den Menüpunkt *Datei-Neu* ein neues Dokument geöffnet werden. Im Zentrum der Arbeitsfläche erscheint das Symbol *Mind Map Titel*. Wenn auf dieses Symbol geklickt wird, kann durch Überschreiben der Titel der neuen Mindmap eingegeben werden.

Hinzufügen neuer Zweige

Ein neuer Zweig entsteht hierarchisch immer unterhalb der gerade markierten Ebene. Es gibt vier Wege, um Äste und Zweige einzufügen:

1. die Taste [Einfg] drücken
2. Mausklick auf die Schaltfläche Hauptast/Zweig ausführen

3. den Menüpunkt *Einfügen-Hauptast/Zweig* anwählen
4. mit der rechten Maustaste im Kontextmenü *Neuer Hauptast* oder *Neuer Zweig* ansteuern

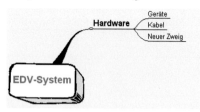

Erstellung mehrzeiliger Zweige

Soll ein Zweig mit einem mehrzeiligen Text beschriftet werden, kann der Zeilenwechsel durch die Tastenkombination [Strg] und [RETURN] bewirkt werden.

Einfügen von Textnotizen

Jedes Thema, jeder Hauptast oder jeder Zweig kann mit Textnotizen versehen werden. Nach Markierung des entsprechenden Astes bzw. Themas kann entweder auf das Symbol *Textnotizen* geklickt oder der Menüpunkt *Ansicht – Textnotizen* gewählt werden. In dem sich am unteren Bildschirmrand öffnenden Fenster kann der Informationstext eingegeben werden. Nach abschließendem Mausklick in die Map ist ein kleines buchförmiges Symbol der Hinweis darauf, dass zu dem entsprechenden Ast eine Textnotiz besteht.

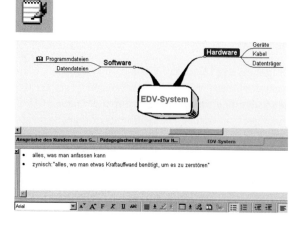

Einfügen von Symbolen

Zur Veranschaulichung können einzelnen Ästen Abbildungen aus der Symbolgalerie des MindManagers zugeordnet werden. Dazu entweder auf das Symbol *Symbolgalerie* klicken oder über den Menüpunkt *Ansicht – Symbolgalerie* gehen. Aus der sich dann öffnenden Symbolgalerie das gewünschte und deswegen markierte Symbol mit gedrückter linker Maustaste an die gewünschte Position der Mindmap ziehen.

Änderung der Reihenfolge von Zweigen

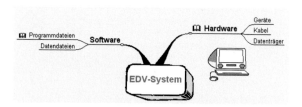

Einer der großen Vorteile EDV-gestützter Mindmaps ist die leichte Verschiebbarkeit von Zweigen: Dazu wird der entsprechende Zweig markiert und bei gedrückter linker Maustaste zum gewünschten Ort gezogen. Hat man ihn erreicht, lässt man die Maus los. Beim Verschieben von Hauptästen ist zu beachten, dass auf den kleinen Kreis am Anfang des Hauptastes geklickt werden muss.

Ausdruck und Speichern

Unter dem Menüpunkt *Speichern unter* wird die Datei mit der Endung .mmp abgelegt. Soll die erstellte Mindmap gedruckt werden, wird *Datei – Drucken* gewählt. Zur Auswahl hat man die Möglichkeiten, die Mindmap als Grafik oder als textbasierte Gliederung zu bekommen.

PowerPoint

PowerPoint erlaubt die rasche Zusammenstellung von Präsentationen für alle Zwecke:

- Schulungen
- Produktpräsentationen
- Vorträge
- Moderationen
- Workshops

PowerPoint bietet viele Vorteile:

- Eine Präsentation strukturiert Vorträge,
- dient als Spickzettel,
- erzeugt gleichzeitig die Unterlagen für das Publikum,
- die dann bei Bedarf ganz einfach ins Internet/Intranet gestellt werden können.

Eine erste PowerPoint-Präsentation entsteht

Wenn PowerPoint gestartet wird, bietet das Programm einen Eröffnungsbildschirm an, in dem aus verschiedenen Optionen gewählt werden kann: Es können einerseits bereits erstellte Präsentationen zur weiteren Bearbeitung geöffnet werden, andererseits drei Wege beschritten werden, um eine neue Präsentation zu erstellen. Da dies layoutmäßig die meisten Möglichkeiten bietet, aber auch nicht besonders schwierig ist, wird im Folgenden davon ausgegangen, dass mit einer *Leeren Präsentation* gestartet wird.

Wird PowerPoint mit *Leerer Präsentation* gestartet, werden verschiedene Vorlagen angeboten. Diese sollten nach dem Gesichtspunkt ausgewählt werden, ob nur Text oder auch Grafiken, Videos und Diagramme präsentiert werden sollen.

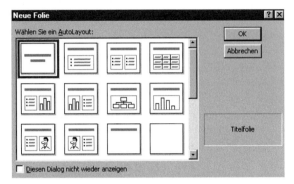

Hier wird die Vorlage *Nur Titel* gewählt. Vorgegeben ist dann nur das Eingabefeld für den Titel. (In unserem Beispiel tragen wir dort den Seitentitel *Der Computer* ein.)

Eingaben in die Folie

Soll Text auf die Folie kommen, muss in das *Einfügen*-Menü gegangen und dort der Menüpunkt *Textfeld* angesteuert werden. Anschließend muss in das freie Feld der Folie geklickt werden: In das sich öffnende Textfeld kann geschrieben werden.

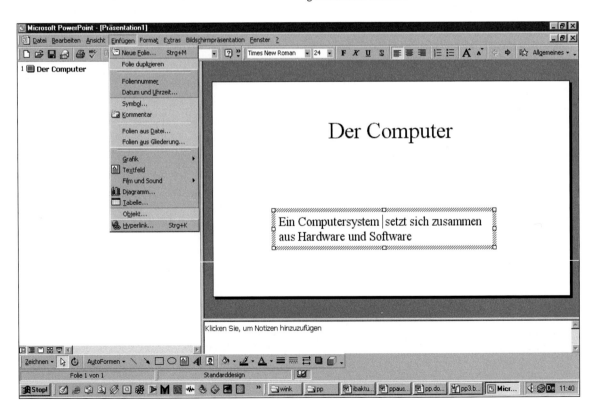

Sollen Abbildungen auf die Folie kommen, kann ähnlich vorgegangen werden. Bereits vorhandene Grafiken oder ClipArts werden über *Einfügen – Grafiken* in die Folie eingebunden.

Ist die erste Folie erstellt, können mit *Einfügen – Neue Folie* weitere Folien bearbeitet und der Präsentation hinzugefügt werden.

Bearbeiten und Sortieren von Folien

Ruft man den Menüpunkt *Ansicht – Foliensortierung* auf, erhält man eine Übersicht über alle Folien der Präsentation. Durch einen Doppelklick auf eine Folie wird sie zur Bearbeitung geöffnet. Die Reihenfolge der Folien kann man ändern, indem man eine Folie durch einfaches Klicken markiert und mit der gehaltenen Maustaste dorthin schiebt, wo sie hinsoll.

Vorführen der Präsentation

Die fertige Bildschirmpräsentation kann über *Bildschirmpräsentation – Bildschirmpräsentation vorführen* ange-

Ziele einer Präsentation:

Wenn man anderen etwas vorträgt bzw. präsentiert, dann möchte man:

- informieren
- etwas verkaufen
- motivieren
- ein Image aufbauen
- überzeugen
- repräsentieren
- Handlung auslösen

Unbedingt beachten sollte man, dass der Vortrag mit seinen Zielen im Vordergrund steht. Die PowerPoint-Präsentation soll lediglich

- die wichtigsten Aussagen **kurz und prägnant** zusammenfassen.
- die Aussagen visualisieren.

Das bedeutet, dass auf der Folie alle unwichtigen und unwesentlichen Informationen weggelassen werden sollten. Um das Auffassungsvermögen der Zuhörer nicht zu überfordern, sollten für PowerPoint-Folien deshalb folgende Regeln gelten:

- Alle Folien der Präsentation müssen ein einheitliches Layout haben: also keine Spielereien.
- Grundsatz: Lieber mehr Folien, auf denen wenig steht, als wenige Folien, auf denen viel steht.
- Pro Seite sollte es nur eine Überschrift geben.
- Deutlich zwischen Titel und der eigentlichen – meistens in Unterpunkten gegliederten – Textinformation unterscheiden.
- Es sollte maximal nur 7 Textzeilen pro Folie geben.
- die Sätze schlagwortmäßig auf wenige Begriffe reduzieren: also höchstens 6–8 Wörter pro Zeile

schaut werden. Durch einen Mausklick, die Leertaste, Return oder über die Bildtasten wechselt PowerPoint auf die nächste Folie. Im Kontextmenü, das mit der rechten Maustaste geöffnet wird, kann mit *Präsentation beenden* zum PowerPoint-Programm zurückgekehrt werden.

Speichern und Drucken der Präsentation

Die Präsentation wird langfristig gesichert mit *Datei – Speichern unter*. In verschiedenen Formaten können die Folien der Präsentation unter *Datei – Drucken* in Papierform zur Verfügung gestellt werden.

Animieren der Präsentation

Wenn Text und Grafiken auf der Folie angeordnet sind, können die Präsentationen auch animiert werden: Man kann die Texte und Grafiken nach und nach erscheinen lassen. Es können dabei die unterschiedlichsten Effekte erzeugt werden. Dazu muss zuerst der Menüpunkt *Bildschirmpräsentation – benutzerdefinierte Animation* und dann eine der dort angebotenen Möglichkeiten gewählt werden.

- große Schriftgrößen wählen: mind. 14 p, besser 24 p
- Farben Bedeutung geben, aber sparsam verwenden
- Auf Farbkontraste achten. Dezente Hintergrundfarben verwenden – die Schrift muss lesbar sein.
- Mit bildlichen Elementen wie
  - Diagrammen,

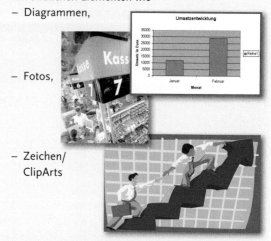

  - Fotos,

  - Zeichen/ ClipArts

werden Informationen visualisiert. Aussagen werden dadurch verständlicher: Ein Bild sagt manchmal mehr als tausend Worte.

- Die Visualisierung nicht übertreiben: die Folien nicht überfrachten. Jedes Bild zusätzlich auf seine Aussage überprüfen.
- Bei der Präsentation daran denken: Die Zuhörer brauchen Zeit, um die Folie zu lesen und um sie gedanklich zu verarbeiten.

Internetseitenerstellung mit PowerPoint und dem MindManager

Sowohl mit PowerPoint als auch mit dem MindManager können auf einfachste Weise Internetseiten erstellt werden:

- Möchte man dies mit PowerPoint tun, bringt man die Inhalte (Texte und Grafiken), die man ins Internet stellen möchte, zunächst einmal in eine PowerPoint-Präsentation. Anschließend speichert man sie unter *Datei – Als Webseite speichern* als eine Datei mit der Endung *htm* ab.

- Mit dem MindManager erstellte Inhalte werden mit *Export-Webseite ...* in Internetseiten umgewandelt.

AUFGABEN

1. Welche Tätigkeiten können mithilfe des Programms MindManager erledigt werden?

2. Welche Vorteile hat das Arbeiten mit dem Programm MindManager gegenüber der herkömmlichen Erstellung von Mindmaps per Hand?

3. Auf welche Weise können mit dem MindManager neue Zweige hinzugefügt werden?

4. In welchen Situationen sind im Geschäftsleben Präsentationen denkbar?

5. Welche Vorteile bietet die Präsentation mithilfe eines Präsentationsprogramms?

6. Welche Tätigkeiten können mithilfe des Programms PowerPoint erledigt werden?

7. Erklären Sie, wie unter PowerPoint
   a) Text auf eine Folie gebracht,
   b) eine Grafik in eine Folie eingebunden,
   c) eine neue Folie der Präsentation hinzugefügt wird.

AKTIONEN

1. Erstellen Sie eine PowerPoint-Präsentation, mit der in das Programm MindManager eingeführt wird.

2. Erstellen Sie eine Mindmap, die Einsatzgebiete und Vorteile von PowerPoint vorstellt.

3. Wandeln Sie die PowerPoint-Präsentation (aus Aktion 1) und die Mindmap (aus Aktion 2) in Internetseiten um.

ZUSAMMENFASSUNG

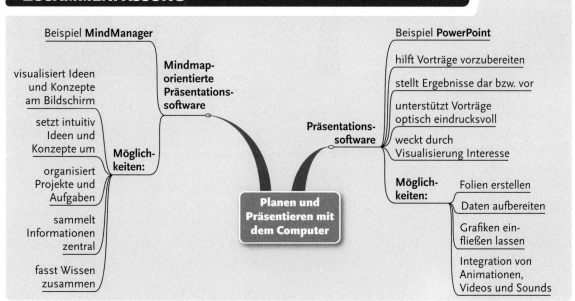

VERKAUFSGESPRÄCHE **KUNDENORIENTIERT** FÜHREN

2

Verkaufsgespräche kundenorientiert führen

Nach der Durcharbeitung der Kapitel zum Lernfeld 2 werden Sie die folgende Lernsituation sehr gut bewältigen können.

Lernsituation

Sportabteilung Ambiente Warenhaus AG 09:30 Uhr.

Anja Maibaum ist nervös. Nach dem einwöchigen Auszubildendenseminar zu Beginn ihrer Ausbildung ist heute der erste Tag in der Abteilung. Heute wird sie das erste Mal auf Kunden treffen.

Im Ohr hat sie noch Aussagen ihrer Ausbildungsleiterin, Daniela Rosendahl:

„Ziel unserer Tätigkeiten ist nicht, dem Kunden auf Teufel komm raus etwas zu verkaufen. Er soll vielmehr zufriedengestellt werden. Eigentlich sogar noch mehr. Im Idealfall soll er von unserem Unternehmen begeistert sein, weil wir dem Kunden bei der Lösung seiner Probleme helfen.

Ein Verkaufsgespräch umfasst daher verschiedene Phasen, in denen man natürlich auch sehr viel falsch machen kann. Daher muss ein Verkäufer in jeder Phase des Verkaufsgesprächs bestimmte Regeln beachten, um den Kunden zufriedenstellen zu können.

Kein Mitarbeiter ist schon als Verkäufer auf die Welt gekommen. Erfolgreiche Kolleginnen und Kollegen versuchen immer – das haben Untersuchungen gezeigt –, die Regeln für Verkaufsgespräche zu beachten. Sie haben schon in der Berufsschule die Durchführung effizienter und gut strukturierter Verkaufsgespräche, beispielsweise mithilfe von Rollenspielen, trainiert. Auch Videoaufzeichnungen sind dabei sehr hilfreich."

Oh, Schreck! Mit fragendem Blick kommt gerade eine Kundin mittleren Alters auf Anja Maibaum zu. Anja macht sich noch einmal kurz die ersten Verkaufsregeln klar, die sie bis jetzt schon kennengelernt hat. Gleich wird sie ihr erstes Verkaufsgespräch führen ...

Auch von Ihnen wird erwartet, dass Sie Verkaufsgespräche unter Anwendung aller Verkaufsregeln erfolgreich und zur Zufriedenheit der Kunden durchführen.

1. Bereiten Sie in Gruppenarbeit als Rollenspiel ein Verkaufsgespräch für einen Artikel Ihrer Wahl vor.
   - Das Verkaufsgespräch soll alle acht Phasen umfassen.
   - Im Rollenspiel sollen möglichst viele der Verkaufsregeln angewendet werden.
   - Halten Sie schriftlich fest, welche der Verkaufsregeln Sie beachten.
   - Führen Sie das Rollenspiel möglichst frei durch.
   - Falls die technischen Möglichkeiten der Schule es zulassen, sollen die Rollenspiele aufgezeichnet werden.
   - Beobachten Sie die Rollenspiele der anderen Gruppen. Stellen Sie dabei u. a. fest, welche Verkaufsregeln angewendet wurden bzw. in welcher Phase man auch andere Regeln hätte anwenden können.

Ein Verkaufstrainer schult Verkaufsmitarbeiter der Ambiente Warenhaus AG – darunter Anja Maibaum – auf einem Seminar. Die Veranstaltung beginnt mit einigen einführenden Worten:

„[...] Ein Verkaufsvorgang ist eine äußerst komplexe, beratungsintensive Handlung: Technische Fragen, persönliche unterschiedliche Einstellungen, Abwicklungs- und Verwaltungsfragen sowie Zufälligkeiten des Gesprächsablaufs sind Aspekte, die im Hinblick auf den jeweiligen Kunden immer wieder neu auszuloten sind. Um die Beratungsarbeit während des Verkaufsgesprächs zu verbessern, muss die Vielfalt der verkäuferischen Aktivitäten klar definiert und darauf aufbauend systematisiert werden. Die Überzeugungsarbeit und Information des Kunden während der Beratung ist in Etappenziele unterteilt: die Phasen des Verkaufsgesprächs [...]"

1. Stellen Sie fest, welche Phasen ein typisches Verkaufsgespräch umfasst.

INFORMATIONEN

Während der gesamten Verkaufshandlung findet ein Kommunikationsprozess zwischen Verkaufsmitarbeiter und Konsument statt: Verkaufsgespräche sind die persönliche Begegnung zwischen Verkäufer und Kunde. Sie sind im Einzelhandel für den Verkaufserfolg von entscheidender Bedeutung.

Warum Regeln in Verkaufsgesprächen?

Geht nicht gibt's häufig

Beratung in Baumärkten meist mangelhaft

(td) Bei neun getesteten Baumarktketten war die Beratung in fünf Ketten „mangelhaft", die restlichen vier berieten nur „ausreichend". In der neuen Ausgabe von test kommt die Stiftung Warentest zu dem Ergebnis, dass Beratung Mangelware ist und selten zum Sortiment gehört. Fehlendes Fachwissen und das Unverständnis für Probleme können durch kurze Wartezeiten und guten Willen nicht ausgeglichen werden.

Deutschland hat die höchste Dichte an Baumärkten in Europa. Täglich strömen Millionen Heimwerker, Hausverschönerer und Hobbygärtner in die Filialen der großen Baumärkte. test hat für ihre neue Ausgabe 63 Verkaufsgespräche in neun bundesweit vertretenen Baumarktketten geführt. Die Hüter von Wandfarben und Bodenfliesen geben sich gern einen kompetenten Anstrich. Urbi etwa verspricht: „Komplette Fachberatung in jeder Abteilung und auch themenübergreifend". Durch solche Aussagen werden bei den Kunden Hoffnungen geweckt, die zu oft enttäuscht werden. Selten erfolgt eine fachlich qualifizierte Beratung. Die Verkaufsgespräche waren zu kurz und oberflächlich: Probleme des Kunden wurden nicht zu dessen Zufriedenheit gelöst. Es wurde keine der Regeln, Verkaufsgespräche erfolgreich durchzuführen, angewandt.

in Anlehnung an HAZ vom 23. Juni 2004

Ein typisches Verkaufsgespräch beim Beratungskauf (Verkaufsform Bedienung) kann maximal acht Phasen umfassen:

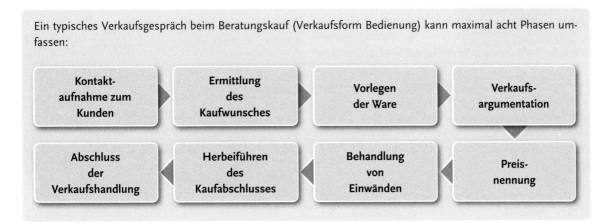

| Kontakt-aufnahme zum Kunden | → | Ermittlung des Kaufwunsches | → | Vorlegen der Ware | → | Verkaufs-argumentation |

| Abschluss der Verkaufshandlung | ← | Herbeiführen des Kaufabschlusses | ← | Behandlung von Einwänden | ← | Preis-nennung |

Wenn bei den Verkaufsformen „Selbstbedienung" oder „Vorwahl" der Kunde eine Beratung verlangt und es zu einem Verkaufsgespräch kommt, enthält das Verkaufsgespräch einige – aber in der Regel nicht alle – der aufgeführten Phasen.

Die Kontaktaufnahme zum Kunden

Der Kunde erwartet in dieser Phase des Verkaufsgesprächs, freundlich begrüßt zu werden. Die Verkaufshandlung wird also eröffnet, indem man den Kunden beispielsweise freundlich grüßt oder ihm zumindest zeigt, dass man ihn bemerkt hat und beachtet. Dadurch zeigt das Verkaufspersonal dem Kunden seine Wertschätzung und gibt dem Verkaufsgespräch eine persönliche Natur: Das erleichtert den Verkauf.

Kunden, die Hilfe benötigen, senden vor Beginn des Verkaufsgesprächs Signale aus. Verkäufer müssen diese Signale unbedingt beachten, um ein Verkaufsgespräch einleiten zu können.

Dabei sollte sich ein Verkäufer nie aufgrund der ersten äußerlichen Eindrücke eine (vorschnelle) Meinung bilden.

Die Ermittlung des Kaufwunsches

In dieser Phase muss der Bedarf des Kunden ermittelt werden: Weiß der Kunde schon genau, was er kaufen möchte, braucht der Verkäufer den gewünschten Artikel nur auszuhändigen (Aushändigungskauf).

Will der Kunde zwar kaufen, ist sich aber noch nicht genau im Klaren, was, muss der Verkäufer konkrete Informationen gewinnen. Dazu sollte der Verkäufer dem Kunden situationsgerechte Fragen stellen, die in der Regel mit einem Fragewort beginnen sollten. Denkbar ist auch ein gleichzeitiges Verkäuferhandeln, bei dem z. B. durch sofortiges Vorlegen und Empfehlen von Waren der Kunde dazu gebracht wird, Signale auszusenden, die seinen Bedarf aufzeigen.

Das Vorlegen der Ware

Dem Kunden wird eine begrenzte Anzahl von Artikeln präsentiert. Die Warenvorlage sollte nach Möglichkeit sofort durchgeführt werden. Es sollten dem Kunden maximal drei Artikel – in begründeten Einzelfällen fünf – vorgelegt werden, damit er nicht die Übersicht verliert. Es sollten Artikel sein, die dem Kaufwunsch und der Kaufkraft des Kunden entsprechen. Bei der Präsentation der Artikel sollten die Sinne des Käufers angesprochen werden: Wenn möglich, dem Kunden also die Ware zum An- und Ausprobieren in die Hand geben.

Zum Verkaufsgespräch gehört das Vorlegen der Ware.

Die Verkaufsargumentation

Ausgerichtet an den Kaufmotiven des Kunden soll der Verkäufer helfen, dessen Einkaufsprobleme zu lösen, indem er Artikel mit hohem Nutzen für den Kunden anbietet. Dabei geht der Verkaufsmitarbeiter idealerweise wie folgt vor:

- Der Verkäufer, zu dessen Aufgaben ja auch das permanente Aneignen von Warenkenntnissen gehört, macht sich die Warenmerkmale des Artikels klar.
- Der Kunde erwartet mehrere Vorteile von einem Artikel: Er kauft die Ware schließlich wegen des Nutzens, den sie für ihn haben kann. Der Verkäufer muss also die Merkmale und Eigenschaften des Artikels so übersetzen, dass der Kunde sie als Vorteile sehen kann.
- Der Verkäufer überträgt die Vorteile, die der Artikel für den Kunden haben kann, in eine kundenbezogene Sprache unter Verwendung des „Sie-Stils": Durch eine direkte Ansprache des Kunden wird eine unmittelbare Beziehung zwischen dem Kunden und dem Artikel hergestellt. Die Nutzungseigenschaften der Ware werden also in kundenbezogene Verkaufsargumente umgewandelt.
- Kunden wollen durch den Kauf von Artikeln bestimmte individuelle Probleme lösen. Aus der Vielzahl der denkbaren kundenbezogenen Verkaufsargumente wird der Verkäufer diejenigen im Verkaufsgespräch verwenden, die am ehesten das Problem des Kunden lösen. Auf keinen Fall dürfen Verkaufsphrasen verwendet werden.

Den Preis eines Artikels niemals isoliert nennen

Die Preisnennung

Der Preis sollte dem Kunden in der Regel erst dann genannt werden, wenn er nach der Verkaufsargumentation des Verkäufers den Verkaufswert des Artikels kennt. Der Preis sollte dem Kunden nie isoliert mitgeteilt werden, sondern immer in Bezug zur Leistung gesetzt werden, indem man ihn mit einigen besonders wirkungsvollen Verkaufsargumenten in Verbindung bringt. Auf keinen Fall sollten die Begriffe „teuer" bzw. „billig" in einem Verkaufsgespräch verwendet werden.

Die Behandlung von Einwänden

Auf Kundeneinwände sollte argumentativ reagiert werden: Ist der Kunde unsicher oder hat er Fragen bzw. Bedenken, äußert er Einwände, die vom Verkäufer genau beachtet werden müssen und nie übergangen werden dürfen. Ohne in Widerspruch zum Kunden zu geraten, sollten die Kundeneinwände höflich und sachkundig entkräftet werden. Dabei können verschiedene Methoden verwendet werden.

Das Herbeiführen des Kaufentschlusses

Dem Kunden muss die Kaufentscheidung erleichtert bzw. ermöglicht werden. Durch verschiedene Kundensignale (Äußerungen, Gesten) kann der Verkäufer Hinweise darauf erhalten, dass der richtige Zeitpunkt für die Einleitung des Kaufabschlusses gekommen ist. Dies kann beispielsweise geschehen durch

- eine Zusammenfassung der Verkaufsargumentation,
- systematische Einschränkung der Artikelauswahl auf zwei Artikel,
- direkte Kaufaufforderung,
- Handlungen oder Argumentationen, als wäre die Entscheidung des Kunden bereits gefallen.

Der Abschluss der Verkaufsverhandlung

Hat der Kunde sich zum Kauf entschlossen, sollte durch den Verkäufer noch einmal die Richtigkeit seiner Entscheidung bekräftigt werden (damit der Kunde das Geschäft in angenehmer Erinnerung hat und gern wiederkommt). Neben dem Kassieren des Kaufpreises und dem eventuellen Einpacken der gekauften Ware bedankt und verabschiedet sich das Verkaufspersonal.

5530118

AUFGABEN

1. Was sind Verkaufsgespräche?

2. Wodurch unterscheiden sich Verkaufsgespräche in der Verkaufsform „Bedienung" von solchen in den Verkaufsformen „Selbstbedienung" und „Vorwahl"?

3. Was muss ein Verkäufer bei der Kontaktaufnahme mit dem Kunden beachten?

4. Wie ist die Ermittlung des Kaufwunsches durchzuführen?

5. Erläutern Sie die Warenvorlage.

6. In welchen Schritten wird die Verkaufsargumentation durchgeführt?

7. Was ist bei der Preisnennung zu beachten?

8. Was ist bei der Herbeiführung des Kaufentschlusses zu beachten?

9. Erläutern Sie die Tätigkeiten beim Abschluss der Verkaufsverhandlungen.

AKTIONEN

1. Erstellen Sie eine Mindmap, die über alle Phasen eines typischen Verkaufsgesprächs informiert.

2. a) Suchen Sie sich einen Partner (nach Möglichkeit aus der gleichen Branche).
   Entwerfen Sie in Stichworten als Rollenspiel ein Verkaufsgespräch zwischen einem Verkäufer Ihrer Branche und einem Kunden.
   Um richtiges Verkäuferverhalten herauszuarbeiten, wenden Sie zunächst die „Kopfstandmethode" an: In dem Dialog soll der Verkäufer so viele Fehler wie möglich machen (!!).
   Das Verkaufsgespräch soll alle typischen Phasen umfassen. Benutzen Sie entsprechende Artikel, sofern sie im Verkaufskunderaum vorhanden sind.

   b) Führen Sie möglichst frei mit Ihrem Partner das Verkaufsgespräch vor.

   c) Notieren Sie bei den vorgeführten Verkaufsgesprächen der anderen Gruppen die dort vorgestellten Verkäuferfehler.

   d) Führen Sie die Aktion 2. c) wenn möglich als Kartenabfrage durch: Formulieren Sie jeweils einen Fehler auf einer Karte, die Ihnen zur Verfügung gestellt wird.

   e) Fassen Sie mit der gesamten Klasse die eingesammelten Karten in Gruppen zusammen (Clustern), um Oberbegriffe für die genannten Fehler zu finden.

   f) Formulieren Sie nach den Regeln der Kopfstandmethode für jeden Oberbegriff, der ein fehlerhaftes Verhalten im Verkaufsgespräch repräsentiert, eine Regel für ein positives Vorgehen im Verkauf.

   g) Entwerfen Sie ein zweites Verkaufsgespräch als Rollenspiel im Dialog. Versuchen Sie nun bei der Vorführung so wenig Fehler wie möglich zu machen.

   h) Notieren Sie bei den vorgeführten Verkaufsgesprächen der anderen Gruppen zunächst das dort präsentierte gute Verkäuferverhalten, anschließend die dort vorgestellten Verkäuferfehler.

3. Führen Sie eine Erkundung durch.
   Stellen Sie Passanten in der Innenstadt folgende Fragen:
   • Womit waren Sie vor Kurzem als Kunde unzufrieden?
   • Welche Fehler wurden dabei von Verkäufern gemacht?
   • Hatte dies Folgen?

4. Fassen Sie die Ergebnisse der Befragung auf einem Wandplakat zusammen und bereiten Sie sich darauf vor, es zu präsentieren.

ZUSAMMENFASSUNG

Phasen in Verkaufsgesprächen

Kontakt-aufnahme zum Kunden	Ermittlung des Kaufwunsches	Vorlegen der Ware	Verkaufs-argumentation
Abschluss der Verkaufshandlung	Herbeiführen des Kaufabschlusses	Behandlung von Einwänden	Preis-nennung

---

KAPITEL 2

Wir unterstützen die Argumentation in Verkaufsgesprächen mit der Körpersprache

Anja Maibaum ist heute in der Berufsschule. In der dritten Stunde wird das Thema „Körpersprache im Verkauf" behandelt. Als Einführung bringt die Lehrerin, Hanne Jeckel, ein Informationsblatt zur Körpersprache von Lehrern mit.

1. Welche Gemeinsamkeiten hat die Körpersprache von Verkäufern und Lehrern?
2. Inwieweit sehen Sie Unterschiede?

INFORMATION[1]

Bis zu 80 % aller Informationen in Gesprächen werden durch nonverbale Signale ausgesandt. Diese nonverbale Kommunikation wird unter dem Begriff „Körpersprache" zusammengefasst. Bestandteile der Körpersprache sind:

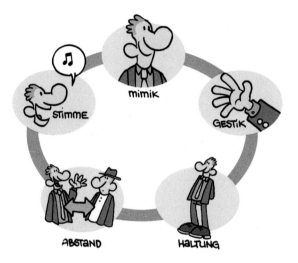

Die Körpersprache wird ohne Worte „gesprochen": Sie vollzieht sich in der Regel unbewusst, unwillkürlich und unbeabsichtigt.

In Verbindung mit dem gesprochenen Wort kann Körpersprache einerseits verbale Aussagen verdeutlichen, ersetzen oder verstärken, in bestimmten Fällen ihnen aber auch widersprechen.

BEISPIELE

- **Verstärkung:**
  Ein Politiker unterstützt bei einer Bundestagsrede seine Argumentation, indem er mit der Faust aufs Rednerpult schlägt.

- **Widerspruch:**
  Eine Aussage, die auf den ersten Blick ernst gemeint erscheint, wird durch Lächeln und ein Augenzwinkern ins Gegenteil gewendet.

Kommunikation in Verkaufsgesprächen

Lernen die Verkaufsmitarbeiter körpersprachlich auf die Kunden einzugehen, so wird das für sie und ihr Unter-

nehmen große Vorteile haben. Erkennen und berücksichtigen sie körpersprachliche Aussagen beim potenziellen Käufer, wird es dem Verkaufspersonal leichter fallen, in den Verkaufsgesprächen besser zu überzeugen: Die Körpersprache des Kunden verrät seine Interessen, Abneigungen, Gefühle und Empfindungen. Beobachtet der Verkaufsmitarbeiter solche Signale und deutet sie richtig, kann er in einem Verkaufsgespräch optimal vorgehen. So kann er beispielsweise besser erkennen, welche Ware er vorführen und wie er auf Einwände reagieren soll.

Es geht für den Verkäufer aber nicht nur darum, körpersprachliche Signale des Kunden richtig zu interpretieren. Von ebenso großer Bedeutung ist, dass er seine eigene Körpersprache gezielt als Instrument in erfolgreichen Verkaufsgesprächen einsetzt.

BEISPIELE

- In der Phase der Kontaktaufnahme wird der Blickkontakt zum Kunden gesucht.
- Die Warenvorlage kann durch demonstrierende Bewegungen von Armen und Händen unterstützt werden.

Mimik

Zur Mimik gehören alle Signale des Gesichts. Ein Bestandteil der Mimik ist der Gesichtsausdruck, der das innere Erleben spiegelt. Es gibt etwa 400 unterscheidbare Gesichtsausdrücke.

---

1 Kapitel 2.2 lehnt sich in Teilen an an: Ruhleder, Rolf H., Verkaufstraining intensiv, 7. Auflage, Renningen-Malmsheim 1998, S. 106–111.

Die Mimik umfasst aber auch die Art des Blickkontakts. Blicke sind Ausdrucksbewegungen der Augen. Mit Blicken kann man ganz allgemein positiv oder negativ bekräftigen. So kann man beispielsweise mit ihnen Kontakt aufnehmen oder Sympathie bekunden, aber auch Dominanz – durch Fixieren und Drohen, durch Anstarren – ausdrücken.

Mimik: einige Signale und ihre Bedeutung	
Ablehnung	„langes Gesicht": geöffneter Mund bei geschlossenen Lippen und zurückgeschobenem Kinn
Ablehnung	gerümpfte Nase
Ablehnung	den Kopf mehrmals ruckartig zurückwerfen
Ablehnung	verengte Pupillen
Erstaunen	den Mund öffnen
Erstaunen/Skepsis	Die Augenbrauen werden angehoben.
Interesse	Es wird Blickkontakt gehalten.
Arroganz/Überlegenheit	Ein Mundwinkel wird angehoben.
Arroganz/Überlegenheit	Die Augenbrauen werden angehoben.
Arroganz/Überlegenheit/ Nachdenklichkeit	Die Unterlippe wird hochgezogen.
Nachdenklichkeit/Unsicherheit/ Verlegenheit	Das Gesicht wird verdeckt.
Unsicherheit/Nervosität	auffällig häufiger Lidschlag
Desinteresse/ Verlegenheit	Es wird kein Blickkontakt gehalten, Gegenüber sieht häufig weg.
innere Anspannung/ Abschottung	zusammengekniffene Lippen

Gestik

Die Gestik umfasst die Signale von Armen und Händen. Sie kann

- das Verständnis des Gesagten unterstützen,
- Hinweise auf die Stimmung geben.

BEISPIEL

Ärmelaufkrempeln oder Faustbildung als Zeichen für Entschlossenheit

- Zweifel am Gesagten schaffen durch die Diskrepanz (= Missverhältnis) zwischen Inhalt und Gestik.

Gestik: Signale und ihre Bedeutung	
Aussage unterstreichen	die Fingerkuppen einer Hand aneinanderpressen
Interesse	geweitete Pupillen
Sicherheit	Armbewegungen oberhalb der Taille
Sicherheit/Entrüstung/ Erregung	Hände in die Hüften stemmen
Sicherheit/Ablehnung	in der Luft von oben nach unten geführte Schläge (Etwas soll kleiner gemacht werden, als es ist.)
Sicherheit/Nachdenklichkeit/Selbstgefälligkeit	das Kinn streicheln
Sicherheit/Nachdenklichkeit	mit den Händen ein Spitzdach nach oben formen
Freude/Sicherheit/ Zufriedenheit	sich die Hände reiben
Unsicherheit/Ablehnung	mit den Händen ein Spitzdach in Richtung des Gesprächspartners formen
Unsicherheit/Nervosität	mit den Fingern trommeln
Unsicherheit/Verkrampfung	die Hände vor der Brust falten/die Füße um die Stuhlbeine legen
Unsicherheit/Verlegenheit	Armbewegungen unterhalb der Taille/sich an die Nase fassen
Unsicherheit/Verwirrung/ Erregung	die Brille hastig abnehmen
Unsicherheit/Zeitgewinn	die Brille hochschieben
Aggression	doppelläufige Pistole: Aneinanderlegen der Zeigefinger bei Verschränkung der anderen Finger und auf die Zeigefinger aufgelegten Daumen
Zurückhalten von Informationen	einen oder mehrere Finger auf die Lippen legen

„Das Kinn streicheln"

Was Mimik, Gestik und Körperhaltung bedeuten

Gestik

Ablehnung:
- Bei Selbstsicherheit:
  virtuelle Luftschläge von oben nach unten (Etwas soll kleiner gemacht werden, als es ist.)

- Bei Unsicherheit:
  mit den Händen ein Spitzdach in Richtung des Gesprächspartners formen

Aggression:
Aneinanderlegen der Zeigefinger bei Verschränkung der anderen Finger

Aussagen unterstreichen:
die Fingerkuppen einer Hand aneinanderpressen

Informationen zurückhalten:
einen oder mehrere Finger auf die Lippen legen

Nachdenklichkeit:
mit den Händen ein Spitzdach formen

Selbstgefälligkeit:
das Kinn strecken

Sicherheit:
Armbewegungen oberhalb der Taille

Verkrampfung:
Hände vor der Brust falten

Verlegenheit:
Armbewegungen unterhalb der Taille, sich an die Nase fassen

Verwirrung/Erregung:
die Brille hastig abnehmen

Zeit gewinnen:
die Brille hochschieben

Körperhaltung

Ablehnung:
körperliches Zurückweichen (Distanz vergrößern); Blick über Schulter, Oberkörper wird abgewendet

Rücksichtslosigkeit:
Sitzen mit breit auseinandergespreizten Beinen

Sicherheit:
Jackett öffnen, aufrechter, lockerer Stand

Unsicherheit:
die Füße um die Stuhlbeine schlingen; die Hände um die Stuhllehne klammern; sich selbst mit den Armen umarmen

Mimik

Ablehnung:
den Kopf mehrmals ruckartig zurückwerfen, gerümpfte Nase, zurückgeschobenes Kinn

Arroganz:
ein Mundwinkel oder die Augenbrauen werden angehoben

Innere Anspannung/Abschottung:
zusammengekniffene Lippen

Interesse:
Blickkontakt wird gehalten

Nachdenklichkeit:
die Unterlippe wird hochgezogen; das Gesicht wird verdeckt

Skepsis:
Augenbrauen werden angehoben

Körperhaltung

Die innere Haltung eines Menschen wird oft in seiner körperlichen Haltung ausgedrückt. Zur Körperhaltung zählen Ausdrucksbewegungen des Kopfes, des Oberkörpers und der Beine.

BEISPIEL

Ein erhobener Kopf kann Selbstbewusstsein und Entschlossenheit signalisieren.

Körperhaltung: einige Signale und ihre Bedeutung	
Ablehnung	körperliches Zurückweichen
Ablehnung	Blick über die Schulter, der Oberkörper wird dem Gesprächspartner in der Körperachse nicht zugewendet.
Ablehnung	den Oberkörper zurücknehmen (Distanz vergrößern)
Sicherheit	das Jackett oder Hemdenknöpfe öffnen
Sicherheit	aufrechter, lockerer Stand
Unsicherheit	ständig in Bewegung (kein ruhiger Stand, Herumrutschen auf dem Stuhl)
Unsicherheit	die Hände um die Stuhllehne geklammert
Unsicherheit	sich selbst mit den Armen umklammern
Zustimmung	körperliche Annäherung
Zustimmung	sich ganz dem Gesprächspartner zuwenden und sein Verhalten spiegeln
Rücksichtslosigkeit	Sitzen oder Stehen mit breit auseinanderklaffenden Beinen

Stimme

Auch mit der Stimme kann ein Mensch nonverbale Signale aussenden. Veränderungen des Tonfalls, der Lautstärke, der Stimmlage, des Sprechtempos und der Sprechpausen können die Bewertung einer Aussage ändern. Auch mit Lachen oder Seufzen können Informationen übermittelt werden.

BEISPIEL

Sind Menschen erregt (sowohl durch Angst als auch durch freudig gespannte Erwartung), werden sie in höheren Tönen sprechen; betonen sie etwas nachdrücklich, werden sie tiefer sprechen, was aber auch Sicherheit, Ruhe, Dominanz oder auch Drohendes signalisieren kann.

Abstand zu anderen Menschen

Der Abstand, der zu anderen Menschen eingenommen wird, drückt Nähe bzw. Distanz zu ihnen aus. Mit einem zu geringen Abstand kann die Dringlichkeit eines Anliegens oder eine Angriffslust signalisiert werden.

Unter Gesprächspartnern können grob vier Distanzzonen unterschieden werden:

- **Intimzone**
  In Mitteleuropa beginnt die Intimzone ca. 50 cm vor und endet ca. 50 cm hinter einer Person – an der Seite ist die Intimzone etwas kleiner. In diese Zone dürfen nur Personen mit einer besonderen Erlaubnis eindringen.

- **Persönliche Distanzzone**
  Die persönliche Distanzzone beginnt am Rand der Intimzone und reicht etwa 1 m bis 1,5 m nach vorne und hinten. Zur Seite ist die Distanz wiederum etwas geringer. In diesem Bereich werden persönliche Gespräche geführt, ohne sich bedrängt zu fühlen. Die persönliche Distanzzone ist in normalen Situationen (also z. B. nicht gerade in der voll besetzten S-Bahn oder in einem Fahrstuhl) Freunden und dem Lebenspartner vorbehalten. Hier ereignen sich persönliche Gespräche. Bei vielen erfolgreich verlaufenden Verkaufsgesprächen findet hier ein Teil der Kommunikation statt.

- **Die soziale Distanzzone**
  Von der Grenze der persönlichen Distanzzone bis zu einer Entfernung von ca. 4 m nach vorne und hinten erstreckt sich die soziale Distanzzone. In ihr finden formale Gespräche statt, also auch die meisten Verkaufsgespräche (zumindest zu Beginn). In diesem Bereich werden andere Personen wahrgenommen.

- **Die öffentliche Zone**
  Sie beginnt bei ca. 4 m Abstand. Redner wählen z. B. diese Entfernung, wenn sie eine Rede vor einem großen Publikum halten müssen.

Die Abstandszonen werden subjektiv unterschiedlich aufgefasst. Introvertierte Menschen werden die Abstandszonen weiter setzen als extrovertierte. Auch die Zugehörigkeit zu bestimmten Kulturkreisen bestimmt die Distanzzonen.

In Südamerika sind die Distanzzonen geringer ausgeprägt als in Mitteleuropa. In einem brasilianischen Reitklub hatten derartige Missverständnisse für Mitteleuropäer und Nordamerikaner schmerzhafte Folgen: Ein Schreiner musste das Geländer einer Veranda erhöhen, weil immer wieder Nordamerikaner und Mitteleuropäer rücklings hinuntergestürzt waren. Ihre südamerikanischen Pferdefreunde hatten den üblichen „nordischen" Gesprächsabstand von einer Armlänge nicht eingehalten und die Gäste hatten sich unbewusst bedroht gefühlt. Da sie Schritt um Schritt zurückwichen und die Südländer nachrückten, hatte dies fatale Folgen.

Ähnlich problematisch können Begegnungen zwischen kühlen Engländern, die Berührungen praktisch nie zulassen, und Männern aus Puerto Rico sein. Ein puerto-ricanischer Mann wird seinen Gesprächspartner, wie bei Beobachtungen gezählt wurde, womöglich 180-mal pro Stunde berühren. Für den Briten genau 180-mal zu oft. Der Engländer wird dem Puerto Ricaner mit Sicherheit homosexuelle Absichten unterstellen.

Quelle: www.focus.de; Abrufdatum: 16. Febr. 2004

Körpersprache und Verkauf

- Es ist extrem wichtig, das Distanzbedürfnis anderer Menschen zu respektieren. Wer jemandem zu dicht „auf die Pelle" rückt, muss sich nicht wundern, wenn er sich unbeliebt macht. Das unerlaubte Eindringen in die intime Distanzzone wird praktisch immer als un-

erwünschte Grenzübertretung empfunden. Um seine Kunden zu behalten, sollte ein Verkäufer Abstand von der intimen Distanzzone wahren. Erfahrene Verkäufer strecken – gedanklich – immer den Arm aus: Wenn sie dann den Kunden „berühren", sind sie in seine Intimdistanz eingedrungen.

- Eine erfolgreiche Verkaufsverhandlung, bei der die Entfernung zwischen Kunde und Verkäufer 5 m oder 6 m beträgt, ist kaum vorstellbar. Anzustreben bei Verkaufsgesprächen ist die persönliche Distanz.

- Ein Lächeln wirkt Wunder: Ein Verkäufer, der viel lächelt, hat eine positive Ausstrahlung auf seine Umgebung. Allerdings sollte das Lächeln echt sein. Das echte Lächeln ist meist von hochgezogenen Wangen, Fältchen in den Augenwinkeln (Krähenfüße) sowie dem Senken der Augenbrauen begleitet. Personen mit schiefem „Lächeln" werden dagegen gemieden. Beim vorgetäuschten Lächeln sind die Muskeln rund um die Augen nicht aktiv. Oft bricht ein falsches Lächeln abrupt ab oder verschwindet stufenweise vom Gesicht.

- Mit einem schmollenden Mund wird ein Verkäufer keinen Kunden überzeugen. Ebenso wie das schiefe Lächeln wirkt ein schiefer Mund wenig glaubwürdig.

Wird sogar nur ein Mundwinkel angehoben, so signalisiert diese Mimik immer auch Zynismus, Arroganz oder ein Überlegenheitsgefühl.

- Die wichtigsten – und am leichtesten zu interpretierenden – Signale werden von den Augen gesendet. Ein freundlicher offener Blick stimmt den Kunden positiv. Wer den anderen „keines Blickes würdigt", wird als arrogant und überheblich eingeschätzt. Aber Achtung: Wer zu lange und zu intensiv sein Gegenüber fixiert, wird schnell als bedrohlich und angriffslustig angesehen.

- Schließende Gesten eines Verkäufers (z. B. Mauerbildung durch überkreuzte Arme vor der Brust oder Zeigen des Handrückens statt der Handfläche) werden von vielen Kunden als negativ empfunden. Entschuldigungsgesten (wie Schulterzucken mit Aufdrehen der Hände unterhalb der Taille) werden als Hilflosigkeit und Unterwerfung gedeutet. Wenn ein Verkäufer in Verkaufsgesprächen überzeugen will, sollte er daher negative Aussagen durch Gesten möglichst vermeiden. Positive Aussagen (z. B. seine Verkaufsargumente) sollte er durch positive – öffnende und harmonische – Gesten verstärken.

AUFGABEN

1. Welche Bestandteile umfasst die Körpersprache?

2. Welche Aufgabe haben die nonverbalen Signale des Körpers?

3. Welche Bedeutung hat die Körpersprache für Verkäufer?

4. Was versteht man unter Mimik?

5. Erläutern Sie den Begriff „Gestik".

6. Bringen Sie Beispiele für Signale der Körperhaltung.

7. Wie können mit der Stimme nonverbale Signale ausgesendet werden?

8. Welche Distanzzonen werden unterschieden?

9. Warum werden die Abstandszonen subjektiv unterschiedlich aufgefasst?

10. Was muss ein Verkäufer in Verkaufsgesprächen hinsichtlich der Körpersprache beachten?

11. Ein Verkäufer muss beim Kaufabschluss auch die körpersprachlichen Signale erkennen. Zeigen Sie je zwei körpersprachliche Reaktionen von Kunden für
a) Ablehnung,
b) Unentschlossenheit,
c) Zustimmung.

AKTIONEN

1. Momentan geht es um die Körpersprache. Dazu führen wir zunächst ein Experiment durch:
a) Setzen Sie sich bitte so hin, dass Sie Ihre Partner nicht sehen können (also: Rücken gegen Rücken, Blick zur Wand).
b) Führen Sie ein Gespräch über das Thema: „Warum ist es in der Schule so schön?"
c) Achten Sie auf die Änderungen in der Kommunikationsstruktur. Was ist anders als sonst?

2. Diese Übung findet in Partnerarbeit statt. Sie sollen mit körpersprachlichen Mitteln verschiedene vorgegebene Stimmungen ausdrücken.
a) Suchen Sie sich drei Stimmungen aus, ohne Ihren Partner darüber zu informieren.

b) Führen Sie eine Stimmung so lange vor, bis Ihr Partner sie erraten hat.

c) Der Partner hat die Aufgabe, anzugeben, woran er die Stimmung erkannt hat.

d) Das Spiel ist beendet, wenn jeder seine drei ausgewählten Stimmungen dargestellt hat.

3. Jetzt werden kurz hintereinander eine Menge Rollenspiele aufgeführt. Durch Abzählen bekommt jedes Klassenmitglied eine Verkaufssituation zugewiesen, in der der Kunde körpersprachliche Signale aussendet.

a) Bereiten Sie sich darauf vor, das beschriebene körpersprachliche Verhalten des Kunden vorzuführen.

b) Führen Sie das beschriebene Kundenverhalten vor.

c) Überlegen Sie bei den anderen vorgeführten Rollenspielen, welche Bedeutung das dort vorgeführte Kundenverhalten hat.

Spielen Sie, dass der Kunde:
1. den Kopf ruckartig zurückwirft.
2. den Kopf einzieht und die Schultern hochzieht.
3. die Stirn runzelt.
4. die Augenbrauen hebt.
5. durch Sie hindurchschaut.
6. Sie mit geradem Blick anschaut.

7. keinen Blickkontakt mehr hält.
8. häufig die Lider bewegt.
9. die Brille hochschiebt.
10. sich kurz an die Nase greift.
11. sich die Nase reibt.
12. immer leiser und langsamer spricht.
13. die Lippen zusammenpresst.
14. sich auf die Lippen beißt.
15. sich das Kinn streichelt.
16. mit dem Oberkörper weit nach vorn kommt.
17. den Oberkörper weit zurücklehnt.
18. die Arme verschränkt.
19. eine weite Armbewegung macht.
20. eine enge Armbewegung macht.
21. die Hand während des Sprechens vor den Mund nimmt.
22. die Hand nach dem Sprechen vor den Mund nimmt.
23. die Hände in die Hüften stemmt.
24. sich die Hände reibt.
25. die Hände auf den Rücken legt.
26. die Hände vor die Brust legt.
27. die Hände vor der Brust kreuzt.
28. den Zeigefinger hebt.

Quelle: Ruhleder, Rolf H., Verkaufstraining intensiv, 7. Aufl., Renningen-Malmsheim 1998, S. 110 f.

ZUSAMMENFASSUNG

Wichtiges Instrument in erfolgreichen Verkaufsgesprächen

Verkäufer erkennt körpersprachliche Signale des Kunden.

Verkäufer setzt eigene Körpersprache gezielt in Verkaufsgesprächen ein.

Körpersprache

• nonverbale Signale des Körpers
• umfasst verschiedene Bestandteile

• soll verbale Aussagen verdeutlichen, ersetzen oder verstärken (ihnen manchmal sogar widersprechen)

Mimik
• Gesichtsausdruck
• Blickkontakt

Gestik
• Signale von Armen und Händen

Körperhaltung
• Ausdrucksbewegungen des Kopfes, des Oberkörpers und der Beine

Stimme
• Tonfall
• Lautstärke
• Stimmlage
• Sprechtempo
• Sprechpausen
• Lachen; Seufzen

Abstand zu anderen
• Nähe oder Distanz zu anderen Menschen

KAPITEL 3

Wir verwenden die Sprache als Instrument in erfolgreichen Verkaufsgesprächen[1]

Zwei Verkäufer der Ambiente Warenhaus AG in unterschiedlichen Verkaufssituationen:

Ausschnitt aus Verkaufsgespräch 1:

„... Diese Frage wird im weiteren Verlauf noch Gegenstand des Verkaufsgesprächs sein ...

... Sie werden Ihre Kaufentscheidung nie bedauern ...

... Für den Kauf möchte ich meinen Dank zum Ausdruck bringen ...“

Ausschnitt aus Verkaufsgespräch 2:

„... Wir werden diese Frage noch im weiteren Verlauf besprechen ...

... Sie werden sich über diese Kaufentscheidung immer freuen ...

... Ich bedanke mich bei Ihnen ...“

1. In welchem Verkaufsgespräch setzt der Verkäufer die Sprache wirkungsvoller ein?

INFORMATIONEN

Das Vertrauen in Verkaufsgesprächen gewinnen Verkäufer insbesondere durch ihre Sprache. Damit wird die Sprache zum wichtigsten Verkaufsinstrument eines Verkäufers. Die Beherrschung dieses Handwerkzeugs ist also von großer Bedeutung.

Verschiedene Faktoren beeinflussen sprachliche Aktivitäten in Verkaufsgesprächen:
- die Persönlichkeit des Verkäufers und des Kunden
- die momentane Stimmung der am Verkaufsgespräch Beteiligten
- das Verhältnis zum Gesprächsgegenstand
- die Ziele von Verkäufer und Kunde

Gesprächsstörer

Natürlich sollte im Verkaufsgespräch alles vermieden werden, was es negativ beeinflussen könnte:
- Der Verkäufer sollte keine Monologe halten und keine Fachbegriffe verwenden. Um einfach zu sprechen, sollte auf Fremdwörter verzichtet werden. Lassen sich

Fachausdrücke nicht vermeiden, sollte sich der Verkäufer überlegen, ob diese Begriffe dem Kunden bekannt sind.
- Langatmige Sätze sind zu vermeiden. Jeder Kunde ist dankbar, wenn der Verkäufer sich kurz, knapp und präzise ausdrückt.
- Ein erfolgreicher Verkäufer sollte auf ironische und bewertende Bemerkungen verzichten.

  BEISPIELE

  - „Das ist aber schlecht ...“
  - „Das glauben Sie doch selbst nicht!“

- Kunden verübeln es Verkäufern häufig, wenn diese versuchen
  - sie zu überreden oder ihnen Befehle zu geben.

  BEISPIELE

  - „Ich kann es nicht oft genug wiederholen, nehmen Sie diesen Artikel ...!“
  - „Greifen Sie sofort zu, sonst ...!“

---

1 Kapitel 2.3 lehnt sich in Teilen an an: Ruhleder, Rolf H., Verkaufstraining intensiv, 7. Auflage, Renningen-Malmsheim 1998, S. 97–100.

– ihnen Vorwürfe zu machen.

BEISPIELE

- „Ich habe Ihnen gleich gesagt ..."
- „Hätten Sie mal ..."

– die Erwartungen der Kunden zu dämpfen.

BEISPIELE

- „Diesen Videorekorder werden Sie kaum bedienen können."
- „Damit werden Sie sicher Schwierigkeiten haben ..."

- Sehr negativ werden von Kunden **Killerphrasen** des Verkäufers aufgefasst. Das sind Negativformulierungen, die meistens dazu führen, dass das Verkaufsgespräch ohne Erfolg beendet wird.

BEISPIELE

- „Ohne jetzt dieses Verkaufsgespräch unterbinden zu wollen ..."
- „Das geht im Augenblick nicht."
- „Keine Zeit für so etwas."
- „Schaffen wir nie."
- „So haben wir das früher doch (nicht) gemacht."
- „Sie stellen sich das so einfach vor."

Killerphrasen sind pauschale und abwertende Angriffe, z. B. in einer Diskussion oder in einem Verkaufsgespräch. Sie sind nicht an der Sache orientiert, sondern werden im Gegenteil vorzugsweise dann hervorgezogen, wenn Sachargumente fehlen. Sie kehren soziale Dominanz hervor bei sachlicher Unterlegenheit: Der Sprecher versucht so, eine höhere Rangordnung einzunehmen, ohne Argumente dafür zu haben.

Killerphrasen verhindern einen Austausch und ein echtes Gespräch, indem sie die andere bzw. den anderen abblocken.

„Ich hab 'ne tolle Idee!"   „Es war ja nur mal so 'ne Idee ..."

Gesprächsstörer:	Gesprächsförderer:
Befehlen	Umschreiben
Überreden	Zusammenfassen
Warnen und Drohen	Übertreibende Bestätigung
Herunterspielen/ Bagatellisieren	Nachfragen
Ausfragen	Klärend auf den Punkt bringen Zuhören

Gesprächsförderer

Für die Formulierung von Aussagen, die das Verkaufsgespräch fördern, gilt der **Grundsatz der Kundenfreundlich-**

keit:

- Der Verkäufer sollte kurze Sätze gebrauchen. Um den Kunden nicht mit Bandwurmsätzen zu verwirren, sollte er beispielsweise Nebensätze vermeiden.
- Im Verkaufsgespräch deutlich zu sprechen ist eine Selbstverständlichkeit.
- Die Sprache im Verkaufsgespräch muss dem Kunden angemessen sein. Man sollte die Fachsprache der jeweiligen Klientel beherrschen und auch anwenden können.
- Die Aussagen müssen dem fachlichen Bildungsstand des Kunden entsprechen.
- Die Sprache soll aktiv und motivierend sein.
- Bestimmte Formulierungen erweisen sich in Verkaufsgesprächen als sehr gesprächsfördernd, da der Verkäufer dem Kunden Interesse signalisiert. Mit solchen Zwischenbemerkungen kann der Verkäufer

– dem Kunden aktiv zuhören.

BEISPIELE

- „ah ja"
- „mmh"
- „ja gut"

– dem Kunden zustimmen.

BEISPIELE

- „Richtig!"
- „Ja!"
- „Da bin ich ganz Ihrer Meinung!"

– beim Kunden nachfragen.

BEISPIELE

- „Könnten Sie das noch etwas erläutern?"
- „Habe ich das richtig verstanden?"

– dem Kunden Denkanstöße geben.

BEISPIELE

- „Was halten Sie denn von ..."
- „Haben Sie sich schon einmal überlegt ...?"

Aktives Zuhören

Auch das Zuhören ist eine Form der Kommunikation, insbesondere, wenn man dabei dem Kunden das Gefühl vermittelt, dass man wirklich bei der Sache ist. Wer aktiv zuhört, gibt dem Gesprächspartner durch Körperhaltung und Mimik zu verstehen, dass er im Mittelpunkt der Aufmerksamkeit steht. Gelegentliche Reaktionen wie Kopfnicken und kurze gesprochene Aufmunterungen unterstützen den Redefluss des Kunden. Der Verkäufer als guter Zuhörer wirkt interessiert und gibt dem redenden Kunden ein Gefühl von Geltung und Achtung. Man kann dieses Gefühl noch verstärken, indem man ab und zu Fragen stellt, die beweisen, dass man tatsächlich zuhört und dass man gerne noch mehr erfahren würde.

- Die Stimmtechnik des Verkäufers muss stimmen:
  - Er darf nicht zu hoch sprechen, da das auf Nervosität und Verspannung des Verkäufers hindeutet.
  - Eine zu leise und dünne Stimme wird von Kunden oft als Signal für fehlende Fachkompetenz wahrgenommen. Im Zweifel sollte der Verkäufer lieber etwas lauter sprechen.
  - Verkäufer, die erfolgreiche Verkaufsgespräche anstreben, sollten öfter ihre Stimme kontrollieren. Sprechen sie sehr monoton und abgehackt, wirkt sich das negativ auf die Überzeugung des Kunden aus.
  - Kunden bevorzugen auch eine nicht zu schnelle Sprache des Verkäufers.

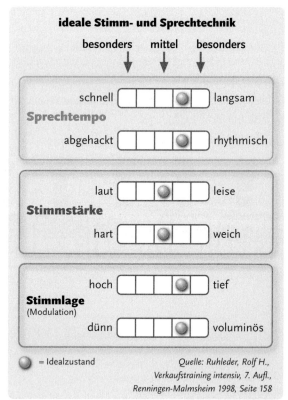

- Substantivierte Sätze haben etwas Träges, manchmal sogar Umständliches an sich. Verbale Sätze bestimmen viel eindeutiger, was passiert. Die verbale Ausdrucksweise wirkt dadurch wesentlich konzentrierter und dynamischer.

BEISPIELE

- Substantivierter Satz: „Sie wollen also einen **Einkauf** tätigen?"
- Verbaler Satz: „Sie wollen etwas **einkaufen?**"

- Der Verkauf einer Ware wird durch Vorteilsformulierungen sprachlich unterstützt. Mit einem Verb (Tätigkeitswort) weist der Verkäufer den Kunden auf Vorteile der Ware hin.

  BEISPIELE

  - „Das Gerät hilft Ihnen ..."
  - „Sie sparen beim Kauf dieses Artikels 12,00 € im Vergleich zu ..."
  - „Dieses Label garantiert Ihnen ..."

- Grundsätzlich ist ein passiver Satzaufbau im Verkäuferdeutsch nicht falsch, enthält jedoch einen gewissen Grad an „Faulheit". Deshalb sollte der Verkäufer bewusst aktiv – d. h. also mit aktivierender Wirkung – sprechen.

BEISPIELE

- Passive Aussage: „Es **wird** von uns ein Angebot **ausgearbeitet.**"
- Aktive Aussage: „Wir **arbeiten** ein Angebot **aus.**"

- Ein und dasselbe Verkaufsargument kann jeweils mit einer negativen und positiven Ausdrucksweise vorgebracht werden. Positive Aussagen wirken als Gesprächsförderer.

  BEISPIELE

  - Negative Aussage: „Bei diesem Gerät werden Sie sicherlich keine Reklamationen haben."
  - Positive Aussage: „Dieses Gerät bleibt immer leistungsfähig und einsatzbereit."

Einsatz der Fragetechniken

Erfolgreiche Verkäufer verwenden Fragetechniken in starkem Ausmaß. Bei noch so geschicktem und konsequentem Einsatz der Fragetechniken sollte jeder Verkäufer aber immer daran denken, nicht zu übertreiben und ab sofort alles nur noch zu erfragen. Er könnte sonst den Eindruck erwecken, dass er selbst nicht über ausreichende Kenntnisse verfügt. Genauso unangebracht ist es, wenn ein Verkäufer einem offensichtlich eiligen Kunden zahlreiche Fragen stellt, bevor er ihm etwas gibt. Das Gleiche gilt für Kunden, die ganz konkrete Wünsche äußern.

Wann sollten Sie fragen?

Erinnern Sie sich bitte an den Aufbau des Verkaufsgesprächs:
- Sie stellen Fragen bei der Kontaktaufnahme. Während der Gesprächseröffnung schaffen Sie damit eine positive Atmosphäre.
- Sie stellen Fragen zur Bedarfsermittlung. So erfahren Sie Wünsche und Probleme und reden nicht am Bedarf des Kunden vorbei.
- Sie stellen Fragen am Ende Ihrer Warenvorlage und Argumentation. So kontrollieren Sie, ob der Kunde alles verstanden hat und Ihrer Argumentation folgt.
- Sie stellen Fragen bei der Einwandbehandlung. So nehmen Sie die Spitze der Antwort raus und erfahren die echten Hintergründe für den Kundeneinwand.
- Sie stellen Fragen zum Abschluss. Denn Sie überlassen nichts dem Zufall und beeinflussen die Entscheidung des Kunden durch eine Alternativfrage.

aus: Ückermann, Dieter, Acht wirksame Fragetechniken, Erfolgsfitness – Wirtschaftsverlag Iris Ückermann, 1997

Fragetechnik
Instrument in erfolgreichen Verkaufsgesprächen

Fragen helfen
- Informationen über Kunden zu gewinnen,
- Vertrauen zum Kunden aufzubauen,
- das Verkaufsgespräch zu lenken,
- in einigen Fällen Zeit zu gewinnen.

verschiedene Frageformen

Fragen, um bestimmte Antworten zu erhalten	Fragen, um das Verkaufsgespräch zu lenken	Fragen, um Informationen zu erhalten

geschlossene Fragen
- beginnen mit dem Verb und können nur mit Ja oder Nein beantwortet werden
- „Ist das Ihre Größe?"

offene Fragen
- beginnen mit „W"-Frage-wörtern und lassen indivi-duelle Antworten zu
- „Zu welcher Sportart brauchen Sie die Schuhe?"

Alternativfragen
- geben die Antwortmöglich-keiten schon vor
- „Suchen Sie ein rotes oder ein grünes Hemd?"

Suggestivfragen
- wollen den Kunden manipulieren
- „Der Anzug sitzt wie angegos-sen. Meinen Sie nicht auch?"

rhetorische Fragen
- zur Gesprächsfortführung: Es werden keine Antworten erwartet.
- „Wer weiß nicht, dass die Ambiente Warenhaus AG in Sachen Kundenkredite die besten Konditionen hat?"

Gegenfragen
- fordern den Kunden auf, eigene Aussagen klarer darzulegen
- Kunde: „Wieso ist Ihr Kunden-dienst so schlecht organisiert? Gegenfrage: „Womit genau haben Sie denn schlechte Erfahrungen gemacht?"

Kontrollfragen
- sichern Teilergebnisse des Verkaufsgesprächs
- „Wenn ich Sie richtig verstan-den habe, suchen Sie eine Hose, die weit geschnitten ist. Ist das korrekt?"

Motivierungsfragen
- sollen positive Stimmung beim Kunden erzielen
- „Was sagen denn Sie als Experte zu diesem Artikel?"

bedarfsbezogene Fragen
- ermitteln den Bedarf des Kunden
- „Zu welchem Anlass benötigen Sie den Anzug?"

warenbezogene Fragen
- beziehen sich direkt auf die Ware
- „Aus welchem Material sollte das Hemd sein?"

5530134

AUFGABEN

1. Warum ist die Sprache ein wichtiges Instrument in Verkaufsgesprächen?

2. Wodurch werden sprachliche Aktivitäten in Verkaufsgesprächen beeinflusst?

3. Führen Sie drei Beispiele für Gesprächsstörer auf.

4. Was sind Killerphrasen?

5. Was sind Gesprächsförderer?

6. Führen Sie drei Beispiele für Gesprächsförderer auf.

7. Was sind Vorteilsformulierungen?

8. Formulieren Sie drei Vorteilsformulierungen für einen Artikel Ihres Sortiments.

9. Warum sind aktive Aussagen in Verkaufsgesprächen meistens besser als passive?

10. Finden Sie für eine negative Aussage über einen Artikel Ihres Sortiments eine positive Aussage.

11. Wie hört man aktiv zu?

12. Entscheiden Sie, ob in den folgenden Fällen Gesprächsförderer oder Gesprächsstörer vorliegen.

    a) „Mit der Entscheidung für diese Ware haben Sie sehr gut gewählt."

    b) „Eigentlich hätte ich gedacht, Sie wissen, was wir so alles im Angebot haben."

    c) „Ja, wer ist denn hier der Experte, Sie oder ich? Also mir können Sie so schnell nichts vormachen."

    d) „Ja, das stimmt. Wie finden Sie denn ...?"

13. Welche Frageart liegt jeweils vor?

    a) „Sie sind doch sicher auch überrascht, dass sich dieser Pullover so angenehm tragen lässt?"

    b) „Soll ich die normale Version oder die preisgünstige Familienversion mit zur Kasse nehmen?"

    c) „Warum zeige ich Ihnen die Bedienung dieses Geräts so ausführlich? Weil ..."

    d) „Zu welchem Anlass möchten Sie den Anzug tragen?"

    e) „Soll das Geschenk für eine Dame oder einen Herrn sein?"

    f) „Sie bevorzugen doch sicherlich die große Sparpackung?"

    g) „Werden Sie schon bedient?"

AKTIONEN

1. a) Entwerfen Sie ein Rollenspiel, in dem ein Verkäufer einem Kunden eine Ware Ihres Ausbildungssortiments vorstellt. Dieses Rollenspiel soll so viele Fachbegriffe wie möglich enthalten, die im Verkaufsgespräch auch korrekt verwendet werden sollen.

   b) Schreiben Sie anschließend das Rollenspiel so um, dass bei inhaltlich gleichen Aussagen kein einziger Fachbegriff mehr verwendet und das Verkaufsgespräch leicht verständlich wird.

   c) Führen Sie die beiden Rollenspiele auf.

2. Arbeiten Sie die folgende Übung in Partnerarbeit durch. Beide Partner bekommen unterschiedliche Aufgaben.

   a) Der erste Partner wählt eines der gleich aufgeführten Themen aus und erzählt dem zweiten Partner 4 Minuten lang darüber.

   • Worüber habe ich mich zuletzt im Betrieb geärgert?

   • Worüber habe ich mich zuletzt im Betrieb gefreut?

   • Was habe ich letztes Wochenende gemacht?

   • Wie möchte ich meinen nächsten Urlaub verbringen?

   • Was sind meine Hobbys?

   • Was ist mein Lieblingsverein?

   • Erlaubt sind auch andere, selbst gewählte Themen.

   b) Der zweite Partner wählt eine der gleich aufgeführten Verhaltensweisen beim Zuhören aus, ohne dem Gegenüber mitzuteilen, welche:

   • Aktives Zuhören: Sie zeigen Interesse, indem Sie nachfragen.

   • Aktives Zuhören: Sie beachten Ihr Gegenüber und zeigen durch Anschauen oder Blickkontakt, dass Sie zuhören.

   • Schlechtes Zuhören: Sie versuchen das Thema zu wechseln oder geben belehrende Ratschläge.

   • Schlechtes Zuhören: Sie hören nicht zu, sondern sprechen über ähnliche Erfahrungen, die Sie selbst gemacht haben.

- Schlechtes Zuhören: Obwohl Sie Ihrem Partner zustimmen, vermeiden Sie jeden Blickkontakt und beschäftigen sich mit etwas anderem.

In dem Gespräch übt er die ausgewählte Verhaltensweise aus.

c) In einem zweiten Durchgang werden die Rollen gewechselt.

d) Nach den zwei Durchgängen führen Sie eine kurze Auswertung durch. Besprechen Sie beispielsweise, wie Sie sich als Sprecher beim aktiven bzw. schlechten Zuhören gefühlt haben und welche Folgen dies hatte.

3. a) Bilden Sie Gruppen, die aus vier Personen (= zwei Untergruppen) bestehen.

b) Jeweils zwei Personen entwerfen ein Rollenspiel für ein komplettes Verkaufsgespräch zwischen Verkäufer und Kunde.

c) Jede der beiden Untergruppen führt ihr Rollenspiel frei vor.

d) Die andere Untergruppe beobachtet das sprachliche Verhalten und informiert die Vorführenden.

e) Als Hilfe kann die folgende Checkliste verwendet werden:

Merkmal	negativ		positiv
Satzbau	lang		kurz
Pausen	keine		viele
Fremdwörter	häufig		selten
Wiederholungen	häufig		selten
Neinsager	häufig		selten
Dialekt	stark		kein
Feststellungen	häufig		selten
Ausreden lassen	nie		immer
Stimmlage (Modulation)	hoch		tief
Sprechweise	abgehackt		fließend
Sprechtempo	schnell		langsam
Kritik	häufig		selten
Unsicherheit	häufig		selten
Engagement	kaum		viel
Aufbau/Inhalt des Verkaufsgesprächs	abstrakt		konkret

Quelle: Ruhleder, Rolf H., Verkaufstraining intensiv, 7. Auflage, Renningen-Malmsheim 1998, Seite 95

4. Um zu lernen, wie man durch systematische Fragen Informationen sammelt, werden drei Ratespiele durchgeführt. Das Ziel ist, durch Fragen an den Spielleiter (also Ihre Lehrerin oder Ihren Lehrer) die richtige Lösung herauszubekommen. Versuchen Sie, systematisch vorzugehen. Vermeiden Sie wildes Herumraten.

Auf den ersten Blick scheint das einfach zu sein, es gelten aber Regeln:

- Es sollen so wenig Fragen wie möglich gestellt werden. Die Klasse hat verloren, wenn mehr als 20 Fragen nötig sind.

- Es dürfen nur geschlossene Fragen verwendet werden (also Fragen, die mit Ja oder Nein zu beantworten sind).

- Hat jemand (oder eine Gruppe) eine Frage gestellt, ist der nächste (die nächste Gruppe) an der Reihe.

- Wer die Lösung des Rätsels schon kennt, beteiligt sich nicht bzw. übernimmt vom Lehrer die Spielleitung.

a) Sie kommen in ein Zimmer. Dort finden Sie John und Mary tot am Boden liegen. Es ist kein Blut zu sehen. Der Teppich unter den Leichen ist nass. Außerdem befindet sich auf dem Teppich zerbrochenes Glas. Zu lösendes Problem: Was ist passiert?

b) Ein Mann geht nachmittages um vier Uhr in seinen Garten. Die Sonne scheint. Ein Vogel singt laut und anhaltend. Plötzlich fällt der Mann um. Zu lösendes Problem: Was ist passiert?

c) Ein Mann liegt in einem Kornfeld. Er ist tot. Aber: Wenn er das Paket, das er bei sich hatte, hätte öffnen können, wäre er nicht gestorben. Zu lösendes Problem: Was war in dem Paket?

nach: Birkenbihl, V., Fragetechnik schnell trainiert

Lassen Sie zwei Ihrer Klassenkameradinnen oder Klassenkameraden die Fragen protokollieren. Analysieren Sie hinterher, welche Fragen

- weder System noch Logik aufwiesen,

- von der Systematik her besonders geschickt waren.

ZUSAMMENFASSUNG

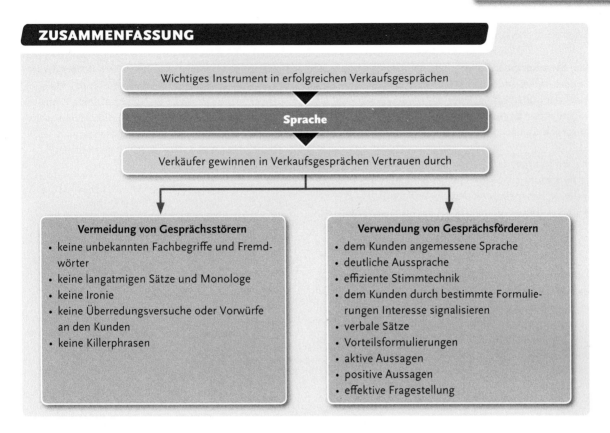

Wichtiges Instrument in erfolgreichen Verkaufsgesprächen

Sprache

Verkäufer gewinnen in Verkaufsgesprächen Vertrauen durch

Vermeidung von Gesprächsstörern
- keine unbekannten Fachbegriffe und Fremd-wörter
- keine langatmigen Sätze und Monologe
- keine Ironie
- keine Überredungsversuche oder Vorwürfe an den Kunden
- keine Killerphrasen

Verwendung von Gesprächsförderern
- dem Kunden angemessene Sprache
- deutliche Aussprache
- effiziente Stimmtechnik
- dem Kunden durch bestimmte Formulie-rungen Interesse signalisieren
- verbale Sätze
- Vorteilsformulierungen
- aktive Aussagen
- positive Aussagen
- effektive Fragestellung

KAPITEL 4

Wir beachten Kommunikationsregeln in Verkaufsgesprächen

Robin Labitzke ist heute in der Textilabteilung einge-setzt. Er beobachtet, wie ein Kunde in die Umkleideka-bine geht und dort ein Hemd anprobiert. Als der Kunde den Umkleidebereich wieder verlässt, sagt Robin: „Das Hemd steht Ihnen. Sie können es sehr gut auch zu Jeanshosen tragen."

1. Stellen Sie fest, welche vier Botschaften die Aussage von Robin Labitzke enthalten kann.
2. Erläutern Sie, wo es zu Konflikten in der Kommunika-tion zwischen dem Kunden und Robin Labitzke kom-men kann.

INFORMATIONEN

Kommunikationsfähigkeit als ein Instrument für erfolgreiche Verkaufsgespräche

Zu den wichtigsten Schlüsselqualifikationen gehört es, mit anderen gut kommunizieren und zusammenarbeiten zu können. Unternehmen sind angewiesen auf einen optimal funktionierenden Informationsaustausch. Dieser kann so-wohl durch innerbetriebliche als auch durch außerbetrieb-liche Kommunikation erfolgen. Gibt es in der Kommunika-tion Störungen, so kann dies gewaltige Auswirkungen auf die Geschäftsprozesse des Unternehmens haben.

BEISPIEL

Scheitern Verkaufsgespräche, weil der Informati-onsaustausch zwischen Verkäufern und Kunden nicht funktioniert, entgehen dem Einzelhandelsunterneh-men Umsätze und Gewinne. Es kann zudem zu Kun-denverlusten kommen.

Daher ist es von enormer Wichtigkeit, dass Verkäufer Kenntnisse über die Kommunikation besitzen.

Das einfache Kommunikationsmodell

Von **Kommunikation** spricht man, wenn eine Person – der Sender – einer anderen Person – dem Empfänger – eine Nachricht übermittelt. Jeder der beiden verwendet als wichtigstes Kommunikationsmittel die Sprache (Fachausdruck: Code):

- Der Sprechende (der Sender) verschlüsselt seine Informationen, Gedanken und Meinungen, die er mitteilen will, mithilfe von Sprache (Codieren).
- Der Hörende (Empfänger) versucht aufgrund der sprachlichen Äußerung des Sprechenden auf das Gemeinte zu schließen. Dies nennt man Decodieren.

Damit die Kommunikation funktioniert, ist es notwendig, dass der Code des Senders und der Code des Empfängers sich zumindest teilweise decken. In Verkaufsgesprächen muss der Verkäufer also sicherstellen, dass der jeweilige Empfänger tatsächlich das versteht, was der Sender sagen wollte.

BEISPIEL

Ein Verkäufer führt gerade ein Verkaufsgespräch durch. Dazu hat er in der Phase der Bedarfsermittlung (in diesem Fall als Empfänger) die Äußerungen des Kunden (hier der Sender) interpretiert. Nun muss er als Sender in der Phase der Verkaufsargumentation sicherstellen, dass der Kunde als Empfänger die Verkaufsargumente auch so wahrnimmt, wie sie vom Verkäufer gemeint sind.

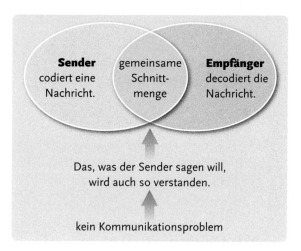

Sender codiert eine Nachricht. — gemeinsame Schnittmenge — **Empfänger** decodiert die Nachricht.

Das, was der Sender sagen will, wird auch so verstanden.

kein Kommunikationsproblem

Das 4-Ohren-Modell der Kommunikation

Nach dem 4-Ohren-Modell von Friedemann Schulz von Thun hat jede Nachricht eines Senders vier Seiten. Der Empfänger kann jede Nachricht wieder auf diesen vier verschiedenen Ebenen wahrnehmen:

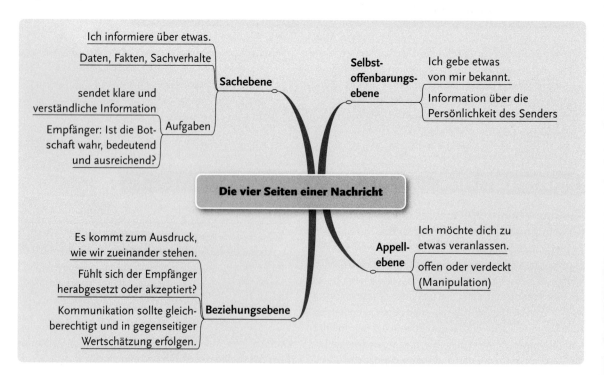

Ich informiere über etwas.
Daten, Fakten, Sachverhalte
Sachebene
sendet klare und verständliche Information
Aufgaben
Empfänger: Ist die Botschaft wahr, bedeutend und ausreichend?

Selbstoffenbarungsebene
Ich gebe etwas von mir bekannt.
Information über die Persönlichkeit des Senders

Die vier Seiten einer Nachricht

Es kommt zum Ausdruck, wie wir zueinander stehen.
Fühlt sich der Empfänger herabgesetzt oder akzeptiert?
Kommunikation sollte gleichberechtigt und in gegenseitiger Wertschätzung erfolgen.
Beziehungsebene

Appellebene
Ich möchte dich zu etwas veranlassen.
offen oder verdeckt (Manipulation)

Der Sender schickt also vier Botschaften, der Empfänger hört vier Botschaften.

Die Qualität der Kommunikation hängt davon ab, wie diese Ebenen zusammenspielen. Jede der vier Botschaften kann vom Sender und/oder dem Empfänger falsch verstanden werden. Kommunikationsprobleme treten besonders dann auf, wenn der Sender eine Botschaft falsch verpackt oder der Empfänger sie falsch entschlüsselt. Zu Missverständnissen kann es also kommen, wenn der Empfänger eine Nachricht auf einer anderen Ebene wahrnimmt, als sie eigentlich vom Sender gedacht war.

BEISPIEL

Eine Frau fährt Auto, ihr Mann begleitet sie. Es kommt zu folgendem Dialog:

Der Mann (Sender):   „Du, die Ampel da vorn ist grün."
Die Frau (Empfänger):   „Fährst du oder ich?"

Die vier Botschaften der Nachricht und wie sie aufgefasst werden:

Sachebene:
Mann: „Die Ampel da vorn ist grün."
Frau: „Die Ampel da vorn ist grün."

Selbstoffenbarung:
Mann: „Ich fahre gerne zügig und bin für den Fall der Fälle ja auch reaktionsschnell."
Frau: „Er ist immer so ungeduldig und will unbedingt noch über die Ampel, bevor sie umspringt."

Beziehungsebene:
Mann: „Sie braucht manchmal einen Stupser, um aus den Füßen zu kommen."
Frau: „Er gibt mir immer das Gefühl, dass ich nicht fahren kann."

Appellebene:
Mann: „Drück auf die Tube, damit wir nicht anhalten müssen."
Frau: „Ich soll schneller fahren."

Status

Im Alltag, erst recht im Berufsleben wird im Rahmen der Kommunikation bewusst oder unbewusst ein Statusverhältnis zwischen den Beteiligten hergestellt. Unter einem Status versteht man das wahrnehmbare Verhalten einer Person gegenüber einer anderen Person oder einer Gruppe von Personen.

Ist jemand im **Hochstatus**, verhält er sich dominant gegenüber einer Person im **Tiefstatus.** Diese passt ihr Handeln dagegen an die Vorgaben der Person im Hochstatus an.

Hochstatus	Tiefstatus

• Person demonstriert durch ihr Verhalten
  – die eigene Überlegenheit
  – die Unterlegenheit der anderen Person
• Person hat die Kontrolle über alles
	• Person demonstriert durch ihr Verhalten
	  – die eigene Unterlegenheit
	  – die Überlegenheit der anderen Person
	• Person gibt die Kontrolle über alles ab

Auf Personen mit Hochstatus treffen u. a. die folgenden Merkmale zu: • Sie gehen zielgerichtet. • Sie bewegen sich zielgerichtet. • Sie sprechen normal oder laut, bevorzugt mit einer tiefen Stimmlage. • Sie berühren den Gesprächspartner (Hand auf die Schulter legen). • Sie schauen den Gesprächspartner an, ohne den Blick abzuwenden. • Sie gehen aufrecht. • Sie haben eine straffe Körperhaltung. • Sie atmen ruhig und gleichmäßig.	Auf Personen mit Tiefstatus treffen u. a. die folgenden Merkmale zu: • Sie berühren den eigenen Körper (z. B. durch die Haare oder das Gesicht streichen). • Sie bewegen sich und wirken fahrig. • Sie sprechen leise und stockend, bevorzugt in einer hohen Stimmlage. • Sie halten Abstand zu dem Kommunikationspartner. • Sie vermeiden längeren Blickkontakt: Sie wenden den Blick ab bzw. haben einen gesenkten Blick. • Sie haben eine gebeugte und schlaffe Körperhaltung. • Ihr Atem ist unregelmäßig.

Verkaufsgespräche können durch das Einnehmen von zwei gegensätzlichen Statusformen wirkungsvoll gesteuert werden:

Damit ein Verkaufsgespräch überhaupt stattfinden und durchgeführt werden kann, kommt es gewöhnlich auch auf Sympathie des Kunden an. Diese kann der Verkäufer z. B. in der Kontaktphase zunächst dadurch gewinnen, dass er den Tiefstatus einnimmt, bei dem er dem Kunden eher freundschaftlich begegnet.

Um im Verkaufsgespräch zu überzeugen, sind z. B. in Phasen, in denen argumentiert wird, neben Sympathie jedoch auch Kompetenz, Fachlichkeit und Respekt erforderlich. Diese Eigenschaften kann der Verkäufer erfahrungsgemäß durch den Hochstatus vermitteln. Auch beim Herbeiführen des Kaufentschlusses sollte man den Hochstatus anstreben. In der Abschlussphase des Verkaufsgesprächs sollte der Verkäufer wieder zurück in den Tiefstatus gehen.

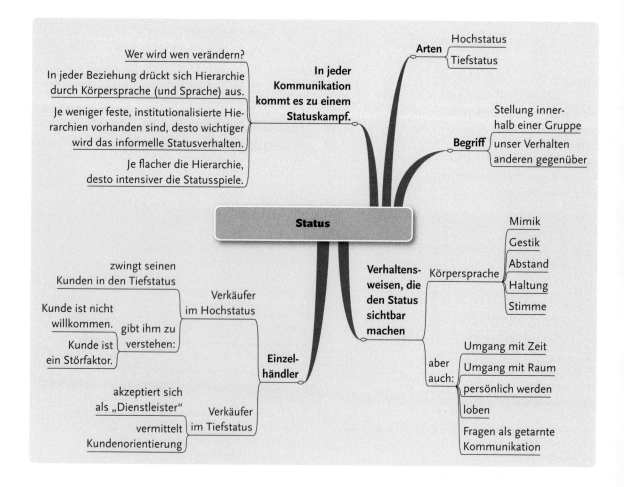

AUFGABEN

1. Was versteht man unter dem einfachen Kommunikationsmodell?

2. Was muss ein Verkäufer aus Sicht des einfachen Kommunikationsmodells in einem Verkaufsgespräch beachten?

3. Erläutern Sie die vier Seiten einer Nachricht nach dem 4-Ohren-Modell.

4. Die Abteilungsleiterin fragt eine Auszubildende: „Wann sind Sie fertig mit der Arbeit?"

   Die Auszubildende nimmt vier Botschaften mit dieser Nachricht wahr:

   a) „Beeilen Sie sich!"

   b) Diese Auszubildende schafft das nicht. Ich traue ihr das nicht zu.

   c) Wenn die Arbeit nicht fertig wird, bekomme ich als Abteilungsleiterin Ärger.

   d) Sie will wissen, wann ich fertig bin.

   Welche Ebenen aus dem 4-Ohren-Modell sind das jeweils?

5. Was ist der Status?

6. Woran erkennt man einen Tiefstatus?

7. Liegt jeweils ein Hochstatus oder Tiefstatus vor?

   a) Der Verkäufer wendet den Blick rasch ab.

   b) Der Kunde spricht stockend.

c) Der Kunde hat eine tiefe Stimmlage.

d) Der Kunde kommt mit einem aufrechten Gang in das Geschäft.

e) Der Verkäufer spricht leise.

f) Der Personalchef lässt den Bewerber warten.

g) Der Kunde streicht sich während der Bedarfsermittlung durch die Haare.

8. a) In welchem Status befindet sich die Person?

   b) Woran wird der eingenommene Status erkennbar?

AKTIONEN

1. Heute in der Textilabteilung des Warenhauses Larstadt. Der Abteilungsleiter sagt zu einer Verkäuferin:

   „Frau Heuer, da kommt gerade eine Kundin!"

   Halten Sie fest, welche vier Botschaften die Aussage des Abteilungsleiters enthalten kann.

2. a) Jeweils acht Schülerinnen und Schüler der Klasse stellen sich in einer Reihe auf. Die Reihe bekommt eine Vorgabe, z. B.: Ein Kunde beschwert sich, dass eine Ware mangelhaft ist.

   Von rechts nach links wird ein zunehmend höherer Status gespielt, anschließend von links nach rechts ein zunehmend tieferer Status.

   b) Die zuschauenden Schülerinnen und Schüler werten aus: Was passiert mit der Haltung ...

   • des Kopfes: Augen, Mund, Kinn, ...?

   • des Oberkörpers: Schultern, Rücken, Hände, Finger, ...?

   • des Unterkörpers: Beine, Knie, Füße, ...?

   c) Jetzt sind neue Schülerinnen und Schüler an der Reihe. Vorgaben können sein:

   • Ein Kunde wird begrüßt.

   • Ein Verkäufer argumentiert.

   • Ein Kunde wird verabschiedet.

   • Es können auch Situationen nach Wahl der Klasse durchgespielt werden.

ZUSAMMENFASSUNG

Einzelhandelsunternehmen sind angewiesen auf einen optimalen Informationsaustausch zwischen Käufern und Verkäufern.

▼

Gibt es Störungen in der Kommunikation, so kann dies große negative Auswirkungen für Einzelhandelsunternehmen haben.

▼

Für Verkäufer sind also Kenntnisse über Kommunikation wichtig:

Das einfache Kommuni-kationsmodell	**Das 4-Ohren-Modell**	**Status**
• Ein Sender verschlüsselt (codiert) eine Nachricht, der Empfänger entschlüsselt (decodiert) sie. • Ist das, was der Sender sagen will, auch das, was der Empfänger versteht?	• Jede Nachricht kann vier Botschaften enthalten. • Welche Botschaft ist gemeint? • Ist man sich aller Botschaften bewusst?	• das wahrnehmbare Verhalten einer Person gegenüber einer anderen Person oder einer Gruppe von Personen • Welchen Status nehme ich als Verkäufer ein?

KAPITEL 5
Wir nehmen Kontakt zum Kunden auf

Alle Auszubildenden der Ambiente Warenhaus AG sind von der Unternehmensleitung zu einem Verkaufsseminar geschickt worden, das von der LSW-Unternehmensberatung durchgeführt wird. Der Unternehmensberater Martin Hemmbusch informiert zu Beginn des Seminars über die Kontaktphase:

„Der erste Eindruck des Kunden als positive Grundlage für ein erfolgreiches Verkaufsgespräch hängt ganz besonders vom Verhalten des Verkäufers bei der Kontaktaufnahme ab. Wenn der Kunde das Geschäft betritt, so ist dies die Folge seines eigenen Entschlusses. Er erwartet vom Verkäufer, dass er ihm seine ganze Aufmerksamkeit widmet, ihn angemessen begrüßt und ihn situationsbezogen anspricht. Auch hier kann der Verkäufer den ersten Eindruck beeinflussen, wenn er die Erwartungshaltung des Kunden durch den Einsatz seiner Wirkungsmittel (äußeres Erscheinungsbild; Sprache, Mimik, Gestik; Einstellung zum Beruf und zum Kunden) trifft.

Durch eine ganz persönlich ausgerichtete Gesprächseröffnung kann es dem Verkäufer gelingen,

- die zwischen ihm und dem Kunden möglicherweise liegenden Hemmnisse abzubauen,
- Vertrauen und Sympathie aufzubauen und
- eine für das Verkaufsgespräch notwendige gleiche sprachliche und einstellungsmäßige Basis (Partnerschaft) zu finden.

Wichtige Voraussetzungen für die erfolgreiche Kontaktaufnahme sind somit die richtige Einstellung auf den Gesprächspartner, das Wissen um die eigenen Wirkungsmittel und die Kenntnis der Erwartungshaltung des Kunden. Diese Voraussetzungen prägen den typischen Verlauf der Kontaktaufnahme und damit der Gesprächseröffnung.

Zunächst ist es für den Verkäufer unbedingt wichtig, mit einer positiven Einstellung und entspannt dem Kunden zu begegnen. Er muss sich frei von Vorurteilen und von negativen Erfahrungen auf die neue Situation konzentrieren können. Dabei hilft ihm zu wissen, dass er für ein gutes Unternehmen eine leistungsstarke Ware erfolgreich anbieten kann und der Kunde in ihm den Partner sieht, der ihm bei der Lösung des Kaufproblems helfen kann. Dieses Bewusstsein führt bei einem „gelösten" Verkäufer zum besseren Agieren und schnelleren Reagieren."

1. Führen Sie auf, wie ein Verkäufer für eine erfolgreiche Kontaktphase sorgen kann.

INFORMATIONEN

Sowohl beim ersten Besuch als auch beim Wiederholungsbesuch bildet sich jeder Kunde beim Betreten der Geschäftsräume eine Meinung über das Einzelhandelsunternehmen. Dieser erste Eindruck, den der Kunde noch vor dem eigentlichen Kauf bekommt, ist von entscheidender Wichtigkeit für den weiteren Verlauf des Verkaufsgesprächs. In dieser Phase – Kontaktphase genannt, weil es um den ersten Kontakt zwischen Einzelhandelsunternehmen und Kunde geht – muss alles versucht werden, um eine positive Beziehung zum Kunden herzustellen. Macht das Verkaufspersonal, das in erster Linie das Einzelhandelsunternehmen repräsentiert, einen guten Eindruck, bildet sich beim Kunden ein positives Urteil. Damit wird eine angenehme Atmosphäre für das Verkaufsgespräch geschaffen. Die Kontaktphase ist deshalb in allen Verkaufsformen von ganz besonderer Bedeutung.

Wenn der Kunde das Einzelhandelsgeschäft betritt, registriert er sofort seine Umgebung und die anwesenden Personen. Dieser erste Eindruck des Kunden entscheidet über seine Einstellung zum Unternehmen, zum Verkäufer und zur Ware. Gewinnt der Kunde einen positiven Eindruck, ist das für den Verkäufer ein guter Beginn des Verkaufsgesprächs. Negative Eindrücke versetzen den Kunden jedoch in eine dem Verkaufsgespräch abträgliche Abwehrhaltung oder veranlassen ihn sogar, das Geschäft zu verlassen.

In der Kontaktphase geht es also darum, möglichst schnell eine positive Verkäufer-Käufer-Situation zu schaffen. Das gelingt – und darüber ist man sich in Theorie und Praxis einig – vor allem durch:

- positives und freundliches Auftreten des Verkäufers
- Interesse weckendes Verhalten
- gesprächspartnerorientiertes Verhalten
- Aufzeigen von Gemeinsamkeit durch Zuhören
- situationsspezifisches Sprechen
- positive Gestik und Mimik
- Aktivierung des Gesprächspartners
- entsprechende Kleidung

Kontaktaufnahme im Bedienungssystem

Ein Verkaufsgespräch beginnt, indem man den Kunden begrüßt, also Kontakt aufnimmt. Nur wenn ein guter Kontakt zum Kunden aufgebaut wird, kann man auf Dauer den Kunden binden. Dabei sollte grundsätzlich Folgendes beachtet werden:

- Der Verkäufer sollte ein freundliches Gesicht machen und Augenkontakt aufnehmen.
  Die Zeitspanne, in der sich beim Kunden das erste und entscheidende Bild vom Unternehmen im Unterbewusstsein bildet, ist mit etwa 30 Sekunden extrem kurz. Deshalb muss der Verkäufer mit allen ihm zur Verfügung stehenden körpersprachlichen Mitteln (Mimik, Gestik, Haltung usw.) bereits vor der sprachlichen Kontaktaufnahme versuchen, den Kunden einen positiven Gesamteindruck gewinnen zu lassen.

- Mit freundlicher, dynamischer Stimme ist der Kunde mit einem der Tageszeit angepassten Gruß zu begrüßen. Die Begrüßung sollte so ausfallen, dass der Kunde sie als höfliche Geste empfindet und sich als willkommener Gast des Unternehmens fühlt.

- Bei der Begrüßung ist der Kunde mit Namen anzusprechen, wenn er bekannt ist. Diese namentliche Ansprache ist ein wesentliches Bindeglied für eine dauerhafte Beziehung zwischen dem Einzelhandelsgeschäft und dem Kunden.

> **BEISPIELE**
> - „Guten Morgen, Frau Bellgrau!"
> - „Guten Tag, Herr Wontka!"
> - „Guten Abend, Frau Hein!"

- Um den Wunsch des Kunden zu ermitteln und damit zur Phase der Bedarfsermittlung übergehen zu können, ist der Kunde freundlich anzusprechen. Dabei können Floskeln verwendet werden. Einige Floskeln dürfen sich nicht im Sprachschatz eines Verkäufers befinden, weil sie aufdringlich, unbestimmt, unhöflich und plump wirken.

> **BEISPIELE**
> - „Sie wünschen bitte ...?"
> - „Ja, bitte ...?"
> - „Womit kann ich dienen ...?"
> - „Was darf es sein ...?"

Andere Floskeln dagegen bewirken, dass der Kunde konkret seinen Wunsch äußern kann.

> **BEISPIELE**
> - „Wie kann ich Ihnen helfen?"
> - „Was kann ich für Sie tun?"

Aber auch hier besteht immerhin die Gefahr, dass viele Kunden das Gespräch abbrechen.

> **BEISPIEL**
> - „Nein danke, ich schaue nur!"

Wichtig ist, dass der Kunde die Floskeln nicht als leere Phrasen wahrnimmt. Wenn möglich sollte man Floskeln vermeiden und den Kunden jeweils situationsgerecht ansprechen.

> **BEISPIEL**
> - „Guten Tag, möchten Sie sich erst selbst informieren oder interessiert Sie ein bestimmtes Modell?"

Kontaktaufnahme bei der Selbstbedienung

In jedem Fall sind bei der Selbstbedienung Kunden im Geschäft zu begrüßen. Ansonsten erwartet der Kunde normalerweise keine weitere Kontaktaufnahme durch das Verkaufspersonal. In einigen Fällen wird der Kunde einen Verkäufer ansprechen und beispielsweise fragen, wo ein bestimmter Artikel zu finden ist, um sich dann allein mit diesem Artikel weiterzubeschäftigen. In solchen oder ähnlichen Fällen sollte das Verkaufspersonal bei Bedarf in der Nähe verweilen, um dem Kunden behilflich sein zu können.

Kontaktaufnahme im Vorwahlsystem

Im Vorwahlsystem schaut der Kunde sich selbstständig um. Bei der Kontaktaufnahme lassen sich vier Grundsituationen unterscheiden:

- Der Kunde spricht den Verkäufer direkt an.
- Der Kunde signalisiert, dass er vom Verkäufer bedient werden möchte.

> **BEISPIELE**
>
> - Der Kunde blickt sich um.
> - Der Kunde geht gezielt auf den Verkäufer zu.

Der Verkäufer sollte den Kunden unverzüglich ansprechen.

> **BEISPIEL**
>
> - „Guten Morgen! Wie kann ich Ihnen behilflich sein?"

- Ein Kunde zeigt durch intensive Beschäftigung mit einer Ware sein Interesse für sie. Damit hat der Kunde bereits Kontakt zur Ware gefunden. Die Ware kann dann als Kontaktvermittler zwischen Kunde und Verkäufer genutzt werden. Der Kunde, der gerade Informationen über die Ware sammelt, kann über sie angesprochen werden.

> **BEISPIEL**
>
> - „Diese Laufschuhe, die Sie gerade in der Hand halten, haben ein neuartiges Dämpfungssystem, das sehr fuß- und gelenkfreundlich ist."

Die Chance, mit dem Kunden über die Ware ins Gespräch zu kommen, sollte in jedem Fall genutzt werden.

- Der Kunde möchte sich im Geschäft zunächst einmal nur umschauen. Bummelt der Kunde durch das Geschäft, weil er ohne Kaufzwang Anregungen und Eindrücke sammelt, sollte ihm Gelegenheit gegeben werden, sich ungestört umzusehen. Der Verkäufer sollte einen solchen Kunden jedoch beobachten für den Fall, dass er doch an einer Ware größeres Interesse entwickelt bzw. sich doch entscheidet, beraten werden zu wollen.

Übergang zur Phase der Bedarfsermittlung

Durch die Begrüßung und Ansprache des Kunden soll in der Kontaktphase sein Vertrauen gewonnen werden. Es geht hier in erster Linie um die Herstellung einer positiven Gesprächsatmosphäre. Erst in zweiter Linie wird der – in dieser Phase noch vage – Kaufwunsch des Kunden in Erfahrung gebracht. Da das zu wenig ist, um den Kundenerwartungen an ein Verkaufsgespräch gerecht zu werden, muss auf die Kontaktphase eine Phase der Bedarfsermittlung folgen.

AUFGABEN

1. Welche Aufgabe hat die Phase der Kontaktaufnahme in einem Verkaufsgespräch?

2. Wie sieht eine typische Kontaktaufnahme im Bedienungssystem aus?

3. Worin liegt der Unterschied bei der Verwendung der Floskeln „Ja, bitte ...?" und „Kann ich Ihnen helfen ...?"?

4. Wodurch unterscheidet sich die Kontaktaufnahme bei Selbstbedienung von der beim Bedienungssystem?

5. Welche Grundsituationen der Kontaktaufnahme gibt es im Vorwahlsystem?

6. Woran erkennt man, dass ein Kunde bedient werden möchte?

7. Michael Felix betritt eine Abteilung der Ambiente Warenhaus AG und geht auf einen Verkäufer zu, der gerade Waren auspackt und in den Verkaufsregalen platziert. Er verlangt eine bestimmte Ware. Der Verkäufer antwortet: „Wie jedermann ersichtlich ist, habe ich gerade zu tun. Kommen Sie doch in einer Viertelstunde wieder. Oder Sie gehen gleich zum zweiten Regal von links. Dort müssten Sie die Ware finden, die Sie suchen."

   a) Wie ist die Kontaktaufnahme aus Sicht des Kunden Michael Felix zu beurteilen?

   b) Welche Folgen können sich aus der Verhaltensweise des Verkäufers ergeben?

   c) Wie hätte eine Kontaktaufnahme ordnungsgemäß erfolgen können?

8. In der Abteilung für Herrenmoden gilt das Vorwahlsystem. Der Kunde Heiner Tholen schaut sich an einer Hose das Preisschild sowie das Pflegeetikett an. Ein Verkäufer beobachtet das und spricht Heiner Tholen an.

   Verkäufer: „Suchen Sie etwas Bestimmtes?"
   Heiner Tholen: „Das kann man wohl sagen: eine Hose!"

   a) Welcher Fehler wird bei der Kontaktaufnahme gemacht?

   b) Formulieren Sie eine mögliche bessere Kontaktaufnahme durch den Verkäufer.

9. Das Ehepaar Landvogt betritt die Abteilung für Herrenmoden. Sie sind seit vielen Jahren Stammkunden.
   Wie muss sich der Verkäufer verhalten?

10. Wie sollten in den folgenden Situationen Kunden angesprochen werden?

    a) Sabine Wiegand betritt gerade ein Einzelhandelsgeschäft. Sie schaut sich um und sucht einen Verkäufer.

    b) In einem anderen Geschäft hält sich Maria Sgonina schon etwas länger auf. Sie entnimmt einem Verkaufsständer mehrere Pullover. Einen davon hält sie prüfend an sich und schaut dabei in einen Spiegel.

    c) Elke Komp schlendert gerade durch verschiedene Abteilungen in der Ambiente Warenhaus AG. Ab und zu bleibt sie kurz vor bestimmten Waren stehen.

AKTIONEN

1. a) Führen Sie in Partnerarbeit eine Erkundung in drei Einzelhandelsunternehmen durch. Denken Sie dabei daran, dass Sie Ihre Schule repräsentieren.

   b) Untersucht werden soll der erste Eindruck, den der Kunde beim Betreten eines Geschäfts gewinnt.

   c) Halten Sie die Ergebnisse in einer Tabelle fest, die Aussagen macht über:
   • Name des Einzelhandelsgeschäfts
   • Branche
   • Betriebsform
   • Verkaufsform
   • negative Eindrücke
   • positive Eindrücke

   d) Bereiten Sie sich darauf vor, Ihre Ergebnisse zu präsentieren.

2. a) Führen Sie Kontaktaufnahmen im Rollenspiel durch.

   b) Bilden Sie kleine Gruppen. Legen Sie die Branche und die Waren fest.

   c) Suchen Sie sich zwei der folgenden Verkaufssituationen aus:

   1. Im Bedienungssystem bedient ein Verkäufer gerade einen Kunden. Ein zweiter Kunde nähert sich und greift eine auf dem Verkaufstresen liegende Ware.

   2. Ein Kunde betrachtet im Vorwahlsystem ganz interessiert eine bestimmte Ware. Er nimmt sie prüfend in die Hand.

   3. Ein Kunde schaut sich im Vorwahlsystem nach einem Verkäufer um.

   4. Kurz nach Betreten eines Geschäfts mit Vorwahlsystem läuft ein Kind, das mit seinen Eltern gekommen ist, auf eine sehr teure Ware zu und fängt an, mit ihr zu spielen.

   5. Ein Kunde schlendert umher und schaut sich mal die eine, mal die andere Ware an.

ZUSAMMENFASSUNG

Kontaktaufnahme zum Kunden

- soll eine positive Atmosphäre für das Verkaufsgespräch herstellen
- soll für einen positiven Gesamteindruck beim Kunden sorgen

Bedienungssystem	**Vorwahl**	**Selbstbedienung**
• mit körpersprachlichen Mitteln den Kunden einen positiven Gesamteindruck vermitteln • Begrüßung des Kunden mit einem der Tageszeit angepassten Gruß und ggf. Nennung des Namens • Ansprechen des Kunden	• Kunden begrüßen • Kunden beobachten • Kunden nur dann ansprechen, wenn sie Bedienungswunsch signalisieren bzw. großes Interesse an der Ware zeigen	• Kunden grüßen • Beratung nur bei Bedarf

---

KAPITEL 6

Wir ermitteln den Bedarf des Kunden

Während der Mittagespause treffen sich mehrere befreundete Auszubildende in der Kantine der Ambiente Warenhaus AG. Im Verlauf einer angeregten Diskussion über die Probleme des Handels wird die folgende Meinung geäußert:

„Der Textilhandel wäre über Nacht bankrott, würden Textilien nur von Leuten gekauft, die sie wirklich brauchen."

1. Warum werden Textilien nicht nur zum Schutz des Menschen vor Kälte/Wärme oder Nässe gekauft?
2. Wie kann ein Verkäufer herausbekommen, aus welchem Grund der Käufer einen Bekleidungsartikel kaufen möchte?

INFORMATIONEN

Nach der Gesprächseröffnung ist die **Bedarfsermittlung** durch den Verkäufer extrem wichtig. Das Ziel der Bemühungen im Verkaufsgespräch liegt darin, den Kunden für die angebotene Ware zu gewinnen. Das erreicht man aber nur, wenn man erfährt, was der Kunde wirklich will und braucht. Dabei ist in einem Verkaufsgespräch die Phase der Bedarfsermittlung unerlässlich.

Ein Kunde kauft nicht nur Ware, er befriedigt damit auch sein Bedürfnis und will einen Mangel beseitigen. Eine ganz wichtige Aufgabe des Verkäufers liegt nun darin, die

Bedürfnisse seiner Kunden zu ermitteln und darauf gezielt einzugehen. Eine gründliche Bedarfsermittlung
- macht das Verkaufsgespräch effizienter,
- hilft Zeit zu gewinnen und
- beweist dem Kunden das Interesse des Verkäufers an einer optimalen Beratung.

Maslow'sche Bedürfnispyramide

Bedürfnis-ebenen		
5. Selbst-verwirklichung	Bedürfnisse, die auf **Entfaltungsmöglichkeiten für die eigene Persönlichkeit** hinzielen (Unabhängigkeit; so leben, wie es einen zufrieden macht).	
4. Wertschätzungs-bedürfnisse	**Bedürfnisse nach Anerkennung und Macht** richten sich u. a. auf Prestige, Ansehen, Bestätigung, Einfluss und Ernstgenommenwerden durch andere Menschen.	
3. soziale Bedürfnisse	Bedürfnisse, die aus dem Umgang mit anderen Menschen entstehen, wie Wunsch nach Gruppenzugehörigkeit, Freundschaft, Geselligkeit, Zuneigung usw.	
2. Sicherheitsbedürfnisse	Bedürfnisse, die darauf ausgerichtet sind, die Befriedigung der Grund-bedürfnisse auch für die Zukunft zu sichern, z. B. soziale Sicherheit, sicherer Arbeitsplatz, Schutz vor Bedrohung und Beraubung.	
1. physische Grundbedürfnisse	**Existenzbedürfnisse** wie Essen, Trinken, Schlaf, Luft, Bedürfnis nach Kleidung und Wohnung	

Bedürfnisse

Jeder Mensch hat Bedürfnisse. Darunter versteht man das Mangelempfinden an Dingen mit dem Wunsch, diesen Mangel zu beseitigen. Sind bestimmte Bedürfnisse des Menschen befriedigt, treten weitere und andere Bedürfnisse auf.

Mit Millionen von Produkten versucht der Einzelhandel, Mittel zur Bedürfnisbefriedigung zur Verfügung zu stellen.

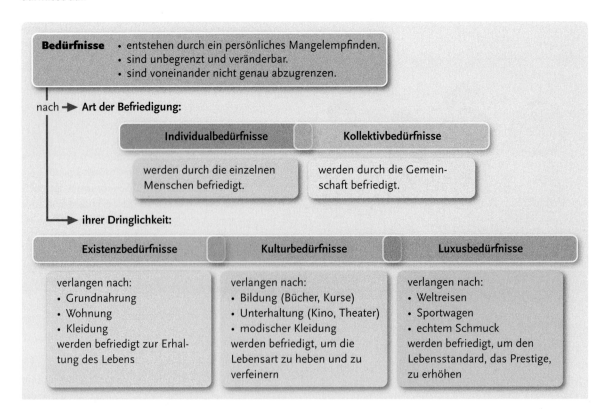

Bedürfnisse
- entstehen durch ein persönliches Mangelempfinden.
- sind unbegrenzt und veränderbar.
- sind voneinander nicht genau abzugrenzen.

nach ➤ **Art der Befriedigung:**

Individualbedürfnisse	**Kollektivbedürfnisse**
werden durch die einzelnen Menschen befriedigt.	werden durch die Gemein-schaft befriedigt.

➤ **ihrer Dringlichkeit:**

Existenzbedürfnisse	**Kulturbedürfnisse**	**Luxusbedürfnisse**
verlangen nach: • Grundnahrung • Wohnung • Kleidung werden befriedigt zur Erhaltung des Lebens	verlangen nach: • Bildung (Bücher, Kurse) • Unterhaltung (Kino, Theater) • modischer Kleidung werden befriedigt, um die Lebensart zu heben und zu verfeinern	verlangen nach: • Weltreisen • Sportwagen • echtem Schmuck werden befriedigt, um den Lebensstandard, das Prestige, zu erhöhen

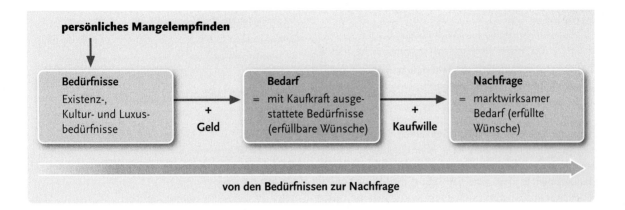

persönliches Mangelempfinden

Bedürfnisse		Bedarf		Nachfrage
Existenz-, Kultur- und Luxusbedürfnisse	**+** **Geld**	= mit Kaufkraft ausgestattete Bedürfnisse (erfüllbare Wünsche)	**+** **Kaufwille**	= marktwirksamer Bedarf (erfüllte Wünsche)

von den Bedürfnissen zur Nachfrage

Das Erkennen von Kundenbedürfnissen

Das Erkennen von Kundenbedürfnissen ist beim **Aushändigungsverkauf** sehr leicht: Der Kunde verlangt sofort und unmissverständlich eine bestimmte Ware. Der Verkäufer kann diesem Wunsch ohne Verzögerungen und Schwierigkeiten nachkommen. Problematischer ist in diesem Zusammenhang der **Beratungsverkauf,** bei dem der Verkäufer wegen der (noch) unklaren Vorstellungen des Kunden im Verkaufsgespräch Art, Eigenschaften und Verwendungszweck der gewünschten Ware konkretisieren muss.

> **DEFINITION**
>
> Ein **Bedürfnis** ist ein Kundenwunsch, der durch Produkte eines Einzelhandelsunternehmens erfüllt werden kann.

Vor diesem Hintergrund kann Verkaufen auch als ein Prozess des Befriedigens von Kundenbedürfnissen gesehen werden. Ein erfolgreicher Verkäufer muss also beim Beratungskauf in der Lage sein, die Bedürfnisse der Kunden überhaupt zu erkennen.

Kunden benutzen häufig bestimmte Schlüsselwörter, wenn sie bestimmte Bedürfnisse haben:

wünschen	mögen
suchen nach	brauchen
interessieren	gern haben

BEISPIELE

- „Ich suche nach einer Möglichkeit, Holz zu konservieren ..."
- „Wir brauchen etwas, um ..."
- „Ich interessiere mich für eine Hi-Fi-Anlage ..."

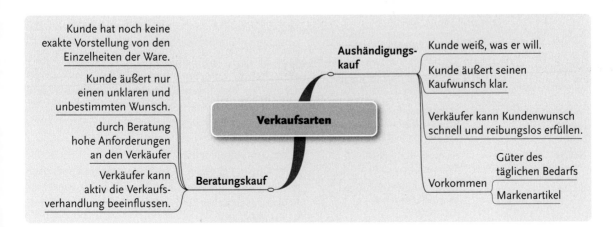

Kunde hat noch keine exakte Vorstellung von den Einzelheiten der Ware.

Kunde äußert nur einen unklaren und unbestimmten Wunsch.

durch Beratung hohe Anforderungen an den Verkäufer

Verkäufer kann aktiv die Verkaufsverhandlung beeinflussen.

Beratungskauf

Verkaufsarten

Aushändigungskauf

Kunde weiß, was er will.

Kunde äußert seinen Kaufwunsch klar.

Verkäufer kann Kundenwunsch schnell und reibungslos erfüllen.

Güter des täglichen Bedarfs

Vorkommen

Markenartikel

Kaufmotive

DEFINITION

Unter einem **Kaufmotiv** versteht man den Grund, der einen Käufer zum Kauf bewegt.

Kann der Verkäufer im Verkaufsgespräch die Kaufmotive des Kunden herausfinden, ist er in der Lage, gezielt einzuwirken, nämlich problem-, wunsch-, bedarfs- und kundenbezogen. Er kann dann nämlich

- leichter überzeugen,
- individueller argumentieren,
- gezielter Ware vorlegen und damit besser ein kundenorientiertes Artikelangebot unterbreiten.

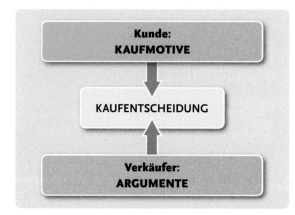

Verkaufen ist auch deshalb eine interessante Tätigkeit, weil jeder Kunde ein anderer Mensch ist mit unterschiedlichen Wünschen, Interessen, Urteilen und Erfahrungen. Deshalb können die Kaufmotive von Kunde zu Kunde vollkommen unterschiedlich sein.

Mögliche Kaufmotive	BEISPIELE
Befriedigung von Grundbedürfnissen	Kauf von Lebensmitteln
Zeitersparnis	Elektrorasenmäher erspart Zeit gegenüber Handmäher
Bedarfsdeckung	Altes/Verbrauchtes wird ersetzt: Kaffeevorrat ist aufgebraucht
Wirtschaftlichkeit/ Sparsamkeit	hoher Ertrag bzw. geringe Kosten beim Kauf eines Motorrads in einfacher Ausführung
Neugier	ein neuer Bestseller im Buchhandel
Prestige und Geltung	Einfluss und Anerkennung, Image und Ansehen: Luxusauto

Mögliche Kaufmotive	BEISPIELE
Bequemlichkeit	Fernseher mit Fernbedienung
Sicherheit/Geborgenheit	Autos mit Airbags auf allen Plätzen
Umweltbewusstsein	Auto mit geringen Emissionswerten
Gesundheit	ein nach ergonomischen Gesichtspunkten entwickelter Schreibtischstuhl, der den Rücken schont

Marktforschungsstudien belegen, dass es immer wieder dieselben Gründe sind, die in Kaufsituationen den Ausschlag geben.

Hier die fünf wichtigsten Kaufmotive:
1. gute Qualität/hohe Leistung
2. niedriger Preis/geringer Unterhalt
3. schnelle Lieferung/keine Wartezeiten
4. guter Service/qualifizierte Beratung
5. einfacher Kauf/problemlose Abwicklung

Fragetechnik als Instrument der Bedarfsermittlung

Jeder Kunde hat bestimmte Wünsche und Vorstellungen. Kennt der Kunde – wie z. B. im Aushändigungskauf – seinen Bedarf genau, ist die Phase der Bedarfsermittlung relativ kurz.

BEISPIEL

Kunde: „Ich hätte gern einen Drucker Hape OfficeJet G55!"

Doch häufig ist der Bedarf des Kunden nicht sofort erkennbar. Es ist daher wichtig, dass man im beratenden Verkaufsgespräch den Kunden voll mit einbezieht. Das erreicht man durch geschicktes und gezieltes Fragen. So kann man viele Informationen über den Gesprächspartner erhalten. Zumindest am Anfang des Verkaufsgesprächs empfiehlt sich die Verwendung **offener Fragen** (die W-Fragen), um hinsichtlich der Ware

- die Vorstellungen des Kunden,
- den Zweck,
- das Einsatzgebiet usw.

zu ermitteln. Bei dieser sogenannten **direkten Bedarfsermittlung** wird daraus auf den Bedarf bzw. gewünschten Artikel geschlossen und anschließend entsprechende Ware vorgelegt.

BEISPIEL

„Wofür benötigen Sie den Computer?"

Hat der Kunde ein spezielles Problem, das er durch Beratung gelöst haben möchte, empfiehlt sich die direkte Bedarfsermittlung.

Bei der **indirekten Bedarfsermittlung** wird nach relativ wenigen Fragen zur Orientierung gleich eine Ware vorgelegt. Aus der Reaktion des Kunden können dann Rückschlüsse hinsichtlich der gewünschten Ware gezogen werden. Zur Bestätigung des vermuteten Bedarfs können dann weitere Fragen gestellt werden.

BEISPIEL

„Ja, Sie benötigen also einen Anzug ... Hier kann ich Ihnen drei Exemplare zeigen ..."

Die indirekte Bedarfsermittlung hat weniger ausfragenden Charakter, da der Kunde sehr schnell mit einer Ware konfrontiert wird, die ihm der Verkäufer versuchsweise vorlegt.

Die Fragen sollten immer freundlich gestellt werden und den Kunden nicht in Verlegenheit bringen.

BEISPIELE

- „Sie möchten sicherlich ganz bestimmte Wünsche erfüllt haben, wenn Sie ..."
- „Zielen Ihre Wünsche in eine ganz bestimmte Richtung?"
- „Worauf legen Sie denn besonderen Wert bei ...?"
- „Welche Erwartungen haben Sie denn beim Einsatz dieses Geräts?"
- „Was haben Sie sich denn genauer vorgestellt?"
- „Schwebt Ihnen eher diese oder jene Ausführung vor?"

Damit sowohl die Auswahl an Angebotsalternativen nicht eingeengt als auch der Kunde nicht zu früh zur Entscheidung gedrängt wird, sollte möglichst nicht nach Preis oder farblichen Ausführungen der Ware gefragt werden.

BEISPIEL

Kundin: „Ich suche ein Hemd."
Verkäufer: „Welche Farbe soll das Hemd denn haben?"
Kundin: „Gelb mit roten Rosen in der Mitte."

Direkte Bedarfsermittlung	Indirekte Bedarfsermittlung
• Der Kunde wird durch mehrere offene Fragen dazu gebracht, über seinen Bedarf nachzudenken und ihn dann auch zu äußern.	• Durch Vorlegen einer Ware (mit wenig Fragen) und beginnender Argumentation soll der Kunde dazu gebracht werden, sich zu dem vorgelegten Produkt zu äußern. Das lässt Rückschlüsse auf seinen Bedarf zu.

Kein optimales Vorgehen bei der Bedarfsanalyse	Gutes Vorgehen bei der Bedarfsanalyse
• „Was haben Sie sich denn für ein Notebook vorgestellt?" • „An welche Preisklasse dachten Sie denn?" • „Also im Angebot haben wir gerade ..."	• „Für wen soll das Notebook sein: Für Sie selbst oder für jemand anderen?" • „Möchten Sie das Notebook eher privat oder lieber beruflich nutzen?" • „Was möchten Sie mit dem Notebook alles machen? Büroarbeiten erledigen oder auch andere Dinge wie z. B. Bildbearbeitung?"
• Hier werden nur wenige, schlecht strukturierte Fragen gestellt, die Kunden nur beantworten können, wenn sie bereits eine genaue Vorstellung von der Ware haben. • Die Fragen provozieren zum Preisgespräch. • Nach zwei Fragen beginnt ein Monolog ohne Bedarfsabklärung.	• Durch sehr viele gut strukturierte Fragen wird der Bedarf ermittelt.

AUFGABEN

1. Warum ist die Bedarfsermittlung eine wichtige Phase im Verkaufsgespräch?

2. Was versteht man unter Bedürfnissen?

3. Welche Bedürfnisebenen gibt es nach Maslow?

4. Angenommen, in Ihrem Ausbildungsunternehmen sollen nach der Vorstellung der Geschäftsführung für die Leistungsmotivation und die Führung der Mitarbeiter folgende Möglichkeiten Anwendung finden: Aufstiegsmöglichkeiten, Gestaltung des Arbeitsplatzes, Mitbestimmung, betriebliche Altersversorgung, Maßnahmen der betrieblichen Weiterbildung, Betriebssport, Zuteilung von Weisungsbefugnissen, Gruppenzugehörigkeit.

   Ordnen Sie jedem der erwähnten Gesichtspunkte eine Bedürfnisebene nach Maslow zu (Doppelnennungen sind möglich). Begründen Sie Ihre Zuordnung.

5. Woran erkennt man Kundenbedürfnisse?

6. Formulieren Sie für den Bereich Ihrer Branche drei Sätze aus Sicht von Kunden, aus denen hervorgeht, dass diese ein bestimmtes Bedürfnis haben.

7. Was sind Kaufmotive?

8. Führen Sie mögliche Kaufmotive auf.

9. Führen Sie auf, welche Kaufmotive sich hinter den folgenden Äußerungen von Kunden verbergen.

   a) „Ich suche einen selbstreinigenden Backofen."

   b) „Ich suche für meine Freundin ein Geschenk – es soll aber etwas ganz Besonderes sein."

   c) „Wie sind denn der Strom- und Wasserverbrauch dieser Geschirrspülmaschine?"

   d) „Wo steht denn der fettfreie Joghurt?"

   e) „Haben Sie einen Laufschuh, der besonders rutschfest ist? Ich laufe öfter auf nassem Waldboden."

   f) „Kann ich auch als technischer Laie mit diesem DVD-Player umgehen?"

10. Was versteht man unter einem Impulskauf?

    a) Helga Abmeier kauft eine spezielle Staubsaugerdüse für Heizkörper.

    b) Am Sonntagmorgen entdeckt Peter Limpke, dass er vergessen hat, Milch einzukaufen.

    c) Beim Bezahlen seiner Tankrechnung bemerkt Bernd Strahler plötzlich, dass er Hunger hat, und kauft spontan einen Schokoriegel.

    d) Familie Huhn kauft freitags für die gesamte Woche ein.

11. Wodurch unterscheidet sich der Aushändigungskauf vom Beratungskauf?

12. Unterscheiden Sie direkte und indirekte Bedarfsermittlung.

13. Warum sollte nach Möglichkeit zunächst nicht nach Preis und Farbe der Ware gefragt werden?

Die Meinung einer Fachzeitschrift:

Spontankäufe von Kunden kommen häufiger vor als bisher angenommen. Aus Marketingsicht lassen sich Impulskäufe bewusst steuern. Es müssen dabei ausreichend viele Anreize gesetzt werden, um das Kundeninteresse zu gewinnen und entsprechende Kaufwünsche auch zu wecken. Der Spontan- und Impulskauf zeichnet sich im Gegensatz zum gezielten dadurch aus, dass der Kunde ungeplant, also aufgrund eines plötzlich aufkommenden Kaufwunsches, ein bestimmtes Produkt erwirbt.

---

14. Finden Sie Beispiele, wo in Ihrem Unternehmen Kunden zu Impulskäufen veranlasst werden sollen.

AKTIONEN

1. Wir gehen davon aus, dass Sie in der Warenwelt „Lebensmittel" der Ambiente Warenhaus AG arbeiten.

   Die Warenwelt „Lebensmittel" ist vor 2 Jahren nach neuesten Gesichtspunkten der Ladengestaltung umgestaltet worden. Hochwertige Materialien der Warenträger, die Licht- und Farbgestaltung und das Ladenlayout lassen das Einkaufen für die Kunden zum Erlebnis werden.

   Als Verkaufsformen finden wir neben den Selbstbedienungsbereichen umfangreiche Bedienungsbereiche. An einigen Bedienungsbereichen bietet sich den Kunden die Möglichkeit, zu verweilen und zubereitete Spezialitäten aus diesen Produktbereichen zu verzehren. Außerdem können die Kunden bei zahlreichen Sonderaktionen die angebotenen Produkte verkosten.

   Das Genre kann im oberen Bereich der Lebensmittelbranche angesiedelt werden. Es werden überwiegend Markenartikel und zahlreiche ausländische Spezialitäten angeboten. Das qualifizierte Fachpersonal, das an regelmäßigen Fort- und Weiterbildungsmaßnahmen teilnimmt, bietet sich zu ausführlichen Beratungsgesprächen an.

   Das Sortiment umfasst das übliche Sortiment im Bereich Lebensmittel. Folgende Warengruppen und Warenarten vermitteln durch ihre Warenpräsentation ein besonderes Einkaufserlebnis:

   • Obst, Gemüse, exotische Früchte, (kundenaktive) Selbstbedienung und Bedienung
   • Fleisch- und Wurstwaren
   • Käsetheke
   • Fisch und Feinkost
   • SB-Salatbar
   • Brot und Backwaren, Konditoreiwaren (Bedienungstheke und SB-Regal)
   • Süßwaren mit Konfiserietheke
   • ausländische Spezialitäten (z. B. fernöstliche, mexikanische, mediterrane Spezialitäten)
   • Wein und Spirituosen

   Das Angebot wird abgerundet durch umfangreiche Serviceleistungen, zu denen insbesondere der Bestell- und Lieferservice gehören.

   a) Klären Sie in Ihrer Gruppe aufgrund der folgenden Rollenbeschreibungen, vor welchen Problemen der Kunde bzw. der Verkäufer steht.

   Verkäufer:
   Ein Kunde (20 Jahre) plant im Sommer gemeinsam mit seinen Freunden eine Italienreise und möchte zur Einstimmung einen italienischen Abend organisieren. Es sollen italienische Getränke und Gerichte serviert werden und die Dekoration sollte auch italienisch wirken. Der Kunde befindet sich in der Abteilung „Ausländische Spezialitäten" und wirkt ratlos. Hilfe suchend spricht er einen Verkäufer an, der in der Nähe ein Regal einräumt.

   Kunde:
   Sie planen einen italienischen Abend für sechs Personen und wollen nicht nur Pizza anbieten. Sie möchten ein Essen mit Vorspeise, Hauptgericht, Nachspeise und den entsprechenden Getränken vorbereiten. Allerdings sind Sie ziemlich ratlos, welche Speisen und Getränke typisch italienisch sind. Deshalb begeben Sie sich zunächst in die Abteilung „Ausländische Spezialitäten". Sie finden sich in der Abteilung nicht zurecht und sprechen einen in der Nähe stehenden Verkäufer an und schildern Ihr Problem.

   b) Schreiben Sie ein Drehbuch für ein Rollenspiel von der Kontaktaufnahme bis zur Bedarfsermittlung.

   c) Überlegen Sie Beobachtungsmerkmale, die für die Beurteilung dieses Rollenspiels wichtig sein könnten, und halten Sie diese schriftlich fest. Diskutieren Sie mit der Klasse Ihre Beobachtungsmerkmale und einigen Sie sich auf gemeinsame Merkmale.

   d) Wählen Sie innerhalb Ihrer Gruppe zwei Personen, die die Rollen des Kunden und des Verkäufers übernehmen.

   e) Stellen Sie im Rollenspiel die im Drehbuch vorgegebene Situation einer Bedarfsermittlung vor der gesamten Klasse dar.

2. Erstellen Sie eine Mindmap mit den wichtigsten Aussagen zur Bedarfsermittlung.

ZUSAMMENFASSUNG

Bedürfnisse der Kunden
Mangelempfinden an Dingen mit dem Wunsch, diesen Mangel zu beseitigen

Phase der Bedarfsermittlung
Es wird ermittelt, was der Kunde braucht und will.

Fragetechnik

direkte Bedarfsermittlung
- offene Fragen, bis der konkrete Bedarf feststeht
- dann Warenvorlage

indirekte Bedarfsermittlung
- Fragen nur kurz zur Orientierung
- versuchsweise Vorlage einer Ware
- weitere Fragen zur Konkretisierung

Erkennen von Kundenbedürfnissen

Kaufmotiv
Grund, der einen Käufer zum Kauf bewegt

KAPITEL 7
Wir legen dem Kunden Ware vor

In dem Verkaufskundeseminar für die Mitarbeiter der Ambiente Warenhaus AG geht es momentan um die Warenvorlage. Der Unternehmensberater zeigt gerade eine Folie:

Einbeziehung des Kunden durch:	Sinne, die angesprochen werden:	Beispiele für Waren:	Demonstriert dem Kunden unter anderem:
in die Hände geben	• Tastsinn (Hände) • Sehsinn (Augen) • Hörsinn (Ohren)	• Werkzeuge • Schmuck • Uhren • Videokameras • Kleidungsstücke	• Qualität • Handlichkeit • leichtes Gewicht
Kostproben	• Geschmackssinn (Zunge) • Geruchssinn (Nase) • Tastsinn (Hände)	• Nahrungsmittel • Getränke • Kosmetika	• Bekömmlichkeit • guter Geschmack • gute Verträglichkeit
Anproben	• Tastsinn (Hände, aber auch Körpergefühl) • Sehsinn (Augen)	• Schuhe • Textilien	• Qualität • Aussehen • Wohlfühlen
Ausprobieren	• Tastsinn (Hände) • Sehsinn (Augen) • Hörsinn (Ohren)	• Geräte im weitesten Sinne • Spiele und Spielzeug	• einfache Bedienung • Funktionsmöglichkeiten und -vielfalt • Handlichkeit • Gefahrlosigkeit

1. Warum wird durch die Einbeziehung der Kunden die Wirkung der Warenvorlage gesteigert?

Nach dem Empfang des Kunden und der Bedarfsermittlung beginnt mit der **Warenvorlage** der eigentliche Verkaufsvorgang. Diese Phase umfasst das Zeigen, Vorlegen und Vorführen von Waren. Unter Berücksichtigung des Verwendungszwecks und der Kaufmotive trifft der Verkäufer eine kundengerechte Vorauswahl. Eine richtige Warenvorlage hat entscheidenden Einfluss auf den Verkaufserfolg.

Der Zeitpunkt der Warenvorlage

Die Warenvorlage beginnt häufig schon im Rahmen der Bedarfsermittlung. Sie verläuft auch in sehr vielen Fällen parallel zur eigentlichen Verkaufsargumentation: Die Beratung des Kunden wird durch eine effektive Demonstration der Ware geschickt unterstützt.

Wenn der Kunde einen bestimmten Kaufwunsch äußert und einen bestimmten Artikel schon im Auge hat, ist der Verkauf leicht: Die gewünschte Ware wird ohne viele Worte vorgelegt.

Schwieriger gestaltet sich der Verkaufsprozess, wenn der Kaufwunsch noch nicht festliegt. Lässt der Kunde während der Phase der Bedarfsermittlung nur einen ungefähren Kaufwunsch erkennen, sollte in den meisten Fällen sofort und direkt mit der Warenvorlage begonnen werden: Der Verkäufer zeigt einige Artikel und stellt ergänzende Fragen zur Bedarfsermittlung. Aus den Kundenäußerungen kann er dann ableiten, in welche Richtung der Kaufwunsch geht.

Menge der vorgelegten Artikel

Der Verkäufer sollte eine kleine Auswahl an Waren vorlegen. Erfahrene Verkäufer führen in der Regel nicht mehr als drei Artikel vor.

- Eine zu kleine Auswahl wirkt sich negativ aus, weil der Kunde Vergleichsmöglichkeiten vermisst. Er könnte den Eindruck bekommen, dass nur eine geringe Auswahl vorhanden ist bzw. dieser Artikel unbedingt verkauft werden soll. Auch könnte er sich gleichgültig behandelt fühlen und es kann der Anschein entstehen, der Verkäufer interessiere sich nicht für ihn.

- Bei einer zu großen Auswahl ist es wahrscheinlich, dass der Kunde, aber auch der Verkäufer die Übersicht verlieren: Der Kunde wird verwirrt, kann sich nur schwer entscheiden und kauft schließlich nichts mehr. Zudem verlieren die einzelnen vorgelegten Artikel an Wirkung. Kann der Verkäufer die vorgelegten Waren nicht mehr im Blick behalten, steigt die Diebstahlgefahr.

Vorgehensweise bei der Warenvorlage

Die Warenpräsentation sollte mit einem Artikel mittlerer Qualität und Preislage beginnen. Je nach der Reaktion des Kunden kann der Verkäufer dann im weiteren Verlauf seines Warenangebots eine höhere oder eine niedrigere Preisklasse ansprechen.

- Ein Beginn mit der höchsten Preisklasse kann den Kunden vom Kauf abschrecken. Außerdem hat der Verkäufer keine Steigerungsmöglichkeiten mehr, wenn der Kunde teurere Ware verlangt („Haben Sie noch etwas Besseres?").
- Die Ware der untersten Preisklasse entspricht möglicherweise nicht dem Verwendungszweck und enttäuscht den Kunden später. Natürlich versucht der Verkäufer auch im Interesse des Geschäfts, nicht nur die billigste Ware zu verkaufen.

In dieser Phase muss er ganz besonders auf Signale des Kunden achten, die zeigen, dass die Ware nicht gefällt. Verschiedene Kundenäußerungen können darauf hindeuten, dass er Ware

- in einer höheren Preisklasse

BEISPIELE

- „Wir wollten schon etwas Besonderes!"
- „Haben Sie noch eine bessere Ausführung da?"
- „Das sieht billig aus!"
- „Das ist zu billig!"
- „Der Preis ist nicht so wichtig!"

- oder in einer niedrigeren Preislage wünscht.

BEISPIELE

- „Haben Sie momentan auch etwas im Sonderangebot?"
- „Eigentlich wollte ich so viel nicht ausgeben!"
- „Gibt es noch eine einfachere Ausführung?"

Vom Kunden abgelehnte Ware wird vom Verkäufer beiseitegelegt.

Mittel einer wirkungsvollen Warenvorlage

Je mehr Sinnesorgane des Kunden bei der Warenvorlage angesprochen werden, desto stärker wird er eine Beziehung zur Ware aufbauen. Macht der Verkäufer also den Kunden mit der Ware vertraut, sollte er versuchen, alle Sinne bei der Warenvorführung einzubeziehen. Dabei sollte Folgendes beachtet werden:

- Der Verkäufer darf nur einwandfreie und saubere Ware vorlegen.
- Die Ware muss der Verkäufer schonend, sorgfältig und fachgerecht vorführen. Tut er dies nicht, verliert die Ware in den Augen des Kunden durch den nachlässigen und achtlosen Umgang an Wert.
- Die Ware ist so zu zeigen, dass ihre Besonderheiten auf den Kunden wirken können. Artikel, die unterschiedliche Seiten haben, werden dem Kunden mit der Vorderseite vorgeführt.

BEISPIELE

- Champagnerflasche mit dem Etikett
- eine Hi-Fi-Anlage mit der Vorderfront

Es ist also immer die „Schokoladenseite" der Ware vorzuführen. Alle Artikel, die unterschiedliche Seiten haben, werden dem Kunden mit ihrem „Gesicht" gezeigt.

Flaschen mit dem Etikett nach oben präsentieren

- Einige Waren können durch Verwendung passender Unterlagen oder Hintergründe wirkungsvoll zur Geltung gebracht werden.

BEISPIELE

- wertvolle Füller und Kugelschreiber auf dunkler Unterlage
- Schmuck auf schwarzer Samtunterlage

Die Wirkung von Ware kann auch durch Verwendung entsprechender Beleuchtungsquellen gesteigert werden.

BEISPIEL

Die Farben vieler Textilien kommen nur bei natürlichem Tageslicht richtig zur Geltung. Andererseits wirkt festliche Bekleidung (Abendkleider, Anzüge) erst richtig in Kunstlicht.

- Die Waren sollten in ihren Gebrauchs- und Verwendungsmöglichkeiten vorgezeigt werden. Dadurch werden die Produktvorteile sichtbar.

Vorteilhaft – Ware im Gebrauch zeigen

BEISPIELE

- Drapieren einer Krawatte auf ein Hemd
- Einlegen und kurzes Anspielen einer CD in einer Hi-Fi-Anlage

„Reden ist Silber, Zeigen ist Gold."
Eine alte Verkäuferweisheit

- Wenn möglich sollte der Kunde in die Warenvorlage einbezogen werden: Der Verkäufer gibt ihm die Ware und lässt sie ihn probieren. Durch das Anfassen, Anziehen, Bedienen und Anwenden eines Artikels bekommt der Kunde einen direkten Kontakt zur Ware. Durch das „Begreifen" der Ware kann er sich vorstellen, wie es wäre, wenn sie ihm schon gehören würde. Außerdem wird sein Besitzerstolz geweckt.

Sprachlich kann die Wirkung der Warenvorlage durch Verwendung passender Adjektive gesteigert werden. Der Verkäufer kann durch anschauliche Eigenschaftswörter auf Vorteile der Ware hinweisen:
- „Dieser Regenmantel hat einen jugendlichen Schnitt."
- „Der Stoff ist anschmiegsam und weich wie eine zweite Haut."
- „Das Gerät ist federleicht."
- „Diese Schokolade ist so zart, dass sie auf der Zunge zergeht."

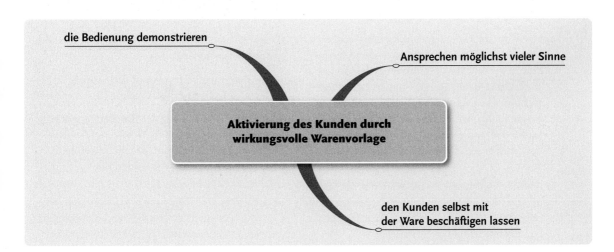

die Bedienung demonstrieren

Ansprechen möglichst vieler Sinne

Aktivierung des Kunden durch wirkungsvolle Warenvorlage

den Kunden selbst mit der Ware beschäftigen lassen

AUFGABEN

1. Was gehört zur Phase der Warenvorlage?

2. Wann sollte die Warenvorlage erfolgen?

3. Führen Sie auf, warum
   a) nicht zu viel,
   b) nicht zu wenig
   Ware vorgelegt werden soll.

4. Warum sollte die Warenvorlage mit einer Ware mittlerer Preisklasse beginnen?

5. Bringen Sie zwei Beispiele für Kundenäußerungen, an denen der Verkäufer erkennen kann, dass Ware einer höheren Preisklasse gewünscht wird.

6. Warum sollte der Kunde die Ware ausprobieren dürfen?

7. Welche der folgenden Verkaufssituationen zeigen ein Interesse des Kunden an der vorgelegten Ware?
   a) Eine Kundin probiert den vorgelegten Artikel aus.
   b) Ein Kunde nimmt den vorgelegten Artikel wiederholt in die Hand.
   c) Ein Kunde schüttelt den Kopf.

d) Ein Kunde schiebt den Artikel zur Seite und wendet sich einem Begleiter zu.

8. Welche der folgenden Verhaltensweisen sind bei der Warenvorlage falsch?
   a) Wenn es möglich ist, soll die Ware dort vorgelegt werden, wo sie sich befindet.
   b) Wenn es möglich ist, soll die Ware dort vorgelegt werden, wo sich der Kunde befindet.
   c) Die Warenvorlage soll erst dann erfolgen, wenn sich der Kunde zum Kauf entschlossen hat und nur noch auswählen möchte.
   d) Nach Möglichkeit sollte der Kunde die Ware selbst ausprobieren.
   e) Die Ware sollte geordnet nach Preisklassen oder nach Qualitäten usw. vorgelegt werden.
   f) Nachdem sich der Kunde entschieden hat, sollte keine Ware mehr vorgelegt werden.
   g) Bei der Vorlage sollte stets darauf geachtet werden, dass möglichst viele Waren übereinander vorgelegt werden, damit dem Kunden das Gesamtangebot des Unternehmens verdeutlicht wird.

AKTIONEN

1. a) Eine Ware soll dem Kunden vorgeführt werden. Verwenden Sie dazu einen Artikel, der Ihnen in Ihrem Verkaufskunderaum zur Verfügung steht. Beschreiben Sie das Produkt, seine Vorteile und seine Verwendung so anschaulich wie möglich, ohne es vorzulegen. (Auf den zu verkaufenden Artikel wird also weder gezeigt, noch wird er sonst in die Demonstration einbezogen.)
   b) Anschließend sollen Sie die Ware nur mit körpersprachlichen Mitteln vorlegen. (Der Artikel selbst, sein Gebrauch und seine Vorteile sollen also ohne Worte vorgeführt werden.)
   c) Die Klasse beobachtet jeweils, ob es gelang, die Ware wirkungsvoll vorzuführen.
   d) Abschließend soll die Ware mit allen verbalen und nichtverbalen Mitteln vorgelegt werden.

2. Zeigen Sie am Beispiel von Waren Ihres Ausbildungssortiments Artikel,
   a) die dem Kunden nicht zum Aus- oder Anprobieren gegeben werden können,
   b) bei denen die Wirkung der Warenvorlage durch einen entsprechenden Hinter- oder Untergrund bzw. durch entsprechende Beleuchtungsquellen gesteigert werden kann.

3. a) Sie sollen fünf Waren Ihres Ausbildungssortiments vorlegen. Verbinden Sie die jeweiligen Waren mit Adjektiven, die Farbe, Wert und Faszination bringen (Beispiele: frischer knackiger Salat, knusprige Brötchen).
   b) Führen Sie die Phase der Warenvorlage vor.

ZUSAMMENFASSUNG

Warenvorlage das Zeigen, Vorlegen und Vorführen von Waren			
Zeitpunkt	**Menge**	**Vorgehensweise**	**Mittel**
• so früh wie möglich (z. T. schon während der Bedarfsermittlung)	• in der Regel nicht mehr als drei Artikel vorlegen	• mit einem Artikel mittlerer Qualität und Preislage beginnen • die Ware von der besten Seite zeigen	• nur einwandfreie Ware vorzeigen • Artikel in ihren Gebrauchs- und Verwendungsmöglichkeiten demonstrieren • den Kunden die Ware ausprobieren lassen

KAPITEL 8

Wir beraten den Kunden in der Argumentationsphase

Ein Kunde kommt in die Sportabteilung der Ambiente Warenhaus AG, weil er Sportschuhe für Hallenhandball kaufen möchte. Nach der Warenvorlage gibt der Kunde deutlich zu erkennen, dass er sich für das Modell Goal34 interessiert.

Der Verkäufer führt das Verkaufsgespräch weiter: „Der Goal34 hat eine revolutionäre und richtungsweisende Farbgebung – metallic future! Er verfügt über eine Climacool-Plate sowie Metal-Mesh-Einsätze im Schaft. Das sind absolute Innovationen für den Hallensport. Im 3-D-Torsion-System ist er mit Belüftungsschlitzen ausgestattet, die Sohle ist perforiert. Weitere Unterschiede zu anderen Sportschuhen liegen im adiprene-System ..."

1. Beurteilen Sie dieses Verkaufsgespräch vor dem Hintergrund der Regeln für eine gute Verkaufsargumentation.

INFORMATIONEN

Ein gewinnendes Äußeres, sympathische Umgangs-
formen und geschicktes Reden reichen heute nicht mehr
aus, um erfolgreich zu sein. Vom heutigen Verkaufsmitarbeiter wird die Fähigkeit verlangt, das eigene Warenangebot so gekonnt darzustellen, dass der Kunde von den
Vorteilen und Nutzen der Artikel überzeugt ist.

DEFINITION

In der **Argumentationsphase** geht es deshalb darum,
dem Kunden Argumente für seinen Kauf zu geben.
Der Verkaufserfolg hängt wesentlich davon ab, welche Argumente der Verkäufer bringt, in welcher Form
er sie benutzt und in welchem Moment er sie ihre
Wirkung ausüben lässt.

Die Argumentationsphase wird häufig zusammen mit
der Warenvorlage durchgeführt. Der Verkäufer muss hier
auf die Kaufmotive des Kunden eingehen. Sie sind normalerweise bereits in der Phase der Bedarfsermittlung
erkennbar. Der Verkäufer muss dem Kunden durch seine
Art der Argumentation stets das Gefühl geben, dass viele
seiner Bedürfnisse im Fall eines Kaufs befriedigt werden.

BEISPIEL

Dem Kunden wird keine Ware verkauft, sondern die
Möglichkeit,

- Ansehen und Prestige zu gewinnen,
- besser auszusehen,
- Geld zu sparen,
- sich sicher zu fühlen,
- etwas zu erleben,
- Bequemlichkeit zu gewinnen usw.

Die Kunden sind in der Regel nicht an technischen Details interessiert, die nicht direkt auf ihre Bedürfnisse zu-
geschnitten sind. In erfolgreichen Verkaufsgesprächen
wird die Vorstellungswelt des Kunden getroffen. Die Argumentation betont klar die Vorzüge der Ware, die beim
Kunden Probleme lösen oder zumindest verkleinern. Die
Ware stellt für den Kunden ein Mittel zu einem bestimmten Zweck dar, der vom Verkäufer deutlich vermittelt werden soll.

Der Kunde kauft nicht die Ware,	sondern beispielsweise den Nutzen:
Spülmaschine	Arbeitsentlastung
elektrischer Rasierapparat	Zeitgewinn gegenüber Nassrasur
kosmetisches Präparat	schönere Haut
Haargel	gutes Aussehen
Fertiggericht	einfache und schnelle Zubereitung
Möbelstück	Gemütlichkeit
Kleidung	Selbstgefühl
Rasenmäher	Gartenschönheit oder Freizeitbeschäftigung

Die wirkungsvollste Weise, in einem Verkaufsgespräch
zu argumentieren, liegt deshalb normalerweise in einer
dreistufigen Vorgehensweise:

1. Beschreibung des Produktmerkmals eines Artikels
2. Darlegung des damit zusammenhängenden Vorteils
3. Angabe des sich daraus für den Kunden ergebenden
   Nutzens im Sie-Stil

Produktmerkmale

Ausgangspunkt einer Verkaufsargumentation sind die
Produktmerkmale der angebotenen Ware. Dies sind die
Eigenschaften, die ein bestimmter Artikel hat. Je mehr
Fakten ein Verkäufer über die Waren seines Sortiments
kennt, desto mehr Möglichkeiten hat er in der Verkaufs-
argumentation.

BEISPIEL

„Dieses Hemd ist vom Hersteller Hoss. Es ist aus Polyester hergestellt ..."
(Produktmerkmale)

Ableitung von Vorteilen

Technische Details der Ware sagen dem Kunden häufig
überhaupt nichts. Trotzdem begehen viele Verkäufer den
Fehler, den Kunden mit technischen Einzelheiten zu
überschütten. Die Kunden interessieren sich jedoch stärker für die Vorzüge des Artikels als für eine reine Aufzäh-
lung von Fakten. Aus den Produktmerkmalen muss der

Verkäufer in jedem Fall Eigenschaften und Vorteile ableiten.

BEISPIEL

- „Dieses Hemd ist vom Hersteller Hoss. Es ist aus Polyester hergestellt ..." (Produktmerkmale)

- „Polyester trocknet nach der Wäsche schnell, ohne faltig zu werden." (Produktvorteile)

Um vorteilsbezogen argumentieren zu können, muss der Verkäufer treffende Verkaufsargumente aus seinem Vorrat an Argumenten auswählen. Vorteile eines Produkts kann er aus folgenden Bereichen ableiten:

- **Ware:** Der Verkäufer kann von der Ware selbst Argumente zum Aussehen, den praktischen Gebrauchseigenschaften, den Pflegemerkmalen, dem Rohstoff und von Details sowie Bestandteilen ableiten.

BEISPIEL

Ein Anzug erzielt durch ein entsprechendes Muster sowie einen raffinierten Schnitt eine schlank machende Wirkung.
Gegenüber einem Kunden mit Übergröße könnte dieses Argument im Vordergrund der Verkaufsargumentation stehen, wenn dessen Hauptmotiv für einen Kauf ein gutes Aussehen wäre. Andere Argumente wie leichte Pflegbarkeit oder gute Stoffqualität würden dann erst an zweiter Stelle der Verkaufsargumentation stehen.

- **Verwendungszweck:** Bestimmte Artikel können in Beruf und Freizeit, im Sport und auf Reisen, bei Festlichkeiten oder anderen Anlässen verwendet werden. Das bringt häufig Vorteile, die eventuell argumentativ genutzt werden können.

BEISPIEL

Ein Hemd mit variablem Kragen kann sowohl im Beruf mit Krawatte als auch in der Freizeit offen – ohne Krawatte – getragen werden.

- **Preis der Ware:** Auch der Preis eignet sich gut für die Ableitung von Produktvorteilen. Für sparsame Kunden kann ein besonders gutes Preis-Leistungs-Verhältnis oder ein sehr günstiger Preis ein entscheidendes Verkaufsargument sein. Der Preis kann auch als Qualitätsgarantie wirken. Bei solchen Kunden sind andere Argumente eher zweitrangig.

- **Serviceleistungen:** Kunden lassen sich oft vom Kauf einer Ware überzeugen, wenn Kundendienstleistungen angeboten werden.

BEISPIEL

Ein Anzug wird in der hauseigenen Änderungsschneiderei der Ambiente Warenhaus AG innerhalb einer Stunde gekürzt. Für einen eiligen Kunden, der den Anzug dringend braucht, wird das ein wichtiger Vorteil sein als vielleicht der Preis.

Warenbezogene Verkaufsargumente:

Die Produktvorteile werden häufig als warenbezogene Verkaufsargumente bezeichnet. In der Verkaufsargumentation stellt man damit keine direkte Beziehung zu dem Kunden her, stattdessen steht die Ware im Mittelpunkt. Warenbezogene Verkaufsargumente sagen nur etwas aus über die Ware, den jeweiligen Preis, die Einsatz- bzw. Anwendungsmöglichkeiten usw. Es handelt sich dabei also nur um sachbezogene Aussagen während des Verkaufsgesprächs. Nur Fachleute als Kunden sind bei erklärungsbedürftigen Waren in der Lage, Vorteile aus den Produktmerkmalen (selbst) abzuleiten. Deshalb müssen bei den meisten Kunden Verkäufer den Nutzen der Ware während der Beratung deutlich machen. Sie verwenden kundenbezogene Verkaufsargumente, indem sie eine Nutzenargumentation im Sie-Stil vornehmen. Normale Kunden interessieren sich nämlich weniger für das Produkt als für den Produktnutzen. Eine solche Verkaufsargumentation ist gleichzeitig sach- und personenbezogen.

Nutzenargumentation im Sie-Stil

Der Kunde möchte wissen, welchen Nutzen er vom angebotenen Artikel hat. Aus den Produktmerkmalen lassen sich in der Regel viele **Vorteile** ableiten. Viele Vorteile braucht der Kunde jedoch gar nicht. Entscheidend für ihn sind die Vorzüge der Ware, die seine speziellen Probleme lösen und ihm tatsächlich nutzen. Deshalb werden diese **Nutzen** genannt.

Verkäufer haben es immer mit Menschen zu tun. Und Menschen haben Probleme: private, berufliche, ureigene, fremde. Gute Verkäufer verkaufen – indem sie dem Kunden den Nutzen einer Ware aufzeigen – Problemlösungen.

In der Argumentationsphase wird nach dem Filterprinzip vorgegangen:

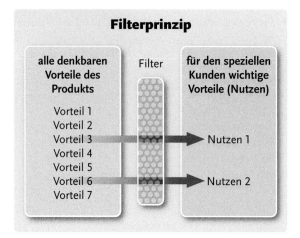

Filterprinzip

| alle denkbaren Vorteile des Produkts | Filter | für den speziellen Kunden wichtige Vorteile (Nutzen) |

Vorteil 1
Vorteil 2
Vorteil 3 → Nutzen 1
Vorteil 4
Vorteil 5
Vorteil 6 → Nutzen 2
Vorteil 7

Aus den vielen möglichen objektiven Vorteilen der Ware – die dem Verkäufer bewusst sein müssen – werden nur die benutzt, die für den Kunden subjektiv wichtig sind. Es werden also nicht alle Produktmerkmale mit den damit verbundenen Vorteilen aufgeführt. Stattdessen wird der wirkliche Nutzen für den Kunden in den Mittelpunkt der Verkaufsargumentation gestellt.

BEISPIEL

- „Dieses Hemd ist vom Hersteller Hoss. Es ist aus Polyester hergestellt." (Produktmerkmale)

- „Polyester trocknet bei der Wäsche schnell, ohne faltig zu werden." (Produktvorteile)

- „Wenn Sie das Hemd am Abend waschen, können Sie es am Morgen schon wieder tragen. Sie brauchen es auch nicht zu bügeln. Sie sparen also Zeit und Geld." (Nutzenformulierung im Sie-Stil)

Ein Verkäufer kann also nicht jedem Kunden jeden Produktvorteil nennen. Er sollte nur die Argumente verwenden, die der Kunde braucht, also den Kundennutzen ansprechen.

Viele Verkäufer machen häufig den Fehler, zu sehr ihre eigene Person in den Vordergrund zu rücken. Das interessiert den Kunden jedoch nur am Rand. Für ihn ist nur ausschlaggebend, was er für seine Problemlösung erhält. Formulierungen mit den persönlichen Fürwörtern

- „Sie",
- „Ihnen",
- „Ihr" usw.

stellen einen persönlichen Bezug zum Kunden her. Das zeigt deutlich, dass die Interessen und Probleme des Kunden im Mittelpunkt des Verkaufsgesprächs stehen.

Der Verkäufer sagt im Verkaufsgespräch nichts neutral oder ichbezogen,	sondern formuliert partnerbezogen aus Sicht des Kunden im Sie-Stil:
• „Das bedeutet ..."	• „Das bedeutet für Sie ..."
• „Das zeigt ..."	• „Das zeigt Ihnen ..."
• „Damit spart man ..."	• „Dadurch sparen Sie ..."
• „Ich habe folgendes ..."	• „Für Ihre Zwecke ..."

Elemente eines Verkaufsarguments		
Produktmerkmal	**Produktvorteil**	**Produktnutzen**
„Dieser Anorak ist aus Goretex®."	„Das hat den Vorteil, dass er atmungsaktiv ist."	„Sie werden sich deshalb auch wohlfühlen, wenn Sie schwitzen, denn die Körperfeuchtigkeit wird problemlos nach außen transportiert."

Argumentationsregeln

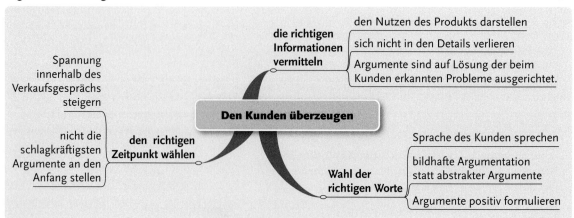

Spannung innerhalb des Verkaufsgesprächs steigern

nicht die schlagkräftigsten Argumente an den Anfang stellen

den richtigen Zeitpunkt wählen

Den Kunden überzeugen

die richtigen Informationen vermitteln
- den Nutzen des Produkts darstellen
- sich nicht in den Details verlieren
- Argumente sind auf Lösung der beim Kunden erkannten Probleme ausgerichtet.

Wahl der richtigen Worte
- Sprache des Kunden sprechen
- bildhafte Argumentation statt abstrakter Argumente
- Argumente positiv formulieren

Durch Beachtung verschiedener Punkte kann die Verkaufsargumentation wirkungsvoll unterstützt werden:

- Je mehr Produktmerkmale einer Ware ein Verkäufer kennt, desto mehr mögliche Vorteile der Ware wird er ableiten können. Er sollte also in jedem Fall über ein umfangreiches Warenwissen verfügen. Wenn der Verkäufer dann noch auf die genaue Bedürfnis- und Interessenlage des Kunden eingeht, kann er wirkungsvoll im Verkaufsgespräch genau die Vorzüge des Produkts verwenden, die dem Kunden Nutzen bringen: Der Verkäufer sollte im Verkaufsgespräch deshalb immer wieder die **Probleme des Kunden suchen.** Er findet dann am besten jene Argumente, die wirklich überzeugen.

- In seiner Argumentation muss der Verkäufer bei der Wahrheit bleiben. Mit Übertreibungen schadet er sich und dem Unternehmen oft mehr, als er denkt. Er vermeidet sie, wenn er sich ausreichend mit dem Kunden identifiziert und in dessen Nutzeninteresse denkt.

- Die Argumente müssen so angebracht werden, dass kein Druck auf den Kunden ausgeübt wird.

- Die Argumente müssen in logischem und in richtigem Aufbau vorgebracht werden.

- Der Verkäufer sollte alle Möglichkeiten nutzen, die Fantasie des Kunden anzusprechen. Dazu gehört, dass er die Ware anschaulich beschreibt. Er sollte auch Ausdrücke benutzen, die sehr aussagekräftig sind.

  BEISPIELE

  - statt nur „leicht": „federleicht"
  - statt nur „weich": „butterweich"

- In der Argumentationsphase sollten die Argumente so vorgebracht werden, dass sich eine **Steigerung** ergibt. Das stärkste Argument gehört also an den Schluss dieser Phase. Dies bedeutet jedoch nicht, dass der Verkäufer mit dem schwächsten Argument beginnen sollte. Es empfiehlt sich im Allgemeinen, das Argument zu bringen, dem voraussichtlich die zweitstärkste Wirkung im Verkaufsgespräch zukommt.

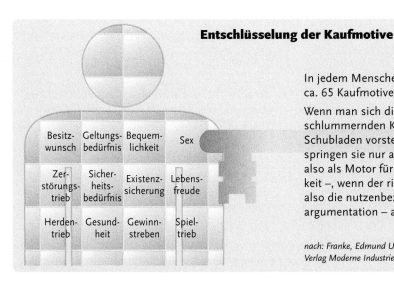

Entschlüsselung der Kaufmotive

Besitz-wunsch	Geltungs-bedürfnis	Bequem-lichkeit	Sex
Zer-störungs-trieb	Sicher-heits-bedürfnis	Existenz-sicherung	Lebens-freude
Herden-trieb	Gesund-heit	Gewinn-streben	Spiel-trieb

In jedem Menschen schlummern ca. 65 Kaufmotive.

Wenn man sich die im Menschen schlummernden Kaufmotive als Schubladen vorstellt, dann springen sie nur auf – wirken also als Motor für die Kauftätigkeit –, wenn der richtige Schlüssel – also die nutzenbezogene Verkaufsargumentation – angewandt wird.

nach: Franke, Edmund Udo, Durch Kundeneinwände mehr verkaufen, Verlag Moderne Industrie, 3. Auflage, Landsberg 1993

AUFGABEN

1. Mit welchen Phasen hängt die Verkaufsargumentation eng zusammen?

2. Welche drei Stufen sollte eine Verkaufsargumentation im Regelfall umfassen?

3. Warum reicht die Nennung technischer Details in einem Verkaufsgespräch nicht aus?

4. Wodurch unterscheiden sich Produktmerkmal und Produktvorteil?

5. Wovon können Produktvorteile abgeleitet werden?

6. Was versteht man unter dem Sie-Stil?

7. Wodurch unterscheiden sich Produktvorteil und Nutzen?

8. Warum ist ein großes Warenwissen vorteilhaft für die Verkaufsargumentation?

9. In Verkaufsgesprächen können mehrere Argumente vom Verkäufer verwendet werden. In welcher Reihenfolge sollte das geschehen?

10. Führen Sie Argumentationsregeln auf.

11. In den meisten Verkaufssituationen sollte man kundenorientierte Verkaufsargumente verwenden. In welchem Fall können dem Kunden auch warenbezogene Verkaufsargumente genannt werden?

12. Entscheiden Sie in den folgenden Verkaufssituationen, ob waren- oder kundenbezogene Verkaufsargumente vorliegen.

a) „Dieses Hemd brauchen Sie nicht zu bügeln."

b) „Dieser Staubsauger ist sehr leise."

c) „Die Sohle dieses Laufschuhs enthält Luftkissen, die Ihnen gerade auf harten Straßenbelägen ein angenehmes und gefedertes Laufen ermöglichen."

d) „Dieser Pullover ist leicht zu reinigen."

e) „Dieser Sakko ist gut kombinierbar. Sie können ihn zu jeder Gelegenheit tragen, also auch zu einer Jeans."

f) „Dieser Koffer ist sehr preiswert."

g) „Diesen Staubsauger werden Sie beim Saugen Ihrer Wohnung kaum hören."

h) „Da wir diesen Koffer im Rahmen einer Verkaufsaktion im Angebot haben, sparen Sie beim Kauf sehr viel Geld."

i) „Dieses Hemd besteht aus Polyester."

AKTIONEN

1. a) Entwerfen Sie in Partnerarbeit ein Rollenspiel zwischen Kunde und Verkäufer. Der Kunde möchte mit dem Kauf eines typischen Artikels des Ausbildungssortiments ein Problem lösen. Der Verkäufer bietet ihm eine entsprechende Ware an und verwendet das dreischrittige Schema der Verkaufsargumentation.

   b) Bereiten Sie sich darauf vor, das Rollenspiel vorzuführen.

   c) Achten Sie bei den anderen in der Klasse aufgeführten Rollenspielen darauf,
      1. welches Problem der Kunde hat,
      2. ob der Verkäufer im Rahmen der dreistufigen Verkaufsargumentation dem Kunden direkt den Nutzen des Artikels aufzeigt.

2. a) Greifen Sie sich aus Ihrem Ausbildungssortiment ein wichtiges Produkt heraus.

   b) Notieren Sie kurz die Argumente, die Sie im Verkaufsgespräch einsetzen würden.

   c) Finden Sie anschließend anhand der Liste weitere Argumente mit willkürlich aufgeführten Kaufmotiven.

• Sicherheit	• Gesundheit
• Präzision	• Sozialdenken
• Handhabungsvorteile	• Wissenserweiterung
• Beibehaltung bisheriger Gewohnheiten	• Perfektion
	• Luxus
• Schönheit	• Beliebtheit
• Formgerechtigkeit	• Originalität
	• Vergnügen

• Vereinfachung	• Unterhaltung
• Kosteneinsparung	• Schenkmöglichkeit
• Erleichterung von Arbeit	• Macht
• Gewichtsvorteil	• Farbe
• Spezialistenwissen	• Form
• Prestigegewinn	• Preis
	• Sauberkeit

3. Erstellen Sie in Partner- oder Gruppenarbeit für die zehn wichtigsten Artikel Argumentlisten. Diese sollen jeweils
   • typische Produktmerkmale,
   • daraus abgeleitete Produktvorteile
   • und vor allem Nutzenformulierungen im Sie-Stil (für häufig vorkommende Kundenprobleme) enthalten.

4. Ein vielfältiger Wortschatz mit passenden Wörtern unterstützt eine erfolgreiche Verkaufsargumentation. Erstellen Sie deshalb in Partner- oder Gruppenarbeit Wortlisten, die treffende Bezeichnungen enthalten für
   a) Farben,   b) Formen,
   c) positive Eigenschaften der Ware.

Lösungshinweise:
• Viel besser als nur „rot" zu sagen, ist die Verwendung von Begriffen wie „chiantirot", „kirschrot", „feuerrot" usw.
• Statt „In diesem Kleid sehen Sie sehr schön aus" kann man auch „In diesem Kleid sehen Sie sehr elegant aus" sagen usw.

ZUSAMMENFASSUNG

Die Verkaufsargumentation

- gibt dem Kunden Argumente für seinen Kauf.
- betont die Vorzüge der Ware, die beim Kunden Probleme lösen oder zumindest verkleinern.
- ist eng verbunden mit der Phase der Bedarfsermittlung und Warenvorlage.
- Vorgehen in drei Schritten

Produktmerkmale	Produktvorteile	Nutzen
• Eigenschaft eines Artikels	• Vorzüge eines Artikels, die sich aus den Produktmerkmalen ableiten lassen	• Vorteile der Ware, die der Kunde tatsächlich braucht • Dem Kunden wird der Nutzen im Sie-Stil dargestellt.

KAPITEL 9

Im Rahmen der Preisnennung setzen wir den Preis einer Ware in Beziehung zur Leistung

Anja Maibaum liest gerade einen interessanten Artikel in einer Fachzeitschrift:

Kampf dem Preispoker

Nur 20 % der Unternehmen sehen sich derzeit in der Lage, zu normalen Preisen zu verkaufen. Die Folge: wachsender Preisdruck. Durch Aufbau mentaler, strategischer und taktischer „Preis-Fitness" lässt sich dem Preiskampf wirksam begegnen.

Eine Umfrage bei über 500 Firmenchefs belegt: 75 % der Handelsbetriebe, 74 % der Handwerksbetriebe und 71 % der Produktionsbetriebe leiden unter der Preisdrückerei. Nur 20 % der Unternehmen sehen sich derzeit in der Lage, „zu normalen Preisen" zu verkaufen. Ein Ende der gnadenlosen Preisschlachten ist nicht abzusehen. Im Gegenteil. Die Slogans „Ich bin doch nicht blöd" oder „Geiz ist geil" sind zur Konsumentenphilosophie geworden. Kaufkräftige „Smartshopper" feilschen schamlos, ausgebuffte Kunden akzeptieren grundsätzlich keine Listenpreise mehr. Schon droht eine neue Dimension des Preisdumpings: „Powershopping" per Internet. So verspricht das Unternehmen PrimusPower mit der Headline: „Preisdrücker aller Länder vereinigt Euch!" die Einkaufsrevolution im E-Commerce.

1. Führen Sie auf, welche Folgen sich für den Einzelhandel durch den Preisdruck der Konsumenten ergeben.

INFORMATIONEN

Der im gesamten Einzelhandel immer schärfer werdende Konkurrenzkampf führt automatisch dazu, dass im Alltag des Verkäufers die Preisverhandlungen eine noch größere und schwierigere Rolle spielen als bisher. Gleichzeitig versuchen immer mehr Konsumenten, Rabatte und Preisabschläge auszuhandeln. Die Kunden sind sehr preisbewusst geworden. Sie genießen einerseits den Kauf attraktiver Waren, lassen sich gern individuell in einer angenehmen Kaufatmosphäre beraten. Andererseits trennen sie sich ungern von ihrem Geld: Die Euros, über deren Ausgabe ein Kunde gerade entscheidet, kann er zum Kauf einer Menge anderer Artikel oder zur Beseitigung vorhandener Probleme benutzen. Zudem können Preis- und Warenwert aus der Kundenperspektive ganz anders aussehen als vom Verkäufer geplant. Das macht die Phase der **Preisnennung** zu einem ganz besonders kritischen Abschnitt in einem Verkaufsgespräch.

Die Einzelhandelsunternehmen müssen so kalkulieren, dass sie rentabel bleiben. Ihr Umsatz muss so groß sein, dass sie einerseits alle Kosten (z. B. Verkaufspersonal, Ladenausstattung, Waren) abdecken können, andererseits noch genügend Mittel für zukunftssichernde Investitionen zur Verfügung haben. Aus diesem Grund ist es sowohl für ein Einzelhandelsgeschäft als auch für die Mitarbeiter wichtig, in Verkaufsgesprächen den Preis eines Artikels in Beziehung zu der angebotenen Leistung zu setzen. Ein guter Verkäufer sollte deshalb die Methoden der Preisargumentation kennen und beherrschen.

Selten äußern Kunden ihre Bedenken in Verkaufsgesprächen offen. In vielen Fällen verstecken sie sich hinter der Aussage „zu teuer", weil
- sich das Verhandeln um den Preis oft lohnt,
- sie kein Geld oder nicht genug Geld haben,
- sie sich nicht entscheiden können, es aber nicht zugeben möchten,
- sie vom Angebot des Verkäufers nicht hundertprozentig überzeugt sind,
- sie die Ware anderswo günstiger bekommen können.

Vorbeugen eines Preiskampfs zwischen Kunde und Verkäufer durch professionelles Verkaufen

Werden alle anderen Phasen der Verkaufsgespräche professionell, taktisch richtig und wertbewusst durchgeführt, werden die Preisverhandlungen keine dominie-

rende Rolle spielen. Preiseinwänden des Kunden kann vorgebeugt werden durch
- sicheres Auftreten,
- genaue Bedarfserfassung,
- gezieltes Argumentieren,
- überzeugende Vorführung,
- Herausstellen des besonderen Kundennutzens usw.

Wenn das alles den Kunden beeindruckt, akzeptiert er den Preis eher bzw. hat er weniger Mut, den Preis zu drücken. Der Kunde sieht den Gegenwert dann klarer vor sich und hat auch mehr Vertrauen in die Marktgerechtigkeit des genannten Preises.

Die Wahl des richtigen Zeitpunkts

Beachten Verkäufer den **richtigen Zeitpunkt der Preisnennung** in einem Verkaufsgespräch, werden sie in den Preisverhandlungen besser abschneiden:

- Der Preis sollte nicht zu Beginn eines Verkaufsgesprächs genannt werden. Besser ist es, **beim Kunden erst ein Wertbewusstsein** aufzubauen. Er wird einen Preis eher akzeptieren, wenn er die spezifischen Eigenschaften und die damit für ihn verbundenen Vorteile vom Verkäufer gehört hat. Der Kunde geht nämlich von dem Wert aus, den der Artikel für ihn persönlich hat. Dies entscheidet darüber, ob der Preis für den Kunden zu hoch oder angemessen ist.

- Oft fragen Kunden allerdings sofort oder in einer frühen Phase des Verkaufsgesprächs direkt nach dem Preis. Nach Möglichkeit sollte der Verkäufer dann **elastisch reagieren.** Er kann einerseits darauf verweisen, den Preis später zu nennen.

5530166

- „Darf ich darauf eingehen, wenn ..."
- „Ihre Frage nach dem Preis ist verständlich, aber dieser hängt von der Ausführung und dem Zubehör ab. Deshalb sollten wir zunächst einmal abklären, was das Geeignetste für sie ist."

Der Verkäufer kann aber auch durch Gegenfragen versuchen Zeit zu gewinnen, um eventuelle Hintergrundinformationen zu erhalten.

- „Welche Ausführung unseres Modells bevorzugen Sie?"
- „Was glauben Sie, wie denn der Preis dieses wirklich zweckmäßigen Artikels ist?"

- Lässt sich dennoch die frühe Preisnennung nicht vermeiden, sollten die wichtigsten Verkaufsargumente für das Produkt mitgenannt werden.

„Sie fragen nach dem Preis? Dieser Artikel wurde durch Verwendung neuer Materialien so verbessert, dass er eine um 100 % längere Lebensdauer hat. Zudem verfügt er über weitere Funktionen. Dennoch kostet er nur 15,80 €!"

Vertrauen in den eigenen Preis

Wenn einem Verkäufer der Glaube an den eigenen Preis fehlt, wird er den Kunden nicht überzeugen können. Selbst bei härtesten Preisverhandlungen sollte der Verkäufer Sicherheit und Souveränität ausstrahlen und eine freundliche Atmosphäre schaffen. Damit signalisiert er Glaubwürdigkeit und Vertrauen und zeigt, dass er von seinem Preis absolut überzeugt ist.

Der Verkäufer sollte zudem vermeiden, bewusst oder unbewusst eine Meinung über den Preis eines Artikels in das Verkaufsgespräch einfließen zu lassen.

„Dann kann ich Ihnen noch diesen Artikel anbieten. Der ist aber leider sehr teuer ..."

Dies kann den Erfolg eines Verkaufsgesprächs verhindern, weil nur der Kunde entscheidet, was für ihn teuer ist. Außerdem könnte eine Unterschätzung der Kaufkraft des Kunden vorliegen.

Mit welchem Schuh machen Sie das bessere Geschäft?

39,90 € 89,90 €

Das hängt ganz von Ihnen ab: Wenn Sie Schuhe nur nach dem Preis kaufen, dann ist der billigere Schuh für Sie der bessere.

Was aber, wenn Sie an Ihre Schuhe höhere Ansprüche stellen?

Dann ist die Frage, wofür Sie sich entscheiden: Für billige Materialien oder natürlich weiches Leder. Für eine ausreichende Verarbeitung. Oder für eine perfekte. All das macht einen Schuh natürlich teuer. Aber auch viel schöner. Und viel besser.

Lassen Sie sich in unserem Geschäft doch mal diese Unterschiede vorführen. Unverbindlich und in aller Ruhe.

Schöne Schuhe
Schuhfachgeschäft • Inhaber: Christian Schöne
Hudallastr. 7 • 31141 Hildesheim

Die Wahl der richtigen Form

Von entscheidender Bedeutung ist es, wie dem Kunden der Preis genannt wird:

- Erfolgreiche Verkäufer nennen nie den Preis einer Ware allein. Der Kunde, der nur den „nackten" Preis hört, findet die Ware automatisch zu teuer. Dies fordert den Kunden grundsätzlich zum Widerspruch heraus. Sie lassen stattdessen den Preis zwischen zwei Vorteilen des Artikels einfließen. Bei dieser sogenannten **Sandwichmethode** ist der Preis von Argumenten – also von Beispielen für den Kundennutzen – umgeben.

„Was heißt hier teuer? Bedenken Sie, was Sie an Kerzen und Lametta sparen!"

- Vermieden werden sollten den Kunden abschreckende Wörter wie:
  - „Das kostet ..."
  - „Dafür zahlen Sie ..."

  Für den Kunden sind das Reizwörter. Besser ist es, zu betonen, was der Kunde „bekommt".

Preistaktiken in Verkaufsgesprächen

Bestimmte Preistaktiken unterstützen in unterschiedlichen Situationen die Preisargumentation:

- Bei Anwendung der **Teilungsmethode** wird der Gesamtpreis während des Verkaufsgesprächs nicht genannt. Gesprochen wird lediglich vom Grundpreis und weiteren Teilpreisen.

  > **BEISPIEL**
  >
  > „Dieses Möbelstück bekommen Sie für 898,00 €, dazu liefern wir Ihnen entsprechende Schrankeinsätze für 300,00 €!"

Nach Möglichkeit sollte versucht werden, zuerst nur den Grundpreis ohne Nebenleistungen anzubieten. Diese sollten später hinzukommen.

- Bei der **Verkleinerungsmethode** wird dem Käufer nicht der Gesamtpreis für den Bezug der angestrebten Warenmenge genannt. Der Preis wird auf eine kleinere Menge zurückgeführt.

  > **BEISPIEL**
  >
  > „Der Stückpreis bei einem Bezug von 1000 Stück beträgt 52 Cent." wirkt günstiger als „Der Gesamtpreis für die 1000 Stück beträgt 520,00 €."

- Bei der **Vergleichsmethode** wird der angebotene Artikel mit einem teureren verglichen. Der Preis wirkt so natürlich entschieden niedriger.

  > **BEISPIEL**
  >
  > „Im Vergleich zum DVD-Player Grünpunkt Luxus CR 500 für 2.000,00 € haben Sie hier eigentlich die gleiche Grundausstattung."

Nicht optimal:	Besser:
• Der Verkäufer offenbart Zweifel an der Preiswürdigkeit des eigenen Angebots. • Er verwendet häufig abschlussfeindliche Wörter und Formulierungen wie z. B. „das kostet".	• Gute Verkäufer betonen selbstbewusst, was der Kunde für sein Geld bekommt. • Gute Verkäufer verwenden die Sandwichmethode: – 1. Argument: Leistungsfähigkeit – Preis: 2.889,00 € – 2. Argument: sofortige Möglichkeit der Nutzung

Den Preisschock beim Kunden vermindern

Entspricht trotz Beachtung aller bisher aufgeführter Regeln der dem Kunden genannte Preis noch nicht dessen Vorstellungen, hat sich in vielen Fällen die Anwendung der folgenden Methoden gegen den Preisschock beim Kunden bewährt:

- Auf den Einwand des Kunden, das Produkt sei zu teuer, kann mit der **Gegenfrage** „Warum?" entgegnet werden. Dies verwandelt den Preiseinwand des Kunden in die Möglichkeit, weitere Informationen zu bekommen. Auf dieser Basis kann die Preisargumentation dann eventuell leichter geführt werden.

- Führt ein Kunde ein Konkurrenzprodukt an, das günstiger ist, sollte nicht der ganze Preis als solcher verteidigt, sondern **nur** der **Mehrpreis** gerechtfertigt werden. Der auf diese Weise erheblich kleineren Preisdifferenz können Argumente entgegengesetzt werden, die für das eigene Produkt sprechen. Der Verkäufer soll dem Kunden also zeigen, was er für die Preisdifferenz an zusätzlichen Leistungen bekommen kann.

BEISPIEL

> „Finden Sie nicht auch, dass dieser Mehrpreis von 40,00 € bei einem insgesamt so aufwendigen Produkt durch die Gewährung einer dreijährigen Garantie mehr als gerechtfertigt ist?"

In solchen Fällen können auch Vergleiche angestellt werden: Der Mehrpreis im Vergleich zu einem Wettbewerbsprodukt wird mit einer täglichen Routineausgabe in Beziehung gesetzt.

BEISPIEL

> „Für diesen Artikel bezahlen Sie lediglich zehn Flaschen Cola pro Woche mehr."

AUFGABEN

1. Warum ist die Phase der Preisnennung in Verkaufsgesprächen von entscheidender Bedeutung?

2. Wodurch kann bewirkt werden, dass Preisverhandlungen in Verkaufsgesprächen keine große Rolle spielen?

3. Wann sollte die Preisnennung in Verkaufsgesprächen erfolgen?

4. Wie sollte der Verkäufer vorgehen, wenn ein Kunde sofort nach dem Preis fragt?

5. Wieso sollte ein Verkäufer den eigenen Angebotspreis immer als selbstverständlich betrachten?

6. Was versteht man unter der Sandwichmethode?

7. Erläutern Sie die Teilungsmethode.

8. Wie wird die Verkleinerungsmethode angewandt?

9. Was versteht man unter der Vergleichsmethode?

10. Beurteilen Sie die folgenden Preisnennungen:
    a) „Für den Videorekorder müssen Sie 345,00 € zahlen. Wir verkaufen ihn oft."
    b) „Dieser digitale Fotoapparat ist unser teuerstes Modell und kostet leider 989,00 €. Er hat ein hohes Auflösungsvermögen und ist sehr klein."
    c) „Durch Verwendung von Goretex® ist diese Regenjacke sehr atmungsaktiv und Sie kommen nicht ins Schwitzen. Die Jacke kostet 186,00 €. Dieses Modell zeichnet sich durch eine ausgezeichnete Passform aus. Sie können die Jacke also nicht nur zum Wandern benutzen."

11. Eine Kundin steht vor dem Regal mit Pullovern. Da sie die Preisauszeichnung nicht finden kann, wendet sie sich an eine Verkäuferin.

    Kundin: „Wie teuer ist denn dieser Pullover?"
    Verkäuferin: „195,00 €."

Kundin: „195,00 € für einen Pullover? Ich glaube, da komm ich aber ins Grübeln … Das muss ich mir noch einmal überlegen."

Verkäuferin: „Ja, tun Sie das."

Kundin: „Wiedersehen!"

Verkäuferin: „Tschüss!"

a) Wie kann auf den Einwand, eine Ware wäre zu teuer, reagiert werden, um den Preisschock beim Kunden zu mindern?

b) Formulieren Sie die Preisangabe in wörtlicher Rede mithilfe der Sandwichmethode.

12. Welche Fehler werden in den beiden Verkaufsgesprächen gemacht?

a) „Sie suchen einen Farbdrucker? Was wollen Sie denn dafür ausgeben?"

b) „Ihr Preis ist aber gesalzen!" – „Nein, wir bieten Ihnen dafür einen Reparaturservice, falls die Maschine mal kaputtgeht …"

AKTIONEN

1. a) „Verpacken" Sie fünf Artikel Ihres Ausbildungssortiments gemäß der Sandwichmethode mit Argumenten.

b) Entwerfen Sie mit einem Partner ein Verkaufsgespräch, in dem Sie als Verkäufer den Preis eines der Artikel mit dieser Methode nennen.

c) Bereiten Sie sich darauf vor, das Verkaufsgespräch vorzuführen.

2. a) Suchen Sie jeweils zwei Artikel Ihres Ausbildungssortiments, bei denen die Preisnennung nach der

1. Teilungsmethode,
2. Verkleinerungsmethode,
3. Vergleichsmethode

erfolgen kann.

b) Bringen Sie mithilfe dieser Methoden den Preis in Beziehung zur Ware.

c) Entwerfen Sie mit einem Partner ein Verkaufsgespräch, in dem Sie als Verkäufer den Preis eines der Artikel mit dieser Methode nennen.

d) Bereiten Sie sich darauf vor, das Verkaufsgespräch vorzuführen.

ZUSAMMENFASSUNG

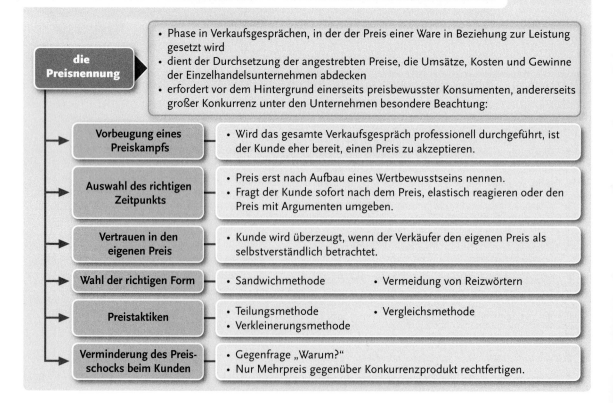

die Preisnennung
- Phase in Verkaufsgesprächen, in der der Preis einer Ware in Beziehung zur Leistung gesetzt wird
- dient der Durchsetzung der angestrebten Preise, die Umsätze, Kosten und Gewinne der Einzelhandelsunternehmen abdecken
- erfordert vor dem Hintergrund einerseits preisbewusster Konsumenten, andererseits großer Konkurrenz unter den Unternehmen besondere Beachtung:

Vorbeugung eines Preiskampfs
- Wird das gesamte Verkaufsgespräch professionell durchgeführt, ist der Kunde eher bereit, einen Preis zu akzeptieren.

Auswahl des richtigen Zeitpunkts
- Preis erst nach Aufbau eines Wertbewusstseins nennen.
- Fragt der Kunde sofort nach dem Preis, elastisch reagieren oder den Preis mit Argumenten umgeben.

Vertrauen in den eigenen Preis
- Kunde wird überzeugt, wenn der Verkäufer den eigenen Preis als selbstverständlich betrachtet.

Wahl der richtigen Form
- Sandwichmethode
- Vermeidung von Reizwörtern

Preistaktiken
- Teilungsmethode
- Verkleinerungsmethode
- Vergleichsmethode

Verminderung des Preisschocks beim Kunden
- Gegenfrage „Warum?"
- Nur Mehrpreis gegenüber Konkurrenzprodukt rechtfertigen.

Wir behandeln Einwände der Kunden

Heute in einer Abteilung der Ambiente Warenhaus AG:

Kunde: „Also, der Preis ist mir eigentlich zu hoch!"

Verkäufer: „Kommen Sie, lassen Sie uns doch einmal ehrlich sein. Sie sagen das zwar, aber das kann doch nicht der wirkliche Grund Ihrer Ablehnung sein. Ihr Einwand ist unberechtigt und zeigt wenig Fachkenntnis."

1. Welche Fehler macht der Verkäufer?

INFORMATIONEN

Die Verkaufsargumentation kann aus Sicht des Verkäufers noch so gut laufen, irgendwann erhebt der Kunde bestimmt Einwände. Verkäufer sollten keine Angst vor Kundeneinwänden haben, sie als etwas Unangenehmes verstehen oder den Verkaufserfolg anzweifeln: Einwände sind normale Bestandteile im Ablauf eines Verkaufsgesprächs.

Aus Sicht des Kunden steckt hinter jedem Einwand eine positive Absicht, zum Beispiel:
- den klaren Nutzen des Produkts für sich zu erkennen,
- vorhandene Zweifel auszuräumen
- oder sich seiner Sache beim Kauf ganz sicher zu werden.

Der Kunde ist noch bereit, mit dem Verkäufer über das Produkt zu reden und zu verhandeln. Die Basis ist noch vorhanden, es ist bis jetzt lediglich noch keine Übereinstimmung im Verkaufsgespräch erzielt worden, die zum Abschluss führt.

Einwände sind für einen Verkaufsmitarbeiter eine echte Chance, den Kunden zu überzeugen, sofern es denn möglich ist. Einwände stellen Argumentationshilfen dar. Der Verkäufer kann erkennen, wo der Kunde Probleme mit dem jeweiligen Artikel hat, um dann diese Probleme zu lösen. Sie zeigen also auf, wo die Verkaufsargumentation anzusetzen ist.

BEISPIEL

> Kunde: „Das Hemd finde ich ja ganz schön, aber ich mag keine kurzen Ärmel."
> Verkäufer: „Kein Problem, wir haben dasselbe Hemd auch noch in einer Ausführung mit langen Ärmeln."

Der Kunde zeigt außerdem sein Interesse an der Ware. Wer kein Interesse an etwas hat, der wird auch kaum (echte) Einwände gegen die Ware vorbringen. Somit lässt sich dadurch auch eine Tendenz zum Kauf ableiten. Gute Verkäufer können durch Einwände weiterhin zeigen, wie viel sie über die Ware wissen bzw. wie gut sie ihr Sortiment kennen. Einwände zeigen zusätzlich an, dass der Kunde vor dem Kauf noch weitere Informationen über die Ware benötigt.

Was führt zu einem Einwand?

Wenn ein Kunde ...

- Nutzen und Vorteile für ein Produkt nicht deutlich erkennt,
- negative Erfahrungen mit einem Wettbewerber hat,
- vom Angebot selbst nicht überzeugt ist,
- keine oder wenig Erfahrungen mit dem angebotenen Produkt hat,
- generell ein mulmiges Gefühl hat,
- den Verkäufer nicht verstanden hat oder ihm fachlich misstraut und
- wenn ihm der Verkäufer nicht vertrauensvoll erscheint.

Oder wenn der Verkäufer ...

- nicht auf das Gespräch vorbereitet ist,
- das Angebot unstrukturiert präsentiert,
- ungeduldig ist, auf den Abschluss drängt und den Kunden überreden will,
- keine Rücksicht auf die Bedürfnisse des Kunden nimmt,
- Lösungen anbietet, obwohl der tatsächliche Bedarf nicht ermittelt wurde.

sales profi 10/99

Ein echter Einwand:
Verkäufer: „Hier habe ich den neuesten Modehit für Sie. Damit sind Sie ein völlig neuer Typ."
Kunde: „So aktuell scheint mir das nicht zu sein."
(aus: www.gert-schilling.de; Abrufdatum: 22. Febr. 2004)

In Anlehnung an: Ruhleder, Rolf H., Verkaufstraining intensiv, 7. Auflage, Renningen-Malmsheim 1998, S. 71

Arten von Einwänden

Um mit Einwänden geschickt umgehen zu können, muss der Verkäufer in der Lage sein, sie überhaupt zu erkennen. Zum Beispiel durch genaues Beobachten der Körpersprache des Kunden oder durch genaues Hinhören auf den Ton, in dem Einwände ausgesprochen werden, kann man echte von unechten Einwänden unterscheiden:

- **Echte Einwände** sind ernst gemeinte Einwände. Sie sind rationaler Natur und zeigen, dass der Kunde tatsächlich ein Problem mit bestimmten Eigenschaften einer Ware hat. Der Kunde ist dem Artikel nicht grundsätzlich abgeneigt, sondern möchte wissen, ob dieses Problem lösbar ist oder nicht.

  BEISPIEL

  „Diese Jacke ist mir aber zu teuer!"

Echte Einwände können berechtigt oder unberechtigt sein. In beiden Fällen kann der Verkäufer mit verschiedenen Methoden reagieren.

- **Unechte Einwände** sind emotionaler Natur. Solche Einwände richten sich nicht gegen den Artikel selbst oder dessen Eigenschaften.
  Stattdessen bringt der Kunde
  – Vorurteile vor

  BEISPIEL

  „Alles von der Firma Nestmann ist Schrott ...!"

  – oder benutzt ihn als Vorwand, um den eigentlichen Einwand nicht vorzubringen.

  BEISPIEL

  Dem Kunden ist die Ware zu teuer:
  „Diese Farbe steht mir aber überhaupt nicht!"

Verhalten bei Einwänden[1]

Folgende Grundregeln sind bei der Einwandbehandlung zu beachten:

- Dem Kunden sollte aufmerksam und konzentriert zugehört werden. In jedem Fall muss man ihn unbedingt ausreden lassen und darf ihn keinesfalls unterbrechen.

- Der Verkäufer sollte das, was der Kunde vorbringt, ernst nehmen.

- Der Verkäufer muss stets höflich, ruhig und sachlich bleiben. Er sollte zu Einwänden eine positive Grundeinstellung haben und sie als etwas Normales im Rahmen eines Verkaufsgesprächs ansehen. Auf keinen Fall darf der Verkäufer durch seine Mimik, Gestik oder Haltung seinen Unwillen über den Einwand ausdrücken.

- Der Verkäufer muss immer verbindlich bleiben und darf sich auf keinen Fall auf ein Streitgespräch einlassen.

- Der Verkäufer muss überlegen, was der Kunde mit dem Einwand will. Liegt ein unechter, emotionaler Einwand vor, lässt er sich kaum rational entkräften. Ist es aber ein echter Einwand, kann er argumentativ – z. B. mit einer der Methoden der Einwandbehandlung – widerlegt werden.

- Weiß der Verkäufer einmal keine Antwort, so sollte er das lieber offen zugeben und die Frage erst mit den zuständigen Experten klären, ehe er wider besseres Wissen eventuell unwahre Behauptungen aufstellt.

- Bereitet sich der Verkäufer auf alle möglichen Einwände vor, gewinnt er die nötige Sicherheit bei der Einwandbehandlung.

BEISPIELE

Einwände können sich beispielsweise beziehen auf:
- die Verarbeitung der Ware
- das Aussehen der Ware
- die Qualität der Ware
- den Preis der Ware
- fehlende Auswahlmöglichkeiten im Geschäft
- mangelhaften Service im Geschäft
- unzureichende Beratung im Geschäft

Methoden der Einwandbehandlung[1]

Ein guter Verkäufer sollte über ein umfangreiches Instrumentarium an Methoden verfügen, Einwänden begegnen zu können.

Schematischer Ablauf der Gegenargumentation		
Einwand	→ Verständnis/ Zustimmung	→ Gegenargument
• Aktiv zuhören! • Kunden ausreden lassen!	• Eventuell Kundenargument wiederholen! • Keine Kritik üben!	• Methoden der Einwandbehandlung (vgl. Ja-aber-, Vorwegnahme-Methode u. a. unten)

Die Ja-aber-Methode

Bei dieser Methode der Einwandbehandlung zeigt der Verkäufer dem Kunden sein Verständnis, indem er dessen Einwand Gewicht verleiht. Anschließend schränkt er diesen Einwand durch eine Umformulierung ein.

---

1 Die Abschnitte „Verhalten bei Einwänden" und „Methoden der Einwandbehandlung" lehnen sich an an: Ruhleder, Rolf H., Verkaufstraining intensiv, 7. Auflage, Renningen-Malmsheim 1998, S. 72, 77–82.

> „Ja, Sie haben recht, wenn Sie den Preis in Betracht ziehen, **aber** bei diesem Anzug liegt angesichts der Qualität ein ausgesprochen gutes Preis-Leistungs-Verhältnis vor."

Bei dieser Technik einer bedingten Zustimmung spürt der Kunde, dass er ernst genommen wird. Diese Methode kann bei jeder Art von Einwänden angewandt werden, zum Teil sogar bei unechten Einwänden.

Wenn möglich sollte man die Ja-aber-Methode nicht in der üblichen Form verwenden, da „aber" häufig ein Reizwort für die Kunden ist. Verkäufer sollten deshalb andere recht gebende Formulierungen gebrauchen, die von den Kunden als klarere Zustimmung aufgefasst werden können.

BEISPIELE

- „Ihre Argumentation ist sehr gut. Bedenken Sie **jedoch** Folgendes: ..."
- „Gern gebe ich dies zu, **nur** ..."
- „Das ist ein wichtiger Gesichtspunkt, den Sie da ansprechen, **doch** ..."

Die Vorwegnahme-Methode

Der Verkäufer formuliert selbst den erwarteten Einwand und entschärft ihn durch Gegenargumente. Damit wird dem Kunden der Wind aus den Segeln genommen.

BEISPIELE

- „Sie könnten jetzt meinen, der Preis sei zu hoch. Bedenken Sie jedoch bitte ..."
- „Um Ihrer berechtigten Frage zuvorzukommen ..."
- „An dieser Stelle hört man häufig den Einwand, dass ..."

Bei der Vorwegnahme-Methode bringt der Verkäufer einen mit großer Wahrscheinlichkeit zu erwartenden Einwand von sich aus – noch ehe dies der Kunde tut – selbst in das Verkaufsgespräch ein und entkräftet ihn sofort argumentativ. Er behält dadurch die Gesprächsführung in der Hand.

Die Bumerang-Methode

Die Bumerang-Methode wird häufig auch Umkehrungsmethode genannt. Dabei greift man das Argument des Käufers einfach auf und wandelt es um: Der Verkäufer gibt den Einwand an den Kunden zurück und stellt den angesprochenen Nachteil als besonderen Vorteil heraus.

BEISPIELE

- „Sie haben recht, der Preis ist im oberen Bereich. Und gerade weil dies so ist, können wir Ihnen eine gute Qualität und Lebensdauer garantieren ..."
- „Gerade weil wir etwas teurer sind, sprechen wir auch andere Zielgruppen an."

Einstiegsformulierungen für die Bumerang-Methode:
- Gerade weil ...
- Gewiss, doch ...
- Klar, von diesem Standpunkt aus betrachtet ...
- Eben ...

Die Rückfrage-Methode

Durch eine Gegenfrage wird der Kunde aufgefordert, genauer zu werden und seinen Einwand zu präzisieren.

BEISPIELE

- „Habe ich Sie richtig verstanden? Meinten Sie, dass ...?"
- „Die Ausführung sagt Ihnen aber grundsätzlich zu?"
- „Sie sagen, dieser Artikel würde Ihr Problem nicht lösen. Bitte helfen Sie mir, indem Sie mir sagen, welche Ihrer Erwartungen nicht erfüllt werden."
- „Welche Ausführung unseres Modells ziehen Sie vor?"
- „Was glauben Sie, was Sie für dieses wirklich zweckmäßige Produkt nur bezahlen?"

Bei der Rückfrage-Methode gibt der Verkäufer also den Einwand als Frage zurück, um weitere Informationen zur Beantwortung des Einwands zu erhalten. Zusätzlich gewinnt er dadurch einerseits Zeit, andererseits wiederholt der Kunde den Einwand häufig nur noch in abgeschwächter Form.

Die Öffnungsmethode

Um Übereinstimmung in längeren Verkaufsgesprächen zu erzielen, wird der Kunde direkt auf sein zögerliches Verhalten – was als „schweigender" Einwand interpretiert werden kann – angesprochen.

- „Was sagen Sie denn zu diesen Merkmalen ...?"
- „Darf ich Ihr Schweigen als Zustimmung betrachten?"
- „Ich sehe, dass Sie offensichtlich noch nicht ganz überzeugt sind. Darf ich fragen, woran das liegt?"

Mit dieser Methode erfährt man gerade bei unschlüssigen oder schweigenden Kunden Einwände frühzeitig.

Die Verzögerungsmethode

Kann oder möchte – weil die Einwandbehandlung an einer anderen Stelle des Verkaufsgesprächs besser passt – der Verkäufer nicht sofort antworten, sollte er den Einwand zurückstellen.

- „Darf ich darauf eingehen, wenn ..."
- „Das ist so wichtig, dass ich gleich anschließend noch einmal besonders darauf eingehen werde ..."
- „Darf ich später ausführlich darauf eingehen? Ich möchte vorher noch kurz auf folgende Merkmale hinweisen ..."

Diese Methode darf in einem Verkaufsgespräch nur ein- bis zweimal angewandt werden, da der Verkäufer sonst unglaubwürdig wird.

Die Offenbarungsmethode

Die allerletzte Möglichkeit, um einen besonders hartnäckigen Kunden, der sämtliche Verkaufsargumente des Verkäufers ablehnt, zu einem positiven Verkaufsgespräch zu bringen, ist die Anwendung der Offenbarungsmethode. Bei einem sich abzeichnenden Scheitern des Verkaufsgesprächs kann der hartnäckige Kunde direkt angesprochen werden, unter welchen Bedingungen er zum Kauf bereit wäre.

- „Unter welchen Umständen wären Sie denn bereit, diesen Artikel zu kaufen?"
- „Was muss ich tun, um ..."

AUFGABEN

1. Warum sollten Verkäufer keine Angst vor Kundeneinwänden haben?

2. Unterscheiden Sie echte von unechten Einwänden.

3. Wie sollte das allgemeine Verhalten des Verkäufers bei Einwänden aussehen?

4. Worauf können sich Einwände beziehen?

5. Formulieren Sie ein Beispiel für das Kontern eines Einwands mit der Ja-aber-Methode.

6. Erläutern Sie die Vorwegnahme-Methode.

7. Was versteht man unter der Bumerang-Methode?

8. Was wird mit der Rückfrage-Methode bezweckt?

9. In welchen Fällen kann die Öffnungsmethode angewendet werden?

10. Erläutern Sie die Verzögerungsmethode.

11. Welche Methode kann eventuell angewendet werden, wenn alle anderen Techniken der Einwandbehandlung im Verkaufsgespräch keinen Erfolg gebracht haben?

12. Welche Methode der Einwandbehandlung liegt vor?

    a) • „Unsere Produkte sind nicht billig, haben aber im Gegensatz zu ..."

- „Sie werden vermutlich gleich fragen, ob ..."
- „Eine Frage, die oft gestellt wird, ist ..."
- „Es ist Ihnen sicherlich nicht entgangen, dass ..."

b)
- „Jawohl, das ist völlig richtig, nur in diesem speziellen Fall ..."
- „Genau, allerdings nur unter der Voraussetzung ..."

AKTIONEN

1. a) Finden Sie zu jeder im Informationstext aufgeführten Methode der Einwandbehandlung ein Einwandbeispiel.
   b) Beantworten Sie den Einwand mit einer Formulierung in wörtlicher Rede.

2. a) Finden Sie in Partnerarbeit für zwei Artikel Ihres Ausbildungssortiments zwei mögliche Nachteile.

   b) Entwerfen Sie ein kurzes Rollenspiel, in dem der Verkäufer Einwände des Kunden, die sich auf diese Nachteile beziehen, mit einer Technik der Einwandbehandlung kontert.
   c) In einem zweiten kurzen Rollenspiel sollen dieselben Einwände mit einer jeweils anderen Technik des Verkäufers behandelt werden.
   d) Stellen Sie sich darauf ein, Ihre Rollenspiele vorzuführen.

ZUSAMMENFASSUNG

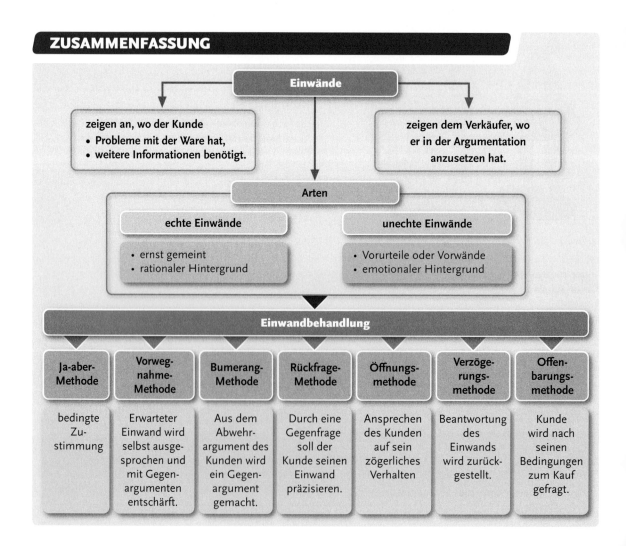

Wir nutzen verschiedene Möglichkeiten, uns über Waren des Ausbildungssortiments zu informieren

In der Zeitschrift test liest Volkan Karacan, Verkäufer in der Sportabteilung, eine Zusammenfassung eines Tests von Pulsmessgeräten durch die Stiftung Warentest.

1. Welche Informationen über Pulsmessgeräte kann er aus solchen Tests ziehen?

INFORMATIONEN

Die entscheidende Voraussetzung für erfolgreiche Verkaufsgespräche ist das Vorhandensein **sehr guter Warenkenntnisse.** Die Mitarbeiter im Einzelhandel sollten jede Informationsquelle nutzen, die warenkundliche Informationen zur Verfügung stellt. Je mehr Warenkenntnisse der Verkäufer hat, desto besser kann er argumentieren. Ein umfangreiches Warenwissen unterstützt aber auch die Warenpräsentation und gibt dem Verkäufer Selbstvertrauen. Er kann nur dann überzeugt argumentieren und das Vertrauen des Kunden gewinnen, wenn er die Ware kennt.

Gute und umfangreiche Warenkenntnisse ermöglichen eine problemorientierte Fachberatung des Kunden und steigern die Leistungsfähigkeit des Einzelhandels. Das bedeutet:

- Die Warenkenntnisse dürfen nicht oberflächlich sein: Es wäre fatal, wenn ein Verkäufer nur weiß, wie der Artikel heißt, wo er steht und wie viel er kostet. Die Ware darf keine „Blackbox" – also kein unbekanntes Objekt – bleiben.

- Die Warenkenntnisse dürfen aber auch nicht einseitig Argumente dafür liefern, den Umsatz auch um den Preis von Nachteilen für den Verbraucher zu sichern.

Warenkundliches Wissen sollte also so weit wie möglich eine unparteiische Fachberatung ermöglichen, die sich am optimalen Preis-Leistungs-Verhältnis für den Kunden orientiert.

Die Warenprüfung

Sehr viele Informationen über die Ware kann man gewinnen, wenn man die Ware direkt untersucht. Das kann geschehen

- in verkaufsschwachen Zeiten im Verkaufsraum,
- im Wareneingang,
- im Lager.

Durch eine genaue Prüfung der Ware ergeben sich Hinweise auf Material, Zusammensetzung und weitere Produktmerkmale des Artikels.

BEISPIELE

- Ein Radiowecker kann auf seine Funktionen untersucht werden.
- In der Käseabteilung wird eine Geschmacksprobe verschiedener Schweizer Käse vorgenommen.

Produktinformationen der Hersteller

Mit der Ware in Verbindung stehende Informationsmaterialien wie

- Prospekte,
- Kataloge,
- Betriebsanleitungen,
- Verpackungsaufschriften,
- Zutatenlisten und
- Gebrauchsanweisungen

lassen sich sehr gut zur Gewinnung warenkundlicher Informationen auswerten. Diesen von den Herstellern zur Verfügung gestellten Informationsquellen können viele Argumente für erfolgreiche Verkaufsgespräche entnommen werden.

Herstellerinformationen liefern Argumente für erfolgreiche Verkaufsgespräche.

Messen und Ausstellungen

Da Produkte immer erklärungsbedürftiger, komplexer, unanschaulicher werden, wird zur Information der Besuch von Messen und Ausstellungen immer wichtiger. Für Einzelhändler kann ein Messe- oder Ausstellungsbesuch die folgenden Vorteile haben:

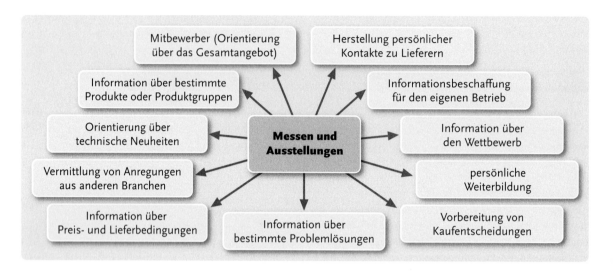

Mitbewerber (Orientierung über das Gesamtangebot)

Herstellung persönlicher Kontakte zu Lieferern

Information über bestimmte Produkte oder Produktgruppen

Informationsbeschaffung für den eigenen Betrieb

Orientierung über technische Neuheiten

Messen und Ausstellungen

Information über den Wettbewerb

Vermittlung von Anregungen aus anderen Branchen

persönliche Weiterbildung

Information über Preis- und Lieferbedingungen

Information über bestimmte Problemlösungen

Vorbereitung von Kaufentscheidungen

Messen sind Veranstaltungen mit Marktcharakter, die ein umfassendes Angebot eines oder mehrerer Wirtschaftszweige bieten. Sie finden im Allgemeinen in regelmäßigem Turnus am gleichen Ort statt. Auf Messen wird aufgrund von Mustern für den Wiederverkauf oder für gewerbliche Verwendung verkauft. Der Zutritt zur Messe ist grundsätzlich dem Fachbesucher – also auch Einzelhändlern – vorbehalten.

Messen dienen dem Kontakt zum Lieferer.

Ausstellungen dienen der aufklärenden und werbenden Darstellung einzelner Wirtschaftszweige und sprechen neben den Fachkreisen auch die Allgemeinheit an. Natürlich kann auf Ausstellungen auch verkauft werden.

Der Messeplatz Deutschland ist weltweit Marktführer im Bereich der internationalen Messen, sodass 120 bis 130 Veranstaltungen dieses Typs jährlich stattfinden. Zu den Messen kommen pro Jahr rund 65 000 Aussteller und 1,8 Millionen Besucher aus dem Ausland. Zahlreiche Branchen haben hier ihre weltweit wichtigste Messe. Die Attraktivität des Messeplatzes Deutschland ist zum einen natürlich in der Größe des Marktes und der Lage Deutschlands im Zentrum Europas begründet.

Fachzeitschriften und Fachbücher

Einzelhändler können warenkundliche Informationen vielen der über 8 000 Fachzeitschriften und Fachzeitungen in Deutschland entnehmen. Fast für jede Branche werden Fachzeitschriften herausgegeben. Fachzeitschriften geben einen Überblick über neue Artikel und untersuchen aktuelle Trends. Häufig enthalten sie sogar Rubriken mit dem Titel „Warenkunde". Fachzeitschriften sind das wichtigste Werbemedium der Industrie in der Kommunikation mit dem Einzelhandel. Fast unübersehbar ist auch der Markt für Fachbücher in Deutschland. Zu fast jedem einzelhandelsrelevanten Thema gibt es Veröffentlichungen.

Kurse zur Weiterbildung

Einerseits von Herstellern, andererseits von Branchenverbänden werden sehr viele Kurse oder Seminare zur Warenkunde angeboten, manchmal auch zur Betriebsführung und aktuellen Themen.

5530178

Konkurrenzbeobachtungen

Für Einzelhandelsunternehmen ist es von strategischer Bedeutung, das Umfeld im Blick zu haben und über Pläne, Leistungen und Kompetenzen der Konkurrenten Bescheid zu wissen. Das Verkaufspersonal sollte also in der eigenen Rolle als Konsument oder bei speziellen Konkurrenzgängen Mitbewerber besuchen und versuchen, dort Sortiment und Methoden der Vermarktung kennenzulernen. Ziel solcher Konkurrenzbeobachtungen ist es, von den Mitbewerbern zu lernen, im Positiven wie im Negativen. Die Aufmerksamkeit sollte gelegt werden auf:

- das Warenangebot
- die Preisgestaltung
- Unterschiede in der Beratung

Beobachtung erfolgreicher Verkäufer

Eine der besten warenkundlichen Informationsquellen sind erfahrene Fachkollegen. Von ihnen kann einerseits ein sehr gutes Vorgehen bei der Verkaufsargumentation abgeschaut werden, andererseits sind sie meistens gern bereit, Fragen über Merkmale von Waren zu beantworten.

Auch von „erfahrenen" Kollegen kann gelernt werden.
Wage, Jan L., Verkaufstraining

Auswertung von Gesprächen mit Kunden

Analysiert man die geführten Verkaufsgespräche, erkennt man zumindest ansatzweise, worauf Kunden beim Kauf einer nachgefragten Ware Wert legen. Das hilft, sich auf spätere Kunden besser einzustellen. Sachkundige Kunden geben im Verlauf von Verkaufsgesprächen oft wertvolle Hinweise, die man bei der Kommunikation mit anderen Kunden verwenden kann.

Verbraucherverbände

Zu den Verbraucherverbänden gehören 16 Verbraucherzentralen sowie 22 sozial orientierte Organisationen mit Interesse am Verbraucherschutz. Diese arbeiten gemeinnützig und sind parteipolitisch neutral.

In jedem Bundesland gibt es beispielsweise eine unabhängige Verbraucherzentrale, die ihrerseits wiederum verschiedene Verbraucherberatungsstellen unterhält. Bundesweit beläuft sich die Zahl dieser Beratungsstellen etwa auf 350.

Verbraucherverbände sind die Interessenvertretungen der Verbraucher gegenüber Wirtschaft und Gesetzgeber. Die Verbraucherverbände verstehen sich seit über 40 Jahren als leistungsfähige Organisationen, die konsequent den Verbraucher in allen Fragen des privaten Konsums beraten und ihn gegenüber Wirtschaft, Verwaltung, Politik und Gesetzgeber vertreten.

Durch warenkundliche Informationen zu Artikeln fast jeder Branche sorgen die Verbraucherverbände für den Durchblick der Verbraucher auf den Märkten. Erklärtes Ziel ist es, Transparenz über Produktion, Eigenschaften und Qualität von Waren und Dienstleistungen durchzusetzen. Diese sehr informativen Materialien können natürlich auch vom Verkaufspersonal im Einzelhandel genutzt werden, um Warenkenntnisse zu gewinnen. Die Verbraucherverbände stellen Materialien als Broschüren oder Handzettel zur Verfügung. Sehr stark ausgebaut werden die Informationsmöglichkeiten im Internet.

Stiftung Warentest

Eine ganz wichtige Anlaufstelle für warenkundliche Informationen ist die Stiftung Warentest. Sie ist eine Institution für vergleichende Waren- und Dienstleistungstests, die zur besseren Marktbeurteilung bei Waren und Dienstleistungen beiträgt. Ihr Ziel besteht darin, dass jeder interessierte Verbraucher in der Lage ist, für sich Fehleinkäufe zu vermeiden.

Es ist aufgrund der starken und schnellen technischen Veränderungen für den Verbraucher – und natürlich auch für Fachverkäufer – sehr schwer geworden, sich zurechtzufinden. Hierbei hilft diese Institution, denn sie ist ein objektiver Betrachter. Sie ermöglicht, das Angebot überschaubar und vergleichbar zu machen.

Die Stiftung Warentest bietet einen erstklassigen Informationsservice zu allen denkbaren Verbraucherthemen. Das geschieht vor allem in Form detaillierter Produktinformationen, -tests und -analysen sowohl in der Zeitschrift test als auch im Internet (www.test.de).

test: Zeitschrift für den Verbraucher

Konkurrenzlose Zeitschrift zu Verbraucherinformationen und Testergebnissen der Stiftung Warentest: Konsumgüter-, Dienstleistungs- und Neuheitentests, Systemvergleiche, Marktübersicht, Warenkunde. Die Tests sind jeweils nach einem festen Schema aufgebaut und mit einem Qualitätsurteil versehen; als gezielte Informationen vor der Kaufentscheidung. Zirka fünf bis sechs ausführliche Tests pro Heft, jeweils mit einem einführenden Aufsatz und Ratgeber. Außerdem Informationen zu: Geld und Recht, Computern, Versicherungen, Energie und Umwelt, Gesundheit und Gesundheitsvorsorge. Ausführlicher Nachrichtenteil zu neuen gesetzlichen Regelungen, neuen Büchern, neuen Produkten und Messen, Beantwortung von Leserfragen. Übersichtlich und sorgfältig aufbereitet, mit Tabellen zu den Testergebnissen. Jeweils mit einer Themenübersicht für mehrere Monate, der Ankündigung von neuen Testvorhaben und einem Jahresinhaltsverzeichnis im Januarheft.

(eine Rezension des Goethe-Instituts)

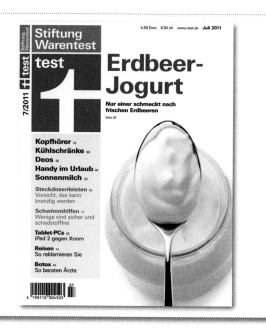

Das Internet als Informationsquelle

Auch im Internet lassen sich wertvolle Informationen über Waren gewinnen. So stellen **Hersteller** ihre Artikel detailliert auf ihren Internetseiten vor. **Preisagenturen** vergleichen anhand umfangreicher Kriterienkataloge Artikel unterschiedlicher Hersteller und führen auch einen Preisvergleich durch. Es gibt auch Internetseiten, auf denen Konsumenten ein **Forum** zur Verfügung gestellt wird, in dem sie ihre Erfahrungen mit einem Produkt schildern können.

AUFGABEN

1. Warum müssen Verkäufer Informationsquellen über Waren nutzen?

2. Welche Folgen hat eine falsche Information des Kunden über eine Ware aufgrund mangelnden Warenwissens?

3. Welche Produktinformationen stellen Hersteller zur Verfügung?

4. Wodurch unterscheiden sich Messen und Ausstellungen?

5. Welche Vorteile haben Messe- und Ausstellungsbesuche?

6. Welches Ziel verfolgen Konkurrenzbeobachtungen?

7. Geben Sie die Aufgaben der Verbraucherverbände an.

8. Welche Möglichkeiten gibt es, sich im Internet über Waren zu informieren?

AKTIONEN

1. a) Präsentieren Sie der Klasse anhand eines entsprechenden Artikels Ihres Ausbildungssortiments (der Ihnen in Ihrem Verkaufskunderaum zur Verfügung steht oder den Sie mitgebracht haben), welche Kenntnisse Sie über die Ware durch eine Warenprüfung gewinnen können.

b) Bringen Sie eine Produktinformation eines Herstellers (Katalog, Gebrauchsanweisung usw.) mit und erläutern Sie exemplarisch, wie diese zur Gewinnung von Warenwissen ausgewertet werden kann.

5530180

2. Fragen Sie in Ihrem Ausbildungsbetrieb nach den dort gelesenen Fachzeitschriften. Stellen Sie Ihren Mitschülern ein Exemplar vor.

3. Jeder, der sich systematisch informieren, über die neuesten Entwicklungen in seinem Fachgebiet auf dem Laufenden halten oder in andere Bereiche einarbeiten will, profitiert vom Angebot der Bibliotheken. Wenn Sie also für die Anfertigung eines Referats über ein warenkundliches Thema Informationen benötigen, müssen Sie sich auf Literatursuche begeben. In diesem Zusammenhang sind Bibliotheken unsere wichtigsten Informationsspeicher. Führen Sie eine Erkundung in einer Bibliothek (z. B. Stadtbibliothek, Schulbücherei) durch. Das Personal dort wird Ihnen bei Fragen sicher sehr gern helfen.

   Suchen Sie in der Bibliothek fünf Bücher, aus denen Sie warenkundliche Informationen über die Artikel Ihrer Branche beziehen können. Geben Sie jeweils an:
   - Verfasser
   - Titel
   - kurze Beschreibung, welche Informationen dem Buch entnommen werden können (z. B.

komplette Warenkunde im Überblick, eine Warengruppe im Detail, Teilaspekte, ...)
   - die Signatur (Angabe, wo – also in welchem Regal – das Buch steht)

4. Gehen Sie auf die Internetseite der Stiftung Warentest: www.test.de.
   Führen Sie am Beispiel eines Sie als Verbraucher interessierenden Artikels vor, wie die Testinformationen für eine fundierte Kaufentscheidung ausgewertet werden können.

5. Informieren Sie sich unter der Internetadresse www.verbraucherzentrale.info über die nächstgelegene Beratungsstelle einer Verbraucherzentrale und deren Leistungsangebot.

6. Suchen Sie sich bei www.ciao.de ein Sie als Verbraucher interessierendes Produkt aus. Gehen Sie dabei von einem bestimmten Höchstbetrag aus und entscheiden Sie sich für zwei vorgeschlagene Artikel.
   a) Lassen Sie „consumerdesk" die Produktmerkmale vorstellen und vergleichen.
   b) Schauen Sie, ob es schon Meinungen von Käufern des jeweiligen Artikels gibt.

ZUSAMMENFASSUNG

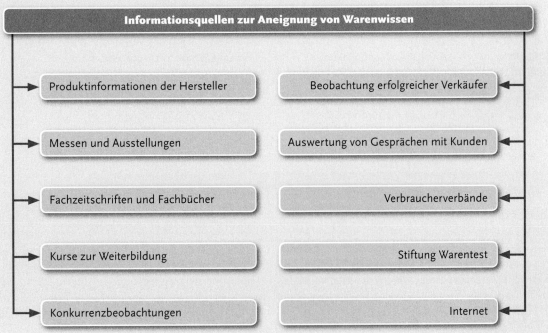

Informationsquellen zur Aneignung von Warenwissen

- Produktinformationen der Hersteller
- Messen und Ausstellungen
- Fachzeitschriften und Fachbücher
- Kurse zur Weiterbildung
- Konkurrenzbeobachtungen
- Beobachtung erfolgreicher Verkäufer
- Auswertung von Gesprächen mit Kunden
- Verbraucherverbände
- Stiftung Warentest
- Internet

Bis jetzt ist das Verkaufsgespräch in der Sportabteilung der Ambiente Warenhaus AG hervorragend gelaufen. Ein Ehepaar möchte Wanderschuhe ...

Verkäufer: „Für welchen Zweck wollen Sie denn die Schuhe benutzen?"

Kunde: „In zwei Wochen haben wir Urlaub und machen eine Wanderwoche in den Alpen."

Kundin: „Auf unserem Programm stehen lange, aber nicht schwierige Strecken."

Verkäufer: „Dann sind weniger diese steigeisengeeigneten Bergstiefel, sondern eher Leichtwanderschuhe für Sie zu empfehlen."

Kunde: „Warum sind die Bergstiefel nicht zu empfehlen?"

Verkäufer: „Eigentlich kommt es darauf an, was Ihnen mehr zusagt."

Kundin: „Worauf habe ich denn bei Leichtwanderschuhen zu achten?"

Verkäufer: „Da muss ich eigentlich mal in meinen Unterlagen nachschlagen."

Kunde: „Ich bin am Knöchel etwas empfindlich. Bei welchem der vielen hier ausgestellten Modelle ist denn der Knöchelschutz besonders gut?"

Verkäufer: „Alle Schuhe, die wir führen, sind sehr gut."

Kundin: „Haben die verschiedenen Sohlenprofile bestimmte Vor- und Nachteile?"

Verkäufer: „Ja, in jedem Fall."

Kunde: „Sind Schuhe mit Leder oder mit Spezialgewebe praktischer?"

Verkäufer: „Das müssen Sie selbst ausprobieren."

Kundin: „Welches spezielle Modell würden Sie uns denn besonders empfehlen?"

Verkäufer: „Schauen Sie sich doch einmal um, wir haben hier eine große Auswahl."

Kunde: „Ich glaube, wir denken noch einmal über die Wanderschuhe nach."

Kundin: „Wir kommen morgen vielleicht noch einmal wieder."

Die Kunden verlassen die Abteilung.

1. Auf welche Fehler des Verkäufers ist der Abbruch des Verkaufsgesprächs zurückzuführen?
2. Welche Nachteile hat der Abbruch des Verkaufsgesprächs für das Einzelhandelsunternehmen?

INFORMATIONEN

Manche Verkäufer behaupten, dass man nur die Regeln des Verkaufens beherrschen müsse und schon könne man alles verkaufen – egal, wie das Produkt aussieht. Das stimmt natürlich nicht. Ein Verkäufer benötigt umfangreiche Warenkenntnisse. Wie soll denn der Verkäufer sinnvoll die Bedürfnisse des Kunden herausfinden, wenn er nicht weiß, ob sein Produkt die Bedürfnisse auch erfüllen kann. Das eigene exzellente Warenwissen ist das Startkapital eines erfolgreichen Verkäufers.

In Verkaufsgesprächen muss der Verkäufer zeigen, welchen Nutzen eine Ware dem Kunden persönlich bringt. Um die Vorteile dieser Ware treffend darstellen zu können, muss er die Ware genau kennen. Er sollte daher über ein umfangreiches Warenwissen verfügen. Der Kunde erwartet von ihm Informationen über Material, Farbe, Form, Beschaffenheit, Qualität, Verwendungsmöglichkeiten, Bedienung, Pflege usw.

DEFINITION

Das **Warenwissen** bezeichnet die Gesamtheit der Informationen zu den Produkten, die das Einzelhandelsunternehmen anbietet.

Über welche Warenkenntnisse muss ein Verkäufer aber verfügen? In jedem Fall muss er dem Kunden, der das von ihm erwartet, unbedingt umfassende Auskünfte geben über

- die Zusammensetzung des Sortiments,
- die Produktmerkmale einer Ware,
- weitere für den Kunden wichtige Punkte, die aber nicht direkt mit der Ware in Verbindung stehen (Produktnebeninformationen).

Um eine qualifizierte und individuelle Kundenberatung leisten zu können, benötigt ein Verkaufsmitarbeiter nicht nur ein großes Maß an Einfühlungsvermögen und Gewandtheit im Umgang mit Menschen, sondern auch umfassende Warenkenntnisse. Denn nur derjenige, der das Warensortiment umfassend und in die Tiefe gehend kennt, ist dazu in der Lage,

- Kunden sachlich und zutreffend zu informieren;
- Produkte vorteilhaft darzustellen und ihre Anwendung gekonnt vorzuführen;
- treffende und überzeugende Argumente anzuführen;
- dem Kunden die Kaufentscheidung durch Vorschläge, Vergleiche und Hinweise zu erleichtern;
- Fragen der Kunden hieb- und stichfest zu beantworten;
- Sicherheit auszustrahlen und Vertrauen zu schaffen.

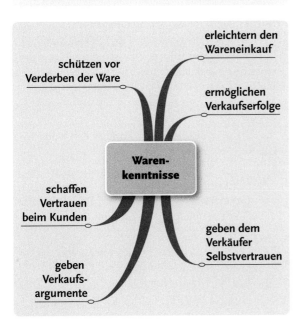

Sortimentswissen

Jeder Einzelhändler wird bestrebt sein, die Waren in seinem Sortiment zu führen, für die bei seinen Kunden ausreichender Bedarf besteht. Deshalb muss jeder Mitarbeiter im Einzelhandel gründliche Kenntnisse über die Waren seiner Branche und über den Aufbau des Sortiments seines Betriebs besitzen.

BEISPIEL

Wenn ein Kunde ein bügelfreies Hemd sucht, muss der Verkäufer wissen, welche Hemden im Sortiment pflegeleicht sind.

Ein erfolgreicher Verkäufer muss

- die genaue **Sortimentsgliederung** kennen: Ein **Handelssortiment** ist die Gesamtheit aller Waren (und Dienstleistungen), die ein Einzelhändler anbietet. Es besteht aus verschiedenen Sorten, die zu Artikeln und Warengruppen zusammengefasst werden können.

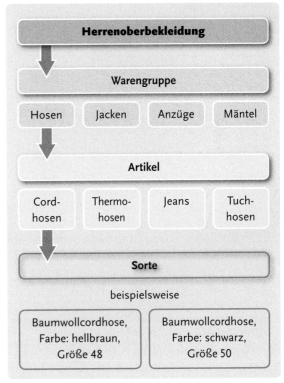

Die **Sorte** ist die kleinste Einheit des Sortiments. Gleichartige Sorten, die sich nur nach der Menge, Größe, Farbe und Musterung unterscheiden, bilden einen **Artikel.** Verschiedene, aber ähnliche Artikel werden zu **Warengruppen** zusammengefasst.

Sortiment	Warengruppen
Lederwaren	Koffer, Geldbörsen, Damentaschen, Herrentaschen
Schuhe	Damenschuhe, Herrenschuhe, Kinderschuhe
Damenoberbekleidung	Röcke, Mäntel, Kleider, Kostüme, Hosen usw.
Lebensmittel	Fleisch, Fisch, Molkereiprodukte usw.

- die Zugehörigkeit der Artikel zum **Kern- oder Randsortiment** kennen: Nach der Bedeutung für den Gesamtumsatz kann man das Sortiment eines Einzelhandelsbetriebs in Kern- und Randsortiment unterteilen. Das Kernsortiment ist der Sortimentsteil, auf den sich die Haupttätigkeit des jeweiligen Einzelhandelsbetriebs erstreckt. Es erbringt in der Regel den überwiegenden Umsatzanteil. Das Randsortiment wird dagegen zur Ergänzung und Abrundung des Kernsortiments geführt. Es erbringt den geringeren Umsatzanteil.

BEISPIEL

Zum Kernsortiment eines Lebensmittelgeschäfts gehören u.a. Molkereiprodukte, Nährmittel, Brot- und Backwaren, Obst und Gemüse, Fleisch- und Wurstwaren. Im Randsortiment führt dieses Geschäft Zeitschriften, Strümpfe und Kunststoffgeschirr.

- die Bedeutung des **Sortimentumfangs** kennen: Der Sortimentsumfang eines Einzelhandelsbetriebs kann mit den Begriffen „Sortimentsbreite" und „Sortimentstiefe" beschrieben werden. Die **Sortimentsbreite** wird durch die Zahl der Warengruppen bestimmt. Je mehr Warengruppen in einem Einzelhandelsbetrieb angeboten werden, umso breiter ist sein Sortiment. Ein breites Sortiment enthält viele Warengruppen. Ein schmales Sortiment besteht dagegen nur aus einer oder wenigen Warengruppen.
  Die **Sortimentstiefe** wird durch die Artikel- und Sortenzahl bestimmt. Je mehr Artikel und Sorten innerhalb einer Warengruppe angeboten werden, umso tiefer ist ein Sortiment. Ein Einzelhandelsbetrieb führt ein tiefes Sortiment, wenn er innerhalb der einzelnen Warengruppen viele Artikel und Sorten anbietet. Werden innerhalb der einzelnen Warengruppen nur wenige Artikel und Sorten angeboten, spricht man von einem flachen Sortiment.

Produktmerkmale

Waren lassen sich mithilfe der Produktmerkmale beschreiben. Durch Produktmerkmale wird eine Ware gekennzeichnet und charakterisiert. Durch Produktmerkmale lassen sich die Produkte voneinander unterscheiden.

Unterscheidungsmerkmale von Produkten der meisten Branchen können beispielsweise sein:

Die Bedeutung der einzelnen Produktmerkmale für Charakterisierung bzw. Unterscheidung von Artikeln sind von Branche zu Branche verschieden.

In der Verkaufsargumentation – ausgehend von einer richtigen Einschätzung der Kundenbedürfnisse – wird der Verkäufer dreischrittig (vgl. Kap. 2.7) vorgehen:
- Im ersten Schritt wird er eine spezielle Ausprägung eines dem Kunden besonders wichtigen Produktmerkmals nennen.
- Daraus leitet er im zweiten Schritt einen Produktvorteil ab.
- Im dritten Schritt zeigt der Verkäufer den Nutzen für den Kunden im Sie-Stil.

BEISPIEL

- „Dieser Pullover ist aus Wolle." (Wolle ist eine spezifische Ausprägung des Produktmerkmals Material.)
- „Wolle ist wärmend und temperaturausgleichend." (Produktvorteil)
- „Sie können mit ihm jederzeit wandern – auch jetzt im Herbst." (Nutzen für den Kunden im Sie-Stil)

Material

Viele Artikel mit gleicher Funktion unterscheiden sich beispielsweise dadurch, dass sie aus unterschiedlichen Materialien bestehen. Dadurch ergeben sich qualitative Unterschiede, die natürlich Auswirkungen auf die Verkaufsargumentation haben. Für Kunden ist die Zusammensetzung einer Ware häufig auch wichtig aus Aspekten der Umwelt-, Gesundheits- und Sozialverträglichkeit.

Jedes Produkt besteht also aus einem Material oder aus einer Kombination von Materialien. Diese haben bestimmte Eigenschaften, die als Produktleistungen in Verkaufsgesprächen wirksam werden können.

BEISPIEL

Ein Pullover besteht aus Wolle. Wolle ist u.a.:
* wärmend
* formbeständig und knitterarm
* temperaturausgleichend
* feuchtigkeitsaufnehmend
* schmutzabweisend
* dezent aussehend und gut kombinierbar
* antistatisch

Bei den vielfältigen Eigenschaften des Materials Wolle kommt es nicht darauf an, dem Kunden sämtliche Eigenschaften aufzuzählen. Stattdessen ist es von der jeweiligen Verkaufssituation abhängig, dem Kunden die Materialinformation zu geben, die ihm hilft, sein Problem zu lösen. So ist ein Kunde, der gerne im Herbst wandert, mehr daran interessiert, dass der Pullover wärmend und temperaturausgleichend, als dass er dezent und kombinierbar ist.

Herstellung

Herstellungsangaben geben häufig Hinweise auf die Qualität, die Dauerhaftigkeit und das Aussehen der Produkte. Herstellungsangaben dienen daher oft dem Verkäufer als willkommenes Argument, um die Wirksamkeit eines Artikels zu belegen, Preisunterschiede zu begründen und Kundeneinwände auszuräumen.

BEISPIEL

Handarbeit ist zwar teurer als Maschinenarbeit. Entsprechend hergestellte Waren zeichnen sich deshalb durch eine gewisse Exklusivität und Kostbarkeit aus. Sie stehen aber auch für individuelle und sorgfältige Gestaltung.

Aussehen

Untersuchungen haben gezeigt, dass bei vielen Kaufentscheidungen die **Farbe** einer Ware eine wesentliche Rolle spielt. Bei der Beschreibung einer Ware kann der Verkäufer auch die äußere **Form** ansprechen, die für viele Kunden kaufentscheidend ist.

Zahlenangaben

Produkte weisen unterschiedliche Zahlenangaben auf. Diese geben Hinweise auf beispielsweise
* Maße,
* Gewicht,
* Leistung,
* Energieverbrauch,
* Haltbarkeit,
* Zusammensetzung

des Produkts. Auch in solchen Fällen erwarten Kunden Erläuterungen und ein Aufzeigen von Produktvorteilen.

BEISPIELE

* Häufig können Kunden zwischen Artikeln mit unterschiedlichen Maßangaben wählen (Vollmilch 1 l oder 0,5 l).
* Verschiedene Produkte haben messbare Eigenschaften (Milch 3,5 % oder 1,5 % Fettanteil).
* Verschiedene Produkte können nach unterschiedlichen Qualitätsmerkmalen eingeteilt werden (Handelsklassen: Obst, Vorzugsmilch, die in Hinsicht auf Gewinnung, Behandlung und Beschaffenheit bestimmte zusätzliche Anforderungen gegenüber herkömmlicher Milch erfüllen muss).

Maßeinheiten haben in der Regel drei Bestandteile:
* das Mengenmerkmal (z.B. Länge, Inhalt usw.),
* die Maßzahl (z.B. $^4/_5$, 2 usw.),
* die Maßeinheit (z.B. Liter, Meter usw.).

BEISPIEL

Für eine Energiesparlampe gilt:

Mengenmerkmal	elektrische Leistung
Maßzahl	40
Maßeinheit	Watt

Die Angabe 40 Watt auf der Energiesparlampe bedeutet also, dass sie eine elektrische Leistung von 40 Watt hat. Der Zahlenwert (= Maßzahl) und die Maßeinheit kennzeichnen das spezielle Produktmerkmal (= Mengenmerkmal).

Namen und Kennzeichen

Schon der **Produktname,** der eigentlich der Bezeichnung und Bestimmung von Waren dient, lässt oft Rückschlüsse auf die Herkunft, den Hersteller, auf verwendete Materialien, Form, Farben und Beschaffenheit usw., aber auch auf Eigenschaften und Verwendungsmöglichkeiten zu.

BEISPIEL

Parmaschinken ist eine Bezeichnung für eine luftgetrocknete Schinkenspezialität aus Italien mit einem besonderen Aroma, das vor allem von Feinschmeckern geschätzt wird.

Auch aus dem **Herstellernamen** lassen sich Informationen ziehen. Bestimmte Produzenten sind bekannt für die Qualität bzw. innovative Technik ihrer Produkte oder für ihren Kundendienst. Wenn Produzenten sich bewusst von anderen Herstellern abheben wollen, verwenden sie Warenzeichen. **Warenzeichen** oder **Markenzeichen** kennzeichnen Artikel bestimmter Hersteller, die damit auf gleichbleibende Qualität ihrer Produkte hinweisen und sich gleichzeitig von Artikeln anderer Hersteller unterscheiden wollen.

Markenartikel der Hersteller sind Waren,
- die durch Warenzeichen gekennzeichnet sind,
- die in stets gleicher Art, Aufmachung und Mengenabpackung überall erhältlich sind,
- deren Lieferung in gleichbleibender oder verbesserter Qualität gewährleistet ist.

BEISPIELE

Gustin, Odol, Persil, Rama

Die **Marke** enthält
- einen Markennamen, der den ansprechbaren Teil der Marke darstellt,
- und ein Markenzeichen, das die Ware im Bewusstsein des Verbrauchers festhält.

BEISPIELE

Verwendung finden als Markenzeichen
Symbole:
der Bär von Bärenmarke, die Kuh von Milka, der Mercedes-Stern
bestimmte Schreibweisen:
Coca-Cola-Schriftzug, 4711-Marke

Gewerbliche Schutzrechte	Patent	Gebrauchsmuster	Marke	Geschmacksmuster
Gegenstand des Rechtsschutzes:	**Erfindungen** (Gegenstände, Stoffe, Herstellungs- und Arbeitsverfahren)	**Erfindungen** (Neuerungen an Gegenständen, keine Verfahren)	**Wort-, Bild-, Hörmarken, 3-D-Marken** zur Kennzeichnung und Unterscheidung von Waren oder Dienstleistungen	**Muster und Modelle** in gewerblicher Verwendung
Voraussetzungen:	Neuheit, Erfindungshöhe, gewerbliche Anwendbarkeit	Neuheit, Erfindungshöhe, gewerbliche Anwendbarkeit	Unterscheidungskraft	Neuheit und Eigentümlichkeit der Gestaltung
Erteilung der Schutzrechte durch:	**Deutsches Patent- und Markenamt**			
Schutzdauer:	20 Jahre	3 Jahre (Verlängerung bis höchstens 10 Jahre)	10 Jahre (Verlängerung um jeweils weitere 10 Jahre)	5 Jahre (Verlängerung bis höchstens 20 Jahre)

ZAHLENBILDER

128 710

5530186

Gründe für die Schaffung eines Markenartikels durch die Hersteller:

- Nur durch die Markierung lässt sich die Ware aus der Masse der anderen Waren herausheben und so von Konkurrenzwaren deutlich abheben.
- Die mit der Markierung erreichte Kennzeichnung und Herausstellung der Ware ermöglicht eine warenspezifische Werbung, die gezielt auf die besonderen Eigenschaften und Vorzüge gerichtet ist.
- Nur die Markenbildung bietet die Möglichkeit, für eine Ware ein besonderes Image aufzubauen.
- Markenartikel ermöglichen es, bei den Kunden eine gewisse Markenbindung und Markentreue zu der entsprechenden Ware aufzubauen.

Gütezeichen werden für gleichartige Erzeugnisse verschiedener Hersteller vergeben, wenn sie einer bestimmten Mindestqualität entsprechen. Vergeben werden sie von einem Güteverband, zu dem sich Hersteller einer Branche zusammengeschlossen haben.

Der Ausschuss für Lieferbedingungen und Gütesicherung (RAL) des Deutschen Normausschusses überwacht die Vergabe von Gütezeichen wie „Echt Leder" oder „Edelstahl rostfrei".

Nur der RAL (das Deutsche Institut für Gütesicherung und Kennzeichnung e.V.) darf in Deutschland Gütezeichen vergeben.

Der RAL ist ein gemeinnütziger und interessenneutraler Spitzenverband. Er ist im Auftrag seiner über 139 Mitgliedsverbände sowie neutraler Gremien tätig. Seine Grundsätze:

- Die Qualitätskriterien werden für jede Produkt- und Dienstleistungsgruppe unter Federführung des RAL gemeinsam mit Herstellern, Verbraucherverbänden, staatlichen Behörden und Prüfinstituten erarbeitet und festgelegt.
- Qualitätskriterien werden exakt und objektiv überprüfbar definiert.

- Die festgelegten Qualitätskriterien müssen alle wichtigen Eigenschaften des Produkts/der Dienstleistung abdecken.
- Alle Gütezeichen sind durch die Worte „RAL" und „Gütezeichen" vom Verbraucher leicht von anderen Kennzeichen zu unterscheiden.
- Gütezeichen werden nur für exakt abgegrenzte Produkt-/Dienstleistungsgruppen vergeben.
- Markenschutz erhalten RAL-Gütezeichen z.B. durch Eintragung in das Register beim Deutschen Patent- und Markenamt.

Schutz- und Prüfzeichen bestätigen, dass ein Produkt bestimmte Mindestanforderungen an die Sicherheit erfüllt. Sie haben ein Prüfverfahren, z.B. des Technischen Überwachungs-Vereins (TÜV) oder des Verbands der Elektrotechnik Elektronik Informationstechnik (VDE), bestanden.

> **BEISPIEL**
>
> Das „GS"-Zeichen für geprüfte Sicherheit bescheinigt z.B. die Unbedenklichkeit u.a. bei Spielwaren.

Erst in jüngerer Zeit wurden **Umweltzeichen (Ökolabels)** eingeführt wie der „Blaue Engel" für die Verwendung umweltfreundlicher Materialien bzw. Herstellungsmethoden (vgl. Kap. 5.8) oder der „Grüne Punkt" für die Zugehörigkeit zum Dualen System, das die Vermeidung bzw. Wiederverwertung von Verpackung betreibt.

Verpackungszeichen schaffen durch eine richtige und vollständige Markierung von Verpackungen die Voraussetzungen, um falsche Handhabung, Unfälle, Falschauslieferung, Masse- und Mengenverluste zu vermeiden. Obwohl sie überwiegend Verkäufern beim innerbetrieblichen Transport sowie der Lagerung dienen, haben sie auch für selbst abholende Kunden eine relativ große Bedeutung.

BEISPIELE FÜR VERPACKUNGSZEICHEN:

Zerbrechliches Packgut

Fragile – Handle with care

Das Symbol ist bei leicht zerbrechlichen Waren anzubringen. Derartig gekennzeichnete Waren sind sorgfältig zu behandeln und keineswegs zu stürzen oder zu schnüren.

Vor Nässe schützen

Keep dry

Derartig gekennzeichnete Waren sind vor zu hoher Luftfeuchtigkeit zu schützen, sie müssen daher gedeckt gelagert oder transportiert werden.

Oben

This way up

Das Packstück muss grundsätzlich so transportiert, umgeschlagen und gelagert werden, dass die Pfeile jederzeit nach oben zeigen.

Bedienungszeichen erleichtern die Handhabung von Produkten, helfen aufgrund einfacher und einleuchtender Symbolik Bedienungsfehler zu vermeiden bzw. auf einen Blick den Betriebsablauf zu kontrollieren. So gibt es entsprechende Bedienungszeichen an der Steuerung von Wasch- und Spülmaschinen, Trocknern, Bügeleisen und anderen elektrischen Geräten.

Bedienungszeichen erleichtern die Handhabung von Elektrogeräten.

Pflegezeichen geben dem Benutzer wertvolle Hinweise auf die sachgerechte Behandlung des Produkts.

BEISPIEL

In Textilien finden sich in der Regel Pflegezeichen, die über Waschart und -temperatur, Bügelstufe oder über empfohlene chemische Reinigungsvorgänge Auskunft geben.

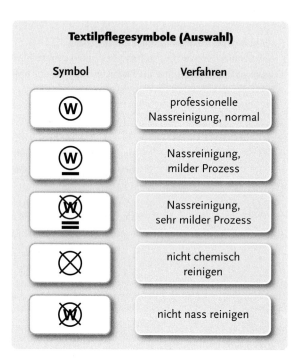

Textilpflegesymbole (Auswahl)	
Symbol	Verfahren
(W)	professionelle Nassreinigung, normal
(W)	Nassreinigung, milder Prozess
(W)	Nassreinigung, sehr milder Prozess
(X)	nicht chemisch reinigen
(W)	nicht nass reinigen

Testzeichen geben das Ergebnis von Vergleichstests an, die z. B. von Zeitschriften oder der Stiftung Warentest (vgl. Kap. 2.10) vergeben werden.

Typenschilder enthalten häufig wichtige Angaben über die Ware, die dem Verbraucher den Vergleich mit anderen Produkten und damit die Kaufentscheidung erleichtern. Typenschilder finden sich z. B. auf Elektrogeräten mit Angaben über Sicherheitsstandard, Stromanschluss, Frequenz, Leistung bei verschiedener Schalterstellung, Schutzisolierung usw.

Funktion

Ein Kunde kauft Waren nicht ziellos, sondern er möchte mit den erworbenen Artikeln ein Bedürfnis befriedigen. Er kauft die Ware also für einen bestimmten Verwendungszweck. Ein guter Verkäufer muss deshalb wissen, für welchen Verwendungszweck welche Ware geeignet ist.

Handling

Kann ein Kunde die Ware richtig handhaben, wird er mit dem Kauf des Artikels zufrieden sein. Deshalb muss der Verkäufer ihm Informationen geben können über

- die **Ingebrauchnahme** des Artikels: Der Verkäufer muss den Käufer auf Transportweise und Aufbaumodalitäten des Produkts hinweisen können.
- die **Bedienung** des Artikels: Kunden erwarten häufig eine Erläuterung, wie ein Artikel gebraucht werden kann.
- die **Pflege** des Artikels: Die Kunden möchten, dass der Wert der Ware möglichst lange erhalten bleibt. Deshalb sollten den Kunden Mittel und Wege aufgezeigt werden, die Gebrauchsfähigkeit von Produkten zu erhalten, zu verlängern und eventuell sogar wiederherzustellen.

Preis

Jede durch den Einzelhandel verkaufte Ware hat ihren Preis. Häufig bestimmt gerade dieses Produktmerkmal ein Verkaufsgespräch erheblich. Der Preis wird bestimmt durch die Produktmerkmale:

- Materialien
- Herstellungsverfahren
- Namen
- Formen
- Farben

Herkunft

Bei vielen Artikeln kann auch die Herkunft einer Ware in die Verkaufsargumentation einbezogen werden. Für bestimmte Kunden ist die Kaufentscheidung auch abhängig von

- **regionaler Herkunft:** Orte oder Länder, in denen die Produkte hergestellt worden sind, haben ein positives Image. Mit ihnen wird häufig eine hohe Produktqualität verbunden.

> BEISPIELE
> - Schweizer Uhren
> - Dresdner Stollen
> - Messer aus Solingen
> - Champagner (Schaumwein aus der Champagne)
> - „Made in Germany"

Der Verkäufer muss wissen, welche Produktvorteile sich aus der jeweiligen Herkunft ergeben.

> BEISPIEL
> „Dieser Champagner ist nur auf Rebsorten zurückzuführen, die in der Champagne wachsen (Produktmerkmal). Deshalb ist er ein exklusiver Schaumwein mit einem erlesenen Geschmack (Produktvorteil). Für die Geschäftseröffnung Ihres Schmuckgeschäfts also genau das Richtige (Produktnutzen im Sie-Stil)."

- **personeller Herkunft:** Bei einigen Produkten kann auch verkaufsentscheidend sein, welche Person sie hergestellt bzw. gestaltet hat.

> BEISPIELE
> - Besteck des Designers Colani
> - Parfüm des Modegestalters Wolfgang Joop

- **zeitlicher Herkunft:** Bei einigen Artikeln haben auch zeitliche Herkunftsangaben eine positive Ausstrahlung. Das kann sich einerseits auf die Zeit seit Herstellung des Produkts beziehen.

> BEISPIELE
> - Bei sehr vielen Artikeln – z. B. im Lebensmittelbereich Backwaren oder Fleischwaren – wird mit Frische ein hohes Qualitätsniveau assoziiert.
> - Bei anderen Artikeln dagegen – z. B. Weine, bestimmte Käsesorten usw. – ergibt eine lange Lagerdauer („Reifung") in der Regel eine hohe Produktqualität.

Andererseits werden Produkte häufig in Anlehnung an bestimmte zeitliche Trends und Stilrichtungen gestaltet.

> BEISPIELE
> - Bei Möbeln, Porzellanservice und Bestecken gibt es Stilrichtungen wie z. B. Barock, Klassizismus usw., die einer bestimmten Zeit zuzuordnen sind.
> - Im Textilbereich nehmen aktuelle Modetrends immer wieder einmal Elemente vergangener Epochen auf („die 70er-Jahre").

Die Aneignung von Warenwissen

Sofort mit Beginn der Ausbildung sollte ein angehender Verkäufer darangehen, sich ein umfassendes Warenwissen aufzubauen. Später im Berufsleben müssen die Warenkenntnisse ständig vertieft und aktualisiert werden: Technische Neuerungen und ständige Sortimentsveränderungen machen dies notwendig.

Deshalb muss ein Verkäufer sämtliche Informationsquellen über Waren, die ihm zur Verfügung stehen, auswerten: Er sollte also alle warenkundlichen Informationen sammeln und zusammenfassen.

Mit einer **Produktanalyse** kann ein Verkäufer gezielt die Waren und das Sortiment seines Unternehmens kennenlernen. In Form von Fragen an das Produkt werden die einzelnen Produktmerkmale eines Artikels systematisch erfasst. Dies erfolgt auf sogenannten **Warenbeschreibungsbogen.** Diese Hilfsmittel, sich eingehende Sortimentskenntnisse zu verschaffen, werden häufig auch **Warenerschließungsbogen** oder **Warensteckbriefe** genannt. Wegen der unterschiedlichen Gewichtung der Produktmerkmale können sie sich von Branche zu Branche sehr stark unterscheiden.

Warenbeschreibung		
Artikel:	Hersteller:	Preis:
Stellung im Sortiment:		
Material des Artikels und damit verbundene Produktvorteile:		
Herkunft des Artikels und damit verbundene Produktvorteile:		
Aussehen des Artikels und damit verbundene Produktvorteile:		
Namen und Kennzeichen des Artikels und damit verbundene Produktvorteile:		
Handling des Artikels und damit verbundene Produktvorteile:		
Funktion des Artikels und damit verbundene Produktvorteile:		
Zahlenangaben in Zusammenhang mit dem Artikel und damit verbundene Produktvorteile:		
Zusatzartikel:	Alternativartikel:	
Verpackung:	Serviceleistungen:	
Weitere Informationen:		

AUFGABEN

1. Erläutern Sie die Begriffe
   a) Sorte,
   b) Artikel,
   c) Warengruppe.

2. Unterscheiden Sie Kern- und Randsortiment.

3. Wann hat ein Einzelhandelsunternehmen ein breites Sortiment?

4. Wodurch ist ein tiefes Sortiment gekennzeichnet?

5. Was ist ein Produktmerkmal?

6. Welche allgemeinen Produktmerkmale kann eine Ware aufweisen?

7. Worauf können Herstellungsangaben hinweisen?

8. Welche Bestandteile haben Maßeinheiten?

9. Aus welchen Bestandteilen setzen sich Marken zusammen?

10. Welche Aufgabe haben
    a) Testzeichen,
    b) Typenschilder,
    c) Gütezeichen,
    d) Schutzzeichen?

11. Liegt ein Gütezeichen oder ein Warenzeichen vor?
    a) Eine Herstellergruppe versendet ein Gemeinschaftszeichen.
    b) Das Zeichen ist beim Deutschen Patentamt in der Zeichenrolle eingetragen.
    c) Das Zeichen darf nur von einem eingetragenen Zeicheninhaber verwendet werden.
    d) Dem Zeichen liegt eine Prüfung durch den RAL-Ausschuss zugrunde.
    e) Das Zeichen kennzeichnet gleichartige Waren verschiedener Hersteller.

12. Welche Informationen muss der Verkäufer dem Kunden über das Handling einer Ware geben können?

13. Was bedeuten
    a) regionale,
    b) personelle,
    c) zeitliche
    Herkunft von Waren?

14. In der Sportabteilung der Ambiente Warenhaus AG interessiert sich ein Kunde für Laufschuhe.

    Verkäuferin: „Laufen Sie auf der Straße oder im Wald?"

    Kunde: „Überwiegend im Wald."

    Verkäuferin: „Für Waldboden kann ich Ihnen den Gepard 3sl empfehlen. Dieses Modell hat eine griffige Sohle. Damit sind Sie auch bei nassem Wetter sehr standfest."

    Die Argumentationstechnik der Verkäuferin beschränkt sich hier auf das Produktmerkmal Material. Machen Sie für drei weitere Produktmerkmale Formulierungsvorschläge.

AKTIONEN

1. Stellen Sie in einem kurzen Vortrag den Sortimentsaufbau Ihres Ausbildungsunternehmens vor. Gehen Sie dabei besonders auf die Merkmale Sortimentsbreite und -tiefe sowie auf die Abgrenzung von Kern- und Randsortiment ein. Versuchen Sie die Anschaulichkeit Ihres Vortrags durch Beispiele sowie evtl. durch Visualisierung (z. B. Folie/Overheadprojektor, Wandplakat) zu unterstützen.

2. Suchen Sie für jedes Produktmerkmal eine Ware aus Ihrem Ausbildungssortiment. Leiten Sie einen Produktvorteil und einen entsprechenden Kundennutzen ab. Formulieren Sie jeweils eine dreischrittige Verkaufsargumentation.

3. Erstellen Sie eine Tabelle, die fünf Materialien von typischen Artikeln Ihres Ausbildungssortiments enthält. Leiten Sie mindestens einen Produktvorteil ab.

Material	Produktvorteil	Artikel

4. Fertigen Sie eine Liste an, die typische Zahlenangaben (z. B. Maße, Konfektionsgrößen, Leistungsangaben usw.) enthält, die in Ihrem Ausbildungssortiment vorkommen.

5. Informieren Sie sich, welche Zeichen in Ihrer Branche von Bedeutung sind. Halten Sie diese in einer Übersicht fest.

Zeichen	Zeichenart	Aussage des Zeichens	Vergebende Stelle

6. Erstellen Sie in Gruppenarbeit ein Lexikon, das mindestens zehn Begriffe der bei Artikeln Ihrer Branche angewandten Herstellungsverfahren umfasst. Falls möglich können Sie als Informationsquelle dazu auch das Internet benutzen.

7. Fertigen Sie ein Wandplakat an, das für einen Artikel Ihres Ausbildungssortiments einen oder mehrere Produktvorteile darstellt, die sich aus der räumlichen, zeitlichen oder personellen Herkunft des Produkts ergeben.

8. Erstellen Sie für vier verschiedene Artikel Ihres Sortiments einen Warenbeschreibungsbogen.

9. Von Jahr zu Jahr wechseln Modestile und der Geschmack der Kunden. Beschreiben Sie in einem kurzen Vortrag, welche Trends gegenwärtig in Ihrem Ausbildungssortiment aktuell sind.

10. Fertigen Sie ein Wandplakat an, das die in Ihrem Ausbildungssortiment vorkommenden Flächen- und Raumformen aufführt. Als Beispiel soll auch ein typischer Artikel, der die jeweilige Form hat, angegeben werden.

ZUSAMMENFASSUNG

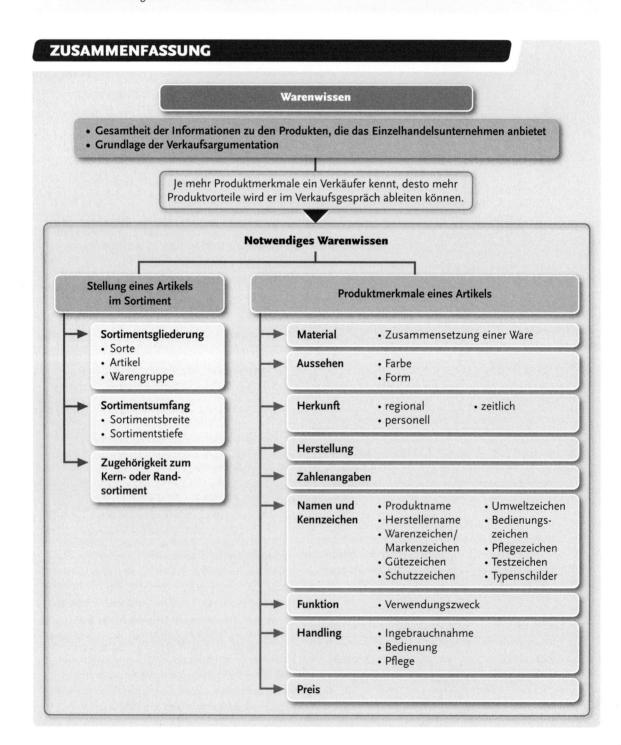

Warenwissen

- Gesamtheit der Informationen zu den Produkten, die das Einzelhandelsunternehmen anbietet
- Grundlage der Verkaufsargumentation

Je mehr Produktmerkmale ein Verkäufer kennt, desto mehr Produktvorteile wird er im Verkaufsgespräch ableiten können.

Notwendiges Warenwissen

Stellung eines Artikels im Sortiment

Sortimentsgliederung
- Sorte
- Artikel
- Warengruppe

Sortimentsumfang
- Sortimentsbreite
- Sortimentstiefe

Zugehörigkeit zum Kern- oder Randsortiment

Produktmerkmale eines Artikels

Material	• Zusammensetzung einer Ware
Aussehen	• Farbe • Form
Herkunft	• regional • zeitlich • personell
Herstellung	
Zahlenangaben	
Namen und Kennzeichen	• Produktname • Umweltzeichen • Herstellername • Bedienungszeichen • Warenzeichen/ Markenzeichen • Pflegezeichen • Gütezeichen • Testzeichen • Schutzzeichen • Typenschilder
Funktion	• Verwendungszweck
Handling	• Ingebrauchnahme • Bedienung • Pflege
Preis	

Wir bieten Alternativ- und Zusatzangebote an

In der Sportabteilung der Ambiente Warenhaus AG herrscht Hochbetrieb. Die Skisaison steht unmittelbar bevor. Zwei Mitarbeiter führen Verkaufsgespräche durch.

Verkaufsgespräch 1:

Verkaufsgespräch 2:

1. Führen Sie auf, welche Fehler von den Mitarbeitern gemacht werden.
2. Machen Sie Vorschläge, wie in den beiden Fällen besser vorgegangen werden könnte.

INFORMATIONEN

Umfangreiche und umfassende Warenkenntnisse sind notwendig in zwei besonderen Verkaufssituationen:

- Zu Beginn des Verkaufsgesprächs verlangt der Kunde einen Artikel, der überhaupt nicht im Sortiment geführt wird bzw. nicht vorrätig ist.
- Am Ende eines Verkaufsgesprächs hat der Kunde eventuell noch Interesse an einer sinnvollen Ergänzung zu dem gerade gekauften Hauptartikel.

Alternativangebote

So groß das Sortiment eines Einzelhandelsunternehmens auch sein mag, alle gewünschten Artikel können nicht vorrätig gehalten werden. Doch das muss meistens nicht das Ende des Verkaufsgesprächs sein. Häufig kann man dem Kunden ein Alternativangebot machen: Ist eine vom Kun-

den gewünschte Ware nicht vorrätig bzw. wird sie nicht im Sortiment geführt, schlägt der Verkäufer ein ähnliches bzw. gleichwertiges Produkt vor. Verkäufer sollten also nicht verfrüht auf eine Verkaufschance verzichten.

> Alternativangebote, die gemacht werden, wenn die verlangte Ware in der vom Kunden gewünschten Ausführung nicht geführt wird bzw. nicht vorrätig ist, sollten nicht mit Ersatzangeboten verwechselt werden. Bei einem **Ersatzangebot** verlangt der Kunde Ersatz für eine Ware, die er schon hatte: Ist beispielsweise die Batterie seines Radioweckers leer, wird er sie durch den Kauf einer neuen Batterie austauschen.

Ziel eines Alternativangebots ist es, das Verkaufsgespräch fortzusetzen, obwohl man den eigentlichen

Wunschartikel des Kunden nicht vorlegen kann. Nur wenn es sich um Waren handelt, die überhaupt nicht ins Sortiment passen, wird das Verkaufsgespräch nicht fortgesetzt. Der Kunde sollte stattdessen freundlich informiert werden, wo er die betreffende Ware kaufen kann.

> **BEISPIEL**
>
> Ein Kunde fragt in einem Fachgeschäft für Bürobedarf nach einem Buch. Der Verkäufer nennt ihm höflich den Namen der nächsten Buchhandlung und beschreibt den kürzesten Weg dorthin.

In vielen Fällen kann das Verkaufsgespräch jedoch fortgeführt werden: Der Verkäufer sollte deshalb zunächst herausfinden, wofür der gewünschte Artikel gebraucht wird. Er kann dann beurteilen, ob auch ein anderes Produkt aus seinem Sortiment diesen Zweck erfüllen würde. Macht der Verkäufer dem Kunden ein Ausweichangebot, sollte der Kunde aber immer das Gefühl haben, dass es sich dabei nicht um einen schlechteren Ersatz, sondern um eine echte Alternative handelt. Zu beachten ist beim Vorlegen der Alternativangebote:

- Alle Formulierungen, die den Eindruck erwecken könnten, dass es sich bei dem vom Verkäufer vorgelegten Ausweichangebot nicht um eine gleichwertige Ware handelt, sind unbedingt zu vermeiden.

> **BEISPIEL**
>
> Kunde: „Ich möchte gern einen Beha-Füller."
> Verkäufer: „Wir haben nur Kelipan-Füller im Sortiment."
> Mit dieser Formulierung werden von vornherein die eigenen Waren im Sortiment abgewertet.

- Über den nicht vorhandenen Wunschartikel des Kunden sollte während des Verkaufsgesprächs vom Verkäufer nicht gesprochen werden.

- Nach Möglichkeit sollte der Verkäufer auf alle wichtigen Vorteile des mindestens gleichwertigen Alternativangebots hinweisen.

> **BEISPIEL**
>
> „Den DVD-Player von Soniba haben wir vor zwei Monaten aus dem Sortiment genommen. Mit diesem technisch gleichwertigen Gerät von Hiteiko sparen Sie immerhin 40,00 €. Darüber hinaus ist es leichter zu bedienen und hat einige nützliche Zusatzfunktionen, die ich Ihnen gleich mal zeige ..."

Besteht der Kunde jedoch auf seinem Wunschartikel, so könnte überlegt werden, ob der Artikel vielleicht über einen Großhändler oder aus einem Zentrallager besorgt werden kann. Diese Serviceleistung kann sich auch bei niedrigpreisigen Produkten lohnen, wenn man dadurch einen treuen Kunden gewinnt. Ist die vom Kunden gewünschte Ware auch dort nicht erhältlich, kann dem Kunden nur noch ein Hinweis gegeben werden, bei welchem Mitbewerber die Ware eventuell geführt wird. Sollten Kundenfragen vermehrt in bestimmte Sortimentslücken zielen, sollte im Unternehmen überlegt werden, wie sie eventuell geschlossen werden können.

Kunden verwechseln oft die Marke mit der Warenbezeichnung. Sie benötigen beispielsweise Papiertaschentücher, verlangen aber Tempotaschentücher. Führt man die vom Kunden genannte Marke nicht oder ist sie nicht vorrätig, sollte man dem Kunden die eigenen Artikel zeigen und kurz erläutern, warum die Alternative ebenbürtig ist. Der Kunde wird dann entweder auf den Kauf verzichten oder ihm werden durch den Kaufabschluss weitere Lauferei und Sucherei erspart.

Weitere Beispiele für mögliche Verwechslungen von Markennamen und Warenbezeichnungen:

- Pampers: Wegwerfwindeln
- Matchbox: Spielzeugautos
- Leitzordner: Büroordner
- Mondamin: Soßenbinder

Ergänzungsangebote

Sinnvolle und notwendige Zusatzartikel

> **DEFINITION**
>
> Bei einem **Ergänzungsangebot** werden dem Kunden notwendige und/oder sinnvolle Ergänzungen zusätzlich zu seinem Hauptkauf angeboten.

Es handelt es sich um einen weiteren Artikel, der zu dem schon gekauften Hauptartikel passt und dem Kunden vorgestellt wird, weil er ihm nützen kann.

Ein solcher Zusatzartikel

- kann eine unentbehrliche Ergänzung sein, die den Gebrauch des Hauptartikels überhaupt erst ermöglicht: Der Zusatzartikel ist notwendig für die Nutzung des Hauptartikels. Die unentbehrlichen Ergänzungen dürfen auf keinen Fall übersehen werden, da sie den Hauptkauf für den Kunden erst komplett machen.

BEISPIELE

- DVD für einen DVD-Player
- Speicherkarte für eine Digitalkamera
- Batterien für Taschenlampen
- Staubsaugerbeutel für Staubsauger

- kann eine sinnvolle Ergänzung sein, die dazu dient, den Gebrauchswert der eigentlichen Ware zu erhöhen, zu verbessern bzw. zu erhalten.

BEISPIELE

- Spezialobjektive für einen Fotoapparat
- Imprägnierungs- und Pflegemittel für Schuhe
- Heizkörperdüse für den Staubsauger

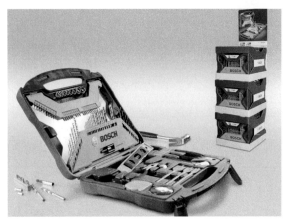

Zusatzangebote sollten den Hauptartikel sinnvoll ergänzen.

Meistens sind die Ergänzungsartikel kleiner als die schon gekaufte Ware. Zusatzangebote liegen in der Regel auch im Preis niedriger als der Hauptkauf. Das Anbieten von Zusatzartikeln bringt dennoch mehrere Vorteile:

- Die Ergänzungsartikel bringen mehr Nutzen für den Kunden.
- Der Kunde erkennt, dass der Verkäufer sich für seine Probleme interessiert.
- Die Zusatzangebote steigern den Umsatz und den Gewinn.

Voraussetzungen für den erfolgreichen Verkauf von Ergänzungsartikeln

Angeboten werden sollten dem Kunden nur Zusatzartikel, die er wirklich braucht. Liegt diese Voraussetzung nicht vor, könnte der Kunde das Verkäuferverhalten als aufdringlich empfinden. Ist der Verkäufer selbst vom Nutzen des Ergänzungsangebots überzeugt, kann er das dem Kunden besser verdeutlichen, als wenn er unsicher ist.

Eine ganz wichtige Voraussetzung für Zusatzangebote ist, dass die Verkäufer umfassend über die Ergänzungsmöglichkeiten informiert sind.

BEISPIEL

Bei einem Elektrowerkzeug muss der Verkäufer wissen, was zu dem Zubehör gehört und mit welchem Zubehör die eventuell vom Kunden gewünschten Arbeiten durchgeführt werden können.

Normalerweise bietet man Ergänzungsartikel an, nachdem der Kunde sich für den Kauf des Hauptartikels entschieden hat. Dies sollte aber geschehen, bevor der Kunde bezahlt hat. In einigen Fällen kann das auch schon früher bei der Warenvorlage geschehen. So wirkt manchmal ein Ergänzungsartikel beim Verkauf des Hauptartikels verkaufsfördernd,

- wenn das Handling der Ware erklärt wird.

BEISPIEL

Der Verkäufer erklärt das Einlegen der Batterien in den tragbaren CD-Player.

- wenn die Wirkung des Zusatzartikels mithilfe des Hauptartikels gezeigt wird.

BEISPIEL

Der Verkäufer zeigt eine Krawatte als ideale Ergänzung zu einem Hemd.

In diesen Fällen ist der Ergänzungsartikel beim Verkauf des Hauptartikels nützlich. Wenn ein Vorteil des Hauptartikels darin liegt, dass verschiedene Zusatzangebote seinen Nutzen erheblich erweitern, kann das Zusatzangebot auch schon während des Hauptkaufs unterbreitet werden. Das kann durch eine entsprechende Warenpräsentation in den Verkaufsräumen unterstützt werden, wenn der Verkäufer fast von selbst auf die neben dem Hauptartikel liegenden Ergänzungsartikel zu sprechen kommen kann.

Beim Angebot von Zusatzartikeln sollte der Verkäufer allgemeine Formulierungen vermeiden. Empfehlenswert ist es, dem Kunden konkrete Vorschläge zu machen.

BEISPIEL

Statt:
- „Darf es sonst noch etwas sein?"
- „Ist das alles?"

Besser:
- „Darf ich Ihnen gleich das passende Imprägnierungsmittel einpacken?"

AUFGABEN

1. Was sind Alternativangebote?

2. Wodurch unterscheiden sich Ersatzangebote von Alternativangeboten?

3. Welche Art von Angebot liegt im folgenden Fall vor?

   Kunde: „Ich brauche eine neue Batterie von Sonei für meinen Radiowecker."

   Verkäufer: „Die führen wir leider nicht. Stattdessen kann ich Ihnen Batterien von VARTA anbieten, die von der Stiftung Warentest ebenfalls mit „sehr gut" getestet wurden. Wir haben sie gerade im Angebot ..."

4. Welche Ziele verfolgt ein Verkäufer mit dem Vorlegen eines Alternativangebots?

5. Was muss der Verkäufer bei einem Alternativangebot beachten?

6. Was kann der Verkäufer tun, wenn er kein Alternativangebot vorlegen kann?

7. Beurteilen Sie die folgenden Verkäuferverhalten:

   a) „Die Pullover von S-pri sind schon alle weg. Wir haben nur noch ein paar Pullover von Chefe."

   b) „Wir haben noch sehr schöne Pullover von Chefe. Es gibt hier mehrere in modischen Farben genau in Ihrer Größe. Probieren Sie diesen hier einmal an. Sie werden begeistert sein, wie gut er sich anfühlt ..."

   c) „Pullover in Ihrer Größe haben wir aber erst ab 245,00 €."

8. Was sind Ergänzungsangebote?

9. Unterscheiden Sie unentbehrliche und sinnvolle Ergänzungen.

10. „Kann ich Ihnen sonst noch etwas anbieten?"

    Welcher Fehler wird von dem Verkäufer gemacht?

11. Welche Art der Ergänzung liegt vor?

    a) Ergänzung Krawatte zum Hauptkauf Anzug

    b) Ergänzung Druckerpatrone für Hauptkauf Drucker

12. Welche Vorteile bringt das Anbieten von Zusatzartikeln?

13. Wann sollten Zusatzartikel angeboten werden?

14. Wie sollte das Angebot von Zusatzartikeln formuliert werden?

AKTIONEN

1. a) Machen Sie einen Erkundungsgang in ein Unternehmen, das auch Waren Ihres Ausbildungssortiments führt.
   b) Suchen Sie dort mindestens drei Artikel einer Marke,
      1. die Sie nicht führen.
      2. die Sie in einer gleichen Form, Ausführung, Aufmachung nicht vorrätig haben.
   c) Überlegen Sie sich Argumente, die geeignet sind, einen Kunden für entsprechende Artikel Ihres Ausbildungsbetriebs zu interessieren, wenn er nach den von Ihnen gefundenen Artikeln aus dem zu erkundenden Unternehmen fragt.

2. Untersuchen Sie, ob es in Ihrem Ausbildungssortiment Marken gibt, die besonders häufig mit der Warenbezeichnung verwechselt werden.

3. a) Führen Sie für fünf Hauptartikel Ihres Ausbildungssortiments unentbehrliche bzw. sinnvolle Ergänzungsartikel auf.
   b) Sammeln Sie für jeden Zusatzartikel ein Verkaufsargument.

ZUSAMMENFASSUNG

- **Erhöhung des Nutzens für den Kunden**
- **Umsatzsteigerungen des Unternehmens**

↓

Angebot von

Alternativen

Bei einem **Alternativangebot** wird dem Kunden eine gleichwertige bzw. ähnliche Ware angeboten, wenn er eine Ware verlangt, die nicht geführt oder vorrätig ist.

- Ausweichangebot als echte Alternative darstellen
- als Verkäufer den eigentlichen Wunschartikel nicht mehr ansprechen
- auf die Vorteile des Alternativangebots hinweisen
- wenn der Kunde weiterhin den eigentlichen Wunschartikel möchte:
  - eventuell bestellen
  - oder ihn informieren, wo er ihn kaufen kann

Ergänzungen

Bei einem **Ergänzungsangebot** wird dem Kunden ein weiterer passender Artikel zusätzlich zum Hauptartikel angeboten. Der Hauptartikel wird dadurch sinnvoll ergänzt, aufgewertet oder überhaupt erst einsatzfähig.

- Der Zusatzartikel muss für den Kunden einen Nutzen darstellen.
- Der Verkäufer muss vom Nutzen des Zusatzartikels überzeugt sein.
- nach dem Kauf des Hauptartikels (während des Hauptkaufs nur, wenn sich dies verkaufsfördernd auswirkt)
- konkrete Vorschläge machen

Im Verkaufskundeseminar liegt das Thema „Erfolgreicher Verkaufsabschluss" an.
Der Unternehmensberater legt zwei Folien auf den Overheadprojektor:

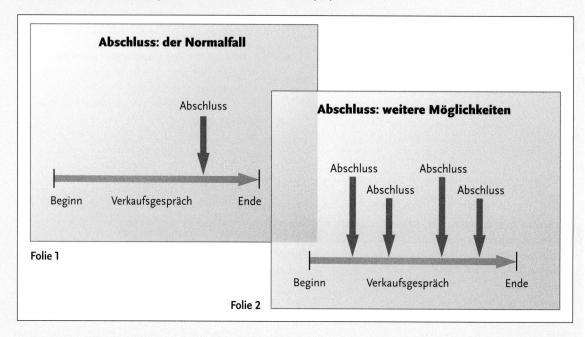

1. Welche Aussage zum Zeitpunkt des Abschlusses in einem Verkaufsgespräch hat der Unternehmensberater mit den beiden Folien optisch dargestellt?

INFORMATIONEN

Die Krönung des Verkaufsgesprächs ist der Abschluss. Er muss nicht zwangsläufig immer am Ende des Verkaufsgesprächs stehen. Der Kunde kann seine Kaufbereitschaft in jeder Phase des Kaufgesprächs signalisieren – wichtig ist, dass der Verkäufer sie erkennt.

In der Abschlussphase unterstützt der Verkäufer den Kunden bei der Entscheidungsfindung: Häufig ist der Kunde bereits vom Nutzen der Ware überzeugt und bringt dies durch sein Verhalten zum Ausdruck. Er benötigt jedoch noch einen letzten Anstoß für eine Kaufentscheidung.

Beachtung der Kaufsignale des Kunden
Voraussetzung für die Kaufbereitschaft des Kunden ist ein überzeugender Verlauf der vorhergehenden Phasen im Verkaufsgespräch. Der Kunde möchte das Gefühl haben, dass es für ihn vorteilhafter ist – also mehr Nutzen bringt –, die angebotene Ware zu besitzen, als das Geld zu behalten, das der Artikel kostet.

Kunde: „Dieser Ski der Firma sportive, den Sie mir gerade zeigen, ist natürlich sehr preiswert."

Falsche Reaktion:	Richtige Reaktion:
Verkäufer: „Da hätten wir noch einen weiteren günstigen Ski, den Harbacher X321. Er zeichnet sich aus durch ..."	Verkäufer: „Dieser sportive-Ski ist wirklich ein ausgezeichneter Ski zu einem günstigen Preis. Wenn Sie Ihre Skischuhe mithaben, können wir die Bindung sofort anpassen."

Der Verkäufer muss die Kaufsignale des Kunden beachten. Ist der Kunde abschlusswillig, können ihn weitere Informationen vom Kauf abbringen.

Während des gesamten Gesprächs sollte der Verkäufer den Kunden beobachten, seine Reaktionen analysieren und den weiteren Verlauf des Gesprächs nach diesen Reaktionen ausrichten. Kommt das Verkaufsgespräch in den Bereich der Abschlussphase, darf vom Verkäufer nicht der Fehler gemacht werden, weiterzureden und zu argumentieren.

Dem Kunden muss die Möglichkeit gegeben werden, zu signalisieren, dass er kaufen will. Durch solche Signale gibt der Kunde zu erkennen, dass er sich mit der Kaufentscheidung beschäftigt. Grundsätzlich kann dabei zwischen körpersprachlichen und sprachlichen Kaufsignalen unterschieden werden.

Körpersprachliche Kaufsignale

Viele nonverbale Aussagen des Kunden können darauf hindeuten, dass er zum Abschluss bereit ist.

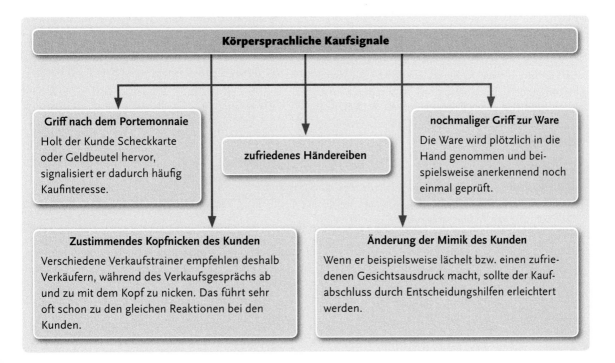

Körpersprachliche Kaufsignale

Griff nach dem Portemonnaie
Holt der Kunde Scheckkarte oder Geldbeutel hervor, signalisiert er dadurch häufig Kaufinteresse.

zufriedenes Händereiben

nochmaliger Griff zur Ware
Die Ware wird plötzlich in die Hand genommen und beispielsweise anerkennend noch einmal geprüft.

Zustimmendes Kopfnicken des Kunden
Verschiedene Verkaufstrainer empfehlen deshalb Verkäufern, während des Verkaufsgesprächs ab und zu mit dem Kopf zu nicken. Das führt sehr oft schon zu den gleichen Reaktionen bei den Kunden.

Änderung der Mimik des Kunden
Wenn er beispielsweise lächelt bzw. einen zufriedenen Gesichtsausdruck macht, sollte der Kaufabschluss durch Entscheidungshilfen erleichtert werden.

Sprachliche Kaufsignale

Charakteristische verbale Äußerungen zeigen dem Verkäufer, dass der Kunde schon fast den Zeitpunkt erreicht hat, an dem er sich definitiv zum Kauf entscheidet:

- Der Kunde fragt nach Einzelheiten.

  BEISPIEL

  „Gibt es dieses Gerät auch in einer weißen Ausführung?"

- Der Kunde fragt nach Informationen, die nach dem Kauf relevant sind. Er stellt also Fragen nach der Zahlungsweise, nach dem Lieferzeitpunkt, nach Reparatur- und Reklamationsmöglichkeiten.

BEISPIELE

- „Wie sieht das denn mit Garantien des Herstellers aus?"
- „Wann können Sie mir denn die Waschmaschine liefern?"
- „Könnte ich auch in Raten bezahlen?"

- Der Kunde wiederholt einzelne, für ihn besonders wichtige Verkaufsargumente.

BEISPIEL

„Durch das vorinstallierte Softwarepaket erspare ich mir Kosten, um das Betriebssystem und ein Office-Paket zu kaufen."

● Der Kunde formuliert seine Zustimmung.

> **BEISPIELE**
>
> ● „Dieser DVD-Player gefällt mir!"
> ● „Das klingt nicht schlecht!", was der Verkäufer in dem Verkaufsgespräch zum Beispiel über einen Laptop gesagt hat.

Abschlusstechniken

Der Verkäufer kann nach Erkennen der Verkaufsbereitschaft situationsabhängig verschiedene Abschlusstechniken anwenden. Er tut das einerseits, um den Kaufabschluss möglichst schnell herbeizuführen, andererseits, um den Kunden die Kaufentscheidung so leicht wie möglich zu machen.

● Einschränken der Auswahl:
Die vorgelegte Auswahl sollte gegen Ende des Verkaufsgesprächs immer mehr eingeschränkt werden. Dadurch wird die Aufmerksamkeit auf eine Ware gelenkt.

> **BEISPIEL**
>
> „Dieser Artikel hier kommt wohl nicht mehr infrage?"

● Zusammenfassung der Argumente:
Die Vorteile, die in der Argumentation schon genannt wurden, werden zum Schluss sehr gestrafft zusammengefasst. Dabei sollten nur die Argumente verwendet werden, die vom Kunden bestätigt wurden. Es muss beachtet werden, dass das oder die stärksten Argumente am Schluss stehen.

● Alternativfragen stellen:
Der Verkäufer bietet dem Kunden die Wahl zwischen zwei möglichen Artikeln an. Die Frage, ob der Kunde überhaupt etwas kaufen will, wird geschickt ausgeklammert. Der Verkäufer stellt zwei positive Alternativen vor, zwischen denen sich der Käufer entscheiden muss.

> **BEISPIEL**
>
> „Möchten Sie die Grundausstattung oder die Luxusausführung zum Aktionspreis?"

● Die Ja-Fragen-Technik:
Der Verkäufer stellt am Ende des Verkaufsgesprächs mehrere Fragen, die der Kunde nur mit „Ja" beantworten kann. Durch das Sammeln der zustimmenden Antworten wird beim Kunden insgesamt eine positive Stimmung für den Kauf erzeugt. Durch das Herbeiführen mehrerer kleinerer Einzelentscheidungen kann in vielen Fällen die Kaufentscheidung erleichtert werden.

> **BEISPIELE**
>
> ● Verkäufer: „Sie legten ja Wert auf ein sparsames Modell?"
> ● Kunde: „Ja."
> ● Verkäufer: „Mit der Leistung dieses Geräts sind Sie einverstanden?"
> ● Kunde: „Ja."
> ● Verkäufer: „Die Farbe gefällt Ihnen auch?"
> ● Kunde: „Ja."
> ● Verkäufer: „Dann ist dieses Gerät mit Sicherheit das nützlichste."
> ● Kunde: „Ja."

● Die Empfehlung:
Um den Kunden den Kaufentschluss zu erleichtern, kann der Verkäufer die Verantwortung für die Kaufentscheidung mitübernehmen. Dazu gibt er mit einer sachbezogenen Formulierung seinen Ratschlag als Berater des Kunden.

> **BEISPIEL**
>
> „Es empfiehlt sich, schnell zu entscheiden, da dieser Artikel nur noch bis zum Ende der Woche im Angebot ist."

Zu vermeiden ist einerseits ein Aufdrängen der Empfehlungen, andererseits die Verwendung subjektiver, personenbezogener Formulierungen (z. B. „Ich empfehle ...").

● Die Als-ob-Argumentation:
Der Kunde wird so angesprochen, als wäre seine Entscheidung schon gefallen und er hätte die Ware schon gekauft.

> **BEISPIEL**
>
> „Ihrer Familie werden Sie mit diesem Gerät viel Freude machen."

5530200

- Die Pause:

  In manchen Verkaufssituationen kann auch das Schweigen des Verkäufers zu einer Kaufentscheidung führen. Es erzeugt oft ein Unbehagen beim Kunden, dem er eventuell durch den Kaufabschluss entgehen kann.

- Die direkte Kaufaufforderung:

  Wenn der Kunde eindeutig seine Kaufsbereitschaft zu erkennen gibt, wird der Kaufabschluss durch eine direkte Bestätigung eingeleitet.

  BEISPIEL

  „Bei diesem schönen Sommerwetter behalten Sie die Sandalen doch sicher gleich an!"

Die Körpersprache der Kundin signalisiert Kaufbereitschaft.

AUFGABEN

1. Wie sollte sich der Verkäufer in der Abschlussphase verhalten?

2. Wodurch unterscheiden sich körpersprachliche und sprachliche Kaufsignale?

3. Führen Sie körpersprachliche Kaufsignale des Kunden auf.

4. Wie signalisiert ein Kunde sprachlich seine Kaufbereitschaft?

5. Warum fördert ein Einschränken der Auswahl die Entscheidung beim Kunden?

6. Was will ein Verkäufer erreichen, wenn er Alternativfragen in der Abschlussphase stellt?

7. Erläutern Sie die Ja-Fragen-Technik.

8. Was ist bei Empfehlungen zu beachten?

9. Was kann ein Verkäufer mit einer Pause in der Abschlussphase bewirken?

10. Erläutern Sie die Als-ob-Argumentation.

11. Welche Voraussetzung muss bei einer direkten Kaufaufforderung gegeben sein?

12. Welche Abschlusstechniken liegen vor?

    a) – „Wenn ich Sie recht verstanden habe, kommt es für Sie darauf an, dass ..."

    – „Lassen Sie mich zusammenfassen, Sie wollen ..."

    b) – „Gefällt Ihnen der Artikel in Weiß oder Grün besser?"

    – „Wollen Sie den Anzug gleich mitnehmen oder soll unser Schneider die Kürzungen vornehmen?"

    c) „Ich empfehle Ihnen diesen DVD-Player, weil ..."

13. In der Damenmodeabteilung der Ambiente Warenhaus AG wird eine Kundin schon 25 Minuten lang beraten:

    Kundin: „Dieser rote Pullover könnte mir sehr gut gefallen ... Aber der blaue ist auch sehr schön."

    Verkäuferin: „Sie haben Geschmack, beide sind sehr schön ausgefallen."

    Kundin: „Tja, welchen nehme ich nun?"

    Verkäuferin: „Nun, das müssen Sie schon selbst entscheiden. Das ist nicht mein Job."

    a) Wie beurteilen Sie das Verhalten der Verkäuferin?

    b) Führen Sie zwei Abschlusstechniken auf, die Sie in der oben beschriebenen Situation anwenden können. Formulieren Sie in der Rolle der Verkäuferin dazu in wörtlicher Rede ein Beispiel.

AKTIONEN

1. Formulieren Sie schriftlich für jeweils vier Artikel Ihres Ausbildungssortiments, wie beim Kunden der Kaufentschluss gefördert werden kann durch
   a) die Ja-Fragen-Technik,
   b) Alternativfragen,
   c) Empfehlungen,
   d) Zusammenfassung der Argumente.
2. a) Entscheiden Sie sich in Partnerarbeit für ein mögliches Kaufsignal eines Kunden und wählen Sie eine der Abschlusstechniken aus.

   b) Schreiben Sie ein Rollenspiel für ein Verkaufsgespräch, das im Rahmen der Abschlussphase das mögliche Kaufsignal sowie die ausgewählte Abschlusstechnik enthält.

   c) Bereiten Sie sich darauf vor, das Rollenspiel vorzuführen.

   d) Aufgabe der Klasse ist es, sowohl das Kaufsignal des Kunden als auch die angewandte Abschlusstechnik zu erkennen.

ZUSAMMENFASSUNG

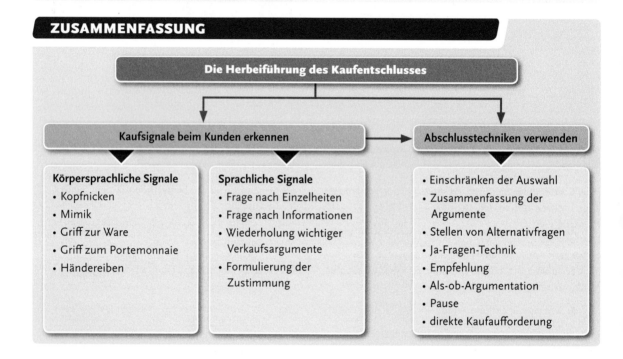

KAPITEL 15
Wir beenden das Verkaufsgespräch zur Zufriedenheit des Kunden

Der Unternehmensberater erläutert den Teilnehmern des Verkaufskundeseminars die letzte Phase eines Verkaufsgesprächs:

„Hat der Kunde alles gekauft und keine weiteren Wünsche mehr, dann geht der professionelle Verkäufer in die letzte Phase des Gesprächs über, die Beendigung des Verkaufsgesprächs.

Das ist noch einmal die Gelegenheit, die positiven Elemente aus der Kontaktphase zu wiederholen. Man weiß, dass der Kunde sich besonders den Anfang und das Ende eines Gesprächs gut merkt. Hier kann man also noch etwas für die Kundenbindung tun. Im Einzelnen kann man Folgendes empfehlen:

- Bedanken Sie sich klar und deutlich für den Einkauf.
- Suchen Sie Augenkontakt und zeigen Sie dem Kunden ein freundliches Gesicht.
- Nennen Sie bei der Verabschiedung seinen Namen, wenn bekannt.
- Wenn der Kunde häufiger bei Ihnen kauft, geben Sie ihm einen Wunsch mit: zum Wochenende, zum Abend, zum Wetter.

Viele dieser Ratschläge hören sich jetzt sicherlich selbstverständlich an und bedürfen keiner Erwähnung. Trotzdem wird in der Praxis häufig dagegen verstoßen, sei es aus Unkenntnis, Zeitnot oder weil man mit seinen Gedanken gerade woanders ist.

Gründe, es nicht zu machen, gibt es viele!
Gründe, sich an die Regeln zu halten, gibt es nur zwei: Umsatz und Kundenbindung."

1. Begründen Sie, warum sich die Verkäufer nach den Ratschlägen des Unternehmensberaters richten sollten.

INFORMATIONEN

Häufig kann beobachtet werden, dass Verkäufer nach der Kaufentscheidung des Kunden das Interesse an ihm sehr schnell verlieren und sehr schnell das Weite suchen. Viele Kunden beklagen sich deshalb darüber, dass sie sich von Verkäufern am Ende eines Verkaufsgesprächs falsch behandelt fühlen: Nach Abschluss des Kaufvertrags zeigen sie sich oft gleichgültig. Eine gekonnte Beendigung des Verkaufsgesprächs schafft eine positive Nachwirkung und wird vom Kunden als Belohnung empfunden. An dieser Stelle des Verkaufsgesprächs wird oft entschieden, ob der Kunde wiederkommt oder nicht. Um Kunden an das Geschäft zu binden, sollten Verkäufer auch auf die letzte Phase eines Verkaufsgesprächs ein großes Augenmerk legen. Sie ist vom Verkäufer so zu gestalten, dass aus dem Kunden ein zufriedener Dauerkunde werden kann. Der Einzelhandel lebt nämlich von zufriedenen Stammkunden.

Bestätigung der Kaufentscheidung
Oft hat der Kunde nach dem Kauf noch Zweifel und Bedenken.

BEISPIELE

Kundengedanken oder -äußerungen:
- „Vielleicht hätte ich doch meinen Mann/meine Frau fragen sollen?"
- „War es wirklich gut, diesen Artikel zu kaufen?"

Da der Entschluss zum Kauf wegen der damit verbundenen Geldausgabe dem Kunden nicht immer leichtfällt, benötigt er häufig für sich, aber auch gegenüber seiner Umwelt noch Rechtfertigungsgründe für seine Kaufentscheidung. Der Verkäufer muss dem Kunden deshalb solche Gründe in Form einer Kaufbestätigung liefern: Der Kunde braucht vor allem ein Erfolgserlebnis beim Einkauf der Ware. Dieses bekommt er, wenn der Verkäufer ihn in seiner Kaufentscheidung bestätigt.

Die Kaufbestätigungen des Verkäufers können sich beziehen auf:

- Kaufmotiv

  #### BEISPIEL

  „Bei dieser Videokamera stand ja für Sie die leichte Bedienbarkeit im Vordergrund. Zu Hause brauchen Sie nachher nur noch die Videokamera auszupacken und können sofort aufnehmen."

- Umtauschmöglichkeit

  #### BEISPIEL

  „Sollte Ihrem Sohn der Pullover doch nicht gefallen, können Sie den Pullover gern wieder umtauschen."

- Verwendungsmöglichkeiten

  BEISPIEL

  > „Sie können mit Ihrer Wahl zufrieden sein. Dieses Hemd können Sie sowohl in der Freizeit als auch im Büro tragen."

- Haltbarkeit

  BEISPIEL

  > „Durch das sehr einfache Konstruktionsprinzip mit der damit verbundenen nur geringfügigen Abnutzung der Bauteile werden Sie das Gerät sehr lange nutzen können."

- Ergänzungsartikel

  BEISPIEL

  > „Den Sortieraufsatz für diesen Kopierer können Sie auch später noch dazukaufen."

- Garantieleistungen

  BEISPIEL

  > „Sie bekommen vom Hersteller dieses sehr leicht zu bedienenden Kopiergeräts eine Garantie für 5 Jahre."

- Kundendienst und Service

  BEISPIEL

  > „Sollte dennoch einmal ein Problem auftauchen, können Sie jederzeit das Gerät von unserem Kundendienst abholen lassen."

Die Verabschiedung

In einem Verkaufsgespräch kann es zu drei möglichen Ergebnissen kommen:
- Der Kunde kauft;
- der Kunde will sich den Kauf noch einmal überlegen;
- der Kunde kauft nicht.

In den beiden letzten Fällen darf der Verkäufer sich nicht verärgert zeigen. Stattdessen sollte er im Fall eines Nichtkaufs freundlich bleiben und es dem Kunden ohne Gesichtsverlust ermöglichen, sich aus dem Verkaufsgespräch zurückzuziehen.

BEISPIEL

> „Wenn Sie das nächste Mal unser Geschäft besuchen, stehen wir Ihnen gerne wieder zur Verfügung."

Bei einem Kaufabschluss sollte sich der Verkäufer zunächst in angemessener Form beim Kunden für den Kauf bedanken. Anschließend folgt der eigentliche Verabschiedungsgruß.

BEISPIEL

- „Vielen Dank für Ihren Einkauf!" → Dank
- „Auf Wiedersehen!" → die eigentliche Verabschiedung

In vielen Fällen empfiehlt sich eine situationsbezogene Verabschiedung. Sie bezieht sich auf bestimmte zeitliche Ereignisse.

BEISPIELE

- „Frohe Weihnachten!"
- „Schöne Ferien!"
- „Schöne Feiertage!"
- „Schönes Wochenende!"

Hinweise und Anregungen

Tipps, Hinweise und Anregungen, die der Verkäufer gibt, werden vom Kunden mit großer Wahrscheinlichkeit positiv aufgenommen. Neben der Kaufbestätigung steht dabei vor allem im Vordergrund, dass der Verkäufer zeigt, dass er sich auch nach dem Kaufabschluss für seine Kunden interessiert. Dem Verkäufer liegt das Wohl des Kunden am Herzen: Die Hinweise und Anregungen dienen dazu, die Ware später vorteilhaft zu nutzen.

BEISPIEL

> „Vergessen Sie bitte nicht, ab und zu die Linse zu reinigen."

AUFGABEN

1. Warum sollte die Beendigung des Verkaufsgesprächs höflich und professionell durchgeführt werden?

2. Warum ist es wichtig, den Kunden in seiner Kaufentscheidung zu bestätigen?

3. Worauf können sich die Kaufbestätigungen des Verkäufers beziehen?

4. Was erreicht der Verkäufer mit Hinweisen und Anregungen?

5. Wie sollte der Verkäufer reagieren, wenn kein Kauf zustande kommt?

6. Wie sollte die Verabschiedung eines Kunden, der Ware gekauft hat, durchgeführt werden?

7. Was ist eine situationsbezogene Verabschiedung?

8. Wie wird in den folgenden Fällen versucht, beim Kunden eine positive Nachwirkung zu erzielen?

   a) „Sie haben sicher viel Freude mit diesem Anzug!"

   b) „Im nächsten Herbst sollten Sie den Regenmantel imprägnieren!"

AKTIONEN

1. Formulieren Sie schriftlich zehn Kaufbestätigungen für Waren Ihres Ausbildungssortiments.

2. Sammeln Sie Hinweise und Anregungen zu zehn Artikeln Ihres Ausbildungssortiments, die bei Ihren Kunden für eine positive Nachwirkung sorgen können.

ZUSAMMENFASSUNG

Beendigung des Verkaufsgesprächs

- Es muss eine positive Nachwirkung beim Kunden erzielt werden.
- von großer Bedeutung für die Kundenbindung

Bestätigung der Kaufentscheidung
- Zweifel und Bedenken des Kunden werden ausgeräumt.
- Es werden Gründe geliefert, die den Kauf rechtfertigen.

Hinweise und Anregungen
- zeigen das Interesse des Verkäufers auch nach Kaufabschluss
- Die Ware kann auch später vorteilhaft genutzt werden.

Verabschiedung
- Bei Nichtkauf: dem Kunden ermöglichen, sich ohne Gesichtsverlust zurückzuziehen.
- Bei Kauf: Dank
- In jedem Fall: Verabschiedung mit Grußformel

Kurz vor der Abschlussprüfung verteilt die Ausbildungsleiterin der Ambiente Warenhaus AG einen Ausschnitt
aus einer Fachzeitschrift an die Auszubildenden.

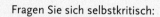

[...] Wenn ein Verkäufer sein eigenes Fachwissen
kritisch überprüft, wird er feststellen, dass er es mit
einer schwer zu beurteilenden Aufgabe zu tun hat.
Der Tätigkeitsbereich des Verkäufers ist nämlich
sehr vielschichtig. Ein Verkäufer, der den Anspruch
erhebt, professionell und gut zu sein, muss zunächst
seine Arbeit in ihren verschiedenen Erscheinungs-
formen analysieren. Er muss sich ganz offen und
nüchtern fragen, auf welchen Gebieten ihm Informationen und Kenntnisse fehlen. Es ist sinnvoll, die
einzelnen Punkte dieses Fehlwissens festzuhalten
und systematisch zu beseitigen [...]

Fragen Sie sich selbstkritisch:

1. Kennen Sie vollständig den Aufbau
   des Sortiments Ihres Ausbildungsbetriebs?
2. Kennen Sie die Produktmerkmale
   aller Artikel Ihres Ausbildungssortiments?
   Überprüfen Sie, ob Sie in der Lage
   sind, alle Verkaufsphasen situationsgerecht und erfolgreich durchzuführen.

INFORMATIONEN

Verkaufsgespräche sind komplex

Verkaufsgespräche sind sehr komplex. In jeder Phase
muss ein Verkäufer in Sekundenbruchteilen die jeweilige
Verkaufssituation richtig einschätzen und vielfältige Entscheidungen treffen. Stellt sich nur eine dieser Entscheidungen als falsch heraus, kann das Verkaufsgespräch
empfindlich gestört werden.

Wenn ein Verkäufer die vielen in einer Phase des Verkaufsgesprächs geltenden Regeln für einen erfolgreichen
Verkaufsabschluss nicht einhält, wird die einzelne Phase
nicht ordnungsgemäß durchlaufen und kann nicht abgeschlossen werden. Erfahrungsgemäß wird er in einer da-
rauffolgenden Stufe der Verkaufsverhandlung Schwierigkeiten haben. Störungen in Verkaufsverhandlungen treten – wenn sie nicht sofort das Verkaufsgespräch
beeinträchtigen – dann auf, wenn eine der Vorphasen
nicht abgeschlossen wurde.

BEISPIEL

Wenn ein Verkäufer ohne jeden Kontakt zum Kunden – also ohne eine Vertrauensbasis hergestellt zu
haben – den Kunden zu einem Verkaufsabschluss

bringen will, so wird er feststellen, dass der Kunde
sich nicht entscheiden wird.
Wird die Vertrauensbasis jedoch im Verkaufsgespräch
geschaffen, lernt der Verkäufer viel besser die konkreten Vorstellungen und Bedürfnisse des Kunden
kennen. Er kann so gezielter zu einem Verkaufserfolg
kommen.

Rollenspiele

Um zu lernen, in jeder Phase des Verkaufsgesprächs –
abhängig von der jeweiligen Verkaufssituation – die angemessene Entscheidung zu treffen, empfiehlt es sich, immer die Kriterien für eine erfolgreiche Durchführung der
einzelnen Phasen zu beachten. Übt man das schon in der
Ausbildung – beispielsweise in Rollenspielen zwischen
Verkäufer und Kunde –, so wird man später im eigentlichen Berufsleben in Verkaufsgesprächen weitgehend
Fehler vermeiden und viele den Kunden zufriedenstel-
lende Kaufabschlüsse tätigen.

Mit einem Rollenspiel können Sie ein als vorteilhaft oder konstruktiv empfundenes Verhalten einüben (was erheblich effizienter ist, als über das gewünschte Verhalten nur zu sprechen): Durch die spielerische Ausgestaltung eines Problems kann es häufig simulierend gelöst werden. Sie versetzen sich ausgehend von einem vorgegebenen Fall in die Rolle einer Person. Gelernt wird sowohl durch das direkte Erleben als auch durch die Rückmeldungen der vielen Beobachter.

BEISPIEL

Eine Schülerin spielt eine verärgerte Kundin, die wütend eine Reklamation vorbringt. Ein anderer Schüler übt, sich trotz heftiger Angriffe der Kundin freundlich und kundenorientiert zu verhalten. In einer der Realität angenäherten Situation wird ein Vorgang bzw. Verhalten beliebig oft wiederholbar und analysierbar gemacht. Die Handelnden werden von den Beobachtern mit zusätzlichen Tipps zur Verhaltensbesserung versehen. Eine Wiederholung macht eine systematische Veränderung in Details möglich.

Gerade auch die Beobachter lernen richtiges Verkäuferverhalten. Beobachtet man gezielt gelungenes oder nicht erfolgreiches Verkäuferhandeln – und wertet diese Beobachtungen bewusst aus –, wird sich das mit Sicherheit positiv in eigenen Verkaufsgesprächen in der Praxis auswirken.

Für die erfolgreiche Durchführung eines Rollenspiels sollten Sie folgende Phasen einhalten:
- Aufstellen und Bekanntmachen der Spielregeln
- Problemstellung
- Verteilung der Rollen:
  Die Spieler erhalten häufig auf Rollenkarten eine Vorgabe der Rolle, die Nichtmitspieler übernehmen Beobachtungsaufgaben.
- Vorbereitung des Rollenspiels:
  Besorgen Sie sich als Spieler wichtige Sachinformationen und denken Sie sich in Ihre Rolle ein:
  – Die Spieler sollten sich die Vorgaben zum Rollenspiel genau anschauen.
  – Die Spieler sollten sich überlegen, was sie an Informationen benötigen.
  – Die Spieler sollten sich ihr Vorgehen überlegen.

Rollenspiele sind sehr beliebte und effiziente Instrumente des Verkäufertrainings. Ein Trainingskandidat spielt den Verkäufer und ein anderer Trainingskandidat oder der Trainer übernimmt die Käuferrolle. Mithilfe des Rollenspiels lassen sich die verkäuferischen Fähigkeiten entwickeln und verbessern. Sowohl Rollenspieler als auch Beobachter können aus dem Rollenspiel Nutzen ziehen.

Spezifische Vorteile des Einsatzes eines Rollenspiels sind:
- Verkaufen wird „ganzheitlich" geübt (Verhalten, Argumentation, Sprechen).
- Man erhält eine bessere Einsicht in das eigene Verhalten.
- Die Teilnehmer können aktiv üben.
- Die Teilnehmer erleben Erfolge ihres Verhaltens.

- Es besteht für die Teilnehmer die Möglichkeit der Selbstkontrolle.
- Es steigert die Selbstsicherheit.
- Durch die Spielsituation ist das Verhalten der Teilnehmer „ungefährlich".
- Es bietet die Möglichkeit, neue Verkaufstechniken zu üben.
- Es schafft eine positive Lernmotivation.
- Auch die Beobachter können Nutzen daraus ziehen.
- Die Möglichkeit der Videoaufzeichnung bietet die Möglichkeit einer späteren eingehenden Analyse, auch durch die Teilnehmer.

Weiss, Verkauf, Kiehl-Verlag, Ludwigshafen 2000

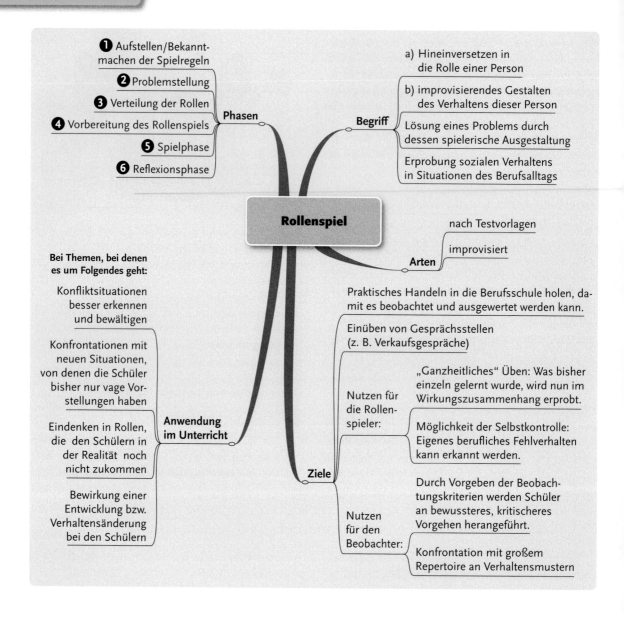

Rollenspiel

Phasen
❶ Aufstellen/Bekannt-machen der Spielregeln
❷ Problemstellung
❸ Verteilung der Rollen
❹ Vorbereitung des Rollenspiels
❺ Spielphase
❻ Reflexionsphase

Begriff
a) Hineinversetzen in die Rolle einer Person
b) improvisierendes Gestalten des Verhaltens dieser Person
Lösung eines Problems durch dessen spielerische Ausgestaltung
Erprobung sozialen Verhaltens in Situationen des Berufsalltags

Arten
nach Testvorlagen
improvisiert

Anwendung im Unterricht
Bei Themen, bei denen es um Folgendes geht:
Konfliktsituationen besser erkennen und bewältigen
Konfrontationen mit neuen Situationen, von denen die Schüler bisher nur vage Vor-stellungen haben
Eindenken in Rollen, die den Schülern in der Realität noch nicht zukommen
Bewirkung einer Entwicklung bzw. Verhaltensänderung bei den Schülern

Ziele
Praktisches Handeln in die Berufsschule holen, da-mit es beobachtet und ausgewertet werden kann.
Einüben von Gesprächsstellen (z. B. Verkaufsgespräche)

Nutzen für die Rollen-spieler:
„Ganzheitliches" Üben: Was bisher einzeln gelernt wurde, wird nun im Wirkungszusammenhang erprobt.
Möglichkeit der Selbstkontrolle: Eigenes berufliches Fehlverhalten kann erkannt werden.

Nutzen für den Beobachter:
Durch Vorgeben der Beobach-tungskriterien werden Schüler an bewussteres, kritischeres Vorgehen herangeführt.
Konfrontation mit großem Repertoire an Verhaltensmustern

BEISPIELE

- Wie verhalten sich die Mitspieler?
- Wie könnte auf mögliches Verhalten der Mitspie-ler reagiert werden?

Die Beobachter bereiten sich auf ihre Aufgabe vor:
- Welche Person soll beobachtet werden?
- Auf welches Verhalten soll geachtet werden?
- Spielphase
- Reflexionsphase
Nach dem Spiel wird die Konfliktsituation bewusst ge-macht und analysiert. Spieler und Beobachter werden nach ihren Eindrücken gefragt.
- Zunächst drücken die Rollenspielteilnehmer ihre Empfindungen und Gedanken aus.

- Die Beobachter geben dann anhand ihrer Aufzeich-nungen Rückmeldungen ab. Dabei haben die Rol-lenspieler Gelegenheit zu Rückfragen an die Be-obachter.
- In jedem Fall muss beachtet werden, dass die ge-spielten Rollen beurteilt werden, nicht die spie-lenden Personen! Das Klima in der Klasse muss vertrauensvoll sein. Kritik sollte aufbauend und konstruktiv sein, genauso sollte auf Lobhudeleien verzichtet werden. Wichtig sind also aufbauende, wohlwollende, positive Empfehlungen.
- Nach der Reflexionsphase ist das Rollenspiel be-endet. Die spielenden Personen werden aus den Rollen entlassen.

Die Vorteile davon, Verkaufsgespräche in Rollenspielen zu üben, werden noch verstärkt, wenn man sie mithilfe der Videotechnik aufzeichnet:

- Das Anschauen der Videoaufzeichnung ermöglicht noch größere Selbsterfahrung im Hinblick auf das eigene Verkäuferverhalten.
- Es steht Material für gezielte Auswertungen bereit: Ein normales Rollenspiel kann man sich nur einmal anschauen, ein aufgezeichnetes mehrfach.

Die wichtigsten Kriterien zur erfolgreichen Durchführung von Verkaufsgesprächen sind in der nachfolgenden Übersicht aufgeführt. Sie kann auch als Beobachtungsbogen für komplexe Verkaufsgespräche verwendet werden.

Beobachtungsbogen für Verkaufsgespräche

Phase	Zielsetzung	Kriterien für eine erfolgreiche Durchführung der Phase
Kontaktaufnahme mit dem Kunden	Der Kunde soll sich positiv angenommen fühlen.	• Blickkontakt halten • den Kunden freundlich begrüßen • den Kunden – so bekannt – mit Namen ansprechen
Ermittlung des Kaufwunschs	Der Verkäufer soll in Erfahrung bringen, welche Bedürfnisse der Kunde hat.	• Kundenwunsch erfragen • aktives Zuhören praktizieren • dabei Kaufmotive ermitteln • dabei auf genannte Motive eingehen
Vorlegen der Ware	Der Verkäufer soll die Ware bedarfsgerecht anbieten.	• eine begrenzte Zahl von Artikeln vorlegen • alle Sinne des Käufers ansprechen
Verkaufsargumentation: Anbieten von Problemlösungen	Der Kunde soll durch die Nutzendarstellung des Verkäufers überzeugt werden.	• auf das zu lösende Problem des Kunden eingehen • Nutzen der Ware für den Kunden aufzeigen • im Sie-Stil formulieren • Verkaufsargumente möglichst anschaulich und überzeugend aus Warenkenntnissen ableiten • keine Verkaufsphrasen verwenden
Nennung des Preises	Der Verkäufer setzt den Preis der Ware in Bezug zur Leistung.	• keine Begriffe wie „billig" oder „teuer" verwenden • den Preis nicht isoliert nennen
Behandlung von Einwänden	Dem unsicheren Kunden wird gezeigt, dass seine Bedenken ernst genommen werden.	• Es wird Verständnis für den Kunden gezeigt. • Es wird eine der möglichen Methoden der Einwandbehandlung angewandt, um auf die Bedenken des Kunden zu reagieren.
Herbeiführen des Kaufentschlusses	Der Kunde soll dazu gebracht werden, eine Entscheidung zu treffen.	• Die Kaufsignale des Kunden müssen erkannt werden. • Um dem Kunden die Entscheidung zu erleichtern, wird eine der möglichen Abschlusstechniken eingesetzt.
Abschluss der Verkaufsverhandlung	Das Verkaufsgespräch wird für den Kunden zufriedenstellend beendet.	• Es werden evtl. Serviceleistungen angeboten. • Es werden passende Zusatzartikel empfohlen. • Der Kaufentschluss des Kunden wird bekräftigt. • Der Kunde wird verabschiedet.

AUFGABEN

1. Welche Folgen hat ein Fehler in einer der Phasen eines Verkaufsgesprächs?

2. Warum ist es wichtig, schon in der Ausbildung immer die Regeln für eine erfolgreiche Durchführung der einzelnen Phasen eines Verkaufsgesprächs zu beachten?

3. Führen Sie die Ziele der einzelnen Phasen eines Verkaufsgesprächs auf.

4. Nennen Sie für jede einzelne Phase eines Verkaufsgesprächs Kriterien für eine erfolgreiche Durchführung der Phase.

5. Warum sind Rollenspiele ein wichtiges Instrument beim Üben von Verkaufsgesprächen?

6. In der Abteilung sehen Sie einen Kunden, der sich für einen ausgestellten Laptop interessiert. Sie sprechen ihn mit folgenden Worten an: „Dieser Laptop hat ein hochwertiges Modem. Damit können Sie sich Zugang zum Internet verschaffen."

   Welchen Vorteil hat diese Art der Ansprache?
   a) Damit unterbinden Sie alle weiteren Fragestellungen.
   b) Durch diese Ansprache sichern Sie den Verkauf des Laptops.
   c) Durch diese Art der Ansprache vermeiden Sie spätere Reklamationen.
   d) Nach dieser warenbezogenen Ansprache können Sie den Kunden sich selbst überlassen.
   e) Durch diese Ansprache stellen Sie den Nutzen der Ware in den Vordergrund.

7. Ein technisch wenig informierter Kunde möchte eine Hi-Fi-Anlage kaufen. Welches Verkäuferverhalten ist in diesem Fall angemessen?
   a) Der Verkäufer lässt den Kunden mit der Bedienungsanleitung und der Anlage allein.
   b) Der Verkäufer erklärt dem Kunden das Gerät unter Verwendung von vielen Fachbegriffen.
   c) Der Verkäufer berät den Kunden hinsichtlich Funktion, Qualität und Preis der Ware umfassend.
   d) Der Verkäufer rät dem Kunden vom Kauf einer Hi-Fi-Anlage ab und bietet dafür ein Radiogerät an.
   e) Der Verkäufer verweist lediglich auf Fachliteratur.

8. Die Mitarbeiter der Elektroabteilung nehmen an einer weiteren Schulung über die Argumentation bei Verkaufsgesprächen teil. Welche Antwort ist bei dem Einwand: „285,00 € für ein Heizgerät, das ist aber teuer!" die sinnvollste?
   a) Dafür hat das Heizgerät eine besonders schöne Form.
   b) Für gute Heizgeräte muss man heute viel bezahlen.
   c) Dann nehmen Sie doch das Heizgerät für 73,00 €.
   d) Sie haben recht, aber jeder Markenartikel hat seinen berechtigten Preis.
   e) Sie haben recht, aber beachten Sie bitte, dass dieses Heizgerät mit einem Überhitzungsschutz ausgestattet ist.

9. Welche Verkaufsargumente können den Kunden vom Kauf einer Ware abhalten?
   a) Verkaufsargumente, die informativ sind.
   b) Verkaufsargumente, die verständlich sind.
   c) Verkaufsargumente, die positiv auf den Kunden wirken.
   d) Verkaufsargumente, die kundenbezogen sind.
   e) Verkaufsargumente, die allgemein gehalten sind.

10. Ein guter Verkäufer stellt bei seinen Verkaufsargumenten den persönlichen Bezug zum Kunden her. Welche Aussage im Rahmen der Beratung ist ein Verkaufsargument, das dem Kunden direkt den Nutzen verdeutlicht?
    a) Dies ist ein Raum sparender Kühlschrank.
    b) Wir führen auch Strom sparende Geräte.
    c) Diese Batterien sind umweltfreundlich.
    d) Dieser Bügelautomat ermöglicht Ihnen mehr Freizeit.
    e) Diese Waschmaschine hat ein Sparprogramm.

11. Sie erkennen, dass sich ein Kunde vor dem Regal der CD-Player Hilfe suchend umsieht. Bringen Sie die folgenden Schritte des Verkaufsvorgangs bei einem Bedienungskauf in die richtige Reihenfolge:
    a) Sie bestätigen die Kaufentscheidung des Kunden.
    b) Sie ermitteln durch gezielte Fragen den Kaufwunsch des Kunden.
    c) Sie nehmen mit freundlicher Begrüßung den Kontakt zum Kunden auf.
    d) Sie führen das Gerät vor und lassen den Kunden selbst einige Funktionen ausprobieren.

AKTIONEN

1. Sie wollen sich auf eine Klassenarbeit über dieses Lernfeld vorbereiten. Versuchen Sie den Aufgabensatz zu Vorbereitung und Durchführung eines Verkaufsgesprächs zu lösen. Haben Sie bei der Beantwortung einer Frage Probleme, kann es sein, dass Sie bei dem zugehörigen Thema eventuell Lücken haben. Lesen Sie sich bitte deshalb das entsprechende Kapitel dieses Buchs noch einmal ausführlich und genau durch.

   a) Führen Sie fünf Informationsquellen über Waren auf.

   b) Über welche allgemeinen Produktmerkmale kann eine Ware verfügen?

   c) Was ist bei der Kontaktaufnahme zu beachten? Erläutern Sie die indirekte Bedarfsermittlung.

   d) Nennen Sie drei Grundsätze der Warenvorlage.

   e) Stellen Sie an einem Beispiel aus Ihrem Ausbildungssortiment die drei Stufen der Verkaufsargumentation vor.

   f) Erläutern Sie den Begriff „Sandwichmethode" im Zusammenhang mit der Preisnennung.

   g) Nennen und erklären Sie vier Methoden der Einwandbehandlung.

   h) Wie kann eine Kaufentscheidung herbeigeführt werden?

   i) Was ist beim Abschluss eines Verkaufsgesprächs zu beachten?

   j) Was ist aktives Zuhören?

   k) Führen Sie drei Fragearten auf und erläutern Sie sie.

2. Sie sollten auch ständig versuchen, Klarheit über das Niveau Ihres Warenwissens zu gewinnen. Dazu können u. a. vielleicht die folgenden Fragen helfen:

   a) In welchen Warengruppen Ihres Ausbildungssortiments kennen Sie sich nicht besonders gut aus?

   b) Sind Ihnen die Ausführungen (Fachbegriffe usw.) in den unterschiedlichen Informationsquellen zu Waren Ihres Ausbildungssortiments verständlich?

   c) Kennen Sie die Produktmerkmale der wichtigsten und typischsten Artikel Ihres Ausbildungssortiments?

   d) Können Sie alle Produktmerkmale erläutern, beurteilen und kommentieren sowie Produktvorteile daraus ableiten?

   e) Ist Ihnen detailliert klar, wie die Herstellungsverfahren der von Ihnen angebotenen Waren sind?

   f) Welche Fragen von Kunden haben Sie in den letzten Monaten ausweichend beantworten müssen?

   usw.

Prüfen Sie sich bitte selbstkritisch und seien Sie ehrlich zu sich selbst. Bei erkannten Lücken im Warenwissen versuchen Sie, diese systematisch zu schließen.

ZUSAMMENFASSUNG

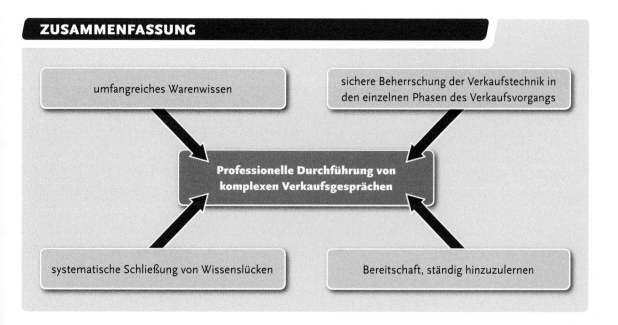

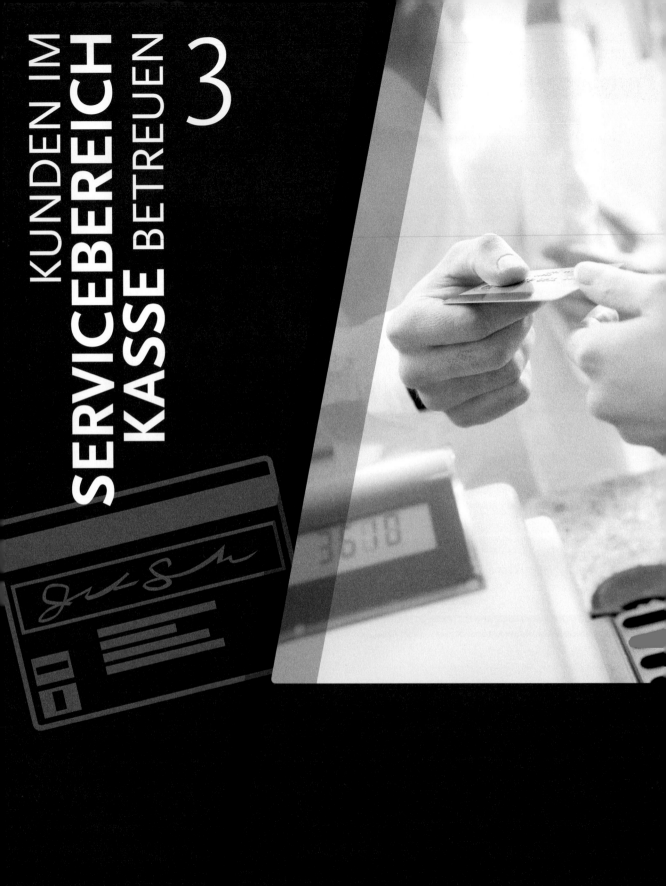

KUNDEN IM
SERVICEBEREICH
KASSE BETREUEN

3

Kunden im Servicebereich Kasse betreuen

Lernsituation

Die Auszubildenden Britta Krombach, Robin Labitzke und Anja Maibaum sollen ab morgen in ihrer Abteilung an der Kasse eingesetzt werden:

- Britta Krombach in der Warenwelt „Unterhaltungselektronik"
- Robin Labitzke in der Warenwelt „Lebensmittel"
- Anja Maibaum in der Warenwelt „Damen"

Um ihre Aufgaben dort richtig wahrnehmen zu können, sollen sie sich einen Überblick über die Tätigkeiten in dem jeweiligen Kassenbereich ihrer Abteilungen verschaffen.

Versetzen Sie sich in die Rolle von Britta Krombach, Robin Labitzke oder Anja Maibaum.

1. Wählen Sie einen Kassenbereich aus und sammeln Sie die Tätigkeiten, die in diesem Kassenbereich ausgeführt werden müssen. Bringen Sie die Tätigkeiten in die richtige Reihenfolge und stellen Sie diesen Prozess auf einem Poster dar.

2. Stellen Sie die für den Abschluss eines Kaufvertrags wichtigsten gesetzlichen Regeln mit einem Präsentationsmittel Ihrer Wahl dar.

3. Vergleichen Sie die Tätigkeiten in den unterschiedlichen Kassenbereichen und präsentieren Sie die Unterschiede.

4. Informieren Sie sich über die unterschiedlichen Zahlungsmöglichkeiten der Kunden.

5. Wickeln Sie einen Kassiervorgang im Rollenspiel ab.

6. Beschreiben Sie die Verkaufsdatenerfassung an den Kassen.

Bei der Lösung des Arbeitsauftrags helfen Ihnen die Informationen in den folgenden Kapiteln.

Anja Maibaum ist nervös. Morgen soll sie im Rahmen ihrer Ausbildung das erste Mal an der Kasse arbeiten. Sie spricht mit ihrer Ausbildungsleiterin, Daniela Rosendahl.

Kassieranweisung der Ambiente Warenhaus AG

Der Kassierprozess verlangt von allen Verkaufsmitarbeitern erhöhte Aufmerksamkeit. Sehr leicht können Fehler und unsachgerechtes Vorgehen zu schwerwiegenden Kassendifferenzen führen. Deshalb gelten in allen Filialen die folgenden Kassierregeln:

1. Die vom Kunden ausgesuchte Ware wird unverpackt neben die Kasse gelegt.
2. Dann wird der zu zahlende Kaufpreis in Euro und Cent laut und deutlich genannt.
3. Der Gesamtkaufpreis wird registriert. Das vom Kunden überreichte abgezählte Geld muss nachgezählt werden.
4. Der Betrag wird laut wiederholt, dann in die Kasse gelegt und die Kasse geschlossen.
5. Zahlt der Kunde mit größeren Geldbeträgen, wird der Betrag laut genannt. Soweit möglich werden Geldscheine auf Echtheit geprüft und auf die Kassenplatte gelegt.
6. Das Wechselgeld wird der Kasse entnommen und dem Kunden vorgezählt.
7. Das vom Kunden gezahlte Geld wird in der Kasse deponiert und die Kasse dann geschlossen.
8. Ware und Kassenbon werden verpackt und dem Kunden ausgehändigt bzw. der Kunde nimmt sie vom Kassentisch und verpackt sie selbst.
9. Ausnahmen von diesen Regeln dürfen nur auf Anweisung der Abteilungsleitung erfolgen.

1. Stellen Sie dar, welchem Zweck solche Kassieranweisungen dienen.
2. Vergleichen Sie die Kassieranweisung Ihres Unternehmens mit der der Ambiente Warenhaus AG.

INFORMATIONEN

Neben der Warenübergabe und der Verabschiedung des Kunden steht die Bezahlung der Ware am Abschluss der Verkaufshandlung. Zur Abwicklung des Zahlungsvorgangs verwenden die Einzelhandelsbetriebe Kassensysteme. Sie haben zwei Hauptaufgaben zu erfüllen:

1. Kassieren:
   Die Kassen sollen das schnelle und fehlerfreie Kassieren des Kaufbetrags ermöglichen: An den Kassenplätzen findet der Tausch „Ware gegen Geld" mit der Vereinnahmung der Kaufbeträge statt. Die Kassen dienen also zunächst als Abwicklungs- und Kontrollstelle für den Geldein- und -ausgang.

2. Verkaufsdatenerfassung:
   Da am Warenausgang – dem Standort der Kassen – wesentliche Daten anfallen, werden Kassensysteme zunehmend zu **Datenerfassungsstationen.** Sie liefern Daten über Waren, Zahlungsmittel, Kunden und Personal, die später von einer EDV-Anlage ausgewertet werden können. Die Kassen sind also – eine weitere Aufgabe – Informationsinstrument für den Einzelhändler im Rahmen der Warenwirtschaftssysteme.

Kassenarten

Im Einzelhandel werden verschiedene Kassenarten verwendet. Sie erfüllen die an sie gestellten Anforderungen in unterschiedlicher Weise.

In modernen Einzelhandelsunternehmen werden heute in der Regel überwiegend nur noch Datenkassen verwendet. Trotzdem kann man vereinzelt noch folgende Kassensysteme antreffen:

Offene Ladenkassen

Eine offene Ladenkasse ist im Einzelhandel kaum noch anzutreffen. Sie besteht aus einer einfachen Schublade, in die der eingenommene Kaufbetrag gelegt wird. Sie erfüllt die Aufgaben, die heute an Kassensysteme gestellt werden, nur unzureichend: Eine Kontrolle der eingenommenen Beträge ist kaum möglich, da kein schriftlicher Kassenbeleg erstellt wird. Der jeweilige Kassenbestand kann nur nach Geschäftsschluss durch einen sogenannten Kassensturz – also durch Zählen – festgestellt werden.

Mechanische Registrierkassen

Mechanische Registrierkassen mit Schiebe- oder Tipptasten, einem Rechenwerk und einer gesicherten, in Fächer unterteilten Geldablage sind nach wie vor noch anzutreffen. Im Gegensatz zu den offenen Ladenkassen erleichtern sie die Abwicklung des Zahlungsverkehrs. Über die Tastatur werden die Preise eines Verkaufsvorgangs eingegeben und im Rechenwerk auf mechanische Weise zusammengezählt. Die Rechnung wird auf einem Papierstreifen festgehalten. Informationen über Warenbewegungen sind jedoch nur über mühsames Zählen der Artikelbestände unter Berücksichtigung der Zu- und Abgänge erhältlich.

Elektromechanische Kassen

Eine elektromechanische Kasse ist eine Weiterentwicklung der mechanischen Registrierkasse. Sie bietet erheblich mehr Komfort als eine solche (z. B. geringere Lautstärke, automatisches Öffnen der Kasse, Funktionstasten). Als Informationsinstrument für die Geschäftsleitung eignet sie sich wie die vorher genannten Kassenarten nicht.

Elektronische Registrierkassen

Die elektronischen Registrierkassen sind, wenn auch vollkommen anders gebaut (elektronische Bauteile!), ihrer Idee nach ein Ersatz für die mechanischen und elektromechanischen Kassen. Darüber hinaus erleichtern die elektronischen Registrierkassen den Geldverkehr durch Rückgeldrechner und evtl. Anschluss automatischer Wechselgeldgeber. Sie erfassen und speichern auch schon bestimmte Informationen (in der Regel auf Warengruppenebene). Die elektronischen Registrierkassen sind aber nicht systemfähig: Sie können also nicht zu einer über ihre direkte Speicherkapazität hinausgehenden Datenerfassung mithilfe von CDs bzw. Speicherkarte benutzt werden. Daher sind sie auch nicht an EDV-Anlagen anschließbar.

Datenkassen

Datenkassen erfassen die Warenabgänge sogar artikelgenau. Wesentliches Merkmal der Datenkassen ist, dass sie **in Verbindung mit einer EDV-Anlage** stehen. Dieser Computer verarbeitet die von der Datenkasse erfassten Verkaufsdaten zu beliebig verdichteten Informationen für den Einzelhändler. Der eigentliche Nutzen einer Datenkasse ist also in Verbindung mit einem EDV-gestützten Warenwirtschaftssystem zu sehen.

Arten von Datenkassen

Noch vor wenigen Jahren wurde die Praxis im Einzelhandel von mechanischen oder elektronischen Registrierkassen beherrscht. Heute sind jedoch fast nur noch Datenkassen anzutreffen. Von den herkömmlichen Kassen haben die Datenkassen nur noch die grundsätzlichen Kassenfunktionen und das Aussehen. Das wesentliche Merkmal der Datenkassen besteht darin, dass sie an eine EDV-Anlage anschließbar sind. Die Datenkassen erheben also am Ort des Verkaufs die notwendigen Warenwirtschaftsdaten und leiten sie zur Auswertung an einen angeschlossenen Computer weiter. Das kann auf zwei Arten geschehen:

- Die Datenkasse, die nicht direkt mit der EDV-Anlage über Leitungen verbunden ist, speichert die erfassten Verkaufsdaten zunächst auf CD oder Speicherkarte.

Erst anschließend, z. B. nach Geschäftsschluss, werden diese Datenträger zur weiteren Auswertung zu einer EDV-Anlage gebracht. Diese Art der Verbindung zwischen Datenkasse und Rechner nennt man **Offlineverbindung.**

- Eine **Onlineverbindung** liegt dagegen vor, wenn die Daten direkt und sofort über Leitungen an den Computer weitergegeben werden.

Abhängig von der Art der Verbindung zwischen Datenkassen und Rechner unterscheidet man Stand-alone-Terminals und Datenkassen im Verbundsystem.

Stand-alone-Terminals

Stand-alone-Kassenterminals arbeiten als freistehende Datenkassen unabhängig von einem zentralen Steuer- oder Kontrollrechner, also offline. Sie besitzen aber eine eigene datenverarbeitungstechnische Logik, die es ihnen ermöglicht, auch komplizierte Verkaufsabläufe programmgesteuert vorzunehmen. In den Stand-alone-Terminals befindet sich also ein Rechner, der bei einigen Modellen sogar frei programmierbar ist.

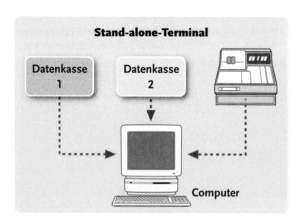

Stand-alone-Terminal

Datenkasse 1 — Datenkasse 2 — Computer

Die eingegebenen Daten werden einmal im Speicher der Kassen erfasst, zum anderen auf angeschlossenen Datenträgern (Speicherkarten oder CDs) aufgezeichnet. Mithilfe dieser Datenträger können die Verkaufsdaten anschließend nach beliebigen Merkmalen von der EDV ausgewertet werden.

Einige Modelle können auch im Master-Slave-Verfahren eingesetzt werden. Das bedeutet, dass eine Kasse den anderen übergeordnet wird und deren Daten sammelt sowie verdichtet. Eine Hauptkasse (master) versorgt also mehrere Nebenkassen (slaves) mit Rechenleistung und

Daten. Diese Einsatzweise ist besonders für die integrierte Erstellung eines Kassenabschlusses geeignet. Von der Hauptkasse können die Zustände aller anderen Kassen abgefragt und so der Tagesumsatz festgestellt werden.

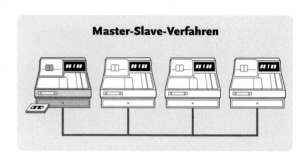

Master-Slave-Verfahren

Stand-alone-Terminals verlieren im Zusammenhang mit Warenwirtschaftssystemen an Bedeutung, weil sie – jeweils im Vergleich zu Datenkassen im Verbundsystem – nur über eine begrenzte Speicherfähigkeit verfügen und wegen der Offlineübertragung der Verkaufsdaten an die EDV den Aktualitätsanforderungen nicht immer entsprechen können.

Datenkassen im Verbundsystem

Derartige Kassen stehen in einer **direkten Verbindung (online)** mit einer **EDV-Anlage,** durch die sie gesteuert und kontrolliert werden. Die Datenkassen im Verbundsystem verfügen grundsätzlich über die gleichen Funktionselemente wie Stand-alone-Terminals. Sie besitzen jedoch nur eine beschränkte datenverarbeitungstechnische Logik, weil ihr Betriebsablauf vom Leitrechner aus geführt wird. Wie die EDV-Anlagen im Hintergrund verfügen die Datenkassen im Verbundsystem über einen beliebig großen Speicher mit beliebig vielen Informationsmöglichkeiten.

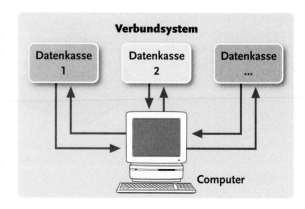

Verbundsystem

Datenkasse 1 — Datenkasse 2 — Datenkasse ... — Computer

Aufbau der Kassen

Alle elektronischen Registrierkassen und Datenkassen haben in etwa denselben Aufbau. Diese Kassen sind in Modulbauweise erstellt, d.h., sie setzen sich aus bestimmten technischen Bausteinen zusammen.

Die **Tastatur** dient der Dateneingabe. Die Eingabe erfolgt bei allen Modellen über eine internationale Zehnertastatur und Funktionstasten. Bei der internationalen Zehnertastatur ist die Anordnung der einzelnen Ziffern genormt. Dadurch ergibt sich für das Kassenpersonal eine leichte und sichere Bedienbarkeit. Aufgabe der Funktionstasten ist es, der Kasse mitzuteilen, welcher Teil des Kassiervorgangs als nächster folgt. Soll z. B. die „Verkäufernummer" erfasst werden, wird die Funktionstaste „Verkäufernummer" gedrückt und die entsprechende Nummer über die Zehnertastatur eingegeben. Einige Funktionstasten dienen auch der Unterteilung des Geldverkehrs (z. B. in bar, Schecks, Kredit usw.).

Aufgabe der **Bedieneranzeige** ist es, dem Kassenpersonal eine Kontrolle der eingegebenen Daten zu ermöglichen. Eingabefehler können in dieser Phase noch sofort korrigiert werden, da die Eingabedaten nicht unmittelbar verarbeitet werden. Sie befinden sich zunächst in einem Zwischenspeicher und werden erst mit der Folgeeingabe endgültig abgespeichert.

Die **Führungsanzeige,** die oft zusammen mit der Bedieneranzeige installiert ist, gibt dem Kassenpersonal Hilfestellungen beim Ablauf des Kassiervorgangs. Durch die Vielzahl und den Umfang möglicher Erfassungsvorgänge wird die Bedienung von Datenkassen erschwert. Um das Kassenpersonal nicht zu überfordern, werden daher bei fast allen Modellen die einzeln folgenden Eingabeschritte oder die jeweils letzte gültige Buchung angezeigt. Der Bediener einer Kasse wird mithilfe der Führungsanzeige gerade auch durch selten vorkommende Vorgangsabläufe sicher geführt. Dies kann entweder durch das Aufleuchten von Symbolen oder von Textanweisungen geschehen. Neben den Bedienungshinweisen werden auch Fehlerursachen und deren Korrekturmöglichkeit mitgeteilt.

Datenkassen sind in Modulbauweise erstellt.

Die **Kundenanzeige** informiert den Käufer sowohl über jeden registrierten Artikelpreis als auch über die zu zahlende Gesamtsumme. Sie kann bei sehr vielen Modellen aus der Kasse herausgelöst werden. Damit besteht die Möglichkeit, sie an einer für den Kunden besonders gut sichtbaren Stelle aufzustellen.

Jede Datenkasse bzw. elektronische Registrierkasse hat zumindest ein **Druckwerk,** das Bons, Quittungen und Tagesberichte ausdrucken kann. Weiter gehören zu einer Kasse die **Zentraleinheit,** in der die eingegebenen Daten verarbeitet werden, und die **Kassenschublade.**

Im Druckwerk wird der Bon ausgedruckt.

Lesegeräte

Die Artikelerfassung an der Kasse erfolgt automatisch: Die Verkaufsdaten werden maschinell gelesen. In diesem Zusammenhang spricht man statt von Datenkassen sehr oft auch von **Scannerkassen,** weil hier ein Scanning (vom engl. „to scan" = mit Licht abtasten) genanntes Verfahren angewandt wird. Beim Scanning werden mittels optischer Lesegeräte auf oder an der Ware angebrachte, maschinenlesbare Daten durch Reflexion gelesen. Das Lesegerät wirft z. B. auf den GTIN(EAN)-Code einen Lichtstrahl, der von den Strichen und den Lücken zwischen den Strichen unterschiedlich zurückgeworfen wird. Dadurch kann das Lesegerät die Daten entschlüsseln und an die Datenkasse weitergeben. Als Lesegeräte stehen dem Einzelhändler Lesepistolen, Lesestifte und Scanner zur Verfügung.

Scanner sind stationäre (feststehende), meist in die Kassentische eingebaute Lesegeräte. Sie erkennen nur den GTIN-Code. Lesestift und Lesepistole sind beweglich und durch ein Kabel mit der Datenkasse verbunden. Ein grundsätzlicher Unterschied zwischen einem Lesestift und einer Lesepistole besteht darin, dass man mit dem **Lesestift** direkt über die Codierung streichen muss, während man die **Lesepistole** in einem Abstand über die Codierung führen kann. Lesestifte erfassen nur Strichcodes wie den GTIN-Code, die Lesepistolen lesen den OCR-Code, z. T. auch Strichcodes.

Weitere technische Hilfsmittel am Kassenplatz

Identkartengeräte

Früher waren neben Bargeld Eurocheques die üblichen Zahlungsmittel an der Kasse. Diese Zahlungsmittel führ-

Sowohl Strichcodelesestifte als auch der Scanner in der Datenkasse arbeiten nach dem gleichen Prinzip: Zunächst wird ein feiner Lichtstrahl über den Strichcode, der sich auf der Ware befindet, bewegt. Die schwarzen Linien des Balkencodes reflektieren das Licht weniger gut als die weißen Flächen. Das vom Strichcode zurückgeworfene Licht ist also unterschiedlich hell. Die Helligkeitsunterschiede des reflektierten Lichts werden in elektronische Signale umgewandelt, die an den Computer gesandt werden.

In dem Lesestift befindet sich eine Lichtquelle, die LED. Das ist die englische Abkürzung für „light emitting diode" und bedeutet „Licht aussendende Diode". Das Licht der LED fällt durch eine Linse auf den Strichcode, wenn der Lesestift über den Code geführt wird. Das vom Code zurückgeworfene Licht trifft auf einen Fotodetektor, der abhängig von der Helligkeit ein bestimmtes elektronisches Signal erzeugt. Dieses Signal wird an den Computer weitergeleitet.

Bei dem in die Datenkasse fest eingebauten Scanner erzeugt ein Laser einen Lichtstrahl, der auf verschiedene sich bewegende Spiegel trifft. Von dem dadurch erzeugten Muster von Lichtstrahlen fällt mindestens ein Strahl auf den Strichcode der Verpackung, die über die Scanneröffnung gehalten wird. Das dann vom Strichcode zurückgeworfene Licht wird durch den Spiegel auf einen Fotodetektor gelenkt, der es in ein elektronisches Signal an den Computer verwandelt.

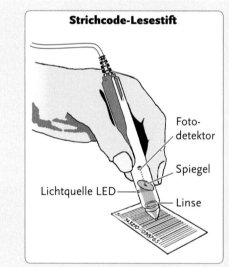

Strichcode-Lesestift

- Fotodetektor
- Spiegel
- Lichtquelle LED
- Linse

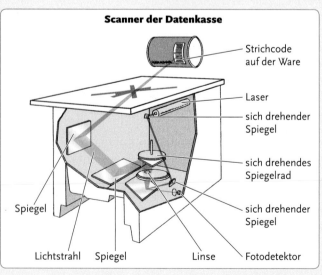

Scanner der Datenkasse

- Strichcode auf der Ware
- Laser
- sich drehender Spiegel
- sich drehendes Spiegelrad
- sich drehender Spiegel
- Spiegel
- Lichtstrahl
- Spiegel
- Linse
- Fotodetektor

ten aber zu Problemen beim Handel. Bargeld verursacht nämlich den überwiegenden Teil der Kosten, die im Zusammenhang mit der Bezahlung einer Ware entstehen. Es stellte sich überdies heraus, dass die bestehenden unbaren und beleggebundenen Zahlungsmittel (Scheckvordrucke!) ebenfalls zu kostenintensiv waren und damit für einen weiteren und verstärkten Ausbau des bargeldlosen Zahlungsverkehrs nicht geeignet sein würden. Da Eurocheques von den Banken nicht mehr angeboten werden, gibt es dieses Problem für den Einzelhandel nicht mehr.

Stattdessen wird im Einzelhandel immer häufiger mit Technologien der elektronischen Zahlung gezahlt. Dadurch wird die Zahlungsabwicklung wesentlich vereinfacht. Der Kunde entrichtet den zu zahlenden Betrag nicht mehr bar oder per Eurocheque, sondern steckt nur noch seine Identkarte (Kunden-, Kredit- oder Scheckkarte) in ein an der Kasse angeschlossenes Zusatzgerät, auch Identkartengerät (ID-Unit) genannt. Hat der Kunde seine Geheimzahl eingetippt, wird sie zusammen mit den auf der Karte gespeicherten Daten durch das Identkartengerät an die EDV-Anlage weitergeleitet. Da die EDV-Anlage über Direktverbindung mit den Banken verbunden ist, wird der Einkaufsbetrag sofort vom Konto des Kunden auf das Konto des Händlers überwiesen.

Bedeutsam werden Identkartengeräte für Warenwirtschaftssysteme, weil damit Waren **unmittelbar** dem Kunden zugeordnet werden können. Das war bei der sonst üblichen Barzahlung im Einzelhandel nicht der Fall. Zusammen mit Identkartengeräten ermöglichen Warenwirtschaftssysteme somit auch **kundenbezogene** Verkaufsanalysen, die einen Einblick in das Einkaufverhalten der Verbraucher bewirken.

Beinhalten die kundenbezogenen Daten nur Vorname, Name und Anschrift, so kann das Warenwirtschaftssystem bereits das Einzugsgebiet aus der Anschrift und das Geschlecht der Käufer aus dem Vornamen ermitteln. Weitere Merkmale lassen sich gewinnen und mit Warenwirtschaftssystemen verarbeiten, wenn z. B. bei der erstmaligen Ausgabe von Kreditkarten zusätzliche personenbezogene Daten erfasst werden. Denkbare Informationen – falls die Kunden sich auskunftsbereit zeigen – sind beispielsweise Angaben über Geburtstermin, Beruf, Familienstand usw. Aus diesen Daten kann ein EDV-gestütztes Warenwirtschaftssystem ermitteln,

- wer
- was,
- wie viel,
- wann,
- wo,
- wie

gekauft hat.

Auf dieser Analyse des Käuferverhaltens aufbauend, kann der Einzelhändler besser begründete Entscheidungen treffen, als er es früher konnte.

Das Verbundsystem Waage/Kasse

Das Verbundsystem Waage/Kasse schließt im Lebensmitteleinzelhandel die Lücke im Warenwirtschaftssystem durch Einbeziehung von noch nicht verpackter Ware der Frischeabteilungen. Darüber hinaus wird auch eine **kundenaktive** Selbstbedienung ermöglicht. Das kann auf zweierlei Arten geschehen:

- Der Kunde verpackt die Ware, wiegt sie aus und drückt ein entsprechendes Symbol an der Waage. Die elektronische Waage, die an den Preisspeicher der EDV-Anlage angeschlossen ist, druckt nach dem Wiegevorgang ein Strichcodeetikett aus, das der Kunde auf die Verpackung klebt. Der mit der Waage verbundene Computer registriert die Veränderungen im Bestand.
- Der Kunde verpackt die Ware und bringt sie zur Kasse. Dort wird sie beim Scannen von der in den Kassentisch eingebauten Waage gewogen. Der Preis wird dann automatisch berechnet.

Die Kassenanordnung

In den verschiedenen Geschäften des Einzelhandels können Kassensysteme unterschiedlich angeordnet werden. Angestrebt wird mit der jeweils gewählten Platzierung der Kassen zunächst ein für den Kunden günstiger Kassenweg. Die Kassenanordnung sollte aber auch gleichzeitig berücksichtigen, dass der Verbraucher auf dem Weg zur Kasse zu Impulskäufen angeregt wird.

Bei der **zentralen** Kassenanordnung befinden sich die Kassen in der Nähe der Ausgänge. Fast alle Selbstbedienungsgeschäfte platzieren auf diese Weise ihre Kassen. Die zentrale Kassenanordnung wird oft auch Check-out genannt.

Wenn die Kassen im ganzen Geschäft verteilt sind, spricht man von einer **dezentralen** Kassenanordnung. Jede Kasse ist für einen bestimmten Bereich – z. B. eine Warengruppe – zuständig. Die dezentrale Kassenanordnung wird von Kaufhäusern und Warenhäusern bevorzugt.

Arbeitsabläufe an der Kasse

Der Kassiervorgang erfolgt in mehreren Schritten. Um Missverständnisse beim Kunden zu vermeiden, wird immer eine bestimmte Reihenfolge eingehalten:
Als **Verkaufsbeleg** gibt es für den Kunden an der Kasse entweder

- einen Kassenbon,
- eine von der Verkaufskraft ausgestellte Quittung oder
- einen Abriss eines mehrteiligen Abrissetiketts.

Der Verkaufsbeleg enthält in der Regel folgende Daten:
- Firmenbezeichnung
- Kaufdatum (und Uhrzeit)
- Artikelbezeichnung
- Einzelpreis der Ware
- Gesamtsumme der Waren (bei mehreren Artikeln)
- ggf. Mehrwertsteuerausweis

Da der **Kassenzettel** häufig für statistische Zwecke verwendet wird, werden oft zusätzliche Daten eingetragen. Zum Beispiel:
- Warengruppennummer, um den Umsatz der einzelnen Waren zu verfolgen
- Verkäufernummer, um den Umsatz der Verkaufskraft zu ermitteln, der dann die Grundlage zur Errechnung der Umsatzprovision bildet
- Bonuserfassung (bei Vorlage einer Kundenkarte)

Der Kassenzettel, ebenso das Abrissetikett und der Bon bestehen in der Regel aus zwei Teilen. Ein Teil erhält der Kunde als Beleg und das andere Teil geht ggf. mit der Ware zur Kasse und wird dort als Beleg für das Rechnungswesen gesammelt.

Nach Abschluss des Kaufvertrags über den Hauptkauf können an der Kasse bestimmte **Serviceleistungen** angeboten werden:

- Falls möglich sollte man dem Kunden Zusatzangebote machen. Um den Hauptartikel sinnvoll zu ergänzen, aufzuwerten oder überhaupt erst einsatzfähig zu machen, wird dem Käufer ein weiterer, dazu passender Artikel angeboten.

> **BEISPIELE**
>
> - Batterien für MP3-Player
> - Imprägniermittel für Schuhe

- Für zweifelnde Kunden, die sich nicht sicher sind, ob sie ein passendes Geschenk finden, können an der Kasse Geschenkgutscheine ausgestellt werden. Hat sich der Beschenkte später für einen Artikel entschieden, kann er an der Kasse mit dem Geschenkgutschein bezahlen.

- An manchen Kassenarbeitsplätzen besteht für die Kunden auch die Möglichkeit, sich die Geschenke einpacken zu lassen.

Im Einzelhandel wird täglich, in der Regel abends nach Geschäftsschluss, eine **Kassenabrechnung** durchgeführt. Dabei werden die Geldeingänge und -ausgänge jeweils getrennt erfasst. Es ist die Aufgabe der kassierenden Person, das Geld nach Sorten getrennt zu zählen. Das Ergebnis wird dann im **Kassenbericht** festgehalten.

Das Kassenpersonal erfasst den Preis (bzw. bei Datenkassen die Artikelnummer) der verkauften Ware.

↓

Die Kasse errechnet die endgültige Kaufsumme, die das Kassenpersonal dem Kunden deutlich mitteilt.

↓

Das Geld des Kunden wird entgegengenommen und neben die Kasse bzw. auf eine dafür vorgesehene Ablage auf der Kasse gelegt. Der Mitarbeiter an der Kasse nennt bei der Übernahme des Geldscheins bzw. Geldstücks den Wert und tippt den entgegengenommenen Betrag in die Kasse ein.

↓

Die Kasse errechnet das Rückgeld, das aus der Kasse genommen wird. Das Rückgeld wird dem Kunden vorgezählt.

↓

Das Geld des Kunden wird in die Kasse einsortiert.

↓

Die Ware und der Kassenbon werden dem Kunden übergeben.

Ebenfalls in den Kassenbericht eingetragen werden Tippfehler, Geldentnahmen und Gutscheine. Unter Einbeziehung des anfänglichen Wechselgeldbestands wird dann der Kassenbestand ermittelt.

Die Registrierkassen weisen einen Kontrollstreifen auf, den Journalstreifen. Die gezählten Beträge in der Kasse müssen in der Regel von einem Vorgesetzten mit den Beträgen des Journalstreifens sowie Soll- und Ist-Bestand der Kasse verglichen werden.

Eine **Kassendifferenz** liegt vor, wenn es einen Unterschied zwischen dem Geldbetrag laut Kassenzählwerk und dem in der Kasse vorhandenen Geld gibt. Plus- und Minusdifferenzen entstehen durch versehentliche Falschregistrierungen und Irrtümer bei der Wechselgeldrückgabe (manchmal auch durch Unterschlagungen des Kassierpersonals).

Wichtigstes Kontrollmittel neben dem im Kassenbericht festgehaltenen täglichen Soll-Ist-Vergleich ist daher ein **Kassensturz**. Er ist ein weiteres Kontrollmittel zur Aufklärung von Kassendifferenzen und wird außerhalb der normalen Kassenabrechnung vorgenommen. Beim Kassensturz wird das in der Kasse vorhandene Geld gezählt und mit dem Soll-Bestand verglichen.

In letzter Zeit wird im Einzelhandel immer mehr über das Verfahren des **Selfscannings** diskutiert: Dabei führt der Kunde die Ware selbst über den Scanner. Anschließend bezahlt er.

Vorteile für das Einzelhandelsunternehmen:
- Es kommt zu spürbaren Personaleinsparungen, da die Kunden einen Teil der bisherigen Arbeit der Beschäftigten übernehmen. Nur noch ein Mitarbeiter ist für mehrere Selfscanningbänder zuständig.
- Es kommt zu einem Wegfall der Wartezeiten an der Kasse. Ärger bei den Kunden über unbesetzte Kassen wird vermieden.

Manipulationsversuchen kann durch zwei Verfahren vorgebeugt werden:
- Der **Einkaufswagen** des Kunden wird vor dem Kassiervorgang **gewogen**. Da neben dem Preis auch das Gewicht in der Artikelstammdatei des Kassensystems gespeichert ist, wird beim Scannen automatisch errechnet, ob das Gewicht aller gescannten Artikel mit dem Gesamtgewicht aller Artikel im Einkaufswagen übereinstimmt.
- Sind die Waren mit **RFID-Chips** versehen, erkennt die Kasse automatisch, welche Waren sich im Einkaufswagen befinden.

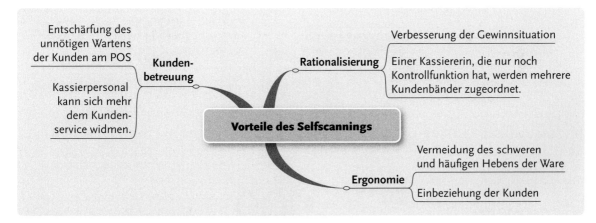

Entschärfung des unnötigen Wartens der Kunden am POS

Kassierpersonal kann sich mehr dem Kundenservice widmen.

Kundenbetreuung

Rationalisierung

Verbesserung der Gewinnsituation

Einer Kassiererin, die nur noch Kontrollfunktion hat, werden mehrere Kundenbänder zugeordnet.

Vorteile des Selfscannings

Vermeidung des schweren und häufigen Hebens der Ware

Ergonomie

Einbeziehung der Kunden

An der Selbstzahlerkasse zieht der Kunde die Ware über den Scanner.

Vereinzelt gibt es schon völlig neuartige **Selbstzahlerkassen**, an denen der Kunde selbst zum Kassierer wird. Er zieht seine Artikel über einen 360-Grad-Scanner. Dadurch werden die Preise erfasst. Anschließend legt der Kunde die Produkte in eine Warentüte, die automatisch gewogen wird. Weicht das Gewicht der Tüte von dem der gescannten Waren ab, erhält ein Mitarbeiter am Informationsschalter eine automatische Meldung. Bezahlen kann der Kunde wie gewohnt bar oder mit EC-/Kreditkarte.

Selfscanning:
Metro testet den Einkauf der Zukunft

Seit dem heutigen Montag gibt es im nordrhein-westfälischen Rheinberg einen „Futurestore" in einem Extra-Markt. Darin erprobt der Handelskonzern Metro das sogenannte Selfscanning.

Das Selfscanning wird dem Kunden beim ersten Betreten des Supermarktes auf einer Anzeigetafel erklärt. Er erhält am Empfang eine Magnetkarte, die er in einen tragbaren Scanner einfügt. Mithilfe des Scanners erfasst er während des Einkaufs alle Waren, bevor sie in den Korb gelegt werden.

Das Scannen hat nach Angaben von Metro den Vorteil, dass der Kunde schon beim Einkaufen auf dem Display

des Geräts ablesen kann, für wie viel Geld er Ware im Korb hat. Bevor er zur Kasse geht, gibt er den Scanner dort ab, wo er ihn beim Betreten des Warenhauses abgeholt hat. Automatisch wird eine Quittung ausgedruckt, die man an der Kasse zusammen mit der Magnetkarte abgibt.

Kundenkontrolle nach dem Zufallsprinzip

Der Kunde braucht dann nur noch zu bezahlen. Ob der Inhalt des Warenkorbs überprüft wird, entscheidet der Computer nach dem Zufallsprinzip. Dass der eine oder andere Kunde versucht sein könnte, einige Waren ohne vorheriges Scannen in den Korb zu legen, wird in Kauf genommen. (ddp)   *Quelle: Chip*

Vermeidung der Annahme von Falschgeld

Besondere Aufmerksamkeit ist während des Kassiervorgangs auf die Vermeidung der Annahme von Falschgeld zu richten.

2010 registrierte die Deutsche Bundesbank etwa 60 000 falsche Banknoten. Der durch Falschgeld verursachte Schaden betrug 3,4 Mio. €. Besonders stark zugenommen haben Fälschungen der 50-€-Noten.

Erkennt ein Einzelhandelsunternehmen Falschgeld zu spät und nimmt dieses an, ergeben sich einige Probleme:

- Das Einzelhandelsunternehmen muss das Falschgeld einer zuständigen Behörde abliefern, bekommt aber keine Entschädigung.
- Wird das Falschgeld jedoch weitergegeben, liegt eine Straftat vor. Diese kann mit einer empfindlichen Freiheitsstrafe bestraft werden.

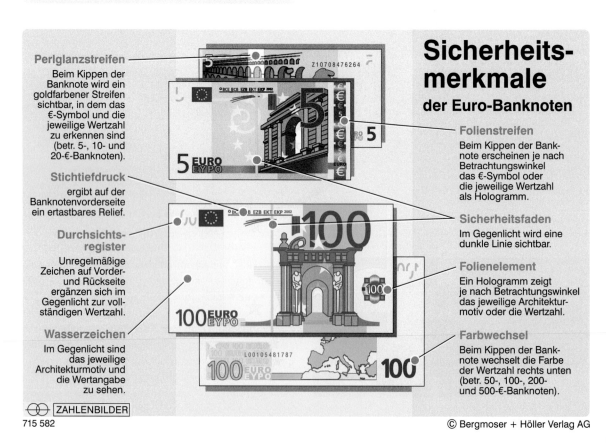

Sicherheits-merkmale
der Euro-Banknoten

Perlglanzstreifen
Beim Kippen der Banknote wird ein goldfarbener Streifen sichtbar, in dem das €-Symbol und die jeweilige Wertzahl zu erkennen sind (betr. 5-, 10- und 20-€-Banknoten).

Stichtiefdruck
ergibt auf der Banknotenvorderseite ein ertastbares Relief.

Durchsichts-register
Unregelmäßige Zeichen auf Vorder- und Rückseite ergänzen sich im Gegenlicht zur vollständigen Wertzahl.

Wasserzeichen
Im Gegenlicht sind das jeweilige Architekturmotiv und die Wertangabe zu sehen.

Folienstreifen
Beim Kippen der Banknote erscheinen je nach Betrachtungswinkel das €-Symbol oder die jeweilige Wertzahl als Hologramm.

Sicherheitsfaden
Im Gegenlicht wird eine dunkle Linie sichtbar.

Folienelement
Ein Hologramm zeigt je nach Betrachtungswinkel das jeweilige Architekturmotiv oder die Wertzahl.

Farbwechsel
Beim Kippen der Banknote wechselt die Farbe der Wertzahl rechts unten (betr. 50-, 100-, 200- und 500-€-Banknoten).

ZAHLENBILDER
715 582

Vor diesem Hintergrund muss die Überprüfung der Echtheit von Banknoten sehr sorgfältig erfolgen. Da die Euro-Banknoten mit qualitativ hochwertigen Sicherheitsmerkmalen versehen sind, gibt es einfache Möglichkeiten, echte Banknoten von Fälschungen zu unterscheiden. Die Deutsche Bundesbank empfiehlt bei der Prüfung die Anwendung der Prinzipien FÜHLEN, SEHEN und KIPPEN.

Prüfung von Banknoten		
Wie **fühlen** sich die Banknoten an?	Wie **sehen** die Banknoten gegen das Licht gehalten aus?	Was geschieht, wenn die Prüfer die Banknote **kippen?**
• Da das Banknotenpapier auch Baumwolle enthält, fühlt es sich griffig an. Fälschungen sind glatt oder lappig. • Mit einer Fingernagelprobe können die deutlich von der Oberfläche abgesetzten – Abkürzungen der Europäischen Zentralbank, – Wertzahlen explizit ertastet werden (Stichtiefdruck).	• Jede Banknote hat in der Mitte – einen Sicherheitsfaden (die dunkle, durchgehende Linie enthält wechselweise Euro und die Wertzahl), – ein Wasserzeichen (enthält ein Bauwerk und den Zahlenwert des Geldscheins). • Jede Banknote enthält auf der Vorderseite links oben und auf der Rückseite rechts oben ein unregelmäßiges Zeichen, das gegen das Licht gesehen die Wertzahl zeigt.	• Das Spezialfolienelement auf dem rechten Teil der Vorderseite der Banknoten ab 50,00 € kann je nach Betrachtungswinkel die Wertzahl bzw. das Architekturmotiv als Hologramm in wechselnden Farben zeigen. • Auf der unteren rechten Ecke der Rückseite der Banknoten von 50,00 € an erlebt die Wertzahl einen Farbwechsel.

Im Gegenlicht kann Falschgeld oft leicht erkannt werden: Es fehlen wichtige Sicherheitsmerkmale auf den Banknoten.

Im Kassenbereich ist es oft stressig. Man hat kaum Zeit, das Geld angemessen zu prüfen. Deshalb werden am Kassenarbeitsplatz häufig Geldscheinprüfgeräte eingesetzt. Diese dienen dazu, gefälschte Banknoten mithilfe von UV-Licht, Magnet- oder Infrarottechnik von echten Banknoten zu unterscheiden und herauszufiltern.

AUFGABEN

1. Welche Aufgaben haben Kassen im Einzelhandel?
2. Wodurch unterscheiden sich die verschiedenen Kassenarten?
3. Welche Bauteile sind bei jeder Kasse zu finden?
4. Auf welche Weise können Kassen im Geschäft angeordnet werden?
5. Wie erfolgt der Kassiervorgang?

6. Welche Kassenart wird in Ihrem Betrieb verwendet?

7. Wodurch unterscheiden sich die Lesegeräte Scanner, Lesepistole und Lesestift?

8. Die Ambiente Warenhaus AG erwägt, in der neu aufgebauten Lebensmittelabteilung der Filiale Magdeburg Selfscanning durchzuführen.
   a) Was bedeutet das?
   b) Welche Vorteile hat Selfscanning?
   c) Welche Probleme können auftauchen?

9. In welchem Fall liegt eine Datenkasse vor?
   a) In die Kasse der Zumdick KG werden die Preise eines Verkaufsvorgangs eingegeben, die im Rechenwerk der Kasse auf mechanische Weise zusammengezählt werden. Informationen über Warenbewegungen sind nur durch eine mühsame Inventur möglich.
   b) Die Kassen der Göttinger Feinkost GmbH stehen in direkter Verbindung zu einem EDV-gestützten Warenwirtschaftssystem, das die übermittelten artikelgenauen Daten auswertet.
   c) Die Kasse des Kiosks von Frau Nietmann besteht aus einer einfachen Schublade, in die der eingenommene Kaufbetrag gelegt wird.

10. Welchen Vorteil hat der Verbund elektronischer Waagen mit den Datenkassen in der Ambiente Warenhaus AG?

AKTIONEN

1. Abteilungsbesprechung der Warenwelt „Lebensmittel" bei der Ambiente Warenhaus AG:

   Frau Beck: „Gestern Morgen bin ich um ca. 10:00 Uhr durch das Geschäft gegangen. An unseren Kassen standen lange Schlangen. Die Kunden waren zu Recht verärgert und schimpften. Als ich mittags um 14:00 Uhr vom Essen kam, haben sich unsere Kassierer/-innen unterhalten, weil zu wenig Kunden kamen."

   Herr Schulze: „Ich sehe mir mal die gestrige Kassenauslastung im EDV-gestützten Warenwirtschaftssystem an."
   Frau Beck: „Wir müssen beachten, dass wir nicht alle Kassen besetzt halten können. 30 Kunden pro Stunde können wir höchstens an einer Kasse bedienen. Aber ab 25 Kunden pro Stunde entstehen Warteschlangen."
   Herr Schulze: „So, hier hab ich die Kassenauslastung von gestern."

Kassensituation Warenwelt „Lebensmittel"								
Zeit bis	Kassennummer						Kunden	Prozentanteil
	1	2	3	4	5	6	gesamt	gesamt
09:00	10	5	3	12				
10:00	30	10	20	30	10	15		
11:00	20	8	12	20	23			
12:00	8	12	20	15	20			
13:00	28	22	15	10				
14:00	4	10	8	5				
15:00	10	20	12	9				
16:00	12	14	16	8				
17:00	26	23	19	20	17	20		
18:00	30	25	15	16	9			
19:00	30	24	18	17	13			
20:00	25	25	20	15				
Summe je Kasse								
Prozentanteil je Kasse								

a) Vervollständigen Sie die vorliegende Liste mithilfe des Tabellenkalkulationprogramms Excel. Stimmen die Aussagen der Liste mit den Beobachtungen von Frau Beck überein?

b) Stellen Sie das tägliche Kundenaufkommen mit geeigneten Grafiken dar.

c) Erstellen Sie einen Kasseneinsatzplan, der die Vorgaben von Frau Beck berücksichtigt.

2. Für die neu zu eröffnende Filiale der Ambiente Warenhaus AG in Hildesheim werden bei verschiedenen Anbietern Angebote für die Kassensysteme eingeholt. Nach einem Preisvergleich bleiben zwei Anbieter übrig. Entscheidend wird also die Qualität der Kassensysteme sein. In der Geschäftsleitung macht man sich die Anforderungen, die an die Kassensysteme gestellt werden, noch einmal klar:

> [...] Kassensysteme sind heute innovative und branchenspezifische Hard- und Softwarekomplettlösungen auf modernster technologischer Basis.
>
> Von der kleinen Boutique mit einer Kasse bis hin zum großen Warenhaus – wie wir es sind – mit mehreren hundert Kassenplätzen in manchen Filialen müssen sich Kassensysteme durch bestimmte Merkmale auszeichnen.
>
> Zuverlässigkeit, Ergonomie, standardisierte Schnittstellen, Benutzerfreundlichkeit und Verbundfähigkeit sind hier die entscheidenden Kriterien.
>
> Darüber hinaus zeichnen sich modernste Kassensysteme dadurch aus, dass sie in der Praxis entwickelt und erprobt sind.
>
> Eine für alle Endgeräte einheitliche grafische Oberfläche gewährleistet durch ihre intuitive Benutzerführung einen geringen Lernaufwand und ermöglicht minimierte Fehlerquoten bei der Dateneingabe über Touchscreens.
>
> Besonders wichtig ist eine klare und übersichtliche Programmstruktur, die es auch unseren Mitarbeitern ohne EDV-Kenntnisse ermöglicht, schnell und effizient die Endgeräte zu nutzen.
>
> Eine schnelle Einarbeitung spart Zeit und Geld. Ein ungestörter Arbeitsablauf wird sich unmittelbar in der Zufriedenheit unserer Mitarbeiter zeigen und somit die Umsätze steigen lassen.
>
> Erst wenn eine Kasse diese Merkmale erfüllt, dazu noch technisch ausgereift und voll erweiterbar ist, kommt sie für uns infrage. [...]

Erstellen Sie eine Mindmap, die alle Anforderungen, die moderne Kassensysteme heute erfüllen müssen, wiedergibt.

3. Im Arbeitsvertrag der im Verkauf beschäftigten Mitarbeiter findet sich folgender Passus:

> „[...] Als Kassieranweisung wird die als Festlegung des gesamten Kassiervorgangs schriftlich verfasste Unterlage, die zur Vermeidung von Fehlern und Manipulationen dient, bezeichnet. Sie ist für jede Kassierkraft als Bestandteil des Arbeitsvertrags verbindlich. Regelmäßige Verstöße gegen diese Anweisung können die Kündigung zur Folge haben. [...]"

a) Erkundigen Sie sich, wie die Kassieranweisung in Ihrem Unternehmen aussieht.

b) Vergleichen Sie die Kassieranweisung Ihres Unternehmens mit Kassieranweisungen anderer Unternehmen.

4. In der Lebensmittelabteilung der Ambiente Warenhaus AG steht ein Kunde an der Kasse und reklamiert einen Kassenbon.

Eine Flasche Whiskey ist im Angebot mit dem Preis 19,80 € ausgewiesen; der Kassenbon weist jedoch einen Preis von 31,20 € aus.

a) Diskutieren Sie in Ihrer Gruppe, wie Sie sich gegenüber dem Kunden verhalten.

b) Begründen Sie Ihre Lösung vor der Klasse.

5. Gehen Sie zur Internetadresse www.bluetentrainer.polizei-beratung.de.

Arbeiten Sie dort das Lernprogramm zur Erkennung von Falschgeld durch.

ZUSAMMENFASSUNG

Kassen im Einzelhandel

Aufgaben	Arten	wesentliche Bauteile	Anordnung
• Tausch von Ware gegen Geld • Erfassung von Verkaufsdaten	• offene Ladenkassen • mechanische Registrierkassen • elektromechanische Kassen • elektronische Registrierkassen • Datenkassen	• Tastatur • Bedieneranzeige • Führungsanzeige • Kundenanzeige • Druckwerk • Zentraleinheit mit Gehäuse • Kassenschublade	• zentral: alle Kassen am Ausgang • dezentral: Kassen im Geschäft verteilt

---

KAPITEL 2
Wir schließen Kaufverträge ab

Anja Maibaum arbeitet zurzeit in der Warenwelt „Damen" an der Kasse.

Heute Vormittag kommt eine Kundin mit einer Bluse zu ihr an die Kasse. Die Bluse ist mit einem Verkaufspreis von 54,00 € ausgezeichnet. Anja Maibaum kassiert von der Kundin den Verkaufspreis. Sie verpackt die Bluse und übergibt sie der Kundin. Anschließend bedankt sie sich bei der Kundin für den Einkauf und verabschiedet sie.

Am Nachmittag desselben Tages kommt die Kundin noch einmal zu Anja Maibaum an die Kasse. Sie möchte die Bluse zurückgeben und ihr Geld zurück, weil sie die gleiche Bluse in einem Damenoberbekleidungsfachgeschäft für nur 45,00 € gesehen hat.

1. Prüfen Sie, ob Anja Maibaum den Wunsch der Kundin erfüllen muss.

5530226

INFORMATIONEN

Willenserklärungen

DEFINITION

Rechtsgeschäfte entstehen durch eine oder mehrere **Willenserklärungen.** Willenserklärungen sind gewollte und zwangsfreie Erklärungen einer Person.

BEISPIELE

- Ein Verkäufer bietet einer Kundin eine preisgünstige Kaffeemaschine an. Er will der Kundin die Kaffeemaschine verkaufen.

- Die Geschäftsführerin eines Technikkaufhauses kündigt einem Abteilungsleiter. Sie will, dass der Abteilungsleiter nicht mehr in dem Technikkaufhaus arbeitet.

Willenserklärungen werden abgegeben
- durch ausdrückliche mündliche oder schriftliche Äußerungen,
- durch bloße Handlungen, aus denen der Wille zu erkennen ist, z. B. Handzeichen bei Versteigerungen, Geldeinwurf in einen Zigarettenautomaten, Einsteigen in ein Taxi,
- in Ausnahmefällen sogar durch Schweigen.

BEISPIEL

Der Großhändler Hahn schickt dem Lebensmitteleinzelhändler Grewe, den er regelmäßig mit Konserven beliefert, 100 Dosen Gemüsekonserven, ohne dass Grewe sie bestellt hat. Wenn sich der Einzelhändler Grewe zu dieser Lieferung nicht äußert, bedeutet das Schweigen, dass er mit der Lieferung einverstanden ist.

Unter Kaufleuten gilt Schweigen nur dann als Annahme einer unbestellten Lieferung, wenn zwischen beiden Kaufleuten ein regelmäßiger Geschäftsverkehr besteht. Sonst bedeutet das Schweigen Ablehnung der unbestellten Lieferung. Ist der Empfänger der unbestellten Ware eine Privatperson, gilt sein Schweigen immer als Ablehnung der unbestellten Lieferung.

Der Verbraucher ist nicht verpflichtet, eine unerwünschte Ware zu bezahlen. Er muss die Ware auch nicht zurücksenden. Er kann sich den lästigen Gang zur Post und das Rücksendeporto sparen. Der Verbraucher ist auch nicht verpflichtet, den Absender davon zu unterrichten, dass er

die Ware nicht kaufen möchte. Das braucht er auch dann nicht zu tun, wenn es in der Sendung zum Beispiel heißt, ein Kaufvertrag gelte als abgeschlossen, wenn nicht binnen einer bestimmten Frist Einspruch erhoben werde.

Zustandekommen von Verträgen

Verträge kommen grundsätzlich durch die Abgabe von **zwei übereinstimmenden** gültigen Willenserklärungen zustande. Die erste Willenserklärung wird als Antrag, die zweite Willenserklärung als Annahme bezeichnet. Mit der Annahme des Antrags ist ein Vertrag abgeschlossen.

Abschluss des Kaufvertrags

Der Antrag auf Abschluss eines Kaufvertrags kann vom Verkäufer oder vom Käufer einer Sache oder eines Rechts ausgehen.

1. Möglichkeit
Der Verkäufer macht einen Antrag auf Abschluss eines Kaufvertrags, indem er dem Käufer ein Angebot unterbreitet. Der Käufer nimmt das Angebot durch eine Bestellung an. Ein Kaufvertrag kommt zustande, wenn die Bestellung mit dem Angebot übereinstimmt.

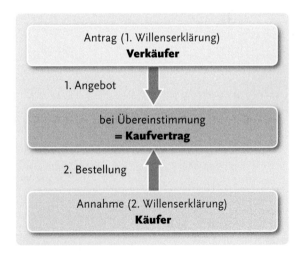

2. Möglichkeit
Der Antrag auf Abschluss eines Kaufvertrags geht vom Käufer aus, wenn der Käufer bestellt, ohne dass er ein Angebot erhalten hat. Der Verkäufer nimmt diesen Antrag durch die sofortige Lieferung oder die Zusendung einer Bestellannahme (= Auftragsbestätigung) an.

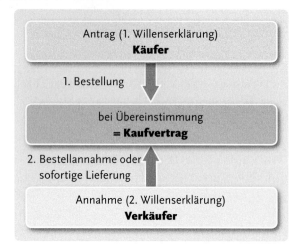

Antrag (1. Willenserklärung)
Käufer

1. Bestellung

bei Übereinstimmung
= **Kaufvertrag**

2. Bestellannahme oder
sofortige Lieferung

Annahme (2. Willenserklärung)
Verkäufer

Nichtigkeit von Willenserklärungen

Nichtige Willenserklärungen sind von Anfang an ungültig. Sie haben keine Rechtsfolgen.

Nichtig sind ...	BEISPIELE
Willenserklärungen von Geschäftsunfähigen.	Ein 6-jähriger Schüler kauft eine Hörspielkassette.
Willenserklärungen, die im Zustand der Bewusstlosigkeit oder vorübergehenden Störung der Geistesfähigkeit abgegeben wurden.	Ein Mann kauft im volltrunkenen Zustand eine Schlafzimmereinrichtung.
Willenserklärungen von beschränkt Geschäftsfähigen gegen den Willen des gesetzlichen Vertreters.	Ein 17-jähriger Auszubildender kauft ohne Zustimmung seines Vaters ein Motorrad.
Willenserklärungen, die gegenüber einer anderen Person mit deren Einverständnis nur zum Schein abgegeben wurden (= Scheingeschäft).	Ein Gast lässt sich in einem Restaurant von einem Kellner eine Quittung über 75,00 € geben, obwohl er nur 50,00 € bezahlt. Er will die Quittung als Beleg für Geschäftskosten verwenden, um damit Steuern zu sparen.
nicht ernst gemeinte Willenserklärungen (= Scherzgeschäfte).	Jemand sagt im Scherz: „Du kannst mein Haus geschenkt haben!"
Rechtsgeschäfte, die nicht in der vorgeschriebenen Form abgeschlossen wurden.	Ein Vertrag über einen Hauskauf wurde nur mündlich abgeschlossen.
Rechtsgeschäfte, die gegen ein gesetzliches Verbot verstoßen.	Ein Verkäufer verkauft Alkohol an Kinder.
Rechtsgeschäfte, die gegen die guten Sitten verstoßen.	Ein Glasermeister nimmt nach einer Sturmkatastrophe überhöhte Preise für seine Glasscheiben (= Wucher).

Anfechtbare Willenserklärungen

Anfechtbare Willenserklärungen können im Nachhinein durch Anfechtung ungültig werden. Bis zur Anfechtung sind sie gültig.

Anfechtungsgründe	BEISPIELE
Irrtum in der Erklärung: Die Äußerung einer Person entspricht nicht dem, was sie sagen wollte.	Ein Einzelhändler bestellt irrtümlich 53 Mäntel anstatt 35 Mäntel.
Irrtum über die Eigenschaft einer Person oder Sache	Ein Einzelhändler stellt einen Buchhalter ein und erfährt nachträglich, dass dieser wegen Urkundenfälschung vorbestraft ist.
Irrtum in der Übermittlung: Die Willenserklärung wurde von der mit der Übermittlung beauftragten Person oder Organisation (z. B. der Post) falsch weitergegeben.	Ein Einzelhändler bittet einen Angestellten, bei einem Großhändler telefonisch 100 A4-Blöcke, liniert, zu bestellen. Der Angestellte bestellt irrtümlich karierte Blöcke.
Widerrechtliche Drohung: Eine Person wird durch eine Drohung zur Abgabe einer Willenserklärung gezwungen.	Ein Zeitschriftenwerber bedroht eine alte Frau, damit sie ein Zeitschriftenabonnement bestellt.
Arglistige Täuschung: Eine Person wird durch arglistige Täuschung zur Abgabe einer Willenserklärung veranlasst.	Ein Kunde kauft einen gebrauchten Pkw. Nach Angaben des Verkäufers ist er unfallfrei. Nachträglich stellt sich heraus, dass der Pkw einen Unfallschaden hatte.

Die Anfechtung wegen Irrtums muss unverzüglich nach Entdecken des Irrtums erfolgen. Entsteht durch die Anfechtung ein Schaden, so ist der Anfechtende schadensersatzpflichtig.

Bei widerrechtlicher Drohung muss die Anfechtung innerhalb eines Jahres, nachdem die Drohung nicht mehr besteht, erfolgen.

Bei arglistiger Täuschung muss die Anfechtung innerhalb eines Jahres, nachdem die Täuschung entdeckt wurde, erfolgen.

Bei der Anfechtung wegen arglistiger Täuschung hat der Anfechtende Schadensersatzanspruch.

BEISPIEL

Jens K. aus Hildesheim:

Ich habe für 5.500,00 € einen Gebrauchtwagen gekauft. Noch am selben Tag wollte der Autohändler das Geschäft rückgängig machen. Er habe den Preis versehentlich um 1.500,00 € zu niedrig angesetzt. Darf ich mein Schnäppchen trotzdem behalten?

Antwort:

Im vorliegenden Fall ist ein wirksamer Kaufvertrag zustande gekommen, sodass Jens K. den Wagen behalten darf. Zwar gilt nach dem BGB, dass Angebote anfechtbar sind, wenn ein Irrtum vorliegt. Allerdings gilt nicht jeder Irrtum als Anfechtungsgrund:

So darf sich niemand auf den sogenannten „Berechnungsirrtum" berufen, wenn er sich bei der Preiskalkulation vertan hat. Wirksam anfechten könnte der Händler sein Angebot, wenn er sich beim Vertragsabschluss nur verschrieben oder sich im Verkaufsgespräch versprochen hätte. In solchen Fällen müsste der Käufer den Wagen zurückgeben. Allerdings bekäme der Kunde die Kosten ersetzt, die durch das Vertrauen auf die Gültigkeit des Geschäfts entstanden sind, etwa weil ihm nachweislich eine andere günstige Kaufchance entgangen ist und er nun teurer kaufen muss.

AUFGABEN

1. In welcher Form können Willenserklärungen abgegeben werden?

2. Wie kommt in folgenden Fällen der Kaufvertrag zustande?
   a) Der Einzelhändler Reimann bestellt, ohne dass ihm ein Angebot vorliegt, bei einem Lieferer 100 T-Shirts zum Preis von 3,00 € je Stück. Der Lieferant nimmt die Bestellung an und liefert die Ware.
   b) Eine Kundin lässt sich in einem Textilfachgeschäft von einem Verkäufer Pullover vorlegen. Nach langem Vergleichen entscheidet sie sich für einen Pullover. Sie sagt: „Den nehme ich."
   c) Frau Lange bestellt 1 000 Briefumschläge für 1,50 €. Der Lieferer liefert zwei Tage später.

3. In welchen der folgenden Fälle ist ein Kaufvertrag zustande gekommen? Begründen Sie Ihre Antwort.
   a) Der Verkäufer unterbreitet ein Angebot. Der Käufer bestellt zu den Angebotsbedingungen.
   b) Der Käufer bestellt, ohne ein Angebot erhalten zu haben. Der Verkäufer reagiert überhaupt nicht.

   c) Der Verkäufer macht ein Angebot. Der Käufer bestellt mit abgeänderten Bedingungen.
   d) Der Käufer bestellt. Der Verkäufer liefert sofort.

4. Beurteilen Sie folgende Fälle.
   a) Eine Ware, die 198,00 € kostet, wird irrtümlich mit 189,00 € angeboten.
   b) Ein Kunsthändler verkauft die Kopie eines Bildes als Original.
   c) Der 16-jährige Frank Schrader kommt stolz mit einem Motorrad nach Hause. Er hat es für 1.250,00 € gekauft. Den Kaufpreis will er in zehn Raten abzahlen. Sein Vater ist nicht so begeistert und verlangt, dass er das Motorrad zurückbringt.
   d) Ein Einzelhändler schließt den Kauf über ein Grundstück mündlich ab.
   e) Ein Einzelhändler verrechnet sich bei der Ermittlung des Verkaufspreises für eine Ware. Irrtümlich errechnet er 28,50 € anstatt 32,60 €.
   f) Der Kaufpreis eines Hauses war doppelt so hoch wie der durch ein späteres Gutachten ermittelte Wert.

AKTIONEN

1. In der Warenwelt „Fotografie" der Ambiente Warenhaus AG werden Fotoapparate im Vollbedienungssystem, in der Warenwelt „Damen" Hosen, Röcke, Blusen und Kleider im Vorwahlsystem und in der Warenwelt „Lebensmittel" Nährmittel und

Milchprodukte im Selbstbedienungssystem verkauft.

Versetzen Sie sich in die Rolle einer Verkäuferin oder eines Verkäufers in der Warenwelt „Fotografie", der Warenwelt „Damen" oder der Warenwelt „Lebensmittel".

Stellen Sie den Abschluss des Kaufvertrags über den Kauf eines von Ihnen gewählten Artikels im Rollenspiel dar.

2. Stellen Sie fest, wie in Ihrem Ausbildungsbetrieb Kaufverträge mit den Kunden abgeschlossen werden. Präsentieren Sie das Ergebnis Ihren Klassenkameraden mit einem von Ihnen gewählten Präsentationsmittel.

ZUSAMMENFASSUNG

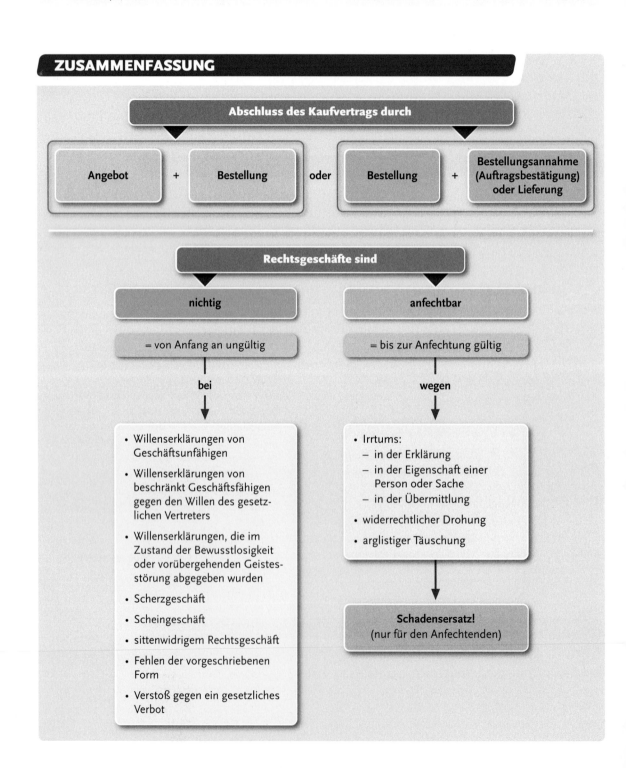

5530230

Britta Krombach arbeitet im Kassenbereich der Warenwelt „Unterhaltungselektronik". Heute kommen unter anderem folgende Kunden zu ihr:

- Ein 17-jähriger Schüler: Er möchte einen Laserdrucker zum Preis von 534,00 € kaufen.
- Ein 6-jähriges Mädchen: Es möchte eine CD zum Preis von 7,00 € als Geburtstagsgeschenk für seine Mutter kaufen.
- Ein ca. 30 Jahre alter Mann: Er möchte ein Fernsehgerät zum Preis von 333,00 € kaufen.
- Ein 12-jähriger Junge: Er möchte CD-Rohlinge im Wert von 3,40 € kaufen.

1. Wie sollte sich Britta Krombach gegenüber den einzelnen Kunden verhalten?

INFORMATIONEN

Rechtsfähigkeit

DEFINITION

Unter **Rechtsfähigkeit** versteht das Gesetz die Fähigkeit einer Person, Träger von Rechten und Pflichten zu sein.

Eine Person hat z. B. das Recht, ein Geschäft zu erben, oder die Pflicht, die Schule zu besuchen.

Rechtsfähigkeit		
	natürliche Personen	**juristische Personen**
Beginn	Vollendung der Geburt	Gründung AG: Eintragung ins Handelsregister
Ende	Tod	Auflösung AG: Löschung im Handelsregister

Rechtsfähig sind nicht nur Menschen **(= natürliche Personen)**, sondern auch Personenvereinigungen, z. B. Vereine, Aktiengesellschaften, Gesellschaften mit beschränkter Haftung, Genossenschaften. Sie werden als **juristische Personen** bezeichnet.

Geschäftsfähigkeit

DEFINITION

Unter **Geschäftsfähigkeit** versteht das Gesetz die Fähigkeit von Personen, Rechtsgeschäfte rechtswirksam abzuschließen.

Eine geschäftsfähige Person kann z. B. Waren einkaufen oder verkaufen, eine Wohnung mieten oder eine Reise buchen. Man unterscheidet drei Stufen der Geschäftsfähigkeit:

- Geschäftsunfähigkeit
- beschränkte Geschäftsfähigkeit
- unbeschränkte oder volle Geschäftsfähigkeit

Geschäftsunfähig sind
- Kinder unter 7 Jahren,
- dauernd geisteskranke Personen.

Die Willenserklärung eines Geschäftsunfähigen ist nichtig, d. h. ungültig. Geschäftsunfähige Personen können also keine Rechtsgeschäfte rechtswirksam abschließen.

Beschränkt geschäftsfähig sind Personen, die mindestens 7, aber unter 18 Jahre alt sind.

Eine beschränkt geschäftsfähige Person darf Rechtsgeschäfte normalerweise nur mit **Zustimmung** des gesetzlichen Vertreters (Vater, Mutter, Vormund) abschließen. Rechtsgeschäfte, die sie ohne **vorherige Einwilligung** des gesetzlichen Vertreters abgeschlossen hat, sind „schwebend unwirksam". Sie können durch die **nachträgliche Genehmigung** des gesetzlichen Vertreters wirksam werden.

BEISPIEL

Der 17-jährige Auszubildende Jochen Reinhard kauft einen DVD-Player, ohne dass er seinen Vater vorher gefragt hat. Der Verkäufer des DVD-Players fragt den Vater von Jochen später, ob er mit dem Kauf einverstanden sei. Wenn sich Jochens Vater mit dem Kauf einverstanden erklärt, ist ein Kaufvertrag zustande gekommen. Ist er nicht einverstanden, kommt kein Kaufvertrag zustande.

In **Ausnahmefällen** darf eine beschränkt geschäftsfähige Person Rechtsgeschäfte auch ohne Zustimmung ihres gesetzlichen Vertreters abschließen, nämlich wenn:

1. die Rechtsgeschäfte ihr nur rechtliche Vorteile bringen, z. B. ein Geschenk annehmen.

2. sie die Rechtsgeschäfte mit ihrem Taschengeld erfüllen kann.

BEISPIEL

Die 15-jährige Sabine Beyer kauft von ihrem Taschengeld eine CD zum Preis von 12,90 €.

3. sie Rechtsgeschäfte im Rahmen eines Arbeitsvertrags abschließt, den sie mit Zustimmung ihres gesetzlichen Vertreters eingegangen ist.

BEISPIEL

Ein 17-jähriger Verkäufer darf Ware an Kunden verkaufen, ohne vorher seinen gesetzlichen Vertreter zu fragen. Er darf ohne Zustimmung seines gesetzlichen Vertreters Vereinbarungen über Arbeitszeit, Gehalt, Pausen, Urlaub usw. treffen. Er darf das Arbeitsverhältnis, sofern es als Dienstverhältnis anzusehen ist, auch ohne Zustimmung des gesetzlichen Vertreters kündigen.

4. sie ihr gesetzlicher Vertreter mit Erlaubnis des Vormundschaftsgerichts ermächtigt, einen selbstständigen Geschäftsbetrieb zu führen. Sie darf dann ohne Zustimmung alle Rechtsgeschäfte abschließen, die dieser Betrieb mit sich bringt.

BEISPIEL

Die 16-jährige Carmen Freese führt selbstständig einen Jeansshop. Sie darf ohne Zustimmung ihres gesetzlichen Vertreters Ware einkaufen und verkaufen, Rechnungen bezahlen usw. Will sie jedoch privat von ihrem Geld eine teure Stereoanlage kaufen, muss sie ihren gesetzlichen Vertreter um Erlaubnis bitten.

Unbeschränkt geschäftsfähig sind natürliche Personen, die das 18. Lebensjahr vollendet haben. Willenserklärungen unbeschränkt geschäftsfähiger Personen sind voll rechtswirksam. Kann ein Volljähriger seine Angelegenheiten aufgrund einer psychischen Krankheit oder einer körperlichen, geistigen oder seelischen Behinderung ganz oder teilweise nicht erledigen, so bestellt das Vormundschaftsgericht für ihn einen Betreuer, der ihn gerichtlich und außergerichtlich vertritt.

AUFGABEN

1. Unterscheiden Sie Rechtsfähigkeit und Geschäftsfähigkeit.

2. Der 17 Jahre alte Hans Vollmer erhält von seinem Vater 500,00 € für eine Hi-Fi-Anlage. Der Händler besteht darauf, dass der Vater ihm gegenüber erklärt, dass er mit dem Kauf einverstanden ist.

   Warum verlangt der Händler diese Einverständniserklärung?

3. Die 14-jährige Sandra und der 15-jährige Thomas kaufen von ihrem Taschengeld einen gebrauchten CD-Player für 20,00 €. Ihr Vater will den Kaufvertrag rückgängig machen. Der Händler weigert sich.

   Wer hat recht? Begründen Sie Ihre Meinung.

4. Der 9 Jahre alte Jürgen bekommt von seiner Tante einen MP3-Player geschenkt. Seine Eltern verbieten ihm die Annahme des Geschenks.

   Sind sie dazu berechtigt? Begründen Sie Ihre Meinung.

5. Die 17-jährige Anja Schneider schließt mit Einwilligung ihrer Eltern ein Arbeitsverhältnis als Kauffrau im Einzelhandel ab. Welches der folgenden Rechtsgeschäfte darf sie nur mit Zustimmung ihrer Eltern abschließen? Begründen Sie Ihre Meinung.

   a) In ihrem Betrieb verkauft sie einen Mikrowellenherd an einen Kunden.

   b) Am Wochenende verkauft sie ihre Hi-Fi-Anlage an eine Freundin.

6. Der 17 Jahre alte Frank Förster führt mit Genehmigung des Vormundschaftsgerichts den Betrieb seines verstorbenen Vaters. Welche der folgenden Rechtsgeschäfte darf er ohne Zustimmung seines gesetzlichen Vertreters abschließen? Begründen Sie Ihre Meinung.

   a) Einkauf einer neuen Maschine für den Betrieb

   b) Kauf eines Ferienhauses in Griechenland

   c) Kauf eines Taschenrechners im Wert von 15,00 €

   d) Einstellen eines neuen Mitarbeiters

AKTIONEN

1. Robin Labitzke arbeitet in der Warenwelt „Lebensmittel" an der Kasse. Ein kleiner Junge (ca. 4 Jahre alt) möchte an der Kasse ein Eis bezahlen.

   Versetzen Sie sich in die Rolle von Robin Labitzke und erklären Sie dem kleinen Jungen, dass Sie ihm das Eis nicht verkaufen dürfen.

2. Stellen Sie die rechtlichen Regelungen zusammen, die Sie beim Abschluss von Kaufverträgen mit Kunden beachten müssen. Erstellen Sie eine Übersicht mithilfe einer Mindmap.

ZUSAMMENFASSUNG

Rechtsfähigkeit

= Fähigkeit einer Person, Träger von Rechten und Pflichten zu sein

natürlicher Personen	juristischer Personen

natürlicher Personen
- beginnt mit Vollendung der Geburt
- endet mit dem Tod

juristischer Personen
- beginnt mit der Gründung
- endet mit ihrer Auflösung
- handelt durch ihre Organe (AG = Vorstand; Verein = Vereinsvorstand)

Geschäftsfähigkeit

= Fähigkeit einer Person, Rechtsgeschäfte rechtswirksam abzuschließen

Geschäftsunfähigkeit

Willenserklärungen von
- Kindern unter 7 Jahren und
- dauernd geisteskranken Personen

sind **nichtig.**

beschränkte Geschäftsfähigkeit

Willenserklärungen von Personen, die mindestens 7 Jahre, aber unter 18 Jahre alt sind, sind bis auf bestimmte Ausnahmen **„schwebend unwirksam".**

unbeschränkte Geschäftsfähigkeit

Personen, die das 18. Lebensjahr vollendet haben, können **uneingeschränkt** Rechtsgeschäfte abschließen.

Wir berücksichtigen die gesetzlichen Regelungen zur Vertragsfreiheit

In der Porzellan- und Glasabteilung der Ambiente Warenhaus AG werden in einer Aktionswoche neben dem üblichen Sortiment besonders schöne Porzellanhasenskulpturen angeboten. Sie sollen pro Stück 136,00 € kosten. Nacheinander betreten drei Kunden die Abteilung, denen gegenüber sich Verkäufer Kai Wechselhaft unterschiedlich verhält.

1. Wie beurteilen Sie das Verhalten des Verkäufers?

INFORMATIONEN

Wesen der Vertragsfreiheit

Art. 2 Abs. 1 GG
„Jeder hat das Recht auf die freie Entfaltung seiner Persönlichkeit, soweit er nicht die Rechte anderer verletzt und nicht gegen die verfassungsmäßige Ordnung oder das Sittengesetz verstößt."

Diese „freie Entfaltung" findet im Handelsgesetzbuch (HGB) und im Bürgerlichen Gesetzbuch (BGB) ihren Ausdruck in der **Vertragsfreiheit.**

Grenzen der Vertragsfreiheit

Das Prinzip der Vertragsfreiheit gilt dann nicht, wenn
- Abschlusszwang (= Kontrahierungszwang) besteht,
- ein wirtschaftlich schwächerer Vertragspartner durch besondere Formvorschriften geschützt werden soll.

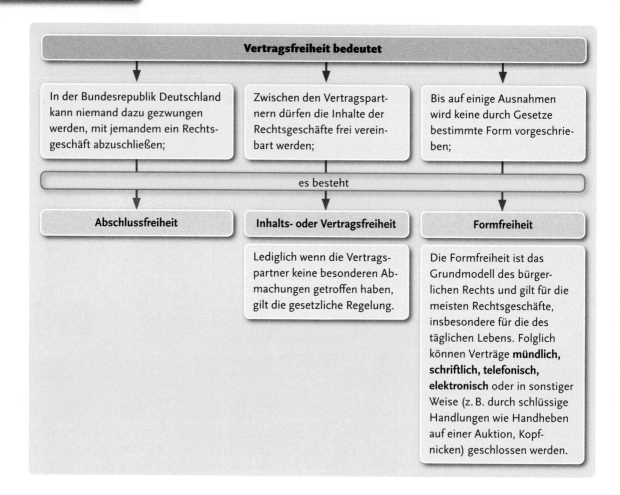

Vertragsfreiheit bedeutet		
In der Bundesrepublik Deutschland kann niemand dazu gezwungen werden, mit jemandem ein Rechtsgeschäft abzuschließen;	Zwischen den Vertragspartnern dürfen die Inhalte der Rechtsgeschäfte frei vereinbart werden;	Bis auf einige Ausnahmen wird keine durch Gesetze bestimmte Form vorgeschrieben;

es besteht

Abschlussfreiheit	Inhalts- oder Vertragsfreiheit	Formfreiheit
	Lediglich wenn die Vertragspartner keine besonderen Abmachungen getroffen haben, gilt die gesetzliche Regelung.	Die Formfreiheit ist das Grundmodell des bürgerlichen Rechts und gilt für die meisten Rechtsgeschäfte, insbesondere für die des täglichen Lebens. Folglich können Verträge **mündlich, schriftlich, telefonisch, elektronisch** oder in sonstiger Weise (z. B. durch schlüssige Handlungen wie Handheben auf einer Auktion, Kopfnicken) geschlossen werden.

Abschlusszwang (Kontrahierungszwang)

Vor allem **sozialpolitische Gründe** veranlassen den Gesetzgeber, zum Schutz des Bürgers – der auf bestimmte Leistungen angewiesen ist – einen Abschlusszwang vorzuschreiben.

Unternehmen, die eine **Monopolstellung** haben, sollen ihre Vertragspartner nicht frei wählen dürfen. Das wäre mit der Gefahr verbunden, dass einzelne Personen möglicherweise willkürlich von (lebensnotwendigen) Leistungen ausgeschlossen werden. Insofern sind öffentliche Versorgungsunternehmen verpflichtet, Verträge mit jedem Antragsteller zu schließen. Sie unterliegen einem **Abschlusszwang.** Die Abschlussfreiheit wird damit weitgehend eingeschränkt.

Der Abschlusszwang kann auch in Betracht kommen, wenn das Gleichgewicht der Vertragspartner nicht annähernd erfüllt ist. Eine Einschränkung der Vertragsfreiheit wird daher auch unter dem Aspekt des **„gerechten Vertrags"** und der **Vertragsparität** erwogen.

BEISPIELE FÜR ANWENDUNGSBEREICHE

Der Abschlusszwang gilt für einen Bereich, der monopolartig von wenigen Unternehmen beherrscht wird. Darüber hinaus ist die Vertragsfreiheit (inhaltlich) deutlich eingeschränkt worden im Bereich der Wohnraummiete, im Arbeitsrecht und im Reisevertragsrecht.

- Energiewirtschaft:
  Energieversorgungsunternehmen, z. B. Gas- und Elektrizitätswerke: Zu den geltenden Bedingungen muss jedermann an das Versorgungsnetz angeschlossen und versorgt werden.

- Kommunikationsbereich:
  Betreiber von Telekommunikationsnetzen: Sie haben die Verpflichtung, jedermann einen Netzzugang zu gewährleisten (Telefonanschluss, Anschluss von Computern).

- Transportrecht:
  Öffentliche Eisenbahnverkehrsunternehmen, Taxis und Fluggesellschaften: Es besteht eine Beförderungspflicht, wenn der Fahrgast die Beförderungsbedingungen einhält.

5530236

Der Anspruchsberechtigte kann zunächst auf den Abschluss des Vertrags (Erfüllung des Anspruchs) bestehen. Verweigert der Verpflichtete den Vertragsabschluss, kann **Klage auf den Vertragsabschluss** vor dem jeweils zuständigen Gericht erhoben wird.

Formvorschriften (Formzwang)

Die Grenzen der Vertragsfreiheit sind vom Gesetzgeber weiterhin dort gezogen worden, wo die Gefahr besteht, dass der sozial und wirtschaftlich schwächere Vertragspartner benachteiligt wird. Daher bestehen die Regelung der Rechts- und Geschäftsfähigkeit und die Forderung nach Einhaltung gesetzlicher Formvorschriften bei bestimmten Rechtsgeschäften.

Das BGB kennt folgende Formtypen:
- die Schriftform
- die elektronische Form
- die Textform
- die öffentliche Beglaubigung
- die notarielle Beurkundung

Schriftform (§ 126 BGB)

Die Schriftform ist bereits dadurch erfüllt, dass die Urkunde (z. B. eine Kündigung) **eigenhändig unterzeichnet** wird. Sofern der Erklärende dadurch sicher festgestellt werden kann, genügt die Angabe des Familiennamens.

Die schriftliche Vertragsform ist z. B. gesetzlich vorgeschrieben für
- Miet- und Pachtverträge, die länger als ein Jahr gültig sind (§ 566 BGB),

- Bürgschaftserklärungen von Nichtkaufleuten (§ 766 BGB),
- Schuldanerkenntnisse (§ 781 BGB),
- handschriftliche Testamente,
- Schuldversprechen (§ 780 BGB),
- Verträge über Ratenzahlung,
- Ausbildungsverträge,
- Vereinbarungen eines vertraglichen Wettbewerbsverbots (§ 74 HGB).

Wer ein Testament allein (ohne Notar) erstellen will, muss den gesamten Text handschriftlich anfertigen und eigenhändig unterschreiben. In allen anderen Beispielen genügt wie gesagt die eigenhändige Unterschrift der (des) Aussteller(s). Die Übermittlung einer Urkunde durch Telefax genügt nicht der Schriftform, wohl aber der Textform.

Elektronische Form

Die schriftliche Form kann durch die elektronische Form ersetzt werden, wenn das Gesetz nichts anderes vorschreibt, z. B. für die Bürgschaftserklärung.

Damit soll vor allem die Möglichkeit geschaffen werden, Rechtsgeschäfte, die einer Form bedürfen, im Internet abwickeln zu können.

Voraussetzung für die elektronische Form (als Ersatz für die Schriftform):
- Die Parteien müssen sie ausdrücklich oder schlüssig **vereinbaren.**
- Es muss ein entsprechendes **Dokument** verwendet werden. Allerdings entsprechen nur solche Dokumente der elektronischen Form, wenn sie beim Adressaten auf einem geeigneten Speichermedium gespeichert werden können.
- Der Aussteller muss seinen Namen auf einer qualifizierten elektronischen Signatur (i. S. d. § 2 Nr. 3 SigG) hinzufügen, damit man ihn eindeutig identifizieren kann.

Textform

Schreibt das Gesetz die Textform vor, so muss die Erklärung
- in einer Urkunde oder
- auf andere Weise abgegeben werden. Die dauerhafte Wiedergabe muss dabei sichergestellt sein.

Infrage kommen Dokumente aus Papier und elektronische Datenspeicher, z. B. Festplatte, USB-Stick oder CD-ROM. Sogar eine Internetseite, die der Empfänger ausdrucken kann, ist zur dauerhaften Wiedergabe geeignet.

Des Weiteren muss bei der Textform

- die Person des Erklärenden genannt werden und
- der Abschluss der Erklärung erkennbar gemacht werden, indem z. B. die **Namensunterschrift nachgebildet** wird.
  Auf eine eigenhändige **Unterschrift** wird damit **verzichtet.**

Die Textform dient hauptsächlich der Bequemlichkeit der Nutzer (z. B. „Vorwarnung" eines Mieters durch Vermieter bei geplanten Modernisierungsmaßnahmen). Sehr häufig geht es um Informations- und Dokumentationsaufforderungen.

Öffentliche Beglaubigung (§ 129 BGB)

Sie ist gesetzlich vorgeschrieben z. B. bei

- der Anmeldung eines Vereins ins Vereinsregister (§ 77 BGB),
- Handelsregister- und Grundbucheintragungen (§ 12 HGB),
- maschinenschriftlichen Testamenten,
- Forderungsabtretungen (§ 403 BGB),
- Gehaltsabtretungen (§ 411 BGB),
- Anträgen auf Eintragung ins Güterrechtsregister (§ 1560 BGB).

Hierbei muss der Aussteller die schriftliche Erklärung vor einem Notar unterschreiben. Die Echtheit der Unterschrift wird anschließend vom Notar beglaubigt.

Notarielle Beurkundung (§ 128 BGB)

Sie wird in einigen Fällen vom Gesetz verlangt, z. B. für

- Kaufverträge bei Grundstücken (Käufe und Verkäufe),
- Schenkungsversprechen,
- Erbverträge,
- Hauptversammlungsbeschlüsse einer Aktiengesellschaft,
- Eheverträge sowie
- bei Eintragung einer Hypothek oder Grundschuld ins Grundbuch und
- bei der Gründung einer Aktiengesellschaft.

Durch seine Unterschrift beurkundet der Notar bzw. die Behörde den Wahrheitsgehalt der Unterschrift(en) und den gesamten protokollierten Vorgang, also den Inhalt (vgl. § 13 BeurkG: Verlesen, Genehmigung, Unterschrift; § 17 BeurkG: Prüfungs- und Belehrungspflicht des Notars).

Die notarielle Beurkundung ist unter den Schriftformen des BGB die strengste Formvorschrift und ersetzt die anderen Formen. Der gesetzliche Formzwang schützt letztlich die Interessen der am Rechtsgeschäft beteiligten Personen. Es wird die „Überprüfbarkeit" gewährleistet **(Beweisfunktion).** Ferner sollen die Beteiligten vor Rechtsnachteilen durch unüberlegtes und schnelles Handeln bewahrt werden **(Warnfunktion),** beispielsweise dadurch, dass beim Grundstückskauf ein Notar eingeschaltet werden muss, der bei irgendwelchen Bedenken juristischen Rat geben kann. Soweit eine notarielle Beurkundung vorgeschrieben ist, hat der Notar eine **Belehrungsfunktion.**

Wird die gesetzlich vorgeschriebene Form nicht beachtet, ist das Rechtsgeschäft **nichtig** (§ 125 Satz 1 BGB).

Verbrauchsgüterkauf (§ 474 BGB)

Für den gesamten Bereich des Verbrauchsgüterkaufs ist die Vertragsfreiheit weitgehend außer Kraft gesetzt. Das bedeutet, dass fast sämtliche den Käufer bevorzugenden Regelungen vertraglich nicht geändert werden dürfen. Dies gilt insbesondere für

- die Wahlfreiheit des Käufers bei Mängelrechten,
- die Beweislastumkehr innerhalb der ersten 6 Monate und
- die Verjährungsfrist von 2 Jahren für Mängel der Kaufsache (§ 475 BGB).

So sind insbesondere Vereinbarungen unwirksam, mit denen versucht wird, die Nacherfüllungsrechte des Käufers zu begrenzen oder den Rücktritt vom Vertrag oder die Minderung von zusätzlichen Bedingungen abhängig zu machen, die das Gesetz nicht vorsieht.

AUFGABEN

1. Was verstehen Sie unter dem Prinzip der Vertragsfreiheit?

2. Was bezweckt der Gesetzgeber mit dem sogenannten Formzwang?

3. Rechtsgeschäfte, für die der Gesetzgeber keine Formvorschriften vorschreibt, sind formfrei. Welche Folgen hätte es, wenn für alle denkbaren Rechtsgeschäfte eine notarielle Beurkundung notwendig wäre?

4. Worin liegt der Unterschied zwischen öffentlicher Beglaubigung und notarieller Beurkundung?

5. Welche Formvorschrift (formfrei; Schriftform; öffentliche Beglaubigung; notarielle Beurkundung) ist in den folgenden Fällen vorgeschrieben?

   a) 25 Sportinteressierte wollen einen Hockeyclub gründen.

   b) Kauf eines Pkw für 22.000,00 €

   c) Verkauf eines Gartengrundstücks für nur 4.000,00 €

   d) Herr Sander mietet auf einem Campingplatz für 2 Jahre einen Standplatz für seinen Wohnanhänger.

   e) Buchung einer Luxusferienreise für 9.000,00 €

6. Beurteilen Sie folgende Sachverhalte unter dem Gesichtspunkt der Vertragsfreiheit:

   a) Der eher konservative Friseurmeister G. Stein weigert sich, einem Punker die Haare zu waschen.

   b) Der Apotheker Wilhelm ist nicht bereit, seinem Nachbarn Herrn Gerhold ein dringend benötigtes Medikament zu verkaufen, weil dieser ihn in der Vergangenheit mehrfach beleidigt hat.

   c) Malermeister Krüger lehnt es ab, bei Familie Wentritt das Wohnzimmer zu tapezieren.

AKTIONEN

1. Natürlich wird man Kaufverträge über den täglichen Einkauf im Supermarkt oder Warenhaus nicht schriftlich abschließen. Dennoch empfiehlt es sich, bestimmte Verträge nicht nur mündlich zu schließen.

   a) Führen Sie in verschiedenen Arbeitsgruppen eine Kartenabfrage durch. Ausgangsfrage: Wann und warum sollten Verträge – trotz Formfreiheit – schriftlich abgeschlossen werden?

   b) Stellen Sie Ihr Gruppenergebnis mithilfe einer von Ihnen selbst ausgewählten Präsentationsmethode vor. Bereiten Sie sich darauf vor, die von Ihnen vorgetragenen Inhalte zu begründen.

2. a) Sammeln Sie – auch mithilfe des Internets – möglichst viele Dokumente, für die die Schriftform bzw. die öffentliche Beglaubigung oder die notarielle Beurkundung notwendig ist.

   b) Stellen Sie anschließend Ihre Unterlagen mithilfe von Folien dem Plenum vor und begründen Sie aufgrund der Inhalte des jeweiligen Dokuments den Sinn/die Notwendigkeit der gesetzlichen Regelung.

ZUSAMMENFASSUNG

Vertragsfreiheit

bedeutet

| Freiheit, eine Willenserklärung abzugeben oder nicht. Jeder kann selbst entscheiden, ob er überhaupt einen Vertrag abschließen will und mit wem er ihn abschließt. | Freiheit bei der Wahl der Vertragsform. Die meisten Verträge sind auch mündlich gültig ohne Einhaltung bestimmter Formvorschriften. | Freiheit bei der Gestaltung des Vertragsinhalts. Der Vertragsinhalt kann frei nach den Vorstellungen der Vertragspartner festgelegt werden. |

Abschlussfreiheit

aber

Abschlusszwang
(= Kontrahierungszwang)
Es besteht häufig ein gesetzlicher Abschlusszwang für Unternehmen mit einer staatlich genehmigten Monopolstellung.

Formfreiheit

- mündlich
- schriftlich
- telefonisch
- elektronisch
- schlüssige Handlungen

aber

gesetzliche Formvorschriften
(= Formzwang)
für bestimmte Rechtsgeschäfte

Gestaltungs- und Inhaltsfreiheit

aber

Wenn die Vertragspartner über bestimmte Inhalte keine Vereinbarungen getroffen haben, werden die gesetzlichen Bestimmungen angewandt. Zum Schutz vor Missbrauch sind Verträge, deren Inhalt gegen ein gesetzliches Verbot (§ 134 BGB) oder gegen die guten Sitten (§ 138 BGB) verstößt, ungültig.

Schriftform

Anforderungen:
eigenhändige Unterschrift. Die Schriftform kann – soweit nicht gesetzlich verboten – durch elektronische Form oder – ohne Einschränkung – durch notarielle Beurkundung ersetzt werden.

elektronische Form

Anforderungen:
- Namensangabe
- qualifizierte elektronische Signatur

Textform

Anforderungen:
- Erklärung auf Urkunde oder auf andere zur dauerhaften Wiedergabe in Schriftzeichen geeigneter Weise
- Angabe der Person
- Erklärungsabschluss

öffentliche Beglaubigung

Anforderungen:
- schriftliche Erklärung und Unterschrift des Erklärenden
- Beglaubigung durch Notar

notarielle Beurkundung

Anforderungen:
Beurkundung gem. § 6 ff. BeurkG. Sie ersetzt die Schriftform und die öffentliche Beglaubigung.

Der Formzwang dient dem Schutz vor leichtfertigem und übereiltem Handeln **(Warn- und Beweisfunktion).** Wird das betreffende Rechtsgeschäft nicht in der gesetzlich vorgeschriebenen Form abgeschlossen, ist es ungültig.

Käufer und Verkäufer übernehmen unterschiedliche Rechte und Pflichten beim Abschluss eines Kaufvertrags und der nachfolgenden Erfüllung.

1. Welche Pflichten haben die Ambiente Warenhaus AG als Verkäufer und die Käuferin, Frau Bodenhagen, aufgrund des zustande gekommenen Kaufvertrags übernommen?

INFORMATIONEN

Leistung und Gegenleistung

Beim Zustandekommen eines Kaufvertrags durch Antrag und Annahme übernehmen Verkäufer und Käufer bestimmte Verpflichtungen; man spricht vom sogenannten **Verpflichtungsgeschäft.**

§ 433 BGB (Grundpflichten des Verkäufers und des Käufers)

(1) Durch den Kaufvertrag wird der Verkäufer einer Sache verpflichtet, dem Käufer die Sache zu übergeben und das Eigentum an der Sache zu verschaffen. Der Verkäufer hat dem Käufer die Sache frei von Sach- und Rechtsmängeln zu verschaffen.

(2) Der Käufer ist verpflichtet, dem Verkäufer den vereinbarten Kaufpreis zu zahlen und die gekaufte Sache abzunehmen.

Die Ware wird mangelfrei übergeben.	Die Verkäuferin übergibt die Cordhose an der Warenausgabe.
Die Lieferung erfolgt rechtzeitig.	Das geschieht noch im selben Moment.
Die Übergabe der Ware erfolgt am vereinbarten Ort.	Die Hose wird in den Verkaufsräumen des Warenhauses ausgehändigt.
Der vereinbarte Kaufpreis wird rechtzeitig bezahlt.	Die Kundin Frau Bodenhagen bezahlt die Hose an der Kasse bar.
Die Ware wird abgenommen.	Die Kundin nimmt die Cordhose in Empfang.
Die Ware geht in das Eigentum des Käufers über.	Die Kundin kann nun frei über die Hose verfügen.

Im weiteren Verlauf geht die Kundin Frau Bodenhagen zur Kasse und bezahlt die Cordhose. Die Verkäuferin händigt die verpackte Hose aus und verabschiedet die Kundin.

An diesem Beispiel lässt sich zeigen, wie ein Kaufvertrag ordnungsgemäß **erfüllt** wird.

Durch diese Handlungen haben Verkäufer und Käufer ihre **Pflichten** aus dem Kaufvertrag erfüllt (= **Erfüllungsgeschäft).** Die Erfüllung der Pflichten aus dem Kaufvertrag ist rechtlich immer unabhängig vom eigentlichen Verpflichtungsgeschäft.

Zeitlich können zwischen dem Abschluss (Verpflichtungsgeschäft) und der Erfüllung (Erfüllungsgeschäft) Wochen oder sogar Monate liegen.

BEISPIEL

Ein Kunde kauft in einem Elektrofachgeschäft einen DVD-Player. Das Gerät ist erst in 6 Wochen lieferbar. Da der Kunde den DVD-Player kaufen möchte und der Verkäufer bereit ist, ihn zu verkaufen, ist der Kaufvertrag und damit das Verpflichtungsgeschäft zustande gekommen. Erfüllt ist der Kaufvertrag hingegen erst, wenn der DVD-Player nach 6 Wochen geliefert wird, der Kunde ihn angenommen und bezahlt hat. Zwischen Abschluss und Erfüllung des Kaufvertrags liegen in diesem Beispiel 6 Wochen.

Verpflichtungs- und Erfüllungsgeschäft fallen allerdings zeitlich zusammen bei sogenannten **Handkäufen in Ladengeschäften.** Darunter sind Geschäfte des täglichen Lebens, also Barkäufe zu verstehen. Die Ware wird bar bezahlt und gleich mitgenommen. Dabei wird das Verpflichtungsgeschäft in der Regel mündlich abgeschlossen, während das Erfüllungsgeschäft in der gleichzeitigen Übergabe des Eigentums bzw. des Geldes zu sehen ist (wie in der Textilabteilung der Ambiente Warenhaus AG im Eingangsbeispiel).

Eigentum und Besitz

Die Eigentumsverhältnisse ändern sich durch die Erfüllung des Kaufvertrags. Durch Einigung und Übergabe gelangt der Käufer rechtmäßig an sein Eigentum. Dabei ist der Eigentumsübergang nicht davon abhängig, ob der Käufer die Ware bezahlt hat oder nicht.

DEFINITION

Eigentümer ist derjenige, dem eine Sache gehört. Er hat die **rechtliche (= unsichtbare) Herrschaft** über sie und kann nach Belieben mit ihr verfahren (§ 903 BGB).

BEISPIEL

- Lars Panning, Auszubildender in der Ambiente Warenhaus AG, hat zum Geburtstag einen MP3-Player geschenkt bekommen und will nun seinen bisher genutzten MP3-Player für 20,00 € verkaufen. Sein Sitznachbar in der Berufsschule, Jacob Fengler, interessiert sich für das Modell. Lars leiht ihm den MP3-Player, damit Jacob ihn ausprobieren und

sich leichter entscheiden kann. Nach 14 Tagen, der MP3-Player ist noch bei Jacob, bietet Lars das Gerät dem Nachbarn der Familie Wagner für 30,00 € zum Kauf an. Der Nachbar nimmt an.

Wer hat die tatsächliche und wer die rechtliche Verfügungsgewalt über den MP3-Player?

Jacob hat zwar augenblicklich den MP3-Player bei sich zu Hause, doch hat Lars die rechtliche Herrschaft über das Gerät behalten. Da ihm der MP3-Player noch gehört, kann er ihn auch an den Nachbarn verkaufen.
- Erst wenn Jacob Fengler Eigentümer des MP3-Players geworden ist, kann er damit machen, was er will, z. B. ihn verschenken, verändern, vernichten oder verleihen.

Der Eigentümer kann unter Beachtung der Gesetze von jedem, der nicht zum Besitz berechtigt ist, Herausgabe verlangen. Somit ist das Eigentum gegen widerrechtliche Verletzungen geschützt.

DEFINITION

Der **Besitzer** einer Sache hat die **tatsächliche (= sichtbare) Herrschaft** über eine Sache, er hat die Sache augenblicklich (§ 854 BGB).

BEISPIEL

Die Landhandel GmbH als Käuferin eines Lkw ist sowohl Eigentümerin als auch Besitzerin. Erst wenn sie den Lkw einer befreundeten Landmaschinenfabrik leiht, wird diese Besitzerin, die Landhandel GmbH bleibt aber Eigentümerin.

Eine Person kann auch Besitzer einer Sache werden, die sie unrechtmäßig erworben hat, z. B. durch Raub, Plünderung oder Hehlerei. Ein Dieb ist also ebenfalls Besitzer, aber niemals Eigentümer der Sache.

Zugunsten des Besitzers einer beweglichen Sache wird vermutet, dass er Eigentümer der Sache ist. Dies entspricht der allgemeinen Lebenserfahrung. Man wird oft nicht in der Lage sein, dokumentarisch das Eigentum an all den Sachen nachzuweisen, die man lange Zeit in Besitz hat.

Der Besitz einer Sache kann enden durch freiwillige Aufgabe (z. B. Rückgabe der Hose; Lösung des Mietverhältnisses) oder durch Verlust.

Die **Übertragung** von Besitz und Eigentum geschieht nach vertraglicher Einigung wie folgt:

Übertragung	bei beweglichen Sachen (Mobilien)	bei unbeweglichen Sachen (Immobilien, z. B. Gebäuden)
von Eigentum	durch Übergabe	durch Eintragung des Eigentümerwechsels ins Grundbuch
von Besitz	durch Übergabe	durch Überlassung

Bei unbeweglichen Sachen wird die Einigung zwischen dem Verkäufer und dem Käufer **Auflassung** genannt.

BEISPIEL FÜR EIGENTUMSÜBERTRAGUNG BEI UNBEWEGLICHEN SACHEN

Der kaufmännische Angestellte Frank Bruns kauft von dem Kaufmann Erhard Grünhage ein kleines Landhaus. Der Kaufvertrag wird bei einem Notar abgeschlossen. In diesem Vertrag erklären beide übereinstimmend den Eigentümerwechsel (Auflassung = Einigung). Daraufhin wird Frank Bruns als neuer Eigentümer in das Grundbuch beim zuständigen Amtsgericht eingetragen (Eintragung = Übergabe).

Ist der Käufer einer beweglichen Sache bereits im Besitz der Sache, so genügt die Einigung der Vertragspartner darüber, dass die betreffende Sache den Eigentümer wechseln soll.

BEISPIEL

Ein Kunde kauft in der Ambiente Warenhaus AG einen Farbfernseher. Kunde und Verkäufer vereinbaren eine Probezeit von 14 Tagen. Nach Ablauf der Frist entschließt sich der Kunde, den Apparat zu behalten. Da die Übergabe bereits 14 Tage zuvor erfolgt war, bedarf es jetzt nur noch der Einigung.

Der Erwerber einer beweglichen Sache wird auch Eigentümer, wenn die Sache nicht dem Verkäufer gehört. Der Erwerber muss jedoch „in gutem Glauben" gehandelt haben (§ 932 BGB).

Der Erwerber ist nicht in gutem Glauben, wenn ihm bekannt oder infolge grober Fahrlässigkeit unbekannt ist, dass die Sache nicht dem Verkäufer gehört. „Guter Glaube" wird nach dem Gesetz grundsätzlich vermutet.

Der **gutgläubige Erwerb** ist dann **ausgeschlossen,** wenn die Sache dem Eigentümer

- gestohlen worden,
- verloren gegangen oder
- sonst abhandengekommen ist.

Das gilt dann nicht, d. h., gutgläubiger Erwerb ist möglich, wenn es sich um Geld handelt oder um Sachen, die im Wege öffentlicher Versteigerung veräußert werden (§ 935 Abs. 2 BGB).

AUFGABEN

1. Eine Verkäuferin des Mantelhauses Grunder verkauft an eine Kundin ein Sommerkostüm zum Preis von 148,00 €. Die Kundin leistet eine Anzahlung von 50,00 € und nimmt das Kostüm gleich mit nach Hause.

   Beim Abschluss des Kaufvertrags wurde zwischen der Verkäuferin und der Kundin vereinbart: „Das Mantelhaus behält sich bis zur vollständigen Zahlung des Kaufpreises das Eigentum an der Ware vor!"

   a) Welche Pflichten aus dem Kaufvertrag haben Käufer und Verkäufer bisher erfüllt?

   b) Wodurch wird der Kaufvertrag erst vollständig erfüllt?

2. Worin besteht die Leistung des Verkäufers bzw. die Gegenleistung des Käufers beim Erfüllungsgeschäft?

3. Herr Weißenbach pachtet eine Gaststätte; der Sportler Hurtig kauft eine Stoppuhr; der Schüler

Peter D. leiht sich von seinem Sitznachbarn einen Bleistift; Anke M. holt beim Kostümverleih eine originelle Maske für den Fasching ab.

a) Welche Rechte haben diese Personen an den von ihnen erworbenen Gegenständen?

b) Anke M. übermalt die Gesichtsmaske mit poppig grüner Farbe; der Sportler Hurtig verschenkt die gerade erworbene Uhr an einen Freund. Wie beurteilen Sie diese Maßnahmen?

4. Wie kommt die Eigentumsübertragung zustande?

a) Ein Hobbyläufer möchte ein paar Langlaufschuhe kaufen. Nach dem Anprobieren mehrerer Modelle entscheidet er sich für ein Paar Trainingsschuhe mit besonderen Dämpfungseigenschaften. An der Kasse erhält er nach Zahlung des Kaufpreises die Schuhe ausgehändigt.

b) Der sehr vermögende Herr Schwarzenberger verkauft eine seiner drei Eigentumswohnungen an Herrn Bertram.

5. Was darf der Eigentümer einer Sache alles mit ihr machen?

6. Warum wird bei Immobilien die Übergabe durch die Eintragung ersetzt?

7. Herr Mertens hat das Angebot von Fernseh-Knuth angenommen und sich für 10 Tage kostenlos einen DVD-Player zum Ausprobieren nach Hause bringen lassen. Nach Ablauf der Frist teilt er Fernseh-Knuth telefonisch mit, dass er mit dem Gerät sehr zufrieden sei und es behalten möchte. Der Händler stimmt zu.

a) Wer ist vor dem Telefonat Eigentümer und wer Besitzer des DVD-Players?

b) Wie findet der Eigentumsübergang statt?

8. Stefan und Thomas, beide volljährig, treffen sich zufällig eines Abends in der Disco „Bel Air" und schließen in gemütlicher Runde einen Kaufvertrag. Stefan verkauft seine Alpinskier „Arrow" an Thomas für 90,00 €. Die Übergabe soll am nächsten Tag erfolgen, die Bezahlung aber erst in 14 Tagen.
Wann wird Thomas Eigentümer der Skier?

9. Wodurch endet der rechtmäßige Besitz einer Sache?

10. Welche Herrschaft übt ein Dieb über das von ihm gestohlene Fahrrad aus?

AKTIONEN

1. Erstellen Sie eine kleine PowerPoint-Präsentation, die informiert über
   a) den Unterschied zwischen Verpflichtungs- und Erfüllungsgeschäft,
   b) die unterschiedlichen Pflichten zwischen Verkäufer und Käufer im Rahmen des Verpflichtungsgeschäfts.

2. Bereiten Sie sich darauf vor, Ihre Präsentation vorzustellen.

3. Lesen Sie den Text über Besitz und Eigentum und prägen Sie sich die Inhalte mithilfe der SQ3R-Methode (aktives Lesen) ein.

4. Erarbeiten Sie anschließend einen Vortrag über den Unterschied zwischen Besitz und Eigentum. Benutzen Sie dabei das Mindmapping zum Aufschreiben Ihrer Gedanken.

5. Veranschaulichen Sie Ihre Ausführungen, z. B. mit Folie und Overheadprojektor, mithilfe eines Wandplakats oder eines farbigen Tafelanschriebs.

ZUSAMMENFASSUNG

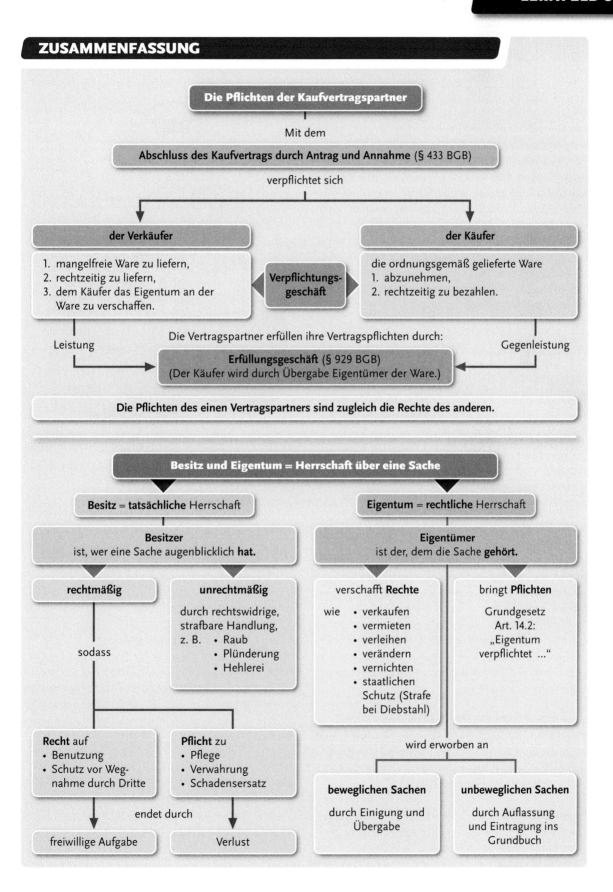

Die Pflichten der Kaufvertragspartner

Mit dem

Abschluss des Kaufvertrags durch Antrag und Annahme (§ 433 BGB)

verpflichtet sich

der Verkäufer

1. mangelfreie Ware zu liefern,
2. rechtzeitig zu liefern,
3. dem Käufer das Eigentum an der Ware zu verschaffen.

Verpflichtungsgeschäft

der Käufer

die ordnungsgemäß gelieferte Ware
1. abzunehmen,
2. rechtzeitig zu bezahlen.

Leistung

Die Vertragspartner erfüllen ihre Vertragspflichten durch:

Erfüllungsgeschäft (§ 929 BGB)
(Der Käufer wird durch Übergabe Eigentümer der Ware.)

Gegenleistung

Die Pflichten des einen Vertragspartners sind zugleich die Rechte des anderen.

Besitz und Eigentum = Herrschaft über eine Sache

Besitz = tatsächliche Herrschaft

Besitzer
ist, wer eine Sache augenblicklich **hat.**

rechtmäßig

sodass

unrechtmäßig

durch rechtswidrige, strafbare Handlung, z. B. • Raub
  • Plünderung
  • Hehlerei

Eigentum = rechtliche Herrschaft

Eigentümer
ist der, dem die Sache **gehört.**

verschafft **Rechte**

wie • verkaufen
  • vermieten
  • verleihen
  • verändern
  • vernichten
  • staatlichen Schutz (Strafe bei Diebstahl)

bringt **Pflichten**

Grundgesetz Art. 14.2: „Eigentum verpflichtet ...“

Recht auf
• Benutzung
• Schutz vor Wegnahme durch Dritte

Pflicht zu
• Pflege
• Verwahrung
• Schadensersatz

endet durch

freiwillige Aufgabe

Verlust

wird erworben an

beweglichen Sachen

durch Einigung und Übergabe

unbeweglichen Sachen

durch Auflassung und Eintragung ins Grundbuch

Herr Michels hat – auch aus gesundheitlichen Gründen – seit einigen Tagen mit dem Tennisspielen begonnen. Unmittelbar nach seinem Eintritt in den HHC kauft er in der Sportabteilung der Ambiente Warenhaus AG die notwendige Kleidung samt Schuhen und Tennisbällen. Auf seinen Wunschschläger muss er jedoch noch warten, da er momentan vergriffen ist. Beim Bezahlen seiner Ware erkundigt er sich sicherheitshalber noch einmal nach seiner Bestellung und fragt nach dem Eintreffen seines Schlägers. Die Kassiererin antwortet ihm auf seine ungeduldige Nachfrage mit „ca. 14 Tage" und verweist hinsichtlich der Lieferzeit darüber hinaus auf die Allgemeinen Geschäftsbedingungen der Ambiente Warenhaus AG, lesbar auf der Rückseite seiner ihm vorliegenden Rechnung.

1. Stellen Sie fest, was Allgemeine Geschäftsbedingungen sind und welche Bedeutung sie im Wirtschaftsleben eines Einzelhandelsunternehmens haben.

INFORMATIONEN

Notwendigkeit, Anwendungsgebiete und Inhalt der Allgemeinen Geschäftsbedingungen

Heutzutage kommt es in vielen Handelsbetrieben täglich zu einer Vielzahl von Vertragsabschlüssen. Das hat dazu geführt, dass die dabei verwendeten vertraglichen Bedingungen vereinheitlicht wurden. Beim Abschluss eines Kaufvertrags werden die Vertragsinhalte nicht mehr jedes Mal neu ausgehandelt und formuliert. Es werden vielmehr, im Interesse eines reibungslosen und nicht zu zeitaufwendigen Geschäftsablaufs, Vertragsbedingungen einheitlich vorformuliert.

Diese **Allgemeinen Geschäftsbedingungen** (AGB) – so werden die vorformulierten Klauseln genannt – sind heute aus dem Wirtschaftsleben nicht mehr wegzudenken. Sie haben eine **Rationalisierungsaufgabe,** denn sie helfen, Kosten und Arbeit zu sparen.

Insbesondere Hersteller und Händler nutzen die Vertragsfreiheit zu ihren Gunsten. Sie haben AGB ausgearbeitet und auf typische, regelmäßig wiederkehrende Probleme des Geschäftsverkehrs abgestimmt, wie z. B.:

- Liefer- und Zahlungsbedingungen
- Erfüllungsort und Gerichtsstand
- Lieferzeit
- Eigentumsvorbehalt
- Gefahrenübergang
- Verpackungs- und Beförderungskosten

Damit haben sie sich eine Art Modellvertrag geschaffen, der jederzeit neu verwendbar ist. Die AGB liegen meist in klein gedruckter Form vor, z. B. auf der Rückseite von Angeboten – man bezeichnet sie deshalb auch als das „Kleingedruckte".

Vorzufinden sind entsprechende AGB in fast jedem Wirtschaftszweig: Banken, Versicherungen, Groß- und Einzelhandel, Reiseveranstalter, Spediteure, Industriebetriebe u. v. m. Die im Verkehr befindlichen AGB werden auf mindestens 20 000 geschätzt.

Sind Onlineshops ohne AGB unseriös?

Mark M., Hannover: Bevor ich in einem Onlineshop bestelle, schaue ich in dessen Geschäftsbedingungen. Was muss ich von Firmen halten, die keine AGB haben?

FINANZtest: Das Fehlen von Allgemeinen Geschäftsbedingungen (AGB) ist kein Mangel. Denn nötig sind sie bei einfachen Geschäften wie dem Onlinekauf nur, wenn Unternehmen zum eigenen Nutzen von den kundenfreundlichen gesetzlichen Regelungen abweichen wollen. Auch die Stiftung Warentest vertreibt ihre Hefte und Bücher online (www.finanztest.de), ohne AGB aufzuführen.

Keinesfalls verzichten dürfen Onlineshops auf die Angabe ihrer Firmendaten. Ebenfalls wichtig: Im Netz müssen Anbieter die Preise inklusive aller Steuern angeben und über das vierzehntägige Widerrufsrecht beim Kauf aus der Ferne umfassend informieren.

Die Rückgabefrist beginnt mit Erhalt der Ware – aber nur dann, wenn der Händler ordentlich darüber informiert hat. Fehlt die Widerrufsinformation, kann der Kunde die Ware auch noch viel später ohne Begründung zurückschicken und sein Geld zurückverlangen.

TIPP: Fragen Sie beim Anbieter nach, wenn Sie mit AGB rechnen, diese aber nicht finden. Schon die Schnelligkeit und Klarheit der Antwort gibt Ihnen Hinweise auf die Seriosität des Shops. Fehlen die grundlegenden Informationen über den Anbieter oder finden Sie als Kontakt auf der Homepage nur eine Faxnummer, spricht das für ein unseriöses Unternehmen.

Quelle: Finanztest 08/2006

Gefahren durch die AGB

Die sehr häufig umfangreichen Vertragsbedingungen des Verkäufers werden mit dem Käufer nicht mehr einzeln ausgehandelt, sondern sollen von ihm von vornherein als Ganzes akzeptiert werden.

Da im deutschen Recht Vertragsfreiheit herrscht, gelten stets die AGB, wenn sie Bestandteil eines Vertrags geworden sind, und nicht die Regelungen des HGB und BGB. Die gesetzlichen Bestimmungen sind nur dann wirksam, wenn die Vertragspartner keine besonderen vertraglichen Vereinbarungen getroffen haben.

So verlagerten Hersteller und Händler in ihren Allgemeinen Geschäftsbedingungen zunehmend die Risiken, die z. B. ein Güterkauf mit sich bringt, auf den Käufer, der sich der Gegenmacht nicht erwehren konnte. Die im BGB enthaltenen Schranken der Vertragsfreiheit erwiesen sich als unzulänglich gegenüber dem „Kleingedruckten", das

ja nicht ausgehandelt wurde. Der Käufer wurde in seinen gesetzlichen Rechten eingeschränkt. Mitunter wurden Preiserhöhungsmöglichkeiten für den Verkäufer willkürlich eingeräumt, berechtigte Reklamationsrechte oder die Haftung bei grobem Verschulden ausgeschlossen. Sehr häufig wird auch das „Kleingedruckte" vom Käufer nicht gelesen, übersehen oder aufgrund komplizierter Formulierungen nicht verstanden.

Verbraucherschutz (§ 305 ff. BGB)

Um Benachteiligungen des wirtschaftlich Schwächeren, insbesondere des Endverbrauchers, durch vorformulierte Vertragsbedingungen zu verhindern, wurde im BGB der **Verbraucherschutz** entsprechend berücksichtigt.

Im Einzelnen wird **zum Schutz von Nichtkaufleuten** (= einseitiger Handelskauf) ausgeführt:

- „Kleingedrucktes" gehört nicht automatisch zum Vertrag (§ 305 BGB), sondern nur, wenn
  a) der Käufer ausdrücklich auf die AGB hingewiesen wurde: Üblicherweise finden sich bei schriftlichen Angeboten des Verkäufers AGB auf der Rückseite des Vertrags. Hierbei ist aber erforderlich, dass auf der Vorderseite ein deutlicher Hinweis auf die auf der Rückseite abgedruckten Bedingungen steht. Fehlt ein solcher Hinweis ganz oder ist er undeutlich und unter dem Unterschriftenfeld abgedruckt, werden die AGB nicht Bestandteil des Vertrags. Es gelten dann automatisch die BGB-Regelungen.
  b) der Wortlaut der AGB für den Käufer leicht erreichbar ist, also z. B. im Verkaufsraum aushängt oder auf dem Vertragsformular abgedruckt ist.

  c) die AGB (auch ohne Lupe) mühelos lesbar und verständlich sind.
  d) der Käufer mit den AGB einverstanden ist.

Beim Vertragsabschluss kann der Käufer das „Kleingedruckte" insgesamt oder auch nur bestimmte Klauseln durchstreichen und auf Geltung der BGB-Regelungen drängen.

Dadurch sind die AGB ganz oder teilweise nicht Bestandteil des Vertrags geworden, mit der Folge, dass
- der Vertrag wirksam bleibt;
- der Vertrag sich nach den gesetzlichen Vorschriften richtet. Das gilt auch für die Teile des Vertrags, die AGB enthalten, die unwirksam sind, und weitere Unwirksamkeitsregelungen (§ 306 BGB).

Aber: Der Vertrag ist insgesamt unwirksam, wenn die nötigen Änderungen der unwirksamen Bestandteile für eine Vertragspartei eine unzumutbare Härte darstellen würden.

Ist der Verkäufer unter diesen Umständen nicht mehr zum Vertragsabschluss bereit, steht es dem Käufer frei, sich einen anderen Verkäufer zu suchen. In den meisten wirtschaftlich bedeutsamen Bereichen besteht diese Möglichkeit der Vertragsfreiheit für den Käufer jedoch nicht, denn sämtliche Verkäufer verwenden AGB, zum Teil sogar über Empfehlungen der jeweiligen Verbände (Automobile, Banken, Versicherungen, Reisen u. v. m.). Für Verträge im Telekommunikationsbereich, für Beförderungsverträge durch den Einwurf von Postsendungen in Briefkästen, für die Beförderung in öffentlichen Verkehrsmitteln usw. gelten die AGB allerdings auch ohne die Einhaltung der Erfordernisse a) bis d).

- Die AGB dürfen keine „überraschenden" Klauseln enthalten (§ 305 c BGB).

> **BEISPIELE**
>
> - Der Käufer einer bestimmten Möbelgarnitur darf bei Lieferschwierigkeiten nicht zur Abnahme einer anderen Ausführung verpflichtet werden.
> - Mit dem Kauf einer Ware darf nicht der Kauf einer anderen Ware oder Leistung verbunden werden.

- Persönliche Absprachen haben Vorrang vor den AGB (§ 305 b BGB).

> **BEISPIEL**
>
> Auf der Vorderseite des Vertrags steht die zwischen Verkäufer und Käufer ausgehandelte Vertragsbedingung „Zahlbar innerhalb von 14 Tagen mit 2 % Skonto". Auf der Rückseite ist in den AGB des Verkäufers aber die Klausel „Zahlbar innerhalb von 10 Tagen ohne Abzug" zu lesen. Nach dem AGB-Gesetz muss sich der Verkäufer nach der Zahlungsweise mit Skontoabzug richten.

Grundsätzlich gilt das auch für mündliche Absprachen, doch ist im Streitfall der Beweis schwierig.

Das BGB enthält aber auch einen ganzen Katalog von **verbotenen** und damit **unwirksamen Klauseln** bei Verbrauchergeschäften (§§ 308, 309 BGB):

- **nachträgliche Preiserhöhungen** für Waren oder Leistungen, die innerhalb von 4 Monaten nach Vertragsschluss geliefert oder erbracht werden

- **Verkürzung der gesetzlichen Gewährleistungsfrist** bei mangelhafter Lieferung (nach BGB mindestens 2 Jahre)

- **Ausschluss der Haftung** bei grobem Verschulden des Verkäufers

- **Ausschluss von Reklamationsrechten**

- **Ausschluss des Rücktritts vom Vertrag** bzw. des Rechtes auf Schadensersatz, wenn der AGB-Verwender seine Leistung nicht oder nicht in vereinbarter Form erbringen kann

- Das **Leistungsverweigerungsrecht,** das nach § 320 BGB vorsieht, dass eine vertragsmäßige Leistung bis zur Erbringung der Gegenleistung verweigert werden kann, darf nicht eingeschränkt werden.

- **Aufrechnungsverbot,** d. h., dass eine Mindestleistung des AGB-Verwenders in einem Fall mit der unbestrittenen Forderung in einem anderen Fall nicht verrechnet werden darf.

- **Mahnungen und Fristsetzungen** dürfen von dem Verwender der AGB nicht ausgeschlossen werden.

> **BEISPIEL**
>
> Bei einem Zahlungsverzug kann nicht sofort ohne Mahnung eine Zwangsvollstreckung betrieben werden.

- **Änderungsvorbehalt,** d. h. Vereinbarungen, nach denen der Verwender der AGB von der vereinbarten Leistung in einer für den Vertragspartner unzumutbaren Weise abweichen kann.

> **BEISPIEL**
>
> Statt der bestellten orangefarbenen Rattanmöbel werden Möbel in blauer Farbe geliefert. Der Möbelhändler besteht auf Abnahme.

- Abwicklung von Verträgen im Falle von Vertragsrücktritten mit unangemessen hohen Forderungen für den Ersatz von Aufwendungen

- **Rücktrittsvorbehalt,** d. h., dass der Verwender der AGB das Recht in Anspruch zu nehmen versucht, sich ohne sachlich gerechtfertigten Grund von seiner Leistungspflicht zu lösen.

BEISPIEL

Der Lieferer hat stets das Recht, innerhalb von 4 Wochen nach Vertragsabschluss vom Vertrag zurückzutreten.

WEITERE BEISPIELE FÜR UNWIRKSAME AGB-KLAUSELN

Unwirksam sind u. a. folgende „Verkaufs- und Lieferungsbedingungen"

- von Möbelhandelsunternehmen:
  - „Änderungen oder Ergänzungen bedürfen der Schriftform" (= unangemessene Benachteiligung des Kunden)
  - „Der Verkäufer kann in schriftlicher Erklärung vom Vertrag zurücktreten, wenn der Käufer seine Zahlungen einstellt oder einen Zahlungsaufschub beantragt."
  - „Bei Annahme oder Behandlung von Beipack übernimmt der Verkäufer keine Haftung für Beschädigung oder Verlust." (Haftung bei grobem Verschulden darf nicht ausgeschlossen werden!)

- von Textilreinigungsunternehmen:
  - „Für Schäden haften wir nur bis zum 15-Fachen des Reinigungspreises."

- von Einzelhändlern:
  - „Sonderangebot! Verkauf erfolgt unter Ausschluss jeglicher Gewährleistung."

Insgesamt darf niemand durch das „Kleingedruckte" unangemessen benachteiligt werden. In diesem Fall sind die Bestimmungen in den AGB unwirksam. Bei der Frage der „unangemessenen Benachteiligung" sind auch die den Vertragsabschluss begleitenden Umstände zu berücksichtigen. Das heißt, es muss im Einzelfall geprüft werden, ob Klauseln der jeweiligen AGB in Ordnung sind oder nicht.

BEISPIELE

- „Das Aufreißen von Verpackungen verpflichtet nicht automatisch zum Kauf des Inhalts. Wer beispielsweise eine elektrische Zahnbürste aus ihrem Karton reißt, muss diese nicht bezahlen. Solange die Ware noch verkäuflich ist, darf der Händler lediglich Schadensersatz für die Verpackung fordern. Anderslautende Klauseln in den Allgemeinen Geschäftsbedingungen oder Schilder in Verkaufsräumen sind unwirksam, weil sie den Kunden unangemessen benachteiligen."

- Eine AGB-Klausel in einem Fitnessstudio lautet: „Der Beitrag bei einem längerfristigen Vertrag ist auch dann regelmäßig zu zahlen, wenn ein Mitglied die Einrichtungen wegen einer Krankheit oder einer Verletzung auf Dauer nicht nutzen kann."
  Diese Klausel ist unwirksam, weil sie den Vertragspartner unangemessen benachteiligt.

Durch diese rechtlichen Bestimmungen wird der wirtschaftlich Schwächere vor einseitig vorformulierten Vertragsbedingungen geschützt. Sie stärken und verbessern bei der Vertragsgestaltung gleichzeitig entscheidend die Stellung des Käufers.

Es darf aber nicht übersehen werden, dass trotz dieser Vorschriften des BGB durch die Verwendung Allgemeiner Geschäftsbedingungen die Käuferrechte, wie sie das Bürgerliche Gesetzbuch ansonsten vorsieht, eingeschränkt werden.

Trifft ein Käufer im Geschäftsverkehr auf fragwürdige Allgemeine Geschäftsbedingungen, so sollte er sie den **Verbraucherberatungsstellen und -zentralen** mitteilen. Erst die konsequente Verfolgung unzulässiger AGB-Bestimmungen verhilft nämlich dem AGB-Gesetz letztlich zu seiner Durchsetzung in der Alltagspraxis und damit den Verbrauchern zu größerem Schutz vor den Tücken des „Kleingedruckten".

Darüber hinaus sollte der Käufer sämtliche Möglichkeiten in Anspruch nehmen, AGB-Bestimmungen aus Verträgen zu verdrängen und an ihre Stelle die Bestimmungen des BGB treten zu lassen.

Die Schutzbestimmungen haben vorwiegend Bedeutung für Verbrauchsgüterkäufe (Geschäfte mit privaten Käufern), weniger für zweiseitige Handelskäufe (Geschäfte zwischen Kaufleuten).

Allgemeine Geschäftsbedingungen (AGB) der Ambiente Warenhaus AG

Der Ambiente-Warenhaus-AG-Onlineshop ist ein von der Ambiente Warenhaus AG, Groner Straße 22–24, 34567 Schönstadt, angebotener Dienst, über den die angebotenen Produkte bezogen werden können.

Sofern nachfolgend Ansprüche von oder gegen den Ambiente-Warenhaus-AG-Onlineshop genannt werden, so sind diese Ansprüche von bzw. gegenüber der Ambiente Warenhaus AG (Amtsgericht Schönstadt HRB 1811) geltend zu machen. Auch sind sämtliche Beanstandungen im Rahmen der Lieferbeziehungen an die Ambiente Warenhaus AG unter oben genannter Anschrift zu richten.

Geltungsbereich

Für die Geschäftsbeziehung zwischen dem Ambiente-Warenhaus-AG-Onlineshop und dem Besteller gelten ausschließlich die folgenden Vertragsbedingungen. Anderslautende Bedingungen erkennen wir nicht an, es sei denn, wir hätten ausdrücklich schriftlich ihrer Geltung zugestimmt.

Vertragsabschluss und Rücktritt

Die vom Besteller vorgenommene Bestellung ist ein bindendes Angebot. Wir behalten uns das Recht vor, Bestellungen nicht auszuführen, wenn das bestellte Produkt nicht lieferbar ist. Auch behalten wir uns geringfügige Artikeländerungen vor.

Wir sind berechtigt, dieses Angebot innerhalb von 4 Wochen nach Eingang durch Zusendung einer Auftragsbestätigung, per E-Mail, schriftlich oder durch Zusendung des bestellten Produkts anzunehmen. Erst mit der Auftragsbestätigung oder der Zusendung der Ware kommt ein Vertrag zustande. Die automatisch erstellte Eingangsbestätigung stellt noch keine Annahme der Bestellung dar.

In Fällen von offensichtlichen Schreib-, Druck- oder Rechenfehlern auf den Webseiten sind wir zum Rücktritt berechtigt.

Zahlungsbedingungen, Fälligkeit und Verzug

Es gelten die Preise der im Zeitpunkt der Bestellung gültigen Webseiten. Die gesetzliche Mehrwertsteuer ist im Preis enthalten.

Für Porto und Verpackung berechnen wir bei Versendung innerhalb Deutschlands eine Pauschale von 5,00 €, bei Versendung ins europäische Ausland 13,00 € und ins außereuropäische Ausland 25,00 €. Bestellungen innerhalb Deutschlands, die 125,00 € übersteigen, sind versandkostenfrei.

Der Besteller im Inland kann den Kaufpreis per Nachnahme (zuzüglich 5,50 €), mit einer vom Ambiente-Warenhaus-AG-Onlineshop akzeptierten Kreditkarte oder per Lastschriftverfahren bezahlen.

Der Besteller im Ausland kann den Kaufpreis nur über vom Ambiente-Warenhaus-AG-Onlineshop akzeptierte Kreditkarten bezahlen. Bei Bestellungen aus dem Ausland können gesondert Zollgebühren anfallen, die vom Besteller zu zahlen sind.

Der Kaufpreis ist mit Annahme der Bestellung ohne Abzug zur Zahlung fällig. Kommt der Besteller in Zahlungsverzug, so sind wir berechtigt, Verzugszinsen von 4 % über dem Basiszinssatz der Europäischen Zentralbank pro Jahr zu fordern. Falls wir in der Lage sind, einen höheren Verzugsschaden nachzuweisen, sind wir berechtigt, diesen geltend zu machen. Der Besteller ist jedoch berechtigt, uns nachzuweisen, dass uns als Folge des Zahlungsverzugs kein oder ein wesentlich geringerer Schaden entstanden ist.

Lieferung

Die Lieferung erfolgt ab Lager an die vom Besteller angegebene Adresse; Teillieferungen sind zulässig.

Die Gefahr des zufälligen Untergangs oder der Verschlechterung der Ware geht auf den Besteller über, sobald die Bestellung unser Lager verlassen hat. Das gilt auch für Teillieferungen.

Angaben bezüglich der Lieferzeiten sind unverbindlich, es sei denn, der Liefertermin wurde verbindlich zugesagt.

Widerrufs- und Rückgaberecht

Der Besteller hat das Recht, seine Bestellung innerhalb von zwei Wochen schriftlich, auf einem anderen dauerhaften Datenträger oder durch Rücksendung der Ware uns gegenüber zu widerrufen. Der Widerruf muss nicht begründet werden. Die Widerrufsfrist beginnt mit der Belehrung über das Widerrufsrecht und der Erfüllung aller sonstigen uns obliegenden Informationspflichten, frühestens jedoch mit dem Erhalt der bestellten Ware. Das Widerrufsrecht erlischt spätestens 3 Monate nach Erhalt der Ware.

Nach Eingang des Widerrufs sind wir verpflichtet, eventuelle Zahlungen zurückzuerstatten, und der Besteller ist verpflichtet, unsere Lieferung auf unsere Kosten und Gefahr zurückzusenden. Die Rücksendekosten bei einer Bestellung bis zu 40,00 € trägt der Besteller.

Vom Widerrufsrecht ausgenommen sind

- Audio- oder Videoaufzeichnungen und Software, sofern die gelieferten Datenträger vom Besteller entsiegelt worden sind.
- Zeitungen, Zeitschriften und Illustrierte

Mängelgewährleistung

Soweit ein von uns zu vertretender Mangel der Kaufsache vorliegt, sind wir nach Absprache wahlweise zur Mangelbeseitigung oder zur Ersatzlieferung berechtigt. Im Falle der Mangelbeseitigung sind wir verpflichtet, alle zum Zwecke der Mangelbeseitigung erforderlichen Aufwendungen, insbesondere Transportwege-, Arbeits- und Materialkosten, zu tragen, soweit diese sich nicht dadurch erhöhen, dass die Kaufsache nach einem anderen Ort als dem Erfüllungsort verbracht wurde.

Schlägt die Mangelbeseitigung oder Ersatzlieferung fehl, so ist der Besteller nach seiner Wahl berechtigt, Rückgängigmachung des Vertrags oder eine entsprechende Herabsetzung des Kaufpreises zu verlangen. Soweit der Kaufsache eine zugesicherte Eigenschaft fehlt, haften wir nach den gesetzlichen Bestimmungen der §§ 463, 480 Abs. 2 BGB auf Schadensersatz wegen Nichterfüllung.

Wir haften nach den gesetzlichen Bestimmungen, soweit der Schaden von uns vorsätzlich oder grob fahrlässig verursacht wurde. Soweit uns keine vorsätzliche Vertragsverletzung nachgewiesen wird, ist der Schadensersatz auf den vorhersehbaren, typischerweise eintretenden Schaden begrenzt.

Wir haften nach den gesetzlichen Bestimmungen, sofern wir schuldhaft eine wesentliche Vertragspflicht verletzen; in diesem Fall ist aber die Schadensersatzhaftung auf den vorhersehbaren, typischerweise eintretenden Schaden begrenzt.

Im Übrigen ist die Schadensersatzhaftung ausgeschlossen; insoweit haften wir insbesondere nicht für Schäden, die nicht an der Kaufsache selbst entstanden sind.

Die zwingenden Bestimmungen des Produkthaftungsgesetzes bleiben unberührt.

Die Gewährleistungspflicht beträgt 24 Monate beginnend mit der Ablieferung. Die Frist ist eine Verjährungsfrist und gilt auch für Ansprüche auf Ersatz von Mangelfolgeschäden, soweit keine Ansprüche aus unerlaubter Handlung geltend gemacht werden: Für diese gilt die gesetzliche Verjährungsfrist von 3 Jahren.

Soweit die Schadensersatzhaftung uns gegenüber ausgeschlossen oder eingeschränkt ist, gilt das auch im Hinblick auf die persönliche Schadensersatzhaftung unserer Angestellten, Arbeitnehmer, Mitarbeiter, Vertreter und Erfüllungsgehilfen.

Wir haften nicht für Schäden, die aufgrund des Herunterladens von Daten der Webseiten des Ambiente-Warenhaus-AG-Onlineshops entstehen können.

Wir haften nicht für Schäden, die sich aus Störungen oder der Unmöglichkeit der Nutzung der Webseiten des Ambiente-Warenhaus-AG-Onlineshops ergeben können. Insbesondere haften wir nicht für Kosten, die im Zusammenhang mit erworbenen Daten oder dem unerlaubten Zugang zu oder der Veränderung der Eingaben oder Daten des Bestellers oder in sonstigem Zusammenhang mit dem Ambiente-Warenhaus-AG-Onlineshop stehen.

Eigentumsvorbehalt

Die Kaufsache verbleibt bis zur vollständigen Begleichung aller bestehenden Ansprüche gegen den Besteller in unserem Eigentum. Bei vertragswidrigem Verhalten des Bestellers sind wir berechtigt, die Kaufsache zurückzunehmen. In der Zurücknahme sowie in der Pfändung der unter Vorbehalt gelieferten Kaufsache durch uns liegt stets ein Rücktritt vom Vertrag.

Der Besteller ist verpflichtet, die Kaufsache pfleglich zu behandeln.

Datenschutz

Die persönlichen Daten des Bestellers wie Name, Anschrift und Telefonnummer werden gespeichert. Sie werden von uns vertraulich behandelt. Insbesondere werden die Daten nicht an Dritte weitergeleitet, solange dies nicht für die Bestellung und deren Abwicklung notwendig ist.

Mit der Bestellung stimmt der Besteller der Speicherung seiner persönlichen Daten zu. Falls die Speicherung der Daten nicht gewünscht wird, bitte kurze Mitteilung per E-Mail an zentrale@ambiente-warenhaus-wvd.de schicken.

Anwendbares Recht und Gerichtsstand

Es gilt deutsches Recht unter Ausschluss des UN-Kaufrechts.

Sofern der Besteller Vollkaufmann ist, ist Schönstadt Erfüllungsort und alleiniger Gerichtsstand; wir sind jedoch berechtigt, den Besteller, der Vollkaufmann ist, auch an seinem Wohnsitz zu verklagen.

Ist der Besteller kein Vollkaufmann, ist Schönstadt dann Gerichtsstand, wenn der Besteller nach Vertragsschluss seinen Wohnsitz oder gewöhnlichen Aufenthaltsort aus dem Geltungsbereich der Bundesrepublik Deutschland verlegt. Dies gilt auch, falls der Wohnsitz oder gewöhnliche Aufenthalt des Bestellers im Zeitpunkt der Klageerhebung nicht bekannt ist.

AUFGABEN

1. Welche wirtschaftliche Bedeutung haben AGB für den Verkäufer?

2. Warum haben AGB Vorrang vor gesetzlichen Regelungen?

3. Was beabsichtigen die §§ 305–310 BGB?

4. Welche Mindestanforderungen müssen erfüllt sein, damit die AGB Bestandteil eines Vertrags werden?

5. Entscheiden Sie mithilfe des BGB, ob und warum in den folgenden Beispielen die gesetzlichen Bestimmungen befolgt oder verletzt wurden.

   a) AGB-Klauseln von verschiedenen Unternehmen:
   - Wir sind berechtigt, den Pkw auch in einer anderen als der bestellten Farbe zu liefern.
   - Sollten es die wirtschaftlichen Umstände erfordern, so können nachträglich jederzeit die Verkaufspreise entsprechend erhöht werden.
   - Reklamationen sind nur innerhalb von 8 Tagen nach Warenempfang möglich; bei einer nicht mehr möglichen Nachbesserung einer mangelhaften Ware wird eine Rücktrittserklärung bzw. eine Preisherabsetzung ausgeschlossen.
   - Grundsätzlich gelten die AGB, schriftlich oder mündlich getroffene Vereinbarungen sind unwirksam.
   - Die gelieferten Waren bleiben bis zur völligen Bezahlung des Kaufpreises Eigentum des Verkäufers.

   - Erfüllungsort und Gerichtsstand ist der Wohnsitz des Verkäufers.
   - Mit dem Kauf des Fernsehgeräts verpflichtet sich der Käufer, alle notwendigen Reparaturen in der Werkstatt des Verkäufers durchführen zu lassen.
   - Im Fall des Zahlungsverzugs ist eine Vertragsstrafe von 25 % des Kaufpreises zu zahlen.
   - Der Käufer ist nicht berechtigt, auch nicht bei rechtzeitiger und begründeter Rüge oder aus anderen Gründen, vereinbarte Zahlungen zurückzuhalten oder zu kürzen.

   b) Herr Denzin hat für die bevorstehende Heizperiode 6 000 Liter Öl bestellt. Durch grobes Verschulden des Lieferers, der beim Einfüllen des Öls achtlos eine Zigarette weggeworfen hat, brennt das gesamte Untergeschoss aus. Der Lieferer weigert sich, für den Schaden aufzukommen, da in den AGB eine Haftung grundsätzlich ausgeschlossen wird.

6. Herr Reinhardt bestellt in einem Fachgeschäft telefonisch einen Kühlschrank. Die Inhaberin des Geschäfts, Frau Bruns, bestätigt den Kauf und teilt Herrn Reinhardt mit, dass ihre Allgemeinen Geschäftsbedingungen, die in ihren Geschäftsräumen ausliegen, Bestandteil des Kaufvertrags sind. Nachdem der Kühlschrank geliefert wurde, findet Herr Reinhardt auf der Rückseite des Lieferscheins die AGB des Fachgeschäfts.
   Sind die AGB des Geschäfts Bestandteil des Kaufvertrags geworden? Begründen Sie Ihre Antwort.

AKTIONEN

1. Informieren Sie sich über die Allgemeinen Geschäftsbedingungen in Ihrem Ausbildungsunternehmen.

2. Vergleichen Sie deren Inhalte hinsichtlich der Einhaltung der gesetzlichen Vorschriften. Benutzen Sie für diese Überprüfung das vorliegende Lehrbuch und ergänzend das Bürgerliche Gesetzbuch. Halten Sie Ihre Ergebnisse nach AGB-Inhalten geordnet in einer Übersichtstabelle fest.

3. Begründen Sie Ihre Ergebnisse in Form eines Kurzreferats vor der Klasse. Wiederholen Sie zum Schluss die wichtigsten Erkenntnisse Ihrer Arbeit.

4. Führen Sie eine Pro-und-Kontra-Diskussion zum Thema „Verwendung von Allgemeinen Geschäftsbedingungen im Wirtschaftsleben" durch. Bereiten Sie für die Rollenspieler die Rollenkarten vor:
   - Marina Holz, Geschäftsführerin eines Versandhandelsunternehmens: Pro
   - Lena Meyer, private Kundin: Kontra
   - Lars Gerken, Mitarbeiter der Ambiente Warenhaus AG: Pro
   - Steffen Richter, privater Kunde: Kontra

   Formulieren Sie für die Rollenspieler die entsprechenden Pro- und Kontra-Argumente.

ZUSAMMENFASSUNG

Allgemeine Geschäftsbedingungen

Definition: AGB	**Bedeutung im Wirtschaftsleben**	**Inhalte**
• sind alle für eine Vielzahl von Verträgen vorformulierten Vertragsbedingungen, • die eine Vertragspartei der anderen Vertragspartei einseitig stellt, • ohne dass die Klauseln im Einzelnen ausgehandelt worden sind; • können von einzelnen Unternehmen bzw. für Wirtschaftsbereiche formuliert werden: z. B. AGB bei Banken, Transportunternehmen, Reiseveranstaltern, Groß- und Einzelhandel.	• vereinfachen den Abschluss von Massenverträgen (Rationalisierungsaufgabe) • begrenzen das Risiko des Verkäufers durch die Einschränkung seiner Vertragspflichten • stärken die Stellung des Verkäufers und schränken die Rechte des Käufers ein	z. B. Vereinbarungen über: • Gefahrenübergang • Erfüllungsort • Gerichtsstand • Zahlungsweise • Eigentumsvorbehalt • Gewährleistungsansprüche bei Mängeln • Verpackungs- und Beförderungskosten

Schutz des Verbrauchers gegenüber AGB

durch

Gestaltung rechtsgeschäftlicher Schuldverhältnisse, insbesondere beim Verbrauchsgüterkauf

- „Kleingedrucktes" gehört nicht automatisch zum Vertrag; Mindestvoraussetzungen:
  - ausdrücklicher Hinweis des Verkäufers auf seine AGB,
  - AGB müssen für den Käufer leicht erreichbar und mühelos lesbar sein,
  - Käufer muss den AGB zustimmen.
- Persönliche Absprachen haben Vorrang vor abweichenden AGB; dies gilt auch für mündliche Absprachen, aber Vorsicht: Der Beweis ist schwierig!
- Überraschende Klauseln werden nicht Bestandteil des Vertrags – sie sind unwirksam.
- Einzelverbote, z. B.
  - Ausschluss oder Einschränkung von Reklamationsrechten,
  - unangemessen lange oder ungenau bestimmte Nachfrist,
  - Beschneidung von Rechten bei zu später Lieferung,
  - nachträgliche Preiserhöhung (innerhalb von 4 Monaten),
  - Ausschluss oder Beschränkung der Haftung bei grobem Verschulden u. Ä. m.

Vorschriften des BGB, die den Käufer schützen, können nicht durch Bestimmungen der AGB umgangen werden (§ 306 a BGB).

Oberster Grundsatz:
Der Verbraucher darf nicht unangemessen benachteiligt werden (§ 307 BGB).

Familie Rudolph kauft bei der Ambiente Warenhaus AG eine neue Kücheneinrichtung für 10.000,00 €. Mit der Verkäuferin der Warenwelt „Moderne Küche", Frau Ludwig, der heute der Auszubildende Robin Labitzke bei der Arbeit zusieht, wird Ratenzahlung vereinbart: pro Quartal 2.500,00 €. Im Kaufvertrag ist u. a. zu lesen:

> **4. Eigentumsvorbehalt**
>
> Der Lieferer behält sich das Eigentum an dem Liefergegenstand bis zum Eingang aller Zahlungen aus dem Kaufvertrag vor.
>
> Der Käufer darf den Liefergegenstand weder veräußern noch verpfänden. Bei vertragswidrigem Verhalten des Käufers, insbesondere bei Zahlungsverzug, ist der Lieferer zur Rücknahme nach Mahnung berechtigt und der Käufer zur Herausgabe verpflichtet. [...]

1. Prüfen Sie, welche rechtliche Bedeutung dieser Vertragspunkt für Familie Rudolph (Käufer) und die Ambiente Warenhaus AG (Verkäufer) hat.

INFORMATIONEN

Einfacher Eigentumsvorbehalt

Eine der wichtigsten Formen der Sicherung von Forderungen aus Warenlieferungen ist der Eigentumsvorbehalt (= Mittel der Kreditsicherung).

Durch den Eigentumsvorbehalt wird der Käufer zunächst lediglich Besitzer der Sache, Eigentümer bleibt der Verkäufer bis zur vollständigen Bezahlung des Kaufpreises (§ 449 BGB); man spricht vom einfachen Eigentumsvorbehalt.

Der zwischen Käufer und Verkäufer formlos vereinbarte Eigentumsvorbehalt bringt dem Verkäufer den Vorteil, dass er

- die Ware zurücknehmen kann, falls der Kunde den Kaufpreis nicht bezahlt,
- die Freigabe der Ware verlangen kann, falls sie durch den Gerichtsvollzieher gepfändet wurde,
- die Ware aus der Insolvenzmasse aussondern lassen kann, sollte gegen den Käufer ein Insolvenzverfahren eingeleitet worden sein (§ 47 InsO).

Der Eigentumsvorbehalt erlischt bei vollständiger Bezahlung des Kaufpreises.

Nicht übersehen darf man aber, dass der Eigentumsvorbehalt auch Schwachstellen hat. Er wird nämlich unwirksam, wenn die bewegliche Sache vom Käufer

- verarbeitet bzw. verbraucht,
- vernichtet oder
- mit einer anderen Sache fest verbunden wird (§§ 946, 950 BGB).

Dies gilt auch, wenn wie im Wirtschaftsleben üblich die unter Eigentumsvorbehalt gelieferte Ware weiterverkauft wird (§ 932 BGB).

> **BEISPIEL**
>
> Die Ambiente Warenhaus AG erwirbt Waren von einem Großhändler unter Eigentumsvorbehalt. Die Ambiente Warenhaus AG verkauft diese noch nicht bezahlten Waren 4 Tage später, denn der Ein- und Verkauf gehört zu ihren täglichen Geschäften. Eine Vereinbarung, die ihr den Verkauf der Ware verbieten würde, wäre unzweckmäßig und wenig sinnvoll.

5530254

Verlängerter Eigentumsvorbehalt

Möchte der Verkäufer seine Waren auch oder gerade beim Weiterverkauf durch den Käufer sichern, so kann ein verlängerter Eigentumsvorbehalt vereinbart werden.

Der Käufer darf die von ihm unter Eigentumsvorbehalt gekaufte Ware weiterverkaufen, muss aber seine Kaufpreisforderung gegen seinen Kunden im Voraus an seinen Verkäufer abtreten.

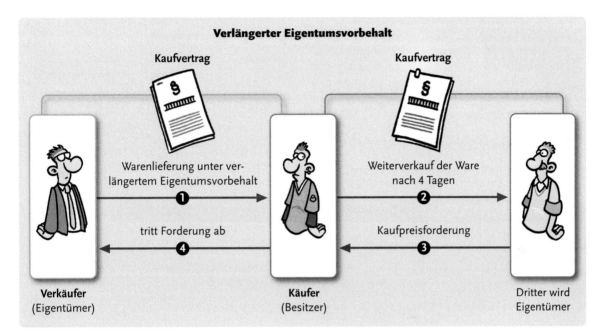

Verlängerter Eigentumsvorbehalt

Kaufvertrag   Kaufvertrag

Warenlieferung unter verlängertem Eigentumsvorbehalt ❶

Weiterverkauf der Ware nach 4 Tagen ❷

tritt Forderung ab ❹

Kaufpreisforderung ❸

Verkäufer (Eigentümer)   **Käufer** (Besitzer)   Dritter wird Eigentümer

Erweiterter Eigentumsvorbehalt

Eine dritte Form des Eigentumsvorbehalts ist der erweiterte Eigentumsvorbehalt. Er liegt vor, wenn der Verkäufer nicht nur die Forderung aus einer Warenlieferung sichert, sondern **sämtliche Lieferungen** an einen Käufer geschützt werden sollen.

BEISPIEL

Ein Verkäufer hat zehn verschiedene Warenlieferungen im Laufe der letzten 6 Monate an einen Käufer vorgenommen. Das Eigentum auch der letzten Lieferung geht erst dann auf den Käufer über, wenn alle zehn Lieferungen vollständig bezahlt sind.

AUFGABEN

1. Warum wird in einem Kaufvertrag ein Eigentumsvorbehalt vereinbart?

2. Welche Rechte hat der Verkäufer beim Eigentumsvorbehalt?

3. Warum wäre es nicht sinnvoll, Lebensmittel unter Eigentumsvorbehalt zu liefern?

4. Wodurch erlischt der einfache Eigentumsvorbehalt?

5. Wie kann ein Unternehmer das Erlöschen des Eigentumsvorbehalts verhindern?

6. Das Unternehmen Hansen & Co., Textilfabrik, verzichtet darauf, in seinen Kaufverträgen mit den direkt belieferten Einzelhändlern (Boutiquen und Kaufhäuser) den Eigentumsvorbehalt aufzunehmen.

a) Welcher Grund wird wohl ausschlaggebend sein, auf diese Sicherheitsmaßnahme zu verzichten?

b) Wie kann die Textilfabrik ihre Waren dennoch sichern?

7. Das Fachgeschäft für Berufskleidung Werner Münchmeyer hat an die Arztpraxis von Dr. Zimmermann zehn Berufskittel unter Eigentumsvorbehalt geliefert. Noch bevor der Kaufpreis von 225,00 € bezahlt ist, erfährt Herr Münchmeyer, dass der Gerichtsvollzieher das Vermögen des Arztes gepfändet hat.

Was kann der Einzelhändler Münchmeyer tun, um seine Forderung zu sichern?

AKTIONEN

1. Sammeln Sie in Ihrer Klasse Gründe für die Notwendigkeit des Eigentumsvorbehalts. Verwenden Sie dazu die Methode der Kartenabfrage und formulieren Sie nur einen Gedanken pro Karte.

2. Führen Sie in Kleingruppen eine Internetrecherche durch: Suchen Sie nach entsprechenden Unternehmen, die in ihren Verträgen die Klausel „Eigentumsvorbehalt" verwenden. Nutzen Sie dazu geeignete Suchstrategien.

3. Protokollieren Sie Ihre Internetrecherche.

4. Tragen Sie Ihre Ergebnisse in eine Tabelle nach unten stehendem Muster ein. Fassen Sie mögliche Erkenntnisse, die Sie aus den gesammelten Informationen gewonnen haben, in wenigen Ergebnissätzen zusammen.

Unternehmen	Vertrags-formulierung	Art des Eigentumsvorbehalts
Schrader OHG, Frankfurt	„... bleibt die Ware bis zur vollständigen Bezahlung unser Eigentum."	einfacher Eigentumsvorbehalt

ZUSAMMENFASSUNG

Eigentumsvorbehalt

= Vereinbarung zwischen Verkäufer und Käufer, dass das Eigentumsrecht erst mit der vollständigen Bezahlung auf den Käufer übergeht

Rechte des Verkäufers

- Rücktritt vom Vertrag (nach Setzen einer Nachfrist) bei Nichtzahlung
- Antrag auf Freigabe
- Aussonderung

Eigentumsvorbehalt erlischt bei

- Bezahlung des Kaufpreises
- Verbrauch, Verarbeitung, Vermischung oder Einbau
- Verkauf oder Verpfändung an einen Dritten

Formen

- einfacher Eigentumsvorbehalt
- verlängerter Eigentumsvorbehalt
  Die aus dem Weiterverkauf entstandene Forderung an einen Dritten wird an den Lieferer weitergegeben.
- erweiterter Eigentumsvorbehalt
  Die Eigentumsrechte beziehen sich auf alle Lieferungen an denselben Kunden, bis sie vollständig bezahlt sind.

KAPITEL 8
Wir kassieren den Verkaufspreis bar

Anja Maibaum hat ihren ersten Tag an der Kasse hinter sich gebracht. Schon nach kurzer Zeit konnte sie ihre anfängliche Nervosität abbauen und hat nach Aussage der Abteilungsleiterin Textilien für eine Neueinsteigerin eine bravouröse Tagesleistung gezeigt.

Wenn da nur diese eine dumme Sache nicht gewesen wäre. Anja fehlen nämlich am Ende ihres ersten Kassiertages 12,30 € in der Kasse ...

1. Worauf ist es Ihrer Meinung nach zurückzuführen, dass Anja am Abend 12,30 € in der Kasse fehlen?

INFORMATIONEN

Es gibt verschiedene Möglichkeiten, etwas zu bezahlen. Beim Zahlungsverkehr unterscheidet man deshalb nach **Zahlungsarten.** Die Übersicht zeigt die verschiedenen Arten.

Zahlungsart	Zahlender (Schuldner) zahlt durch	Zahlungsempfänger (Gläubiger) erhält	Zahlung von Hand zu Hand (persönlich/ durch Boten)	Zahlung vermittelt durch		Konto
				Western Union, Post und Postbank	Banken und Sparkassen	
Barzahlung	Bargeld (Banknoten und Münzen)	Bargeld	Geldübergabe	Bargeldtransfer, Wertbrief	–	keiner
halbbare Zahlung	Bargeld	Gutschrift auf Konto	–	Zahlschein	Zahlschein	einer
	Lastschrift auf Konto	Bargeld	–	Postbarscheck	Barscheck	
bargeldlose Zahlung	Lastschrift auf Konto	Gutschrift auf Konto	–	Postverrechnungsscheck, Postbanküberweisung	Verrechnungsscheck, Überweisung	beide

Zahlung mit Bargeld

Euro-Banknoten werden allein von der Deutschen Bundesbank aufgrund einer Genehmigung der Europäischen Zentralbank (EZB) ausgegeben (Notenprivileg). Auf Euro lautende Banknoten sind das einzige unbeschränkt geltende gesetzliche Zahlungsmittel.

Das alleinige Recht zur Prägung und Ausgabe von Euro- und Centmünzen hat die Bundesregierung. Auch Münzen sind gesetzliche Zahlungsmittel, müssen jedoch nicht in unbegrenzter Menge angenommen werden. Annahmepflicht besteht für max. 50 Münzen im Gesamtwert von nicht mehr als 100,00 €.

BEISPIEL

50 Münzen je 2,00 € – Annahmepflicht
50 Münzen je 1 Cent – Annahmepflicht
60 Münzen je 1 Cent – keine Annahmepflicht

Barzahlung liegt vor, wenn

- Geld (Banknoten und Münzen) vom Schuldner an den Gläubiger persönlich oder durch einen Boten übermittelt wird und
- für die Zahlung keine eigenen Konten verwendet werden.

Barzahlung – vor allem für kleine Warenmengen üblich

Barzahlung von Hand zu Hand (= unmittelbare Zahlung)

Nach wie vor ist die Zahlung mit Bargeld im Verkehrsgewerbe (z. B. Bus und Bahn) und im Einzelhandel beim Kauf über den Ladentisch üblich.

Da es hier nur um kleinere Warenmengen geht, die an eine Vielzahl von Kunden abgegeben werden, wäre es umständlich und unwirtschaftlich, würde der Einzelhändler dem Kunden stattdessen einen Kredit einräumen, der nur einmal im Monat bezahlt zu werden brauchte. Der Verwaltungsaufwand für die Überwachung der Außenstände wäre zu groß. Hinzu kommt, dass viele Kunden unbekannt sind. Und Unbekannten gibt niemand Ware ohne sofortige Bezahlung.

Im Großhandel – zwischen Kaufleuten – ist die Praxis der Barzahlung weniger verbreitet. Ausnahmen bilden u. U. der Cash-und-carry-Großhandel und das Thekengeschäft. Wer bar bezahlt, ob der Schuldner persönlich oder ein Handlungsgehilfe (Bote), sollte sich immer eine Quittung ausstellen lassen – er hat das Recht darauf.

> **§ 368 BGB (Quittung)**
> Der Gläubiger hat gegen Empfang der Leistung auf Verlangen ein schriftliches Empfangsbekenntnis (Quittung) zu erteilen.

Eine Quittung beweist die Übergabe von Bargeld und muss mindestens das **Datum** und die **Unterschrift des Ausstellers** (ein Stempel allein reicht nicht) aufweisen (§§ 126 und 368 BGB).

Kassenbons[1] sind keine Quittungen, da sie nicht das Schriftformgebot (siehe § 126 BGB) erfüllen.

Es gibt aber auch Vordrucke, die man nur auszufüllen braucht. Jede Quittung sollte folgende Angaben enthalten:

- Zahlungsbetrag (in Ziffern und Buchstaben)
- Name des Zahlers
- Grund der Zahlung
- Empfangsbestätigung
- Ort und Tag der Ausstellung
- Unterschrift des Zahlungsempfängers (= Ausstellers)

Bei zweiseitigen Handelsgeschäften im Wert von 150,00 € und mehr hat der Käufer Anspruch darauf, dass die Mehr-

```
      Ambiente
    Warenhaus AG
       Warenwelt
     Parfüm/Kosmetik

        2.79      4
        1.99      1
        4.49      1
        0.99      4
       10.26     ZS
       10.26     SU
       20.31     BA
       10.05     ZU

     6608
     011001
     08.10.20..
```

Bar oder mit Karte?

Anteil der Zahlungsarten am Einzelhandelsumsatz 2009 in %

- Bargeld 59,1 %
- Karten 37,5
  - ec-Cash* 19,4
  - ec-Lastschrift 12,2
  - Kreditkarten 5,2
  - Kundenkarten 0,7
- Rechnung u.a. 3,4

Quelle: EHI   *einschl. Maestro

© Globus 3521

Quittung

Netto	€	270	ct 00		Nr.
+ 19 % USt	€	51	ct 30		
Gesamt	€	321	ct 30		

Gesamtbetrag € in Worten

— dreihunderteinundzwanzig —   Cent wie oben

(Im Gesamtbetrag sind _____ % Umsatzsteuer enthalten)

von *Klaus Steffens, Goethestraße 4, 30457 Hannover*

für *Sportanzug „Challenge"*

richtig erhalten zu haben, bestätigt

Ort *Hannover*   Datum *6. Juni 20..*

Buchungsvermerke   Stempel/Unterschrift des Empfängers

Kühne

---

[1] Ein Kassenbon erleichtert zwar den Beweis eines Kaufs, für Garantie und Gewährleistung ist er aber gar nicht notwendig. Der Kauf kann auch durch Zeugen oder bei Kartenzahlung auch per Kontoauszug belegt werden.

wertsteuer gesondert ausgewiesen wird. Alternativ kann auch ein Quittungsvermerk auf der Rechnung angebracht

werden wie „Betrag dankend erhalten" sowie das Datum und die Unterschrift des Zahlungsempfängers.

Nicht jeder Geldschein muss angenommen werden

Euro-Banknoten sind gesetzliche Zahlungsmittel in unbegrenzter Höhe. Doch nicht immer müssen sie akzeptiert werden.

Als Grundregel gilt: Die gekaufte Ware oder Dienstleistung sollte in einem angemessenen Verhältnis zu dem hingegebenen Geldschein stehen. Wenn die Rechnung für

eine Reparatur von 485,00 € zu begleichen ist, kann man mit einem 500-Euro-Schein bezahlen. Aber bei einer Rechnung von 30,00 € kann die Annahme eines 500-Euro-Scheines verweigert werden.

Begründung: Die Unternehmen müssten einen unverhältnismäßig hohen Bestandteil an Bargeld halten. Zudem ist der Schaden besonders groß, sollte der Kassierer einer Fälschung zum Opfer fallen. Unternehmen sind eben keine Wechselstuben.

Bedeutung der Barzahlung

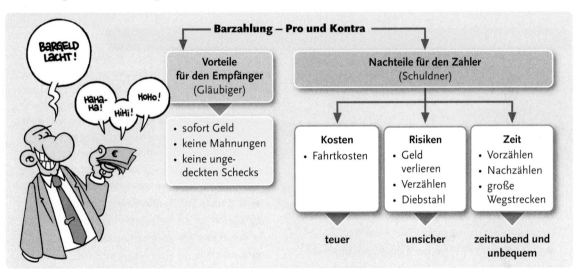

Barzahlung durch Bargeldtransfer
Es gibt verschiedene Anbieter, die die Übermittlung von Bargeld über eine räumliche Distanz ermöglichen.

Um Bargeld beispielsweise mit „Western Union" zu verschicken, benötigt der Einzahler weder ein Bankkonto noch eine Kreditkarte, sondern nur einen gültigen Ausweis mit Lichtbild.

Man zahlt das Bargeld an einem Vertriebsstandort ein. Ein Vertriebsstandort ist eine Niederlassung eines „Western Union"-Vertriebspartners, der den „Western Union"-Bargeldtransfer-Service anbietet. In Deutschland sind das die Reise-Bank, die Postbank, Travelex, diverse Sparkassen und Kreissparkassen, die AGw (in Hamburg) sowie Schiller 5 (in München).

Grundsätzlich gibt es kein Limit für Transaktionen. Ab einem Betrag von 6.200,00 € können zusätzliche Sicherheitsüberprüfungen durchgeführt werden.

Die Gebühren richten sich nach der Höhe der Summe und dem jeweiligen Empfängerland. Sie werden nur dem Absender berechnet; der Empfänger zahlt keine Gebühren.

Ablauf
- Einzahlung des Bargelds
- Ausfüllen des Auftragsvordrucks „Geldversand" („To send Money")
- Nach erfolgreicher Einzahlung erhält der Einzahler eine Transaktionsnummer, die sogenannte MTCN (Money Transfer Control Number), die zur internen Identifikation des Auftrags dient.
- Der Einzahler ruft den Empfänger an und übermittelt ihm: die Auftragsnummer, den Vor- und Nachnamen des Auftraggebers und dass das Geld zur Abholung bei einer „Western Union"-Agentur bereitliegt.
- Der Empfänger kann das Geld dann schon wenig später in einer „Western Union"-Agentur entgegennehmen. Die Auszahlung erfolgt grundsätzlich in der Landeswährung des Empfängerlandes, vereinzelt auch in US-Dollar.

- Bei der Abholung des Bargelds muss sich der Empfänger durch seinen gültigen Ausweis legitimieren.
- So kann Bargeld innerhalb Deutschlands und in mehr als 200 Länder und Gebiete mit über 280 000 Agenturen übermittelt werden.

Wertbrief/Wertpaket

Bargeld kann mit der Deutschen Post AG mit dem Service „Wert International"[1] bis zu einem Wert von 500,00 € im Inland und ins Ausland verschickt werden. Übersteigt der tatsächliche Wert den Betrag von 500,00 €, ist ein Wertversand über die Deutsche Post nicht möglich. Mittelbarer Schaden und entgangener Gewinn werden nicht erstattet.

Geldwäschegesetz

Die Kreditinstitute sind verpflichtet, bei Annahme oder Abgabe von Bargeld, Wertpapieren oder Edelmetallen im Wert von mehr als 15.000,00 € ihre Kunden anhand eines Personalausweises oder Reisepasses zu identifizieren und den wirtschaftlich Berechtigten der Transaktion festzustellen. Derartige Angaben müssen von den Kreditinstituten aufgezeichnet werden. Gegebenenfalls hat eine Verdachtsanzeige gegenüber den Strafverfolgungsbehörden (Staatsanwaltschaft oder Landeskriminalamt) wegen Verdachts einer Geldwäschehandlung zu erfolgen.

AUFGABEN

1. Was versteht man unter Barzahlung?
2. Welche Formen der Barzahlung unterscheidet man?
3. Welche Angaben muss eine Quittung enthalten, um eine beweiskräftige Urkunde für die Zahlung zu sein?
4. Welche Bedeutung hat eine rechtsgültige Quittung für den Zahler?
5. Erklären Sie den Bargeldtransfer mit „Western Union".
6. Welche Nachteile hat der Zahler bei Barzahlung?
7. Manfred Nagel, Hornweg 17 a, 30457 Hannover, schuldet dem Steuerberater Dr. Vosswinkel, Siemensstr. 153, 30173 Hannover, für Beratung 136,00 €. Die Rechnung vom 15. Juni 20.. zahlt Herr Nagel am 22. Juni 20.. im Büro des Steuerberaters. Als die Sekretärin die Zahlung quittieren will, stellt Herr Nagel fest, dass er die Rechnung nicht dabeihat. Da im Sekretariat des Steuerberaters keine Quittungsformulare vorhanden sind, muss eine Quittung von Hand ausgeschrieben werden.
   a) Schreiben Sie die Quittung.
   b) Warum ist die Sekretärin verpflichtet, Herrn Nagel eine Quittung auszustellen?
   c) Prüfen Sie, ob Herr Nagel sich weigern kann, die Rechnung zu bezahlen, wenn die Sekretärin keine Quittung ausstellt.

AKTIONEN

1. Sammeln Sie Argumente und Gegenargumente zu dem Thema: „Ist Bargeld heutzutage noch zeitgemäß?"
2. Sie haben 10 Minuten Zeit, Ihre persönlichen Pro- und Kontra-Argumente zu notieren.
3. Bilden Sie anschließend zwei gleich große Gruppen, die jeweils einen der beiden Standpunkte einnehmen.
4. Die beiden Gruppen tragen abwechselnd ihre Argumente vor, wenn möglich mit Bezug aufeinander.
5. Wechseln Sie nach ca. 5–7 Minuten Ihren Standpunkt und tauschen Sie erneut die Pro- und Kontra-Argumente aus.
6. Beide Gruppen werten zum Schluss die Pro-und-Kontra-Diskussion unter folgenden Fragen aus:
   - Welche Position ist mir leichter gefallen? Warum?
   - Welche Argumente haben mich überzeugt, welche nicht?
   - Wohin tendiert die Klasse?
7. Fassen Sie das Gesamtergebnis in einer Übersicht zusammen.

---

1 „Wert International" steht für einen besonders sicheren Transport wertvoller Gegenstände. Man kann die Geldsendung individuell versichern – dem Wert des Inhalts entsprechend.

ZUSAMMENFASSUNG

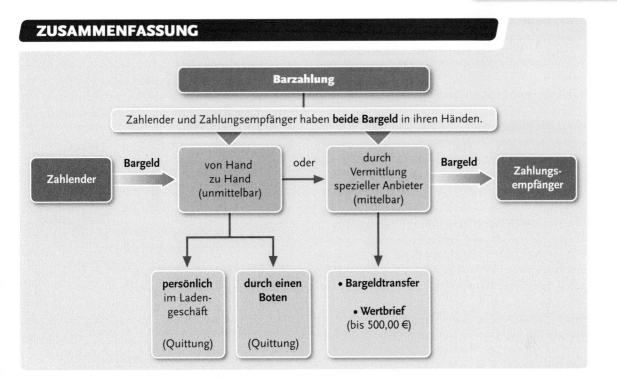

Barzahlung

Zahlender und Zahlungsempfänger haben **beide Bargeld** in ihren Händen.

| Zahlender | → Bargeld → | von Hand zu Hand (unmittelbar) | → oder → | durch Vermittlung spezieller Anbieter (mittelbar) | → Bargeld → | Zahlungs-empfänger |

- persönlich im Ladengeschäft (Quittung)
- durch einen Boten (Quittung)
- • Bargeldtransfer
- • Wertbrief (bis 500,00 €)

KAPITEL 9
Wir zahlen Bareinnahmen auf das Geschäftskonto ein

Trotz allgemeiner Flaute im Einzelhandel ist man in der Ambiente Warenhaus AG mit dem heutigen Geschäftsergebnis sehr zufrieden. Das konnte auch Anja Maibaum für die Textilabteilung bestätigen, da sie bereits um 14:00 Uhr 7.400,00 € in ihrer Kasse hatte.

Daraufhin schickt die Abteilungsleiterin sie mit 4.000,00 € zur Commerzbank, der Ambiente-Warenhaus-AG-Hausbank, um das Geld auf das firmeneigene Konto einzuzahlen – ein Ausnahmefall, wie ihr gesagt wird. Der Rest der Tageseinnahmen des Unternehmens wird später wie immer von einem Geldtransportunternehmen abgeholt.

1. Finden Sie heraus, nach welchen Vorschriften die Einzahlung des Geldes auf das Ambiente-Warenhaus-AG-Konto bei der Commerzbank erfolgt.

INFORMATIONEN

Von **halbbarer (Bargeld sparender)** Zahlung spricht man, wenn

- auf der einen Seite der Geldübermittlung eine Barzahlung und
- auf der anderen Seite eine Buchung steht, d. h., nur einer der beiden Zahlungsteilnehmer (Zahlungspflichtiger oder Zahlungsempfänger) hat ein Konto bei einer Bank, einer Sparkasse oder bei einer Postbank.

Nur der Zahlungsempfänger hat ein Konto

Hat der Zahlungsempfänger ein Konto bei einer Bank, Sparkasse oder Postbank (= Träger des Zahlungsverkehrs), kann der Zahler mit einem **Zahlschein** zahlen.

Bei der Zahlung mit Zahlschein bei der Post oder bei Kreditinstituten zahlt der Zahlungspflichtige Bargeld mit dem Auftrag ein, dem Zahlungsempfänger den entsprechenden Betrag auf seinem Postbank- oder Bankkonto gutzuschreiben.

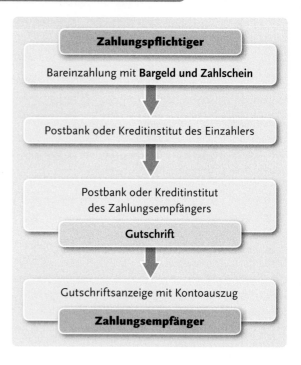

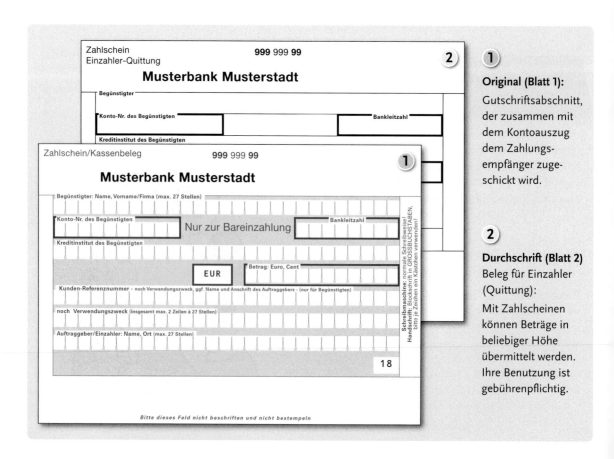

① Original (Blatt 1):

Gutschriftsabschnitt, der zusammen mit dem Kontoauszug dem Zahlungsempfänger zugeschickt wird.

② Durchschrift (Blatt 2)
Beleg für Einzahler (Quittung):

Mit Zahlscheinen können Beträge in beliebiger Höhe übermittelt werden. Ihre Benutzung ist gebührenpflichtig.

Nur der Zahlungspflichtige hat ein Konto

Hat nur der Zahlungspflichtige ein Konto, während der Zahlungsempfänger über kein Konto verfügt, kann der Zahler Barschecks von Geldinstituten (Banken, Sparkassen, Postbank)[1] verwenden.

Bedeutung der „halbbaren" Zahlung

Im Vergleich mit der Barzahlung hat die halbbare Zahlung Vorteile, denn sie ist
- weniger zeitraubend und bequemer,
- sicherer (geringe Diebstahlsgefahr, kein Transportrisiko),
- billiger als Zahlung von Hand zu Hand (keine Fahrtkosten) oder durch Postanweisung.

AUFGABEN

1. Was versteht man unter halbbarer Zahlung?

2. Welche Formen der halbbaren Zahlung unterscheidet man?

3. Welches ist die günstigste halbbare Zahlungsmöglichkeit, wenn Ihr Gläubiger ein Postbankkonto besitzt?

4. Wer besitzt bei Zahlung mit Zahlschein ein Konto?

5. Beschreiben Sie den Zahlungsvorgang bei der Zahlung mit Zahlschein.

6. Sie wollen eine Rechnung begleichen. Während Sie ein Postbankkonto besitzen, hat der Zahlungsempfänger kein Konto. Welches Zahlungsmittel müssen Sie verwenden?

7. Welche der angegebenen Zahlungsarten gehören nicht zur halbbaren Zahlung?
   a) persönliche Zahlung
   b) Zahlung mit Zahlschein
   c) Zahlung durch Zusteller

8. Füllen Sie einen Zahlschein nach folgenden Angaben aus:
   Klaus Wentritt, Amselweg 15, 31094 Marienhagen, möchte die Rechnung Nr. 345-87 vom 27. Nov. 20.. über 485,36 € des Handwerkers Fred Kunert, Postfach 34 62, 31061 Alfeld/Leine mittels eines Zahlscheins auf das Postbankkonto Hannover 118947-242 begleichen.

9. Welche Vorteile hat die halbbare Zahlung im Vergleich zur Barzahlung?

AKTIONEN

1. Erschließen Sie sich den Text dieses Kapitels mithilfe des aktiven Lesens, insbesondere unter Beachtung der „5-Schritt-Methode".

2. Ordnen und strukturieren Sie Ihre Informationen durch die Erstellung einer Baumstruktur.

3. Präsentieren Sie Ihr Ergebnis mithilfe von Pinnwand, Flipchart, Tafel oder Overheadprojektor.

---

1 Wegen ihrer besonderen Bedeutung für den Zahlungsverkehr werden die Schecks als Zahlungsmittel der halbbaren Zahlung in einem besonderen Kapitel (3.10) behandelt.

ZUSAMMENFASSUNG

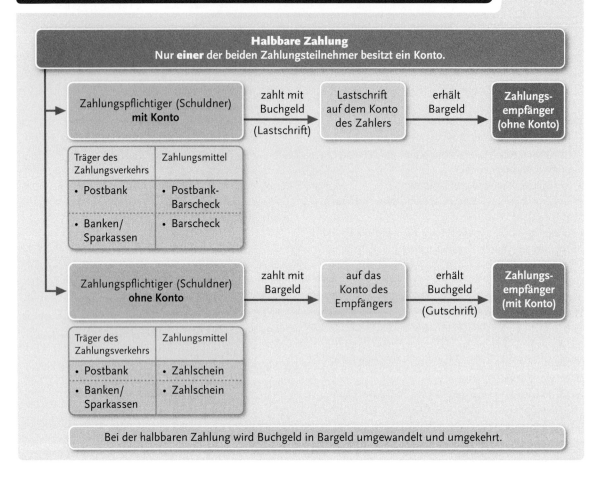

Halbbare Zahlung
Nur **einer** der beiden Zahlungsteilnehmer besitzt ein Konto.

Zahlungspflichtiger (Schuldner) **mit Konto** → zahlt mit Buchgeld (Lastschrift) → Lastschrift auf dem Konto des Zahlers → erhält Bargeld → Zahlungsempfänger (ohne Konto)

Träger des Zahlungsverkehrs	Zahlungsmittel
• Postbank	• Postbank-Barscheck
• Banken/ Sparkassen	• Barscheck

Zahlungspflichtiger (Schuldner) **ohne Konto** → zahlt mit Bargeld → auf das Konto des Empfängers → erhält Buchgeld (Gutschrift) → Zahlungsempfänger (mit Konto)

Träger des Zahlungsverkehrs	Zahlungsmittel
• Postbank	• Zahlschein
• Banken/ Sparkassen	• Zahlschein

Bei der halbbaren Zahlung wird Buchgeld in Bargeld umgewandelt und umgekehrt.

KAPITEL 10

Wir wickeln Kundenzahlungen mit Scheck und Girocard ab

Herr Fischer möchte in der Warenwelt „Fotografie" eine Rechnung über 360,00 € mit einem Barscheck bezahlen, da er nicht genügend Bargeld dabeihat. Der Kassierer Lars Panning lehnt den Scheck ab, weil er Herrn Fischer nicht kennt.

KEINE SCHECKS! ICH KENNE SIE NICHT!

ABER ICH BIN'S DOCH, LUKE! DEIN VATER!

1. Warum kann er den Scheck nicht bedenkenlos annehmen?
2. Welche Zahlungsalternativen kann ihm Lars Panning anbieten?

INFORMATIONEN

Der Begriff „Scheck"

Der Scheck ist eine Anweisung an ein Geldinstitut, bei Vorlage einen bestimmten Geldbetrag zulasten des Scheckausstellers auszuzahlen.

Voraussetzungen für das Ausstellen eines Schecks:
- Der Aussteller eines Schecks muss ein Konto haben,
- sein Konto muss ein Guthaben über den Scheckbetrag aufweisen oder
- das kontoführende Geldinstitut muss dem Aussteller einen entsprechenden Kredit (= Dispositionskredit) eingeräumt haben.

Bestandteile des Schecks

Gemäß Scheckgesetz muss der Scheck sechs gesetzliche Bestandteile enthalten:
① Bezeichnung „Scheck" im Text der Urkunde,
② die unbedingte Anweisung, eine bestimmte Geldsumme zu zahlen,
③ den Namen dessen, der zahlen soll („Bezogener" = Geldinstitut),
④ Zahlungsort (= Geschäftssitz des Geldinstituts),
⑤ Ort und Tag der Ausstellung,
⑥ die Unterschrift des Ausstellers.

Fehlt einer dieser gesetzlichen Bestandteile, so ist der Scheck ungültig.

Die übrigen Bestandteile des abgebildeten Schecks,
① Schecknummer,
② Kontonummer,
③ Bankleitzahl,
④ Betrag in Ziffern,
⑤ Überbringerklausel
sind kaufmännische Bestandteile. Sie sollen den Geldinstituten die Scheckbearbeitung erleichtern.

Weicht in einem Scheck der in Buchstaben angegebene Geldbetrag von dem Betrag in Ziffern ab, ist der Scheck trotzdem gültig. Es gilt dann der in Buchstaben angegebene Geldbetrag.

Inhaberscheck

Die von den Geldinstituten ausgegebenen Scheckformulare tragen den Zusatz „oder Überbringer". Das macht den Scheck zu einem Inhaberpapier. Das bezogene Geldinstitut zahlt an jede Person, die den Scheck vorlegt. Eine Streichung dieser Überbringerklausel wird von dem Geldinstitut nicht anerkannt, d.h., es zahlt auch dann an den Überbringer des Schecks. Die Angabe des Zahlungsempfängers ist deshalb bei einem Inhaberscheck nicht erforderlich.

Namensscheck

Er wird nur in besonderen Fällen (z.B. bei hohen Scheckbeträgen) verwendet. Er enthält den Namen des Zahlungsempfängers, aber keine Überbringerklausel. Das Geldinstitut zahlt den Scheckbetrag nur an den Zah-

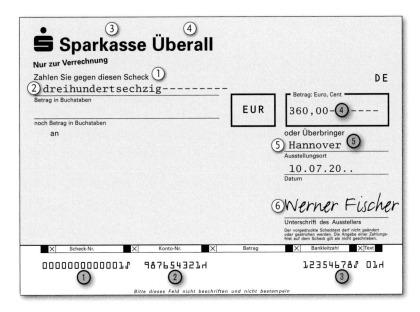

lungsempfänger oder eine dritte Person aus, auf die der Namensscheck durch einen schriftlichen Übergabevermerk auf dem Scheck oder eine schriftliche Abtretung übertragen wurde.

Verwendung von Barschecks

- Der Inhaber eines Barschecks kann sich den Scheckbetrag an einem Schalter des bezogenen Geldinstituts bar auszahlen lassen.
- Er kann den Barscheck aber auch seiner Bank oder Sparkasse einreichen. Das Geldinstitut zieht dann den Scheckbetrag bei der bezogenen Bank ein und schreibt ihn dem Konto des Einreichers gut.
- Ein Scheck kann auch zur Bezahlung einer Schuld an einen Gläubiger weitergegeben werden.

Schecks sind stets Barschecks, es sei denn, die Verwendung als Barscheck wurde durch den schriftlichen Vermerk „Nur zur Verrechnung" auf dem Scheck ausdrücklich ausgeschlossen.

Verrechnungsscheck

Bei einem Verrechnungsscheck wird dem Überbringer des Schecks der Scheckbetrag nicht bar ausgezahlt, sondern seinem Konto gutgeschrieben. Verrechnungsschecks sind deshalb sicherer als Barschecks. Wenn z. B. ein Verrechnungsscheck gestohlen würde, könnte der Dieb nur an das Geld kommen, wenn er den Scheck seinem Konto gutschreiben ließe. Dazu müsste er aber seinen Namen angeben.

Aus Sicherheitsgründen kann man erhaltene Barschecks in Verrechnungsschecks umwandeln. Dazu muss man auf den Scheck nur den Vermerk „Nur zur Verrechnung" schreiben. Umgekehrt kann ein Verrechnungsscheck nicht durch Streichung des Vermerks „Nur zur Verrechnung" in einen Barscheck umgewandelt werden.

Scheckeinlösung

Ein Scheck ist bei Sicht zahlbar. Der Scheckinhaber kann einen Scheck also unmittelbar, nachdem er ihn erhalten hat, dem bezogenen Geldinstitut zur Einlösung vorlegen. Das gilt auch bei Schecks, in die als Ausstellungsdatum

erst ein Tag in der Zukunft eingetragen wurde. Diese vordatierten Schecks können schon vor dem Ausstellungsdatum vorgelegt und eingelöst werden.

> **BEISPIEL**
>
> Ein Einzelhändler erhält am 1. Juli einen Scheck mit dem Ausstellungsdatum 10. Juli. Der Einzelhändler kann den Scheck schon am 1. Juli einlösen. Er muss nicht bis zum 10. Juli warten.

Ein Scheck muss dem bezogenen Geldinstitut innerhalb einer bestimmten Frist zur Zahlung vorgelegt werden. Die Vorlegefristen bei einem Geldinstitut in der Bundesrepublik Deutschland betragen für
- im Inland ausgestellte Schecks: 8 Tage,
- im europäischen Ausland ausgestellte Schecks: 20 Tage,
- im außereuropäischen Ausland ausgestellte Schecks: 70 Tage ab Ausstellungsdatum.

> **BEISPIEL**
>
> Das Ausstellungsdatum auf dem von dem Kunden Werner Fischer ausgestellten Scheck ist der 10. Juli. Damit die Vorlegefrist eingehalten wird, muss der Scheck der Sparkasse Überall bis zum 18. Juli zur Einlösung vorgelegt werden.

Wenn ein Scheck erst nach Ablauf der Vorlegefrist vorgelegt wird, darf ihn das bezogene Geldinstitut noch einlösen, sofern er bis dahin vom Aussteller nicht gesperrt (widerrufen) wurde. Gesperrte Schecks dürfen von dem bezogenen Geldinstitut nicht eingelöst werden.

Löst das bezogene Kreditinstitut dennoch einen widerrufenen Scheck ein, muss es dem Kunden den Scheckbetrag wertstellungsgleich wieder gutschreiben und macht sich unter Umständen darüber hinaus schadensersatzpflichtig.

des Schecks kein Rückgriffsrecht mehr gegenüber dem Aussteller.

Das Rückgriffsrecht besagt, dass der Scheckinhaber vom Aussteller die Schecksumme und eventuell anfallende Auslagen verlangen kann, wenn das bezogene Geldinstitut den vorgelegten Scheck nicht einlöst. Voraussetzung für das Rückgriffsrecht ist, dass

- der Scheck vor Ablauf der Vorlegefrist vorgelegt und
- die Verweigerung der Zahlung festgestellt wurde (z. B. durch einen schriftlichen Vermerk des bezogenen Geldinstituts auf dem Scheck).

Weigert sich das bezogene Geldinstitut nach Ablauf der Vorlegefrist, den Scheck einzulösen, so hat der Inhaber

Electronic Cash

Electronic Cash lautet das Schlagwort, von dem sich Einzelhändler Vorteile versprechen und das dem Kunden ein grenzenloses Einkaufsvergnügen garantieren soll.

Sobald der zu zahlende Betrag feststeht, schiebt der Kunde seine Girocard in das bereitstehende elektronische Lesegerät (Identkartengerät) und bestätigt den angezeigten Betrag per Tastendruck. Als Nächstes wird die persönliche Geheimnummer – die PIN (Personal Identification Number) – eingetippt. Damit ist der Zahlungsvorgang für den Kunden abgeschlossen. Eine Unterschrift ist nicht erforderlich. Die Abwicklung ist schnell, entfällt

bei Electronic Cash doch das zeitaufwendige Wechseln von Bargeld. Für das Unternehmen verringert sich wegen des geringeren Bargeldbestands das Raubrisiko. Auch Kassenfehlbeträge sind mit Electronic Cash weitgehend ausgeschlossen.

Um die hohen Sicherheitsanforderungen zu erfüllen, sind alle electronic-cash-fähigen Datenkassen online mit Netzknotenrechnern privater Betreibergesellschaften verbunden, die den elektronischen Zahlungsverkehr abwickeln.

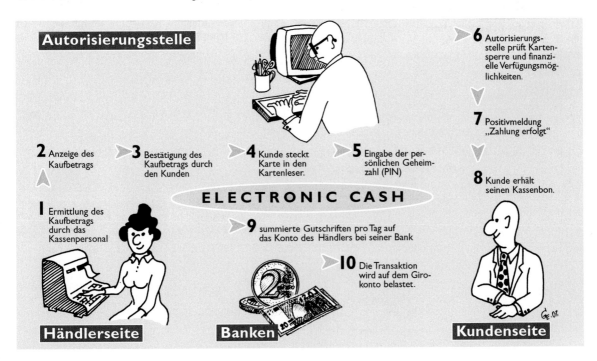

Sobald also ein Zahlungsvorgang eingeleitet wird, erfolgt innerhalb weniger Sekunden – für Händler und Kunden unbemerkbar – eine Autorisierungsanfrage, die über den Netzknotenrechner an den jeweiligen Zentralrechner der Bankengruppen weitergeleitet wird. Dort wird dann je nach individueller Programmierung der Zahlungsvorgang unmittelbar untersucht oder noch mal zum Computer des kontoführenden Instituts weitergeschaltet. Geprüft wird u. a. die richtige Eingabe der Geheimnummer, aber auch eine eventuelle Sperre der Karte. Das ebenso überwachte Ausgabenlimit kann von jeder Bankengruppe individuell vorgegeben werden. Möglich ist sowohl die Festlegung eines bestimmten Höchstbetrags (z. B. 2.000,00 € pro Woche) wie auch der unmittelbare Zugriff auf das Kundenkonto und das darin gespeicherte Guthaben bzw. Kreditlimit.

Untersuchungen haben gezeigt, dass mit Electronic Cash die Höhe der einzelnen Einkäufe und die Zahl der Spontankäufe deutlich zunehmen. Zudem kann eine höhere Kundenbindung erreicht werden. Verbraucherschutzverbände weisen in diesem Zusammenhang auf folgende Probleme hin:

- Jeder Kauf mit der Girocard kostet den Kunden Geld: Für jede Kontenbewegung berechnen die Banken eine Postengebühr.

- Electronic Cash kann zu einer „Entsinnlichung" des Zahlens führen. Die Kunden verlieren den Überblick über ihre Käufe. Es besteht eine größere Neigung, sich zu verschulden.

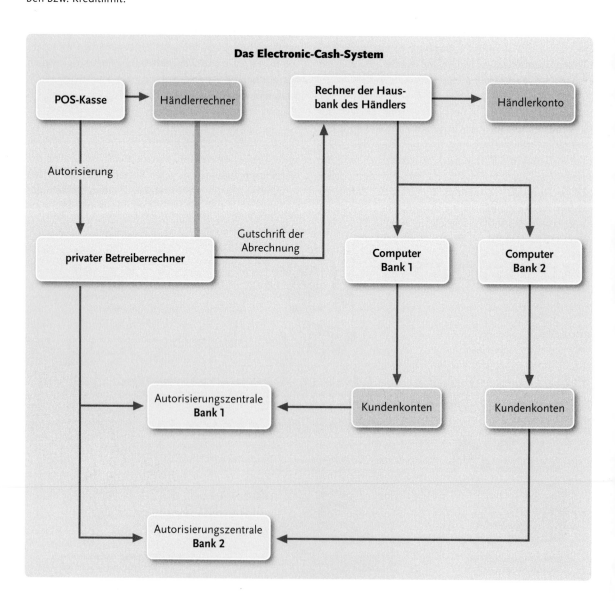

268

Alternativen zum Electronic Cash

Obwohl das Electronic-Cash-Verfahren – im Vergleich beispielsweise zur Zahlung mit der Kreditkarte – relativ günstig ist, haben einige Unternehmen eigene Lösungen zum Einkauf mit der Girocard entwickelt.

Bei dem sogenannten **„wilden" Lastschriftverfahren** lässt das Handelsunternehmen seine Kunden zwar auch mit der Girocard bezahlen, verzichtet aber auf Geheimzahl und Autorisierung. Stattdessen werden die Kontonummer und die Bankleitzahl vom Magnetstreifen der Girocard abgelesen. Der Kunde muss anschließend einen Lastschriftbeleg (Einzugsermächtigung) unterschreiben. Es fallen keine Kosten für die Sicherheitsabfragen per Datenfernübertragung (DFÜ) an. Das Risiko liegt allerdings eindeutig beim Händler. Der Kunde kann jederzeit – wenn ihm beispielsweise die Girocard abhandenkommt und ein Unbefugter auf seine Rechnung einkauft – der Lastschrift bei seiner Bank innerhalb von sechs Wochen widersprechen.

Etwas sicherer ist das **Onlinelastschriftverfahren.** Hier wird das „wilde" Lastschriftverfahren durch eine Anfrage bei einer Bankensperrdatei per DFÜ ergänzt. Geprüft wird – im Gegensatz zum EC-Cash-Verfahren – lediglich, ob die Karte gesperrt ist oder nicht. Eine Überprüfung der Geheimzahl oder des Kontostandes findet nicht statt. Die Banken garantieren dem Händler auch nicht die Zahlung wie beim Electronic Cash. Die Kosten des Onlinelastschriftverfahrens für den Händler liegen zwischen denen des „wilden" Lastschriftverfahrens und denen des Electronic Cash.

EC-Lastschriftauftrag

Ich ermächtige hiermit die Ambiente Warenhaus AG, den folgenden Betrag von meinem unten angegebenen Konto durch Lastschrift einzuziehen. **Für den Fall der Nichteinlösung weise ich meine Bank unwiderruflich an, der Ambiente Warenhaus AG auf Aufforderung Namen und Anschrift vollständig mitzuteilen.** Insofern soll der Ambiente Warenhaus AG ein eigener Anspruch zustehen.

Ich bin damit einverstanden, dass im Falle der Nichteinlösung diese Tatsache in eine Sperrdatei aufgenommen wird und an andere Unternehmen übermittelt wird, die dem EC-Lastschriftverfahren ebenfalls angeschlossen sind.

22.12...
34567 Schönstadt

*****117,00   EUR **********117,00

FILIALE   0921
KASSE   0101
VORGANG   6907

BLZ   760 204 00
KONTO-NR   800 621 900

A. S. Wild
Unterschrift
Umtausch nur mit Kassenbon

Smartcards

In Zukunft ist im Zusammenhang mit dem elektronischen Zahlungsverkehr mit einer Weiterentwicklung der Girocard zur Smartcard (= kluge Karte) zu rechnen: Statt wie bisher mit einem Magnetstreifen, wird sie mit einem Mikrochip ausgerüstet sein. Dadurch wird die Girocard quasi zu einem Minicomputer mit eigenem Betriebssystem und eigener Logik. Der Chip wird in der Lage sein, selbstständig einen größeren Teil der Autorisierung bei POS-Zahlungen vorzunehmen. Somit erfolgt sowohl die Prüfung der Geheimnummer als auch die Prüfung des Ausgabenlimits „vor Ort".

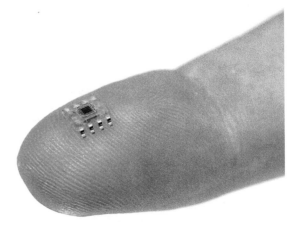

Aufgaben der Chipkarte

„debitorische Börse"

- Kleingeldspeicher, der beim Einkauf um den Kaufbetrag entladen wird
- Ist die „debitorische Börse" leer, wird sie bei der Bank wieder aufgeladen. Dabei wird das Konto des Karteninhabers belastet.

Telekarte

- EC-Karte ist zugleich Telefonkarte, die unmittelbar über das Bankkonto des Karteninhabers abgerechnet wird.

Speicherung aktueller Informationen über die Zahlungsfähigkeit des Kunden

- Eingabe der PIN am Kassenterminal
- Kassenterminal reduziert Verfügungsrahmen im Chip um den Einkaufsbetrag und erhält von der Karte einen gesicherten Buchungssatz.
- Zahlungsvorgänge werden im Kassenterminal gespeichert.
- Aus den Chipkartenumsätzen des Unternehmens werden Lastschriftdateien erstellt. Sie werden bei der Hausbank des Händlers zur weiteren Bearbeitung – also zum Einzug der jeweiligen Kaufbeträge – eingereicht.
- Diese Offlineabwicklung macht Electronic Cash für die Betriebe erheblich attraktiver. Kommunikationskosten entfallen zum großen Teil. Nur wenn der Einkaufsbetrag den Verfügungsrahmen übersteigt, wird online (also über DFÜ) abgefragt.

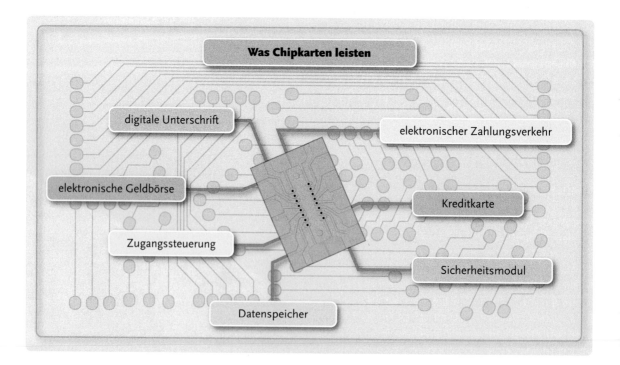

Was Chipkarten leisten

- digitale Unterschrift
- elektronischer Zahlungsverkehr
- elektronische Geldbörse
- Kreditkarte
- Zugangssteuerung
- Sicherheitsmodul
- Datenspeicher

5530270

AUFGABEN

1. Wozu dienen die kaufmännischen Bestandteile eines Schecks?
2. Wodurch unterscheiden sich Inhaberscheck und Namensscheck?
3. Welcher Scheck gehört zur bargeldlosen Zahlung?
4. Woran erkennt man einen Verrechnungsscheck?
5. Was kann der Scheckempfänger mit einem Barscheck tun?
6. Ein Scheck wurde im Inland am 3. Aug. 20.. mit dem Ausstellungsdatum 5. Aug. 20.. ausgestellt.

a) Wann darf dieser Scheck dem bezogenen Geldinstitut frühestens zur Einlösung vorgelegt werden?
b) Bis zu welchem Tag muss dieser Scheck dem bezogenen Geldinstitut spätestens zur Einlösung vorgelegt werden?

7. Ein gesperrter Scheck wird von der Bank des Ausstellers eingelöst. Wer trägt den Schaden?
8. Welche Vorteile hat Electronic Cash für Handelsbetriebe?

AKTIONEN

1. Die Ambiente Warenhaus AG bietet ihren Kunden seit mehreren Jahren an, die gekaufte Ware mit ihrer Girocard im Lastschriftverfahren zu bezahlen. Da laut Zeitungsmeldungen der Girocard-Missbrauch stark zugenommen hat, überlegt die Geschäftsleitung, ob sie ihren Kunden diese Zahlungsmöglichkeit weiterhin einräumen soll. Dazu fordert sie von den Abteilungsleitern eine schriftliche Stellungnahme an.

   Erstellen Sie schriftliche Stellungnahmen für die Warenwelten „Fotografie", „Unterhaltungselektronik", „Lebensmittel" und „Damen".

   Bilden Sie dazu jeweils eine Gruppe für die
   • Warenwelt „Fotografie",
   • Warenwelt „Unterhaltungselektronik",
   • Warenwelt „Lebensmittel",
   • Warenwelt „Damen".

   Die Stellungnahme soll Auskunft geben über

   a) die Vor- und Nachteile des Lastschriftverfahrens mit Girocard,
   b) die Bedeutung dieses Zahlungsverfahrens in der jeweiligen Abteilung,
   c) Alternativen zum Lastschrifteinzugsverfahren.

   Präsentieren Sie diese Stellungnahmen in Ihrer Klasse.

2. Eine Kundin möchte bei Anja Maibaum ein Kostüm zum Preis von 549,00 € mit einem Scheck bezahlen. Versetzen Sie sich in die Rolle von Anja Maibaum und stellen Sie die folgenden Situationen im Rollenspiel dar:

   a) Anja Maibaum akzeptiert die Scheckzahlung.
   b) Anja Maibaum lehnt die Scheckzahlung ab und schlägt der Kundin Zahlungsalternativen vor.

ZUSAMMENFASSUNG

Bestandteile des Schecks

| sechs **gesetzliche** Bestandteile: Sie sind im Scheckgesetz vorgeschrieben. | **kaufmännische** Bestandteile: Sie sind zusätzliche Bestandteile, die den Geldinstituten die Bearbeitung der Schecks erleichtern. |

Scheckarten

unterscheiden sich

| **nach Art der Weitergabe**
• Inhaberscheck • Namensscheck | **nach der Verwendung**
• Barscheck • Verrechnungsscheck |

Scheckeinlösung
- bei Sicht zahlbar
- Vorlegefristen:
  - im Inland ausgestellte Schecks: 8 Tage
  - im europäischen Ausland ausgestellte Schecks: 20 Tage
  - im außereuropäischen Ausland ausgestellte Schecks: 70 Tage

Electronic Cash = bargeldlose Zahlung nur mit Girocard

KAPITEL 11

Wir berücksichtigen umsatzsteuerliche Bestimmungen bei der Erstellung von Rechnungen

Helmut Langer hat in der Ambiente Warenhaus AG einen Teppichboden gekauft. Die Ambiente Warenhaus AG liefert ihm die Ware unter Beifügung der folgenden Rechnung:

Rechnung Nr. 1020/88   Kundennummer: 512-L
Ihr Auftrag vom: 18. Juni 20..   Datum: 2. Juli 20..

Unsere Spedition lieferte Ihnen am 2. Juli 20.. frei Haus:

Art.-Nr.	Artikelbezeichnung	Menge	Einzelpreis €	Gesamtpreis €
315.08	Auslegeware „Toscana"	30 m²	25,00	750,00
856.03	Superkleber „Hält ewig"	10 l	–	31,57
	Summe			781,57
	+ 19 % Umsatzsteuer			148,50
	Gesamtbetrag			930,07

Zahlung: innerhalb von 10 Tagen abzüglich 2 % Skonto, innerhalb von 30 Tagen netto Kasse

Welche wirtschaftlichen Auswirkungen hat die Mehrwertsteuer (= Umsatzsteuer)
1. für die Ambiente Warenhaus AG und   2. für Herrn Langer?

INFORMATIONEN

Die Umsatzsteuer ist eine der wichtigsten Einnahmequellen des Staates. 2009 betrugen die Einnahmen des Staates aus der Umsatzsteuer (inklusive Einfuhrumsatzsteuer) insgesamt 176 Mrd. €.

Schuldner und Träger der Umsatzsteuer

Die Umsatzsteuer ist eine indirekte Steuer, weil Steuerschuldner und wirtschaftlicher Träger der Steuer verschiedene Personen sind. Steuerschuldner ist der Unternehmer. Er ist verpflichtet, die Umsatzsteuer an das Finanzamt zu zahlen. Er trägt sie aber nicht selbst, sondern wälzt sie über den Verkaufspreis auf seine Kunden ab.

> **BEISPIEL**
>
> Die Ambiente Warenhaus AG muss die Umsatzsteuer an das Finanzamt abführen. Wirtschaftlicher Träger der Umsatzsteuer ist aber der Kunde, Herr Langer, der für den Teppichboden den Bruttoverkaufspreis von 930,07 € einschließlich 148,50 € Umsatzsteuer bezahlen muss.

Steuerbare und steuerfreie Umsätze

Die Umsatzsteuer ist eine Verkehrsteuer, weil sie wirtschaftliche Vorgänge (Umsätze) erfasst.

Der Umsatzsteuer unterliegen u. a.:
- Lieferungen und sonstige Leistungen, die ein Unternehmer im Inland gegen Entgelt im Rahmen seines Unternehmens ausführt
- der Eigenverbrauch eines Unternehmers für private Zwecke
- die Einfuhr von ausländischen Gütern in das Inland (Einfuhrumsatzsteuer)

Von der Umsatzsteuer sind z. B. befreit:
- Ausfuhrlieferungen
- Umsätze im Geld- und Kapitalverkehr, z. B. Gewährung von Krediten
- Versicherungsumsätze
- Einnahmen aus Vermietungen und Verpachtungen

Die Berechnung der Umsatzsteuer[1]

Für die Berechnung der Umsatzsteuer benötigt der Unternehmer die Bemessungsgrundlage und den Steuersatz.

Die Bemessungsgrundlage bei Warenumsätzen ist der Nettowarenwert (= Nettoverkaufspreis).

Der allgemeine Steuersatz beträgt zurzeit 19 % der Bemessungsgrundlage. Bestimmte Umsätze unterliegen einem ermäßigten Steuersatz von 7 %. Dazu gehören z. B.
- alle Lebensmittel mit Ausnahme von Kaviar, Langusten, Hummer, Austern, Schnecken sowie Zubereitungen aus diesen Waren,
- Wasser, Milch und Milchmischgetränke mit einem Milchanteil von mindestens 75 %,
- Kaffee und Tee,
- Bücher, Zeitschriften und Noten,
- die Personenbeförderung in Taxis.

Voranmeldung und Vorauszahlung

Der Unternehmer muss innerhalb von 10 Tagen nach Ablauf eines Kalendermonats (= Voranmeldezeitraum) beim Finanzamt eine Umsatzsteuervoranmeldung einreichen, wenn die Umsatzsteuerschuld für das vorangegangene Kalenderjahr mehr als 7.500,00 € betrug. Sonst beträgt der Voranmeldezeitraum 3 Monate.

Der Unternehmer muss die Umsatzsteuer, die er seinen Kunden in Rechnung gestellt hat, nicht vollständig an das Finanzamt abführen. Er darf die Umsatzsteuer, die er an seine Vorlieferer gezahlt hat, als Vorsteuer abziehen. Nur den Differenzbetrag zwischen der den Kunden in Rechnung gestellten Umsatzsteuer und der an die Vorlieferer gezahlten Vorsteuer muss er abführen (Zahllast).

Die für den Voranmeldezeitraum von ihm errechnete Zahllast muss er gleichzeitig als Umsatzsteuervorauszahlung leisten.

Rechnungsausstellung[2]

In Rechnungen, die ein Unternehmer für umsatzsteuerpflichtige Leistungen an Privatpersonen ausstellt, muss die Umsatzsteuer nicht gesondert ausgewiesen werden.

Für umsatzsteuerpflichtige Leistungen an andere Unternehmer muss ein Unternehmer auf Wunsch Rechnungen ausstellen, die die Umsatzsteuer gesondert ausweisen.

---

1 Weitere Ausführungen zur Umsatzsteuer siehe Kap. 11.2 von „Handeln im Handel – 3. Ausbildungsjahr".

2 Siehe auch Kap. 11.2 von „Handeln im Handel – 3. Ausbildungsjahr".

Umsatzsteuererklärung

Nach Ablauf eines Kalenderjahres muss der Unternehmer eine Umsatzsteuererklärung abgeben. Wenn die in der Steuererklärung errechnete Steuerschuld die Summe der geleisteten Umsatzsteuervorauszahlungen übersteigt, muss er eine Umsatzsteuernachzahlung (= Abschlusszahlung) an das Finanzamt leisten. Übersteigt die Summe der Umsatzsteuervorauszahlungen die Steuerschuld, so wird der Unterschiedsbetrag (= Erstattungsanspruch) an ihn zurückgezahlt.

AUFGABEN

1. Für welche der folgenden Vorgänge muss Umsatzsteuer gezahlt werden?

   a) Ein Textileinzelhändler verkauft an einen Kunden einen Anzug.

   b) Ein Einzelhändler gibt bei der Post ein Paket auf.

   c) Ein Einzelhändler vermietet eine Wohnung in seinem Geschäftshaus.

   d) Der Verkäufer Klaus Reimann kauft einen gebrauchten Pkw von einem Kollegen.

   e) Ein Lebensmitteleinzelhändler nimmt aus seinem Geschäft eine Kiste Wein für eine Familienfeier mit.

2. Wie hoch ist in folgenden Fällen die Umsatzsteuer?

   a) $^1/_2$ kg Kaffee: Nettopreis 4,00 €

   b) 1 DVD-Rekorder: Nettopreis 500,00 €

   c) 1 Brot: Nettopreis 1,50 €

3. Der Großhändler Bayer liefert an Franz Göbel, Inhaber eines Rundfunk- und Fernsehfachgeschäfts, ein Fernsehgerät zum Nettoverkaufspreis von 1.000,00 € + 19 % Umsatzsteuer.
   Der Einzelhändler Göbel verkauft das Fernsehgerät an einen Kunden zum Nettoverkaufspreis von 1.400,00 € + 19 % Umsatzsteuer.
   Ermitteln Sie die Zahllast, die Göbel an das Finanzamt abführen muss.

4. Warum ist die Umsatzsteuer für Unternehmer ein durchlaufender Posten?

5. Bis zu welchem Termin muss ein Unternehmer die Zahllast für den Monat Mai an das Finanzamt abgeführt haben?

6. In welchen Fällen ist ein Unternehmer nicht verpflichtet, die Umsatzsteuer in einer Rechnung gesondert aufzuführen?

7. Warum zählt die Umsatzsteuer zu den indirekten Steuern?

AKTIONEN

1. Lars Panning verkauft an Herrn Ralf Fördert, Berta-von-Suttner-Str. 11, Schönstadt ein FTF-Fernsehgerät Luxor T 3001 zum Preis von 2.320,00 €.

   Herr Fördert bittet darum, ihm das Fernsehgerät mit einer Rechnung zuzustellen.

   Versetzen Sie sich in die Rolle von Lars Panning und erstellen Sie die Rechnung.

2. Informieren Sie sich, welche Artikel des Sortiments Ihres Ausbildungsbetriebs dem allgemeinen Umsatzsteuersatz und welche dem ermäßigten Umsatzsteuersatz unterliegen.

   Tragen Sie die Ergebnisse in Ihrer Klasse vor.

ZUSAMMENFASSUNG

Umsatzsteuer	
Umsatzsteuerpflichtig sind ...	... alle Lieferungen und sonstigen Leistungen eines Unternehmens im Inland gegen Entgelt, Eigenverbrauch der Unternehmer und Wareneinfuhren, die nicht steuerbefreit sind.
Schuldner der Umsatzsteuer sind ...	... Unternehmer (Einzelhändler).
Träger der Umsatzsteuer sind ...	... Endverbraucher.
Steuersätze	allgemeiner Steuersatz: 19 % – ermäßigter Steuersatz: 7 %
Umsatzsteuervoranmeldung und -erklärung	• Umsatzsteuervoranmeldung und Umsatzsteuervorauszahlung grundsätzlich bis zum 10. des Folgemonats • Umsatzsteuererklärung nach Ablauf des Kalenderjahres, bis zum 31. Mai des Folgejahres
wirtschaftliche Bedeutung für den Einzelhandel	Die Umsatzsteuer ist wettbewerbsneutral, weil sie ein durchlaufender Posten ist.

KAPITEL 12

Wir bieten Kunden Möglichkeiten der bargeldlosen Zahlung an

Jürgen Seller kauft bei Britta Krombach in der Warenwelt „Unterhaltungselektronik" eine hochwertige Hi-Fi-Anlage. Er möchte diese Anlage vom Kundendienst der Ambiente Warenhaus AG fachgerecht in seinem Wohnzimmer aufbauen lassen. Den Kaufpreis möchte er erst anschließend bargeldlos begleichen.

1. Welche Zahlungsmöglichkeiten kann ihm Britta Krombach anbieten?

Überweisung

Mit Überweisungen werden Geldbeträge von einem Konto auf ein anderes Konto umgebucht. Der Überweisungsbetrag wird vom Konto des Zahlers abgezogen. Man sagt dazu auch: „der Betrag wird abgebucht" oder „das Konto wird belastet". Der Betrag wird dem Konto des Zahlungsempfängers gutgeschrieben, d.h., sein Konto wird um den Überweisungsbetrag erhöht.

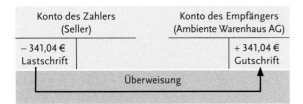

Überweisungen werden von Banken, Sparkassen und Postbanken ausgeführt.

Überweisungsauftrag

Mit einem Überweisungsauftrag können Beträge auf Girokonten der Banken, Sparkassen und Postbankkonten überwiesen werden.

Wird ein Überweisungsauftrag erteilt, wird das Konto des Auftraggebers noch am selben Tag belastet. Hat der Zahlungsempfänger sein Konto bei demselben Geldinstitut, erfolgt die Gutschrift meist schon am selben Geschäftstag. Bei Überweisungen auf Konten anderer Geldinstitute kann es einige Tage dauern, bis der Überweisungsbetrag gutgeschrieben wird (siehe „Überweisungsfristen").

Die Überweisungsformulare der Banken und Sparkassen sind einheitlich. Es sind Durchschreibeformulare, die aus zwei Teilen bestehen:
- Überweisungsauftrag für die kontoführende Bank oder Sparkasse,
- Durchschrift für den Auftraggeber.

In den Überweisungsauftrag muss der Zahler
- den Namen des Empfängers,
- Kontonummer und Geldinstitut des Empfängers (mit Bankleitzahl),
- den Überweisungsbetrag,
- seinen Namen und seine Kontonummer,
- das Ausstellungsdatum und
- seine Unterschrift

eintragen.

Außerdem sollte er den Verwendungszweck angeben (z. B. Rechnungsnummer), damit der Empfänger daraus ersehen kann, wofür er das Geld erhält.

Eine Überweisung kann auch mit dem kombinierten Formblatt „Zahlschein/Überweisung" erfolgen. Die kombinierten Formblätter werden häufig einer Rechnung beigefügt. Sie können als Zahlschein für Barzahlungen oder für Überweisungen auf das Girokonto des Zahlungsempfängers benutzt werden. Soll das Formblatt als Überweisung verwendet werden, muss der Zahler seinen Namen, seine Kontonummer, Name und Sitz des beauftragten Kreditinstituts (mit Bankleitzahl) und das Ausstellungsdatum eintragen und den Überweisungsauftrag unterschreiben.

Überweisungsfristen

Wird ein Überweisungsauftrag erteilt, wird das Konto des Auftraggebers noch am selben Tag belastet. Hat der Zahlungsempfänger sein Konto bei demselben Geldinstitut, erfolgt die Gutschrift meist schon am selben Geschäftstag. Bei Überweisungen auf Konten anderer Geldinstitute kann es einige Tage dauern, bis der Überweisungsbetrag gutgeschrieben wird.

Soweit keine anderen Fristen vereinbart werden, sind Überweisungen im Rahmen der gesetzlichen Fristen gemäß § 675 s Abs. 1 BGB durchzuführen.

§ 675 s Ausführungsfrist für Zahlungsvorgänge
(1) Der Zahlungsdienstleister des Zahlers ist verpflichtet sicherzustellen, dass der Zahlungsbetrag spätestens am Ende des auf den Zugangszeitpunkt des Zahlungsauftrags folgenden Geschäftstags beim Zahlungsdienstleister des Zahlungsempfängers eingeht; bis zum 1. Januar 2012 können ein Zahler und sein Zahlungsdienstleister eine Frist von bis zu drei Geschäftstagen vereinbaren. Für Zahlungsvorgänge innerhalb des Europäischen Wirtschaftsraums, die nicht in Euro erfolgen, können ein Zahler und sein Zahlungsdienstleister eine Frist von maximal vier Geschäftstagen vereinbaren. Für in Papierform ausgelöste Zahlungsvorgänge können die Fristen nach Satz 1 um einen weiteren Geschäftstag verlängert werden.

Sammelüberweisungsauftrag

Inhaber von Girokonten können mehrere Überweisungsaufträge an verschiedene Zahlungsempfänger in einem **Sammelüberweisungsauftrag** zusammenfassen. Sammelüberweisungsaufträge sind zeit- und kostensparend. Mit einem einzigen ordnungsgemäß unterschriebenen Sammelüberweisungsauftrag können beliebig viele zusammengefasste Überweisungen zum Preis einer einzigen Buchung durchgeführt werden. In den Sammelüberweisungsauftrag wird nur die Gesamtsumme der Überweisungen eingetragen. Für jeden Zahlungsempfänger muss ein Überweisungsträger ausgestellt werden. Die dafür notwendigen Endlosformulare erhält der Auftraggeber bei seiner Bank, Sparkasse oder seiner Postbank.

Dauerauftrag

Mit einem **Dauerauftrag** beauftragt ein Inhaber sein Geldinstitut, regelmäßig zu einem bestimmten Termin einen bestimmten Betrag auf das Konto des Zahlungsempfängers zu überweisen. Daueraufträge eignen sich für wiederkehrende Zahlungen in derselben Höhe (z. B. Miete, Versicherungsprämien).

Lastschriftverfahren

Beim Lastschriftverfahren erlaubt der Zahlungspflichtige dem Zahlungsempfänger, Zahlungen für einen bestimmten Zweck von seinem Girokonto abzubuchen. Dazu kann er dem Zahlungsempfänger eine **Einzugsermächtigung** (= Einzugsermächtigungsverfahren) oder seinem Geldinstitut einen **Abbuchungsauftrag** (= Abbuchungsverfahren) erteilen.

Das **Einzugsermächtigungsverfahren** bietet sich bei regelmäßigen Zahlungen von Beträgen in unterschiedlicher Höhe an (z. B. Telefongebühren, Strom-, Gas- und Wasserkosten).

Im Rahmen des Einzugsermächtigungsverfahrens kann der Zahlungspflichtige gegen eine ungerechtfertigte Belastung jederzeit bei seinem kontoführenden Geldinstitut Widerspruch einlegen. Der belastete Betrag wird dann sofort wieder gutgeschrieben.

Das **Abbuchungsverfahren** findet vornehmlich Anwendung beim Einzug von größeren Beträgen, z. B. bei Zahlungen der Bauträger an ihre Subunternehmen.

Beim Abbuchungsverfahren ist eine Aufhebung der Belastung nicht möglich.

AUFGABEN

1. Welche Vorteile bietet eine Überweisung
   a) dem Zahler,
   b) dem Zahlungsempfänger?

2. Wie kann ein Zahler nachweisen, dass er seiner Bank einen Überweisungsauftrag erteilt hat?

3. Welche besonderen Formen der Überweisung würden Sie in folgenden Fällen jeweils wählen? Begründen Sie Ihre Meinung.

a) Zahlung der Telefongebühren
b) Zahlung des IHK-Beitrags
c) Zahlung von Mitgliedsbeiträgen (Partei, Sportverein)
d) Zahlungen an mehrere Zahlungsempfänger
e) Zahlung der Miete
f) Zahlung der Stromrechnung
g) Zahlung der Gehälter an die Angestellten des Betriebs

AKTIONEN

1. Frau Rösner möchte den Preis für einen bei Britta Krombach gekauften Computer überweisen, da sie nicht genügend Bargeld dabeihat.
   Britta Krombach überlegt, ob sie den Wunsch von Frau Rösner erfüllen soll.
   Sammeln Sie Argumente für die Zahlung durch Überweisung und gegen die Zahlung durch Überweisung.

2. Britta Krombach hat sich entschieden, den Wunsch von Frau Rösner zu erfüllen, Frau Rösner kann also den Kaufpreis für den Computer überweisen. Notieren Sie die Tätigkeiten, die Britta Krombach nun durchführen muss, auf einer Folie und erläutern Sie diese Tätigkeiten Ihren Mitschülerinnen und Mitschülern.

ZUSAMMENFASSUNG

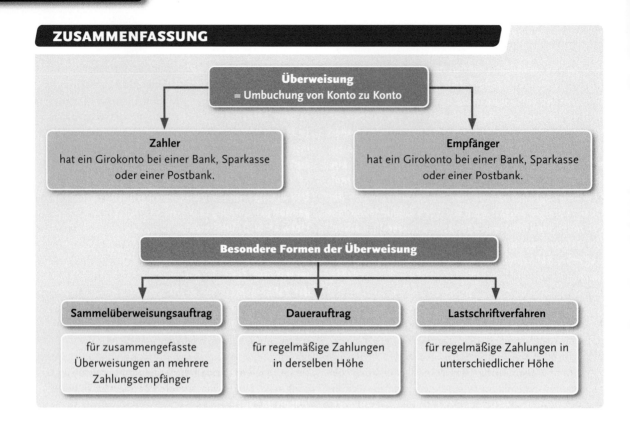

Überweisung
= Umbuchung von Konto zu Konto

Zahler
hat ein Girokonto bei einer Bank, Sparkasse oder einer Postbank.

Empfänger
hat ein Girokonto bei einer Bank, Sparkasse oder einer Postbank.

Besondere Formen der Überweisung

Sammelüberweisungsauftrag
für zusammengefasste Überweisungen an mehrere Zahlungsempfänger

Dauerauftrag
für regelmäßige Zahlungen in derselben Höhe

Lastschriftverfahren
für regelmäßige Zahlungen in unterschiedlicher Höhe

KAPITEL 13

Wir wickeln Zahlungen mit Kunden- und Kreditkarten ab

Anja Maibaum arbeitet zurzeit in der Warenwelt „Damen" an der Kasse.

Die Kundin Frau Gerber möchte ein Kleid zum Preis von 128,00 € bei ihr mit einer Kreditkarte bezahlen.

Anja Maibaum erkundigt sich bei ihrer Abteilungsleiterin, ob sie die Kreditkartenzahlung akzeptieren darf. Die Abteilungsleiterin ist zwar nicht begeistert, stimmt aber der Kreditkartenzahlung zu.

1. Stellen Sie die Vor- und Nachteile der Kreditkartenzahlung für die Ambiente Warenhaus AG auf einem Poster einander gegenüber.

5530278

INFORMATIONEN

Kreditkartenarten

In der Bundesrepublik Deutschland werden Kreditkarten von Einzelhandelsbetrieben in eigener Regie oder von Kreditkartenorganisationen und Banken ausgegeben.

Die Kreditkarten, die einzelne Einzelhandelsbetriebe (meist Waren- und Kaufhäuser) kreditwürdigen Kunden auf Antrag ausstellen (sogenannte Kundenkarten), berechtigen zum Kauf auf Kredit in dem jeweiligen Einzelhandelsbetrieb. Die **Kundenkarten** werden an die Kunden kostenlos oder gegen eine geringe Servicegebühr abgegeben.

Mit einer **Kreditkarte,** die von einer Kreditkartenorganisation oder Bank ausgegeben wurde, kann der Karteninhaber bei allen in- und ausländischen Vertragsunternehmen des Kreditkartenherausgebers Waren oder Dienstleistungen bis zu einer bestimmten Höchstsumme auf Kredit erhalten. Zur Bezahlung muss er nur seine Kreditkarte vorlegen und auf der Rechnung unterschreiben. Für die von Kreditkartenorganisationen und Banken ausgegebenen Kreditkarten muss der Inhaber häufig einen festen Jahresbeitrag bezahlen.

Die wichtigsten Kreditkartenorganisationen auf dem deutschen Markt sind zurzeit Mastercard, American Express, Diners Club und Visa.

Vertragsunternehmen sind hauptsächlich Einzelhandelsbetriebe, Hotels und Gaststätten, aber auch Banken, Tankstellen, Reisebüros und Fluggesellschaften.

Abwicklung der Zahlung mit Kreditkarte

Der Karteninhaber legt beim Kauf seine Kreditkarte vor. Auf ihr sind der Name des Karteninhabers und verschiedene Nummerierungen (u. a. Kartennummer und Verfalldatum) in erhabenem Druck eingeprägt.

Der Verkäufer stellt die Kreditkartenrechnung aus und lässt sie von dem Kreditkarteninhaber unterschreiben.

Kreditkartenrechnungen können elektronisch mit einem Kartenlesegerät oder mechanisch mit einem Handdrucker erstellt werden.

Zur Erstellung der Kreditkartenrechnung mit einer Datenkasse muss der Kassierer zunächst die Zahlungsartentaste „Kreditkarte" drücken und der Kunde seine Kreditkarte in das mit der Datenkasse verbundene Kartenlesegerät stecken. Nachdem durch eine Online-Überprüfung festgestellt wurde, dass die Kreditkarte nicht gesperrt ist, erstellt die Datenkasse zwei Kreditkartenbelege.

Bei der mechanischen Erstellung der Kreditkartenrechnung legt der Verkäufer die Kreditkarte in den Handdrucker, der eine zweite Plastikkarte mit der Kontonummer und Anschrift des Vertragsunternehmers enthält. Über beide Karten legt er dann die Kreditkartenrechnung. Durch die Betätigung des Handdruckers werden die erhabenen Daten beider Plastikkarten auf die Rechnung übertragen. Der Verkäufer trägt dann nur noch den Rechnungsbetrag in die Rechnung.

Eine Kopie wird dem Karteninhaber ausgehändigt. Eine zweite Kopie behält der Vertragsunternehmer (z. B. Einzelhändler) als Beleg. Die dritte Kopie schickt er zum Rechnungsausgleich an den Kreditkartenherausgeber. Der Kreditkartenherausgeber begleicht dann diese Rechnung innerhalb einer vertraglich festgesetzten Frist. Von der Rechnungssumme behält er eine ebenfalls vertraglich vereinbarte Umsatzprovision (zurzeit zwischen 3 % bis 6 % des Rechnungsbetrags) ein. Dafür trägt er das volle Kreditrisiko, d. h., wenn der Karteninhaber seine Rechnungen nicht begleicht, geht dies zulasten des Kreditkartenherausgebers.

Der Kreditkartenherausgeber verlangt meist einmal monatlich von dem Karteninhaber die Bezahlung aller Rechnungen. Sofern der Karteninhaber eine Einzugsermächtigung erteilt hat, lässt der Kreditkartenherausgeber den Betrag vom Konto des Karteninhabers durch Lastschrift einziehen. Der Karteninhaber braucht keine Zuschläge auf die von ihm unterschriebenen Rechnungen zu zahlen.

Vor- und Nachteile der Kreditkarte

	Kreditkarteninhaber	Vertragsunternehmen
Vorteile	• zinsfreier Kredit bis zum Fälligkeitsdatum der Monatsrechnung • übersichtliche Abrechnung: exakte und detaillierte Aufstellung aller Zahlungen mit Kreditkarte während eines Monats • bequemes Zahlungsmittel: Zahlung mit Karte und Unterschrift • sicheres Zahlungsmittel: Anstelle größerer Geldmengen braucht man nur eine Kreditkarte zum Einkauf mitzunehmen. Das Verlustrisiko wird dadurch erheblich vermindert	• Steigerung des Umsatzes: Kreditkarten können zu Mehreinkäufen führen • kein Kreditrisiko, wenn der Kunde mit Kreditkarte zahlt, die von einer Kreditkartenorganisation oder Bank herausgegeben wurde • Einsatz der Kreditkarte im Electronic Cash
Nachteile	• Gefahr des Kreditkartenmissbrauchs im Internet • Einkauf mit Kreditkarte nur bei Vertragsunternehmen • Gefahr, mehr einzukaufen, als wenn mit Bargeld bezahlt würde • Offenlegen persönlicher Daten: Im Kreditkartenantrag werden u. a. Angaben über Familienstand, Monatseinkommen und Arbeitgeber verlangt	• höhere Kosten: Der Kreditkartenherausgeber behält von den Kreditkartenumsätzen eine Umsatzprovision ein • größerer Verwaltungsaufwand durch Abwicklungsformalitäten

AUFGABEN

1. Welche Unterschiede bestehen zwischen Kreditkarten, die von Kreditkartenorganisationen herausgegeben werden, und Kundenkarten einzelner Einzelhandelsbetriebe?

2. Weshalb geben Einzelhändler an ihre Kunden Kundenkarten aus?

3. Ein Kunde will in einem Fachgeschäft mit Kreditkarte bezahlen.
   Wie verhält sich der Verkäufer, wenn das Fachgeschäft Vertragsunternehmen des Kreditkartenherausgebers ist?

4. Wer trägt die Kosten, die bei der Zahlung mit Kreditkarte entstehen?

5. Weshalb ist der Anteil der Kunden, die mit Kreditkarte bezahlen, in der Bundesrepublik Deutschland noch sehr klein?

6. Ein Einzelhändler entschließt sich, Vertragsunternehmer einer Kreditkartenorganisation zu werden.
   Welche Vorteile verspricht er sich davon?

7. Wie kann eine Kreditkartenrechnung erstellt werden?

8. Wie kann sich ein Kreditkarteninhaber gegen Kreditkartenmissbrauch schützen?

AKTIONEN

1. Eine Kundin möchte einen Rock zum Preis von 67,00 € mit ihrer Kreditkarte bezahlen.
   Versetzen Sie sich in die Rolle von Anja Maibaum und wickeln Sie die Kreditkartenzahlung in einem Rollenspiel ab.

2. Die Ambiente Warenhaus AG bietet ihren Kunden die Möglichkeit, in ihren Filialen mit der Ambiente-Warenhaus-AG-Kundenkarte zu bezahlen. Da die Akzeptanz dieser Kundenkarte zurzeit zu wünschen übrig lässt, plant die Werbeleiterin,

   Frau Gebhard, mit einem Flyer für die Kundenkarte zu werben. Sie bittet die Auszubildenden Robin Labitzke, Anja Maibaum, Britta Krombach und Lars Panning, einen Entwurf für diesen Flyer zu gestalten.

   Versetzen Sie sich in die Rolle von Robin Labitzke, Anja Maibaum, Britta Krombach und Lars Panning und führen Sie den Auftrag von Frau Gebhard aus.

   Bearbeiten Sie den Auftrag in Vierergruppen und präsentieren Sie Ihr Ergebnis auf einem Poster.

ZUSAMMENFASSUNG

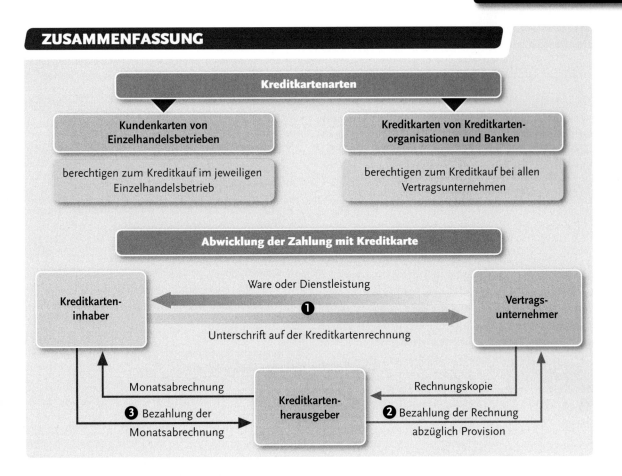

KAPITEL 14

Wir erstellen einen Kassenbericht für eine ordnungsgemäße Kassenführung

Anja Maibaum, derzeitig an der Kasse in der Textilabteilung der Ambiente Warenhaus AG tätig, erstellt an einem Mittwochabend – wie schon einige Male zuvor – einen Kassenbericht (siehe nebenstehende Abbildung).

Kassenbericht vom	1. Nov. 20..		Nr.:	265
Kassenbestand bei Geschäftsschluss:				758,70 €
+ Geschäftsausgaben im Lauf des Tages:				
	Werbeanzeige	120,00 €		
	Paketzustellgebühren	14,00 €		
	Barkauf von Briefmarken	7,00 €		141,00 €
+ Einzahlungen auf das Bankkonto:				1.600,00 €
+ Privatentnahmen				0,00 €
+ Sonstiges				0,00 €
= Zwischensumme				2.499,70 €
./. Kassenbestand des Vortags (Wechselgeld)				240,00 €
= Kasseneingang insgesamt				2.259,70 €
./. sonstige Bareinnahmen				0,00 €
Tageslosung (Bareinnahmen aus Warenverkäufen eines Tages)				2.259,70 €

Der ausgewiesene Kassenbestand stimmt mit dem Ist-Bestand bei Geschäftsschluss lt. Aufnahme überein.

Kundenzahl: Unterschrift

1. Warum hat Anja z. B. einen Betrag von 141,00 € für diverse Ausgaben zum Kassenbestand addiert und den Wechselgeldbetrag von 240,00 € abgezogen?

INFORMATIONEN

Kassenbericht

Da im Einzelhandel der Warenverkauf immer noch meist gegen Barzahlung erfolgt, kommt der Barkassierung eine besondere Bedeutung zu. Um die Kontrolle und Überwachung der Kasse zu gewährleisten, müssen die täglichen Einnahmen aus Barverkäufen ermittelt werden.

> **DEFINITION**
>
> Die Summe der Barverkäufe eines Tages nennt man **Tageslosung.**

In Einzelhandelsunternehmen ohne Warenwirtschaftssystem wird zur Überprüfung der Kassengeschäfte jeweils nach Geschäftsschluss ein schriftlicher Kassenbericht (Tageskassenabrechnung) erstellt. Beim Kassenbericht muss der Kaufmann (= Steuerpflichtiger) täglich den Bestand zählen und festhalten. Sämtliche Belege über die zugrunde liegenden Geldbewegungen müssen aufbewahrt werden. Durch Addieren bzw. Subtrahieren der übrigen Geldbewegungen in die Kasse bzw. aus der Kasse heraus wird die Tageseinnahme (= Tageslosung; Bareinnahmen aus Warenverkäufen) ermittelt.

Grundschema eines Kassenberichts zur Ermittlung der Tageslosung[1]

ausgezählter Kassenbestand bei Geschäftsschluss des lfd. Tages (Bargeldendbestand)

+ bar bezahlte Wareneinkäufe

+ Einzahlungen auf das Bankkonto

+ Privatentnahmen

+ sonstige Barausgaben (z. B. Zustellgebühren, Lohnvorschüsse, Warenrücknahmen bei Reklamationen, Bürobedarf)

./. Kassenbestand des Vortages (Anfangsbestand des lfd. Tages; Wechselgeld)

= Kasseneingang

./. sonstige Bareinnahmen (z. B. Miete)

./. Einlagen in bar

= **Tageslosung** (Bareinnahmen)

Erläuterung zum Aufbau eines Kassenberichts:

- **Ausgangspunkt:** der Kassenbestand bei Geschäftsschluss

  anschließend

- **Addition** aller im Lauf des Tages erfolgten Barentnahmen, da sie den Endbestand verringert haben

  danach

- **Subtraktion**
  - des Kassenbestands des Vortages und
  - aller Einnahmen, die nicht durch Warenverkäufe verursacht wurden

- **Ergebnis:** Bareinnahmen aus Warenverkäufen eines Tages **(Tageslosung)**

Dreisatzrechnung

Einfacher Dreisatz mit ungeradem Verhältnis

Einfacher Dreisatz besagt: Aus **drei bekannten Größen** ist eine vierte, unbekannte Größe zu ermitteln.

Situation:

Anja bekommt während ihrer Tätigkeit an der Kasse den Auftrag, zu ermitteln, wie lange die Kassenrollen für die Textilabteilung noch reichen werden. Mit dem derzeitigen Bestand würde man nach ihren bisherigen Erfahrungen bei einem Tagesbedarf von vier Rollen noch 112 Tage auskommen.

Die Abteilungsleiterin Frau Buchwald rechnet allerdings damit, dass jetzt – so kurz vor der Weihnachtszeit – der Tagesbedarf an Kassenrollen um die Hälfte steigen wird. Wie viel Tage kommt man in der Textilabteilung unter den neuen Umständen mit dem aktuellen Bestand noch aus?

---

1 Diese Ermittlung der Bareinnahmen eines Geschäftstages gilt generell in solchen Branchen, in denen täglich eine Vielzahl von Einzelerlösen mit einer Vielzahl von Waren erzielt wird (= bargeldintensive Unternehmen). Dabei muss der Kaufmann die Kassenbewegungen so zeitnah wie möglich erfassen. Nach § 146 Abs. 1 AO wird der Ordnungsmäßigkeit der Kassenführung bei diesen Unternehmen besonderes Gewicht beigemessen. Werden die Bareinnahmen mittels einer elektronischen Registrierkasse aufgezeichnet, stellt diese einschließlich aller von ihr erstellten elektronischen Aufzeichnungen sowie der Art ihrer Programmierung einen Teil der Buchführung dar.

Lösung	
Bedingungssatz aufstellen Die gesuchte Größe steht immer am Schluss.	Bei Tagesbedarf von 4 Rollen – 112 Tage
Fragesatz darunterschreiben Gleiche Bezeichnungen untereinanderschreiben (hier: Rollen; Tage)	Bei Tagesbedarf von 6 Rollen – <u>x Tage</u>

Lösungssatz (Bruchsatz) erstellen und ggf. kürzen

- Die Zahl über dem x (über der gesuchten Größe) kommt immer **auf** den Bruchstrich:

$$x = \frac{112}{}$$

- Zunächst immer auf eine Einheit schließen: Wenn der Bestand bei normalem Kundenbetrieb und täglichem Verbrauch von 4 Papierrollen 112 Tage reicht, dann reicht der gleiche Bestand bei einem täglichen Verbrauch von nur 1 Rolle mehr Tage (4-mal so lange). Es muss mit 4 multipliziert werden, sodass die Zahl 4 (sie steht im Bedingungssatz) **auf** den Bruchstrich (in den Zähler) geschrieben wird.

$$x = \frac{112 \cdot 4}{} \quad \text{(= Tage bei Verbrauch von 1 Rolle täglich)}$$

> **Je geringer** der tägliche Rollenverbrauch, **desto länger** reicht der Vorrat (= ungerades Verhältnis).

- Wie lange reicht nun der Vorrat bei einem täglichen Verbrauch von 6 Rollen?
  Bei einem höheren täglichen Verbrauch von 6 Rollen reicht der Vorrat *weniger* Tage als beim täglichen Verbrauch von nur 1 Rolle. Es muss demnach durch 6 dividiert werden, sodass die Zahl 6 **unter** den Bruchstrich (in den Nenner) geschrieben wird.

$$x = \frac{112 \cdot 4}{6}$$

> **Je höher** der tägliche Rollenverbrauch, **desto kürzer** die Zeit, die der Vorrat reicht.

Lösungssatz ausrechnen	x = <u>74,7 Tage</u>
Lösungssatz formulieren	Bei einem Tagesbedarf von 6 Rollen reicht der vorhandene Vorrat an Kassenrollen in der Textilabteilung 74,7 Tage.

Einfacher Dreisatz mit geradem Verhältnis

Situation:

Erfahrungsgemäß benötigen Anja und ihre Kolleginnen und Kollegen an der Kasse pro Woche 700 m² Verpackungsmaterial. Hierin enthalten ist auch der Verschnitt (Abfall), der beim Verpacken in der Regel anfällt und im Durchschnitt 35 m² beträgt.

Wie viel m² Verpackungsmaterial muss die Textilabteilung für die nächste Woche vom Deko-Lager anfordern, wenn aufgrund des zu erwartenden Weihnachtsgeschäfts 1600 m² Verpackungsmaterial für bereits verpackte (verkaufsfähige) Ware benötigt wird (Abfall hierbei also noch nicht berücksichtigt)?

Lösung

Bedingungssatz aufstellen Die gesuchte Größe steht immer am Schluss.	665 m² Verpackung – 700 m² Verpackung ohne Abfall einschl. Abfall

Fragesatz darunterschreiben
Gleiche Bezeichnungen untereinanderschreiben

1 600 m² Verpackung – x m² Verpackung
ohne Abfall   einschl. Abfall

Lösungssatz (Bruchsatz) erstellen und ggf. kürzen

– Die Zahl über dem x (über der gesuchten Größe) kommt immer **auf** den Bruchstrich:

$$x = \frac{700}{}$$

– Zunächst immer auf eine Einheit schließen: Um Ware mit nur 1 m² Verpackungsmaterial (ohne Abfall) verpacken zu können, benötigt man insgesamt weniger Verpackungsmaterial einschl. Abfall. Es muss durch 665 geteilt werden, sodass die Zahl 665 (sie steht im Bedingungssatz) **unter** den Bruchstrich (in den Nenner) geschrieben wird.

$$x = \frac{700}{665} \quad (= \text{Materialbedarf bei 1 m}^2)$$

– Für 1 600 m² Verpackungsmaterial benötigt man für die reine Ware insgesamt mehr Verpackungsmaterial als für 1 m² (1600-mal so viel). Es muss mit 1 600 multipliziert werden.

$$x = \frac{700 \cdot 1\,600}{665}$$

> **Je mehr** Ware verpackt werden muss, **desto höher** ist der Gesamtbedarf an Verpackungsmaterial einschl. Abfall. (= gerades Verhältnis)

Lösungssatz ausrechnen

$$x = 1\,684{,}2 \text{ m}^2$$

Lösungssatz formulieren

Bei einem tatsächlichen Bedarf von 1 600 m² Verpackungsmaterial müssen wegen des anfallenden Ausschusses 1 684,2 m² Verpackungsmaterial bereitgestellt werden.

Zusammengesetzter Dreisatz

Zusammengesetzter Dreisatz besagt: Aus **fünf oder mehr bekannten Größen** ist eine unbekannte Größe zu errechnen. Der zusammengesetzte Dreisatz besteht aus **zwei oder mehr einfachen Dreisätzen,** bestehend aus geradem und/oder ungeradem Verhältnis.

Situation:

Im letzten Jahr wurden für Inventurarbeiten in der Textilabteilung der Ambiente Warenhaus AG 15 Mitarbeiterinnen und Mitarbeiter eingesetzt. Sie nahmen bei einer täglichen Arbeitszeit von 8 Stunden insgesamt 3 400 Artikel in die Inventarliste auf. Für diese Arbeit benötigten sie insgesamt 7 Tage.

In diesem Jahr – dem ersten, in dem Anja Maibaum mithelfen wird – hat sich die Zahl der Artikel auf 3 900 erhöht, die Zahl des Verkaufspersonals wird sich aber um 2 Personen verringern.

Wie viel Tage haben die verbleibenden Angestellten bei sonst gleichen Bedingungen mit der Aufnahme der Artikel in die Inventarliste zu tun?

Lösung	
Bedingungssatz	15 Angestellte – 3 400 Artikel – 7 Tage
Fragesatz	13 Angestellte – 3 900 Artikel – x Tage
Lösungssatz (Bruchssatz)	$x = \dfrac{7 \cdot 15 \cdot 3\,900}{13 \cdot 3\,400} = \dfrac{4\,095}{442} = \underline{9,3 \text{ Tage}}$
Antwort	13 Angestellte benötigen für die Aufnahme von 3 900 Artikeln 9,3 Tage.
Erklärung zur Lösung	• Die Größe über dem x (hier: 7 Tage) kommt auf den Bruchstrich. Danach erfolgt die Lösung stufenweise durch Auflösung des zusammengesetzten Dreisatzes in zwei einfache Dreisätze (1. + 2.).

• 15 Angestellte benötigen für 3 400 Artikel   7 Tage

• 1 Angestellter benötigt für 3 400 Artikel 15-mal mehr Tage $= 7 \cdot 15$

• **13 Angestellte** benötigen für 3 400 Artikel lediglich den 13. Teil $= \dfrac{7 \cdot 15}{13}$

     1.

• 13 Angestellte benötigen für 1 Artikel den 3 400sten Teil $= \dfrac{7 \cdot 15}{13 \cdot 3\,400}$

• 13 Angestellte benötigen für **3 900 Artikel** 3 900-mal mehr Zeit $= \dfrac{7 \cdot 15 \cdot 3\,900}{13 \cdot 3\,400}$

     2.

(An dieser Stelle sollte stets die Möglichkeit des Kürzens geprüft werden.)

Durchschnittsrechnung

Einfacher Durchschnitt

Beim einfachen Durchschnitt wird aus mehreren Werten mit **gleichen Mengen** ein Durchschnitt errechnet.

Situation:

Anja Maibaum hatte in der ersten Woche ihrer Kassentätigkeit die folgenden Tagesumsätze erzielt:

– Montag   2.430,00 €
– Dienstag   Berufsschultag
– Mittwoch   3.720,00 €
– Donnerstag   2.946,00 €
– Freitag   3.056,00 €
– Samstag   frei

Ermitteln Sie den von Anja Maibaum erzielten durchschnittlichen Umsatz pro Tag.

Lösung		
Wochentage	Anzahl in Tagen	Umsatz in € (Einzelwerte)
Montag	1	2.430,00
Mittwoch	1	3.720,00
Donnerstag	1	2.946,00
Freitag	1	3.056,00
Gesamtumsatz in	**4 Tagen**	**= 12.152,00**
	1 Tag →	$\dfrac{12.152,00}{4} = \underline{3.038,00 \text{ €}}$

Antwort: Der durchschnittliche Umsatz pro Tag beträgt 3.038,00 €.

Rechenweg:

• Die Umsätze der einzelnen Tage werden addiert.
• Anschließend wird die Summe (12.152,00 €) durch die Anzahl der Tage (hier: 4) geteilt.

Allgemein gilt:

$$\text{Einfacher Durchschnitt} = \dfrac{\text{Summe der einzelnen Werte}}{\text{Anzahl der Positionen}}$$

Gewogener Durchschnitt

Beim gewogenen Durchschnitt wird aus mehreren Werten **mit unterschiedlichen Mengen** ein Durchschnitt errechnet.

Situation:

Aufgrund einer Sonderaktionswoche hat Anja bei Jeans bereits in den ersten beiden Tagen wie folgt abgerechnet:

– 56 Jeans der Marke 1005   zu je 45,00 €
– 108 Jeans der Marke Take me   zu je 57,00 €
– 185 Jeans der Marke Fun   zu je 38,00 €
– 39 Jeans der Marke Staccato   zu je 49,00 €

Zu welchem Preis wurde eine Jeans durchschnittlich verkauft?

Anja rechnet die Jeans an der Kasse ab.

Lösung

Marke	Anzahl der verkauften Jeans	Preis je Hose in €	Gesamtpreis in €
1005	56	45,00	2.520,00
Take me	108	57,00	6.156,00
Fun	185	38,00	7.030,00
Staccato	39	49,00	1.911,00
	388 ⟶		**= 17.617,00**

$$1 \text{ Jeans} \longrightarrow \frac{17.617,00}{388}$$

$$= 45,40 €$$

Antwort: Eine Jeans wurde im Durchschnitt für 45,40 € verkauft.

Rechenweg:

- Ermittlung des Gesamtpreises je Einzelposten (Menge je Hose · Preis je Hose)
- Ermittlung der Summe der Menge (Summe der verkauften Jeans = 388 Stück)
- Gesamtpreis addieren (= 17.617,00 €)
- Ermittlung des gewogenen Durchschnitts
  (durchschnittlicher Preis **einer** Hose = $\frac{17.617,00}{388}$)

Allgemein gilt:

$$\text{Gewogener Durchschnitt} = \frac{\text{Summe der Gesamtwerte}}{\text{Summe der Mengen}}$$

Prozentrechnung

Einstieg

Im Rahmen einer Aktionswoche wurden in der Textilabteilung u. a. angeboten:

1. Welcher Preisnachlass ist für den interessierten und preisbewussten Kunden nun günstiger?

Nur vordergründig scheint der Preisnachlass für das Damenkostüm von 22,10 € günstiger zu sein. Unsicher bleibt diese Antwort schon deshalb, weil beide Verkaufsartikel einen unterschiedlich hohen Verkaufspreis haben (170,00 € bzw. 30,00 €). Wegen dieser unterschiedlichen Bezugsgröße sind die beiden Preisnachlässe (22,10 € bzw. 4,05 €) nicht miteinander vergleichbar.

Eine gesicherte Aussage über den günstigeren Rabatt und damit ein aussagekräftiger Vergleich bei den Preisnachlässen wäre nur bei identischen Warenpreisen möglich.

BEISPIEL

Zwei unterschiedliche Artikel kosten jeweils 90,00 €. Bei Artikel A wird ein Preisnachlass von 8,50 € und bei Artikel B einer von 11,00 € eingeräumt. Artikel B wäre daher mit einem günstigeren Rabatt zu bekommen.

Wegen dieses Problems muss in unserem Beispiel bei beiden Artikeln (Lederkostüm/Oberhemd) der Bezug auf eine gleich große Zahl vorgenommen werden, um entscheiden zu können, welcher Rabatt der günstigere ist. Diese Bezugsgröße ist die Zahl 100.

Lederkostüm	Oberhemd
VKP 170,00 € – 22,10 € Rabatt **VKP 100,00 €** – x € Rabatt	VKP 30,00 € – 4,05 € Rabatt **VKP 100,00 €** – x € Rabatt
$x = \dfrac{22,10 \cdot 100}{170,00} = \underline{13,00\ €}$	$x = \dfrac{4,05 \cdot 100}{30,00} = \underline{13,50\ €}$
Bei einem angenommenen Verkaufspreis von 100,00 € erhält man 13,00 € Rabatt.	Bei einem angenommenen Verkaufspreis von 100,00 € erhält man 13,50 € Rabatt.
13,00 € von 100 $= 13\ \%\ (\text{oder } \dfrac{13}{100})$	13,50 € von 100 $= 13,5\ \%\ (\text{oder } \dfrac{13,5}{100})$

Die Ergebnisse 13,00 € und 13,50 € können nun miteinander verglichen werden: Die unterschiedlich hohen Ausgangswerte (170,00 €/30,00 €) wurden mithilfe der Zahl 100 vergleichbar gemacht. Man verwendet hierfür die Bezeichnung Prozent (%)[1].

Die Größen der Prozentrechnung

IN DEN BEISPIELEN

- **Grundwert (g)**
  Der Grundwert ist immer 100 %. Er ist die Grundlage für die Ermittlung des Prozentwertes. ➤ 170,00 €/30,00 €
- **Prozentwert (w)**
  Er ist ein Zahlenwert, der einen Teil oder ein Vielfaches des Grundwertes ausmacht. ➤ 22,10 €/4,05 €
- **Prozentsatz (p)**
  Er drückt den Prozentwert in Prozent aus (ein Bruch mit dem Nenner 100). ➤ 13 %/13,5 %

Von diesen drei Größen der Prozentrechnung sind immer zwei bekannt, während die dritte gesucht wird.

Berechnung des Prozentwertes

Situation:
Aufgrund einer Reklamation an einem Sakko, Neupreis 99,00 €, gewährt man in der Textilabteilung einen Preisnachlass von 10 %.
Wie viel Euro Rabatt wurden dem Kunden eingeräumt?

Lösung

gegeben:
- Grundwert (100 %) = 99,00 €
- Prozentsatz = 10 %

gesucht:
- Prozentwert = ? €

$$100\ \% - 99,00\ €$$
$$10\ \% - \quad x\ €$$

$$x = \frac{99,00 \cdot 10}{100} = \underline{9,90\ €}$$

$$\text{Prozentwert (w)} = \frac{\text{Grundwert (g)} \cdot \text{Prozentsatz (p)}}{100}$$

---

1 lat. pro centum = vom Hundert

Berechnung des Prozentsatzes
Situation:

Aufgrund ihrer Tätigkeit im Kassenbereich stellt Anja Maibaum schon nach relativ kurzer Zeit fest, dass in diesen momentan wirtschaftlich nicht gerade guten Zeiten immer mehr Kunden Tage später darum bitten, den gerade zuvor gekauften Artikel zurückgeben zu dürfen.

Letzten Montag bediente Anja insgesamt 175 Kunden, von denen sie kurz darauf 7 mit entsprechenden Bitten wiedergesehen hat.

Wie viel Prozent beträgt diese „Rücklaufquote"?

Lösung

gegeben:
- Grundwert (100 %) = 175 Kunden
- Prozentwert = 7 Kunden

gesucht:
- Prozentsatz = ? %

$$175 \text{ Kunden} - 100\,\%$$
$$7 \text{ Kunden} - x\,\%$$

$$x = \frac{100 \cdot 7}{175} = \underline{\underline{4\,\%}}$$

$$\text{Prozentsatz (p)} = \frac{\text{Prozentwert (w)} \cdot 100}{\text{Grundwert (g)}}$$

Berechnung des Grundwertes
Situation:

Im Rahmen des üblichen Personalverkaufs gewährt Anja Maibaum ihrer Kollegin auf eine Bluse einen Preisnachlass von 20 %, was einen Betrag von 4,20 € ausmacht.

Wie teuer war die Bluse
a) ursprünglich und
b) nach der Preisreduzierung?

Lösung

a) **gegeben:**
- Prozentwert = 4,20 €
- Prozentsatz = 20 %

gesucht:
- Grundwert (100 %) = ? €

$$20\,\% - 4,20\,€$$
$$100\,\% - x\,€$$

$$x = \frac{4,20 \cdot 100}{20} = \underline{\underline{21,00\,€}}$$

$$\text{Grundwert (g)} = \frac{\text{Prozentwert (w)} \cdot 100}{\text{Prozentsatz (p)}}$$

b)	ursprünglicher Verkaufspreis	21,00 €
./.	Personalrabatt 20 %	4,20 €
=	zu zahlender Betrag	16,80 €

Rechnen mit dem vermehrten Grundwert
Situation:

Anja Maibaum möchte ermitteln,
a) wie hoch der reine Warenwert (= netto; ohne Umsatzsteuer) in der von ihr ermittelten Tageslosung von 2.259,70 € ist (siehe Eingangsbeispiel) und
b) wie viel Euro die in der Tageslosung enthaltene Umsatzsteuer bei einem Steuersatz von 19 % beträgt.

Lösung

gegeben:
- vermehrter Grundwert = 2.259,70 €
- Prozentsatz = 19 %

gesucht:
- Warenwert, netto (100 %) = ? €

Tageslosung 2.259,70 €

Warenwert, netto	? € –	100 %
+ USt 19 %	? € –	19 %
= Warenwert, brutto	2.259,70 € –	**119 %**
(Tageslosung)		

Wird zum Nettowarenwert (= Grundwert → 100 %) die Umsatzsteuer in Euro (= Prozentwert) addiert, erhält man die Bareinnahmen aus Warenverkäufen eines Tages (= Bruttowarenwert einschl. Umsatzsteuer).

Man bezeichnet die Tageslosung rechnerisch auch als **vermehrten Grundwert.** Der vermehrte Grundwert ist **mehr** als 100 %. Die Erhöhung ist abhängig vom Prozentsatz (im obigen Beispiel ist er um 19 % höher als der Grundwert = 119 %).

Grundwert	100 %	100 %
+ Erhöhung	x %	+ 19 %
= vermehrter Grundwert	100 + x %	= **119 %**

a)

119 %	–	2.259,70 €
100 %	–	x €

$$x = \frac{2.259,70 \cdot 100}{119} = 1.898,91 €$$

Netto-Warenwert (ohne USt)

$$\text{Grundwert (g)} = \frac{\text{vermehrter Grundwert (g [me])} \cdot 100}{100 + \text{Prozentsatz (p)}}$$

b) Die in der Tageslosung enthaltene Umsatzsteuer beträgt:

Warenwert, netto	1.898,91 €	– 100 %
+ Umsatzsteuer	360,79 €	– 19 %
= Warenwert, brutto (Tageslosung)	2.259,70 €	– 119 %

Rechnen mit dem verminderten Grundwert
Situation:
Anja Maibaum verkauft einen Anorak wegen eines geringen Materialfehlers mit 5 % Rabatt für 118,75 €.
Berechnen Sie
a) den Preis vor der Preisreduzierung und
b) den gewährten Nachlass in Euro.

Lösung

Der um den Preisnachlass reduzierte Preis von 118,75 € ist weniger als 100 %. Er entspricht dem um 5 % verminderten Grundwert von 95 %.
Der **verminderte Grundwert** ist ein Wert, der **unter** 100 % liegt.

Grundwert	100 %	100 %
./. Minderung	x %	./. 5 %
= verminderter Grundwert	100 ./. x %	= **95 %**

a)

95 %	–	118,75 €
100 %	–	x €

$$x = \frac{118,75 \cdot 100}{95} = 125,00 €$$

VKP vor der Preisreduzierung

$$\text{Grundwert (g)} = \frac{\text{verminderter Grundwert (g [mi])} \cdot 100}{100 - \text{Prozentsatz (p)}}$$

b) Der gewährte Nachlass von 5 % vom Warenwert beträgt:

Warenwert, netto	125,00 €	– 100 %
./. Rabatt	6,25 €	– 5 %
= reduzierter VKP	118,75 €	– **95 %**

AUFGABEN

1. Ihnen liegt die folgende Tageskassenabrechnung vor:
   - Kassenbestand am Abend — 10.080,00 €
   - Wechselgeld am Morgen — 270,00 €
   - unsere Einzahlungen auf das Bankkonto — 668,00 €
   - Privatentnahme bar — 50,00 €

   a) Wie viel Euro betrug an diesem Tag die Tageslosung des Unternehmens?

   b) Berechnen Sie die in der Tageslosung enthaltene Umsatzsteuer bei einem Steuersatz von 19 %.

2. In der Ambiente Warenhaus AG wurden für eine Ware über das laufende Geschäftsjahr hinweg die folgenden Lagerbestände ermittelt:

02.01. AB	6 000 Stück (Anfangsbestand)
31.01. SB	4 000 Stück (Schlussbestand)
28.02. SB	3 500 Stück
31.03. SB	2 100 Stück
30.04. SB	4 600 Stück
31.05. SB	7 800 Stück
30.06. SB	4 250 Stück
31.07. SB	3 100 Stück
31.08. SB	2 900 Stück
30.09. SB	1 600 Stück
31.10. SB	5 800 Stück
30.11. SB	5 400 Stück
31.12. SB	2 050 Stück

Wie hoch ist der Lagerbestand dieser Ware im Durchschnitt? Berücksichtigen Sie bei Ihrer Berechnung auch den Jahresanfangsbestand.

3. In einem Einzelhandelsunternehmen mit 24 Mitarbeitern sind folgende Quartalsumsätze ermittelt worden:

31.03.	282.350,00 €
30.06.	261.253,00 €
30.09.	256.612,00 €
31.12.	314.973,00 €

Berechnen Sie
a) den durchschnittlichen Warenumsatz pro Vierteljahr,
b) den durchschnittlichen Tagesumsatz bei 242 Arbeitstagen pro Jahr,
c) den durchschnittlichen Monatsumsatz pro Mitarbeiter,
d) die prozentuale Differenz zwischen dem umsatzschwächsten und dem umsatzstärksten Quartal,
e) den durchschnittlichen Umsatz pro Mitarbeiter im zweiten Quartal.
f) Wie hat sich der durchschnittliche Umsatz pro Mitarbeiter im 4. Quartal prozentual verändert gegenüber dem des zweiten Quartals?

4. Die 160 Mitarbeiterinnen und Mitarbeiter der Ambiente Warenhaus AG in Schönstadt werden nach Tarif und zum Teil übertariflich bezahlt. Das Gehaltsgefüge sieht in der Übersicht wie folgt aus:

Gruppe	Mitarbeiter	Gehalt
I	85	1.435,00 €
	32	1.570,00 €
II	9	1.743,00 €
	11	1.950,00 €
III	16	2.200,00 €
	5	3.730,00 €
IV	1	4.300,00 €
	1	5.560,00 €

a) Berechnen Sie das in der Ambiente Warenhaus AG durchschnittlich gezahlte Gehalt.
b) Wie viel Prozent der Angestellten verdienen weniger als 1.600,00 € und wie viel zwischen 3.500,00 € und 1.800,00 €?
c) In der untersten Gehaltsgruppe soll es ab dem nächsten Monat eine Gehaltserhöhung geben. Um wie viel Prozent wird das Gehalt steigen, wenn nach der Erhöhung 1.466,57 € für 85 Mitarbeiter gezahlt werden?
d) Um wie viel Prozent ist durch die Gehaltserhöhung die Gehaltssumme der Ambiente Warenhaus AG angestiegen?
e) Berechnen Sie den Unterschied in Euro und Prozent zwischen der Gehaltssumme der Gruppe I und der Gruppe III.
f) Eine Mitarbeiterin, die jetzt 2.200,00 € verdient, hat in den letzten 3 Jahren aufgrund besonderer Leistungen folgende außertarifliche Gehaltserhöhungen erhalten: 3,4 %, 2,1 % und zuletzt 1,7 %. Wie hoch war das Gehalt dieser Angestellten vor den drei Erhöhungen?

5. In der Lebensmittelabteilung Ihres Unternehmens soll zum bevorstehenden Weihnachtsfest eine „Hausmischung" aus verschiedenen Kekssorten zusammengestellt werden:

8 kg der Sorte A zu 2,30 € je kg
12 kg der Sorte B zu 0,90 € je $^1/_2$ kg
5 kg der Sorte C zu 3,05 € je kg
6 kg der Sorte D zu 0,42 € je 100 g

a) Berechnen Sie den Verkaufspreis für 1 kg und für 250 g der Mischung.
b) Wie viel 250-g-Packungen können abgepackt werden?

5530290

c) Welche Auswirkungen hätte es auf den Preis für 1 kg der Mischung, wenn von der Sorte D anstatt der bisherigen 6 kg nun 11 kg für die Mischung verwendet werden? Bitte beantworten Sie die Frage, ohne den rechnerischen Lösungsweg zu beschreiten.

6. Ein Einzelhandelsunternehmen hat folgende Statistik für die letzten 2 Jahre erstellt:

Jahr	Verkaufs-fläche	Umsatz in €	durchschnittlich im Verkauf Beschäftigte
1	1 150 m²	430.000,00 €	11
2	1 275 m²	452.000,00 €	9

a) Berechnen Sie, um wie viel Prozent sich der durchschnittliche Umsatz je Verkäufer im Jahr 2 gegenüber dem Jahr 1 verändert hat. Formulieren Sie Ihr Ergebnis in einem Antwortsatz.

b) Um wie viel Prozent hat sich der Umsatz pro m² im 2. Jahr gegenüber dem des 1. Jahres verändert?

7. Der Warenumsatz eines Einzelhändlers stieg im Jahr 2 gegenüber dem Jahr 1 um 17 % auf 760.500,00 €. Im Jahr 3 ging er gegenüber dem Jahr 2 um 12 % zurück.

Wie viel Prozent betrug der Warenumsatz im Jahr 3?

8. Aus Wettbewerbsgründen wurde in der Ambiente Warenhaus AG der Preis einer Ware um 7 % reduziert. Aufgrund der Reaktion der Konkurrenz musste bei dem gleichen Artikel einige Monate später nochmals eine Senkung von 4 % vorgenommen werden.

Wie viel Prozent beträgt die gesamte Preisreduzierung?

9. Wie viel Euro betrug der ursprüngliche Verkaufspreis des Artikels in Aufgabe 8, wenn er nach den beiden Preisreduzierungen zu einem Preis von 99,99 € angeboten wird?

10. Wie hoch ist der Prozentwert?

a) 2 % von 234,56 €

b) 6,5 % von 70 kg

c) 125 % von 2.456,78 €

d) 2,75 % von 945,68 €

11. Berechnen Sie für die folgenden Beispiele die Preisveränderung in Prozent.

	alter Preis in €	neuer Preis in €
a)	345,70	362,98
b)	6,20	7,44
c)	1.467,00	1.980,45
d)	845,12	914,84
e)	0,27	0,85

12. In der letzten Abschlussprüfung haben 204 Prüflinge – das sind 93,58 % – die Prüfung bestanden.

Wie viel Azubis haben insgesamt an der Prüfung teilgenommen?

13. Ermitteln Sie das Netto- und Bruttogewicht folgender Warensendungen, wenn das Verpackungsgewicht den angegebenen Prozentsätzen entspricht:

	Verpackungsgewicht (Tara)	Verpackungsgewicht in Prozent
a)	88,320 kg	12 %
b)	672,000 kg	16 $\frac{2}{3}$ %
c)	16,060 kg	7,3 %
d)	6,500 kg	12 $\frac{1}{2}$ %
e)	112,125 kg	3 $\frac{1}{3}$ %

14. Für folgende Waren wurden die Preise herabgesetzt:
   – Herrensakkos: von 178,00 € auf 156,00 €
   – Damenmäntel: von 234,00 € auf 193,00 €

Für welchen Artikel wurde ein höherer prozentualer Nachlass gewährt?

15. Ein selbstständiger Kaufmann, der für die Ambiente Warenhaus AG auf Provisionsbasis arbeitet, erhält für seine Tätigkeit im letzten Monat 2.345,00 € überwiesen. Im Vertrag wurde eine Umsatzprovision von 5 % vereinbart.

Wie hoch war der Umsatz dieses Kaufmanns im letzten Abrechnungsmonat?

16. Aufgrund des momentan sehr schleppenden Verkaufs im Einzelhandel ging in einer Abteilung dreimal in Folge der Gewinn zurück: Im 1. Jahr brach der Gewinn um 15 % ein, im 2. Jahr um 8 % und im letzten Jahr ging er um 3 % zurück.

Berechnen Sie den in den ersten 2 Jahren erzielten Gewinn, wenn er im letzten Jahr noch 140.329,90 € betrug.

17.

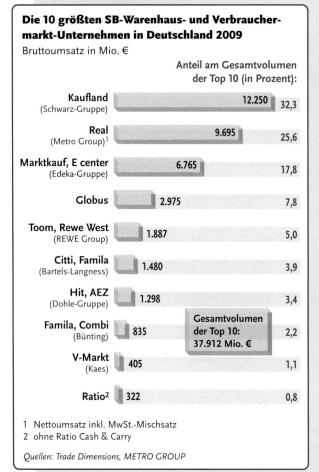

Die 10 größten SB-Warenhaus- und Verbraucher-markt-Unternehmen in Deutschland 2009

Bruttoumsatz in Mio. €

Anteil am Gesamtvolumen
der Top 10 (in Prozent):

Unternehmen	Bruttoumsatz	Anteil
Kaufland (Schwarz-Gruppe)	12.250	32,3
Real (Metro Group)[1]	9.695	25,6
Marktkauf, E center (Edeka-Gruppe)	6.765	17,8
Globus	2.975	7,8
Toom, Rewe West (REWE Group)	1.887	5,0
Citti, Famila (Bartels-Langness)	1.480	3,9
Hit, AEZ (Dohle-Gruppe)	1.298	3,4
Famila, Combi (Bünting)	835	2,2
V-Markt (Kaes)	405	1,1
Ratio[2]	322	0,8

Gesamtvolumen der Top 10: 37.912 Mio. €

1 Nettoumsatz inkl. MwSt.-Mischsatz
2 ohne Ratio Cash & Carry

Quellen: Trade Dimensions, METRO GROUP

a) Ermitteln Sie den prozentualen Anteil von Kaufland am gesamten Bruttoumsatz.

b) Wie viel Mio. € betrug 2008 der Umsatz von Marktkauf und E center, wenn eine Umsatzsteigerung von 0,7 % erfolgte?

c) Wie viel Prozent am Bruttoumsatz beträgt der Umsatz der Verbrauchermarktunternehmen Toom, Rewe West, Citti, Famila und Hit sowie AEZ zusammengenommen?

d) Berechnen Sie den durchschnittlichen Bruttoumsatz der vier größten Verbrauchermärkte im Jahr 2009.

e) Stellen Sie die Rangfolge der abgebildeten zehn Unternehmen – ausgedrückt in Mio. € – für das Jahr 2008 auf. Setzen Sie die Ergebnisse in eine entsprechende Grafik um.

f) Ermitteln Sie den prozentualen Umsatzanteil des Unternehmens Globus am gesamten Bruttoumsatz, allerdings ohne Berücksichtigung des Bruttoumsatzes von Real.

18. Eine Aushilfskraft im Kassenbereich erhält für 25 Stunden wöchentlich 268,75 €.

Wie viel Euro bekommt sie für 29 Stunden pro Woche?

19. Ein Auftrag wird von 14 Arbeitern in 6 Tagen erledigt.

Wie viel Arbeiter müssten zusätzlich für den Auftrag abgestellt werden, wenn er in 4 Tagen erledigt sein soll?

20. In der Lebensmittelabteilung der Ambiente Warenhaus AG werden von den 125-g-Bechern Low-Fat-Joghurt erfahrungsgemäß 468 Stück innerhalb von 6 Tagen verkauft.

Wie viel Tage würde ein Joghurtbestand von 1014 Bechern reichen?

21. Die Kassenzone in der Textilabteilung soll ein neues Gesicht erhalten. Dazu wird u. a. der Hintergrund mit neuem Spannstoff dekoriert. Für das gesamte Vorhaben benötigt man von dem Stoff 12 m bei einer zu bespannenden Fläche von 280 cm Breite.

Wie viel Meter Spannstoff wird für einen weiteren Kassenbereich benötigt, bei dem die zu bespannende Fläche lediglich 235 cm breit ist?

22. 76 Stück einer Ware kosten insgesamt 8.587,24 €.

Wie viel Euro kosten 34 Stück?

23. Für Schulungsgebühren des 55-köpfigen Kassenpersonals bezahlt die Ambiente Warenhaus AG insgesamt 14.300,00 €.

Wie viel Euro müssten für 42 Mitarbeiter gezahlt werden?

24. Die Arbeiten an der Außenanlage der Ambiente Warenhaus AG sollen von 8 Arbeitskräften innerhalb von 15 Tagen erledigt werden. Die tägliche Arbeitszeit beträgt dabei 8 Stunden.

Auf wie viel Einsatztage kann die Projektarbeit verringert werden, wenn der Projektleiter zusätzlich 3 Arbeitskräfte einstellt und die tägliche Arbeitszeit um 1 Stunde verlängert?

25. Für einen neuen Lageranbau muss der gesamte dort gelagerte Warenbestand vom alten zum neuen Lager transportiert werden. Der Transport soll nach Vorgaben der Geschäftsleitung innerhalb von 11 Tagen abgeschlossen sein. Hierzu stehen 6 Transporter mit je 3,5 t Ladefähigkeit zur

Verfügung. Je Lkw werden täglich 5 Fahrten durchgeführt.

Wie viel Fahrten müssen 5 Transporter mit einer Ladefähigkeit von 4,5 t täglich absolvieren, wenn der Umzug in 9 Tagen erledigt sein soll?

26. Der Kassenrollenvorrat von 252 Rollen reicht für 9 Kassenzonen 7 Tage.

Wie viel Tage könnte man in einem Warenhaus mit nur 5 Kassenzonen bei gleichem Verbrauch mit einem Vorrat von 160 Rollen auskommen?

AKTIONEN

1. a) Informieren Sie sich in Ihrem Ausbildungsunternehmen über die dort vorgeschriebenen Kassiervorschriften sowie die Kassenabrechnung und vergleichen Sie diese hausinternen Anweisungen mit denen Ihrer Klassenkamerad(inn)en.
   b) Stellen Sie die wesentlichen Unterschiede in einer Übersicht zusammen.

2. a) Beschreiben Sie den Ablauf einer Barkassierung in Ihrem Ausbildungsunternehmen.
   b) Stellen Sie diese Informationen grafisch mithilfe der Netzwerktechnik dar.
   c) Erläutern Sie – möglichst in freier Rede – Ihre Ausarbeitung dem Plenum und beachten Sie dabei die Grundregeln für Präsentationen (laut sprechen – normales Sprechtempo – Pausen machen – der Gruppe zuwenden – angemessene Gestik – Wichtiges visualisieren).

3. Informieren Sie sich in der Personalabteilung Ihres Unternehmens über die Personalstruktur (z. B. Abteilungsleiter/-innen; Anzahl der Beschäftigten aufgeteilt in männliche und weibliche Angestellte; Azubis usw.).
   a) Berechnen Sie den prozentualen Anteil der Geschlechter an der gesamten Zahl der Beschäftigten.
   b) Ermitteln Sie den Anteil der Auszubildenden an der Anzahl der Beschäftigten.
   c) Wie hoch ist der prozentuale Anteil der weiblichen Azubis insgesamt?
   d) Wie viel Abteilungsleiterinnen und -leiter (absolut und prozentual) sind in Ihrem Ausbildungsunternehmen tätig?

4. Ermitteln Sie das Durchschnittsalter Ihrer Klasse nach dem
   a) einfachen Durchschnitt,
   b) gewogenen Durchschnitt und
   c) stellen Sie das Ergebnis des gewogenen Durchschnitts mithilfe eines Stabdiagramms dar.

Präsentieren Sie anschließend Ihrer Klasse Ihre Arbeit mit einer Folie. Berücksichtigen Sie dabei die Grundsätze zur Gestaltung von Folien und Plakaten.

5. Suchen Sie im Internet mit einer beliebigen Suchmaschine (Seiten auf Deutsch anzeigen lassen) nach dem Begriff „Renten". Wie viel Prozent der Eintragungen unter den ersten 20 Seitenverweisen sind Ihrer Meinung nach für ein Referat zum Thema „Wie sicher ist meine Rente?" verwertbar?

6. a) Legen Sie für Hans Meyer ein Passwort fest.
   b) Melden Sie sich als Hans Meyer an der Kasse an.
   c) Eine Kundin kauft eine Puppe „Anya" mit der EAN 4022006262097. Führen Sie als Hans Meyer den Kassiervorgang durch.

7. Führen Sie eine Auswertung des Barverkaufs durch.
   a) Lassen Sie sich die Tagesumsätze der Artikelgruppe 10 ausgeben.
   b) Drucken Sie die Artikelumsätze der Artikelgruppen 20 bis 31.
   c) Stellen Sie fest, wie hoch der Umsatz des Verkäufers Uwe Bauer ist.
   d) Ermitteln Sie, an welcher Kasse der höchste Umsatz erzielt wurde.

8. a) Melden Sie sich selbst als Verkäufer an.
   b) Richten Sie eine Kasse „7" ein.

9. Führen Sie eine Auswertung der Rechnungsverkäufe durch.
   a) Drucken Sie die Artikelumsätze der Artikelgruppen 40 bis 50.
   b) Ermitteln Sie, welcher Kunde den höchsten Umsatz in den Artikelgruppen 10 bis 30 erzielt.

ZUSAMMENFASSUNG

Dreisatz

Der **einfache Dreisatz** besteht immer aus drei bekannten Größen. Dabei stehen immer zwei Größen im Bedingungssatz und eine Größe im Fragesatz.

Von einem Dreisatz mit **ungeradem Verhältnis** spricht man, wenn sich durch die Veränderung der einen Größe die andere Größe in umgekehrter Weise ändert:

- **Je mehr** (Kunden eine Verkäuferin an der Kasse bedient), **desto weniger** (oder geringer ist die benötigte Zeit pro Kunde). bzw.
- **Je weniger** (Angestellte an einem gemeinsamen Projekt arbeiten), **desto mehr** (Arbeitstage benötigen sie zur Fertigstellung der Arbeit).

Von einem Dreisatz mit **geradem Verhältnis** spricht man, wenn sich durch die Veränderung der einen Größe die andere Größe in gleicher Weise ändert:

- **Je mehr** (von einer Ware verkauft wird), **desto mehr** (Bargeld kann kassiert werden). bzw.
- **Je weniger** (ein Kunde kauft), **desto weniger** (muss er an der Kasse zahlen).

Der **zusammengesetzte Dreisatz** besteht aus einer Vielzahl von bekannten Größen. Die Anzahl ist abhängig von der jeweiligen Problemstellung.

Prozentrechnung

Die **Prozentrechnung** ist eine Vergleichs- und Bezugsrechnung: Werte werden vergleichbar gemacht, indem man sie *auf Hundert* bezieht. Hierfür verwendet man die Bezeichnung Prozent, abgekürzt v. H. (vom Hundert) bzw. %.

Die Prozentrechnung kennt folgende Begriffe:

| **Prozentsatz (p)** 19 % | vom | **Grundwert (g)** 3.600,00 € | = | **Prozentwert (w)** 684,00 € |

- Der **Prozentsatz** gibt die Anzahl der Anteile von 100 an; er ist demnach ein Bruch mit dem Nenner 100, z. B. $19\,\% = \frac{19}{100} = 19$ Anteile von 100 (= Hundertsatz vom Gesamtwert).
- Der **Grundwert** entspricht **immer 100 %** (= Gesamtwert).
- Der **Prozentwert** ergibt sich durch den Bezug des Prozentsatzes auf den Grundwert: z. B. 19 % vom Grundwert. Er ist daher ein Teil bzw. ein Vielfaches vom Gesamtwert.

Der **vermehrte Grundwert** (g [me]) ist ein Wert, der **über** 100 % liegt. Liegt der vermehrte Grundwert vor und soll der Grundwert berechnet werden, lautet die Formel:

$$\text{Grundwert (g)} = \frac{\text{vermehrter Grundwert (g [me])} \cdot 100}{100 + \text{Prozentsatz (p)}}$$

Der **verminderte Grundwert** (g [mi]) ist immer **kleiner** als 100 %. Liegt der verminderte Grundwert vor und soll der Grundwert berechnet werden, lautet die Formel:

$$\text{Grundwert (g)} = \frac{\text{verminderter Grundwert (g [mi])} \cdot 100}{100 - \text{Prozentsatz (p)}}$$

Wir nutzen Kassensysteme als Instrumente zur Erfassung von Verkaufsdaten im Warenwirtschaftssystem

Heute in der Lebensmittelabteilung:

Anja Maibaum, die gerade Artikel ins Regal einräumt, wird von einem Kunden nach dem Preis einer Tasse gefragt. Am Regal fehlt das Regaletikett, die Tasse ist auch nicht einzeln mit einem Preis ausgezeichnet.

Kunde: „Enthält nicht diese Strichcodenummer den Preis?"

Anja Maibaum: „Nein, das nicht! Diese sogenannte GTIN-Nummer (früher EAN-Nummer) kann uns aber dennoch helfen, den Preis herauszubekommen."

1. Stellen Sie dar, wie Anja Maibaum mithilfe der EAN-Nummer an den Preis herankommen kann.

INFORMATIONEN

Artikelgenaue Auszeichnung und Erfassung der Ware

Eine wesentliche Voraussetzung für die Nutzung eines EDV-gestützten Warenwirtschaftssystems ist die Vergabe von Artikelnummern für jeden im Sortiment enthaltenen Artikel. Damit wird das Ziel verfolgt, die Verkäufe vollständig und artikelgenau zu jenem Zeitpunkt zu erfassen, zu dem sie getätigt werden, nämlich bei Bezahlung der Ware an der Kasse.

Bei herkömmlichen Warenwirtschaftssystemen gibt es in der Regel noch keine artikelgenaue Verkaufsdatenerfassung an der Kasse, weil hierzu oft die technischen Möglichkeiten der Datenverarbeitung fehlen. Ein Überblick über die Verkäufe einzelner Artikel kann nur dann gewonnen werden, wenn die vorhandenen Lagerbestände, z.B. im Rahmen einer Inventur, körperlich gezählt wurden und das Ergebnis von der jeweils eingekauften Menge abgezogen wurde. Es ist offenkundig, dass dieser Methode aus Zeit- und Kostengründen enge Grenzen gesetzt sind: So kann u.a. infolge des erforderlichen Aufwands nicht beliebig häufig gezählt werden. Es stehen also z.B. nur vierteljährliche Verkaufszahlen für einen bestimmten Artikel zur Verfügung. Das ist aber für viele Sortimentsbereiche ungenügend. Erkennt der Einzelhändler Laden-

hüter erst nach längerer Zeit, entstehen ihm unnötige Kosten, beobachtet er nicht den Ausverkauf einer stark nachgefragten Ware, entgeht ihm Gewinn.

Herkömmliche Warenwirtschaftssysteme sind also nicht genau genug: Werden die Wareneingänge zwar artikelgenau erfasst, die Verkäufe jedoch nur nach Warengruppen, so können zwangsläufig nur warengruppengenaue Auswertungen und Informationen gewonnen werden.

Das Grundkonzept EDV-gestützter Warenwirtschaftssysteme besteht dagegen darin, auch den Warenausgang artikelgenau zu erfassen.

Die Verkaufsdaten für bestimmte Artikel stehen damit sofort als Grundlage für sortimentspolitische Entscheidungen zur Verfügung. Ermöglicht wird die artikelgenaue Erfassung der Verkäufe durch bestimmte technische Verfahren, die später noch näher beschrieben werden.

Welche Vorteile eine artikelgenaue Erfassung des Umsatzes im Rahmen eines EDV-gestützten Warenwirtschaftssystems mit sich bringt, soll im folgenden Beispiel dargestellt werden:

Ein herkömmliches Warenwirtschaftssystem zeigt den Umsatz einer Warengruppe in einem bestimmten Monat:

Umsatz April	90.000,00 €
Umsatz April Vorjahr	96.000,00 €

Die Warengruppe hat also – im Vergleich zum Vorjahr – einen Umsatzrückgang um 6.000,00 € zu verzeichnen. Diese Aussage zeigt zwar ein eindeutig negatives Ergebnis, gibt aber keinerlei Hinweise, wo der Hebel für künftige Verbesserungen anzusetzen ist. Dafür wird ein EDV-gestütztes Warenwirtschaftssystem benötigt, das uns die Umsätze der Artikel der Warengruppe einzeln auflistet:

Warengruppe Spirituosen	Umsatz April in €	Umsatz April Vorjahr in €
Artikel Eierlikör	10.000,00	11.000,00
Artikel Rum	7.000,00	7.000,00
Artikel Gin	14.000,00	13.000,00
Artikel Wodka	21.000,00	20.000,00
Artikel Cognac	6.000,00	14.000,00
Artikel Korn	12.000,00	11.000,00
Artikel Apfelkorn	20.000,00	20.000,00
gesamt	**90.000,00**	**96.000,00**

Deutlich wird, dass der Umsatzrückgang von 6.000,00 € für die Warengruppe hauptsächlich auf den

Artikel Cognac mit einem Minus von 8.000,00 € zurückzuführen ist. Der Einzelhändler würde nun nach den Ursachen (evtl. falsche Kalkulation/falsche Präsentation) forschen und dann entsprechende Maßnahmen einleiten. Je genauer die Aussagen über die Zusammensetzung des Gesamtumsatzes sind, desto vielfältiger sind die Möglichkeiten, im Unternehmen gezielte Änderungen und Verbesserungen vorzunehmen.

Hauseigene Artikelnummern

Grundsätzlich spielt es keine Rolle, ob die Artikelnummern – die die artikelgenaue Erfassung der Ware im EDV-gestützten Warenwirtschaftssystem erst ermöglichen – vom Hersteller der Ware oder aber von dem betreffenden Einzelhandelsunternehmen selbst vergeben werden.

Bei einer hauseigenen Vergabe der Artikelnummern kann jeder Betrieb versuchen, sein Artikelnummernsystem an den besonderen betrieblichen Belangen auszurichten. Sehr viele Handels- und Industrieunternehmen kamen allerdings zu der Erkenntnis, dass im Warenverkehr zwischen Handel und Industrie hauseigene Artikelnummern nutzlos und z. T. sogar störend sind. Die EDV-Anlagen der Firmen, die miteinander im Geschäftsverkehr stehen, können so lange nicht miteinander verkehren, wie jede Anlage unter ihren Artikelnummern etwas anderes versteht. Da auch nicht übersehen wurde, dass die internationale Verflechtung des Warenverkehrs schon weit fortgeschritten ist, entstand die Idee, ein europäisches Nummerierungssystem zur Standardisierung zu entwickeln.

Von der europäischen Artikelnummerierung zur GTIN

13 europäische Länder hatten sich ursprünglich mit den USA, Kanada und Japan zusammengeschlossen und mit der sogenannten „europäischen Artikelnummerierung" (EAN) ein einheitliches Kennzeichnungssystem geschaffen. Mittlerweile haben sich über 100 Länder diesem System angeschlossen. Die EAN wird nun GTIN (Global Trade Item Number) genannt. Jeder handelsüblichen Mengen- oder Verpackungseinheit wird beim Hersteller eine eigene Nummer zugeordnet, die den Artikel bis zum Endverbraucher begleitet. Sie ermöglicht auf allen Handelsstufen eine artikelbezogene Datenverarbeitung.

5530296

Die aus 13 Ziffern bestehende GTIN ist folgendermaßen aufgebaut:

Länder-kennzeichen	international location number					individuelle Artikelnummer des Herstellers					Prüf-ziffer
4	0	1	2	3	4	5	0	0	3	1	5	4
GS1 Germany	FRANZ SCHUSTER KG Travestraße 20 23570 Lübeck					Lübecker Edelmarzipan Geschenkpackung 100 g					99 % Sicher-heit

Die ersten beiden Stellen dieser GTIN (– 40 –) nehmen das **Länderkennzeichen** auf. In jedem Land, das sich der EAN-Organisation angeschlossen hat, gibt es eine Gesellschaft, der eines oder mehrere solcher Kennzeichen zugeteilt wurden. In Deutschland ist dies die GS1 Germany in Köln, eine vom Handel und der Konsumgüterindustrie gleichermaßen getragene Einrichtung. Sie verfügt über die Länderkennzeichen 40, 41, 42, 43.

Die nächsten fünf Ziffern (– 12345 –) stellen die „bundeseinheitliche **Betriebsnummer**" dar. Jeder Hersteller bzw. Lieferant erhält diese Betriebsnummer von der Centrale für Coorganisation zugewiesen. Diese identifiziert das Unternehmen eindeutig.

Die folgenden fünf Ziffern (– 00315 –) kennzeichnen die **interne Artikelnummer** des Herstellers. Für diese Artikelnummer kann der Hersteller seine eigene Artikelnummer benutzen, wenn sie nicht mehr als fünf Stellen lang ist. Normalerweise kann man davon ausgehen, dass die Kapazität (das Aufnahmevermögen) der fünfstelligen Nummer (von 00000 bis 99999 = 100000 Artikel) ausreicht, um alle Artikel eines Herstellers zu nummerieren. Führt ein Hersteller mehr als 100000 Artikel in seinem Sortiment, kann er eine weitere Betriebsnummer ausschließlich für die Zwecke der Artikelnummerierung bei der Centrale für Coorganisation beantragen.

Die letzte Ziffer der GTIN (– 4 –) stellt eine **Prüfziffer** dar. Bei der Erfassung eines Artikels mit EAN an der Kasse kann es zu Fehlern kommen, gleichgültig, ob die Eingabe über die Tastatur oder maschinell über einen Lesestift vorgenommen wird. Die Kasse bzw. der mit der Kasse verbundene Computer meldet sich, wenn sich die eingegebene GTIN und ihre Prüfziffer – z. B. wegen einer falsch eingelesenen Stelle – nicht über eine einprogrammierte Proberechnung miteinander verbinden lassen.

Die GTIN kennzeichnet jeden einzelnen Artikel im Sortiment des Handelsbetriebs genau und eindeutig durch die Kombination der Betriebsnummer des Herstellers mit einer vom Industriebetrieb selbst festzulegenden Artikelnummer. Die für Hersteller und Handel einheitliche Artikelnummer führt zu einer Erleichterung der Identifikation der Ware auf Preislisten, Belegen, im Regal und auf dem Artikel selbst sowohl beim Hersteller als auch im Groß- und Einzelhandel.

00 – 09	USA (und Kanada)
10 – 19	Reserve
20 – 29	interne Nummerierungen
30 – 37	Frankreich
40 – 43	Bundesrepublik Deutschland
49	Japan
50	Großbritannien
54	Belgien
57	Dänemark
64	Finnland
70	Norwegen
73	Schweden
76	Schweiz
80 – 81	Italien
84	Spanien
87	Niederlande
90 – 91	Österreich

Die Codierung der Artikelnummer

Eine Artikelnummer kann natürlich auch von Hand an der Kasse eingegeben werden. Dieses Vorgehen ist aber aus folgenden Gründen häufig unzweckmäßig: Wird die Anzahl der Kassen nämlich beibehalten, entstehen durch die zusätzliche Erfassung der Artikelnummern längere Wartezeiten, was die Kunden verärgert. Eine Erhöhung der Kassenzahl würde aber unmittelbar die Kosten im Unternehmen ansteigen lassen. Daher wurden automatische Kassensysteme entwickelt, mit denen an den Kassen schneller und billiger gearbeitet werden kann. Wenn die Ware an der Kasse vorgelegt wird, liest ein mit der Kasse verbundenes Lesegerät automatisch die Artikelnummer. Diese ist entweder bereits von der Industrie als

GTIN bei der Herstellung des Verpackungsmaterials oder aber als hauseigene Artikelnummer durch Aufkleben eines Etiketts an der Ware angebracht.

Damit die am Verkaufspunkt zu erfassenden Daten automatisch gelesen werden können, müssen sie in einer maschinenlesbaren, computergerechten Form vorliegen. Soll eine Artikelnummer also erfasst werden, muss sie so verschlüsselt sein, dass sie vom Lesegerät verstanden und gelesen werden kann. Dies geschieht durch bestimmte Codesysteme.

Der Strichcode

Strichcodes verschlüsseln die Artikelnummer als Strichmarkierungen unterschiedlicher Breite, die bei der Eingabe aufgrund von Helldunkelkontrasten optisch erkannt werden. Zwar können auch hauseigene Artikelnummern durch Strichmarkierungen maschinenlesbar gemacht werden, hauptsächlich findet der Strichcode jedoch Anwendung im Zusammenhang mit GTIN.

GTIN-Normalsymbol, 13-stellig

Der GTIN-Strichcode wird bereits vom Hersteller am Artikel angebracht. Er hat eine Größe von ca. 10 cm^2 in der Normalversion. In bestimmten Grenzen sind je nach Druck und Papierqualität Vergrößerungen und Verkleinerungen möglich. Der Strichcode soll möglichst in der linken unteren Ecke oder auf dem natürlichen Boden eines Artikels vom Hersteller bei der Packmittelherstellung angebracht werden. Die Strichmarkierungen können in den meisten der auf den Artikelverpackungen verwendeten Farben gedruckt werden. Von den Lesegeräten kann der Strichcode richtungsunabhängig gelesen werden. Da er nur maschinenlesbar ist, wird noch eine Klarschriftzeile am unteren Rand des Strichcodes angebracht.

Für einige besonders kleine Artikel ist die normale 13-stellige GTIN und die für deren Codierung benötigte Fläche von 10 cm^2 zu groß. In diesen zahlenmäßig begrenzten Fällen ist es möglich, den Strichcode in noch kleinerer Form (6 cm^2; bei allergünstigsten Druck- und Papierqualitäten 4 cm^2) zu drucken. Für dieses verkürzte Lesesymbol ist auch eine auf acht Stellen verkürzte GTIN erforderlich.

GTIN-Kurzsymbol, 8-stellig

Der OCR-Code

Der OCR-Code ist ein sowohl vom menschlichen Auge als auch von einem Datenerfassungsgerät lesbarer Code. Er besteht aus normierten Schriftzeichen für die maschinelle Erkennung. Bekannt geworden ist er durch die inzwischen nicht mehr existierenden Eurochequevordrucke, die z. B. die Kontonummer und andere Daten in OCR-Schrift enthielten.

Im Einzelhandel dient der OCR-Code hauptsächlich der Verschlüsselung hauseigener Artikelnummern. In selteneren Fällen wird jedoch auch die EAN, die normalerweise im Strichcode angegeben ist, damit maschinenlesbar gemacht. Im Gegensatz zum Strichcode kann die OCR-Schrift nur richtungsabhängig (von links nach rechts) gelesen werden.

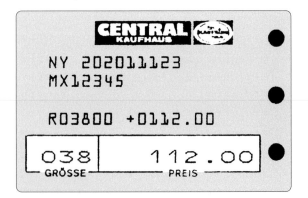

5530298

Die Anwendung des GTIN- bzw. OCR-Codes

Welches der beiden Codierungssysteme in einem Einzelhandelsunternehmen angewandt wird, hängt von den betrieblichen Gegebenheiten ab. Als wesentliche Vorteile der GTIN-Codierung sind folgende Punkte anzusehen:

- Schnelles und fehlerfreies Erfassen des Warenausgangs, da der Strichcode schneller gelesen werden kann als z. B. die OCR-Schrift.
- Die Auszeichnung der Artikel entfällt für den Handel in den meisten Fällen, da der Hersteller die GTIN-Nummer vergibt und sie am Produkt anbringt.

Die OCR-Schrift hat folgende Vorteile:

- Durch die Möglichkeit, Etiketten an die Ware anzuhängen, anzukleben, anzustecken usw., ist die Gefahr einer Verunstaltung der Verpackung geringer als beim GTIN-Code.
- Das Etikett im OCR-Code hat eine hohe Aussagekraft, da es auch vom Menschen gelesen werden kann. Es ist somit kundenfreundlicher als der GTIN-Code.
- Etiketten im OCR-Code können in Abhängigkeit vom Informationsbedarf weitere Daten enthalten, die ebenfalls automatisch gelesen werden können.

Die GTIN-Codierung hat sich bereits in der Lebensmittelbranche und in beträchtlichen Teilen des Hartwarensortiments durchgesetzt und bewährt. Im Lebensmittelbereich liegt der Auszeichnungsgrad mit GTIN durch die Industrie bei über 90 % aller Nahrungsmittel. Der modisch orientierte Textilhandel bedarf dagegen zur Kennzeichnung der vielfältigen Kombinationen von Größen, Materialien und Farben sehr oft mehr als fünf Stellen für die interne Artikelnummer des Herstellers. Deshalb sind in der Textilbranche sehr häufig der OCR-Code und eine hauseigene Artikelnummer vorzufinden.

Weil vor allem Warenhäuser auf eine Vereinheitlichung der Techniken bei der Auszeichnung und beim Kassieren drängen, wird sich wahrscheinlich der GTIN-Code langfristig auch im Textilbereich durchsetzen. Das Problem, dass hier extrem viele Artikelnummern benötigt werden, kann auf zwei Arten gelöst werden:

1. Im Bedarfsfall wird einem Hersteller mehr als eine Betriebsnummer zugewiesen.
2. Die GTIN benennt nur den Artikel (z. B. Herrenhose, Jeansstoff, schwarz). Die Größe wird auf einem eigens erstellten Etikett im Strichcode verschlüsselt.

Das Preisabrufverfahren

Um im Rahmen des Warenwirtschaftssystems die Verkäufe vollständig und artikelgenau zu erfassen, wird jeweils die Artikelnummer der gekauften Ware mithilfe von Lesegeräten in die Kasse eingelesen. Eine Angabe des Preises auf dem einzelnen Produkt erübrigt sich dann, wenn das sogenannte Preisabrufverfahren (Price-Look-up-Verfahren [PLU]) Verwendung findet:

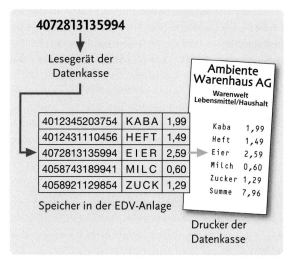

Das Preisabrufverfahren

Die an der Kasse erfasste GTIN sagt noch nichts über den Preis der Ware aus. Deshalb werden der GTIN aus dem Speicher des angeschlossenen Computers in Bruchteilen von Sekunden der dazugehörende Preis und die Artikelbezeichnung zugeordnet und an die Kasse zurückgegeben.

	Ambiente Warenhaus AG
	Warenwelt Lebensmittel/Haushalt
Datum	11.09.20..
genaue Artikel-	EDEL.EXP.20X0,5 L 9,45
bezeichnung	PFAND 3,30
	HAFERFLOCKEN 500 G 0,89
	SCHOKO-PRALINE 200 G 1,99
	KINDERSCHUHE 9,75
	SALZ 500 G 3x 0,20 0,60
	FRISCHFLEISCH 6,43
* = Sonderangebot	BRÖTCHEN 10 STÜCK * 0,59
	WEIZENMEHL 1 KG 0,39
	FILME 2,95
gekaufte Menge	COLA DOSE 7x 0,19 1,33
· Einzelpreis	SEKT 0,75 L 2,99
	H-MILCH 1,5 % * 12x 0,49 5,88
	PIZZA 300 G 1,99
	TABAKWAREN 2,45
	WEICHSPÜLER 4 L * 2,19
Zahlungsmittel	SUMME 53,17
	BAR 20,00
	EC-KARTE 40,00
Uhrzeit des	RÜCKGELD 6,83
Einkaufs	
Kasse Nr.	0950 1 1 VIELEN DANK! 16:03

Ein „sprechender" Kassenbon

Beide Angaben werden im Klartext auf den „sprechenden Kassenbon" gedruckt.

Durch das Zuordnen des aktuell gültigen Preises zu einer bestimmten Artikelnummer kann die Einzelpreisauszeichnung völlig wegfallen. Es erfolgt nur noch **eine Auszeichnung am Regal** zur Kundeninformation. Die Preise können vom Datenspeicher aus jederzeit herauf- oder herabgesetzt werden. Die Veränderung des Preisschildes am Regal ist die einzig übrig gebliebene Tätigkeit. Die Vorteile des Preisabrufverfahrens sind dennoch:

- Im Gegensatz zur herkömmlichen Preisauszeichnung, wo jeder Artikel mit einem Verkaufspreis versehen wird, ist beim Preisabrufverfahren ein Umzeichnen der Ware bei Preisänderungen nicht mehr notwendig. Durch eine einmalige Änderung im EDV-System werden Personal- und Sachkosten eingespart.
- Durch die automatische Zuordnung des Artikelpreises braucht das Kassenpersonal keine Preise mehr zu lernen. Es werden weniger Fehler gemacht.
- Die automatische Erfassung der Artikelnummer führt zu einer schnelleren Kundenabfertigung.

Preisunsicherheit von Scannerkassen

Der Verbraucher ist darauf angewiesen, dass die im Computer gespeicherten Preise immer mit den am Regal ausgezeichneten Preisen übereinstimmen. Dies liegt auch im Interesse des Handels. Würden die Kunden eines Einzelhandelsunternehmens ein wachsendes Misstrauen gegenüber Scannerkassen entwickeln, ist mit Kundenverlust sowie mit Umsatz- und Gewinneinbußen zu rechnen. Daher muss ein Einzelhandelsunternehmen über innerbetriebliche Maßnahmen alles tun, um übereinstimmende Preise zu bekommen:

- Einrichtung von Kontrollkassen für die Kunden
- Der Kunde erhält das Produkt, bei dem der Fehler entdeckt wurde, kostenlos.
- Der Kunde bekommt eine Prämie für jeden falsch gespeicherten Preis, der ihm auffällt.
- Das Einzelhandelsunternehmen aktiviert die Preisänderung erst, wenn alle Filialen die Etikettenplatzierung gemeldet haben.
- An elektronischen Preisetiketten erfolgen die Änderungen per Datenfunk.
- Bestimmte Mitarbeiter werden ausdrücklich angewiesen, die Preisänderungen persönlich zu kontrollieren.

Verbraucherschutzorganisationen empfehlen den Kunden stichprobenmäßige Kontrollen der Preiszuverlässigkeit der Geschäfte. Bei Preisdiskrepanzen sollten sie offensive Meldungen an Unternehmen und Ämter vornehmen. Für Einzelhandelsunternehmen können sich bei falscher Preisauszeichnung und -speicherung rechtliche Folgen ergeben:

- Preisdiskrepanzen sind Verstöße gegen die Preisangabenverordnung (PAngV) und können mit Bußgeld geahndet werden.
- Kann dem Einzelhandelsunternehmen sogar Vorsatz nachgewiesen werden, liegt ein Verstoß gegen das UWG (Gesetz gegen den unlauteren Wettbewerb) mit entsprechend harten Strafen vor.
- Fand die Falschdeklaration im großen Umfang statt, so kann dies als Unzuverlässigkeitstatbestand bis zur Gewerbeuntersagung führen.

SINFOS

Exakte Artikelinformationen sind im Bestell- und Lieferverkehr eine absolut notwendige Forderung. Für Handel und Industrie ist mit der nationalen Artikeldatenbank SINFOS die Möglichkeit entwickelt worden, auf rationelle und preisgünstige Weise Artikelstammdaten für alle Interessenten bereitzustellen: Die Hersteller senden ihre Artikelinformationen mittels Datenträgern oder per Datenfernübertragung an die SINFOS-Artikelstammdatenbank, die von der GS1 Germany in Köln geführt wird. Die Handelsbetriebe rufen mit den gleichen Methoden die benötigten Artikelinformationen (z. B. für die Beschaffung) aus dem Datenpool ab. Es können u. a. gezielte Abfragen nach bestimmten Produktgruppen oder speziellen Artikeleigenschaften einzelner Produkte durchgeführt werden. Vor allem erübrigt sich jedoch ein Großteil der aufwendigen Datenerfassung im Rahmen des Preisabrufverfahrens. Anstatt seine Artikeldaten personalintensiv, zeitaufwendig und teuer einzurichten und zu pflegen, kauft das Einzelhandelsunternehmen relativ preisgünstig die vielfältigen Informationen über die Artikel, die es in seinem Sortiment führt.

Zunehmende Bedeutung gewinnt die SINFOS-Artikelstammdatenbank auch für die Logistik. Informationen über Versandeinheiten sorgen für eine effektive Auslastung der Lieferfahrzeuge bzw. eine optimale Steuerung von Hochregallägern.

Nachfolgend ein Ausschnitt aus dem Datenbestand über einen Artikel in der SINFOS-Artikelstammdatenbank:

GTIN der	
Verbrauchereinheit	40 05500 20920 1
Umsatzsteuer	7 (7 %)
CCG-Klassifikation	1245 (Instantgetränk)
Artikel-Langtext	Nesquik 400 g
Artikel-Kurztext	Nesquik 400 g
Kassenbontext	Nestle Nesquik
Hersteller	Nestle Erzeugnisse
GTIN der	
Verbrauchereinheit	40 05500 20920 1
Strichcode?	1 (ja)
Länge (Tiefe)	70 mm
Breite (Facing)	120 mm
Höhe	180 mm
Bruttogewicht	500 g
Ladungsträger	02 (Euro-Palette)
Fakturiereinheit	1 Stück
Listenpreis der	
Fakturiereinheit	2,65 €

GTIN der nächsthöheren	
Einheit (Transporteinheit)	40 05500 20921 8
Strichcode?	1 (ja)
Länge (Tiefe)	710 mm
Breite (Facing)	240 mm
Höhe	180 mm
Bruttogewicht	12 000 g
GTIN der nächst-	
niedrigeren Einheit	40 05500 20920 1
Anzahl der nächst-	
niedrigeren Einheit	24
Ladungsträger	02 (Euro-Palette)
Anzahl Einheiten	
auf der Palette	20
Anzahl Lagen	
auf der Palette	4
Fakturiereinheit	1 Stück
Listenpreis der	
Fakturiereinheit	63,60 €
Anzahl der	
Verbrauchereinheiten	24
Paletten-Ladehöhe	720 mm ohne Holz

Die neue RFID-Technologie

RFID-Chips können mehr als Barcodes.

Die Artikelauszeichnung revolutionieren wird in den nächsten Jahren die RFID-Technologie. RFID heißt übersetzt „Radio Frequency Identification". Das ist eine neue Technik, wie Objekte berührungslos erkannt werden können. Im Mittelpunkt dieser Technologie steht ein kleiner Computerchip mit Mini-Antenne, der sogenannte RFID-Tag. Damit können beispielsweise Waren ausgestattet

werden. Sobald der RFID-Chip das Funksignal eines Lesegeräts an der Kasse empfängt, übermittelt er automatisch und drahtlos über Radiofrequenzen die gespeicherten Daten dorthin. Der RFID-Chip benötigt keine Batterie, da er seinen Strom allein aus den Funkwellen gewinnt, die die Lese- und Schreibgeräte aussenden.

Im Extra-Markt Rheinberg probt der Metro-Konzern unter dem Namen „Future Store" das Einkaufen der Zukunft. Auf Philadelphia-Frischkäse, Pantene-Shampoo und in der Verpackung von Gillette-Rasierklingen kleben funkende Etiketten. Die nur wenige Millimeter großen Chips mit dem komplizierten Namen RFID („Radio Frequency Identification") können wesentlich mehr als der heute gebräuchliche Strichcode. Hersteller und Händler aller Art versetzt das in helle Begeisterung – Datenschützer treibt es auf die Straße.

Seriennummern, aber auch weitere Daten wie die Mindesthaltbarkeit von Lebensmitteln lassen sich auf den RFID-Chips speichern – und per Funk aus der Ferne abfragen. Bis zu einem Meter weit funktioniert das: Sendet ein Lesegerät ein Funksignal aus, schickt der Chip per Antenne die in ihm gespeicherten Daten zurück. Dazu braucht der Chip nicht einmal eine eigene Batterie: Die Energie der empfangenen Funkstrahlen wird für die Antwortsendung benutzt. Dadurch sollen die RFID-Chips so klein und preiswert werden, dass man sie auf Preisschilder drucken, in Pullover einnähen oder sogar in Lackfarben mischen kann.

Nimmt etwa im Rheinberger Extra-Markt ein Kunde eine Packung Philadelphia, registriert dies der Abfragesender im intelligenten Regal. Droht eine Sorte auszugehen, schlägt das System im Lager Alarm – und das Regal wird aufgefüllt. Die Kasse soll künftig ohne Kassierer auskommen, weil ein Lesegerät beim Vorbeischieben des Einkaufswagens alle darin enthaltenen RFID-Chips ortet und die entsprechenden Warenpreise addiert.

So weit, so praktisch. Datenschützer allerdings drehen die RFID-Vision ins Erschreckende: Jedes gekaufte Produkt ließe sich über den Funkchip mit dem Käufer verknüpfen – auch außerhalb des Geschäfts. Wann immer ein Kunde mit der im Laden gekauften Winterjacke an einem Lesegerät vorbeiginge, könnte der Chip in der Jacke abgefragt werden – und anhand der Seriennummer wüsste ein Computersystem sofort: Die Jacke hat doch neulich der Herr Meyer in Rheinberg bezahlt. Zwar will die Metro AG mit einem „De-Activator" die Funketiketten gleich nach der Kasse löschen – doch noch gelingt das nicht restlos.

Stern, März 2004

Vorteile der RFID-Technologie

- Heute kennzeichnet der EAN-Code auch schon Waren. Jeder Artikel der gleichen Sorte hat aber dieselbe

Nummer. Deshalb kann zwar festgestellt werden, wie viel Stück von einem Artikel verkauft werden, nicht aber – und das ermöglicht gerade RFID – genau, um welchen Artikel (aus welcher Charge, Lieferung, Umverpackung usw.) es sich dabei handelt.

- Ohne separate Datenerfassungen lässt sich jederzeit feststellen, welche Waren sich wo befinden. Die Logistikkette im gesamten Einzelhandelsunternehmen ist damit absolut transparent. Mit RFID können Produktinformationen elektronisch hinterlegt werden, die abgelesen werden können.

Ohne Entladung der Palette werden alle Artikel in der RFID-Schleuse am Wareneingang erfasst.

- Regale mit eingebauten RFID-Lesesystemen würden sich melden, wenn das Haltbarkeitsdatum von Artikeln schon oder beinahe abgelaufen ist. Sie melden ebenfalls, wenn ein Kunde eine Ware an den falschen Platz zurückstellt. Allein dadurch könnten Handelsunternehmen große Summen einsparen, denn falsch eingeordnete Ware gilt als quasi verloren. Die Bestände stimmen nicht, es wird unnötig nachbestellt. Beim Auffüllen mit Ware passen die Regale auf, dass die Bestückungsvorgaben eingehalten werden.
- RFID-Chips können auch als elektronische Artikelsicherung (EAS) dienen. Ein nicht bezahlter Artikel mit RFID-Chip kann an den elektronischen Schleusen am Ausgang Alarm auslösen.
- Sollte trotzdem etwas gestohlen werden, ist die exakte Herkunft eines aufgefundenen Artikels durch seine weltweit eindeutige Seriennummer eindeutig nachweisbar.

Momentane Nachteile:
- Die RFID-Chips sind momentan noch recht teuer.
- Wenn die RFID-Chips an Artikeln nicht beim Verlassen des Geschäfts deaktiviert werden, können deren Daten mit personenbezogenen Daten verknüpft werden. Dadurch ergibt sich ein Datenschutzproblem.

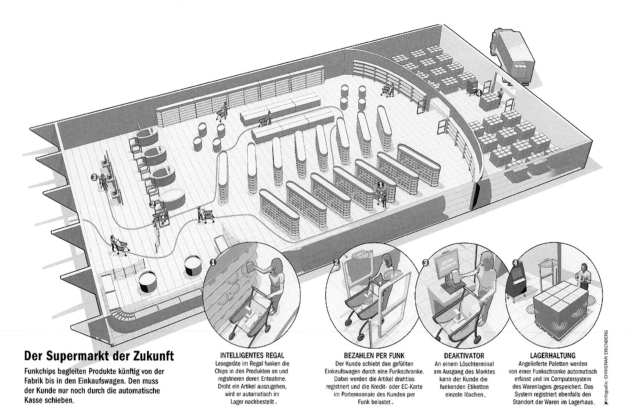

Der Supermarkt der Zukunft

Funkchips begleiten Produkte künftig von der Fabrik bis in den Einkaufswagen. Den muss der Kunde nur noch durch die automatische Kasse schieben.

INTELLIGENTES REGAL
Lesegeräte im Regal funken die Chips in den Produkten an und registrieren deren Entnahme. Droht ein Artikel auszugehen, wird er automatisch im Lager nachbestellt.

BEZAHLEN PER FUNK
Der Kunde schiebt den gefüllten Einkaufswagen durch eine Funkschranke. Dabei werden die Artikel drahtlos registriert und die Kredit- oder EC-Karte im Portemonnaie des Kunden per Funk belastet.

DEAKTIVATOR
An einem Löschterminal am Ausgang des Marktes kann der Kunde die funkenden Etiketten einzeln löschen.

LAGERHALTUNG
Angelieferte Paletten werden von einer Funkschranke automatisch erfasst und im Computersystem des Warenlagers gespeichert. Das System registriert ebenfalls den Standort der Waren im Lagerhaus.

AUFGABEN

1. Warum muss im Rahmen eines EDV-gestützten Warenwirtschaftssystems jeder Artikel des Sortiments mit einer Artikelnummer versehen werden?

2. Nennen Sie jeweils einen Vorteil und einen Nachteil der Vergabe hauseigener Artikelnummern.

3. Wie ist eine GTIN aufgebaut?

4. Wie viel verschiedene Artikel kann ein Hersteller mit GTIN versehen?

5. Warum müssen die Artikelnummern codiert werden?

6. Wodurch unterscheiden sich Strichcode und OCR-Code?

7. Warum enthält der GTIN-Code nicht den Preis einer Ware?

8. Was versteht man unter dem Preisabrufverfahren?

9. Beurteilen Sie die folgende Karikatur.

10. Karin Otte packt Ware in die Verkaufsregale. Die Artikel kommen aus unterschiedlichen Ländern, wie sie dem Länderkennzeichen des EAN-Codes entnehmen kann.
    Woher kommen die Produkte mit den folgenden Länderkennzeichen?
    a) 87
    b) 76
    c) 50
    d) 42
    e) 37

11. Bernd Schneider kauft in einem nahe gelegenen Supermarkt für einen Kindergeburtstag 10 Tüten Gummibärchen ein, die am Regal mit 1,59 € pro Stück ausgezeichnet sind. An der Datenkasse soll er laut Kassenbon 17,80 € bezahlen.
    a) Wie wird Bernd Schneider reagieren?

b) Wie hätte der Supermarkt den Vorfall verhindern können?

c) Welche rechtlichen Folgen könnten sich für den Supermarkt ergeben?

12. Die Vesper und Klein OHG (Nachbar der Ambiente Warenhaus AG in Hildesheim) will im Rahmen ihres EDV-gestützten Warenwirtschaftssystems das Preisabrufverfahren durchführen. Sie baut ihre Artikeldatei aus Beständen der nationalen Artikelstammdatenbank SINFOS auf.
    a) Was ist die nationale Artikelstammdatenbank SINFOS?
    b) Was ist dort gespeichert?
    c) Welche Vorteile bringt SINFOS einem Einzelhandelsunternehmen?

13. Die Auszubildende Seher Aydin legt die Struktur des „sprechenden Kassenbons" der Vesper und Klein OHG fest und kommt zu folgendem Ergebnis:

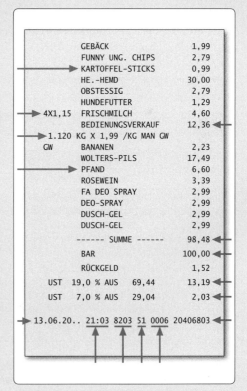

Geben Sie an, welche Informationen der „sprechende Kassenbon" enthält.

14. Ordnen Sie die Informationen des „sprechenden Kassenbons" den Datenarten zu.

15. Führen Sie Vorteile des „sprechenden Kassenbons" gegenüber herkömmlichen Kassenbons an.

a) für das Einzelhandelsunternehmen,
b) für die Kunden
von großer Bedeutung ist.

16. Begründen Sie, warum eine sorgfältige Datenerfassung der Artikeldaten beim Preisabrufverfahren (Price-Look-up-Verfahren)

17. Suchen Sie Maßnahmen, die falsche Preisauszeichnungen verhindern.

18. Was versteht man unter der RFID-Technologie?

AKTIONEN

1. Sie sollen ein zweiseitiges Referat über die europäische Artikelnummer halten.
   a) Zur Information nutzen Sie bitte die Internetadresse www.gs1-germany.de/barcode/ean-nummern.html und die Informationen dieses Kapitels.
   b) Erstellen Sie eine Gliederung und formulieren Sie das Referat.
   c) Überlegen Sie sich, ob Sie Möglichkeiten der Visualisierung nutzen wollen.
   d) Seien Sie darauf vorbereitet, Ihr Referat vorzutragen.

2. Erstellen Sie mithilfe des Programms MindManager® eine Mindmap zur nationalen Artikelstammdatenbank SINFOS.
   Informieren Sie sich auch unter der Internetadresse: www.sa2worldsync.com.

3. Suchen Sie im Internet die Preisangabenverordnung. Untersuchen Sie den möglichen Einwand von Kunden, dass die Regalauszeichnung von Waren als illegal anzusehen ist.

4. Bilden Sie in der Klasse mehrere Gruppen. Die Gruppen bereiten sich auf die Teilnahme an einer Pro-und-Kontra-Diskussion zur RFID-Technologie vor. Jede Gruppe entsendet einen Verteter, der mindestens zwei Argumente vorbringen soll. Ihr(e) Lehrer(in) moderiert die Pro-und-Kontra-Diskussion.

   • Die Hälfte der Gruppen repräsentiert Vertreter von Einzelhandelsunternehmen, die in der Einführung von RFID-Chips Vorteile sehen. Sie suchen ihre Argumente im Informationstext des Kapitels.

   • Die andere Hälfte der Gruppen setzt sich aus Datenschutzvertretern zusammen. Nachteile lassen sich besonders in dem folgenden Zeitungsartikel finden:

Beim Thema Funkchips sehen Bürgerrechtler rot
Kritiker fürchten Verletzungen der Privatsphäre der Kunden

Mit ihrer Hilfe sollen Einkaufen und Lagerverwaltung leichter werden: Die winzigen RFID-Chips passen überall hin. Doch weil nicht geregelt ist, wer ihre Informationen lesen darf, laufen Datenschützer gegen die Technik Sturm.

Trotz aller Begeisterung und Hoffnungen, die mit den Funketiketten verbunden sind – RFID stößt auch auf große Kritik. Vor allem Bürgerrechtsvereinen und Verbraucherschutzinstitutionen sind die RFID-Tags ein Dorn im Auge. Sie sehen insbesondere durch den breiten Einsatz auf Produkten die Privatsphäre der Bürger verletzt.

Zu den wohl heftigsten Kritikern zählt der Bielefelder Verein FoeBuD. Zusammen mit anderen internationalen Organisationen hat er vor einiger Zeit ein umfassendes Positionspapier verfasst, um RFID in die Grenzen zu weisen. Gefordert wird dort unter anderem die Schaffung einer neutralen Instanz, die die gesellschaftlichen Folgen von RFID untersuchen soll.

Außerdem sollen die Firmen exakt angeben, zu welchen Zwecken sie die Daten erheben und wie die Informationen verarbeitet werden. Zudem müsse Kunden erlaubt werden, nach RFID-Tags zu suchen und diese unbrauchbar zu machen. Völlig aussichtslos ist wohl der Appell an die Firmen, den Einsatz von RFID freiwillig nach hinten zu schieben. Dazu sind die wirtschaftlichen Interessen an der Technologie einfach zu stark.

Dennoch verhallt die Kritik nicht ungehört. So hat sich der Metro-Konzern vor kurzem dazu entschlossen, die im Testmarkt „Future Store" eingesetzten Kundenkarten mit RFID-Chips aus dem Verkehr zu ziehen. Zwar hatten die Funkchips hier lediglich den auf den normalen Pay-back-Karten befindlichen Barcode ersetzt und waren zudem offiziellen Angaben zufolge nur im „Future Store" nutzbar.

Dennoch hatten die RFID-Gegner heftige Kritik an dem Einsatz der Karten geübt. Die Vorwürfe: Könne der Besitzer der gängigen Pay-back-Karte die Datenerfassung selbst bestimmen – etwa durch die Herausgabe der Karte –, werde er bei RFID automatisch und ohne Wissen erfasst. Zudem könnte über an den Eingängen im „Future Store" installierte Antennen genau festgestellt werden, welcher Kunde wann den Laden betritt und wieder verlässt.

Metro sieht sich zu Unrecht beschuldigt. Die Antennen würden nur dem Diebstahlschutz dienen, heißt es dort. Zudem habe man sich schriftlich zum Datenschutz verpflichtet. Dennoch gab der Handelsriese

am Ende klein bei und tauschte die RFID-Karten in normale Pay-back-Karten um.

Die Industrie hat die Diskussion um die RFID-Technologie längst als Marktlücke entdeckt. So hat die Sicherheitsfirma RSA Security Laboratories eine Methode entwickelt, mit der die ungewollte Übermittlung der Daten verhindert werden kann. Der Trick: Der RFID-Blocker irritiert die Empfänger, indem er sie mit Daten überflutet.

Quelle: Handelsblatt, Nr. 055, 18. März 2004

ZUSAMMENFASSUNG

EDV-gestütztes Warenwirtschaftssystem

Die Genauigkeit eines Warenwirtschaftssystems hängt ab von der Erfassung der Waren beim Verkauf.

Das automatische Lesen der Artikelnummer unterstützt das Preisabrufverfahren: Der Artikelnummer wird aus dem Speicher der dazugehörige Preis zugeordnet.

EDV-gestützte Warenwirtschaftssysteme ermöglichen artikelbezogene Auswertungen durch artikelgenaue Erfassung der Umsätze.

notwendige Voraussetzungen:

Vergabe von Artikelnummern

hauseigene Artikelnummer	**GTIN**
• nach betrieblichen Belangen • vom Handelsunternehmen selbst vergeben	vom Hersteller am Artikel angebracht

Artikelnummern müssen durch Codes maschinenlesbar gemacht werden.

Strichcode	**OCR-Code**
Strichmarkierungen	normierte Schriftzeichen

Waren präsentieren

Lernsituation

Weihnachten ist noch lange nicht in Sicht. Aber schon jetzt beginnen in den Abteilungen die Planungen für das nächste Weihnachtsgeschäft.

Im Untergeschoss verfügt das Warenhaus über eine rechteckige, 900 m² große Fläche für Sonderaktionen jeder Art. Jährlich werden dort zur Weihnachtszeit Weihnachtsartikel angeboten.

Die Ausbildungsleiterin, Daniela Rosendahl, möchte, dass die Auszubildenden möglichst viele Erfahrungen im Bereich der Warenpräsentation gewinnen. In Abstimmung mit der Geschäftsleitung werden die Auszubildenden beauftragt, die Gestaltung der Weihnachtsabteilung in eigener Regie unter dem Motto „Der Ambiente-Warenhaus-AG-Weihnachtsmarkt" selbstständig durchzuführen. Neben der Verkaufsfläche stehen für die Abteilung fünf Schaufenster zur Verfügung.

Die Auszubildenden werden in Gruppen eingeteilt und sollen ihr Konzept der Warenpräsentation der Geschäftsleitung vorstellen. Mit einer Prämie belohnt wird das Konzept, das die meisten Regeln der Warenpräsentation beachtet.

Versetzen Sie sich nun in die Rolle der Auszubildenden der Ambiente Warenhaus AG.

1. Einigen Sie sich darauf, welche Artikel typischerweise in einer Abteilung für Weihnachtsbedarf angeboten werden sollen.

2. Je eines der fünf Schaufenster soll als

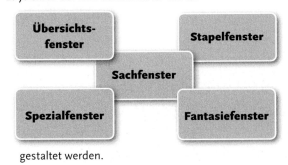

gestaltet werden.

Fertigen Sie jeweils einen Entwurf für die Dekoration an. Bereiten Sie sich auch darauf vor, den anderen Gruppen anhand des Entwurfs die jeweiligen Merkmale der Schaufensterart zu erläutern.

3. Fertigen Sie für die Präsentation auf einer Wandzeitung eine Skizze an, die über die Ladengestaltung informiert.
   Dargestellt werden sollen:
   a) Warenträger, für die Weihnachtsartikel verwendet werden: Gehen Sie im Rahmen der Präsentation auch darauf ein, welche Vorteile die ausgewählten Warenträger haben,
   b) Bereiche des Verkaufsraumes, in die der Weihnachtsmarkt eingeteilt wird,
   c) wie die Warenträger im Verkaufsraum verteilt werden,
   d) inwieweit man einen Individualablauf zulässt (Begründung),
   e) welche Maßnahmen der Kundenführung man anwendet.

4. Visualisieren Sie mit einem Mittel Ihrer Wahl auch,
   a) welche Platzierungsart im Verkaufsraum angewandt wird,
   b) wie viel Prozent der Verkaufsfläche die von Ihnen ausgewählten Warengruppen bekommen,
   c) wie Sie Artikel Ihrer Wahl in unterschiedlichen Bereichen eines Regals unterbringen.

5. Stellen Sie der Geschäftsleitung zusätzlich eine Liste mit 25 Maßnahmen zur Schaffung eines positiven Einkaufsklimas in der Weihnachtsabteilung vor.

6. Führen Sie ein Brainstorming durch, inwieweit Innovationen im Bereich der Warenpräsentationen in der Weihnachtsabteilung angewandt werden können.

Mitte November:

Neuhausen ist eine Stadt mit 40 000 Einwohnern, 50 km von Schönstadt entfernt. Bisher gab es hier nur das kleine Warenhaus Müller, das neben verschiedenen Fachgeschäften die Neuhausener mit allem Lebensnotwendigen versorgte. Das Unternehmerehepaar Müller will sich zur Ruhe setzen, da es kinderlos ist, ergibt sich aber ein Nachfolgeproblem. Auf diese Situation wurde die Ambiente Warenhaus AG aufmerksam. Sie machte ein Kaufangebot und man wurde sich schnell handelseinig. Das bisherige Verkaufspersonal wird übernommen, die neue Filialleitung kommt aus Schönstadt.

In der heutigen ersten Leitungssitzung nach der Übernahme kommt es jedoch zu einigen Differenzen:

Barbara Mielke, Verkaufsleiterin:

„Wir sollten das gesamte Geschäft so lassen, wie es ist. Dann können wir das Weihnachtsgeschäft voll ausschöpfen."

Bernd Höweling, Marketing:

„Davon halte ich überhaupt nichts!

Die Zentrale in Schönstadt hat sämtliche Elemente, Ausstattungen und Farben unserer Warenhäuser bundesweit genau festgelegt, weil größter Wert auf eine kundenfreundliche Warenpräsentation gelegt wird.

Also – von daher ist Ihr Vorschlag, Frau Mielke, doch relativ kurzfristig gedacht. Um auch langfristig gute Umsätze zu machen, sollten wir die jetzt doch ziemlich antiquiert wirkenden Geschäftsräume nach neuesten Erkenntnissen – festgehalten in den Vorgaben aus der Zentrale – einrichten.

Wir müssen darauf achten, dass die Kunden möglichst leicht ins Geschäft kommen, dort lange bleiben und viel erleben. Dazu müssen die Waren optimal präsentiert werden."

Reinhild Dannenberg, Filialleiterin:

„Na gut! Was gehört alles zu einer gründlichen Neueinrichtung dazu?"

1. Klären Sie, worum sich die Filialleitung bei der Neueinrichtung der Geschäftsräume kümmern muss.
2. Führen Sie verschiedene Bereiche der Verkaufsraumgestaltung auf.

INFORMATIONEN

Die äußere und innere Gestaltung des Verkaufsraumes zählt zu den bedeutendsten Möglichkeiten der Einzelhandelsunternehmen, das Verhalten der Kunden in ihrem Sinn zu beeinflussen. So zeigen Branchenstudien seit Jahren, dass ein Großteil der Kaufentscheidungen – in Abhängigkeit von der Handelsbranche bis zu 50 % – im Laden getroffen wird. Damit ist der Einkauf stark von im Verkaufsraum vermittelten Kaufimpulsen geprägt.

Handelsunternehmen stehen gegenwärtig vor der großen Aufgabe,
- sich immer rascher wechselnden Trends,
- steigendem Konkurrenzdruck,
- zunehmend instabilen Wertvorstellungen und
- differenzierteren Erwartungen der individualisierten Kunden anzupassen und

- die Produktivität der Verkaufsflächen der Unternehmensstrategie gemäß zu steuern.

Die Verkaufsraumgestaltung stellt in Kombination mit der gelungenen Abstimmung der Sortimente für den stationären Handel eines der wichtigsten Abgrenzungs- und Unterscheidungsmerkmale gegenüber den Mitbewerbern dar.

Eine systematisch durchgeführte Verkaufsraumgestaltung hat fünf Aufgaben:
- Steigerung der wirtschaftlichen Effizienz:
  - Sicherung bzw. Erhöhung der Rentabilität und des Geschäftserfolgs
- Werbung:
  - Schaffen von Aufmerksamkeit

- Umrahmung des eigene Angebots
- Anlocken von Kunden
- Ansprechen menschlich-sozialer Bedürfnisse:
  - Schaffung von Kauflust, Einkaufserleichterungen und Annehmlichkeiten
- Unterstützung der Logistik:
  - reibungslose logistische Abwicklung des Verkaufs

- Raumordnung, unterstützt durch ein Warenwirtschaftssystem
- Wohlfühl- und Erlebnisfaktor:
  - Beeinflussung des Wohlbefindens der Konsumenten durch architektonische Maßnahmen

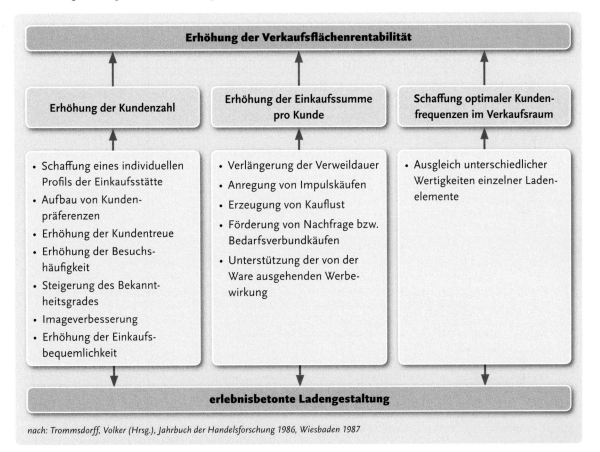

nach: Trommsdorff, Volker (Hrsg.), Jahrbuch der Handelsforschung 1986, Wiesbaden 1987

Bei der **Verkaufsraumgestaltung** geht es um das innere und äußere Erscheinungsbild der Verkaufsräume eines Einzelhandelsunternehmens, das auf den Kunden möglichst verkaufsfördernd wirken soll. Bei der eigentlichen **Warenpräsentation** – die zu der Verkaufsraumgestaltung gehört – geht es mehr darum, wie die Ware in den Verkaufsräumen dargeboten wird. Sowohl mit der Warenpräsentation als auch mit der Ladengestaltung kann ein Einzelhandelsunternehmen den Verkauf seiner Artikel aktiv fördern: Ein gezieltes und bewusstes Vorgehen in diesen Bereichen beeinflusst die Durchführung von Verkaufsgesprächen im Bedienungs- und Vorwahlsystem positiv durch Schaffung einer angenehmen Einkaufsatmosphäre. Im Selbstbedienungssystem (z. T. auch im Vorwahlsystem) soll eine optimale Warenpräsentation dafür sorgen, dass der Kunde den Kontakt zur Ware selbst aufnehmen und sich selbst informieren kann. In allen Verkaufsformen kommt die Ware erst dann richtig zur Wirkung, wenn sie in der richtigen Umgebung angeboten wird.

Im Bereich der inneren und äußeren Verkaufsraumgestaltung steht eine sehr große Zahl von Instrumenten zur Verfügung, die letztlich alle den Absatz der Waren fördern sollen. Werden diese Instrumente gezielt kombiniert und angewendet, so spricht man vom **Instore-Marketing.** Nach Ansicht aller Experten wird dem Instore-Marketing mit seinen verschiedenen Maßnahmen eine stark zunehmende Bedeutung für den zukünftigen Unternehmenserfolg beigemessen.

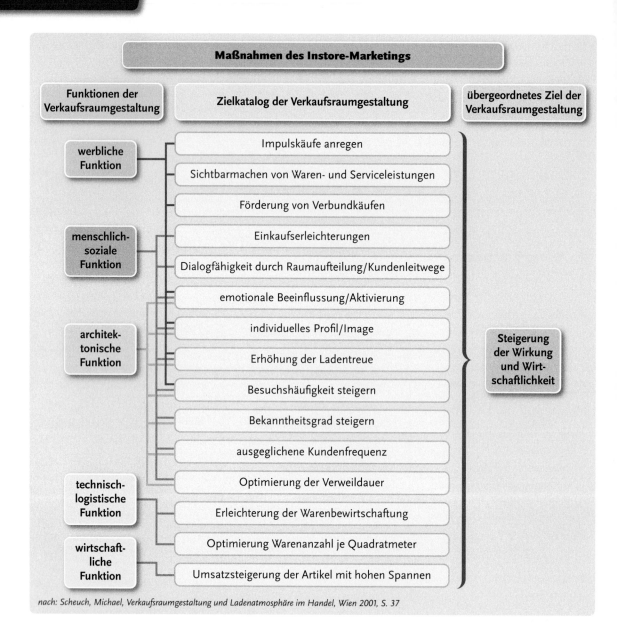

Maßnahmen des Instore-Marketings

Funktionen der Verkaufsraumgestaltung	Zielkatalog der Verkaufsraumgestaltung	übergeordnetes Ziel der Verkaufsraumgestaltung

- werbliche Funktion
  - Impulskäufe anregen
  - Sichtbarmachen von Waren- und Serviceleistungen
  - Förderung von Verbundkäufen
- menschlich-soziale Funktion
  - Einkaufserleichterungen
  - Dialogfähigkeit durch Raumaufteilung/Kundenleitwege
  - emotionale Beeinflussung/Aktivierung
- architektonische Funktion
  - individuelles Profil/Image
  - Erhöhung der Ladentreue
  - Besuchshäufigkeit steigern
  - Bekanntheitsgrad steigern
  - ausgeglichene Kundenfrequenz
  - Optimierung der Verweildauer
- technisch-logistische Funktion
  - Erleichterung der Warenbewirtschaftung
- wirtschaftliche Funktion
  - Optimierung Warenanzahl je Quadratmeter
  - Umsatzsteigerung der Artikel mit hohen Spannen

Steigerung der Wirkung und Wirtschaftlichkeit

nach: Scheuch, Michael, Verkaufsraumgestaltung und Ladenatmosphäre im Handel, Wien 2001, S. 37

Zum Instore-Marketing im weiteren Sinn gehören die folgenden Bereiche:

- **Die Gestaltung des Ladenumfeldes**

  Das Design des Gebäudes, die Schaufenster und der Eingangsbereich stellen den ersten Kontakt eines Einzelhandelsunternehmens mit dem Kunden her. Eine den Kunden ansprechende Gestaltung wird ihn in die eigentlichen Verkaufsräume führen.

- **Die Ladengestaltung**

  Der zur Verfügung stehende Raum muss nach verschiedenen Funktionen aufgeteilt werden. Entschieden werden muss auch, wie die Kunden durch das Geschäft geführt werden.

- **Die Raumzuteilung**

  Zur optimalen Verkaufswirksamkeit muss einerseits geklärt werden, wo bestimmte Warengruppen bzw. Artikel innerhalb des Verkaufsraumes angeordnet werden sollen. Andererseits geht es darum, wie viel Verkaufsfläche den Warengruppen bzw. Artikeln zugeordnet wird.

- **Die atmosphärische Ladengestaltung**

  Die Instrumente der atmosphärische Ladengestaltung sollen im Geschäft für eine positive Wirkung auf das Kaufverhalten der Kunden sorgen.

Möchte man im Einzelhandel Verkaufsräume gestalten, sind grundsätzlich zwei Strategien denkbar:

- Betonung des **Versorgungsaspekts:**
  - Verkauf des Lebensnotwendigen
  - Waren des täglichen Bedarfs

- Hervorhebung der **Erlebnisorientierung**
  - Einkaufen bedeutet Unterhaltung
  - Spannende Warenpräsentation
  - Atmosphäre

Versorgungsorientierte Verkaufsraumgestaltung

Erlebnisorientierte Verkaufsraumgestaltung

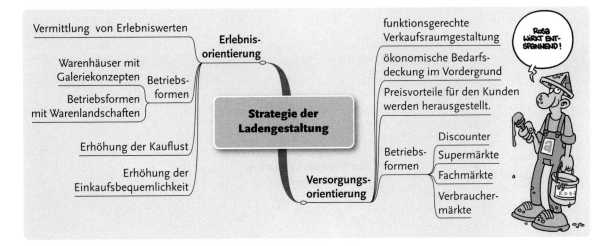

Der Trend bei der inneren und äußeren Verkaufsraumgestaltung geht zum **Visual Merchandising.**

Visual Merchandising bedeutet, die Ware dem Kunden an der Fassade, im Schaufenster und vor allem in den Verkaufsräumen so zu präsentieren, dass sie Atmosphäre und Erlebnischarakter erhält.

Dem Kunden werden scheinbar entfernte Träume quasi erfüllbar vor Augen gezaubert. Er wird dadurch zum Kauf animiert. Visual Merchandising ergänzt deshalb das Beratungs- und Verkaufsgespräch und ist in einer Zeit der „satten" Konsumenten zum unverzichtbaren Mittel für den Geschäftserfolg im Handel geworden.

Allgemeine Grundsätze der Warenpräsentation

- Die Artikel des Einzelhandelsunternehmens müssen im richtigen Umfeld so präsentiert werden, dass die Ware effektiv angeboten werden kann und eine für den Kunden angenehme Einkaufsatmosphäre entsteht. Dazu können auf unterschiedliche Weise die Gestaltungselemente Licht, Farbe, Material und Form verwendet werden.

- Der Verkaufsraum wird so gestaltet, dass der Kundenstrom gelenkt und verlangsamt wird. Bezweckt wird durch das Einzelhandelsunternehmen damit eine längere Verweildauer der Kunden im Geschäft, was zu vermehrten Kontakten mit den angebotenen Artikeln – und damit wahrscheinlich zu mehr Verkäufen – führt.

- Die Ware muss dort präsentiert werden, wo sie möglichst verkaufsaktiv ist. Jeder Artikel wird bewusst und durchdacht mit einer bestimmten Absicht an seinem Standort platziert.

- Der Warenaufbau sollte schön, lebendig, informativ und übersichtlich sein. Auch sollte für Abwechslung gesorgt sein.

- Präsentationshilfen wie Displays oder Warenpräsenter unterstützen die Präsentation in vielen Fällen wirkungsvoll.

- Durch unterstützende Maßnahmen wie beispielsweise zielgruppengerechte Musik oder effektiver Einsatz der Lichttechnik kann die Aufmerksamkeit der Kunden auf bestimmte Waren gelenkt werden.

- Einzelhandelsunternehmen, die sich überwiegend an anspruchsvolle Kunden wenden, die den Erlebniskauf bevorzugen, sollten Waren auch in Warenlandschaften präsentieren. Um diesen Kunden Unterhaltung und Erlebnisse zu bieten, werden verschiedene Artikel in Form einer „Geschichte" zusammengefasst. Durch eine solche Inszenierung sollen die Kunden interessiert und fasziniert werden.

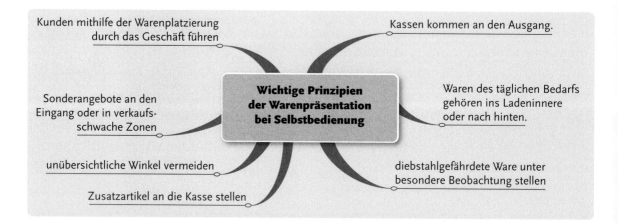

Kunden mithilfe der Warenplatzierung durch das Geschäft führen

Kassen kommen an den Ausgang.

Sonderangebote an den Eingang oder in verkaufsschwache Zonen

Wichtige Prinzipien der Warenpräsentation bei Selbstbedienung

Waren des täglichen Bedarfs gehören ins Ladeninnere oder nach hinten.

unübersichtliche Winkel vermeiden

diebstahlgefährdete Ware unter besondere Beobachtung stellen

Zusatzartikel an die Kasse stellen

AUFGABEN

1. Warum ist für Einzelhandelsunternehmen die innere und äußere Gestaltung des Verkaufsraumes wichtig?

2. Welche Aufgaben hat die Verkaufsraumgestaltung?

3. Nennen Sie die vier Bereiche des Instore-Marketings.

4. Welche zwei Strategien der Verkaufsraumgestaltung findet man im Einzelhandel?

5. In welchen Betriebsformen wird bei der Verkaufsraumgestaltung das Prinzip der Versorgungsorientierung betont?

6. Welche Ziele verfolgt man, wenn die Verkaufsraumgestaltung erlebnisorientiert erfolgt?

7. Was versteht man unter dem Begriff „Visual Merchandising"?

8. Führen Sie allgemeine Grundsätze der Warenpräsentation auf.

1. Anja Maibaum liest gerade in einer Fachzeitschrift.

Im Reich der Sinne

Zu den Verkaufsfaktoren Preis, Leistung und Beratung gesellt sich die Präsentation der Ware. Der Kunde von heute will unterhalten werden – der Handel reagiert mit neuen Ladenbau-Konzepten.

Michael Lobscheid

Die Einzelhandelsbranche hat seit 1993 7 % ihres Umsatzes oder ca. 25 Milliarden € eingebüßt. Eine durchgreifende Verbesserung ist auch für dieses Jahr nicht zu erwarten. Verwundert es da, dass sich die verunsicherten Händler mit der Umgestaltung ihrer Geschäfte zurückhalten, Investitionen hinausschieben?

Eigentlich ist der Zusammenhang bekannt: Umsätze und Umsatzzuwächse stehen in direkter Abhängigkeit zu einem zeitgemäß ansprechenden Geschäft. Denn: Die gewünschte Ware findet der Kunde heute, wenn auch nicht in jedem, denn doch in einer Vielzahl von Geschäften. Der zeit- und zielgruppengerechten Gestaltung des Geschäfts kommt deshalb eine besondere Bedeutung zu – gerade in wirtschaftlich schlechten Zeiten.

Für immer mehr Kunden wird das Warenhaus, das Fachgeschäft oder die Boutique zum öffentlichen Unterhaltungsort, der Erwerb der Ware ist zunächst Nebensache. Der Trendforscher Dr. Norbert Bolz von der Universität Essen formuliert das so: „Die Menschen wollen verführt werden. Gerade weil wir in einer entzauberten Welt leben, erwarten wir uns Verzauberung beim Shopping."

Nur beim Erwerb des Lebensnotwendigen und von Waren des täglichen Bedarfs wird eine triste und langweilige Warenpräsentation toleriert: Die Kaufentscheidung hängt ohnehin nur vom Preis ab. Konsumenten qualitativ hochwertiger Produkte sind aber bereit, wesentlich mehr Zeit und manchmal mehr Geld aufzuwenden, wenn das Einkaufen zum Erlebnis wird.

Visuelle Eindrücke sind entscheidend für Erfolg oder Misserfolg im Einzelhandel. Das gilt für die Präsentation der Ware wie für das gesamte Geschäft. Ob der Verbraucher überhaupt Kontakt mit der Ware aufnimmt, entscheidet vielfach bereits der erste Eindruck aus der Entfernung.

Was bedeutet das nun konkret für den Ladenbau? Auf den Nenner gebracht: Angesagt ist Kulissenbau statt Ladenbau. Atmosphäre und die Stimmungen werden über Milieurequisiten und Warenpräsentation erzeugt.

Ein konsequentes, ganzheitliches Gestaltungskonzept umfasst alle Komponenten der Ladengestaltung, von Boden, Wand, Decke, Mittel- und Wandmöblierung, Dekoration, Beleuchtung bis hin zu Klima, Geräuschen, Musik und Düften. Eindeutige, für alle geltende Trends hinsichtlich Form, Farbe oder Material gibt es nicht. Alles geht, vieles ist erlaubt. Wer durch Schwerpunktsetzung und Umschichtung seiner Warengruppen mit den Flächen „aasen" kann wie die großen Warenhäuser, hat die Möglichkeit, eigene Cybercafés oder Internettheken zu schaffen. Schwieriger vom Flächen- und Investitionsaufwand haben es da schon die kleineren Häuser.

Einer, der konsequent Flächenausweitung zugunsten der Warenvorführung verwirklicht hat, ist das Mannheimer Unternehmen Engelkorn. Das größte Bekleidungshaus im Rhein-Neckar-Raum setzt seit Jahren der schwachen Einzelhandelskonjunktur ein Bündel von eigenen Initiativen und Maßnahmen entgegen. Das Haus hat so ein unverwechselbares Profil gewonnen.

Die Mannheimer können die Wirksamkeit ihrer Maßnahmen nicht nur aus den eigenen Umsätzen ablesen. Sie bestätigt auch eine Studie der Kölner BBE Unternehmensberatung. Danach können jene Betriebe, die nicht nur ihre Verkaufsräume umgestalten, sondern gleichzeitig auch die Verkaufsfläche erweitern, die höchsten Umsatzzuwächse erzielen.

leicht abgeändert nach: BAG Handelsmagazin 5–6/98

a) Erstellen Sie eine Mindmap mit den wichtigsten Aussagen des Textes.

b) Welche Bedeutung hat die Warenpräsentation auf die Verkäufe im Einzelhandel?

2. Führen Sie eine Erkundung durch.

a) Suchen Sie in verschiedenen Einzelhandelsunternehmen Beispiele dafür, wo versucht wird, Waren
   • erlebnisorientiert anzubieten bzw.
   • Atmosphäre und Stimmungen zu erzeugen.
   Halten Sie die Instrumente fest, mit denen die Handelsunternehmen dies anstreben.

b) Präsentieren Sie die Ergebnisse Ihren Mitschülern.

ZUSAMMENFASSUNG

Systematische Verkaufsraumgestaltung

- wichtigstes Unterscheidungs- und Abgrenzungsmerkmal gegenüber Mitbewerbern
- Erzielung einer möglichst großen Verkaufswirksamkeit des inneren und äußeren Erscheinungsbildes der Verkaufsräume

Gestaltung des Ladenumfeldes	Ladengestaltung	Raumzuteilung	atmosphärische Ladengestaltung
• Gebäude • Eingangbereich • Schaufenster	• Aufteilung des Verkaufsraumes nach unterschiedlichen Aufgaben • Art der Kundenführung	• Anordnung von Warengruppen/Artikeln im Verkaufsraum • Anteil der Warengruppen/Artikel an der Verkaufsfläche	• Musik • Beleuchtung • Düfte

---

KAPITEL 2

Durch eine ansprechende Gestaltung des Ladenumfeldes holen wir Kunden ins Geschäft

In der Neuhausener Filiale der Ambiente Warenhaus AG hat man sich mittlerweile entschieden, systematisch die Geschäftsräume zu gestalten. Es wurde beschlossen, zunächst mit der Gestaltung des Ladenumfeldes zu beginnen, um das gerade anlaufende Weihnachtsgeschäft nicht zu stören. Für die Durchführung soll Maiga Lissow zuständig sein. Gleichzeitig wird ihr die Auszubildende Nadine Klein zugeordnet, die sie in diese Thematik einarbeiten soll.

Maiga Lissow bereitet gerade die Dekoration der Schaufenster für das Weihnachtsgeschäft vor. Dabei erzählt sie Nadine Klein, wie sie vorgehen möchte:

Maiga Lissow:

„... Ich werde die Schaufenster als Anlassfenster dekorieren. Feste wie Ostern – oder jetzt gerade Weihnachten –, aber auch andere Anlässe wie Urlaub, Schulanfang usw., liefern für solche Art Schaufenster die Ideen."

Nadine Klein:

„Warum stellt man nicht nur die Waren mit den Preisen aus und informiert sachlich über die Waren?"

Maiga Lissow:

„Solche Schaufenster – Sachfenster genannt – gibt es mit Recht auch bei uns. Weihnachten empfinden die meisten Kunden als sehr stimmungsvoll. Da wollen wir nicht nur über unser Sortiment informieren, sondern, wie es so schön heißt, ‚Erlebnisse kommunizieren', also das Lebensgefühl unserer Kunden ansprechen ..."

Stellen Sie fest,

1. wodurch sich Sachfenster und Anlassfenster unterscheiden,
2. welche Ziele die Ambiente Warenhaus AG damit verfolgt.

INFORMATIONEN

> „Fassaden haben Augen, leuchtende Augen, die die Passanten beobachten und anziehen, die eine Botschaft verkünden an alle, die in sie schauen."
>
> *aus: Kreft, Wilhelm, Ladenplanung, Leinfelden-Echterdingen 1993*

Das Gebäudedesign

Der erste Kontakt eines Kunden mit einem Händler ist in der Regel nicht das Innere eines Ladens, sondern dessen Äußeres, wenn er daran vorbeiläuft, -fährt oder sein Auto auf den Parkplatz lenkt. Diese Fläche an und um das Ladengebäude haben Einzelhändler in den letzten Jahren bereits vereinzelt als wichtige, (oft) kostenlose, nach eigenen Wünschen gestaltbare Werbefläche für das eigene Unternehmen erkannt.

Hierbei ist das Anbringen des eigenen Logos oder Firmenschriftzuges am Gebäude jedoch nur ein erster Schritt. Die Gestaltung des gesamten Gebäudes soll in dem Sinne erfolgen, einen möglichst hohen Wiedererkennungswert und Identifikationsgrad mit dem Händler zu erreichen. Ziel ist es hierbei, das Äußere des Gebäudes so zu gestalten, dass der Bezug zum Unternehmen auch ohne Anbringen des Unternehmensnamens bzw. eines entsprechenden Logos möglich ist. Es gilt hierbei, einen eigenen Stil zu entwickeln, der auch Ausdruck für die Unternehmensphilosophie ist und der somit den Wert bzw. die Inhalte der Unternehmensmarke transportieren kann.

BEISPIELE

- Zur Unterstützung der eigenen Unternehmensphilosophie hält Aldi die eigenen Verkaufsstätten in der Gestaltung fast identisch und dabei sehr schlicht.
- Die Warenhäuser der Galeria Kaufhof haben einen hohen Wiedererkennungswert.

Gebäude werden zu Markenzeichen.

Zur Fassade zählt die gesamte Außenfront eines Einzelhandelsunternehmens. Sie soll als Blickfang Aufmerksamkeit erzielen: Durch das Äußere des Einzelhandelsgeschäfts sollen mögliche Kunden auf das Innere neugierig gemacht und zum Eintreten in die Verkaufsräume bewegt werden. Die Gestaltung der Ladenfront entscheidet mit darüber, ob das Unternehmen bei den Konsumenten vorteilhaft oder negativ in Erscheinung tritt. Das äußere Erscheinungsbild des Geschäfts vermittelt den Passanten den ersten Eindruck, der im negativen Fall oft nur noch schwer zu korrigieren ist. Ist die Ladenfront positiv gestaltet, kann sie sogar dafür sorgen, dass das Geschäft zum ersten Mal betreten wird.

Die Fassadengestaltung – Visitenkarte eines Einzelhandelsunternehmens

Die Gestaltung der Ladenfront eines Unternehmens ist auf vielfältige Weise möglich. Sie ist abhängig von den Zielgruppen, der Betriebsform des Unternehmens sowie der Mitbewerbersituation.

- Bei der Fassadengestaltung ist in jedem Fall zu beachten, dass der Eindruck, der dem potenziellen Käufer von außen vermittelt wird, mit dem Inneren des Geschäfts übereinstimmen muss. Schrift-

zug und Firmenlogo des Unternehmens sollten gut sichtbar sein und sich von denen der Nachbargeschäfte bzw. der Konkurrenz deutlich abheben. Die Schaufenster sind der Außenfassade anzupassen.

- Durch die Wahl von Farbe, Schriftart und -größe usw. kann die Ladenfront so gestaltet werden, dass die Kunden das Geschäft als jugendlich-modern oder dezent einstufen: Ein teurer Juwelierladen wird eine andere Fassadengestaltung wählen als eine Modeboutique, die hypermoderne Textilien verkauft.

- Ladengeschäfte einer Unternehmensgruppe lassen sich durch die Einheitlichkeit der Ladenfront kenntlich machen. Durch ein solches einheitliches Design ergibt sich ein hoher Wiedererkennungswert für die Kunden.

Zur Gestaltung der Fassade gehört auch noch die Gestaltung des **Firmenschriftzuges.** Dies ist die grafisch gestaltete Form des Namens eines Unternehmens, mit dem man sich von benachbarten oder konkurrierenden Unternehmen abheben möchte. Der Firmenschriftzug wird häufig an der Fassade angebracht. Je auffälliger dies geschieht, desto höher ist die Werbewirkung. Ist der Name des Unternehmens (also die Firma) zu lang, verwenden die Einzelhandelsunternehmen oft ein Firmenlogo.

Ambiente

DEFINITION

Das **Firmenlogo** bildet die Basis für das visuelle Erscheinungsbild (Corporate Design) eines Einzelhandelsunternehmens und ist ein optisches Zeichen, das als Identifikationsmerkmal für das gesamte Unternehmen steht.

Ein Firmenlogo kann aus einem Bild, einem Wort, einem oder mehreren Buchstaben oder auch aus einer Kombination dieser Elemente bestehen. Es soll prägnant, eigenständig und für die Kunden wiedererkennbar sein.

Die Umgebung des Geschäfts

Auch die angrenzenden Flächen rund um das Geschäft können selbstverständlich für die Ziele des Unternehmens – z. B. für den Aufbau von Sympathie – genutzt werden.

freundlich
hell
Beleuchtung

offen
automatisch
angemessen breit im Vergleich zur Verkaufsfläche
Eingangstüren

Weitere Maßnahmen im Eingangsbereich

anlockende Waren beim Übergang zum Verkaufsraum
Sonderangebote
Mitnahmeartikel

Der Eingangsbereich

Der Eingangsbereich ist entscheidend für die Wirkung auf den Verbraucher: Er soll den Kunden quasi in den Laden „hineinziehen". Hier entscheidet sich, ob er eintritt oder nicht. Der Eingang muss einladend wirken und darf keine Schwellenängste aufbauen.

Manchmal soll bei der Gestaltung des Eingangsbereichs das genaue Gegenteil erzielt werden: Bei Edelmarken bzw. edlen Geschäften soll Schwellenangst erzeugt werden, denn nicht jeder soll das Geschäft betreten.

Da hier ein erster Eindruck vom Geschäft vermittelt wird, ist auf Übersichtlichkeit und Sauberkeit in diesem Bereich stark Wert zu legen.

Bei der Gestaltung des Eingangsbereichs ist zu beachten:
● Der Eingangsbereich sollte so gestaltet werden, dass er mit den Schaufenstern eine Einheit bildet.
● Er sollte breit und bequem sein.
● Die beste Lage für den Eingang ist in Laufrichtung des Kunden. Diese Laufrichtung sollte bereits vor der Tür aufgenommen werden, sodass der Kunde unbewusst in den Laden gelenkt wird.
● Der Übergang vom Fußgängerweg vor dem Laden in die Verkaufsräume sollte fließend sein, sodass es einen direkten Zutritt in das Geschäft gibt.
● Die Beleuchtung im Eingangsbereich sollte heller als auf der Straße sein, da mögliche Kunden durch dunkle Zonen unbewusst abgeschreckt werden.

Der Eingangsbereich lädt zum Betreten des Geschäfts ein.

Die Schaufenster

Schaufenster repräsentieren die Waren, die der Kunde in den Verkaufsräumen vorfinden kann. Die dort werbewirksam ausgestellten Artikel sollen den möglichen Käufer auf die zu verkaufenden Waren im Inneren des Geschäfts aufmerksam machen und sein Kaufinteresse wecken. Eine interessante Schaufenstergestaltung soll mögliche Kunden zunächst zum Stehenbleiben und dann zum Betrachten der ausgestellten Waren veranlassen; schließlich sollen sie das Geschäft betreten.

Das Schaufenster ist als aktives Marketinginstrument 24 Stunden am Tag präsent. Die optische Darstellung von Geschäft und Sortiment, die Schaffung visueller Anreize und eines Ambientes, in dem der Kunde sich wohlfühlt, gehören zu den Elementen, die als verkaufsfördernde Maßnahmen zu zunehmender Attraktivität verhelfen.

soll Besitzwünsche wecken

gibt Übersicht über das Angebot des Geschäfts

Aufgaben des Schaufensters

soll Passanten stoppen und zum Betrachten einladen

dient Kunden zur Orientierung, ob er im Geschäft das Gewünschte finden kann

fördert Kaufentschlüsse

verstärkt andere Werbemaßnahmen

Es gibt verschiedene Schaufensterarten:

- Mit einem **Übersichtsfenster** wird beispielhaft das Warenangebot eines Einzelhandelsunternehmens vorgestellt. Der Kunde soll dadurch erfahren, welche unterschiedlichen Waren er im Geschäft kaufen kann.

Das Übersichtsfenster präsentiert das Warenangebot.

- **Stapelfenster** zeigen eine Fülle von Waren. Durch die Anordnung der gezeigten Artikel in Stapeln, Blöcken oder Reihen soll ein preisgünstiges Massenangebot zum Ausdruck kommen. Besonders bei Saisonverkäufen ist diese Schaufensterart üblich. Auch Einzelhandelsunternehmen, die Niedrigpreissortimente führen, bevorzugen Stapelfenster.

Im Stapelfenster ist die Ware in Stapeln oder Reihen angeordnet.

- Ein **Sachfenster** stellt die Artikel mit sachlichen Argumenten vor. Es weist auf den Gebrauchswert und Ver-

wendungszweck hin und informiert über Qualitäts- und Preisvorteile.

Das Sachfenster stellt die Ware mit sachlichen Argumenten dar.

- Entscheidendes Merkmal eines **Fantasiefensters** ist eine künstlerische Idee, die das Vorstellungsvermögen des Kunden anregt. Dabei haben sich die ausgestellten Waren dem Grundgedanken unterzuordnen. Die manchmal auch Ideen- oder Stimmungsfenster genannten Schaufenster stellen oft den emotionalen Zusatznutzen der ausgestellten Ware in den Vordergrund.

Dem Fantasiefenster liegt eine künstlerische Idee zugrunde.

- Ein **Anlassfenster** berücksichtigt besondere Termine in der Gestaltung. Das kann beispielsweise ein Weihnachtsfenster sein oder der Beginn der neuen Frühjahrsmode in einem Textilgeschäft.

Ein besonderer Anlass – die Weihnachtsdekoration

- In einem **Spezialfenster** stellt das Einzelhandelsunternehmen meist nur eine Ware aus.

Dadurch soll der besondere Wert des Artikels hervorgehoben werden. Die gesamte Umgebung in dem Schaufenster wird diesem einen repräsentativen Produkt zugeordnet, um dessen Güte zu betonen.

Im Spezialfenster wird eine einzige Ware ausgestellt.

Einige Kriterien, die bei der Schaufenstergestaltung beachtet werden sollten:

- Die Artikel aus dem Schaufenster muss der Kunde im Laden sofort wiederentdecken.
- Das Schaufenster muss so gestaltet sein, dass es dem Geschmack der umworbenen Zielgruppen entspricht. Durch Dekoration, Text oder Blickfang sollten beson-

ders die Artikeleigenschaften betont werden, die für die Zielgruppen wichtig sind.
- Die gestalterische Leistung muss durch ein professionelles Verkaufsgespräch ergänzt werden.
- In einem Schaufenster sollte nur so viel gezeigt werden, wie ein Passant in etwa 12 Sekunden aufnehmen kann. Ein Zuviel verwirrt den möglichen Kunden.
- Die Waren sollten in übersichtlicher Form gezeigt werden. Wichtig dabei ist, dass Waren, die zusammengehören, auch zusammengestellt werden, und solche, die weniger zusammenpassen, auch in der Auslage getrennt werden.

- Kein Ausstellungsstück darf die Sicht auf ein anderes verstellen.
- Die Warenauslage muss für den Vorbeikommenden interessant sein. Gestalten Sie das Dekorationsbild so, dass es das Interesse des Betrachters anspricht. Die ganze Auslage muss dieser Forderung unterstellt werden. Der Passant bleibt erfahrungsgemäß nur dann vor der Auslage stehen, wenn sie ihm irgendwie auffällt, also etwas Besonderes bietet. Die Aufmerksamkeit kann verschiedenartig hervorgerufen werden, z. B. durch:
  - starke Farbkontraste,
  - Bewegung,
  - Beleuchtungseffekte,
  - eine gute Plakatgestaltung
  - die Originalität der Auslage,
  - Bänder und weiteres Dekor.
- Die Schaufenstergestaltung sollte von außen – also aus dem Blickwinkel der Kunden – kontrolliert werden. Der gute Eindruck, den Schaufenster machen, ist entscheidend dafür, ob der Kunde das Geschäft betritt oder nicht.
- Die Auslage sollte nach etwa 3 bis 4 Wochen gewechselt werden, denn sonst wird das Bild für den Passanten langweilig. Es ist besser, die Dekoration häufig zu ändern, als mit einer überhäuften Auslage alles zeigen zu wollen.

AUFGABEN

1. Welche Bereiche zählen zur äußeren Ladengestaltung?

2. Welche Maßnahmen gehören zur Gestaltung der Ladenfront?

3. Welche Bedeutung hat die Gestaltung der Ladenfront für ein Einzelhandelsunternehmen?

4. Wodurch unterscheiden sich Firmenschriftzug und Firmenlogo?

5. Wie ist der Eingangsbereich eines Einzelhandelsunternehmens zu gestalten?

6. Was ist die Aufgabe eines Schaufensters?

7. Nach welchen Kriterien sollten Schaufenster gestaltet werden?

8. Welche Schaufensterart wird in Ihrem Ausbildungsbetrieb angewandt?

9. Welche Schaufensterart liegt vor?

a) Türme verschiedener Badehandtücher sind im Schaufenster ausgestellt.

b) Mehrere Schaufenster der Ambiente Warenhaus AG enthalten Reisetaschen, Bademode, Strandsportartikel sowie leichte und luftige Freizeitbekleidung. In der Dekoration sind Plakate der Fluglinien und der Bahn mit großen Fotos beliebter Urlaubziele unter dem Motto „Sommerferien" kombiniert.

10. Erläutern Sie

a) Übersichtsfenster,

b) Stapelfenster,

c) Sachfenster,

d) Fantasiefenster.

AKTIONEN

1. a) Skizzieren Sie die Fassade Ihres Ausbildungsbetriebs.

b) Stellen Sie den äußeren Bereich Ihres Ausbildungsbetriebs Ihren Mitschülern vor. Gehen Sie in Ihrem kurzen Vortrag auf die folgenden Fragen ein:
   • Welche Gestaltungselemente sollen die Aufmerksamkeit der Vorbeikommenden wecken?
   • Wie weit sind die Gestaltungselemente erkennbar?
   • Mit welchen Gestaltungselementen hebt man sich überwiegend von Konkurrenzunternehmen ab?

2. Erarbeiten Sie mit der „Kopfstandmethode" Regeln für eine gute Schaufenstergestaltung. Ausgangspunkt dieser Aktion ist also die Frage: Woran erkennt man ein schlechtes Schaufenster?

3. Sie führen eine Erkundung durch. Sie bearbeiten in Gruppen die folgenden Arbeitsaufträge:

a) Untersuchen Sie ein Schaufenster Ihrer Wahl mithilfe der folgenden Fragen:
   • Welche Schaufensterart liegt vor?
   • Sind vergleichsweise viele oder wenige Waren ausgestellt?

   • Wo ist die Ware angeordnet?
   • Gibt es einen Blickfang, etwas Überraschendes, was den Blick des Betrachters sofort anzieht?
   • Welche Farben, Formen, Materialien werden verwendet?
   • Welche Lichtquellen werden verwendet und wie sind sie eingesetzt?
   • Welche Wirkung wird durch die eingesetzten Lichtquellen erzeugt?
   • Wie nah müssen Sie vor dem Schaufenster stehen,
     – um darauf aufmerksam zu werden,
     – um es in Einzelheiten wahrnehmen zu können?
   • Wie beurteilen Sie die Sauberkeit des Schaufensters?
   • Warum sind Sie vor genau diesem Fenster stehen geblieben und haben sich entschieden, es zu beschreiben?

b) Fertigen Sie während der Erkundung eine Skizze des Schaufensters an, die Sie später zur Visualisierung Ihres Erkundungsberichts auf ein Wandplakat übertragen.

c) Bereiten Sie sich darauf vor, die Ergebnisse Ihrer Erkundung vorzutragen.

4. a) Stellen Sie auf einer Wandzeitung ein Schaufenster mit zeichnerischen/grafischen Mitteln dar. Das Schaufenster soll Waren des Sortiments Ihres Ausbildungsbetriebs enthalten. Bei der Wahl der Schaufensterart sind Sie frei.

b) Erläutern Sie anschließend Ihren Mitschülern,
   • um welche Schaufensterart es sich handeln soll,
   • an welchen Merkmalen man das erkennen kann,
   • welche Ziele diese Schaufensterart verfolgt.

c) Führen Sie bei der Betrachtung der Schaufensterentwürfe Ihrer Mitschüler auf, welche Gestaltungsmerkmale (Ihre) besondere Aufmerksamkeit wecken.

ZUSAMMENFASSUNG

Die Gestaltung des Ladenumfeldes

hat die Aufgaben:
• sich von benachbarten oder konkurrierenden Unternehmen abzugrenzen
• beim Kunden für Wiedererkennung zu sorgen
• die Kunden zu interessieren und neugierig zu machen
• beim Kunden Eintrittsbarrieren abzubauen
• über das Warenangebot zu informieren (Schaufenster!)
• die Unternehmensphilosophie deutlich zu machen

Gebäudedesign

• Anbringen des Firmenschriftzuges/-logos
• Fassadengestaltung

Eingangsbereich

• in der Regel Abbau von Schwellenängsten
• in Laufrichtung der Kunden
• fließender Übergang
• hell beleuchtet
• breiter und bequemer Zugang für die Kunden

Schaufenstergestaltung

• den Zielgruppen anpassen
• Waren übersichtlich und interessant zeigen
• durch verschiedene Mittel Aufmerksamkeit hervorrufen
• Dekoration öfter ändern

Schaufensterarten

• Übersichtsfenster
• Stapelfenster
• Sachfenster
• Anlassfenster
• Fantasiefenster
• Spezialfenster

Wir ermöglichen durch eine optimale Ladeneinrichtung eine absatzfördernde Präsentation der Waren

Nachdem das Ladenumfeld der Neuhausener Filiale der Ambiente Warenhaus AG neu gestaltet wurde, möchte man das nun auch mit den Verkaufsräumen tun. Die Filialleitung diskutiert gerade über die Einrichtung der 2. Etage. Momentan wird eine Skizze der Ladeneinrichtung dieses Stockwerks vorgestellt.

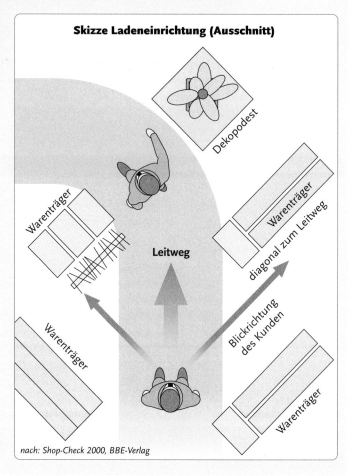

Skizze Ladeneinrichtung (Ausschnitt)

Dekopodest

Warenträger

Warenträger

diagonal zum Leitweg

Leitweg

Warenträger

Blickrichtung des Kunden

Warenträger

nach: Shop-Check 2000, BBE-Verlag

1. Welche Ziele werden mit Leitwegen und Faszinationspunkten, wie z. B. dem Dekorationspodest, verfolgt?

INFORMATIONEN

Die Gestaltung der Verkaufsräume

Die Ladeneinrichtung muss eine Doppelfunktion erfüllen:

- Die Verkaufsräume müssen so eingerichtet werden, dass alle „Warenbewegungen" (vom Einkauf bis zum Verkauf) effizient und ohne Störungen durchgeführt werden können.
- Die Verkaufsräume müssen aber ebenfalls so gestaltet werden, dass der Verkauf der Waren gefördert wird.

An eine Ladeneinrichtung werden bestimmte Anforderungen gestellt:

- Die Ladeneinrichtung muss so gestaltet sein, dass der Kunde das Warenangebot als positiv ansieht.

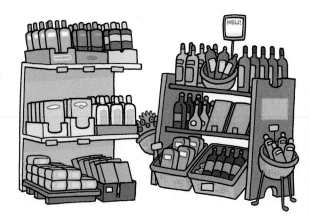

5530322

- Die Gestaltung der Verkaufsräume muss vom Niveau her mit dem Sortiment und den Kundenerwartungen übereinstimmen.

  BEISPIELE

  - Der Discounter Ladl hat in seinen Verkaufsräumen nüchterne Einrichtungsgegenstände. Seine Unternehmensphilosophie: Waren des täglichen Bedarfs zu extrem günstigen Preisen verkaufen. Würde er die Artikel in luxuriösen Warenträgern aus Edelholz lagern, könnten die Kunden den Eindruck bekommen, dass die Artikel nicht günstig, sondern wertvoll und teuer sind. Die Kunden schließen häufig vom Wert der Einrichtung auf den Wert der Artikel im Einzelhandelsunternehmen.

  - Einfachste Stahlregale aus normalem Blech nehmen beim „Schmuckgeschäft Meier" Ringe, Armbanduhren und anderen Schmuck auf. Hier vermissen die Kunden das bei Luxusgütern angemessene Umfeld.

- Das Material der Ladeneinrichtung muss zur Branche und dem entsprechenden Sortiment passen.

  BEISPIELE

  - Warenträger aus Glas werden in der Regel in Schmuckgeschäften, Parfümerien und Uhrengeschäften verwendet.

  - Metall ist oft das Material, aus dem die Einrichtung in Einzelhandelsunternehmen aus den Branchen Lebensmittel und Unterhaltungselektronik besteht.

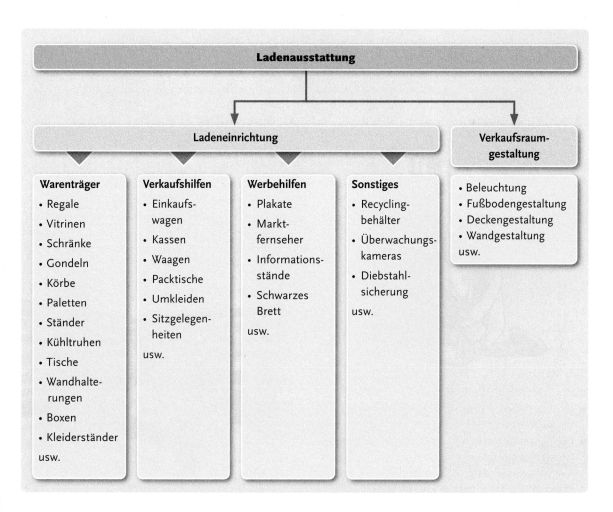

Ladenausstattung

Ladeneinrichtung

Warenträger
- Regale
- Vitrinen
- Schränke
- Gondeln
- Körbe
- Paletten
- Ständer
- Kühltruhen
- Tische
- Wandhalterungen
- Boxen
- Kleiderständer
usw.

Verkaufshilfen
- Einkaufswagen
- Kassen
- Waagen
- Packtische
- Umkleiden
- Sitzgelegenheiten
usw.

Werbehilfen
- Plakate
- Marktfernseher
- Informationsstände
- Schwarzes Brett
usw.

Sonstiges
- Recyclingbehälter
- Überwachungskameras
- Diebstahlsicherung
usw.

Verkaufsraumgestaltung
- Beleuchtung
- Fußbodengestaltung
- Deckengestaltung
- Wandgestaltung
usw.

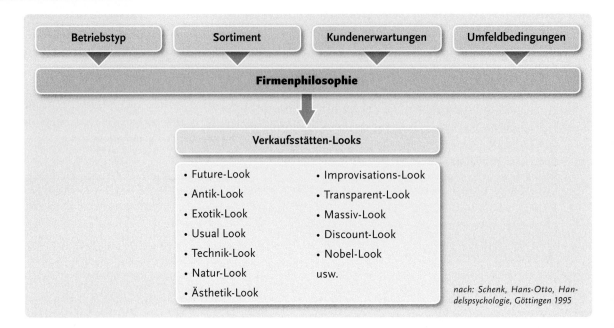

| Betriebstyp | Sortiment | Kundenerwartungen | Umfeldbedingungen |

Firmenphilosophie

Verkaufsstätten-Looks

- Future-Look
- Antik-Look
- Exotik-Look
- Usual Look
- Technik-Look
- Natur-Look
- Ästhetik-Look

- Improvisations-Look
- Transparent-Look
- Massiv-Look
- Discount-Look
- Nobel-Look
- usw.

nach: Schenk, Hans-Otto, Handelspsychologie, Göttingen 1995

Warenträger

Warenträger sind die Teile der Ladeneinrichtung, mit denen die Ware den Kunden angeboten wird. Warenträger dienen einerseits dazu, die Ware im Verkaufsraum aufzubewahren. Andererseits sollen sie dem Kunden die Artikel gut sichtbar und ansprechend präsentieren. Sie verfügen also über Ausstellungsflächen und ermöglichen dem Kunden den Kontakt zur Ware.

Warenträger haben zwei Aufgaben:
- die Lagerfunktion: Seit jeher sollen Warenträger Waren aufbewahren.
- die Präsentationsfunktion: Immer wichtiger wird heute, dass durch die Möglichkeiten der Warenträger die Kunden auf die Ware aufmerksam werden. Sie sind Präsentationshilfen, die den Umsatz fördern sollen.

Die Qualität eines Warenträgers wird heute nicht mehr nur an Menge und Umfang der unterzubringenden Artikel gemessen, sondern vorwiegend immer mehr an den Möglichkeiten, die Ware zu präsentieren.

Es gibt eine Vielzahl von Warenträgerarten. In Einzelhandelsunternehmen werden als Warenträger hauptsächlich verwendet:
- **Regale:** Ein Regal ist ein offener Warenträger, der es ermöglicht, viele Waren zu präsentieren. Der Kunde hat direkten Zugang zur Ware: Er kann sie sehen und anfassen, was eventuell seinen Kaufwunsch steigert. Als Nachteil besteht aus Sicht des Einzelhandelsunternehmens die Möglichkeit des Diebstahls bzw. der Beschädigung oder Verschmutzung von Artikeln.
- **Gondeln:** Dies sind frei im Verkaufsraum platzierte Einrichtungselemente. Sie sind mindestens auf zwei Seiten mit Warenträgern bestückt.

Warenträger sind Präsentationshilfen.

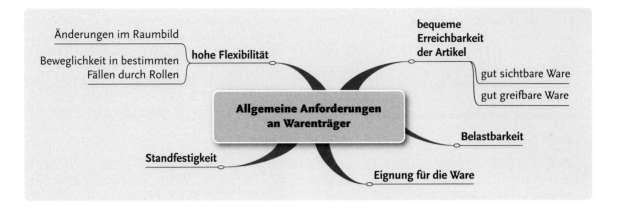

Änderungen im Raumbild

Beweglichkeit in bestimmten Fällen durch Rollen

hohe Flexibilität

bequeme Erreichbarkeit der Artikel

gut sichtbare Ware

gut greifbare Ware

Allgemeine Anforderungen an Warenträger

Belastbarkeit

Standfestigkeit

Eignung für die Ware

- **Vitrinen** sind abschließbare Warenträger. Sie werden hauptsächlich zum Schutz wertvoller Ware eingesetzt.

Vitrinen schützen wertvolle Waren.

- **Wühltische** werden häufig bei Aktionsverkäufen verwendet.

Für Aktionsverkäufe kommen Wühltische zum Einsatz.

- **Verkaufstheken,** hinter denen die Verkäufer Kunden erwarten, spielen eine große Rolle im Bedienungskauf.

Bei der Bedienung spielen Verkaufstheken eine große Rolle.

- **Lochrückenwände**

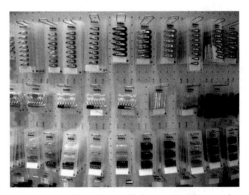

Präsentation kleinteiliger Artikel an Lochrückenwänden

Aufteilung der Räume

Verkaufsräume jedes Einzelhandelsunternehmens können in drei Bereiche aufgeteilt werden:
- Zum **Warenbereich** gehört jener Teil des Verkaufsraumes, in dem das Einzelhandelsunternehmen die

Waren auf Warenträgern (Regale, Verkaufsgondeln usw.) anbietet.

- Die Fläche, die den Kunden zur Ware führt, wird **Kundenbereich** genannt. Dazu zählen die Ein- und Ausgänge sowie die Verkehrswege.
- Umkleideräume, Zusatzräume, Kasseneinrichtungen usw. gehören zum **übrigen Verkaufsbereich.**

> **BEISPIELE**
>
> - Kommunikationsbereiche
> - Ruhezonen
> - Informationstheken
> - Bars
> - Cafés
> - Imbissbetriebe
> - Spielecken für Kinder
> - Ruhezonen mit Bänken

Favorisiert ein Einzelhandelsunternehmen die Erlebnisorientierung, dann kommt dem übrigen Verkaufsbereich als zentralem Kommunikationstreffpunkt eine große Rolle zu.

Raumanordnung

Bei der Raumanordnung geht es um die Verteilung der Regale (z. T. auch anderer Warenträger) im Verkaufsraum. Grundsätzlich sollen dabei so viele Kunden wie möglich durch so viele Teile des Warenbereichs wie möglich geleitet werden. Angestrebt wird einerseits eine möglichst hohe Kontakthäufigkeit mit allen Teilen des Sortiments. Andererseits sollen die Kunden möglichst raumausnutzend und flüssig – also ohne sich zu stören – durch die Verkaufsräume geleitet werden. Es gibt verschiedene Grundprinzipien der Regalanordnung:

- Beim **Individualablauf** kann der Kunde **verschiedene** Wege im Geschäft wählen und gehen. Die Kunden können ihre Wege im Verkaufsraum individuell gestalten.

> **BEISPIEL**
>
> Bei drei Kunden der Lebensmittelabteilung der Ambiente Warenhaus AG soll es heute Spaghetti bolognese geben:
>
> - Frau Kirchner steuert vom Eingang sofort die Fleischtheke an, weil sie zu Hause noch Nudeln und Parmesankäse hat.
> - Herr Richert geht erst zur Käsetheke, von dort zur Fleischtheke und dann zu den Nudeln.
> - Frau Weisig wählt erst Nudeln aus, kauft dann Parmesan und geht erst am Ende zur Fleischtheke.

- Der **Zwangsablauf** ist das genaue Gegenteil vom Individualablauf. Er ist dadurch gekennzeichnet, dass ein Einkaufsweg durch den Verkaufsraum vom Einzelhandelsunternehmen genau vorgeschrieben ist. Möchte der Kunde den Artikel einer bestimmten Warengruppe kaufen, muss er immer erst an Regalen mit anderen Warengruppen vorbei – unabhängig davon, ob er sich für sie interessiert: Andere Wege kann er nicht auswählen, er kann auch nicht abkürzen.

> **BEISPIEL**
>
> Beim Discounter Ladl gibt es einen Zwangsablauf. Würden Frau Kirchner, Herr Richert und Frau Weisig dort einkaufen, müssten alle drei den Weg gehen:
> 1. Frischeregal mit Milchprodukten (Käse)
> 2. Fleischregal (Mett)
> 3. Nudeln

- Neben diesen beiden Extremformen der Regalanordnung gibt es verschiedene Mischformen.

BEISPIELE

- Beim **Arenaprinzip** werden die Warenträger von der Mitte bis zum Ende der Verkaufsräume terrassenartig höher.
- In Fachgeschäften mit unterschiedlichen Waren wird häufig das **Sternprinzip** angewandt, wodurch eine Steuerung von der Mitte aus ermöglicht wird.
- Im **Kojenprinzip** gibt es viele Kontaktzonen zwischen Kunde und Ware.

Grundprinzipien der Regalanordnung

Zwangsablauf

Individualablauf

Kojenprinzip

Diagonalprinzip

Sternprinzip

Arenaprinzip

Kundenführung

Unter der Kundenführung versteht man die Art, wie man den Kunden (unabhängig von der Regalanordnung) durch den Verkaufsraum leitet. Ziel ist es – z. B. auch beim Individualablauf –, den Kunden in den abgelegensten Winkel des Raumes zu führen: Er soll einen möglichst großen Teil des Sortiments sehen können.

Die Kundenführung ist steuerbar durch:

- Licht
- Positionierung der Mittelraumelemente
- Laufwege/-zonen

BEISPIELE

- Soll ein Weg von den Kunden als Hauptlaufweg genommen werden, dann sollte man ihn so breit wie möglich anlegen.
- Hauptwege können auch farblich vom Rest der Verkaufsräume abgetrennt werden.
- Auch stärkere Lichtquellen an den Decken signalisieren den Verlauf von Hauptwegen.

- **Beschilderung:** Wichtige Abteilungen, Sortimente, Warengruppen usw. sollten deutlich per Schild definiert werden. Es ist dabei aber darauf zu achten, dass kein „Schilderwald" entsteht, damit bei den Kunden keine Verwirrung aufkommt.

- **Fascination-Points** können als Unterbrechungen oder Endpunkte innerhalb der Laufwege mit einer „Lockvogelfunktion" wirkungsvoll eingesetzt werden. Aber in erster Linie dienen sie zur Abwechslung. Sie sollen ins Blickfeld des Kunden gestellt werden und ihm als Dekorationspunkte überdurchschnittlicher Attraktivität interessante Besonderheiten im Warenangebot signalisieren. Fascination-Points sind beispielsweise Warenpräsentationen auf Podesten mit Puppen, Stilelemente (Wasserspiele) usw.

Die Regalanordnung ist entscheidend bei der Kundenführung.

Regelmäßiges Verändern dieser Fascination Points (alle 14 Tage) suggeriert dem Kunden ein ständig verändertes Angebot und Aktualität.

- Ab einer bestimmten Größe der Verkaufsräume können Einzelhandelsunternehmen nicht ohne **Wegwei-**

sersysteme auskommen. Diese möglichst auffallenden und lesefreundlichen Wegweiser sollten im Eingangsbereich, aber auch an Knotenpunkten im Geschäft angebracht sein.

BEISPIELE

- Weggabelungen
- Treppen
- Aufzüge
- Rolltreppen
- Toiletten
- Informationsstände

Das Wegweisersystem sollte das Sortiment des Einzelhandelsunternehmens in immer kleinere Teilbereiche unterteilen, sodass jeder Kunde an den von ihm gewünschten Ort im Verkaufsraum geführt wird. Dabei muss gewährleistet sein, dass der Kunde an jeder Stelle des Verkaufsraumes weiß, wo er sich selbst befindet und wie die Ein- und Ausgänge sowie eventuelle Informationsstände zu erreichen sind.

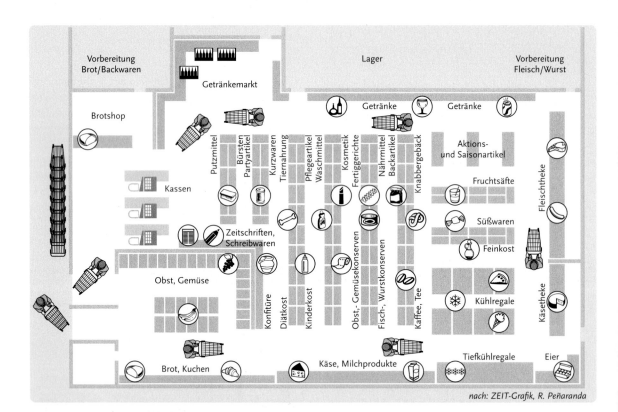

nach: ZEIT-Grafik, R. Peñaranda

AUFGABEN

1. Welche Funktionen erfüllt die Ladeneinrichtung?

2. Welche Anforderungen werden an die Ladeneinrichtung gestellt?

3. Nennen Sie jeweils zwei Beispiele für
   a) Warenträger,
   b) Verkaufshilfen,
   c) Werbehilfen.

4. Führen Sie Anforderungen an Warenträger auf.

5. In welche Bereiche können Verkaufsräume aufgeteilt werden?

6. Wodurch unterscheiden sich Individual- und Zwangsablauf?

7. Woran kann der Kunde Hauptlaufwege erkennen?

8. Welche Anforderungen müssen Wegweisersysteme erfüllen?

9. Was versteht man unter Kundenführung?

10. Was sind Fascination Points?

AKTIONEN

1. a) Recherchieren Sie im Internet. Suchen Sie unter den Stichwörtern:
    - Regal(e)
    - Vitrine(n)
    - Verkaufsgondel
    - Verkaufstheke
    - Geben Sie als Begriff eventuell auch spezielle Warenträger aus Ihrer Branche ein.

    b) Suchen Sie aussagekräftige und erklärende Texte und Abbildungen.

    c) Erstellen Sie mithilfe eines Textverarbeitungsprogramms eine kleine „Informationsbroschüre über Warenträger im Einzelhandel".

2. Führen Sie in Gruppen eine Erkundung durch und besuchen Sie drei Einzelhandelsgeschäfte.

    a) Skizzieren Sie dabei in Ihrem Heft grundrissmäßig die Ladengestaltung.

    b) Untersuchen Sie dabei
    - die Art der Warenträger: Klären Sie, welche Warenträger verwendet werden. Lässt sich ein Bezug zum Sortiment bzw. der Branche feststellen?
    - die Aufteilung der Verkaufsräume: Kennzeichnen Sie die verschiedenen Bereiche des Verkaufsraumes. Stellen Sie – geschätzt – fest, wie groß ihr Anteil an den Verkaufsräumen ist.
    - die Raumanordnung: Geklärt werden soll also, ob ein Zwangsablauf, ein Individualablauf oder eine Mischform vorliegt.
    - die Kundenführung: Welche Maßnahmen zur Kundenführung werden angewandt?

    c) Übertragen Sie die Skizze auf ein Wandplakat.

    d) Stellen Sie Ihrer Klasse die Untersuchungsergebnisse vor.

3. a) Fertigen Sie eine Skizze der Verkaufsfläche Ihres Ausbildungsbetriebs an.

    b) Führen Sie dort die in den Warenträgern enthaltenen Warengruppen auf.

    c) Erläutern Sie, welche Vorteile der jeweilige Warenträger bei der Präsentation von Waren der Warengruppe hat.

    d) Führen Sie Prinzipien der Warenpräsentation auf, die sich aus der Skizze ableiten lassen.

ZUSAMMENFASSUNG

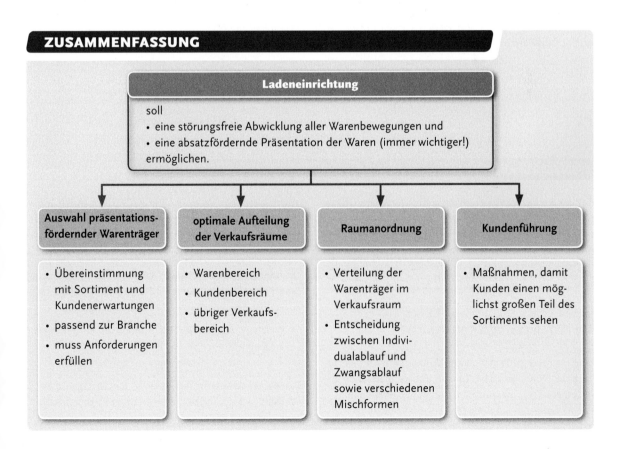

Ladeneinrichtung

soll
- eine störungsfreie Abwicklung aller Warenbewegungen und
- eine absatzfördernde Präsentation der Waren (immer wichtiger!)

ermöglichen.

Auswahl präsentationsfördernder Warenträger	optimale Aufteilung der Verkaufsräume	Raumanordnung	Kundenführung
• Übereinstimmung mit Sortiment und Kundenerwartungen • passend zur Branche • muss Anforderungen erfüllen	• Warenbereich • Kundenbereich • übriger Verkaufsbereich	• Verteilung der Warenträger im Verkaufsraum • Entscheidung zwischen Individualablauf und Zwangsablauf sowie verschiedenen Mischformen	• Maßnahmen, damit Kunden einen möglichst großen Teil des Sortiments sehen

Nachdem die Lebensmittelabteilung in Neuhausen neu eingerichtet wurde, haben die Auszubildenden Robin Labitzke und Britta Krombach den Auftrag bekommen, Ware in die Regale zu packen. Die Abteilungsleiterin Silke Zeggel kommt gerade hinzu, als sie mit der Arbeit beginnen.

Robin Labitzke:
„So, dann lass uns mal anfangen ...“

Britta Krombach:
„Ja, ich mache die Kartons auf und du packst die Ware in die Regale. Die Ware aus dem ersten Paket nach unten, aus dem zweiten und dritten in die Mitte, alles aus dem vierten Karton nach oben. Mit den nächsten Paketen verfahren wir genauso. Also diese Gummibärchentüten nach unten ...“

Silke Zeggel:
„Halt! Vorsicht! Man sollte Ware nicht zufällig in den Regalen platzieren. Schaut euch hier mal dieses typische Regal an. Man kann es in verschiedene Zonen einteilen, die unterschiedliche Verkaufswirksamkeiten haben ...“

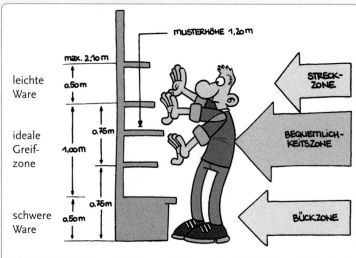

nach: Gretz, Friedrich, Läden richtig planen – Fehler vermeiden, 2000, Karl Krämer Verlag, S. 75

1. Machen Sie Vorschläge, welche Waren Ihres Ausbildungssortiments in welcher Regalzone platziert werden, und begründen Sie dies.

INFORMATIONEN

Bei der Raumzuteilung – Fachausdruck: **Space-Utilization** – geht es darum, nach welchen Regeln Waren einerseits im Verkaufsraum, andererseits in den Warenträgern verteilt werden. Untersucht wird aber auch, welchen Anteil eine Warengruppe an der Verkaufsfläche enthalten soll.

Die Anordnung von Warengruppen

Eine Hauptaufgabe der Space Utilization ist die Verteilung der Warengruppen auf die unterschiedlichen Bereiche des Verkaufsraumes. Angestrebt werden dabei
- eine optimale Nutzung der Verkaufsfläche und
- leichtes Auffinden der Ware durch den Kunden.

Durch Kundenlaufstudien kann das Einzelhandelsunternehmen verkaufsschwache oder verkaufsstarke Ladenbereiche genau identifizieren.

Kundenlaufstudien bringen Transparenz in das Einkaufsverhalten der Kunden. Sie beantworten die für Einzelhandelsunternehmen zentralen Fragen:

- Welchen Weg wählen die Kunden durch den Verkaufsraum?
- Wie beeinflusst dieser Weg ihr Kaufverhalten?

Verdeckte Beobachter erfassen die Bewegung und das Verhalten der Kunden auf einer elektronischen Karte des Unternehmens.

5530330

BEISPIELE

Geht der Kunde durch einen Gang, halten die verdeckten Beobachter über ein dort aufgestelltes Regal u. a. fest:

- „Am Regal wird vorbeigegangen." (Frequenz)
- „Kunde informiert sich am Regal." (In vielen Fällen wird auch festgehalten, wie lange er am Regal bleibt und welche Regalbereiche er betrachtet.)
- „Kunde kauft Ware."
- „Kunde geht in Richtung …"

Bei einer Auswertung aller Daten durch die EDV werden Kundenströme und Verweildauer der Kunden innerhalb der Verkaufsräume sichtbar. Erkennbar werden so

- tote Winkel und Ecken in den Geschäftsräumen,
- Laufhindernisse,
- Wege, die von Kunden kaum genommen werden,
- Wegstrecken, die die Kunden schnell bewältigen,
- Wege, auf denen die Kunden sich langsam bewegen.

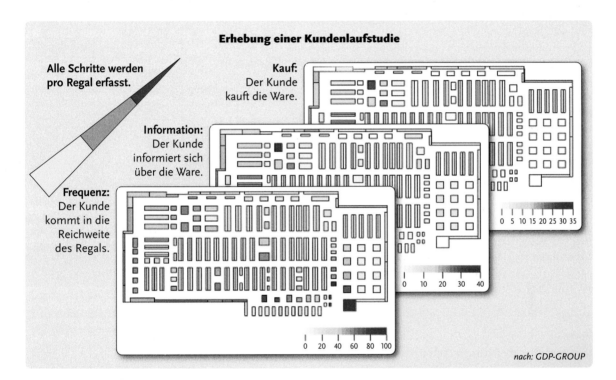

nach: GDP-GROUP

nach: GDP-GROUP

Speziell ausgebildete Interviewer vollziehen die Bewegungen und Aktionen der Kunden in einer elektronischen Karte des Marktes nach.

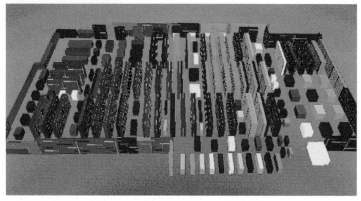

nach: GDP-GROUP

Das Ergebnis einer Kundenlaufstudie als 3-D-Computergrafik: Helligkeit = Frequenz; rot = hohe Kaufwahrscheinlichkeit; blau= niedrige Kaufwahrscheinlichkeit

- An **verkaufsstarken** Stellen werden Artikel mit hohen Gewinnspannen platziert.
- Nicht nur der Verkaufsraum selbst, sondern die Warengruppen für sich genommen haben unterschiedliche Wertigkeiten: In **verkaufsschwachen Ladenbereichen** werden Mussartikel (z. B. Milch, Zucker in Lebensmittelgeschäften) platziert. Das sind für den täglichen Bedarf unentbehrliche Artikel (an denen häufig auch wenig verdient wird). Sie werden deshalb von den Kunden auch in den hintersten Ecken des Geschäfts gesucht.

Durch Platzierung von Aktionsartikeln können verkaufsschwache Ladenbereiche aufgewertet werden.

Verkaufsstarke und verkaufsschwache Ladenbereiche

Aus verschiedenen Untersuchungen ist bekannt, dass Kunden beim Betreten eines Einzelhandelsgeschäfts dazu neigen, nach rechts zu schwenken und entgegen dem Uhrzeigersinn an den Außenwänden entlangzugehen. Die Mittelbereiche werden deutlich schwächer besucht, auch die Ecken werden gemieden. Den in Laufrichtung rechts platzierten Waren wird deutlich mehr Aufmerksamkeit zuteil als den links stehenden. Die Kunden vermeiden so weit wie möglich Kehrtwendungen, streben den kürzesten Weg an und suchen die Bereiche seltener auf, die vom Eingang am weitesten entfernt sind.

Aus diesem Verhalten ergeben sich verkaufsstarke und -schwache Ladenbereiche.

Platzierung der Ware

Bei der Platzierung der Ware geht es darum, wie die Artikel des Sortiments in den Verkaufsräumen zusammengefasst werden. Im Hinblick auf die Anordnung von Warenträgern (z. B. Regale, Gondeln, Vitrinen) kann unterschieden werden:

- Die **Längsplatzierung** ist gekennzeichnet durch lange Warenträger, an denen die Kunden vorbeigeführt werden. Verkaufsräume mit Längsplatzierung sind sehr übersichtlich und günstig für die Auffüllung der Regale; sie wirken manchmal jedoch relativ nüchtern.

**verkaufs-
schwach**   **verkaufs-
stark**

Im Hinblick auf die unterschiedliche Aufmerksamkeit der Kunden für verschiedene Ladenbereiche wenden die Einzelhandelsunternehmen unterschiedliche Strategien an, beispielsweise:

Im Supermarkt sind die Warenträger meist längs platziert.

- Bei der **Querplatzierung** sind die Warenträger kürzer als bei der Längsplatzierung. Dadurch eignen sie sich für eine abwechslungsreiche Warenpräsentation.

Sorgt für Abwechslung – die Querplatzierung

Abhängig davon, mit welchen anderen Artikeln eine Ware präsentiert wird, unterscheidet man:

- Bei der **Warengruppenplatzierung** erfolgt die Zusammenfassung der Artikel nach der Zugehörigkeit zu einer Warengruppe.

> **BEISPIEL**
>
> In einem Regal werden die Süßwaren platziert: Das Regal enthält nebeneinander Pralinen, Schokolade, Schokoriegel, Bonbons usw.

Bei dieser Platzierungsart erweist es sich als vorteilhaft, dass der Kunde sich schnell orientieren kann.

Schnelle Orientierung – die Warengruppenplatzierung

- Im Rahmen einer **Verbundplatzierung** werden verschiedene Artikel zusammen präsentiert, die einen Bezug zueinander haben.

> **BEISPIEL**
>
> Italienische Nudeln werden zusammen mit Parmesankäse, verschiedenen Nudelsoßen sowie einigen passenden italienischen Weinen angeboten.

Der Kunde bekommt dadurch Anregungen und Tipps und hat kürzere Wege im Geschäft.

Die gemischte Platzierung erhöht die Aufmerksamkeit.

- In vielen Einzelhandelsunternehmen wird zunächst einmal die Warengruppenplatzierung vorgenommen. Gleichzeitig werden aber bestimmte Artikel im Verbund mit anderen Waren präsentiert. Diese Vorgehensweise wird als **gemischte Platzierung** bezeichnet. Die doppelte Platzierung erhöht die Aufmerksamkeit der Kunden.

> **BEISPIELE**
>
> - In der Spirituosenabteilung werden dem Kunden sehr viele Weine angeboten. Bestimmte Weine werden zusätzlich noch dort angeboten, wo sie einen anderen Artikel ergänzen (Käseabteilung).
> - Bestimmte Süßigkeiten kann der Kunde im Regal, aber auch vor der Kasse finden.

Raumzuteilung für einzelne Artikel im Regal

Verschiedene Ergebnisse haben gezeigt, dass aus waagrechter Sicht die besten Plätze in der Regalmitte sowie rechts von der Mitte sind. Betrachtet man Regale dagegen senkrecht, können sie in vier Zonen mit unterschiedlichen Verkaufswertigkeiten eingeteilt werden:

Reckzone	ab 160 cm	drittbeste Verkaufswirksamkeit	• leichte Artikel • nicht verkaufsintensive Waren
Sichtzone	zwischen 120 cm und 160 cm	beste Verkaufswirksamkeit	• Artikel mit hohen Preisen • Artikel mit hohen Gewinnspannen • Impulsartikel • Spezial- und Luxusartikel
Greifzone	zwischen 80 cm und 120 cm	zweitbeste Verkaufswirksamkeit	• Impulsartikel • Zusatzartikel • Verkaufsförderung
Bückzone	unter 80 cm	schlechteste Verkaufswirksamkeit	• Massenartikel • Waren des täglichen Bedarfs • Artikel mit geringen Gewinnspannen • schwere Artikel

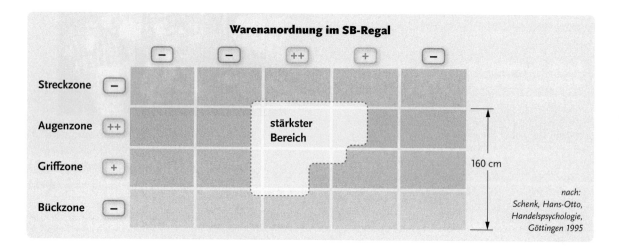

nach: Schenk, Hans-Otto, Handelspsychologie, Göttingen 1995

Die Größenzuteilung von Verkaufsflächen

Untersucht wird im Einzelhandelsunternehmen auch, wie viel Platz eine Warengruppe von der Verkaufsfläche benötigt, um einen maximalen Nutzen aus der gesamten Verkaufsfläche zu erzielen. Da normalerweise die Verkaufsfläche so ausgelastet ist, dass die Flächenbeanspruchung einer Warengruppe/eines Artikels nur zulasten einer anderen Warengruppe/eines anderen Artikels geht, müssen die Flächenanteile der einzelnen Warengruppen/Artikel zur Erreichung des Gesamtnutzens genau austariert berechnet, erprobt und kontrolliert werden. Weil man das manuell nur mit unverhältnismäßigem Aufwand erreichen kann, arbeiten viele Einzelhandelsunternehmen mittlerweile mit Regaloptimierungssoftware (vgl. Kap. 4.6).

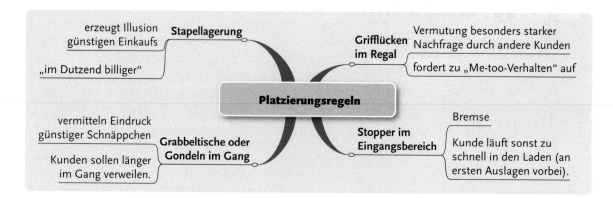

AUFGABEN

1. Was versteht man unter Space-Utilization?
2. Was sind Kundenlaufstudien?
3. Wie werden Kundenlaufstudien ermittelt?
4. Welche Aussage macht diese Kundenlaufstudie über die Frequenz?

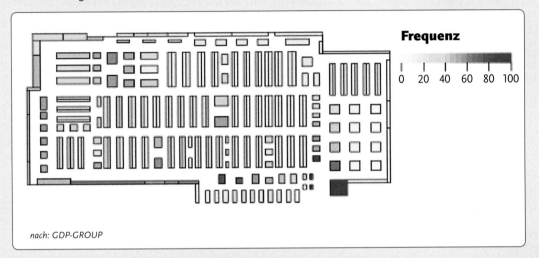

nach: GDP-GROUP

5. Welche Bereiche eines Einzelhandelsunternehmens sind verkaufsstark, welche verkaufsschwach?

6. Wodurch unterscheiden sich Längs- und Querplatzierung?

7. Wodurch ist eine Verbundplatzierung gekennzeichnet?

8. In welche Zonen können Regale eingeteilt werden?

9. Führen Sie vier Platzierungsregeln auf.

10. Welche der folgenden Regeln der Warenpräsentation sind richtig?
    a) Impulsartikel sollten in der Sicht- und Griffzone platziert werden.
    b) Kunden werden durch Licht vertrieben.
    c) In der Bückzone sollten schwere Artikel platziert werden.
    d) Stark nachgefragte Artikel gehören im Regal nach unten.

AKTIONEN

1. Besuchen Sie die folgenden Internetseiten:

   www.checked4you.de/UNIQ125907727714925/doc5672A.html

   http://lifestyle.t-online.de/einkaufsfallen-die-beliebtesten-tricks-der-supermaerkte/id_12892246/index

   Führen Sie zehn Einkaufsfallen im Zusammenhang mit der Warenpräsentation auf.

2. a) Skizzieren Sie auf einem Wandplakat eine Maßnahme der Raumanordnung, die in Ihrem Ausbildungsbetrieb Anwendung findet.
   b) Präsentieren Sie das Wandplakat. Erläutern Sie dabei die Absichten, die Ihr Ausbildungsbetrieb mit dieser Maßnahme verfolgt.

3. a) Lesen Sie den Artikel auf der folgenden Seite.
   b) Erstellen Sie eine Mindmap, die die im Text angesprochene Problematik darstellt.
   c) Halten Sie die Argumente des Einzelhandels oder die der Europäischen Kommission für plausibler und nachvollziehbarer? Bereiten Sie sich darauf vor, Ihre Meinung zu präsentieren.

Kartellverfahren gegen Coca-Cola als Testfall für Regulierung von Regalflächen

Die EU-Kommission will in die Produktpräsentation von Supermärkten und Handelshäusern eingreifen. Das deutet sich an, nachdem EU-Wettbewerbskommissar Mario Monti offenbar entschlossen ist, gegen Coca-Cola ein Kartellverfahren zu eröffnen. Wahrscheinlich im Mai werde die Behörde die Einleitung eines Verfahrens beschließen, verlautete gestern aus der Kommission.

Im Fall des US-Softdrink-Herstellers geht es um die Klärung der Frage, ob der weltweit führende Getränkekonzern in Deutschland, Belgien und Großbritannien Supermärkte mit unerlaubten Rabatten lockt, um im Gegenzug für die eigenen Produkte wie Coke, Fanta und Sprite die attraktivsten Regalplätze zugewiesen zu bekommen.

Die EU-Wettbewerbsbehörde glaubt, dass der US-Konzern mit seiner Rabattpolitik Mitbewerber buchstäblich an den Regalrand schiebt und damit seine Macht als Marktführer missbraucht. Kürzlich verschickte die Kommission Fragebögen an mehr als 70 Supermärkte in den betroffenen Ländern und verlangte Auskunft über die Verträge zwischen Coca-Cola und den Handelsketten.

Eine Entscheidung gegen den Softdrink-Giganten wäre ein wichtiger Präzedenzfall für den Handel. Marktbeherrschende Unternehmen müssen sich dann – nicht nur bei Lebensmitteln – an den von der Kommission sanktionierten Grundsatz halten, dass Konkurrenzprodukte durch die Platzierung des führenden Anbieters nicht benachteiligt werden dürfen. Der Brüsseler Regulator hätte also bei der Entwicklung der Vertriebskonzepte ein wichtiges Wort mitzureden.

Beim Hauptverband des deutschen Einzelhandels (HDE) sieht man die sich abzeichnende Entwicklung mit Misstrauen. HDE-Sprecher Hubertus Pellengahr plädiert für die Erhaltung marktwirtschaftlicher Lösungen. „Der Wettbewerb um die besten Regalflächen ist hart", räumt Pellengahr ein. Dieser Kampf sei „Teil der Verhandlungen zwischen Hersteller und Handelsunternehmen". Letztlich entscheide „allein der Preis" über die Platzierung.

Brüsseler Wettbewerbsexperten registrieren einen wachsenden Trend der Kartellbehörde, regulatorisch in die Darbietung von Produkten einzugreifen.

gekürzt nach: Handelsblatt vom 18. Febr. 2004

ZUSAMMENFASSUNG

Raumanordnung = Space-Utilization

Zur Umsatzsteigerung wenden Einzelhandelsunternehmen Maßnahmen an zur effizienten

Verteilung der Warengruppen/Artikel auf die unterschiedlichen Bereiche des Verkaufsraumes	Platzierung der Ware	Verteilung der Artikel auf unterschiedlichen Bereichen des Regals	Größenzuteilung von Verkaufsflächen
• **Wo** werden die Warengruppen/Artikel im Verkaufsraum untergebracht? • Einteilung des Verkaufsraumes in verkaufsstarke und -schwache Zonen, für die unterschiedliche Platzierungsregeln gelten • Ermittlung durch Kundenlaufstudien	• **Wie** werden die Waren im Verkaufsraum angeboten? • Arten: – Längsplatzierung – Querplatzierung – Warengruppenplatzierung – Verbundplatzierung	• **Wo** werden die Artikel im Warenträger untergebracht? • Einteilung der Regale in Zonen unterschiedlicher Verkaufswirksamkeit	• **Wie viel** der Verkaufsfläche bekommt eine Warengruppe? • Ermittlung durch Regaloptimierungssoftware

Im Zuge der seit November beschlossenen Verkaufs-raumgestaltung wird seit heute in der Lebensmittelab-teilung der Neuhausener Filiale der Ambiente Waren-haus AG das Programm von P.O.S. Radio übertragen. Zwei Auszubildende unterhalten sich darüber:

Marcel Zuege: „Ob das etwas bringt, Musik und manch-mal Nachrichten – beim Einkauf?"

Nadine Klein: „Die Einführung hat Gründe, sowohl das Unternehmen profitiert als auch sogar die Beschäf-tigten ..."

Marcel Zuege: „Wirklich?"

Nadine Klein: „Ich war ja letzten Monat in der Marke-tingabteilung. Da hatten sie die Einführung vorbereitet. Da habe ich Folgendes erfahren:
Das Musikprogramm ist für eine Kernzielgruppe von 14 bis 69 Jahren bestimmt. Man ermittelt, wann sich wel-che Zielgruppen im Sendegebiet aufhalten, und trifft die Musikauswahl entsprechend. Das Programm ist

zeitlich also der Kundenstruktur angepasst. Man achtet auf breite Akzeptanz beim Publikum: Sowohl jugendli-che als auch erwachsene Hörer werden angesprochen – das Klangbild ist melodisch geprägt, leicht durchhör-bar."

1. Führen Sie verschiedene Vorteile auf, die sich durch Einführung des Ladenfunks ergeben.

INFORMATIONEN

Viele erfolgreiche Einzelhandelsunternehmen zeichnen sich durch eine besondere „Einkaufsatmosphäre" aus: Der Kunde fühlt sich dort wohl, er bleibt lange im Ge-schäft und er kommt immer wieder gern zurück.

Die Kaufentscheidungen der Verbraucher können in den Verkaufsräumen durch das Ansprechen der Sinne positiv beeinflusst werden. Die atmosphärische Verkaufsraum-gestaltung soll Sympathieempfindungen der Kunden und positive Stimmungen wecken.

> „Wenn jemand von einem Geschäft sagen kann: ‚Da gehe ich gern hin', ohne dass er es näher erklären kann, so ist die gute Atmosphäre der Grund dafür."
>
> *Heinrich, Frieling, Farbe hilft Verkaufen, 4. Aufl., Göttingen 2005*

Emotionen und Stimmungen zum Zweck einer Absatzstei-gerung gezielt hervorzurufen, kann geschehen durch:
- Dekorationsgegenstände
- Bilder

- Farben
- Musik
- Duftstoffe
- Beleuchtung
- Raumklima

In der Praxis werden die einzelnen Techniken häufig zu einem emotionalen Gesamteindruck kombiniert.

BEISPIEL

Ein emotionales „Frischeerlebnis" kann beispielsweise durch grüngelbe und einige blaue Farbtöne in Kombi-nation mit Bildern von Blumen oder Wasserland-schaften, klarer fröhlicher Musik und Zitrusdüften ge-schaffen werden.

Gelingt es dem Einzelhandelsunternehmen, die Kunden in eine positive bzw. positivere Stimmung zu versetzen, führt dies

- zu einer verbesserten Wahrnehmung der angebotenen Unternehmensleistung,
- zu einer größeren Einkaufsfreude der Besucher,
- zu einem größeren Umsatzerfolg.

Dekorationsgegenstände

Mit Dekorationsgegenständen werden die Verkaufsräume so ausgestaltet und ausgeschmückt, dass die Verkaufsförderung optimiert wird. Bei der Dekoration muss auf Besonderheiten der Branche, der Betriebsform, des Sortiments und des Standorts Rücksicht genommen werden.

BEISPIEL

Die Dekorationsmöglichkeiten reichen im Einzelhandel von der nüchternen, fast „dekorationslosen" Ausstattung von Discountern bis hin zu aufwendigen, üppigen und fantasievollen Dekorationen in Geschäften, die auf den Erlebniskauf setzen.

Einzelhandelsunternehmen wenden eine breite, fast unüberschaubare Palette von Dekorationsgegenständen an.

BEISPIELE

- Dekostoffe
- Materialien für die Raumdekoration
- Ballons
- Konfetti
- Luftschlangen
- Kunstwerke
- Kunstblumen
- Wandverkleidungen
- Behänge
- Dekorationsartikel für spezielle Events wie z. B. Ostern, Weihnachten oder Halloween
- Häufig werden auch branchenuntypische Dekorationsgegenstände verwendet, um für Überraschungseffekte zu sorgen (z. B. ein Fußballschuh des von Michael Ballack favorisierten Herstellers im Textilkaufhaus).

Bilder

Dekorationsgegenstände dienen der Verkaufsförderung.

Sie eignen sich gut, weil sie natürliche Reize direkter wiedergeben können als z. B. Sprache. Ohne den „Umweg" einer gedanklichen Auswertung wirken Informationen aus Bildern direkt auf das Empfinden. Durch bildliche Stimulation bestimmter Erlebnisse wie Frische, Exklusivität, Exotik usw. soll die Sortimentswahrnehmung emotional im Sinne des Unternehmens eingefärbt werden.

Bilder erzeugen ganz bestimmte Stimmungen.

Musik

Sie kann unterschiedliche Emotionen hervorrufen. In Abhängigkeit von z. B. Melodie, Tempo oder Lautstärke reichen die Wirkungen von traurig, depressiv bis zu fröhlich, heiter. Häufig wird Musik als Hintergrundmusik eingesetzt, um eine angenehme Atmosphäre für die Vermittlung der Botschaften zu schaffen. Die Musik muss auf die Zielgruppen abgestimmt sein. Dabei kommt vor allem sanfte Unterhaltungsmusik (Pop, Schlager) zum Einsatz. Bei speziellen Zielgruppen kann die Musikauswahl auch aggressiver sein. Beachtet werden muss in jedem Fall, dass eine Musikrichtung, die einer Zielgruppe gefällt, andere Kundengruppen geradezu aus dem Geschäft treiben könnte.

Der Begriff **„Instore-Radio"** bzw. „Ladenfunk" bezeichnet ein Medium für die Ausstrahlung von Musik, Moderation, Textbeiträgen und Werbung innerhalb der Verkaufsstellen des Handels.

Der Ladenfunk ist ein störungsarmes Hintergrundmedium, dessen auffälligste Merkmale seine Unauffälligkeit und Verwechselbarkeit sind. Schlagzeilenartige Nachrichten zur vollen Stunde, Wettervorhersagen, Horoskope und andere Serviceleistungen suggerieren einen „richtigen" Radiosender mit den klassischen Bestandteilen Information, Unterhaltung und Service. Als „Medium der harmonischen Atmosphäre" verzichtet der Ladenfunk auf jede Form von negativer Information und pessimistisch stimmenden Inhalten. Softnews in Form von bunten Meldungen dominieren das ansonsten dünne redaktionelle Programm.

Ladenfunkprogramme funktionieren in der Regel nach dem folgenden Prinzip: In der Sendezentrale produziert eine Programmredaktion wie bei jedem anderen Sender auch Unterhaltungsprogramm mit Musik, Livemoderation, Service-Informationen des Handels und Werbung. Dieses Programm wird von einer Bodenstation aus auf einen Satelliten übertragen. Von dort wird es verschlüsselt wieder zurückgestrahlt. Empfangen können es nur Einzelhandelsgeschäfte, die neben der für den Satellitenempfang erforderlichen Parabolantenne auch einen Decoder für das Programm haben.

Um das Programm in die eigenen Verkaufsräume hineinsenden zu können, muss ein Einzelhandelsgeschäft eine monatliche Systemmiete zahlen. Hinzu kommen die Kosten für die Empfangsanlage.

Der Handel will mit Instore-Radios die Einkaufs- bzw. Ladenatmosphäre verbessern und die Kunden zu Spontaneinkäufen anregen. Ein weiteres Ziel ist die Motivation der Mitarbeiter durch außerhalb der Ladenöffnungszeiten ausgestrahlte Mitarbeiterprogramme.

Unter Ladenatmosphäre wird die spezifische Eigenschaft von Verkaufsräumen verstanden, angenehme Gefühle hervorzurufen. Komponenten dieses Erlebnisses sind einerseits gegenständliche Gestaltungsmittel wie Form, Farbe, Material oder Licht, auf der anderen Seite auch nicht gegenständliche Gestaltungsmittel wie Temperatur, Geruch und der Einsatz akustischer Stimuli.

in Anlehnung an: Focus (Medialine)

Auch mit Geräuschen wird häufig gearbeitet.

BEISPIELE

- In der Reisebüroabteilung der Ambiente Warenhaus AG ist Meeresrauschen zu hören, um Fernweh zu vermitteln.
- In der Obstabteilung wird Vogelgezwitscher eingesetzt, um Naturnähe zu suggerieren.

Duftstoffe

Auch sie werden für die Emotionsvermittlung eingesetzt. Zwar wirken nicht alle Gerüche und Düfte auf alle Menschen gleich; doch einige bestimmte Gerüche werden von fast allen Menschen – wie Untersuchungen zeigten – übereinstimmend als angenehm empfunden.

BEISPIELE

Viele Düfte wirken suggestiv:

- frische Backwaren (Duft von frisch gebackenem Brot signalisiert und suggeriert Frische der Ware!)
- Blumen
- Minze
- Kräuter
- Blumen
- Ledergeruch in Schuhgeschäften

Das kann natürlich zur Verbesserung der Einkaufsatmosphäre angewandt werden. Ein großer Vorteil der Raumbeduftung besteht darin, dass Duftstoffe zwar sehr stark emotional wirken, aber dies den Konsumenten kaum bewusst wird. Zu beachten ist, dass das Sortiment und der zur Verkaufsförderung verwendete Duft harmonisieren müssen. Die Raumbeduftung kann erfolgen durch:

- spezielle Raumbeduftungsgeräte
- Klimaanlagen
- vor allem in kleineren Geschäften durch
  - Duftkerzen oder -lampen,
  - Öle,
  - duftende Blumensträuße

BEISPIEL

In der Reisebüroabteilung der Ambiente Warenhaus AG hat die Duftpatrone der Klimaanlage den Duft „Meerwasserduft Mediterrané".

Farbe

Auch Farben rufen beim Menschen Stimmungen und Gefühle hervor.

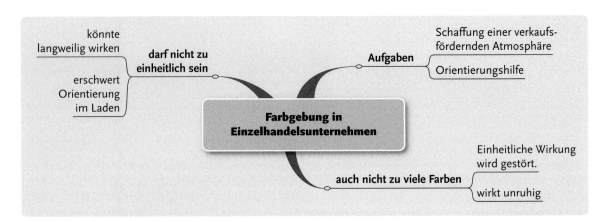

Farbe	Assoziationen	Wirkung
ROT	Vitalität, Aktivität, Dynamik, Wille, Gefahr, Kampf, Blut, Liebe, Lust, Leidenschaft, Sex	• wirkt stimulierend, aktivierend und aufregend, wärmend • weckt innere Kräfte („Urkräfte") • Rot macht aktiv (auch sexuell), unruhig, aggressiv – wirkt sehr schnell!
ORANGE	Freude, Lebhaftigkeit, Spaß, Lebensbejahung, Ausgelassenheit, Tatkraft, Ausdauer	• aufbauend und leistungssteigernd • weckt die Arbeitsfreude • stimmungsaufhellend • macht heiter, ausgeglichen, fröhlich und genussfreudig • fördert die Geselligkeit
GELB	Reife, Wärme, Optimismus, Weite, Offenheit, Kommunikation, Kraft, Erfolg, Glück	• wirkt sonnig, luftig, heiter, licht • freundlich, optimistisch • geistig anregend • stimmt heiter
GRÜN	Wachstum, Hoffnung, Durchsetzungsvermögen, Beharrlichkeit, Entspannung, Ruhe, Zufriedenheit, Natürlichkeit, Heiterkeit und Gelöstheit	• wirkt beruhigend und ausgleichend • erfrischt und regeneriert • fördert die Konzentration und seelische Ausgewogenheit
BLAU	Harmonie, Zufriedenheit, Ruhe, Unendlichkeit, Freundlichkeit und Freundschaft, innerer Frieden	• entspannend, lösend, harmonisierend • fördert Kommunikation und die Sachlichkeit und Präzision der Gedanken

5530340

Farbe	Assoziationen	Wirkung
VIOLETT	Selbstbezogenheit, Unbewusstheit, Mystik, innere und geistige Kraft, Inspiration, Magie, Frieden, Würde	• fördert inneres Gleichgewicht • wirkt ausgleichend und regenerierend • weckt meditative Kräfte • regt das Unterbewusstsein an
ROSA	Romantik, Liebe	• fördert Ruhe • wirkt erfrischend • verbessert das Urteilsvermögen
BRAUN	Sinnlichkeit, Bequemlichkeit, Anpassung, Schwere, Zurückgezogenheit	
WEISS	Reinheit, Sauberkeit, Ordnung, Leichtigkeit, Vollkommenheit, illusionär, Schutz, Einigkeit, Beruhigung, Wohlbefinden. Symbol für Reinheit und Tod. Aber nicht nur, denn Weiß ist auch die Farbe der Weite und des Weitblicks.	
SCHWARZ	Negation, Auflehnung, Undurchdringlichkeit, Trauer, Einengung, Abgeschlossenheit	

Quelle: *www.farbenundleben.de*; Abrufdatum: 13. Juli 2011

Zur Unterstützung der Verkaufsförderung muss sich das Einzelhandelsunternehmen über die gegenwärtigen Modefarben, die von den Verbrauchern gerade als angenehm empfunden werden, informieren. Bei der Farbgestaltung der Verkaufsräume und deren Bestandteilen muss ebenfalls darauf geachtet werden, dass die Farben häufig nicht allein wirken, sondern benachbarte Farben – aber auch andere Gestaltungselemente – verändernd oder verstärkend beeinflussen.

Beleuchtung

In den letzten Jahren hat die Bedeutung von Licht als visuelles Gestaltungsmittel stark zugenommen. Eine gute Beleuchtungsanlage ist für Einzelhandelsunternehmen außerordentlich wichtig:

- Licht lenkt (= führt und lenkt den Blick des Kunden auf die Ware),
- signalisiert,
- informiert,
- gestaltet,
- fasziniert (durch überraschende Lichteffekte)
- und wirbt.

Damit die Waren kein „Schattendasein" führen, benötigt ein Einzelhandelsunternehmen ein Beleuchtungskonzept. Es muss mit der Verkaufsstrategie harmonieren und sich perfekt in den Verkaufsraum einfügen. Passendes Licht unterstreicht Wert und Gewicht, Frische und Farbe.

Licht lockt Leute!   *alte Einzelhändlererfahrung*

Die richtige Beleuchtung macht Kunden aufmerksam und wirkt ansprechend, sie prägt das Image der Geschäfte und macht das Angebot begehrenswerter. Je stärker die Warenträger zugunsten der Artikel in den Hintergrund treten, umso mehr Bedeutung kommt dem Gestaltungselement Licht zu. Durch Anwendung verschiedener Lichtquellen kann der Absatz von Waren gesteigert werden. Im Einzelhandel werden zwei Formen der Beleuchtung eingesetzt:

- Im gesamten Verkaufsraum muss eine gleichmäßige **Grundausleuchtung** mit hellem Licht erfolgen. In Eingangszonen oder an Informationsstellen wird die Helligkeit etwas gesteigert, in Ruhezonen etwas abgemildert. Das Licht dient dem Sehen.
- Sollen einzelne Waren bzw. bestimmte Bereiche hervorgehoben werden, wird zusätzlich noch eine **Punktbeleuchtung** eingesetzt. Das Licht dient dem Hinsehen.

Die Punktbeleuchtung hebt bestimmte Bereiche hervor.

Checkliste für den Einsatz von Beleuchtung:

- Sind die Rückwände und entfernt liegende Abteilungen etwas heller geflutet?
- Sind Hinweisschilder durch Licht leicht entdeckbar und ablesbar gemacht?
- Sind in den Verkaufsräumen genügend Anschlussmöglichkeiten vorhanden, um die verschiedenen Präsentationssituationen optimal auszuleuchten?
- Sind Strahler leicht ein- und auszustecken?
- Sind Strahler dreh- und schwenkbar?
- Sind Strahler gezielt auf die Ware eingestellt?

in Anlehnung an: Biegl, Brigitta, Visual Merchandising: Erfolgsstrategien zur Verkaufsförderung, Frankfurt 1977

Im Einzelhandel werden zwei Arten von Lichtquellen verwendet:

- Die Selbstleuchter erzeugen selbst und direkt Licht.
- Nichtselbstleuchter wie Spiegel oder helle Wände werfen bestehendes Licht zurück.

Raumklima

Das Wohlbefinden der Kunden – und natürlich der Mitarbeiter – wird auch durch angemessene Be- und Entlüftung, Befeuchtung und Raumtemperaturen beeinflusst. Bestimmte Mindestregeln sind in bau- und arbeitsschutzrechtlichen Regelungen festgehalten.

AUFGABEN

1. Woran erkennt man eine gute Einkaufsatmosphäre?

2. Welche Gestaltungselemente gehören zur atmosphärischen Verkaufsraumgestaltung?

3. Führen Sie sechs verschiedene Dekorationsgegenstände an.

4. Mit welchen Dekorationsgegenständen wird in Ihrem Ausbildungsbetrieb gearbeitet?

5. Was bezwecken Einzelhandelsunternehmen durch Anbringen von Bildern?

6. Was muss beim Einsatz von Hintergrundmusik beachtet werden?

7. Was sind Instore-Radios?

8. Nennen Sie ein Beispiel, wo im Einzelhandelsunternehmen mit Geräuschen gearbeitet werden kann.

9. Womit kann die Raumbeduftung in Einzelhandelsunternehmen erfolgen?

10. Warum beachten Einzelhandelsunternehmen die Farbgestaltung ihrer Verkaufsräume?

11. a) Mit welchen Farben sind die Verkaufsräume Ihres Ausbildungsunternehmens ausgestattet?

    b) Was wird mit der Farbgestaltung Ihres Ausbildungsunternehmens evtl. bezweckt?

    c) Gibt es Unterschiede zu Betrieben Ihrer Mitschüler, die evtl. aus anderen Branchen kommen?

12. Nennen Sie eine
    a) beruhigende,
    b) aggressiv-aktive Farbe.

13. Führen Sie Aufgaben des Lichts in Einzelhandelsunternehmen auf.

14. Unterscheiden Sie Grundausleuchtung und Punktbeleuchtung.

AKTIONEN

1. a) Lesen Sie den folgenden Artikel (ab Seite 343).
   b) In dem Artikel werden Präsentationstechniken zur Schaffung einer Verkaufsatmosphäre angesprochen, die den Kunden überzeugt. Erstellen Sie eine Mindmap dazu.

2. In dieser Aktion geht es um die Gestaltungselemente Musik und Farbe. Führen Sie dazu in Gruppen ein Brainstorming durch.

   a) Sie sollen sich noch einmal den Zusammenhang zwischen Farben und Stimmungen klarmachen. Sammeln Sie daher Redewendungen, Sprichwörter oder Begriffe, die eine Farbe enthalten und eine entsprechende Symbolik aufweisen. Beispiel: Der graue Alltag

   b) Sammeln Sie Musiktitel, die sich als Hintergrundmusik eignen. Nehmen Sie dazu Musiktitel, die Sie

- schon einmal in einem Einzelhandelsgeschäft gehört haben.
- sich als Hintergrundmusik vorstellen können.

c) Stellen Sie mithilfe der von Ihnen gefundenen Beispiele exemplarisch die Wirkung von Farben und der Musiktitel den anderen Gruppen vor.

3. Führen Sie eine Erkundung zum Thema „Atmosphärische Ladengestaltung" durch.

a) Sammeln Sie in kleinen Gruppen in den von Ihnen besuchten Geschäften Beispiele für die verschiedenen Gestaltungselemente der atmosphärischen Ladengestaltung.

b) Stellen Sie diese Beispiele Ihren Mitschülern auf einem Wandplakat vor.

Zielperson Kunde

Orangen und Äpfel, vielfach gespiegelt, Bananen und Birnen unter grünen Markisen, Salat und Kartoffeln in klarem Licht – ein kleines Paradies gleich zu Anfang. Geschaffen hat es Dieter Brinkmann, oberster Ladendesigner in der Dortmunder Firmenzentrale der co-op-Kette. Mit dem vegetarischen Feuerwerk der Farben und Formen am Eingang will er seine Kunden bremsen. Schließlich hätten die noch ihren Straßenschritt in den Beinen „und mit dem", sagt Brinkmann, „würde jeder auf den ersten zehn Metern an normalen Regalen vorbeirennen."

Auf diesem duftenden Marktplatz aber bleiben die Kunden stehen, drehen einen der roten Äpfel in der Hand und denken: So etwas gibt es beim Discounter nicht. Das ist das „Frische-Signal", wie Designer Brinkmann es nennt. Nur noch mit Obst und Gemüse könne sich ein klassischer Supermarkt abheben von der immer stärkeren Billigkonkurrenz mit ihren eingeschweißten Gurken.

Ein sanfter Sog zieht den Kunden den langen Gang hinunter in die Tiefe des Raumes, wo ganz hinten der Schinken wartet. Links fächern sich die ersten Regale quer zur Laufrichtung auf. Hier stehen die teuren Artikel immer in jenen Reihen, denen die Kunden entgegenlaufen, die preiswerten liegen in ihrem Rücken. Den Diäthonig sieht man sofort, den anderen nicht.

Aber die meisten bleiben ohnehin im Hauptgang, wo sie erst das Feinkostregal passieren müssen, um zur Milch zu gelangen, die vier von fünf Kunden kaufen. Direkt nebenan lockt ein Becherlein Mousse au Chocolat, „Killefit" eben, „Impulsware", wie Brinkmann auch sagt. Das ganze Geschäft ist so sortiert: Neben den wenigen Artikeln, die der Mensch wirklich braucht, liegen gewinnbringende Schlaraffenwaren, die wir sehen müssen, damit uns der Kaufimpuls durchzuckt.

Das Einkaufsverhalten der Deutschen hat sich stark verändert. Heute, ohne kostenintensives Verkaufspersonal, entscheiden und verführen allein Preis, Markenname, Werbung und Platzierung. Und Musik: Ganz leise rieselt sie in Unna aus den Deckenlautsprechern auf die Kunden herab. Musik ist wichtig in diesen lauten Zeiten, „denn ein stiller Laden, der wirkt tot", sagt Brinkmann. Der klingende Kaufanreiz fliegt über Satellit von Kiel nach Unna, gesendet von P.O.S. Radio, das knapp 5 000 Supermarktfilialen in der Republik belebt. „Nicht zu laut, das darf nicht ablenken, aber es muss etwas da sein, eine Melodie, mit der man flötend durch den Markt läuft", erklärt Supermarktfunker Marcel Eberle die latente Behaglichkeit. Die Kieler wissen genau, wann Rentner einkaufen und wann Schulkinder. Also funkt P.O.S. morgens Roland Kaiser, ab mittags wird es poppig.

Auf einem Teppich seichter Melodien schweben die Kunden in die Tiefkühlzone. Rechts vom langen Gang summen jene gläsernen Regale, deren Türen stets links aufgehen, damit der Kunde beim Schließen sofort neue Ware im Blick hat. Und der fällt ganz am Ende des Ganges auf Wurst und Käse. Neun von zehn Käufern laufen artig bis zur Rückseite des Raumes. 65 % allerdings lassen Gouda und Emmentaler – mag ja nicht jeder – rechts liegen und schlendern direkt nach links ins Rotlichtviertel zu Fleisch und Wurst, nicht ganz zufällig flankiert vom Gewürzständer. Rotlicht lässt Fleisch appetitlicher aussehen, denn „wenn man es mit Weißlicht bestrahlt, sieht es grau aus, richtig hässlich", hat Dieter Brinkmann erkannt. Im Idealfall fällt das Licht schräg auf Salami und Sauerbraten, damit selbst dünne Filetscheiben noch möglichst breite Schatten werfen.

Mit dem Betreten des Geschäfts wird der Kunde auf einen Weg geschickt – gegen den Uhrzeigersinn. Immer links herum: erst die Gerade vom Gemüse zum Käse, dann nach links zur Wurst und jetzt schon wieder nach links, zurück in Richtung Kasse. Den gleichen Kreis laufen Sportler auf der Aschenbahn und im Eislaufstadion – ganz selbstverständlich. Bei 95 % der Menschen ist das Gleichgewichtsempfinden aus dem Lot geraten, einen Tick nach links, sagt Diplompsychologe Harald Ackerschott: „Wenn Sie jemanden in der Wüste absetzen, läuft der lauter Linkskreise." Einmal hat er Versuchspersonen rechts herum durch einen Supermarkt geschickt und deren Herzfrequenz und Körpertemperatur gemessen. Der Stress war signifikant größer. Also hat Ackerschott sein Wissen zum Geschäft gemacht. Seine Intelligenz System Transfer GmbH in Königswinter gehört zu jener Wachstumsbranche, die interessierten Lebensmittelketten beim Ladenbau zur Hand geht.

Mittlerweile befindet sich der Kunde in der Filiale von Unna bei angenehmen neunzehn Grad auf dem Weg zurück zur Kasse. Das Spirituosenregal. Dass die neue Ware hinter der alten steht, ist bekannt und bei Alkohol auch nicht so wichtig. Dass der günstige Schnaps grundsätzlich ganz unten steht und der teure in Griff- und Blickhöhe, ist auch geläufig. Aber, wie die Menschen so sind: Fast immer, wenn sie ein Bild erfassen, wandert ihr Blick von links nach rechts und bleibt dort stehen. Instinkt, sagt Psychologe Ackerschott.

Deshalb platziert Dieter Brinkmann die teure Dose Mais immer rechts von der günstigen; bei Weinbrand und Kognak das Gleiche: links Meisterbrand für 6,99 €, dann Mariacron für 2,00 € mehr, in der Mitte Asbach für 11,99 €, rechts Hennessy für 17,99 € und schließlich Martell für 23,00 €. Oft ist der Griff schneller als der Gedanke. Ein Narr von Verkäufer, der den Kunden da mit einem „Kann ich helfen?" aus der Spur wirft.

Natürlich stellen die Ladendesigner die Flaschen nicht selbst hin. Dieter Brinkmann zum Beispiel hat alle seine 300 Filialen als Grundriss im Computer, sogar die Frontansicht eines jeden Regals. Wenn die Einkäufer einen neuen Artikel ins Sortiment nehmen, schiebt Brinkmann die Waren auf seinem Bildschirmregal in Position, „dass kein Zentimeter frei bleibt". Diese Ordersätze gehen mehrmals im Monat an alle Filialleiter. Bezirksleiter kontrollieren, ob Brinkmanns Anweisungen eingehalten werden. Der 48-Jährige weiß, dass seine Arbeit über Triumph oder Waterloo einer Marke mit entscheidet.

Über diesen Einfluss der Supermarktketten schweigt er sich lieber aus, logisch sei aber, dass die Industrie mit „vielen Arten von Rabatten" die Platzierung zu beeinflussen versuche. Tatsächlich ein schwieriges Feld.

Die amerikanischen Soziologen William Whyte und Paco Underhill haben beobachtet, dass Kundinnen fast jede Ware sofort ins Regal zurückstellen, sobald sie im Gedränge angestoßen werden – der gefürchtete assbrush factor.

Zu viel Platz darf aber zwischen den Regalen auch nicht sein, denn auf breiten Gängen senken die Kunden ihren Blick allzu schnell in den Einkaufswagen und nehmen Geschwindigkeit auf. Der Kompromiss zwischen Platzangst und Leere lautet für Brinkmann: zwei Meter. Nicht zu breit und nicht zu eng.

Dann sind da noch die Stirnseiten der Regale. Aus der Ladenmitte ragen sie in den Hauptgang hinein. Dort hat Brinkmann seine „Stopper" aufgebaut; auf ihnen stapeln sich Waren, die sich wie Schnäppchen ausnehmen – gegen die Langeweile, sagt Brinkmann: „Jedes Geschäft hat einen dynamischen Teil. Der Kunde ist ja zwei-, dreimal pro Woche im Laden und er will nicht immer dasselbe sehen." Jeden Mittwochabend räumt der Filialleiter auf Brinkmanns Geheiß daher die Stopper um. Wo heute Toilettenpapier liegt, wartet morgen die Shampoo-Pyramide. Das verleiht dem Laden ohne viel Aufwand ein neues Gesicht.

Während die Kunden durch die Getränkeabteilung schweifen und nach dem Fruchtsaft greifen, wartet noch die sogenannte „Quengelzone" direkt vor der Kasse. Hier steht all das, was kleinen Kindern große Augen macht: Eis, Überraschungseier, Wasserpistolen. „Hoch kalkulierte Artikel, mit denen wir noch mal richtig Geld verdienen", sagt Brinkmann. Schnell hat der Nachwuchs seiner Mama einen Schokoriegel in den Wagen genervt; leider kostet das Ding hier fast genauso viel wie der Dreierpack hinten im Laden.

Nach knapp 20 Minuten ist der Durchschnittskunde an der Kasse angelangt. Rund zehn Artikel legt er auf das Band, an die 14,00 € wird er bezahlen. Ob er in diesem Moment ahnt, was die Stiftung Warentest längst weiß: Bis zu 35 % der Lebensmittel, die er in seinen Kühlschrank legt, werden dort vergammeln.

in Anlehnung an einen Artikel in der Wochenzeitung DIE ZEIT (14. März 1997) von Henning Sußebach

ZUSAMMENFASSUNG

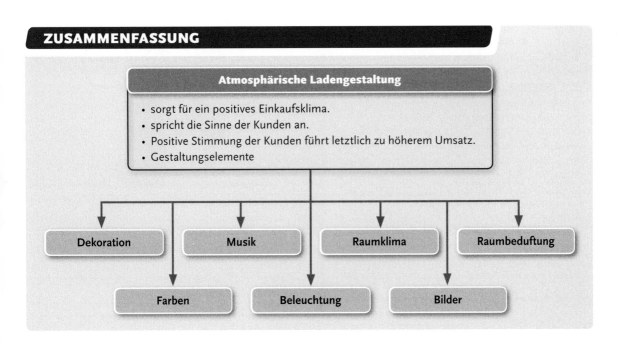

Atmosphärische Ladengestaltung

- sorgt für ein positives Einkaufsklima.
- spricht die Sinne der Kunden an.
- Positive Stimmung der Kunden führt letztlich zu höherem Umsatz.
- Gestaltungselemente

Dekoration — Musik — Raumklima — Raumbeduftung

Farben — Beleuchtung — Bilder

Kurze Zeit nachdem sich im November die Neuhausener Filiale der Ambiente Warenhaus AG entschlossen hatte, die gesamten Verkaufsräume nach neuesten Erkenntnissen zu gestalten, bekommt sie Post von der Schönstädter Zentrale:

> ... freuen wir uns, dass wir Ihre Filiale als Testwarenhaus zur Erprobung neuer und innovativer Warenpräsentationsmöglichkeiten ausgewählt haben. Einen entsprechenden Etat werden wir Ihnen unverzüglich zuweisen ...

Nach Bekanntwerden dieser Mitteilung, die in der Neuhausener Filiale viel Freude auslöst, schlägt der Lebensmittelabteilungsleiter sofort die Einführung elektronischer Regaletiketten vor. Er schickt der Filialleitung zur Untermauerung seiner Forderung den Prospekt eines Anbieters:

Die Preisauszeichnung der Ware im Lebensmittelhandel ist durch den Einsatz von Strichcode und Scannerkassen nahezu völlig weggefallen. Daher hat die Preisauszeichnung durch Regaletiketten einen hohen Stellenwert, da sie dem Verbraucher die notwendige Artikel- und Preisinformation zur Verfügung stellen. Die manuelle Bestückung der Regalschienen mit Papieretiketten ist fehlerhaft, personal- und zeitintensiv. Elektronische Regaletiketten (ESL) sorgen hier für Abhilfe: Das ESL-System automatisiert den Prozess der Preisauszeichnung im Markt und liefert dadurch die erforderliche Preisintegrität, die folglich für das wichtige Vertrauen der Kunden in die Preisauszeichnung sorgt. Des Weiteren ergeben sich ganz neue Möglichkeiten des Kundenmarketings wie „Happy-Hour-Preisaktionen" oder das Anzeigen von **Sonderangeboten** durch **Blinksignale**. Aber auch dem Personal stehen auf Knopfdruck wichtige produkt- und betriebswirtschaftliche Managementinformationen wie Datum der letzten Preisänderung, Regalplatzposition, Lagerbestand, Bestellstatus usw. zur Verfügung.

Das von Wincor Nixdorf angebotene elektronische Warenauszeichnungssystem bietet robuste, alltagserprobte Technologie zu einem marktgerechten Preis-Leistungs-Verhältnis mit mittelfristigem Re-

turn on Investment. Die ESL – spezielle Flüssigkristallanzeigen – kommunizieren drahtlos auf Basis standardisierter Funktechnologie mit dem Markt-Preisauszeichnungsrechner. Dieser steht mit dem Warenwirtschaftssystem in Verbindung und sorgt für den Abgleich mit der zentralen Artikelstammdatei.

Preisauszeichnung durch Regaletiketten

1. Führen Sie auf, welche Vorteile sich durch elektronische Regaletiketten für die Lebensmittelabteilung ergeben.
2. Geben Sie an, welche anderen modernen Warenpräsentationsmöglichkeiten Sie kennen.

INFORMATIONEN

Nachdem man die immense Bedeutung der verschiedenen Bereiche der Verkaufsraumgestaltung erkannt hat, werden von diversen Einzelhandelsunternehmen unterschiedliche Neuerungen im Bereich der Warenpräsentation angewandt. Diese befinden sich häufig noch in der Versuchsphase, es ist jedoch abzusehen, dass sie sich mittelfristig durchsetzen und im Einzelhandel alltäglich werden.

terminals sind dabei so ausgelegt, dass sie auch von im Umgang mit Computern ungeübten Personen ohne Bedienungsanleitung genutzt werden können.

Informationsterminals

Informationsterminals bieten umfassende Informationen zu verschiedenen Waren. Darüber hinaus erhalten die Kunden dort hilfreiche Tipps, zum Beispiel ständig wechselnde Rezeptvorschläge. Diese den Kunden zum Kauf anregenden Systeme bestehen aus Säulen, die über einen Touchscreen bedient werden. Die Informations-

BEISPIEL

In der Schreibwarenabteilung der Ambiente Warenhaus AG in Schönstadt sucht Anke Gronau die passende Druckerpatrone für ihren Tintenstrahldrucker. Sie hat aber ein Problem: Welches der vielen Produkte ist die richtige Wahl für ihr Gerät? Suchend blickt sie sich um und entdeckt ein Informationsterminal. Mit nur vier Berührungen des Bildschirms bekommt sie hier die richtige Antwort. Nachdem sie den Hersteller ihres Druckers ausgewählt und ihre Patronenart angegeben hat, bestimmt sie nur noch ihr Druckermodell. Das Infoterminal gibt ihr in Sekundenschnelle die Auskunft: Die passende Kartusche hängt an Haken 15, es handelt sich um das Produkt mit der Nummer 9998.

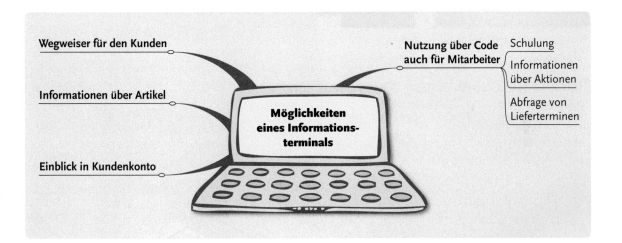

Elektronische Kiosksysteme

Werden die Informationsterminals neben den Informations- und Präsentationsaufgaben um die Möglichkeit erweitert, verschiedene Artikel zu bestellen oder zu kaufen, spricht man von elektronischen Kiosksystemen. Das sind also einzelne Standsäulen mit Touchscreenmonitor, die an frequentierten Plätzen (z. B. Eingang eines Einzelhandelsunternehmens) in multimedialer Form und durch Interaktionsmöglichkeiten nicht nur Informationen und Übersichten über verschiedene Themen (z. B. Warenangebote) präsentieren. Im Vordergrund steht der Verkauf

von Waren und Dienstleistungen. Erlaubt werden oftmals sogar Kreditkartenzahlungen.

Dadurch ergibt sich der große Vorteil für Einzelhandelsunternehmen, ihre Warenpräsentation quasi zu vergrößern: Sie können Waren anbieten, die nicht zum normalen Sortiment gehören und daher nicht vorrätig sind.

Über Kiosksysteme können z. B. multimediale Präsentationen, interaktive Produktinformationen, Teleshopping,

Erlebniseinkäufe in virtuellen Kaufhäusern oder Schulungen angeboten werden.

An elektronischen Kiosksystemen können Artikel gekauft werden.

Elektronische Etiketten

Preisauszeichnung

Um einen Preisvergleich und eine Prüfung der Rechnung durch den Konsumenten zu ermöglichen, ist durch die Preisangabenverordnung eine generelle Preisauszeichnungsverpflichtung vorgeschrieben. Waren müssen demnach innerhalb und außerhalb der Verkaufsräume mit dem **Endpreis** gekennzeichnet werden, sodass Verbraucher sehen können, was wie viel kostet. Damit wird Transparenz und Vergleichbarkeit gewährleistet. Einzelhändler sind außerdem verpflichtet, den Grundpreis einer Ware anzugeben sowie die handelsüblichen Warenbezeichnungen bzw. Gütebezeichnungen.

Am Regal kann die Auszeichnung auf dreierlei Arten erfolgen:

Einzelpreisauszeichnung:
Jeder Artikel wird mit einem Etikett versehen.

Traditionelle Regalauszeichnung:
Für alle Artikel gilt ein Etikett aus Papier am Regal.

Regalauszeichnung mit elektronischen Displays:
Die Preisauszeichnung erfolgt über ein elektronisches Etikett am Regal.

Elektronische Preisetiketten ersetzen herkömmliche Regaletiketten aus Papier. Bei elektronischen Etiketten sieht der Kunde auf einem kleinen elektronischen Display am Regal die Grund- und Warenpreise. Die Preisauszeichnung erfolgt über das drahtlose lokale Datennetzwerk des Einzelhandelsunternehmens. Ins Warenwirtschaftssystem eingegebene Preisänderungen werden automatisch in Sekundenschnelle direkt an die Displays geschickt: Preisänderungen sind somit ohne Verzögerung umgesetzt. Der Regalpreis entspricht stets dem Preis an der Kasse.

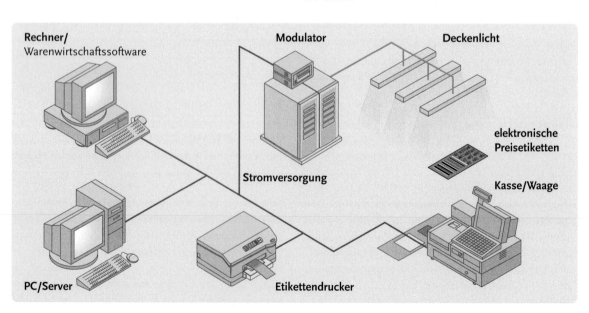

Elektronische Etiketten ersetzen Regaletiketten aus Papier.

Neben der Anzeige des Produktpreises können Zusatzinformationen bis hin zu werbewirksamen Kurztexten in das elektronische Regaletikett eingespeichert werden, wie z. B. die Produktbezeichnung, die Herkunft usw.

Weitere Vorteile:

- Es sind auch mehrfache Preisauszeichnungen möglich, die neben dem Verkaufspreis den Grundpreis ausweisen.

- Die Preisgebung kann durch die zentrale Eingabe filialbezogen, zeitlich begrenzt und auch kundenindividuell (z. B. Nachlässe für Inhaber von Kundenkarten) zeitgenau erfolgen und ist kurzfristig steuerbar.

> **BEISPIEL**
>
> Im Frischebereich der Lebensmittelabteilungen der Ambiente Warenhaus AG wird der Verkauf durch gestaffelte Preisminderungen gefördert. Der Preis wird kurz vor Geschäftsschluss immer günstiger.

- Besonders werbewirksam lassen sich wahrnehmungssteuernde Hinweise wie z. B. das Blinken des Displays einsetzen. So kann bspw. gezielt und auffällig auf Sonderangebote hingewiesen werden.

Intelligente Regale

Intelligente Regale – sogenannte Smartshelves – sind mit dem Warenwirtschaftssystem des Einzelhandelsunternehmens verbunden. Durch ein RFID-Lesegerät am Regal werden die Mitarbeiter aufmerksam gemacht, wenn Artikel fehlen oder vom Kunden falsch platziert zurückgelegt werden. Die Mitarbeiter können dann das Regal auffüllen bzw. die Ware umsortieren.

> **BEISPIEL**
>
> Die Smartshelves können durch die RFID-Technologie die Informationen der Waren lesen. Dadurch können sofort Fragen beantwortet werden:
>
> - Liegt das Sakko noch in der Umkleidekabine,
> - hängt es im falschen Ständer
> - oder probiert es ein Kunde jetzt gerade an?

Die intelligenten Regale basieren auf RFID-Technologie. Automatisch werden falsch eingestellte Waren erkannt. Sinkt der Warenbestand im Regal unter eine bestimmte Menge, erhält das Verkaufspersonal sofort diese Information.

Alle Waren, die aus dem Lager geholt werden, sind dann entsprechend als „nicht mehr am Lager" markiert. Eine Nachbestellung kann veranlasst werden. Damit ist dem Problem der leeren Regale entgegengewirkt. Hersteller können frühzeitig auf eine höhere Nachfrage reagieren und Kunden werden nicht mehr umsonst in ein Geschäft kommen und sich ärgern, wenn sie ein bestimmtes Produkt nicht vorfinden. Elektronische Preisschilder an den Regalen machen zudem Schluss mit nicht ausgezeichneten Waren. Ein weiterer Vorteil ist, dass es keine Fehler bei der Auszeichnung mehr gibt, denn die elektronischen Preisschilder nutzen die gleichen Daten wie die Kasse.

leicht abgeändert nach einem Text von Cisco Deutschland

Elektronische Werbedisplays

Elektronische Werbedisplays sind multimediale Ausprägungen der sogenannten POS-Displays (POS = Point of Sale = Ort des Verkaufs) bzw. der Plakatdisplays. Es handelt sich dabei um Werbeträger zur visuellen Information im Verkaufsraum. Sie befinden sich in der Regel in unmittelbarer Nähe der Waren.

POS-Displays sind beleuchtete, manchmal auch mit Bewegungseffekten versehene Werbeträger aus Metall, Holz, Pappe oder Kunststoff. Der Einsatz von Batterien oder ein Stromanschluss sorgt zusammen mit Sensoren,

Leuchtmitteln und Elektromotoren für Lichteffekte und/ oder Bewegungen. Dadurch soll der Verkaufsraum belebt und die Aufmerksamkeit der Kunden gewonnen werden. Manche POS-Displays sind in Nebenfunktion gleichzeitig Warenträger: Sie können nämlich auch Ware aufnehmen.

Bei elektronischen Werbedisplays erfolgt die Erzeugung der Informationen mithilfe der EDV, die Darstellung der Informationen über die LED-Technik. Elektronische Werbedisplays sind also elektronische Bildschirme, die zur Werbung eingesetzt werden. Die Werbedisplays übernehmen Präsentations- und Informationsaufgaben. Mit Fotos, Grafiken oder Videoanimationen und im Vergleich zur Papierdarstellung optimalem Farbbild erläutern sie Waren oder bestimmte Leistungen des Einzelhandelsunternehmens. Motivwechsel – wie z. B. Änderungen oder Aktualisierungen – können extrem schnell übermittelt und angezeigt werden. Neben unterschiedlichsten Text- und Bildinformationen ist es auch möglich, Videos über die elektronischen Werbedisplays zu zeigen.

POS-Displays beleben den Verkaufsraum.

BEISPIEL

In allen Filialen gleichzeitig startet die Ambiente Warenhaus AG das Aktionsvideo eines Markenartikellieferanten, der ein neues Produkt herausstellen möchte.

Plakatdisplays sind Werbeträger, die mit Postern und Plakaten informieren. Häufig sind sie beleuchtet, da der Einsatz von Licht dem Kunden eher auffällt als normale Plakate in einem Rahmen.

Beleuchtete Plakatdisplays erhöhen die Aufmerksamkeit.

Das virtuelle Schaufenster informiert über Produkte und Dienstleistungen.

Persönliche Einkaufsberater

Ein Personal Shopping Assistant (PSA) ist ein kleiner Computer, den der Kunde an seinem Einkaufswagen befestigen kann und der dann die Rolle eines persönlichen Einkaufsberaters für ihn spielt. Personal Shopping Assistants stellen also mobile Hilfen am Einkaufswagen mit einer Fülle von Servicefunktionen für den Kunden dar:

- Der Kunde bekommt den Weg dorthin gezeigt, wo er bestimmte Waren finden kann.
- Sie geben Auskunft über jeden Artikel des Sortiments.
- Wenn der Kunde sich evtl. mit einer Kundenkarte identifiziert hat, kennt ihn das Warenwirtschaftssystem und kann auf früher gern gekaufte Artikel hinweisen. Bei Bedarf soll in Zukunft sogar – aufgrund der früher erfassten Einkaufsinformationen – eine Einkaufsliste erstellt werden können.
- Wenn die eingekauften Artikel mit einem integrierten Scanner gleich gescannt werden, hat der Kunde einen Überblick über Menge und Wert seiner Einkäufe. Auch das Selfscanning kann unterstützt werden: Die gescannten Daten können an die Kasse weitergegeben werden.
- Es kann auf Ergänzungsangebote für die vom Kunden eingekauften Artikel hingewiesen werden.
- Zukünftig soll der Kunde sogar seine zu Hause erstellte Einkaufsliste an das Einzelhandelsunternehmen schicken können, wo sie im PSA zur Verfügung steht.

Leicht gebräunt steht der Verkäufer da, mit weißem T-Shirt und blauen Kontaktlinsen und trägt im Arm ein … nun ja, ein Ding. Ein hellgraues Etwas aus Plastik, groß und dick wie ein Leitz-Ordner, mit einem dunklen Flachbildschirm in der Mitte. Ob ich einen PSA haben möchte, fragt der Herr und strahlt mich erwartungsfroh an.

Wen bitte?

Er meint das Ding. PSA steht für „Personal Shopping Assistant" und bedeutet „persönlicher Einkaufsberater". Ein kleiner Computer, den ich mir vorne auf die Stange meines Einkaufswagens klemmen kann. Der PSA hilft mir, weil er alles weiß. Er weiß, was ich sonst immer kaufe, weil meine Einkaufsgewohnheiten auf meiner Kundenkarte gespeichert sind, und mit der zeige ich dem PSA, wer ich bin. Er weiß, was es gerade für Sonderangebote im Laden gibt. Und er weiß, wie ich sie finde, weil er funktioniert wie ein kleines Navigationssystem im Auto, erklärt der freundliche Herr. Er könne mich zwar nicht von Köln nach Frankfurt lotsen, aber immerhin von der Käsetheke zum Meister-Proper-Regal.

leicht abgeändert aus: DIE ZEIT, 5. Juni 2003, Nr. 24 (Das Philadelphia-Experiment von Marcus Rohwetter)

Der „Personal Shopping Assistant" ist direkt am Einkaufswagen angebracht.

Regaloptimierungssoftware

In den letzten Jahren entwickelte sich im Einzelhandel die Regalfläche zu einem immer größer werdenden Engpassfaktor: Die Regalfläche wird angesichts ständig wechselnder und immer umfangreicherer Sortimente ein immer größer werdender Kostenfaktor.

Vor diesem Hintergrund wird im Einzelhandel **mittels Regaloptimierung** (engl.: space management) eine bestmögliche Ausnutzung der vorhandenen Verkaufsfläche durch eine renditeorientierte Warenplatzierung in den Regalen angestrebt. Grundgedanke ist, dass jeder Ware der Platz zugeordnet wird, der ihrem Umsatz- und Ertragsbeitrag und den Kaufgewohnheiten am besten entspricht. Das wird seit einiger Zeit von der Regaloptimierungssoftware unterstützt.

Regaloptimierungssoftware verwaltet die Regalfläche optimal, indem sie Kennzahlen über die Wirtschaftlichkeit des Flächenanteils eines Artikels zur Verfügung stellt und durch ihre grafischen Möglichkeiten eine bestmögliche Ermittlung der bedarfsgerechten Regalfläche umsetzt.

Beispiele für solche Kennzahlen sind:
- die Regalproduktivität (der zu erwartende Umsatz pro Regalmeter)
- die Regalrentabilität (Deckungsbeitrag pro Regalmeter)

Mit einer Regaloptimierungssoftware lassen sich alternative Produktplatzierungen am PC testen, simulieren und wirtschaftlich analysieren.

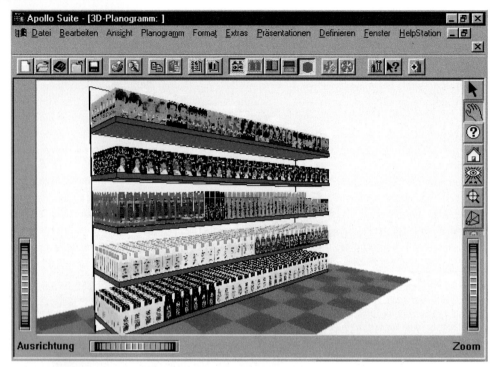

Software hilft bei der Regaloptimierung.

AUFGABEN

1. Was sind Informationsterminals?

2. Wodurch unterscheiden sich Informationsterminals von Kiosksystemen?

3. Welche Vorteile haben elektronische Etiketten gegenüber Etiketten in Papierform?

4. Was sind Smartshelves?

5. Erläutern Sie die Vorteile elektronischer Werbedisplays.

6. Was sind die Aufgaben von Programmen zur Regaloptimierung?

7. Welche Vorteile haben Personal Shopping Assistants für die Unternehmen?

8. Führen Sie die Vorteile von Personal Shopping Assistants für die Kunden auf. Lesen Sie dazu auch den unten stehenden Artikel.

Der Einkaufswagen als Empfangsstation
Rezepte werden gefunkt

Auch der schlichte Einkaufswagen im Supermarkt bleibt von fantasiereichen Technikern nicht verschont. Sie haben den dummen Drahtkäfig jetzt zu einem intelligenten Videokart umgebaut und damit zur Endstation eines multifunktionalen Kunden-, Leit- und Informationssystems gemacht.

So jedenfalls wird das Gerät in der Halle 1 auf dem Siemens-Nixdorf-Stand präsentiert. Die Neuheit, die natürlich aus den USA kommt, beschert dem schlichten Einkaufswagen einen Bildschirm und über den werden die Kunden mit einem nie versiegenden Datenfluss beglückt.

Sie erhalten nicht nur ständig aktualisierte Preisinformationen, sondern zum Beispiel auch gleich den Tipp, mit welchem Rezept das Sonderangebot am besten zu verbrauchen ist. In der Warteschlange an der Kasse braucht sich nach Einführung des neuen Systems der Kunde nicht mehr zu langweilen; über seinen Bildschirm erhält er die neuesten lokalen Nachrichten oder den Wetterbericht.

Die Möglichkeiten des Videokarts nutzen natürlich auch die Marktforscher. Jeder Einkaufswagen kann nicht nur Signale empfangen, sondern auch aussenden. Irgendwo im Supermarkt zeichnet dann ein Computer auf, welche Wagen wie lange vor welcher Produktpräsentation oder welcher Werbung stehen geblieben sind. *hpw   aus: HAZ*

AKTIONEN

1. a) Lesen Sie dieses Kapitel unter Beachtung der Regeln des aktiven Lesens.

   b) Erstellen Sie eine Mindmap, die über alle wichtigen Neuerungen im Bereich der Warenpräsentation informiert.

2. a) Erstellen Sie für die Warenhäuser der Ambiente Warenhaus AG einen Vorschlag für die Inhalte eines Informationssystems (z. B. die Vorstellung von vier Artikeln Ihres Ausbildungssortiments).

   b) Simulieren Sie mit PowerPoint ein Informationssystem. Fertigen Sie eine Präsentation an, die die Inhalte für den Kunden optimal visualisiert.

ZUSAMMENFASSUNG

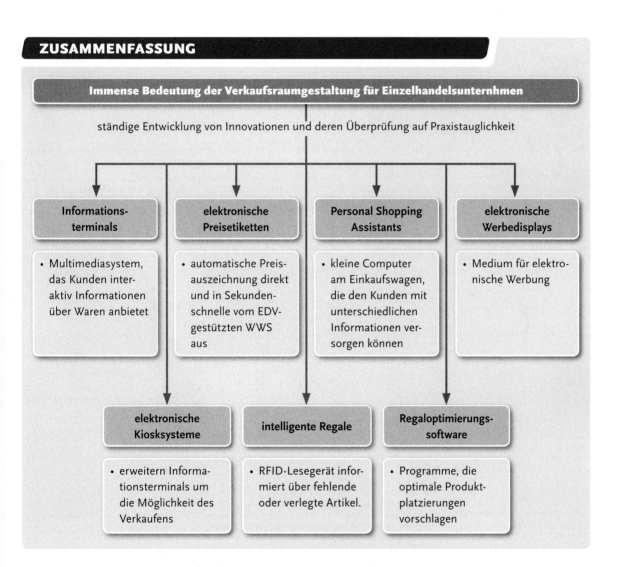

Immense Bedeutung der Verkaufsraumgestaltung für Einzelhandelsunternhmen

ständige Entwicklung von Innovationen und deren Überprüfung auf Praxistauglichkeit

Informations-terminals
- Multimediasystem, das Kunden interaktiv Informationen über Waren anbietet

elektronische Preisetiketten
- automatische Preisauszeichnung direkt und in Sekundenschnelle vom EDV-gestützten WWS aus

Personal Shopping Assistants
- kleine Computer am Einkaufswagen, die den Kunden mit unterschiedlichen Informationen versorgen können

elektronische Werbedisplays
- Medium für elektronische Werbung

elektronische Kiosksysteme
- erweitern Informationsterminals um die Möglichkeit des Verkaufens

intelligente Regale
- RFID-Lesegerät informiert über fehlende oder verlegte Artikel.

Regaloptimierungs-software
- Programme, die optimale Produktplatzierungen vorschlagen

WERBEN UND DEN VERKAUF FÖRDERN

VERKAUF

5

Werben und den Verkauf fördern

Lernsituation

Ambiente-Warenhaus-AG-Chef Rischmüller:
Es gibt keine Tabus mehr.

Die Ambiente Warenhaus AG ist noch tiefer in die roten Zahlen gerutscht und hat ihre Prognose für das nächste Jahr gesenkt. Der Konzern hat im abgelaufenen Quartal zum zweiten Mal in Folge Marktanteile verloren.

Mit einem harten Sanierungskurs, dem Aufbau des Versandhandels und neuen Marketingstrategien zur Rückgewinnung von Marktanteilen will Vorstandschef Heinz Rischmüller die Ambiente Warenhaus AG wieder in die schwarzen Zahlen bringen.

SCHÖNSTADT. Im ersten Halbjahr vergrößerte sich der Verlust gegenüber dem Vorjahreszeitraum um fast das Vierfache, teilte die Ambiente Warenhaus AG am Mittwoch in Schönstadt mit. Im ersten Halbjahr dieses Jahres hätten sich noch Sondereffekte positiv ausgewirkt und den Verlust beschränkt. Nach einem Umsatzeinbruch um 5 % im ersten Halbjahr erwartet das Warenhaus im zweiten Halbjahr mit einem Rückgang von 3,5 % bis 4 % eine leichte Milderung des Abwärtstrends.

Der Marktanteil der Ambiente Warenhaus AG war zwischen Januar und März deutlich eingebrochen – auf das niedrigste Niveau der vergangenen drei Jahre. Einer der Gründe: Das Unternehmen hatte den technologischen Trend zum multikommunikativen Wohnen unterschätzt. Ein Trend, der durch die folgende Pressemeldung nachhaltig bestätigt wird:

WIESBADEN. Die Deutschen setzen immer mehr auf Informations- und Kommunikationsmedien. Das ist das Ergebnis einer Umfrage unter Verbrauchern in Europa, die das Statistische Bundesamt jetzt vorlegte. Das Internet wird inzwischen von der Hälfte der Deutschen ab zehn Jahren genutzt. Die stärkste Gruppe bilden dabei die unter Dreißigjährigen. Während die jungen Leute eher die Freizeitbeschäftigung im Auge haben, nutzen Ältere das Internet vor allem für die Informationssuche und das Bestellen von Waren. – Die Statistiker ermittelten zudem, dass inzwischen 75 % der deutschen Haushalte mindestens ein Mobiltelefon besitzen, gut 60 % einen Computer, 53 % eine digitale Kamera, 83 % einen DVD-Player und 46 % einen flachen TV-Großbildschirm.

Zudem machten der Ambiente Warenhaus AG seit Herbst vergangenen Jahres die extremen Rabattschlachten im Handel zu schaffen. Insbesondere sind es die massiven Preissenkungen der Discounter im Hi-Fi-Bereich. Rischmüller sagt, er rechne weiter mit einem Preisverfall von jährlich 8 % bis 12 % in der Branche.

Das Schönstädter Unternehmen will nun in einem ersten Schritt mit einer außerordentlichen Werbekampagne – verbunden mit deutlich niedrigeren Angebotspreisen, als sie bei der Konkurrenz vorzufinden sind – auf die Verluste reagieren.

Aber nicht nur die Billigmärkte bedrohen das Warenhaus, sondern auch die Fachgeschäfte mit ihrer Kompetenz. Bei der Ambiente Warenhaus AG fielen bereits hunderte Stellen dem Rotstift zum Opfer, um die Kosten zu senken. Das gehe letztlich zulasten der Beratung, so ein Insider. Ein Dilemma, in dem der Vorstand des Unternehmens feststeckt. Das Problem sei aber erkannt und man betrachte es als sehr sinnvoll, wieder in Stärken wie Beratung, Service und Vielfalt zu investieren.

Angesichts der schlechten Umsätze sieht die Ambiente Warenhaus AG ihre Zukunft zunehmend auch im Versandgeschäft. **„In den kommenden fünf Jahren möchte ich den Umsatz im Versandhandel deutlich anheben"**, sagt Rischmüller. Bisher machte das Warenhaus 8 % seiner Umsätze im Versandhandel.

Beim Umbau des Unternehmens setzt Rischmüller außerdem auf den elektronischen Handel. Als eines der starken deutschen Einzelhandelsunternehmen im E-Commerce verfüge die Ambiente Warenhaus AG hier über ein großes Umsatz- und Renditepotenzial. Im ersten Halbjahr mache der Anteil der Onlinenachfrage bereits mehr als 14 % des gesamten Unternehmenserlöses aus, betonte Rischmüller.

Bei allen geplanten Strategien bezeichnet er den Kunden als „Schlüssel zum Erfolg". „Es muss uns gelingen, die Kundenzufriedenheit zu erhöhen und das Profil unserer starken Marke ‚Ambiente' wieder zu schärfen", erklärte der Manager.

Die Neuausrichtung bedeute für das gesamte Unternehmen im nächsten und im übernächsten Jahr einen harten „Konsolidierungs- und Sanierungskurs". „Vor uns liegt harte Arbeit", unterstreicht Rischmüller. Optimistisch stimme ihn, dass die Ambiente Warenhaus AG auf einem „soliden Fundament" stehe und sehr leistungsfähig sei.

Vorstandsvorsitzender Rischmüller ist fest entschlossen, verlorene Geschäftsfelder wieder zurückzugewinnen. Er ist der Meinung, dass insbesondere für die Artikelgruppe des Hi-Fi-Bereichs, jenem Bereich also, in dem die Ambiente Warenhaus AG starken Nachholbedarf sieht und – wie oben dargestellt – die Konkurrenz angreifen will, in erster Linie junge Leute „Experten" sind.

Und diese Experten sind es, die nach seinen Vorstellungen das neue innovative Werbekonzept entwickeln sollen. Die Marketingabteilung weist er daraufhin an, ganz bewusst ein innovatives Team mit vor allem Auszubildenden des Unternehmens zu bilden.

Sein Auftrag: Innerhalb der nächsten 8 Wochen soll ein Werbekonzept mit der Zielrichtung „Maßnahmen zur Förderung des Umsatzes im Hi-Fi-Bereich" erarbeitet und ihm persönlich vorgestellt werden.

---

1. Erarbeiten Sie in arbeitsgleichen Teams bestehend aus jeweils sechs Teammitgliedern ein ganzheitliches Werbekonzept unter besonderer Beachtung der Werbegrundsätze und des ökonomischen Einsatzes der werblichen Maßnahmen (Werbeerfolgskontrolle). Die Teamergebnisse sollen der Klasse als Grundlage für die arbeitsteilige Weiterarbeit am Projekt dienen.

2. Sammeln Sie in einer ersten Phase der Ideenfindung mögliche Vorschläge für das Gesamtkonzept. Tragen Sie die Ideen in einen Sammelbogen ein. Verwenden Sie dafür die Kreativitätstechnik des Brainwritings (6-3-5-Methode) unter Berücksichtigung der Regeln für das Brainwriting: keine Kritik, Ideen freien Lauf lassen, die Menge der Ideen geht vor Qualität, Offenheit gegenüber den Ideen anderer zeigen.

3. Stimmen Sie die Auswahl der Werbearten auf das Gesamtkonzept und deren wirtschaftliche Bedeutung für die Ambiente Warenhaus AG ab.

4. Gestalten Sie die von Ihnen ausgewählten Werbemittel. Berücksichtigen Sie die Grundsätze zur Erstellung von Werbemitteln (sprachliche und bildliche Gestaltungsmittel) und benutzen Sie für die konzeptionelle Umsetzung geeignete Software.

5. Begleitend und abgestimmt auf den Werbeplan sollen von Ihnen Maßnahmen zur Verkaufsförderung realisiert werden. Das Gesamtkonzept soll Ehrlichkeit und Glaubwürdigkeit vermitteln (beachten Sie also die Gefahren, die durch die Werbung grundsätzlich gegeben sind).

6. Überprüfen Sie die rechtliche Zulässigkeit der von Ihnen vorgeschlagenen Werbe- und Verkaufsförderungsmaßnahmen.

7. Bieten Sie zusätzlich Serviceleistungen an, die die zurückgewonnenen Kunden langfristig an die Ambiente Warenhaus AG binden. Besonders berücksichtigt werden sollen dabei die Serviceleistungen „Zustellung" und „Verpackung".

8. Stellen Sie abschließend das gesamte Werbekonzept unter Zugrundelegung von geeigneten Präsentationsmethoden und unter Berücksichtigung der Präsentationsregeln vor.
   Bereiten Sie Ihre Präsentation gut vor, da es von ihr abhängt, ob Sie mit Ihrem Konzept beim Auftraggeber Erfolg haben werden. Begründen Sie die getroffenen Einzelentscheidungen.

1. Führen Sie Gründe an, warum die Ambiente Warenhaus AG in dieser Art und Weise für ihre Waren wirbt.
2. Stellen Sie fest, welche Bereiche die Wirtschaftswerbung umfasst.

INFORMATIONEN

Voraussetzung für jede Kommunikation ist das Vorhandensein eines **Senders,** einer **Botschaft,** eines **Trägers der Botschaft** und eines **Empfängers.** Kommunikation kommt dann zustande, wenn vom Empfänger die Botschaft aufgenommen wird und er sich mit ihr auseinandersetzt. Die Rückmeldung (Feedback) an den Sender erfolgt in

Form der anschließenden Reaktion des Empfängers, z. B. durch Käufe.

Die folgende Darstellung gibt den **Marketingkommunikationsprozess** vereinfacht wieder:

---

1 Sponsoring beruht auf dem Prinzip von Leistung und Gegenleistung. Der Sponsor stellt dem Gesponserten Geld und/oder Sachmittel zur Verfügung und erhält eine Gegenleistung, die zur Erreichung der Marketingziele beitragen soll. Sponsoring ist in allen Bereichen der Kommunikationspolitik möglich (siehe Ausführungen Seite 363).

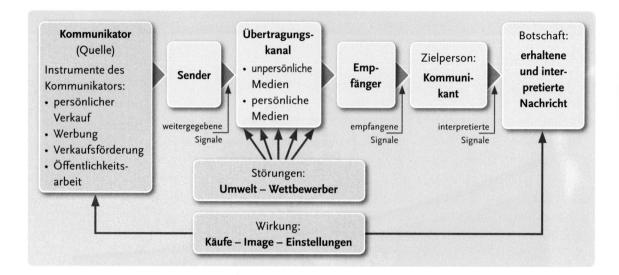

Bei diesem **Prozess der Verständigung** untereinander sollte die folgende Kommunikationsformel berücksichtigt werden:

- **Wer** (z. B. Großhandelsunternehmen)
- **sagt was** (Botschaft)
- **über welchen Kanal** (Werbeträger, Außendienst)
- **zu wem** (Zielperson oder Zielgruppe)
- **mit welcher Wirkung** (Kommunikationserfolg, Käufer, Änderungen von Einstellungen, Auswirkungen auf das Unternehmensimage)?

Zur Kommunikationspolitik gehören sämtliche auf den Absatzmarkt gerichtete **Informationsprozesse.** Ziel dieser Informationsprozesse ist die Beeinflussung von Einstellungen und Erwartungshaltungen gegenüber der Ware und dem Unternehmen im Sinne der Unternehmensziele (z. B. Steigerung des Absatzes).

Dabei müssen Inhalt, Ausmaß, Zeitbezug und Zielgruppenbezug eindeutig festgelegt werden **(= Operationalisierung der Kommunikationsziele).**

DEFINITION

Marketingkommunikation ist die Verständigung des Unternehmens
- mit möglichen Kunden,
- mit der Öffentlichkeit und
- mit Unternehmensangehörigen.

BEISPIELE

- Verbesserung des Unternehmensimages durch Steigerung der Markenbekanntheit
- Steigerung des Umsatzes um 8 % innerhalb der nächsten 12 Monate im Marktsegment Seidenbettwäsche

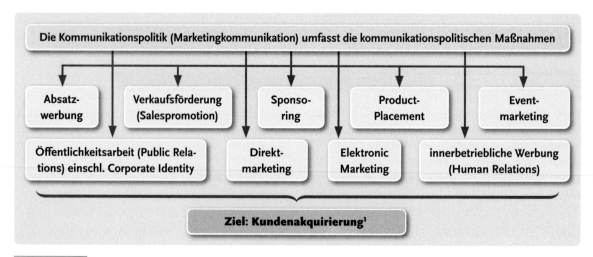

---

1 Akquisition (lat.): Kundenwerbung

Absatzwerbung

Ziele und Aufgaben

Die wichtigste Form der Kommunikationspolitik ist die Absatzwerbung. Mit ihrer Hilfe bemühen sich Unternehmen, Waren und Dienstleistungen abzusetzen. Verschiedene Werbemittel, z. B. Zeitungsanzeigen, unterstützen sie dabei.

Aufgabe der Werbung ist es, die Ware der Zielgruppe so nahezubringen, dass sie sie schließlich auch kauft.

Die Werbung stellt die Verbindung zwischen Hersteller bzw. Händler und Zielgruppe (Käufersegment) her.

Der Werbespruch ab Herbst:

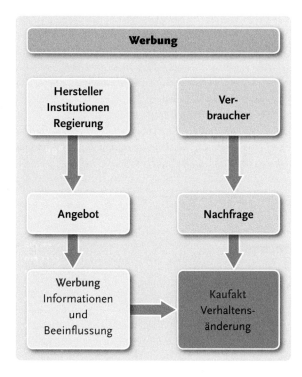

Ohne Werbung, die die Masse der Verbraucher über das breite Warenangebot unterrichtet, gäbe es keinen Massenabsatz und damit keine Massenproduktion.

Im Wirtschaftsleben hängt viel von den Verbrauchern ab. Fragen sie längere Zeit nur wenig Waren und Dienstleistungen nach, dann gerät wegen des Nachfrageausfalls die gesamte Wirtschaft in Gefahr. Sind die Verbraucher hingegen ausgabefreudig, dann geht es dem Einzelhandel, der Konsumgüterindustrie und den Wirtschaftsbetrieben in anderen Branchen gut.

Aus diesem Grund setzen die Unternehmen alles daran, das Verbraucherverhalten zu erforschen und zu beeinflussen. Dabei spielt die **Werbung als absatzpolitisches Instrument** eine wichtige Rolle.

Sie ist für Hersteller wie Einzelhändler notwendig, um in einer auf Wettbewerb ausgerichteten Wirtschaft überleben zu können. Nicht umsonst gilt daher bei den Unternehmen das Motto: „Wer nicht wirbt, der stirbt!"

Ein Einzelhandelsunternehmen wie die Ambiente Warenhaus AG muss daher auf ihre Waren aufmerksam machen, um alte Käuferschichten zu erhalten und möglicherweise neue hinzuzugewinnen.

Die Grenzen sind fließend. Eine scharfe Trennung der verschiedenen Primärziele ist nicht möglich.

Sämtliche Ziele dienen letztlich dem Hauptziel der Absatzwerbung: der Anbahnung, Erhaltung und Förderung des Absatzes zur Maximierung des Gewinns.

Die Werbung hat ihr Ziel erreicht, wenn der Kunde die Ware gekauft hat. „Mit Absatzwerbung läuft nicht alles wie von selbst – doch ohne Absatzwerbung läuft gar nichts!" ist eine weitverbreitete Erkenntnis in den Handelsunternehmen.

DEFINITION

Absatzwerbung ist die planmäßige Beeinflussung der Verbraucher, um den Absatz bzw. die Nachfrage nach einer Ware oder Dienstleistung zu fördern, anzuregen oder hervorzurufen.

Absatzwerbung

primäre Ziele der Werbung

aus der Sicht des Einzelhandelsunternehmens	aus der Sicht des Kunden
• neue Waren bekannt machen (Einführungswerbung) • den bestehenden Kundenkreis erhalten (Erinnerungs- oder Stabilisierungswerbung) • beim Kunden neue Bedürfnisse wecken und dadurch neue Kunden hinzu- oder ehemalige Kunden zurückgewinnen (Expansionswerbung)	• über Güter informieren und aufklären, wie z. B. über die Eigenschaften, Verwendungsmöglichkeiten, Verbesserungen oder über technische Neuerungen • eine Marktübersicht geben und damit Preisvergleiche ermöglichen

- In erster Linie besteht das Interesse der **Einführungswerbung** darin, die neue Ware bekannt zu machen. Dabei soll gleichzeitig im Bewusstsein bzw. Unterbewusstsein der Konsumenten das Verlangen entstehen, dieses bestimmte Produkt zu kaufen. Sekundär ist es dabei, ob der Verbraucher den Artikel im weitesten Sinn benötigt oder nicht.

- Bei der **Expansionswerbung** soll mit Werbemaßnahmen der Umsatz erhöht bzw. der Marktanteil gesteigert werden. Um das zu erreichen, können Kunden, die das Produkt bereits kennen und kaufen, dazu angeregt werden, mehr zu bestellen. Auch neue Kunden können geworben werden. Dabei sind in der Regel neue Verwendungszwecke aufzuzeigen.

- Die **Erhaltungswerbung** ist vor allem bei rückläufiger Konjunktur von Bedeutung. Im Vordergrund stehen die Erhaltung des bisherigen Bekanntheitsgrades und die Tatsache, dass der Marktanteil nicht absinkt, sondern ebenfalls erhalten bleiben soll.

Umworbene Kundschaft

Die werbestärksten Branchen in Deutschland 2010 Brutto-Werbeinvestitionen in Millionen Euro

kauf mich

KAUF MICH AUCH

*Privatkunden

Einzelhandel	2949
Versandhandel	1781
Pkw	1485
Zeitungen	1318
Publikumszeitschriften	902
Arzneimittel	783
Online-Dienstleistungen	778
Schokolade u. Süßwaren	726
Verlage u. a. Medien	579
Mobilfunk	562
Möbel und Einrichtungen	516
Haarpflege	480
E-Commerce	479
Versicherungen	475
Bekleidung	471
TV-Sender	458
Finanzdienstleistungen*	442
Unternehmenswerbung	391
Bier	379
Milchprodukte	373
Baustoffe u. Zubehör	324
Alkoholfreie Getränke	313
Karitative Organisationen	308
Finanzen (Firmen-/Imagewerbung)	298
Hotels und Gastronomie	297

Quelle: Nielsen Media Research/ZAW

© Globus 4365

Nach einem Einbruch der Werbeeinnahmen 2009 von fast 10 % konnten die Medien im vergangenen Jahr wieder ein kleines Plus verbuchen. Insgesamt lagen die Werbeeinnahmen der Medien 2010 mit rund 18,75 Mrd. € um 2,1 % über dem Vorjahreswert. Während die Fernsehsender Zuwächse von 8,6 % verbuchen konnten und so erstmals an die Spitze der Werbeträger rückten, mussten die Tageszeitungen ein Minus von 1,5 % hinnehmen. Das reichte nur noch für den zweiten Platz unter den Werbeträgern. Den größten Werbeetat hatten Handelsorganisationen (Einzelhandel); sie gaben 2,9 Mrd. € für Werbung aus. Die größten werbetreibenden Unternehmen waren Procter & Gamble, Media Markt/Saturn sowie Ferrero. Sie investierten zwischen 591 und 397 Mio. € in Werbung.

Reklame

Reklame ist zum Teil die übertriebene und unseriöse Form der Massenwerbung für Waren und Dienstleistungen.

Direktmarketing

DEFINITION

Als **Direktmarketing** (auch Dialogmarketing oder Direct-Response-Werbung) wird jede Werbemaßnahme bezeichnet, die eine **persönliche Ansprache des möglichen Kunden** mit der Aufforderung zur Antwort enthält und sich durch eine deutlich hervorgehobene Responsemöglichkeit von der einfachen Direktwerbung unterscheidet.

Im Unterschied zur Direktwerbung wird im Direktmarketing die Möglichkeit, sich mit dem Unternehmen in Verbindung zu setzen, aktiv verstärkt.

In der Praxis wird ein Werbemittel wie ein Mailing z. B. durch Beilagen oder aufgeklebte Give-aways, durch das Angebot von Verlosungen oder Einladungen zu Veranstaltungen aufgewertet. Besonders exklusive Papiersorten, Kartonagen oder Sonderfarben können vom Einzelhändler genutzt werden. Oder es werden begleitende Maßnahmen wie z. B. eine nachfolgende SMS eingesetzt, um die persönliche Ansprache zu intensivieren und die Möglichkeit einer Antwort (Response) durch den Empfänger zu erhöhen.

Ein besonders häufig genutztes Instrument im Direktmarketing ist das **Callcenter**[1]. Im persönlichen Telefongespräch erhält das Einzelhandelsunternehmen zusätzlich Informationen über den Kunden und seine Präferenzen.

DEFINITION

Als **Telefonverkauf**[2] (auch Telefonmarketing bzw. Telemarketing) wird eine Form des Verkaufs bezeichnet, bei der die Akquisition, die Beratung und der Vertragsabschluss in Teilschritten oder komplett per Telefon vorgenommen werden.

Nutzen

Der Nutzen des Telefonverkaufs besteht in den geringen Kosten gegenüber dem persönlichen Besuch bei den Kunden. Aus Kostengesichtspunkten ist der Telefonverkauf zwischen dem aufwendigen Außendienstverkauf einerseits und dem Versenden von Printwerbung zur Erzielung eines Vertragsabschlusses andererseits einzuordnen.

Die persönliche Ansprache ist ein wirkungsvolles Element in Vertrieb und Service. Im Gespräch kann besser auf Kundenfragen eingegangen, argumentiert und überzeugt werden als z. B. im Dialog eines Mailings mit Responseabschnitt zur Rücksendung. Dies zeigt sich an deutlich höheren Bestellquoten im Vergleich zum klassischen Mailing (Werbebrief). Darüber hinaus können Streuverluste minimiert werden.

Andererseits liegen die Kosten pro Kontakt mehrfach über denen eines Werbebriefes mit einfacher Ausstattung. Hochwertige Mailings kosten mitunter jedoch mehr als ein Anruf.

Einsatzmöglichkeiten des Direktmarketings sind häufig:
* Kundeninformation zu Produktneuheiten
* Aktivierung von Altkunden
* Kundenrückgewinnung
* Telefonverkauf
* persönlicher Verkauf

Stärken des Direktmarketings

Durch die Möglichkeit der Unterscheidung der Kunden (von einem „Starkunden" bis zu einem „Verzichtskunden") kann der Einzelhändler eine Werbemaßnahme für jeden Kunden individuell gestalten. So rechtfertigt ein „Starkunde", der ein hohes Umsatz- und Gewinnpotenzial sowie beste Wachstumsaussichten aufweist, einen hohen Marketingaufwand.

---

1 Als Callcenter wird ein Unternehmen oder eine Organisationseinheit bezeichnet, in dem Marktkontakte telefonisch hergestellt werden.

2 Die rechtliche Beurteilung der Telefonwerbung wird im Kap. 5.5 ausführlich behandelt.

Dies kann z. B. geschehen durch:

- intensive Kundenbetreuung, und zwar vor, beim und nach dem Kauf
- bevorzugte Lieferung
- Berücksichtigung von Sonderwünschen

Einen sogenannten „Verzichtskunden", der durch ein geringes Umsatzpotenzial und geringe Wachstumsaussichten gekennzeichnet ist, sollte man besser aufgeben, da er meist schon einen negativen Deckungsbeitrag aufweist.

Weiterhin werden Kundenbeziehungen aufgebaut, die zur Kundentreue und letztlich zu einer engen Kundenbindung führen sollen. Stammkunden erwirtschaften nach wie vor die meisten Umsätze. So ist es bis zu siebenmal leichter, einen Stammkunden zum Kauf zu bewegen, als einen neuen Kunden für sich zu gewinnen. Daher hat das Direktmarketing nicht nur für die Gewinnung von Neu-

kunden Vorteile, sondern dient vor allem dem Ziel, Stammkunden eng an das Unternehmen zu binden.

Diese Kundennähe und die Kundenzufriedenheit haben weiterhin positive Abstrahlungseffekte auf dem Markt. Vor allem mit der Direct-Response-Werbung ist es möglich, neue Zielgruppen zu erschließen, da der Empfänger einer Werbebotschaft sein Interesse damit bekundet, dass er auf die Werbebotschaft reagiert. Die dadurch gewonnenen Daten können wiederum in weiteren Aktionen verwendet werden, um Werbemaßnahmen individueller zu gestalten.

Die individuelle Kontaktansprache vermindert insbesondere die Streuverluste der eingesetzten Werbemittel und führt somit zu einer Gewinnverbesserung aufgrund der Kostensenkungspotenziale. Das Direktmarketing erlaubt dem Einzelhändler insofern einen effizienteren Einsatz seiner finanziellen Mittel.

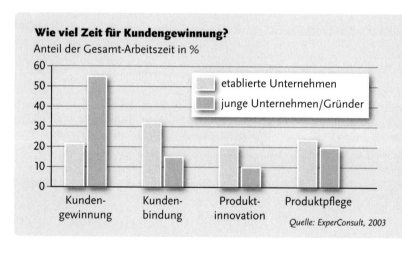

Wie viel Zeit für Kundengewinnung?
Anteil der Gesamt-Arbeitszeit in %

- etablierte Unternehmen
- junge Unternehmen/Gründer

Kundengewinnung · Kundenbindung · Produktinnovation · Produktpflege

Quelle: ExperConsult, 2003

Kundengewinnung ist für Gründer und junge Unternehmen – anders als für etablierte Unternehmen – die unternehmerische Aufgabe „Nr. 1". Leichter gesagt, als getan: Denn die Akquisition verbraucht mehr als die Hälfte, die Kundenbindung ein Drittel der Arbeitszeit. Wichtig ist, Zeit und Kosten einzuplanen.

Öffentlichkeitsarbeit (Public Relations)

Was ist PR ...

„Wenn ein junger Mann ein junges Mädchen kennenlernt und ihr sagt, was für ein großartiger Kerl er ist, so ist das **Reklame.** Wenn er ihr sagt, wie reizend sie aussieht, so ist das **Werbung.** Aber wenn das Mädchen sich für ihn entscheidet, weil sie von anderen gehört hat, was für ein feiner Mensch er sei, dann ist das **Public Relations."**

(Alwin Münchmeyer, Privatbankier)

Beziehen sich die kommunikationspolitischen Maßnahmen nicht auf eine bestimmte Ware, sondern auf das Unternehmen als Ganzes, auf die Pflege der Beziehungen

zur Öffentlichkeit, so spricht man von **Öffentlichkeitsarbeit.** Dabei will man Vertrauen gewinnen, Sympathien erzeugen und allgemein ein positives Image aufbauen. Geworben wird um die positive Meinung der Öffentlichkeit.

DEFINITION

> Unter **Öffentlichkeitsarbeit** sind sämtliche Maßnahmen zu verstehen, die ein Unternehmen ergreift, um **sein Ansehen in der Öffentlichkeit zu pflegen oder zu verbessern.** Man nennt diese entsprechenden Maßnahmen auch **Imagepflege.**

Angesprochen werden sollen mithilfe der Öffentlichkeitsarbeit nicht nur die Verbraucher, sondern alle, die in Verbindung zum Unternehmen stehen, wie z. B. Geschäftspartner, Kapitalgeber, Behörden, Parteien, Regierungen, Gewerkschaften, Massenmedien usw.

Öffentlichkeitsarbeit wird nicht nur von einzelnen Unternehmen, sondern ebenso für den Wirtschaftszweig Einzelhandel insgesamt betrieben, z. B. von den Einzelhandelsverbänden.

Mittel der Public-Relations-Politik sind u. a.

- allgemeine und spezielle Informationen an Journalisten von Presse, Rundfunk und Fernsehen,
- Interviews,
- Pressekonferenzen,
- PR-Anzeigen,
- Broschüren und Zeitschriften,
- Geschäftsberichte,
- Wettbewerbe,
- Informationsabende,
- Einladungen an Hausfrauen und -männer sowie Verbraucherverbände,
- Mitwirkung des Unternehmers in Vereinen und Verbänden,
- Förderung des Gemeinwohls, z. B. durch Spenden,
- Betriebsbesichtigungen („Tag der offenen Tür").

Eng verwandt mit Public Relations ist das Sponsoring.

Sponsoring

Sponsoring bietet die Gelegenheit, durch Förderung geeigneter Personen, von Vereinen oder Organisationen den Bekanntheitsgrad des Unternehmens zu steigern sowie die Produkt- und/oder Imageziele des Unternehmens zu gestalten (Marketing by Sponsoring).

BEISPIELE FÜR SPONSORINGBEREICHE

Kultursponsoring:
Musikveranstaltungen, Kunstausstellungen, Tourneen, Musikgruppen

Sportsponsoring:
Sportvereine, Sportler, Mannschaften

Sozialsponsoring:
Bildung, Wissenschaft, karitative Einrichtungen

Umweltsponsoring:
ökologische Aktionen, Stiftungen und Vereine

Beim Sponsoring herrscht das Prinzip von Leistung und Gegenleistung. Als Gegenleistung wird von der gesponsorten Partei das Firmenlogo oder die Werbung des Sponsors in der Öffentlichkeit gezeigt (z. B. über Trikotwerbung). Bezweckt wird damit eine psychologische Übertragung des positiven Bildes, das die Öffentlichkeit vom Gesponserten hat, auf den Sponsor selbst.

Weitere mögliche Gegenleistungen für Kunden oder Mitarbeiter des Sponsors: verbilligte oder Gratiseintritte, Zugang zu Schlüsselpersonen, VIP-Boxen u. Ä., Spezialanlässe usw. Letztlich ist Sponsoring in allen Bereichen der Kommunikationspolitik einsetzbar.

Die Leiterin des Funktionsbereichs Verkauf/Absatz, Frau Hauck, gemeinsam mit einem Politiker bei der Einweihung eines neuen Kindergartens in Hannover, bei dessen Finanzierung die Ambiente Warenhaus AG maßgeblich beteiligt war.

Ein entsprechender Bericht mit Foto erschien in der lokalen Presse sowie in der Verbandszeitschrift des Einzelhandels.

Ziele der Sponsoringmaßnahmen:

- Erhöhung des Bekanntheitsgrades
- Gestaltung und/oder Verbesserung des Unternehmensimages
- Kontakte zu bestimmten Zielgruppen

Corporate Identity (CI)

Voraussetzung für erfolgreiche PR-Maßnahmen ist eine klare **Corporate-Identity-Politik,** die als Weiterentwicklung des Public-Relations-Gedankens gesehen werden kann.

DEFINITION

> Die **Corporate-Identity-Politik** soll ein unverwechselbares Bild vom Unternehmen vermitteln und damit das Unternehmensimage verbessern.

Ziel der Corporate Identity nach außen ist die Profilierung des Unternehmens, um den steigenden Anforderungen des Marktes zu begegnen.

Gestaltungsmöglichkeiten sind:
- Corporate Design (Firmenlogo, Farbe, Schrift),
- Corporate Communications (z. B. Image-Slogans) und
- Corporate Behaviour (Führung, Konferenzstil, Umgangston).

Corporate Communications (Kommunikation)	stimmt die einzelnen Instrumente der Kommunikationspolitik aufeinander ab (= Kommunikationsmix). Sie soll nach außen hin wirken, indem sie ein einheitliches Erscheinungsbild darstellt und gleichzeitig eine höhere Kundenakzeptanz erzielt.
Corporate Design (Erscheinungsbild)	= optische Umsetzung durch einheitliche visuelle Gestaltungselemente. Im Rahmen eines CI-Konzepts liefert die visuelle Erscheinung erste Impulse zur Wahrnehmung einer Unternehmensidentität. Das Corporate Design wird geprägt von gleichbleibenden Gestaltungselementen wie dem **Logo,** den **Hausfarben,** der **Hausschrift,** der **typografisch gestalteten Form des Slogans** sowie den **stilistischen Soll-Vorgaben** für Abbildungen, Fotos und andere Illustrationselemente. Diese Konstanten bestimmen das Design aller visuellen Äußerungen des Unternehmens: der Produkte und ihrer Verpackung, der Kommunikationsmittel, der Architektur und weiterer Sonderbereiche wie des Fotodesigns, der Beschilderung, der Gebäudebeschriftung und mitunter sogar der Arbeitskleidung.
Corporate Behaviour (Verhalten)	= einheitliches Verhalten der Mitarbeiter Firmenverhalten zeigt sich unter anderem darin, • wie Mitarbeiter miteinander und mit Kunden und Lieferern umgehen, • wie Konflikte gelöst werden, • wie auf Probleme reagiert wird, • wie viel Offenheit und Vertrauen im Umgang mit der Öffentlichkeit vorherrscht. Zu beurteilen ist auch das Verhalten des Unternehmens gegenüber seinen Mitarbeitern, also der **Führungsstil,** nach welchen Kriterien das Personal eingestellt und befördert wird, die Ausbildung und Mitarbeiterförderung, die Lohnpolitik und die Sozialleistungen.

Aus dem Unternehmen selbst wird ein unverwechselbarer Markenartikel. CI wendet sich sowohl an Mitarbeiter und Gesellschafter als auch an Kunden, Absatzmittler, Banken, politische Gruppen, Vereine, Gewerkschaften usw.

BEISPIEL

Eine die absatzpolitischen Überlegungen übergreifende Maßnahme kann der getrennte Einsatz der beiden folgenden werblichen Entwürfe sein, die eine Werbeagentur für die Ambiente Warenhaus AG erstellt hat. Sie sollen – wann immer es angebracht erscheint – eine konkrete produktbezogene Maßnahme begleiten oder aber auch für sich allein ohne Produktbegleitung im Rahmen der Kommunikationspolitik/Corporate-Identity-Politik eingesetzt werden.

Diese Entwürfe machen bewusst keine produktbezogenen Aussagen und sind daher für sämtliche Warengruppen verwendbar.

Der Einsatz der Entwürfe soll nach der Vorstellung der Werbeagentur bei den potenziellen Ambiente-Warenhaus-AG-Konsumenten den Eindruck vermitteln, dass die Ambiente Warenhaus AG ein Synonym ist für **Verständnis, Einfühlungsvermögen** und **Zuverlässigkeit.** Dies soll letztlich ein **unverwechselbares Bild** vom Warenhaus vermitteln und damit das Unternehmensimage erhöhen.

Entwurf 1

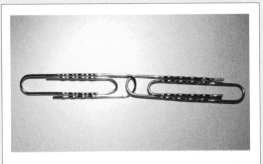

Kombinieren Sie niedrige Preise mit hoher Qualität!
Ambiente Warenhaus AG!

Entwurf 2

Wir haben die einfachste Lösung Ihres Problems!

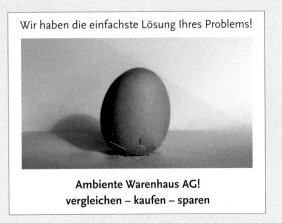

Ambiente Warenhaus AG!
vergleichen – kaufen – sparen

Der zweite Entwurf überzeugte die Verantwortlichen der Ambiente Warenhaus AG deshalb, weil „Das Ei des Kolumbus" sprichwörtlich für die **einfache Lösung eines Problems** steht: Man muss nur die richtige Idee haben.

Verkaufsförderung (Salespromotion)

Salespromotion ist allgemein ein Oberbegriff für verschiedene, den Absatz fördernde Instrumente.

Als Verkaufsförderung werden alle Maßnahmen angesehen, die die Erlebnisqualität steigern, also am Ort des Verkaufs bzw. Kaufs **(Point of Sale)** eingesetzt werden

Maßnahmen der Verkaufsförderung gehen über die eigentliche Absatzwerbung hinaus, da sie z. B. auch Elemente wie Preispolitik und Service enthalten. Insofern unterstützt Verkaufsförderung die Werbung in den Massenmedien sowie die Arbeit des Verkaufspersonals.

Im Gegensatz zur klassischen Absatzwerbung ist die Verkaufsförderung **kurzfristig,** d. h. taktisch, und auf eine **spezifische Situation ausgerichtet.**

> DEFINITION
>
> Unter **Verkaufsförderung** sind alle Maßnahmen des Einzelhändlers zu verstehen, die seine Absatzbemühungen unterstützen.

Durch verkaufsfördernde Maßnahmen lässt sich der Warenverkauf allgemein nachhaltig beeinflussen. Stets soll zum **Impulskauf** angeregt werden. Er kann dazu beitragen, den Umsatz zu steigern und die Marktposition des Herstellers bzw. Einzelhändlers zu verbessern.

BEISPIEL

Für die Einführung einer neuen Kosmetikserie werden von der Ambiente Warenhaus AG folgende Maßnahmen am Point of Sale vorgesehen: attraktive Ständer mit großen Postern zur Präsentation der Ware, eine kostenlose Beratung, die Ausgabe von Proben und Autogrammstunden mit dem weiblichen Star einer Fernsehserie.

Contest: Konsumenten müssen sich durch eine bestimmte Leistung für die Teilnahme an der Verlosung qualifizieren.

Das Ziel der Aktion ist die Erhöhung des Produktinteresses durch produktbezogene Aufgabenstellung.

Salespromotion im Hauptbahnhof

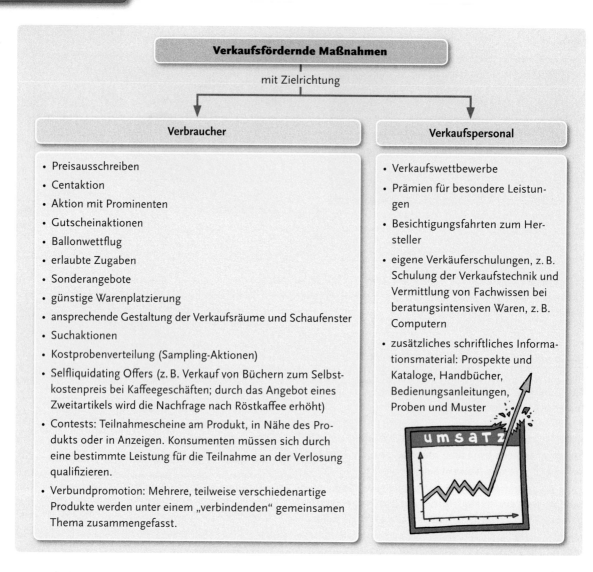

Verkaufsfördernde Maßnahmen

mit Zielrichtung

Verbraucher

- Preisausschreiben
- Centaktion
- Aktion mit Prominenten
- Gutscheinaktionen
- Ballonwettflug
- erlaubte Zugaben
- Sonderangebote
- günstige Warenplatzierung
- ansprechende Gestaltung der Verkaufsräume und Schaufenster
- Suchaktionen
- Kostprobenverteilung (Sampling-Aktionen)
- Selfliquidating Offers (z. B. Verkauf von Büchern zum Selbstkostenpreis bei Kaffeegeschäften; durch das Angebot eines Zweitartikels wird die Nachfrage nach Röstkaffee erhöht)
- Contests: Teilnahmescheine am Produkt, in Nähe des Produkts oder in Anzeigen. Konsumenten müssen sich durch eine bestimmte Leistung für die Teilnahme an der Verlosung qualifizieren.
- Verbundpromotion: Mehrere, teilweise verschiedenartige Produkte werden unter einem „verbindenden" gemeinsamen Thema zusammengefasst.

Verkaufspersonal

- Verkaufswettbewerbe
- Prämien für besondere Leistungen
- Besichtigungsfahrten zum Hersteller
- eigene Verkäuferschulungen, z. B. Schulung der Verkaufstechnik und Vermittlung von Fachwissen bei beratungsintensiven Waren, z. B. Computern
- zusätzliches schriftliches Informationsmaterial: Prospekte und Kataloge, Handbücher, Bedienungsanleitungen, Proben und Muster

Persönlicher Verkauf (Personal Selling)

Bei sehr vielen Waren wird aufgrund der Marktsättigung mit äußerst geringen Spannen kalkuliert. Das hat zur Folge, dass oftmals Preisgleichheit besteht. Es sind dann häufig die persönlichen Kontakte, die darüber entscheiden, welcher Anbieter den Auftrag erhält.

DEFINITION

Beim **persönlichen Verkauf** versucht der Einzelhändler, potenzielle Kunden durch direkte Kommunikation von der Leistungsfähigkeit seines Angebots so zu überzeugen, dass sie bereit sind, die angebotene Ware zu kaufen. Zu diesem Zweck werden mit möglichen Kunden Verkaufsgespräche geführt.

Das Verkaufsgespräch in den Geschäftsräumen bringt für das Handelsunternehmen den effektivsten Werbe-

erfolg. Mithilfe der Sprache informiert und berät die Verkaufskraft den Kunden. Dabei kann der Gesprächspartner überzeugt und zum Kaufabschluss geführt werden.

Mit dem erfolgreich geführten Verkaufsgespräch können die verschiedenen Elemente einer Werbebotschaft besser als mit jedem Werbebrief oder Katalog an den potenziellen Kunden herangetragen werden (vgl. LF 2).

Messen

DEFINITION

Eine **Messe** ist eine zeitlich begrenzte, wiederkehrende Veranstaltung, auf der eine Vielzahl von Ausstellern ausstellt und überwiegend nach Muster an gewerbliche Wiederverkäufer, gewerbliche Verbraucher oder Großabnehmer vertreibt.

Messe als Kontaktbörse

Ziel des ausstellenden Einzelhändlers ist es,

- das eigene Sortiment zur Schau zu stellen, zu erläutern und zu verkaufen,
- Informationen auszutauschen,
- Kundenkontakte aufzunehmen und aufzufrischen sowie
- den Bekanntheitsgrad zu steigern.

Kunden haben auf einer Messe die Möglichkeit, die Angebote verschiedener Anbieter zu vergleichen und sich ein Bild von der Marktsituation zu machen.

Gesamtwirtschaftlich tragen Messen zur Schaffung von Markttransparenz bei und können regional positive Beschäftigungseffekte auslösen.

BEISPIELE BEKANNTER MESSEN

- Internationale Modemesse (IGEDO) Düsseldorf
- Frankfurter Buchmesse
- Leipziger Frühjahrs- und Herbstmesse
- CeBIT in Hannover
- Deutsche Industriemesse in Hannover
- Internationale Grüne Woche Berlin
- Reisen & Caravan
- Kölner Antiquitäten- und Kunstmesse
- Internationale Funkausstellung Berlin
- Nürnberger Spielwarenmesse
- Süßwarenmesse Düsseldorf
- Internationale Möbelmesse Köln
- „IHM" – Internationale Handwerksmesse München
- Internationale Lederwarenmesse in Offenbach

Messen gewinnen zunehmend an Bedeutung wegen der
- Umsatzanbahnung,

- Gewinnung neuer Kunden,
- Imagepflege,
- neuesten Marktinformationen.

Wendet sich die Veranstaltung vornehmlich an das allgemeine Publikum, handelt es sich um eine **Ausstellung.**

Ausstellungen[1]

DEFINITION

Eine **Ausstellung** ist eine zeitlich begrenzte Veranstaltung, auf der eine Vielzahl von Ausstellern ein repräsentatives Angebot einer oder mehrerer Wirtschaftszweige oder Wirtschaftsgebiete ausstellt und vertreibt oder über dieses Angebot zum Zwecke der Absatzförderung informiert (§ 65 GewO). Ausstellungen dienen vornehmlich Informations- und Repräsentationszwecken, weniger dem Verkauf.

Ausstellungen können auch von Privatpersonen besucht werden.

BEISPIELE

- Internationale Funkausstellung in Berlin
- Automobilausstellung in Frankfurt
- Deutsche Bootsausstellung in Hamburg
- Deutsche Industrieausstellung Berlin

Eventmarketing

DEFINITION

Unter **Events** versteht man Veranstaltungen oder Ereignisse, die von Unternehmen gezielt zur Kommunikation eingesetzt werden.

Imagegewinn heißt das Ziel, das Unternehmen mit diesen Veranstaltungen verknüpfen.

Im Mittelpunkt steht beim Eventmarketing die direkte Kommunikation mit der Zielgruppe.

Emotionen werden bei dieser zielgruppengerechten Veranstaltung über alle Sinne angesprochen. Inhalte werden emotional erlebbar gemacht und auf diese Weise viel

---

1 Viele Messen werden auch als Ausstellungen bezeichnet. So dienen manche Veranstaltungen dieser Art beiden Zwecken zugleich: dem der Messe und dem der Ausstellung. Sie sind daher nicht nur eine für Fachleute bestimmte Informations-, Verkaufs- und Einkaufsgelegenheit, sondern dienen auch der allgemeinen Aufklärung und Belehrung.

nachhaltiger und wirksamer vermittelt, als andere absatz-
politische Maßnahmen dies können.

BEISPIELE

Über Publikumsaktionen, Ausstellungen, Konzerte,
Shows, Modeschauen, Messen, Außendienstkonfe-
renzen, Pressekonferenzen, Verkaufspräsentationen,
Sport- und Kulturveranstaltungen oder Volksfeste sollen die eigenen Produkte oder Dienstleistungen sowie
der Firmenname bei den Gästen nachhaltig in Erinnerung bleiben (= **erlebnisorientierte Kommunikation**).

Die klassischen Kommunikationsaufgaben des Marke-
tingevents lauten: **Information – Emotion – Aktion – Motivation.**

Erst diese Mischung macht das Eventmarketing wirksam
und bedeutsam. Dabei stehen die folgenden Ziele im
Vordergrund:
* Imagebildung und -förderung
* Schaffung und Steigerung des Bekanntheitsgrades
  des Unternehmens und seiner Leistungen
* aktive Ansprache der Zielgruppe und dadurch Verbes-
  serung des Dialogs
* Schaffung einer einmaligen Erlebnissituation
* Gewinnung neuer Kunden

Events ersetzen nicht klassische Werbung und Public Relations. Die Abstimmung im Rahmen des Kommunikationsmix sowie mit dem Gesamtmarketingkonzept des
Unternehmens ist unbedingt erforderlich.

E-Marketing und E-Mail

DEFINITION

Elektronic Marketing (E-Marketing) ist Marketing
mittels elektronischer Medien, also in der Hauptsa-
che **E-Mail** und **Internet**.

Die besonderen Stärken liegen in zwei Bereichen:
* Sie ergänzen die gängigen Medien der Kundenanspra-
  che, Kundeninformation und Werbung (Kataloge, Broschüren, Hörfunk, Fernsehen usw.).
* Sie liefern – schneller und genauer – Daten über Kundenverhalten: Informationen, die jedes Einzelhandelsunternehmen benötigt, um sein Sortiment und
  seinen Service auf bestimmte Kundenzielgruppen zu-
  zuschneiden und akzeptable und wettbewerbsfähige
  Preise dafür zu kalkulieren.

E-Mail-Marketing ist schnelle
und aktuelle Kundeninformation. Mithilfe von E-Mails
kann der Einzelhändler direkte
Kontakte zu potenziellen Kunden herstellen oder bereits
vorhandenen Kunden aktuelle
Informationen zukommen
lassen.

BEISPIELE

* Benachrichtigung, dass
  neue Ware eingetroffen
  ist (z. B. neue Herbstkol-
  lektion)
* Information über Sonderangebote

Ein besonderer Vorteil sind die geringen Kosten: Mit nur
einem Mausklick können 500 oder mehr E-Mails gleichzeitig versendet werden. Es ist allerdings unbedingt zu
beachten, dass E-Mail-Werbung nur dann zulässig ist,
wenn der Empfänger damit einverstanden ist.

Der Kontakt über das Internet eröffnet dem Einzelhändler auch die Möglichkeit, wichtige Anregungen von der
Kundenseite her zu erhalten und sie für seine weitere Planung auszuwerten.

BEISPIELE

* Kunden-E-Mail an die Kontaktadresse (erste Kontaktaufnahme durch den Kunden oder Antwort auf
  eine Kundeninformation)
* Eintrag ins Gästebuch
* Chat-Forum auf der Homepage

Im Internet kann darüber hinaus mit weiteren Aktivitäten
geworben werden, wie mit
* Websites,
* Bannern und Buttons und
* Weblogs, abgekürzt „Blogs“.

Website: Hier kann sich der Einzelhändler mit seiner
Homepage darstellen und Informationen bieten, bei-
spielsweise über sein Sortiment, Sonderaktionen oder
Kontaktaufnahmemöglichkeiten.

Banner und Buttons: Mit der entsprechenden Platzierung
von Werbebannern und Buttons kann das Einzelhandelsunternehmen auf seine Homepage aufmerksam machen.

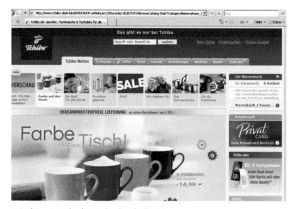

Direkter Kundenkontakt durch die Homepage

Blogs sind Seiten mit sehr einfachen Redaktionssystemen, auf denen die Betreiber ganz leicht neue Nachrichten einfügen können. Einige Blogs haben eine große Menge an Stammlesern, die immer wieder auf die Seite kommen – das zu erreichen sollte das Ziel eines Unternehmens sein.

Allerdings stellt keines der Kommunikationsmittel für sich ein Zaubermittel dar. Um die jeweiligen Stärken und Schwächen auszutarieren, werden die einzelnen Maßnahmen oft miteinander gemischt; man spricht in diesem Zusammenhang von „Cross-Media". Wichtig hierbei ist die richtige Strategie:

Es kommt darauf an, nicht alle Infomationen auf einmal zu liefern. So könnte man etwa in einer ersten E-Mail auf eine Dienstleistung aufmerksam machen – mit dem Hinweis auf eine Website, die weitere Details liefert und ihrerseits die Möglichkeit bietet, schriftliches Material anzufordern. Am Schluss könnte dann ein Telefonat stehen.

Product-Placement

> **DEFINITION**
>
> **Product-Placement** bedeutet die Integration des Namens, des Produkts, der Verpackung, der Dienstleistung oder des Logos eines **Markenartikels** oder eines Unternehmens in den Massenmedien.

Die Platzierung ist so geschickt in den Handlungsablauf eingebaut, dass der Zuschauer die werbende Absicht nicht mehr erkennt oder als störend empfindet.

Die Möglichkeiten reichen von Film und Fernsehen (Videoclips, Spielfilme usw.) über Veranstaltungen (u. a. Theateraufführungen, Kinofilme) bis zum redaktionellen Teil von Zeitungen.

Product-Placement umgeht somit die Positionierung des Produkts im bezahlten Anzeigenraum. Als Entgelt wird in den meisten Fällen ein Produktionskostenzuschuss von der Privatwirtschaft gezahlt. Damit kann ein Teil der horrenden Produktionskosten schon abgedeckt werden, bevor zum Beispiel ein Film in den Kinos oder im Fernschen anläuft.

Innerbetriebliche Werbung (Human Relations)

Die beste PR-Arbeit wird erfolglos bleiben, wenn das Betriebsklima schlecht ist.

Die innerbetriebliche Werbung wendet sich daher an die Belegschaft des Unternehmens. Im Mittelpunkt stehen Maßnahmen zur Verbesserung der internen Kommunikation, um den Informationsaustausch und die Kommunikation mit den Mitarbeitern zu fördern.

> **DEFINITION**
>
> **Human Relations**[1] bezeichnen die Pflege und Gestaltung zwischenmenschlicher, interner Beziehungen in einem Unternehmen.

Das Ziel ist es, gute zwischenmenschliche Beziehungen im Unternehmen zu schaffen und zu pflegen, sodass das Betriebsklima und damit die Arbeitsfreude und die Arbeitsleistung positiv gefördert werden. Denn schon längst haben die Unternehmen die Bedeutung funktionierender Sozialbeziehungen erkannt: Identifikation, Motivation und Kooperationsbereitschaft der Mitarbeiter lassen sie zu glaubwürdigen Multiplikatoren außerhalb des Unternehmens werden.

> **BEISPIEL**
>
> Der Vorstand der Ambiente Warenhaus AG möchte seine Mitarbeiterinnen und Mitarbeiter an sich binden und zu besonderer Leistung motivieren. Er gibt eine interne Zeitschrift heraus, in der Werksangehörige im Mittelpunkt stehen: Berichte über Einzelne und ihre Arbeit, Erfolge der Betriebsfußballmannschaft, interessante Hobbys und private Nachrichten.

---

1 Alternativ zu Human Relations wird auch der Begriff „Internal Relations" verwendet.

Da eine positive Einstellung der Mitarbeiter zu ihrem Unternehmen in den Familien- und Bekanntenkreis hineingetragen wird, kann eine erfolgreiche Human-Relations-Politik zu einem weiteren Imagegewinn des Unternehmens führen.

Mittel und Maßnahmen sind u. a.:

- soziale Fürsorge für Betriebsangehörige, wie z. B. Werkskindergarten, Sporteinrichtungen, werkseigene Erholungsheime
- Werkszeitungen mit Berichten und Informationen über Probleme des Unternehmens und der Belegschaft, Maßnahmen der Unternehmensleitung, Jubiläen, Familienereignisse
- Vorschlagssysteme für Verbesserungsvorschläge, wie z. B. Gestaltung des Arbeitsablaufs, des Arbeitsplatzes
- Werksfilme   • Betriebsausflüge
- Betriebsfeste   • Sportveranstaltungen

Beim Versuch, die einzelnen Kommunikationsmaßnahmen optimal zu kombinieren (= Kommunikationsmix), kommt es immer darauf an, die jeweilige Marktsituation zu berücksichtigen.

Kommunikationsmix

> **DEFINITION**
>
> **Kommunikationsmix** ist der **abgestimmte Einsatz** aller kommunikationspolitischen Maßnahmen.

BEISPIEL

Ein Einzelhandelsunternehmen für Reitsportartikel möchte sich als Experte für die Beziehung „Mensch – Pferd" darstellen. Alle Werbemaßnahmen laufen unter dem Slogan „Sie – Ihr Pferd – und WIR". In ausgewählten Sportfachgeschäften werden Infotheken für Reitsportfreunde eingerichtet, eine Spende für die Olympia-Reitmannschaft wird groß herausgestellt und die Mitarbeiterinnen und Mitarbeiter erhalten einen kostenfreien Reitkurs. Darüber hinaus präsentiert sich das Unternehmen auf der Ausstellung „Pferd & Jagd".

Zug für Zug zu besseren Umsatzzahlen!
Kluge Einzelhändler überlegen sich eine
langfristige Kommunikationsstrategie, die sie dann
diszipliniert mithilfe des Kommunikationsmix umsetzen.

Bedeutung von Kommunikationsinstrumenten nach Branchen				
Instrument	Dienstleister	Hersteller von Industriegütern	Hersteller von Konsumgütern	Handel
(Media-)Werbung	2	1	2	2
Information/Schulung/Werbeunterlagen für den Handel			2	
Verkaufsgespräch	3	3	3	1
Persönliche Beziehungen	3	3	3	
Telefongespräch	2	2		
Mailing, Direktmarketing, Wurfsendung	1	1	1	3
Verkaufsförderung/-unterlagen	2	2	2	2
Merchandising			2	
Messen, Präsentationen, Tagungen, Kongresse	1	2	1	
Preisgestaltung/Sonderangebote/Aktionen/ Werbezuschüsse/Rabatte	2	2	2	3
Exklusivangebote				2
Zusatzleistungen (z. B. Parkplätze, Dienstleistungen)				2
Garantien, Service	2	2	2	

Bedeutung = Wichtigkeit und Intensität des Einsatzes; Zielgruppe Handel   1 = relativ bedeutsam; 2 = bedeutsam; 3 = sehr bedeutsam

Quelle: Universität St. Gallen, Studie „Best Practise in Marketing"

Angebotsportfolio: Starker Ausbau in Neue Medien und Direkt-Marketing

Inwieweit hat sich in den letzten Jahren – eventuell auch bedingt durch die Rezession – Ihr Angebotsportfolio geändert bzw. inwieweit haben Verschiebungen in den Disziplinen stattgefunden?

Angaben in % und gewichtet	(1, 2) sehr stark/ stark zugenommen	(3) gleich geblieben	(4, 5) abgenommen/ stark abgenommen
Neue Medien/Multimedia/ Onlinemarketing/E-Commerce	70	24	3
Direktmarketing	65	25	3
Customer Relationship Management (CRM)	62	26	
Verkaufsförderung	55	33	3
Unternehmensberatung	39	14	7
Public Relations	34	32	4
Eventmarketing	26	34	17
klassische Werbung	25	43	30
Design/Packaging	18	46	13
Sponsoring	6	32	25

Basis: alle Agenturen HM 2005 n = 92; Angaben auf einer Skala von 1–5

Quelle: CZAIA Marktforschung, 2005

AUFGABEN

1. Was verstehen Sie unter Absatzwerbung?

2. Welche Aufgabe hat die Werbung
   a) aus der Sicht des Verbrauchers,
   b) aus der Sicht des Einzelhändlers?

3. Ordnen Sie jeweils nur ein Beispiel den absatzpolitischen Zielen zu:
   a) Erinnerungswerbung,
   b) Einführungswerbung und
   c) Expansionswerbung.

   Beispiele:
   I. Umfangreiche Werbemaßnahmen, um neue Waren und/oder Dienstleistungen bekannt zu machen.
   II. Verstärkte Werbemaßnahmen, um zusätzliche Käufer (von der Konkurrenz) zu gewinnen.
   III. Gelegentlich durchgeführte Werbeaktionen, um Leistungen eines Unternehmens bei bestehendem Kundenkreis und früheren Kunden im Bewusstsein zu erhalten.

4. Wann hat die Werbung ihr Ziel erreicht?

5. Welches vorrangige Ziel verfolgt die Absatzwerbung?

a) Absatzwerbung soll ein Unternehmen in der Öffentlichkeit bekannt machen.

b) Absatzwerbung soll das Ansehen des Unternehmens verbessern.

c) Durch Absatzwerbung sollen Waren und Dienstleistungen eines Unternehmens bekannt und begehrenswert gemacht werden.

d) Ziel der Absatzwerbung ist es, den Kunden zu beraten und zu informieren.

6. Ein Absatzgroßhändler führt Verkäuferschulungen für seine Einzelhandelskunden durch. Um welches Instrument handelt es sich?

7. Nennen Sie Zielgruppen für Public Relations.

8. Erklären Sie den Unterschied zwischen Produktwerbung und Öffentlichkeitsarbeit.

9. Entscheiden Sie, welche Art Werbung (Absatzwerbung, Public Relations, Verkaufsförderung) vorliegt.
   a) Im Supermarkt werden Käsehäppchen als Proben an Kunden verteilt.
   b) Im Zentralkino werden Werbedias ortsansässiger Geschäfte vorgeführt.

c) Ein Supermarkt lässt in der Innenstadt Handzettel verteilen.

d) Ein Modefachgeschäft lädt zu einer Modenschau ein.

e) Ein Bräunungsstudio verschickt Werbebriefe an Stammkunden.

10. Nennen Sie geeignete Public-Relations-Maßnahmen für folgende Zielgruppen:
    a) Kinder
    b) Lieferer
    c) Kunden
    d) Publikum allgemein
    e) Sportinteressierte
    f) Kindergärten

11. Die nebenstehende Grafik zeigt die aktuelle Entwicklung der Werbeeinnahmen im 1. Halbjahr 2010.
    a) Nennen Sie Gründe für den starken Anstieg der Einnahmen auf dem Werbemarkt.
    b) Berechnen Sie, wie viel Euro die Werbeeinnahmen bei den Medien Publikumszeitschriften und Kino im 1. Halbjahr 2009 betrugen.

Zwischenbilanz für den Werbemarkt

Netto-Werbeeinnahmen der Medien im 1. Halbjahr 2010: 11,5 Milliarden Euro
(+ 9,4 % gegenüber 1. Halbjahr 2009)

davon:		Veränderung gegenüber 1. Halbjahr 2009 in %
Fernsehen	4,9 Mrd. €	+15,0 %
Zeitungen	2,6	+0,9
Publikumszeitschriften	1,7	+2,6
Internet	1,0	+27,7
Radio	0,7	+4,3
Plakate	0,5	+8,0
Fachzeitschriften	0,2	-0,8
Kino	0,03	+19,8

3655 © Globus   Quelle: Nielsen Media Research

SALE % % SALE

AKTIONEN

1. a) Sammeln Sie mithilfe der Kartenabfrage Informationen zum Thema: „Wie kann der Einzelhändler für seine Waren werben?"

   b) Heften Sie alle Vorschläge an die Pinnwand, ordnen Sie sie nach Sinneinheiten und bilden Sie anschließend Oberbegriffe.

   c) Halten Sie mithilfe des Clusterns (vgl. LF 1) verbleibende Ideen sowie weitere gedankliche Verknüpfungen und Einfälle fest.

   d) Stellen Sie eine Rangfolge bezüglich der Bedeutung der einzelnen Maßnahmen für den Einzelhandel auf.

2. a) Suchen Sie aus Zeitungen und Zeitschriften jeweils zwei Beispiele für Öffentlichkeitsarbeit/Sponsoring, Absatzwerbung und Reklame.

   b) Welche werbliche Aktion halten Sie inhaltlich für besonders gut gelungen? Begründen Sie Ihre Aussagen.

3. a) Welche konkreten Maßnahmen der Verkaufsförderung würden Sie wählen, um die werblichen Maßnahmen zur geplanten Sonderaktion (siehe hierzu die konkreten Arbeitsanweisungen in den Kap. 5.6 und 5.7) zu unterstützen?

   b) Notieren Sie Ihre Ergebnisse auf Karten und präsentieren Sie diese.

   c) Diskutieren Sie Vor- und Nachteile der einzelnen verkaufsfördernden Maßnahmen unter Einbeziehung des vorgegebenen Werbeetats (Höhe: 50.000,00 € für die gesamte Werbekampagne). Entscheiden Sie sich für zwei, die Ihnen am geeignetsten erscheinen.

   d) Stellen Sie das kostenmäßige Verhältnis der (geschätzten) verkaufsfördernden Maßnahmen im Vergleich zu den anderen werblichen Maßnahmen (Kosten der übrigen Werbemittel) in Form eines Kreisdiagramms prozentual dar. Verwenden Sie hierfür das Tabellenkalkulationsprogramm Excel.

4. Prüfen Sie, inwieweit Product-Placement, Public-Relations-Maßnahmen und Sponsoring für die Werbekampagne zur geplanten Sonderaktion (siehe Kap. 5.6, Aktion 1) sinnvoll wären.

5. Führen Sie in Gruppen eine Erkundung durch: Stellen Sie fest, welche Formen der Verkaufsförderung (Salespromotion) in Einzelhandelsunternehmen durchgeführt werden. Beachten Sie die Hinweise zur Durchführung von Erkundungen.

a) Entwerfen Sie zuvor einen Beobachtungsbogen.

b) Werten Sie alle Beobachtungen aus.

c) Stellen Sie die Ergebnisse der Erkundung auf übersichtliche Weise dar.

6. a) Schauen Sie sich verschiedene Fernsehsendungen Ihrer Wahl an. Versuchen Sie dabei festzustellen, inwieweit Unternehmen dort

ihre Markenartikel im Rahmen des Product-Placements einbringen.

b) Fertigen Sie über Ihre Beobachtungen einen Ereignisbericht an (Ereignisberichte können mithilfe von W-Fragen gegliedert werden: Wann? – Wo? – Was? – Wer? – Wie? – Warum?).

ZUSAMMENFASSUNG

Kommunikationspolitik

soll neue Waren bekannt machen und ihren Absatz sichern und steigern.

umfasst die folgenden (ausgewählten) Maßnahmen

	Absatzwerbung	Öffentlichkeitsarbeit (Public Relations)	Verkaufsförderung (Salespromotion)	Persönlicher Verkauf	Product-Placement
Ziel	Waren bekannt und begehrenswert machen	das Ansehen in der Öffentlichkeit pflegen und verbessern	zum Impulskauf anregen; Verkaufsaktivitäten fördern	Erzielung von Verkaufsabschlüssen, Information	Beeinflussung des Umworbenen, ohne dass die Werbung bewusst wahrgenommen wird
Gegenstand	Nutzen von Waren und Dienstleistungen	das ganze Unternehmen	(zusätzliche) Maßnahmen, die die Absatzwerbung einzelner Waren unterstützen	Bezug auf die Vorteile, die mit dem Erwerb einer Ware verbunden sind	Waren (in der Regel Markenartikel), Dienstleistungen, Regionen, Länder
Kommunikationsträger	Zeitungsannoncen; Handzettel; Anschlagflächen	Personen (persönliche Ansprache im Geschäft), Zeitungen; Betriebsbesichtigungen; Förderung des Gemeinwohls auf Veranstaltungen	Kalkulationshilfen; Gutscheinaktionen; Displaymaterial; Messen; Kostprobenverteilung; Verkäuferschulungen	eigene Außendienstorganisation, Handelsvertreter, eigenes Verkaufspersonal	Kinofilme, Romane, Fernsehen (Videoclips; Spielfilme), Veranstaltungen (z. B. Theater), Zeitungen, Pressemitteilungen
Streuverluste	mittelgroß	meistens groß	überwiegend gering	überwiegend sehr gering	schwer zu bestimmen

sind im Rahmen des **Kommunikationsmix**

• optimal zu kombinieren,

• der jeweiligen Marktsituation entsprechend einzusetzen.

BEISPIEL 1

BEISPIEL 2

1. Stellen Sie fest, wodurch sich die Werbeanzeige 1 der Ambiente Warenhaus AG von der Werbeanzeige 2 unterscheidet.

2. Ordnen Sie die beiden Werbeanzeigen der jeweiligen Werbeart zu.

INFORMATIONEN

Nach der Zahl der **Werbenden** unterscheidet man:

- Alleinwerbung (Individualwerbung)
- Gemeinschaftswerbung
- Sammelwerbung

Gemeinschaftswerbung

DEFINITION

> **Gemeinschaftswerbung** bedeutet: Ein Fachverband oder mehrere Unternehmen einer Branche werben gemeinsam ohne Namensnennung für ihre Branche (siehe Beispiel 2 und nebenstehendes Foto).

Damit sich die Gemeinschaftswerbung für den einzelnen Einzelhändler absatzfördernd auswirkt, muss er versuchen, die Werbeaussage mit seinem Unternehmen zu verbinden.

Alleinwerbung (Individualwerbung)

DEFINITION

Von **Alleinwerbung** spricht man. wenn die Werbung von einem Unternehmen allein durchgeführt wird. Firmenname und Ware sind aus der Werbung ersichtlich (siehe Beispiel 1).

Sammelwerbung

DEFINITION

Sammelwerbung (Verbundwerbung) liegt vor, wenn sich mehrere Unternehmen verschiedener Branchen, z. B. aus derselben Einkaufsstraße oder eines Stadtteils, zusammenschließen und unter Namensnennung gemeinsam für ihre Leistungen werben.

Der Einzelhändler wird sich für die Sammelwerbung entschließen, weil er dadurch preisgünstig und noch dazu zusätzlich werben kann.

Allerdings kann und sollte die Sammelwerbung die Alleinwerbung nicht ersetzen.

Wirtschaftliche Bedeutung

Jede Art von Werbekooperationen ermöglicht es Einzelhändlern, durch die Zusammenfassung mehrerer einzelner – zumeist kleiner – Werbeetats zu einem großen Vorteile zu erzielen. So kann durch Sammelwerbung
- ein gemeinsamer, einprägsamer Slogan mit einheitlichem Symbol entwickelt und benutzt werden,
- gleichbleibende Werbung zu einem hohen Wiedererkennungswert führen, auch durch umfangreiche, preiswerte Kleinanzeigen,
- der Einsatz von Werbeprofis (z. B. Betriebswirtschaftliche Beratungsstelle für den Einzelhandel) erfolgen,
- größere Aktionen mit hoher Durchschlagskraft durchgeführt,
- massiven Kampagnen der Großbetriebe begegnet, Verbrauchermärkte werblich abgewehrt und
- Werbung durch Fachverbände (Exklusivität für einen kleinen Kreis) durchgeführt werden.

Nach der Zahl der **Umworbenen** teilt man die Wirtschaftswerbung ein in
- Einzelwerbung (Direktwerbung) und
- Massenwerbung.

Einzelwerbung (Direktwerbung)

Bei der Einzelwerbung werden bestimmte Personen oder Unternehmen durch Gespräche, Werbebriefe, Warenproben oder Zusendung von Preislisten **direkt angesprochen.** Zwar entstehen dadurch höhere Werbungskosten, meist ist aber der wirtschaftliche Erfolg auch größer.

Massenwerbung

Die Werbung richtet sich an eine Vielzahl möglicher Kunden. Die Werbung ist unpersönlich gehalten.

Soll die Wirtschaftswerbung sehr breite, nicht abgrenzbare Schichten der Bevölkerung erreichen, so spricht man von **gestreuter Massenwerbung (= Allgemeinwerbung).**

BEISPIELE

1. Fernsehwerbespot
2. Postwurfsendungen

Wendet sich die Wirtschaftswerbung hingegen an einen bestimmten Personenkreis, z.B. an eine Berufs-, Alters- oder Geschlechtsgruppe, so liegt **gezielte Massenwerbung (= Gruppenwerbung)** vor.

BEISPIELE

1. Schulbuchwerbung an Lehrer gerichtet

2. Die Bewohner eines Stadtteils erhalten von dem neuen Pächter der Tankstelle „Sopex" einen an sie gerichteten Werbebrief.

3. Anzeigen von Kosmetik-, Bekleidungs- und Plattenfirmen in der Zeitschrift „Mädchen"

AUFGABEN

1. Um welche Art der Werbung handelt es sich bei dem Werbeslogan „Esst mehr Obst – und ihr bleibt gesund"?

2. Welche Werbeart liegt bei folgendem Text auf einem Handzettel vor: „Hannover, Oktoberfest auf dem Schützenplatz. Freitag: Riesenfeuerwerk, Mittwoch: Familientag. 23. September bis 2. Oktober 20.."?

3. Was ist unter Einzelwerbung zu verstehen?

4. Was versteht man unter Gemeinschaftswerbung?

5. Worin besteht der Unterschied zwischen Alleinwerbung und Einzelwerbung?

6. Welcher Unterschied besteht zwischen den Beispielen 1 und 2?

Beispiel 1: Werbespot im ZDF kurz vor den heute-Nachrichten

Beispiel 2: In der Südstadt einer Großstadt erhalten die Bewohner einen an sie gerichteten Werbebrief des Inhabers einer neuen Vollkornbäckerei.

AKTIONEN

1. Bearbeiten Sie dieses Kapitel mithilfe des aktiven Lesens.

2. Klären Sie mithilfe der „Kopfstandmethode", warum die verschiedenen Werbearten für Einzelhandelsunternehmen wichtig sind.

3. Erstellen Sie eine Mindmap, die alle wichtigen Informationen dieses Kapitels zu Werbearten und die Ergebnisse der Aktion 2 enthält. Verwenden Sie zur Anfertigung der Mindmap das Programm MindManager.

4. Stellen Sie Ihrer Klasse verschiedene Werbearten Ihres Unternehmens vor:

a) Erklären Sie die Zielsetzung der Aktionen (Fragen zur Zielgruppe, zum gewählten Zeitpunkt und zu den Gestaltungselementen sollten in erster Linie beantwortet werden können).

b) Beurteilen Sie die Werbematerialien hinsichtlich ihrer Werbewirksamkeit (siehe Kap. 5.7) sowie der rechtlichen und ethischen Grenzen der Werbung (Kap. 5.4 und 5.5).

5. a) Prüfen Sie, welche Werbeart(en) für die in Kap. 5.6, Aktion 1 beschriebene Werbekampagne hinsichtlich ihrer Wirkung auf die Kunden sinnvoll wäre.

b) Seien Sie darauf vorbereitet, Ihren Klassenkameraden/-innen Ihre Entscheidungen zu erläutern und Fragen zu beantworten.

ZUSAMMENFASSUNG

Werbearten

sind zu unterscheiden nach

der Zahl der Werbenden	der Zahl der Umworbenen

Alleinwerbung (Individualwerbung)

Die Werbung wird von einem Unternehmen allein geführt.

Gemeinschaftswerbung

Mehrere Unternehmen der gleichen Branche werben gemeinsam ohne Namensnennung.

Sammelwerbung (Verbundwerbung)

Mehrere Unternehmen verschiedener Branchen werben gemeinsam mit ihrem jeweiligen Namen.

Einzelwerbung (Direktwerbung)

Bestimmte Personen oder Unternehmen werden durch Gespräche oder Werbebriefe direkt angesprochen.

Massenwerbung

Durch unpersönliche Werbung sollen möglichst viele Kunden erreicht werden.

gestreute Massenwerbung (= Allgemeinwerbung)

gezielte Massenwerbung (= Gruppenwerbung)

KAPITEL 3

Wir führen Maßnahmen zur Kundenbindung durch

Die Ambiente Warenhaus AG bietet einen Fernseher mit Flachbildschirm als Sonderangebot zum gleichen Preis wie der Mitbewerber „Elektro-Discount" an. In begleitenden Werbemaßnahmen wird sehr stark auf den Kundendienst der Ambiente Warenhaus AG hingewiesen.

1. Führen Sie Gründe an, warum die Ambiente Warenhaus AG den Kundendienst in den Vordergrund stellt.
2. Geben Sie Kundendienstleistungen an, die beim Kauf eines Fernsehapparats denkbar sind.

INFORMATIONEN

Der Wettbewerb im Einzelhandel ist sehr groß. Nicht nur Preis und Qualität einer Ware sowie die Beratung spielen bei der Kaufentscheidung eine Rolle. Häufig entscheiden zusätzlich angebotene Serviceleistungen des Einzelhandelsunternehmens über die Anschaffung eines Produkts. Immer mehr Einzelhändler setzen deshalb auf Dienstleistungen im Bereich des Kundendienstes.

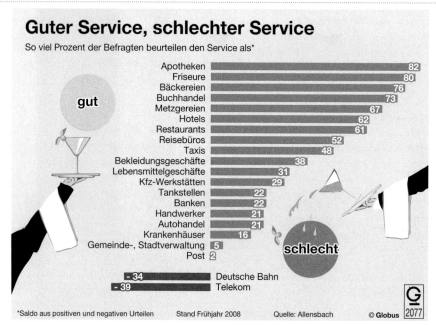

Guter Service, schlechter Service

So viel Prozent der Befragten beurteilen den Service als*

Apotheken	82
Friseure	80
Bäckereien	76
Buchhandel	73
Metzgereien	67
Hotels	62
Restaurants	61
Reisebüros	52
Taxis	48
Bekleidungsgeschäfte	38
Lebensmittelgeschäfte	31
Kfz-Werkstätten	29
Tankstellen	22
Banken	22
Handwerker	21
Autohandel	21
Krankenhäuser	16
Gemeinde-, Stadtverwaltung	5
Post	2
Deutsche Bahn	- 34
Telekom	- 39

gut

schlecht

*Saldo aus positiven und negativen Urteilen   Stand Frühjahr 2008   Quelle: Allensbach   © Globus 2077

Klimawandel in Deutschland

Deutschland ist in der Vergangenheit immer wieder als Servicewüste beschrieben worden. Doch inzwischen passt dieser Ausdruck nicht mehr. Aus der Wüste ist in vielen Bereichen eine blühende Servicelandschaft geworden. Dies ergab die jüngste Dienstleistungs-Umfrage des Instituts für Demoskopie Allensbach. Am besten werden die Apotheker beurteilt, gefolgt von den Friseuren und Bäckereien. Insgesamt wurden 21 Dienstleistungsbereiche unter die Lupe genommen. Ein regelrecht negatives Image, was den Service angeht, haben nur noch die Telekom und die Deutsche Bahn.
Statistische Angaben: Allensbach

DEFINITION

Kundendienstleistungen umfassen alle Nebenleistungen eines Einzelhandelsbetriebs, die er zusätzlich zu seiner Hauptleistung, dem Verkauf von Waren, erbringt.

Zum Kundendienst gehören also alle Dienste eines Händlers, die er seinen Kunden vor dem Kauf, kaufbegleitend oder nach dem Kauf erbringt. Dabei verschafft der Einzelhandel dem Kunden einen höheren Nutzen als das Produkt allein.

Der Zweck solcher Serviceleistungen liegt

- in der Förderung von Kaufentscheidungen, falls sie nicht vorrangig aufgrund von Qualität, Preisen oder Markentreue getroffen werden,

- im Aufbau von Kundenbindungen, indem durch eine hohe Kundenzufriedenheit eine enge und dauerhafte Kundenbindung aufgebaut wird,
- in der Realisierung von Wettbewerbsvorteilen gegenüber der Konkurrenz.

Die Serviceleistungen dienen also überwiegend dazu, den Absatz der Waren zu fördern. Bei Kundendienstleistungen kann es sich um **kostenlose** oder **kostenpflichtige** Leistungen handeln.

Bietet ein Einzelhandelsunternehmen Serviceleistungen an, muss es beachten, dass dies die **Kosten erhöht.** Deshalb sollte stets geprüft werden, ob die durch die Zusatzleistungen entstehenden Mehrkosten durch die zusätzlichen Erlöse aufgewogen werden. Sonst ist es manchmal sinnvoller, auf die Zusatzleistungen zu verzichten und dafür den Verkaufspreis zu senken. So gehen beispielsweise die Discounter vor.

Warenabhängige Kundendienstleistungen

Warenabhängige Kundendienstleistungen stehen in einem direkten Zusammenhang mit der Ware. Der Service des Einzelhandelsunternehmens bezieht sich unmittelbar auf das angebotene bzw. verkaufte Produkt.

Zu den warenabhängigen Kundendienstleistungen gehören

- einerseits **technische Serviceleistungen.** Sie umfassen alle Maßnahmen, die der Gewährleistung oder Wiederherstellung der einwandfreien Funktion einer Ware dienen.

> BEISPIELE
>
> - Aufstellen von technischen Geräten (Waschmaschinen, Fernsehgeräte, DVD-Player usw.)
> - Reparaturservice (z. B. für technische Geräte, Uhren, Schuhe)
> - Inspektions- und Wartungsservice (z. B. bei Kraftfahrzeugen und Büromaschinen)
> - Änderungsservice bei Bekleidung

- andererseits **kaufmännische Serviceleistungen.** Diese Kundendienstleistungen erleichtern die Kaufvorbereitung und -durchführung. Dazu zählen vor allem verschiedene Einkaufserleichterungen, Beratungs- und Zustellungsdienste sowie Gefälligkeiten aller Art, individuelles Entgegenkommen und Hilfsbereitschaft in vielfältigen Ausprägungen.

> BEISPIELE
>
> - Auswahlsendungen
> - Geschenkverpackung
> - Garantiegewährung
> - Kulanz: Der Umtausch von Waren bei Nichtgefallen ist eine freiwillige Leistung des Einzelhändlers, da er gesetzlich nur zum Umtausch fehlerhafter Ware verpflichtet ist. Ein solches Verhalten des Einzelhändlers wird als **Kulanz** (= Entgegenkommen) bezeichnet. Kulanz liegt auch dann vor, wenn Mängel an einer gekauften Ware von dem Einzelhandelsbetrieb nach Ablauf der Garantiefrist kostenlos behoben werden.
> - Entsorgung (z. B. von alten Autos oder Computern)

Warenunabhängige Kundendienstleistungen

Warenunabhängige Kundendienstleistungen stehen in keinem unmittelbaren Zusammenhang mit der Ware. Es sind Serviceleistungen, die der **Bequemlichkeit** des Kunden dienen.

> BEISPIELE
>
> - telefonischer Bestellservice
> - Kinderhort
> - Aufbewahrungsraum für Gepäck
> - Parkplätze
> - Restaurant, Imbissecke, Cafeteria
> - Sitzplätze und Sitzecken
> - Kaffee oder kalte Getränke, die gegen einen geringen Betrag oder sogar kostenlos angeboten werden
> - Kundentoiletten
> - eine Expresskasse für Kunden mit kleinen Einkaufsmengen
> - Einige Einzelhandelsbetriebe laden ihre Kunden gelegentlich zu Events ein (Modenschau, Konzert, Lesungen usw.).
> - Manche Unternehmen versorgen die Kunden mit aktuellen Informationen über Kundenfernsehen oder Internetterminals.
> - Ausgabe eigener Kundenkarten, Akzeptieren firmenübergreifender Kundenkarten

Auf die **Convenience** (= Bequemlichkeit) der Kunden einzugehen, ist eine für den Markterfolg notwendige und daher folgerichtige Anpassung der Einzelhandelsunternehmen im Markt.

Darüber hinaus bieten häufig andere Unternehmen in den Geschäftsräumen **selbstständige Dienstleistungen** als Ergänzung des Angebots des Einzelhandelsbetriebs an. Die selbstständigen Dienstleistungen sollen die Attraktivität des Einzelhandelsunternehmens erhöhen.

> BEISPIELE
>
> - Reinigungen
> - Friseure
> - Banken
> - Reisebüros

An Bedeutung gewonnen hat im Einzelhandel in letzter Zeit **das Anbieten von Serviceaufgaben in Gemeinschaft mit anderen Fachhändlern.** Dabei kann es sich beispielsweise um eine Gemeinschaftswerkstatt von Computerfachhändlern, um den gemeinsamen Kinderhort in einem Einkaufszentrum oder einen gemeinsam unterhaltenen Fuhrpark für Zustelldienste handeln. Weitere Beispiele aus der Praxis sind Kundenzeitschriften oder Kredit- bzw. Kundenkartengemeinschaften.

AUFGABEN

1. Was versteht man unter dem Begriff „Kundendienstleistungen"?

2. Welche Ziele verfolgt ein Einzelhandelsunternehmen mit dem Angebot von Serviceleistungen?

3. Was sind warenabhängige Kundendienstleistungen?

4. Welche Aufgaben haben technische Serviceleistungen?

5. Führen Sie vier technische Serviceleistungen auf.

6. Was sind kaufmännische Serviceleistungen?

7. Welche Arten der warenunabhängigen Kundendienstleistungen gibt es?

8. Was müssen Einzelhandelsunternehmen beim Angebot von Serviceleistungen beachten?

9. Welche der folgenden Leistungen gehören nicht zum Kundendienst?

   a) Parkplatz für Kunden

   b) Reparatur

   c) Werbung

   d) Verkaufsverpackung

   e) Ersatzteildienst

   f) Wartung

10. Welche der folgenden Kundendienstleistungen stehen im unmittelbaren Zusammenhang mit der Ware?

    a) technischer Kundendienst

    b) Parkplatz

    c) Kinderhort

    d) Änderung von Textilien

    e) Restaurant

    f) Zustelldienst

AKTIONEN

1. Führen Sie einen Erkundungsgang in

   • einem Warenhaus,

   • einem Discountgeschäft und

   • einer weiteren Betriebsform eines Einzelhandelsgeschäfts

   durch.

   a) Ermitteln Sie, mit welchen Zusatzleistungen der Wareneinkauf der Kunden erleichtert wird.

   b) Zeigen Sie bei der Auswertung in Ihrer Klasse vor allem die Unterschiede zwischen den einzelnen Betriebsformen auf.

2. Viele Verbrauchs- und Gebrauchsgüter sind – was den Service betrifft – völlig problemlos: Sie verlangen keinen Kundendienst. Der Kunde weiß

nämlich, wie er mit diesen Gütern umgehen soll, wie er sie ge- oder verbraucht. Diese Artikel bedürfen keiner Erklärung oder Wartung.

a) Führen Sie fünf Artikel aus Ihrem Ausbildungssortiment vor, die erklärungs-, wartungs- und eventuell auch irgendwann einmal reparaturbedürftig sind.

b) Erläutern Sie dabei, welche Kundendienstleistungen Ihr Ausbildungsbetrieb im Zusammenhang mit diesen Artikeln den Kunden anbietet.

c) Führen Sie ebenfalls fünf nach Kundendienstgesichtspunkten problemlose Artikel auf.

ZUSAMMENFASSUNG

Kundendienstleistungen

- Alle Nebenleistungen eines Einzelhandelsbetriebs, die er zusätzlich zu seiner Hauptleistung, dem Verkauf von Waren, erbringt.
- Zweck der Kundendienstleistung ist die Förderung des Absatzes durch:
  - positive Beeinflussung von Kaufentscheidungen
  - Abheben von der Konkurrenz
  - Kundenbindung

warenabhängige Serviceleistungen		warenunabhängige Serviceleistungen	
technische Serviceleistungen	**kaufmännische Serviceleistungen**	**Service zur Bequemlichkeit**	**selbstständige Dienstleistungen**
Gewährleistung oder Wiederherstellung der einwandfreien Funktion einer Ware	Erleichterung der Kaufvorbereitung und -durchführung	Convenience	Ergänzung zum Angebot des Einzelhandelsbetriebs durch andere Unternehmen

---

KAPITEL 4

Wir informieren uns über die Gefahren der Werbung

Eines Tages erhält die stellvertretende Vorstandsvorsitzende der Ambiente Warenhaus AG, Frau Andrea Bode, von einer offensichtlich mit den Leistungen des Unternehmens nicht zufriedenen Kundin ein relativ scharf formuliertes Schreiben, dem der nebenstehende Comic beigefügt ist.

Da man in der Zentrale des Schönstädter Warenhauses derartige Beschwerden sehr ernst nimmt, nimmt Frau Bärbel Hauck, Leiterin des Funktionsbereichs Absatz und Verkauf, bei der nächsten Abteilungskonferenz die Zeichnung zum Anlass, mit ihren Mitarbeiterinnen und Mitarbeitern die Problematik von werblichen Maßnahmen vor dem Hintergrund des eigenen Unternehmensleitbildes (vgl. LF 1) zu erörtern.

1. Stellen Sie fest, mit welcher grundsätzlichen Problematik die Bereichsleiterin für Absatz und Verkauf, Frau Hauck, und ihre Mitarbeiter/-innen in dieser Situation konfrontiert werden.
2. Führen Sie mögliche Gefahren der Werbung auf.

INFORMATIONEN

Die Werbung hat neben der Aufgabe, über Waren und Dienstleistungen zu informieren, auch eine **Motivationsfunktion.**

Menschliche Entscheidungen erfolgen nur zu einem geringen Teil (ca. 25 %) über den Verstand. Überwiegend sind Entscheidungen von den Gefühlen (Emotionen) beeinflusst. Am Anfang steht dabei der Mensch mit seinen Träumen, Hoffnungen und Wünschen, die zu bestimmten Begierden werden können. Der Wunsch wird zur Motivation, konkretisiert sich dann im Bedarf und wird schließlich in den Kauf umgesetzt.

Werbung, die den Verstand übergeht und die Gefühle anspricht, gaukelt dem Verbraucher vor, dass er mit bestimmten Waren z. B. Ansehen erwirbt, dass er mit ihnen zu den besonderen Menschen gehört. Oder sie versucht ihm einzureden, dass derjenige, der diese Ware besitzt, besondere Eigenschaften hat. Er wird bewundert, ist attraktiv, sportlich oder weltgewandt. Besonders stark wirken Werbebotschaften, die an die sexuellen Triebwünsche gerichtet sind. Sichtbares Zeichen dafür sind die häufig in der Werbung erscheinenden attraktiven Frauen.

Werbung, die darauf abzielt, dass der Verbraucher mit der Ware bestimmte Vorstellungen verbindet, die mit den Eigenschaften der Ware in keinem Zusammenhang stehen, bezeichnet man als **suggestive Werbung** (suggestiv = seelisch beeinflussend; etwas einredend: zu etwas überredend).

BEISPIELE FÜR EMOTIONALE WERBEBOTSCHAFTEN

- Freiheit an den Füßen
- das Gefühl von Freiheit in Jeans und Jacketts von ...
- ein Hauch von Zärtlichkeit – Die Nachtwäsche von ...
- sorglos schlafen – sicher geweckt – durch unsere ...uhren

Der Verbraucher soll davon überzeugt werden, dass die Ware ihm einen Vorteil/Nutzen bringt, der über ihren üblichen Gebrauchswert hinausgeht. Die Werbebotschaft für ein Aftershave „Mit diesem Duft kann dir alles passieren" verspricht Attraktivität, Aufregendsein, Schönheit und Exklusivität, und zwar für jeden Mann, der dieses Aftershave kauft.

Die Gefahr für den Verbraucher besteht darin, dass er sich nicht klarmacht, dass man Derartiges nicht mit einem Kosmetikartikel kaufen kann und dass er unterbewusst Ware und Werbebotschaft gleichsetzt. Hier soll eine Kaufentscheidung fallen aufgrund **gefühlsmäßiger (emotionaler) Beeinflussung.**

Kein bisschen interessiert?

Macht Sie nicht an?

Na dann weiterhin viel Spaß beim Töpfern.

Der neue Cayman.

Emotionale Werbung

Zur suggestiven Werbung gehört auch die **„Leitbildwerbung"**, bei der bekannte Persönlichkeiten für Waren werben. So sieht man beispielsweise Sportler, die für ein Getränk werben, das sie selbst gar nicht trinken, oder Schauspieler machen Werbung für einen Kosmetikartikel, den sie privat nicht benutzen. Die Leitbildwerbung verfolgt den Zweck, dass sich bestimmte Verbraucher oder Verbrauchergruppen mit diesen „Vorbildern" identifizieren und ihnen nacheifern, um mit ihnen etwas gemeinsam zu haben (vgl. Kap. 5.1).

Gefühlsbetonte Werbung ist zulässig. Die Grenze zur unangemessenen unsachlichen Beeinflussung ist erst dann überschritten, wenn der Einfluss auf die Gefühle so stark ist, dass der Kunde nicht mehr vernunftgeprägt entscheiden kann. Unzulässig ist dagegen Werbung, die die Menschenwürde verletzt.

Soll die Werbung sich überwiegend an den Verstand wenden, so muss sie logisch aufgebaut sein und überzeugen können. Man spricht dann von **informierender (sachlicher)** Werbung.

Wegen der zunehmenden Werbemüdigkeit und der abnehmenden Wahrnehmung von Werbung durch die Konsumenten werden immer häufiger Markenartikel, ob Autos, Schuhe, Uhren, Zigaretten, Computer u. v. m. – als Requisiten getarnt –, so geschickt in die Handlungen von Reportagen sowie Kino- und Fernsehfilmen eingebaut, dass der Zuschauer die werbende Absicht nicht mehr erkennt. „Product-Placement" nennen es die Werbefachleute (siehe auch Kap. 5.1).

Aus den genannten Gründen hört man sehr häufig, dass die Werbung, indem sie den Verbrauchern einredet, mit der Ware/Dienstleistung gleichzeitig ein bestimmtes Gefühl zu erwerben, manipuliert, d. h., dass man Dinge kauft, die man bewusst und überlegt so nicht gekauft hätte.

Der medizinische Schutz für Zahnfleisch und Zähne

morgens
aronal®

Tagsüber wird durch Essen und Trinken die Aktivität der Plaque-Bakterien erhöht.

- Mit aronal® werden bakterielle Beläge (Plaque) morgens gründlich und schonend entfernt.
- aronal® mit Vitamin A schützt vor Zahnfleischbluten und -entzündungen. Empfindliches Zahnfleisch bleibt dann straff und fest, die Voraussetzung für den natürlichen Halt der Zähne.
- **morgens aronal®** stärkt und schützt das Zahnfleisch und sorgt für saubere Zähne und frischen Atem für den Tag.

Zahnfleischschutz mit Vitamin A

abends
elmex®

elmex® schützt und mineralisiert die Zähne mit besonders wirksamem Aminfluorid.

- Es verbindet sich schnell mit dem Zahnschmelz und macht ihn widerstandsfähiger gegen Karies.
- Dieser Schutz wird mit zunehmender Einwirkungsdauer verstärkt. Weil nachts weniger Speichel gebildet wird, kann das Aminfluorid lange Zeit einwirken.
- **abends elmex®** härtet die Zähne und sorgt über Nacht für einen wirksamen Kariesschutz.

Kariesschutz mit Aminfluorid

Spezialisten für Zahngesundheit
Klinisch geprüft und wissenschaftlich anerkannt. Fragen Sie Ihren Zahnarzt.

GABA Beratungsservice: ☎ 0800 / 8 85 63 51
montags bis freitags 9⁰⁰ bis 12⁰⁰ Uhr • Internet: www.elmex.de

Sachliche Werbung

„Reklame"

Ich wollte von gar nichts wissen.
Da hab ich eine Reklame erblickt.
Die hat mich in die Augen gebissen.
Sie predigte mir von früh bis spät
Laut öffentlich wie im Stillen
Von der vorzüglichen Qualität
Gewisser Bettnässer-Pillen.
Ich sagte: „Mag sein! Doch für mich nicht! Nein, nein!
Mein Bett und mein Gewissen sind rein!"
Doch sie lief weiter hinter mir her.
Sie folgte mir bis an die Brille.
Sie kam mir aus jedem Journal in die Quer
Und säuselte: „Bettnässer-Pille."
Sie war bald rosa, bald lieblich grün.
Sie sprach in Reimen von Dichtern.
Sie fuhr in der Trambahn und klettere kühn
Nachts auf die Dächer mit Lichtern.
Und weil sie so zäh und künstlerisch blieb,
War ich ihr endlich zu Willen.
Es liegen auf meinem Frühstückstisch
Nun täglich zwei Bettnässer-Pillen.
Die isst meine Frau als „Entfettungsbonbon".
Ich habe die Frau belogen.
Ein holder Frieden ist in den Salon
Meiner Seele eingezogen.

Joachim Ringelnatz (1883–1934)

Werbung	
Pro	**Kontra**
Werbung	Werbung
• informiert den Kunden über neue Waren (im Interesse der Verbraucher verbessern die Unternehmen ständig ihre Produkte und entwickeln neue) • kann dazu beitragen, den Absatz/Umsatz zu steigern • ist eine wichtige wirtschaftliche Größe für das Wirtschaftswachstum und den Wohlstand eines Landes • lässt durch erhöhte Produktion die Stückkosten sinken und damit die Preise	• verleitet den Menschen zu Handlungen, für die er sich sonst nicht entscheiden würde (sie manipuliert) • betreibt häufig gefühlsmäßige Beeinflussung (Suggestion) • vermittelt nur positive Informationen über die Ware • gaukelt eine heile Welt vor • trägt nicht dazu bei, die Markttransparenz zu erhöhen • fördert bei den Verbrauchern das vorrangige Lebensziel, sich mit materiellen Gütern zu versorgen

Werbung	
Pro	**Kontra**
• erhält Arbeitsplätze und schafft neue • erhöht den Gewinn • hilft, die eigenen Waren von denen der Konkurrenz ab- zugrenzen • fördert die Konkurrenz, weil sie die Marktübersicht erhöht: Die Verbraucher können konkurrierende Angebote nach Qualität und Preis eher beurteilen • erhöht die Befriedigung der Verbraucherwünsche und damit die Lebensqualität • belebt das Straßenbild	• verursacht zu hohe Kosten und erhöht damit die Preise • steigert die Suchtgefahren (Tabak, Alkohol, Tabletten) • gefährdet den Wettbewerb, weil sich nur finanzstarke Unter- nehmen aufwendige Werbemaßnahmen leisten können • führt zu ständig steigender Güterproduktion und trägt damit zur Belastung der Umwelt bei

AUFGABEN

1. Werbung hat unter anderem suggestive Wirkung. Was verstehen Sie darunter?

2. Welches Beispiel würden Sie der informativen Werbung zuordnen?

   Beispiele für Geschirrspülmittel:
   a) Der knallgelbe Kraftspüler
   b) Ein Liter nur 0,69 €
   c) Jetzt ist Wasch dran
   d) Wasch ist toll
   e) Das schafft nur Wasch: Kräftige Apfelsinen-frische bringt frischen Wind in Ihr Geschirr.

3. Erklären Sie die Aussage „Werbung manipuliert".

4. Sammeln Sie je fünf verschiedene Schlagworte für suggestive Werbung, wenn
   a) die sexuellen Wünsche,
   b) Sorge, Angst, Schuldgefühle,
   c) Prestige, Ansehen, Statusgefühl
   angesprochen werden sollen.

5. Beschreiben Sie die „Leitbildwerbung".

6. Warum gibt es Product-Placement? Nennen Sie sechs Beispiele aus der Praxis.

AKTIONEN

1. Schaffen Sie sich eine Übersicht zum Thema: „Welchen Gefahren sind Verbraucher durch Werbung ausgesetzt?".
   • Bilden Sie dazu Arbeitsgruppen.
   • Wenden Sie die Methode der „Kartenabfrage" an.
   • Unterstützt werden sollte Ihre Arbeit durch die Internetrecherche.

2. Lesen und bearbeiten Sie den Text des vorliegenden Kapitels „Gefahren der Werbung".
   a) Arbeiten Sie den Text nach der „5-Schritt-Lese-Methode" durch (Überfliegen – Unbekanntes nachschlagen – Lesen – Zusammenfassen – Wiederholen).
   b) Halten Sie die Inhalte in einer Skizze fest (Mindmap – Schema [Ablauf- oder Ordnungsschema] – Bild, das den Textinhalt darstellt).

3. a) Erarbeiten Sie arbeitsteilig einen Fragebogen zum Thema: „Welchen besonderen Gefahren

   sind wir als Verbraucher Ihrer Meinung nach durch die Werbung ausgesetzt?"
   • Beachten Sie die Regeln für den Grundaufbau eines Fragebogens.
   • Überlegen Sie sich bei der Aufstellung der Fragen, welche Informationen Sie mit diesen Fragen erhalten wollen.
   b) Präsentieren Sie die Ergebnisse Ihrer Gruppenarbeit.
   c) Fassen Sie die einzelnen Gruppenergebnisse für die Erstellung der endgültigen Fassung des Fragebogens zusammen.
   d) Bringen Sie den Fragebogen mithilfe des Computers in eine ansprechende Form.

4. Führen Sie die Befragung zum Thema „Gefahren durch Werbung" in Ihrer Stadt oder Gemeinde durch. Die Befragung, durchgeführt mit dem Quotenverfahren, sollte möglichst repräsentativ[1] sein.

---

1 repräsentativ: typisch, stellvertretend für die Gesamtheit

5. a) Werten Sie die Antworten Ihrer Befragungs-
aktion arbeitsteilig mithilfe der „Clusterana-
lyse" aus. Prüfen Sie dabei, ob sich aufgrund
Ihrer Resultate bestimmte Konsumentengrup-
pen unterscheiden lassen.

b) Stellen Sie Ihre Ergebnisse in Form von Diagrammen grafisch dar. Verwenden Sie hierfür
das Tabellenkalkulationsprogramm Excel.

c) Formulieren Sie die aus der aufbereiteten Befragung gewonnenen Schlussfolgerungen. Sie
sollten einem Einzelhandelsunternehmen Hinweise darüber geben, was es bei seinen Werbe-
aktivitäten bezüglich des Gefahrenpotenzials
der Werbung berücksichtigen sollte.

d) Präsentieren Sie die von Ihnen formulierten
Schlussfolgerungen in geeigneter Form.

6. a) Bilden Sie in Ihrer Klasse fünf Gruppen und
führen Sie eine Pro-und-Kontra-Diskussion als
Rollenspiel durch.

• Jeweils ein Mitglied von vier Gruppen wird
die Rolle eines Gastes in der Talkshow
„Brennpunkt" übernehmen.

• Ein Mitglied der fünften Gruppe wird die
Rolle des Moderators übernehmen.

• Das Thema der Talkshow lautet: Sollte Werbung generell verboten werden?

b) Weisen Sie einzelnen Gruppenmitgliedern eine
bestimmte Rolle in der Diskussion zu und bereiten Sie für die Rollenspieler die Rollenkarten
vor.

c) Besorgen Sie sich wichtige Sachinformationen,
um die Rollenspieler mit den entsprechenden
Pro- und Kontra-Argumenten auszustatten.
Denken Sie sich in Ihre Rolle ein.

d) Der Moderator/die Moderatorin führt in das
Thema ein und steuert die Diskussion.

e) Die anderen Schüler/-innen verfolgen die Diskussion der Rollenspieler, bilden sich eine eigene Meinung und notieren Beobachtungen
(ggf. auf einem Beobachtungsbogen).

f) Diskutieren Sie anschließend in der Klasse
über die beobachteten Argumente der Rollenspieler.

g) Der Moderator/die Moderatorin fasst die Ergebnisse der Diskussion an der Tafel zusammen.

7. In der Aktion 2 (Kap. 5.1) haben Sie Werbemittel
aus Zeitungen und Zeitschriften gesammelt.

a) Welche Gefühle sollen bei den Personen der
Zielgruppe geweckt werden?

b) Ist es Ihnen möglich, sich aufgrund des Werbe-
materials ein genaues (sachliches) Bild von der
beworbenen Sache zu machen?

8. a) Informieren Sie sich bei Ihrem Ausbildungsunternehmen, welche rechtlichen, ethischen und
moralischen Kriterien bei der Gestaltung der
Werbung berücksichtigt werden (siehe hierzu
Kap. 5.5).

b) Bereiten Sie sich darauf vor, die erhaltenen Informationen in Form eines Referats vor der
Klasse zu präsentieren. Denken Sie daran, dass
Sie mit Visualisierungsmitteln die Präsentation
wirkungsvoll unterstützen können.

ZUSAMMENFASSUNG

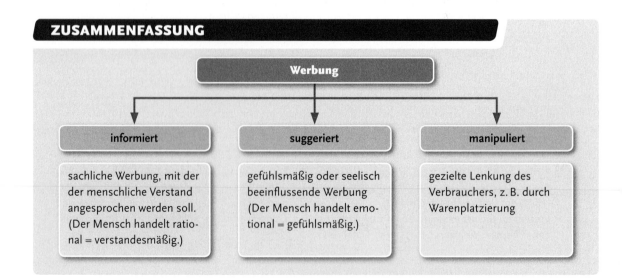

Werbung		
informiert	**suggeriert**	**manipuliert**
sachliche Werbung, mit der der menschliche Verstand angesprochen werden soll. (Der Mensch handelt ratio-nal = verstandesmäßig.)	gefühlsmäßig oder seelisch beeinflussende Werbung (Der Mensch handelt emo-tional = gefühlsmäßig.)	gezielte Lenkung des Verbrauchers, z. B. durch Warenplatzierung

Dem aufmerksamen Vorstandsvorsitzenden Rischmüller der Ambiente Warenhaus AG ist die folgende Aktion eines örtlichen Konkurrenten aufgefallen:

Wir verkleinern!

SONDERVERKAUF

am laufenden Band. Nutzen Sie die EINMALIGE Chance bis zum 30. September.

Alles muss raus, darum einmalige

SONDERPREISE!

Leder **NIEMECK**

Werbeanzeige in der lokalen Presse ...

... und einige Tage später in der Einkaufspassage

1. Prüfen Sie, ob dem Einzelhändler Niemeck diese Werbung und die anschließende Durchführung des Sonderverkaufs gestattet ist. Berücksichtigen Sie die Regelungen des UWG (Gesetz gegen den unlauteren Wettbewerb).

INFORMATIONEN

Ein wichtiger Grundpfeiler der sozialen Marktwirtschaft ist das Konkurrenz- und Wettbewerbsprinzip:
- offene und freie Märkte
- Chancengleichheit auf allen Märkten
- Sicherung der Konkurrenz zwischen den Anbietern: Viele Kaufentscheidungen, die über Erfolg oder Misserfolg von Unternehmen entscheiden, werden durch den Preis bestimmt. Deshalb liefern sich die Unternehmen hier einen harten Wettbewerb. Sie gewähren ihren Kunden Rabatte, Skonti, nehmen Altgeräte in Zahlung, geben günstige Kredite u. v. m., damit bei ihnen und nicht woanders gekauft wird.

Ein Wettbewerb ohne Kontrolle ist jedoch für alle Beteiligten nachteilig. Unternehmen wollen ihre Position ausbauen und sich vor neuer Konkurrenz schützen. Insofern hat der Staat die Aufgabe, eine funktionsfähige Wettbewerbsordnung zu schaffen. Ein funktionierender Wettbewerb stellt sicher, dass der Verbraucher die beste Qualität zum günstigsten Preis kaufen kann. Damit der Wettbewerb auf Dauer fair bleibt, muss der Staat klare „Spielregeln" aufstellen und deren Einhaltung überwachen.

Das Gesetz gegen den unlauteren[1] Wettbewerb (UWG)

Das UWG will einen fairen Wettstreit zwischen allen Unternehmen am Markt sicherstellen und gleichzeitig die Konsumenten vor irreführenden Angaben schützen.

§ 1 UWG (Zweck des Gesetzes) besagt, dass Mitbewerber, Verbraucherinnen und Verbraucher sowie sonstige Marktteilnehmer vor unlauteren geschäftlichen Handlungen geschützt werden sollen.

Mit „geschäftlicher Handlung" ist jedes Verhalten bei oder nach einem Geschäftsabschluss gemeint, das mit der Absatzförderung, dem Verkauf oder der Lieferung einer Ware oder einer Dienstleistung zusammenhängt, insbesondere auch die Allgemeinen Geschäftsbedingungen, die sich auch noch nach Vertragsschluss auswirken können.

Das UWG stellt ferner klar, dass **Verbraucher und Mitbewerber** gleichermaßen und gleichrangig geschützt werden sollen. Es schützt das Interesse der Allgemeinheit an der Erhaltung eines unverfälschten, funktionsfähigen Wettbewerbs.

---

1 unlauter: nicht den gesetzlichen Bestimmungen entsprechend, nicht ehrlich, UWG vom 22. Dez. 2008.

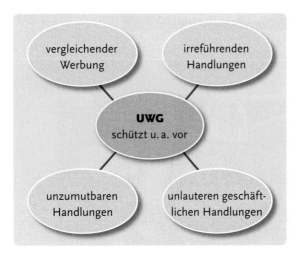

Verbot unlauterer geschäftlicher Handlungen
(§ 3 UWG)

Die Generalklausel enthält ein allgemeines Verbot unlauterer geschäftlicher Handlungen. Gegenüber Verbrauchern ist eine geschäftliche Handlung dann unlauter, wenn die fachliche Sorgfalt außer Acht gelassen und dadurch das wirtschaftliche Verhalten des normalen Verbrauchers spürbar beeinflusst wird.

Wettbewerbswidrig und damit **unzulässig** sind z. B. die folgenden geschäftlichen Handlungen (§ 4 UWG)[1]:

- Druckausübung oder Angsterzeugung
- Das Ausnutzen der geschäftlichen Unerfahrenheit insbesondere von Kindern oder Jugendlichen, der Leichtgläubigkeit oder der Zwangslage von Verbrauchern
- Keine genauen Angaben der Bedingungen für die Inanspruchnahme bei verkaufsfördernden Maßnahmen wie Preisnachlässen, Zugaben oder Geschenken

BEISPIELE

- **Koppelungsangebote:** Rasierapparat-Zugabe Rasierschaum; zwei T-Shirts zum Preis von einem. Nimmt der Werbende solche Koppelungen vor, muss er klar jeden Einzelpreis benennen, damit der Verbraucher seinen Preisvorteil erkennt.
- Ankündigung einer Geschäftsschließung oder Geschäftsverlegung, während das Geschäft aber nicht schließt oder in andere Geschäftsräume verlegt wird.

- Verschleierung des Werbecharakters von Wettbewerbshandlungen
- **Koppelung der Teilnahme an einem Gewinnspiel an den Warenabsatz.** Die Koppelung von Gewinnspiel und Warenabsatz ist nicht mehr per se verboten, sondern in jedem Einzelfall konkret daraufhin zu prüfen, ob hierdurch das Verhalten der Verbraucher in unlauterer Weise beeinflusst wird.[2]

BEISPIEL

Ein Einzelhandelsunternehmen fordert im Rahmen seiner Bonusaktion „Ihre Millionenchance" die Verbraucher zum Einkauf auf, um Punkte zu sammeln. Die Ansammlung von 20 Punkten ermöglicht es, kostenlos an bestimmten Ziehungen des Deutschen Lottoblocks teilzunehmen.

- Herabsetzung/Verunglimpfung des Mitbewerbers. Durch üble Nachrede oder Verleumdung soll der Konkurrent geschädigt werden.

BEISPIEL

Ein Textileinzelhändler behauptet wider besseres Wissen, dass der Inhaber des Modehauses Fischer sehr hoch verschuldet sei.

- Gezielte Behinderung des Mitbewerbers

Irreführende geschäftliche Handlungen (§ 5 UWG)

Das Gesetz verbietet alle irreführenden[3] geschäftlichen Handlungen.

Dieser Grundsatz verlangt nicht nur klare, sondern auch wahre geschäftliche Handlungen. Ruft eine geschäftliche Handlung einen unrichtigen Eindruck hervor, so liegt **Irreführung** vor.

BEISPIEL

Die Werbung eines Schlankheitsinstituts „Garantiert in 14 Tagen 14 Pfund abnehmen" ist irreführend und damit unzulässig, da hiermit ein sicherer Erfolg auch bei krankhaft Übergewichtigen vorgetäuscht wird, eine Garantie für einen Gewichtsverlust aber tatsächlich nicht gewährt werden kann (werbliche Aussagen zur Gesundheit müssen darüber hinaus wissenschaftlich nachweisbar sein).

---

1 Der Katalog unlauterer Geschäftspraktiken (sogenannte schwarze Liste), die stets unzulässig sind, ist im Einzelnen nachzulesen im Anhang des UWG.
2 Der Europäische Gerichtshof (EuGH) hat am 15. Jan. 2010 entschieden, dass das deutsche Verbot, wonach Gewinnspiele mit dem Warenabsatz grundsätzlich nicht gekoppelt werden dürfen, nicht mit der Richtlinie über unlautere Geschäftspraktiken vereinbar ist (EuGH, Urteil vom 15. Jan. 2010 – Rs C-304/08).
3 Maßstab ist das Leitbild eines durchschnittlich informierten und verständigen Verbrauchers. Für das Verständnis einer Werbeaussage ist daher der Eindruck maßgebend, den sie auf die angesprochenen Gruppen macht. Auf die subjektive Absicht des Werbenden kommt es nicht an.

Irreführend sind beispielsweise unrichtige Angaben auch über

- sich selbst oder die eigenen geschäftlichen Verhältnisse, wie z. B. über Größe und Bedeutung des eigenen Unternehmens: Größe der Verkaufsfläche, Höhe des Umsatzes, Zahl der Mitarbeiter;
- die Ware oder Leistung, wie z. B. die Beschaffenheit, den Zustand, die Echtheit, die Wirkung, den Ursprung oder die Herstellungsart.

BEISPIELE

- Unzulässig wäre es, z. B. Kunstseide als Seide zu verkaufen oder Schlafzimmer und Betten im Prospekt abzubilden, die komplett einschließlich Bettzeug ausgestattet sind, während der dazu angegebene Preis nur für den leeren Bettrahmen gilt.
- Der Zusatz „echt" oder „Original" ist nur zulässig, wenn es auch unechte oder nachgeahmte Waren dieser Art gibt: Die Bezeichnung „echte Zuchtperlen" oder „echte Kunstseide" ist daher nicht erlaubt.

Mondpreiswerbung

Es ist irreführend und verstößt damit gegen das UWG, mit reduzierten Preisen zu werben, wenn der frühere (höhere) Preis nur für einen unangemessen kurzen Zeitraum gefordert wurde (Werbung mit überhöhten Ursprungspreisen – Mondpreise).

BEISPIEL

Eine sogenannte Mondpreisbildung wird im Teppichhandel für eine Werbung mit 50 %igen Preisnachlässen auf Orientteppiche angenommen, wenn nicht zuvor mindestens 6 Monate lang für die gleiche Ware Verkaufspreise verlangt wurden, die den herabgesetzten Preis um 100 % überstiegen haben.

Ist streitig, ob es sich tatsächlich um eine unzulässige Mondpreiswerbung handelt, greift die Beweislastumkehr. Es muss nun der Werbende nachweisen, ob und wie lange er einen bestimmten Preis gefordert hat.

Lockvogelwerbung

Die Lockvogelwerbung ist eine Variante der irreführenden Werbung und damit verboten. Man unterscheidet zwei Arten von Lockvogelangeboten:

- Die beworbene Ware ist entweder gar nicht oder in nicht ausreichender Menge vorhanden. Die Kunden werden in die Geschäftsräume gelockt, um sie zum Kauf anderer, weniger preisgünstiger Waren zu verleiten.
- Ein besonders günstiges Angebot wird als exemplarisch für die Preiskalkulation des gesamten Sortiments herausgestellt, z. B. durch Ausstellen im Schaufenster oder ein werbendes Schild im Ladenlokal, während in Wirklichkeit die übrigen Artikel normal kalkuliert und nicht preisgünstiger als anderswo sind.

Grundsätzlich gilt: Was angeboten wird, muss auch vorrätig sein. Der Kunde erwartet, dass die angebotenen Waren zu dem angekündigten oder dem nach den Umständen zu erwartenden Zeitpunkt verfügbar sind, sodass die Nachfrage befriedigt werden kann.

Will der Einzelhändler nicht gegen das UWG verstoßen, so muss er dafür sorgen, dass die beworbene, preisgünstige Ware in angemessener Menge vorrätig ist (§ 5 Abs. 5 UWG). Im Regelfall gilt ein Warenvorrat für 2 Tage als ausreichend, es sei denn, dass der Händler Gründe nachweist, die eine geringere Bevorratung rechtfertigen.

Welcher Vorrat als angemessen anzusehen ist, hängt in erster Linie von der Art der Ware (schnell verderbliche Lebensmittel, Restposten, langlebige Wirtschaftsgüter) und der Gestaltung und Verbreitung der Werbung ab:
- Bei einer unauffällig gestalteten Werbung für Waren im Niedrigpreissegment erwartet der Verbraucher in aller Regel nicht, dass die beworbenen Artikel vollständig und sofort lieferbar sind, und wird daher Lieferengpässe eher hinnehmen.
- Anders verhält es sich bei einer blickfangmäßig hervorgehobenen Werbung für ein höherwertiges Produkt. Hier erwartet der Verbraucher, dass das Produkt zum Zeitpunkt des Erscheinens der Werbung und noch eine angemessene Zeit danach vorrätig ist. Eine Werbung für Computer ist grundsätzlich irreführend, wenn das beworbene Gerät (PC, Notebook) in der angegebenen technischen Ausstattung zum Zeitpunkt des Erscheinens der Werbung nicht im Ladengeschäft vorrätig ist.[1]

Mit der Regelung der sogenannten Lockvogelangebote soll verhindert werden, dass Kunden verleitet werden, andere Waren zu kaufen, wenn die angekündigte Ware nicht mehr vorhanden ist.

Ausnahmen bei der Mindestgrenze

Die Mindestgrenze von 2 Tagen kann jedoch unterschritten werden, wenn der Unternehmer Gründe nachweist, die eine kürzere Warenbevorratung rechtfertigen, z. B. wenn

---

1 Der Bundesgerichtshof hat in einem Fall klargestellt (Az. I ZR 183/09), dass beworbene Flachbildschirme mindestens bis 14:00 Uhr am ersten Angebotstag erhältlich sein müssen. Daran ändert auch der Hinweis in der Anzeige, die Geräte könnten am ersten Tag ausverkauft sein, nichts.

- das Unternehmen durch eine ungewöhnlich hohe Nachfrage quasi „überrollt" wird,
- nicht zu vertretende, unvorhergesehene Lieferengpässe bestehen.

Die 2-Tage-Frist kann **nicht** durch einen Hinweis „Solange Vorrat reicht" verkürzt werden. Gleiches gilt für den Werbezusatz „Aufgrund der Vielzahl der Waren ist nicht immer alles verfügbar".

Bei Werbung für Restposten kann es sinnvoll sein, die Angabe auf eine bestimmte Anzahl zu beschränken (z. B. „100 Sakkos"), wenn die Ware nicht mehr nachbestellt werden kann.

Eine Irreführung liegt auch dann nicht vor, wenn nach 3 Tagen aus einem umfangreichen Angebot ein Einzelstück einer bestimmten Größe nicht mehr vorrätig sein sollte, sofern der Kaufmann den voraussichtlichen Bedarf sorgfältig geschätzt und gleichzeitig Vorsorge getroffen hat, dass das Sortiment umgehend wieder aufgefüllt wird.

Geltungzeiträume

Im Fall von Zeitungsbeilagen und Postwurfsendungen sollten die beworbenen Artikel mindestens 1 Tag bis 1 Woche nach dem Erscheinungstermin vorrätig sein, branchenfremde Aktionsware in einem Lebensmittelmarkt 3 Tage, ein Computer, der keine individuelle Konfiguration erfordert, 1 Woche.

BEISPIELE

- Prospekt „gültig von ... bis ..." – Ware muss über angegebenen Zeitraum vorrätig sein.
- Gemeinschaftsprospekt mehrerer Filialen – Ware muss in allen Filialen vorrätig sein, es sei denn, dass ausdrücklich darauf hingewiesen wird, dass bestimmte Artikel in bestimmten Filialen nicht erhältlich sind.
- Monatsprospekt – Vorrat für mindestens 1 Woche
- Versandhandelskatalog „Herbst/Winter" – Warenvorrat sollte für einen nicht unerheblichen Anteil der Gültigkeitsdauer des Katalogs vorhanden sein.

Vergleichende Werbung (§ 6 UWG)

DEFINITION

Vergleichende Werbung ist jede Werbung, die einen Mitbewerber oder die Erzeugnisse oder Dienstleistungen, die von einem Mitbewerber angeboten werden, erkennbar macht.

Kritisierend vergleichende Werbung ist grundsätzlich zulässig, wenn der Werbeinhalt wahr und klar ist. Vergleichende Werbung darf u. a.

- nicht irreführend, herabsetzend oder verunglimpfend sein;
- nur Waren und Dienstleistungen **gleichen Bedarfs oder gleicher Zweckbestimmung** vergleichen (kein Vergleich von „Äpfeln" mit „Birnen");
- nur wesentliche, wichtige, **nachprüfbare** (für den Verbraucher) und typische Eigenschaften – dazu kann auch der Preis gehören – in objektiver Weise vergleichen.

Bei einem werblichen Vergleich sollten daher die Vor- und Nachteile der vergleichenden Waren oder Leistungen in sachlicher Weise gegenübergestellt werden. Es sollten auf keinem Fall einseitig nur die Vorteile der eigenen Ware und die Nachteile des Konkurrenzartikels herausgestellt werden. Das Verschweigen von Mängeln des eigenen Angebots ist unzulässig, wenn hierdurch ein falscher oder irreführender Gesamteindruck entsteht. Die Grenze des Erlaubten ist auch dann überschritten, wenn das Konkurrenzangebot gegenüber dem eigenen als minderwertig herausgestellt wird.

BEISPIEL
UNZULÄSSIGER VERGLEICHENDER WERBUNG

„Billige Composite Rackets (Graphite-Fiberglas) muten wir Ihnen nicht zu."
Mit dieser vergleichenden Werbeaussage eines Händlers für Tenniszubehör bezieht er sich unmittelbar auf die (minderwertige) Qualität seiner Mitbewerber. Daraus folgt: Die Anpreisung der eigenen Leistung ist durchaus statthaft, nicht jedoch die Hervorhebung des eigenen Angebots durch Herabsetzung oder Verunglimpfung anderer.

Werbung mit Warentest-Ergebnissen ist zulässig (siehe auch Seite 179). Es muss erkennbar sein, wann und von welchem Institut der Test durchgeführt wurde und wo das Testergebnis nachgelesen werden kann.

Testergebnisse für eine bessere Kundenorientierung

Preisvergleiche

Die Werbung mit Preisgegenüberstellungen ist grundsätzlich erlaubt.

Werbung mit Preisgegenüberstellungen

Zulässige Werbung mit Preisgegenüberstellungen:

- „Seidenblusen zum halben Preis, statt 59,00 € nur noch 29,50 €"

- „Mountainbikes, um 75,00 € reduziert"

- „Bei Lebensmittel Homann kostet die 100-g-Schoko-Nuss 0,69 € – bei uns aber nur 0,59 €" (erlaubt, weil nachprüfbar).

Neues Geschäft: Darf man direkt mit durchgestrichenen Preisen arbeiten?

Nein, das wäre ein unzulässiger Mondpreis, denn der durchgestrichene bzw. der Preis, von dem die Prozente abgehen, ist bei einer Neueröffnung vorher nie gefordert worden. Insofern galt der vorherige Preis nicht eine angemessene Zeit lang, wie das Gesetz es verlangt.

Irreführende Preisgegenüberstellungen sind allerdings verboten (§ 6 UWG).

Ein Möbeleinzelhändler wirbt:

„Wohnzimmerschränke bis zu 30 % reduziert"

Bei den Schränken handelt es sich jedoch nicht um Neuware, sondern um Ausstellungsstücke.

Wenn der Werbende nicht mit einem deutlichen Zusatz darauf hingewiesen hat, dass es sich um Ausstellungsstücke handelt, ist die Werbung irreführend.

Ein Qualitätsvergleich wird häufig herabsetzend sein, ein Preisvergleich dann, wenn er den Eindruck vermittelt, dass das Angebot der Konkurrenz überteuert sei.

Unzumutbare Belästigung (§ 7 UWG)

Durch das Verbot unzumutbarer Belästigungen werden Verbraucher und Gewerbetreibende besser vor unerwünschter Werbung geschützt. Belästigende Werbung kommt vor allem in den folgenden Fällen vor: Telefonwerbung, Telefax-Werbung, E-Mail-Werbung und SMS-Werbung.

Grundsätzlich gilt, dass Werbung in diesen Fällen immer dann verboten ist, wenn der Adressat nicht **vorher** ausdrücklich seine Einwilligung erklärt hat. Fehlt eine entsprechende Einwilligung, ist die Werbung unzulässig. Eine Ausnahme gilt im Rahmen der **Telefonwerbung**[1]: Hier reicht es gegenüber Gewerbetreibenden aus, wenn eine Einwilligung, z. B. aufgrund einer bestehenden Geschäftsbeziehung, vermutet werden kann (mutmaßliche Einwilligung). Die Bundesnetzagentur (www.bundesnetzagentur.de) hat den gesetzlichen Auftrag, Rufnummernmissbrauch zu verfolgen.

- Für eine wirksame Einwilligung bedarf es eines sogenannten „Opt-in": Der Empfänger muss sich bewusst für die Werbung entscheiden. Dies ist zum Beispiel dadurch möglich, dass der Kunde ein vorbereitetes Kästchen mit dem Hinweis ankreuzt, dass seine Angaben zu Werbezwecken genutzt werden dürfen. Dabei muss darauf geachtet werden, dass sich die Einwilligung später beweisen lässt. Vor allem bei Erklärungen über das Internet sollte durch eine Rückbestätigung des Empfängers sichergestellt werden, dass der Empfänger tatsächlich die Einwilligung erteilt hat. Nicht ausreichend ist es, wenn neben dem Text der Einwilligungserklärung das Antwortkästchen bereits angekreuzt ist.

---

1   Siehe auch das „Gesetz zur Bekämpfung unlauterer Telefonwerbung" vom 4. Aug. 2009; vgl. Seite 405.

- Eine vorformulierte Einwilligungserklärung in den Allgemeinen Geschäftsbedingungen ist nicht zulässig.

Vorsicht geboten

Zuweilen wird die strenge Regelung des UWG umgangen, indem Unternehmen Meinungs- und/oder Marktforschungsumfragen vortäuschen. Während des Telefonats wird dann ein Verkäufertermin unter dem Vorwand der Übergabe eines „Dankeschön-Präsents" vereinbart.

Eine weitere, oft genutzte Methode zur Überwindung von Kundenvorbehalten sind Einladungen zu kostenlosen Produktpräsentationen oder Hausmessen des Anbieters.

Bei **E-Mail-Werbung** muss ausdrücklich eine Einwilligung des Adressaten für diese Art der Werbung vorliegen. Darüber hinaus muss der Absender mit gültiger Adresse identifizierbar sein, damit der Verbraucher die Einstellung derartiger Werbesendungen untersagen kann[1]. Ausnahme: Hat der Unternehmer die E-Mail-Adresse durch eine Bestellung erhalten, so kann er dem Kunden eine Werbe-E-Mail für ähnliche Produkte zuschicken.

BEISPIELE

Hat ein Kunde z. B. Bücher bestellt, so darf der Unternehmer ihm eine Werbe-E-Mail für Bücher zusenden. Weitere Voraussetzung ist, dass er bei jeder Werbe-E-Mail darauf hinweist, dass der E-Mail-Empfänger dieser Werbeart widersprechen kann.

Als unzumutbare Belästigung gilt aber auch Werbung, die der Empfänger erkennbar nicht wünscht, z. B. Werbeeinwurf in den Briefkasten trotz Aufklebers „Keine Werbung!".

Bußgeld

Verstöße gegen das bestehende Verbot unerlaubter Telefonwerbung gegenüber Verbrauchern können mit einer Geldbuße bis zu 5.000,00 € geahndet werden. Bußgeldbehörde ist die Bundesnetzagentur.

Keine Rufnummernunterdrückung

Bei Werbeanrufen darf der Anrufer seine Rufnummer nicht unterdrücken, um seine Identität zu verschleiern. Dieses Verbot gilt nicht nur bei Werbeanrufen gegenüber Verbrauchern, sondern generell für alle Werbeanrufe, also auch gegenüber Unternehmen. Verstöße gegen dieses Verbot können von der Bundesnetzagentur mit einer Geldbuße bis zu 10.000,00 € geahndet werden.

Widerrufsrecht

Bei Abos über Zeitungen oder Zeitschriften sowie bei Lotterie- und Wett-Dienstleistungen hat man – wie bei fast allen Verbraucherverträgen, die am Telefon, online oder per E-Mail geschlossen werden – das Recht, innerhalb von 2 Wochen den zugrunde liegenden Vertrag zu widerrufen. Die Frist läuft frühestens ab dem Monat, in dem der Verbraucher über sein Recht auf Widerruf in Textform (z. B. als E-Mail oder Fax) informiert wurde. Erhält er die Widerrufsbelehrung in Textform erst nach Vertragsschluss, beträgt die Frist sogar 1 Monat. Der Widerruf muss in Textform oder durch Rücksendung der gelieferten Sache erfolgen und braucht nicht begründet zu werden. Ein Fax oder eine E-Mail genügen. Um die Frist zu wahren, genügt der rechtzeitige Versand des Schreibens. Allerdings muss man Inhalt, rechtzeitige Absendung und den Zugang bei der Firma beweisen können.

Verrat von Geschäfts- und Betriebsgeheimnissen und Bestechung (§ 17 UWG)

BEISPIEL

Ein Angestellter gibt betriebsinterne Daten der Preisberechnung an den Geschäftsführer eines Konkurrenzunternehmens weiter.

Der Verrat wird mit Freiheitsstrafe bis zu 3 Jahren oder mit Geldstrafe bestraft.

Die Gewährung von Zugaben und Rabatten

Zugaben und Rabatte sind als eigenständiges Werbemittel neben Produktqualität und Preisfestsetzung anzusehen. Dennoch können sie nicht grenzenlos gewährt werden.

Beim Gewähren von Rabatten und Zugaben sind vom Einzelhändler insbesondere die Vorschriften des Gesetzes gegen den unlauteren Wettbewerb (UWG) und des Gesetzes gegen Wettbewerbsbeschränkungen (GWB) zu beachten.

Zugaben

DEFINITION

Unter einer **Zugabe** versteht man jede Ware oder Leistung, die neben einer anderen unentgeltlich angeboten wird und nur zusammen mit dieser zu bekommen ist.

Zugaben sind für alle Unternehmen grundsätzlich erlaubt und nur in besonderen Fällen wettbewerbswidrig. Gestattet werden damit nicht nur höherwertige Zugaben, Sammel- oder Gutscheinzugaben sowie befristete Umtausch- bzw. Rückgaberechte und Garantien, sondern

---

1   Mehr Informationen gibt es im Internet unter www.verbraucher-gegen-spam.de.

auch das Ankündigen von Gesamtangeboten ohne konkreten Sachzusammenhang.

Allerdings werden auch diese und andere Werbeformen nicht ausnahmslos zulässig sein:

Zwar wird die Höhe des Rabatts oder der Wert einer Zugabe allein nicht mehr dazu führen, dass eine Aktion verboten wird. Kommen aber zusätzliche Merkmale hinzu, wie z. B. eine äußerst kurze Befristung, kann es zu Problemen kommen. So ist denkbar, dass sich der Kunde stark unter Zeitdruck gesetzt fühlt und kauft, ohne eine Vergleichsmöglichkeit gehabt zu haben. Diese Kombination aus Rabatthöhe und Druck führt zur Unzulässigkeit.

Rabatte

DEFINITION

Rabatt ist ein Preisnachlass für Waren und Leistungen, der angewendet wird, wenn ein Angebotspreis trotzdem
- gegenüber verschiedenen Abnehmern,
- unter verschiedenen Umständen oder
- zu verschiedenen Zeiten

differenziert werden soll.

Die Rabattgewährung ist grundsätzlich erlaubt. Auch die Werbung mit Rabatten ist grundsätzlich frei. Als wettbewerbsrechtlich unzulässig wird die Rabattgewährung nur noch dann bewertet, wenn sie gegen die Maßstäbe des UWG und der Preisangabenverordnung verstößt.

Feilscher (Anteil der Kunden, die Rabatt aushandeln, in Prozent)	Rabattschlachten Produkte	Rabatte (durchschnittlicher Preisnachlass in Prozent)
29,9	Auto	12,6
27,7	Fernseh-, Video-, Hi-Fi-Geräte	17,7
19,3	Haushaltsgeräte	16,4
18,3	Möbel (außer Küchen)	14,7
12,5	Kleidung	32,6
10,9	Computer und Zubehör	19,1
8,6	Teppiche	26,4
6,0	Einbauküchen, Küchenmöbel	14,7
9,3	sonstige	39,5

Mögliche Rechtsfolgen bei Wettbewerbsverstößen

Beseitigungs- und Unterlassungsanspruch

Bei Verstoß eines Konkurrenten gegen die wettbewerbsrechtlichen Bestimmungen kann der Einzelhändler die Beseitigung verlangen und bei Wiederholungsgefahr auf Unterlassung klagen (§ 8 UWG).

Anspruch auf Schadensersatz

Bei fahrlässigen oder vorsätzlichen Verstößen gegen die Vorschriften des UWG kann der klagende Händler Schadensersatz fordern (§ 9 UWG). Der Schadensersatzanspruch setzt Verschulden voraus.

Strafrechtliche Verfolgung

Übertretungen der Gesetze und Verordnungen werden von Amts wegen, d. h. von der Staatsanwaltschaft, verfolgt, entweder automatisch oder auf besonderen Antrag. Sachlich zuständig sind immer die Landgerichte. Örtlich ist das Gericht zuständig, in dessen Bezirk der Beklagte seine gewerbliche Niederlassung bzw. seinen Wohnsitz

hat. Besonders gefährliche Formen der Werbung[1] können mit Geld- und Freiheitsstrafen bis zu 2 Jahren geahndet werden (§ 16 UWG).

Zuständig für Streitigkeiten sind zunächst die **Einigungsstellen** der Industrie- und Handelskammern (§ 15 UWG). Sie sollen Wettbewerbsstreitigkeiten durch gütliche Vergleiche regeln. So sollen hohe Prozesskosten für gerichtliche Auseinandersetzungen vermieden werden.

Gewinnabschöpfungsanspruch (§ 10 UWG)

Zusätzlich zu den Sanktionen Unterlassung und Beseitigung sowie Schadensersatz gibt es den **Gewinnabschöpfungsanspruch.** Der Gewinnabschöpfungsanspruch regelt die Abführung des Gewinns, der durch wettbewerbswidrige Maßnahmen auf Kosten einer Vielzahl von Abnehmern erzielt wurde. Wer zahlreiche Verbraucher vorsätzlich um kleine Beträge prellt, soll diese nicht behalten können. „Unrecht soll sich nicht lohnen", lautet die Devise.

---

1 Die Gefährlichkeit ergibt sich insbesondere daraus, dass eine Vielzahl von Abnehmern betroffen ist.

AUFGABEN

1. Wie beurteilen Sie die folgenden Aussagen vor dem Hintergrund des UWG?
   a) Der Inhaber eines Teppichgeschäfts kündigt einen größeren Warenposten an: „Greifen Sie zu, nur noch wenige Exemplare."
   b) Ein Fotofachhändler inseriert: „Jeder Kunde erhält ein Geschenk im Wert von 7,50 €."
   c) In einer Werbekampagne stellt ein Kaufhaus seinen Kundenservice besonders heraus.
   d) Zur Ankurbelung des schleppenden Absatzes kündigt ein Einzelhändler einen „Räumungsverkauf" an.
   e) Auf einem Handzettel, der in der Innenstadt verteilt wird, steht: „... ist mein Sortiment umfangreicher und preisgünstiger als das vom Uhrengeschäft Liebermann. Vergleichen Sie genau!"
   f) Ein Verbrauchermarkt gewährt jedem Kunden beim Kauf einen Barzahlungsrabatt von 4 %.

2. Bei welchen Beispielen handelt es sich um unerlaubte Werbung?
   a) Der Einzelhändler Schulz erzählt dem Großhändler Schneider, Feinkosthändler Adler sei pleite. Heute wäre der Insolvenzantrag gestellt worden.
   b) Der Einzelhändler Petsch lässt seine Briefbogen mit einem Foto bedrucken, das eine Großhandlung mit demselben Namen zeigt.
   c) Bei seiner Geschäftseröffnung schenkt ein Textileinzelhändler den ersten zehn Kunden ein Kleidungsstück im Wert von 50,00 €.
   d) Anzeige: „Bei Barzahlung gewähren wir 3 % Rabatt!"

3. Ein Einzelhändler erfährt, dass ein Mitbewerber mit Sonderrabatten für Berufsanfänger wirbt. Wie sollte sich der Einzelhändler verhalten?

4. Was verstehen Sie unter Lockvogelwerbung?

5. Nennen Sie vier Beispiele für irreführende Angaben in der Werbung.

6. Der Einzelhändler Hischer gewährt seinem Personal 20 % Rabatt. Üblich sind in der Branche jedoch nur 15 %.
   Ist diese Regelung zulässig?

7. Das Mantelhaus Bodenstein gewährt neuerdings seinen Kunden bei Barzahlung 3 % Rabatt. Der aufmerksame Konkurrent Mantelhaus Dettmer hat jedoch feststellen müssen, dass bei Bode kurz zuvor die Preise um durchschnittlich 8 % erhöht wurden.
   Was kann Herr Dettmer unternehmen?

8. Ist Telefon- und Telefaxwerbung rechtlich zulässig? Begründen Sie Ihre Antwort.

9. Erklären Sie, was Sie unter irreführender Werbung verstehen.

10. Welche Ziele hat das Gesetz gegen den unlauteren Wettbewerb?

11. Was verstehen Sie unter einer Einigungsstelle?

12. Welche Folgen können Verstöße gegen das Gesetz gegen den unlauteren Wettbewerb haben?

13. Was wird im UWG unter „Gewinnabschöpfungsanspruch" verstanden?

AKTIONEN

1. a) Schaffen Sie sich eine Übersicht zum Thema: „Welche gesetzlichen Regelungen muss ein Einzelhandelsunternehmen bei seinen werblichen Aktivitäten beachten?" Benutzen Sie dafür verschiedene Informationsquellen:
   - Lesen Sie die Informationen dieses Kapitels mithilfe der Methode des aktiven Lesens.
   - Suchen Sie darüber hinaus im Internet nach Ausführungen zum UWG.
   - Nutzen Sie für die weitere Informationsbeschaffung Bibliotheken, Nachschlagewerke und Behördenauskünfte.

   b) Fassen Sie die Informationen dieses Kapitels und Ihrer Recherchen in einer Mindmap zusammen. Verwenden Sie, falls möglich, das Programm MindManager.

2. a) Erarbeiten Sie in Gruppen von vier bis sechs Teilnehmern die Bedeutung von gesetzlichen Regelungen für einen ungestörten Wettbewerb.

   b) Wenden Sie dabei die „Kopfstand-Technik" (auch Umkehrmethode genannt; vgl. LF 1, Seite 107) an:
   Verkehren Sie die Problemstellung ins Gegenteil und erarbeiten Sie Lösungen für die verän-

derte Problemstellung mithilfe der „Kartenabfrage".

c) Sammeln Sie sämtliche Vorschläge und systematisieren Sie sie an der Pinnwand.

d) Halten Sie das Gesamtergebnis für Ihre eigenen Unterlagen mithilfe des Computers in einer entsprechenden Darstellung fest.

3. In der Aktion 2 (Kap. 5.1) haben Sie Werbemittel aus Zeitungen und Zeitschriften gesammelt. Prüfen Sie, ob die Ihnen vorliegenden Unterlagen gegen das Gesetz gegen den unlauteren Wettbewerb verstoßen. Begründen Sie Ihr Ergebnis.

4. Bilden Sie in Ihrer Klasse verschiedene Arbeitsgruppen. Jede Arbeitsgruppe ist für einen der folgenden Bereiche zuständig:
   - irreführende Werbung
   - vergleichende Werbung
   - unlauterer Wettbewerb

a) Arbeiten Sie sich mithilfe des Buches, des UWG und weiterer Sekundärliteratur in Ihr Thema ein.

b) Bereiten Sie sich darauf vor, Ihr Thema der Klasse zu präsentieren.

c) Erstellen Sie eine Wandzeitung/eine Folie unter Beachtung der Regeln der Visualisierung zur Unterstützung Ihrer Präsentation.

ZUSAMMENFASSUNG

Gesetz gegen den unlauteren Wettbewerb (UWG)
zum Schutz der Verbraucher und Verbraucherinnen sowie Mitbewerber untereinander und der Allgemeinheit

Grundsätzlich **verboten:**

- Ausnutzen der Unerfahrenheit von Kindern oder Jugendlichen und der Leichtgläubigkeit oder einer Zwangslage von Verbrauchern
- Ausüben von Druck und Angst auf Käufer
- unzumutbare Belästigung durch Telefon-, Telefax- und E-Mail-Werbung
- Lockvogelwerbung

- Mondpreiswerbung
- irreführende geschäftliche Handlungen
- Bestechung von Angestellten anderer Unternehmen
- Verrat von Geschäfts- und Betriebsgeheimnissen
- geschäftsschädigende Behauptungen

Ausnahmen (erlaubte Maßnahmen):

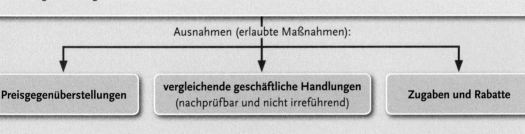

| Preisgegenüberstellungen | vergleichende geschäftliche Handlungen (nachprüfbar und nicht irreführend) | Zugaben und Rabatte |

Rechtsfolgen bei Wettbewerbsverstößen

privatrechtliche Ansprüche auf:
- Beseitigung und Unterlassung
- Schadensersatz

strafrechtliche Verfolgung durch Behörden:
- Geldstrafen
- Freiheitsstrafen

Einigungsstellen bei der IHK sollen Wettbewerbsstreitigkeiten durch gütliche Vergleiche regeln.

Wir erstellen einen Werbeplan unter Beachtung der Werbegrundsätze und bewerten den Erfolg der Werbemaßnahmen

Die Ambiente Warenhaus AG will ihre Werbung durchschlagskräftiger gestalten. Der Vorstandsvorsitzende, Herr Rischmüller, verspricht sich von der Anzeigenwerbung in der regionalen Tageszeitung eine nennenswerte Umsatzsteigerung.

Die Anzeigen werden regelmäßig und ganzseitig auf der letzten Seite abgedruckt. Insgesamt werden hierfür drei Viertel der für Werbezwecke zur Verfügung stehenden

Geldsumme ausgegeben. Für andere Werbemaßnahmen – auch für die am Standort – bleiben daher nur noch geringe finanzielle Mittel übrig.

1. Zeigen Sie, welchen möglichen Fehler der Vorstandsvorsitzende, Herr Rischmüller, begangen hat.
2. Führen Sie auf, welche zentralen Fragestellungen die Verantwortlichen der Ambiente Warenhaus AG im Rahmen einer Werbeplanung beantworten müssen.

INFORMATIONEN

Werbeplanung

Grundsätzlich soll Werbung die Vorzüge der Ware bekannt machen und herausstellen, dann wird der Verbraucher ihren Nutzen für sich erkennen. **Ziel der Werbung ist es, Ware verkaufen zu helfen.** Damit dieses Ziel erreicht wird, muss Werbung **planmäßig** betrieben werden.

Ein **Werbeplan** ist die systematische Vorbereitung einer Werbekampagne.

Er muss die Einzelheiten für die Durchführung der Werbung festlegen. Dabei sind sieben Bereiche vom Einzelhändler selbst oder von einer von ihm beauftragten Werbeagentur festzulegen.

Bereich	Zentrale Fragestellung	BEISPIELE
Werbeziel(e)	**WAS** soll mit den Werbemaßnahmen erreicht werden? **WELCHE** Wirkung soll erzielt werden?	• Erweiterung des Absatzmarktes aller oder bestimmter Waren • Erhaltung des bereits gewonnenen Kundenstamms, Einführung neuer Waren • Erhalt des bisherigen Bekanntheitsgrades • Einführung eines neuen Produkts
Werbeetat	**WIE VIEL** Geld steht für die Werbung zur Verfügung?	• Vorjahresbetrag (evtl. plus Zuschlag) • gleicher Prozentsatz vom Planumsatz wie im Branchendurchschnitt • geschätzte Ausgabesumme eines direkten Konkurrenten (plus Zuschlag) (Je mehr angesprochene Personen, desto höhere Werbekosten) Der Werbeetat sollte sich in erster Linie an den Werbezielen orientieren. Sinnvoll ist in der Regel ein antizyklisches Vorgehen.
Zielgruppe (Streukreis)	**WER** soll mit der Werbung angesprochen werden?	Personen oder Personenkreise, wie z. B. Autofahrer, Eltern von Kleinkindern, Jugendliche im Alter von 14 bis 20 Jahren, Heimwerker. Die Zielgruppe muss genau bestimmt werden, um Streuverluste beim Einsatz von Werbemitteln und Werbeträgern zu minimieren. Denn Werbung bleibt ohne Wirkung, wenn die Personen wenig oder keinen Bezug zu der beworbenen Ware haben.
Streugebiet (Werbezielgebiet)	**WO** soll geworben werden?	An oder im Geschäft, in der Nachbarschaft, im Stadtteil, in der Region Das werbende Unternehmen muss entscheiden, ob auf dem Gesamtmarkt oder auf bestimmten Teilmärkten geworben werden soll. Das Werbegebiet muss möglichst genau bestimmt werden, um unnötige Kosten zu vermeiden und um die Zielgruppe auch tatsächlich zu erreichen.
Werbemittel und Werbeträger (Streuweg)	**WOMIT** soll geworben werden? (In welcher Form soll geworben und welche Medien sollen genutzt werden?)	**Werbemittel:** Anzeigen, Prospekte, Beilagen, Werbegeschenke, Schaufenster, Fernsehspot, Kinospot, Werbefilm, Beschriftung von Straßenbahnen u.a. **Werbeträger (Medien):** Zeitung, Zeitschrift, Fernsehen, Kino, Fahrzeuge, Menschen u.a.

(bestimmen die Reichweite der Werbemaßnahmen)

Bereich	Zentrale Fragestellung	BEISPIELE
Werbemittelgestaltung	**WIE** können die Werbeziele umgesetzt werden, sodass sie von der Zielgruppe verstanden und angenommen werden?	Klarheit der Aussagen, Informationen, Argumente; Farben; Formen u. a. Die Werbebotschaft sollte den Vorteil, den Nutzen der Ware für den Kunden herausstellen und ihn so motivieren, die Ware zu kaufen.
Werbetiming (Streuzeit)	**WANN** soll mit der Werbekampagne begonnen werden und wie lange soll sie laufen?	• jeden Samstag in der örtlichen Tageszeitung • in bestimmten Abständen • zu bestimmten Anlässen wie Muttertag, Theatersaison, Frühjahrshausputz, Badesaison u. a. (Berücksichtigung des Werbetermins) Das Werbetiming ist vor allen Dingen bei der **Markteinführung** von Produkten wichtig.

Werbedurchführung

Im Anschluss an die Werbeplanung folgt die **Durchführung.** Da der Einsatz von Werbeträgern bzw. Werbemitteln bei den Verbrauchern eine möglichst große Werbewirkung erzielen soll, müssen folgende **Werbegrundsätze** beachtet werden:

Wahrheit und Klarheit

• Werbung muss frei sein von unzutreffenden Behauptungen, Übertreibungen und Entstellungen von Tatsachen. Durch unwahre Aussagen über Beschaffenheit, Verwendbarkeit und Preise der angebotenen Waren wird
  – der Kunde irregeführt und verärgert.
  – gegen das Gesetz gegen den unlauteren Wettbewerb (UWG) verstoßen.
    Deshalb sollten auch Steigerungsformen wie „un-

erreicht", „einmalig", „unübertrefflich" möglichst vermieden werden. Ein Zuviel an Lob stellt die Glaubwürdigkeit der Werbung infrage.
• Die Werbebotschaft sollte schnell erfassbar, leicht verständlich und übersichtlich sein.

Wirksamkeit

Um Aufmerksamkeit zu erreichen, muss die Werbung ideenreich sein. Die Werbemaßnahmen sollen sich von denen der Konkurrenz deutlich abheben (Originalität der Werbung). Hinzu kommen die Wahl geeigneter Werbemittel und die Einprägsamkeit. Je wirksamer eine Werbemaßnahme ist, desto sicherer kann das Hauptziel „Absatzförderung" erreicht werden. Wie die Werbung auf den Verbraucher wirkt, bevor er seine Kaufentscheidung trifft, lässt sich vereinfacht in einem stufenartigen Zusammenhang darstellen (sogenannte AIDA-Formel):

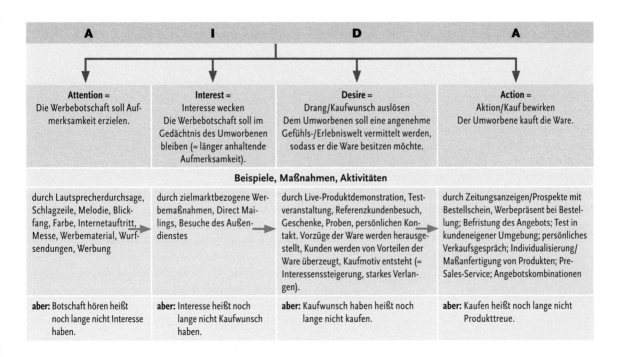

A	I	D	A
Attention = Die Werbebotschaft soll Aufmerksamkeit erzielen.	**Interest =** Interesse wecken Die Werbebotschaft soll im Gedächtnis des Umworbenen bleiben (= länger anhaltende Aufmerksamkeit).	**Desire =** Drang/Kaufwunsch auslösen Dem Umworbenen soll eine angenehme Gefühls-/Erlebniswelt vermittelt werden, sodass er die Ware besitzen möchte.	**Action =** Aktion/Kauf bewirken Der Umworbene kauft die Ware.
Beispiele, Maßnahmen, Aktivitäten			
durch Lautsprecherdurchsage, Schlagzeile, Melodie, Blickfang, Farbe, Internetauftritt, Messe, Werbematerial, Wurfsendungen, Werbung	durch zielmarktbezogene Werbemaßnahmen, Direct Mailings, Besuche des Außendienstes	durch Live-Produktdemonstration, Testveranstaltung, Referenzkundenbesuch, Geschenke, Proben, persönlichen Kontakt. Vorzüge der Ware werden herausgestellt, Kunden werden von Vorteilen der Ware überzeugt, Kaufmotiv entsteht (= Interessenssteigerung, starkes Verlangen).	durch Zeitungsanzeigen/Prospekte mit Bestellschein, Werbepräsent bei Bestellung; Befristung des Angebots; Test in kundeneigener Umgebung; persönliches Verkaufsgespräch; Individualisierung/ Maßanfertigung von Produkten; Pre-Sales-Service; Angebotskombinationen
aber: Botschaft hören heißt noch lange nicht Interesse haben.	**aber:** Interesse heißt noch lange nicht Kaufwunsch haben.	**aber:** Kaufwunsch haben heißt noch lange nicht kaufen.	**aber:** Kaufen heißt noch lange nicht Produkttreue.

Um Wirksamkeit zu erzielen, muss der Einzelhändler daher auch auf **Stetigkeit** achten. Denn einmalige Werbemaßnahmen haben erfahrungsgemäß nur bescheidenen Erfolg; sie müssen über einen längeren Zeitraum erfolgen.

Werden dabei die Ausgaben für die Werbung parallel zum Konjunkturverlauf eingesetzt, so spricht man von **prozyklischer Werbung.**

Dabei werden die Werbeaktionen parallel zur Entwicklung des Bedarfs geplant und umgesetzt. Dieses werbliche Verhalten ist in der Praxis vorwiegend festzustellen. Ziel der Unternehmen ist es, in Zeiten bereits hoher allgemeiner Nachfrage die Kunden durch Werbemaßnahmen zum Kauf der eigenen Waren zu bewegen.

Wird hingegen eine Ausgabenpolitik für werbliche Zwecke betrieben, die dem Konjunkturverlauf entgegengerichtet ist, so liegt **antizyklisches Werbeverhalten** vor. Die werblichen Aktionen werden in diesem Fall zum Ausgleich von Umsatzschwankungen und Nachfragerückgängen durchgeführt.

Unwirksam wird antizyklisches bzw. antisaisonales Verhalten bei starker Saisongebundenheit der Waren, z. B. Werbung für Schokoladenweihnachtsmänner im Juni.

Wirtschaftlichkeit

Das Ziel des Einzelhändlers muss es sein, mit möglichst geringen Kosten seinen Umsatz zu steigern. Er muss daher sehr genau prüfen, ob die durch die Werbung erzielte Wirkung in einem angemessenen Verhältnis zu den Werbekosten steht (= Werbeerfolgskontrolle).

Werbeerfolgskontrolle

Ermittlung des ökonomischen Werbeerfolgs

Die Beurteilung des Werbeerfolgs hängt von der Zielsetzung ab, die der Einzelhändler mit einer Werbemaßnahme erreichen will. Steht die Umsatzsteigerung im Vordergrund, so muss er überprüfen, ob durch die Werbemaßnahme eine Steigerung seines Umsatzes erreicht wurde.

$$\text{Werbeerfolg} = \frac{\text{Umsatzsteigerung}}{\text{Werbekosten für die Werbeaktion}}$$

Der Werbeeinsatz war immer dann wirtschaftlich, wenn das Ergebnis größer als 1 ausfällt.

BEISPIEL

Ein Textileinzelhändler hat nach Abschluss einer Werbemaßnahme einen Umsatzzuwachs (= Werbeertrag) von 255.000,00 €. Für die Werbemittel (Zeitungsanzeige, Handzettel und Rundfunkspot) musste er insgesamt 102.000,00 € bezahlen. Sein Werbeerfolg war positiv, er betrug 2,5.

In der Fachliteratur wird häufig der Ausspruch eines erfolgreichen Geschäftsmannes zitiert: „Ich weiß, dass ich die Hälfte meiner Werbegelder zum Fenster hinauswerfe. Leider weiß ich nur nicht, welche Hälfte."

Dieser Ausspruch weist auf die Probleme hin, die mit der Kontrolle des Werbeerfolgs verbunden sind.

Nur theoretisch lässt sich also der Werbeerfolg – wie soeben dargestellt – ermitteln. Praktisch treten Schwierigkeiten auf:

- Häufig lassen sich die Werbekosten nicht genau von den anderen Kosten im Unternehmen abgrenzen.
- Andere Absatzmaßnahmen und Faktoren (neben der eingesetzten Werbemaßnahme) können sich ebenfalls und gleichzeitig auf den Umsatz auswirken, z. B. die Produktgestaltung, Bedarfsverschiebungen (Mode), Preisänderungen bei der Konkurrenz, Konjunktureinflüsse u. a. m.
- Eine zeitliche Abgrenzung der Werbeerträge ist häufig unmöglich. Eine Werbemaßnahme kann z. B. schon längst abgeschlossen sein, ihre absatzfördernde Wirkung kann aber unvermutet und unerkannt noch über einen längeren Zeitraum wirken.
  Der durch die Werbemaßnahme in die Zukunft ausgestrahlte Bekanntheitsgrad verfälscht insofern die Ergebnisse folgender Werbemaßnahmen (Carry-over-Effekt).
- Der durch eine Werbemaßnahme erzielte Werbeeffekt kann den Bekanntheitsgrad anderer, u. U. sogar konkurrierender Produkte ebenfalls steigern, wenn die Produkte oder die für sie durchgeführten Werbemaßnahmen einander ähnlich sind („Halo-Effekt").

Außerdem liegt der wirtschaftliche Werbeerfolg nicht nur im Verkauf der verlangten Ware, sondern auch im Verkauf zusätzlicher Ware. Für den Einzelhändler ist es daher sehr schwer, diesen Erfolg festzustellen.

Ist das Ziel die Erhaltung des bisherigen Umsatzes, so sind die Schwierigkeiten einer Erfolgskontrolle darin zu sehen, dass der Händler nicht sagen kann, um wie viel sein Umsatz zurückgegangen wäre, wenn er die Werbemaßnahme nicht durchgeführt hätte.

Ermittlung des außerökonomischen Werbeerfolgs

Von außerökonomischen Werbeerfolgen spricht man, wenn es dem Unternehmer gelingt,
- die Kundenkontakte zu erhöhen,
- den Bekanntheitsgrad seines Unternehmens zu steigern,
- die Erinnerungsfähigkeit der Kunden an sein Geschäft zu erhöhen,
- das Image des Unternehmens zu verbessern.

Um in diesem Zusammenhang die Wirksamkeit der Werbemaßnahmen überprüfen zu können, hat man Kennziffern entwickelt, die sich an der AIDA-Formel orientieren:

		BEISPIELE (Grundlage: Zielgruppenstärke von 350 Ansprechpartnern)
Attention	$= \dfrac{\text{Zahl der Adressaten}}{\text{Gesamtzahl der Zielgruppe}}$	Anteil derjenigen, die durch die Werbung aufmerksam geworden sind: $= \dfrac{133}{350} = \underline{\underline{38\,\%}}$
Interest	$= \dfrac{\text{Zahl der Interessenten}}{\text{Gesamtzahl der Zielgruppe}}$	Anteil derjenigen, die sich für die beworbene Ware interessieren: $= \dfrac{42}{350} = \underline{\underline{12\,\%}}$
Desire	$= \dfrac{\text{Zahl der Überzeugten}}{\text{Gesamtzahl der Zielgruppe}}$	Anteil derjenigen, die die beworbene Ware gerne kaufen würden: $= \dfrac{14}{350} = \underline{\underline{4\,\%}}$
Action	$= \dfrac{\text{Zahl der zusätzlichen Käufer}}{\text{Gesamtzahl der Zielgruppe}}$	Anteil derjenigen, die die beworbene Ware gekauft haben: $= \dfrac{5}{350} = \underline{\underline{1,4\,\%}}$

Die Erfolgskontrolle muss sich dabei über einen längeren Zeitraum erstrecken. Methoden zur außerökonomischen Werbeerfolgskontrolle sind:
- das Erinnerungsverfahren (Recall-Verfahren)
- das Wiedererkennungsverfahren
- Image-Analysen

Fehler lassen sich allerdings bei derartigen Methoden nicht ausschließen.

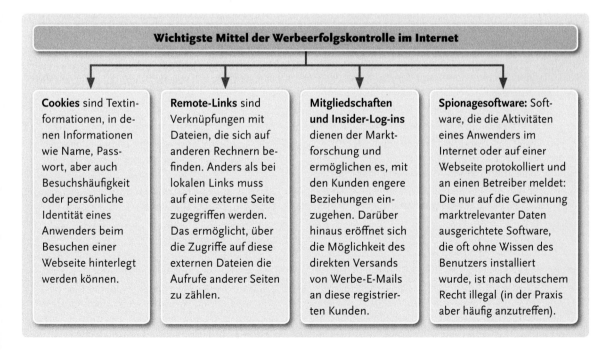

Wichtigste Mittel der Werbeerfolgskontrolle im Internet

Cookies sind Textinformationen, in denen Informationen wie Name, Passwort, aber auch Besuchshäufigkeit oder persönliche Identität eines Anwenders beim Besuchen einer Webseite hinterlegt werden können.

Remote-Links sind Verknüpfungen mit Dateien, die sich auf anderen Rechnern befinden. Anders als bei lokalen Links muss auf eine externe Seite zugegriffen werden. Das ermöglicht, über die Zugriffe auf diese externen Dateien die Aufrufe anderer Seiten zu zählen.

Mitgliedschaften und Insider-Log-ins dienen der Marktforschung und ermöglichen es, mit den Kunden engere Beziehungen einzugehen. Darüber hinaus eröffnet sich die Möglichkeit des direkten Versands von Werbe-E-Mails an diese registrierten Kunden.

Spionagesoftware: Software, die die Aktivitäten eines Anwenders im Internet oder auf einer Webseite protokolliert und an einen Betreiber meldet: Die nur auf die Gewinnung marktrelevanter Daten ausgerichtete Software, die oft ohne Wissen des Benutzers installiert wurde, ist nach deutschem Recht illegal (in der Praxis aber häufig anzutreffen).

AUFGABEN

1. Warum muss Werbung planmäßig betrieben werden?

2. Wie bezeichnet man die Gruppe, die durch die Werbung angesprochen werden soll?

3. Was versteht man in der Werbung unter Streuzeit?

4. Erläutern Sie den Begriff „Streugebiet".

5. Prüfen Sie die folgenden Beispiele und entscheiden Sie, ob für die genannte Zielgruppe ein geeigneter Werbeträger ausgewählt wurde. Begründen Sie Ihre Antworten.
   a) In einer Jugendzeitschrift wird für Ferienreisen in die Karibik geworben.
   b) In einem Managermagazin wird zum Kauf von ausländischen Wertpapieren mit einer besonders hohen Rendite geraten.
   c) Kurz vor einer Schulfunksendung im Radio wird für Autos geworben.
   d) Im Kino wird vor Beginn des Hauptfilmes ein Spot für Erfrischungsgetränke gezeigt.

6. Was sind die zentralen Fragestellungen der Werbeplanung?

7. Welche Zielgruppen sollen mit den folgenden Werbeaktionen angesprochen werden?
   a) Bergsportzentrale Münzer setzt auf Zeltkomfort.
   b) Alles für den Hobbybastler
   c) Exklusive Mode für die selbstbewusste Frau von heute
   d) Ihr Verbrauchermarkt – Ihre günstige Einkaufsstätte
   e) Die neue Skimode für alle, denen Qualität und Design etwas bedeuten

8. Ordnen Sie die Grundsätze der Werbung (Wirtschaftlichkeit, Wahrheit, Klarheit, Originalität, Wirksamkeit) den folgenden Beispielen zu:
   a) Eine Erhöhung der Aufmerksamkeit durch eine originelle Werbung führt zu einer klaren Abgrenzung von der Konkurrenz.
   b) Die Werbewirkung auf einzelne oder gezielt ausgewählte Kundengruppen sollte trotz damit verbundener Schwierigkeiten fortlaufend überprüft werden.
   c) Übertreibungen in der Werbung wie auch bewusst falsche Aussagen führen zu einem Vertrauensschwund und zum Verlust an Glaubwürdigkeit und Umsatzeinbußen für den Einzelhändler.
   d) Besonders eingängige, klare und leicht verständliche Aussagen bewirken die erwünschte Aufmerksamkeit und Aufnahme der Werbebotschaft.
   e) Das Verhältnis zwischen dem Aufwand der Kosten für die Werbung und dem Ertrag muss wirtschaftlich zu rechtfertigen sein.

9. Erklären Sie die AIDA-Formel.

10. Was verstehen Sie unter einem Werbeetat?

11. Wie nennt man die Gesamtheit der Maßnahmen zur Überwachung der Wirtschaftlichkeit der gesamten oder einzelnen Werbemaßnahmen?

12. Wie wird der Werbeerfolg festgestellt?

13. Erklären Sie die Problematik der Werbeerfolgskontrolle.

14. Wann spricht man von außerökonomischem Werbeerfolg?

15. Betrachten Sie die Abbildungen ① und ②, die Entwicklungen von Werbeaufwand und Umsatz darstellen.
    a) Erläutern Sie die beiden Abbildungen.
    b) Nennen Sie jeweils ein Beispiel, wann ein Unternehmen seine Werbeausgaben so einsetzen sollte, wie es in Abb. ① bzw. in Abb. ② dargestellt ist.

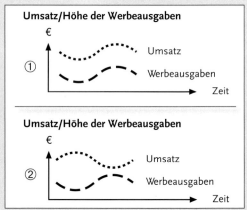

16. Von einer Lebensmittelgroßhandlung werden turnusmäßig Flyer an die 8 500 Einzelhändler verschickt. In der letzten April-Ausgabe veranstaltete die Großhandlung ein Preisausschreiben, das die folgenden Ergebnisse lieferte:
    Teilnehmer: 6375
    konkrete Anfragen: 680
    Einzelhändler mit positiver Stellungnahme nach dem Besuch des Außendienstmitarbeiters: 170
    Käufer der neuen Produktlinie „Gourmet light": 94
    Ermitteln Sie die Kennziffern des außerökonomischen Werbeerfolgs.

17. Ein Großhändler hat gemeinsam mit einer Werbeagentur für seine Hausmarke eine Werbekampagne entwickelt, die sich auf drei Strategien stützt:

a) Einrichtung eines Showrooms beim Einzelhandel mit dem Ziel, 15 % der Kunden zum Anhalten und Betrachten des Ausstellungsraumes zu bewegen

b) Sendung eines im regionalen Fernsehen laufenden TV-Spots. Dadurch soll erreicht werden, dass sich mindestens 25 % der Zuschauer später an den Produktnamen erinnern.

c) Anzeigenschaltung in der Fachzeitschrift des Verbands. Man möchte dadurch erreichen, dass 2,5 % der Zeitschriftenleser an dem gleichzeitig angebotenen Preisausschreiben teilnehmen.

Stellen Sie fest, wie sich der Werbeerfolg bei den drei Strategien ermitteln lässt.

AKTIONEN

1. Die Ambiente Warenhaus AG führt jährlich in Ihrer Abteilung eine Sonderaktion durch. Sie als Auszubildende(r) haben die Aufgabe, diese Aktion zu planen. Die begleitende Werbekampagne soll innerhalb der nächsten 4 Wochen stattfinden. Die gesamte Aktion soll nach dem Grundsatz „Informieren – Planen – Entscheiden – Ausführen – Kontrollieren – Auswerten" durchgeführt werden. Gehen Sie dabei nach der „Leittextmethode" vor: Verwenden Sie dazu die Informationen, die Sie im vorliegenden Kapitel und im Kap. 5.7 finden. Geleitet durch die Aufträge 1a–d, 2a–c und 3 werden Sie das Ziel dieser Aktion erreichen.

Regeln für Teamarbeit

- Alle sind für das Teamergebnis mitverantwortlich.
- Jeder arbeitet mit.
- Jeder kann seine Meinung frei äußern, alle Meinungen und Ideen werden akzeptiert.
- Jeder fasst sich kurz.
- Es redet immer nur eine Person.
- Niemand wird beim Sprechen unterbrochen.
- Die Beiträge der Teammitglieder werden im Team diskutiert, um letztlich den „richtigen" Weg zu finden.
- In der Diskussion werden andere nicht verletzt.
- Bei einer umfangreicheren Aufgabe übernimmt jedes Teammitglied einen Teilbereich.
- Jeder ist gegenüber dem Team für die übernommenen Aufgaben verantwortlich.
- Fühlt sich jemand unwohl, sagt er es sofort.

a) Bilden Sie sortenspezifische Teams (maximal sechs Personen).

b) Sammeln Sie erste Ideen in einem Brainstorming für diese Aktion (Welche Waren? Welches Motto? Wann? Wer?). Halten Sie Ihre Überlegungen in einem Fadenkreuz schriftlich fest.

c) Erstellen Sie einen schlüssigen Werbeplan. Benutzen Sie die in diesem Kapitel abgebildete Übersicht zu einem Werbeplan (Spalten 1 und 2) und ergänzen Sie eine dritte Spalte mit den von Ihnen getroffenen Entscheidungen.

Bereich	zentrale Fragestellung	Entscheidungen
Werbeziel(e)	WAS, WELCHE	
...	...	

d) Präsentieren Sie Ihre Planungsergebnisse – mit PowerPoint – der Abteilungsleitung. Beachten Sie dabei die Grundregeln zur Präsentationsdarstellung:

- „Weniger ist mehr." Ihre Zuhörer müssen die Präsentation schnell lesen und verstehen können. Deshalb: keep it short and simple! – KISS!

- Präsentationen sind kein reines Lesemedium. Sie sollen den Vortrag nur visuell ergänzen, nicht verdoppeln!

- Als Faustregel kann gelten: 2–3 Minuten pro Folie.

Tragen Sie Ihr Ergebnis möglichst in freier Rede vor. Helfen werden Ihnen dabei die Regeln für einen guten Vortrag.

2. In der Aktion 2 (Kap. 5.1) haben Sie Werbemittel aus Zeitungen und Zeitschriften gesammelt.

a) Welches Werbeziel, welche Zielgruppe und welche Werbebotschaft werden in den jeweiligen Beispielen angesprochen?

b) Ordnen Sie den jeweiligen Werbemitteln die entsprechenden Werbeträger zu (siehe auch Kap. 5.7).

c) Was fällt Ihnen zuallererst bei der Werbemittelgestaltung auf?

d) Was könnte der Grund dafür sein, dass die Werbung gerade zum jetzigen Zeitpunkt erscheint?

3. Führen Sie nach der Präsentation innerhalb Ihres Teams eine Nachbereitung – Feedback mittels „Blitzlicht" – durch.
Das „Blitzlicht" dient dazu, sich gegenseitig über das Auskunft zu geben, was die einzelnen Teammitglieder gerade fühlen und denken.

> ### Blitzlichtregeln
> - Jeder kann, niemand muss sich äußern darüber,
>   – wie er sich momentan fühlt,
>   – wie zufrieden er mit dem Ergebnis ist,
>   – wie er die Zusammenarbeit im Team erlebt hat usw.
> - Jeder macht kurze (Blitzlicht!) persönliche Aussagen („ich", nicht „man"!).
> - Das Blitzlicht soll nur eine kurze Bestandsaufnahme sein: Beiträge werden weder kommentiert noch diskutiert.
> - Es spricht jeweils nur eine Person.

ZUSAMMENFASSUNG

Im Einzelnen sind vom Unternehmer und/oder einer beauftragten Werbeagentur festzulegen (mögliche Reihenfolge der Planungsschritte):

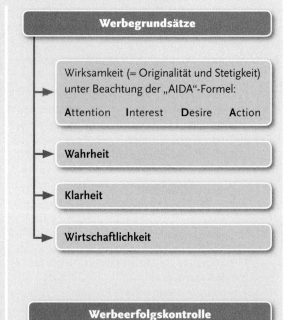

Werbeplanung
(Grundlage: die Marketingziele)

↓

Zielgruppenbestimmung
umworbener Personenkreis; Streukreis

↓

Formulierung der Werbeziele für die Zielgruppe

↓

Bestimmung des Werbeetats
Geldmittel, die für eine bestimmte Werbekampagne zur Verfügung stehen

↓

Streuweg
Auswahl der Werbemittel und Werbeträger, mit denen die Umworbenen erreicht werden sollen (gleichzeitig auch Festlegung der Werbeinhalte)

↓

Streugebiet
Festlegung des Einsatzgebiets der Werbung

↓

Streuzeit
zeitlicher Einsatz der Werbung

↓

Werbeerfolgskontrolle

Werbegrundsätze

→ Wirksamkeit (= Originalität und Stetigkeit) unter Beachtung der „AIDA"-Formel:

Attention **I**nterest **D**esire **A**ction

→ **Wahrheit**

→ **Klarheit**

→ **Wirtschaftlichkeit**

Werbeerfolgskontrolle

↓ ökonomischer Werbeerfolg

↓ außerökonomischer Werbeerfolg

Werberendite:

$$\frac{\text{Umsatzsteigerung}}{\text{Werbekosten}}$$

- Imageverbesserung
- Erhöhung der Kundenkontakte
- Steigerung des Bekanntheitsgrades

WAS MEINEN SIE, WIE SCHWER ES WAR, DIESE WERBEFLÄCHE ZU BEKOMMEN!

AMBIENTE FÜR ALLE!

1. Führen Sie an, warum die Werbefläche für die Werbung der Ambiente Warenhaus AG so wichtig ist.
2. Nennen Sie weitere Möglichkeiten, wie durch Werbung neue Waren bekannt gemacht werden können.

INFORMATIONEN

Damit der Einzelhändler mit seiner Werbung die Verbraucher erreicht, muss er **Werbemittel** erarbeiten und im nächsten Schritt für diese Werbemittel geeignete **Werbeträger** finden.

DEFINITION

Das **Werbemittel** beinhaltet bzw. stellt die **Werbebotschaft** dar. Sämtliche Werbemittel dienen als Medium, mit dessen Hilfe die Werbebotschaft des Einzelhändlers zum Kunden gelangen soll.

BEISPIELE FÜR WERBEMITTEL

- Plakate
- Zeitungsanzeigen
- Aufschriften auf Straßenbahnen und Omnibussen
- ausgestellte Waren im Schaufenster

Der Werbeträger hingegen ist das **Transportmittel** für das Werbemittel.

BEISPIELE FÜR WERBETRÄGER

- Litfaßsäulen
- Zeitschriften
- Straßenbahnen und Omnibusse
- Schaufenster
- CDs

DEFINITION

Werbeträger sind alle Personen oder Dinge, die die Werbemittel an den umworbenen Verbraucher herantragen.

Zwischen Werbemittel und Werbeträger kann nicht immer trennscharf unterschieden werden. Sie können z. B. auch identisch sein, wie beim Werbebrief oder Schaufenster.

Werbemittel und Werbeträger

Werbemittel innerhalb des Einzelhandelsbetriebs

Warenpräsentation im Schaufenster

Mit das wichtigste Werbemittel im Einzelhandel ist die **Gestaltung der Waren im Schaufenster.** Das Schaufenster ist die Visitenkarte des Einzelhändlers.

Es stellt die unmittelbare Verbindung zu seinem Geschäft her und gibt diesem ein werbewirksames Aussehen. Ein gut gestaltetes Schaufenster zieht die Kunden an und veranlasst Vorübergehende zum Stehenbleiben. Die Kunden können sich jederzeit unverbindlich und ungehindert über das Sortiment informieren, sich anregen lassen und eventuell schon eine Vorauswahl treffen.

Die wirkungsvolle Warenauslage trägt mit dazu bei, dass Kunden das Geschäft überhaupt betreten, um die angebotene Ware zu kaufen.

Insofern sind gerade die Gestaltung und der Aufbau der Waren im Schaufenster die wichtigste Voraussetzung für die Anziehungskraft bzw. Werbewirksamkeit des Schaufensters.

Verkaufsgespräch

Neben der Warenpräsentation im Schaufenster ist das **Verkaufsgespräch das wichtigste Werbemittel im Einzelhandel.** Es ist eines der besten und preisgünstigsten Werbemittel des Einzelhändlers (siehe Kap. 5.1).

Warenpräsentation im Verkaufsraum

Der Kunde soll sich im Verkaufsraum wohlfühlen; er soll zum Kaufen angeregt werden. Zu einer angenehmen Kaufatmosphäre mit dem Ziel einer Umsatzsteigerung kann insbesondere die **Warenanordnung in den Regalen und auf den Verkaufstischen** beitragen (siehe Kap. 4.4).

Packung der Ware

Die Verpackung erfüllt mehr als eine Schutzfunktion.

Schon lange hat die Packung für den Einzelhändler mehr als nur eine Schutzfunktion für Transport und Lagerung. Ihre wirtschaftliche Bedeutung liegt heutzutage vielmehr darin, den **Kunden** – durch unterschiedliche Aufmachung und Gestaltung – **zum Kauf anzuregen** (siehe Kap. 5.8).

Werbemittel außerhalb des Einzelhandelsbetriebs

Leuchtmittel

Ihr Einsatz soll die Kunden auffordern, das Geschäft zu betreten.

Leuchtmittel locken Kunden in die Geschäfte.

Vitrinen

Vitrinen sind nicht an den Standort des Einzelhandelsgeschäfts gebunden. Sie sollten dort aufgestellt werden, wo der Passantenstrom besonders groß ist.

Vitrinen stehen dort, wo der Passantenstrom am größten ist.

Zeitungsanzeigen

Die Zeitungsanzeige ist für den Einzelhändler sehr bedeutsam. Der kleine und mittlere Einzelhandel wird aus Kostengründen und um Streuverluste zu vermeiden regionale und örtliche Blätter bevorzugen.

BEISPIEL

Ein Einzelhändler, der sein Geschäft in einer Gemeinde nahe einer Großstadt hat, wird kaum erwarten können, dass Leser anderer Städte, anderer Gemeinden oder aus der Großstadt zum Einkaufen in sein Geschäft kommen.

> ### Checkliste zur Anzeigenbeurteilung
>
> - Erregt die Headline die Aufmerksamkeit des Betrachters?
> - Wird der Betrachter zum Handeln aufgefordert?
> - Ist der Inhalt überzeugend und nachvollziehbar?
> - Ist der Text kurz, verständlich und aussagekräftig?
> - Stimmt der inhaltliche Aufbau von Anzeige, Headline, Bild, Text, Anschrift und Coupon?
> - Ist die grafische Aufmachung zeitgemäß und dem Stil der Zielgruppe bzw. der Interessenten angepasst?
> - Ist das Unternehmensprofil erkennbar und hebt sich die Anzeige von den übrigen Anzeigen klar ab?
> - Ist der Aufbau optisch reizvoll oder wirkt die Anzeige eher überladen?

Neben der Zeitungsanzeige bedienen sich Einzelhändler mit großem Warenangebot zur Bekanntmachung ihrer Angebote der **Prospektwerbung.** Prospekte werden meist farbig gestaltet und als Beilage durch die Tageszeitungen verbreitet.

Handzettel

Für den Einzelhändler mit kleinerem Geschäft ist aus Kostengründen auch der Handzettel geeignet. Er wird meist als einseitig bedrucktes oder selbst vervielfältigtes Werbeblatt auf der Straße, im Geschäft oder durch Austräger verteilt. Der Handzettel ist ein wichtiges Werbemittel bei Verbrauchern, die keine Tageszeitung lesen.

Werbebrief

Neben dem Verkaufsgespräch ist der Werbebrief das persönlichste Werbemittel des Einzelhändlers. Mit seiner Hilfe kann der Händler einen bestimmten Kundenkreis ganz gezielt und persönlich ansprechen.

Der Werbebrief in Verbindung mit Prospektmaterial, Bestell- und Preislisten ist im Rahmen der Direktwerbung ein wesentliches Werbemittel von Unternehmen. Gegenüber Anzeigen und sonstiger Werbung hat er kaum Streuverluste.

Anlässe für das Versenden von Werbebriefen können z. B. Sonderverkäufe, die Einrichtung neuer Abteilungen oder die Aufnahme neuer Artikel in das Sortiment sein.

Weitere Werbemittel

- **Werbebotschaften auf Geschäftsfahrzeugen,** Straßenbahnen, Omnibussen, Plakat- und Häuserwänden, Telefonzellen, Litfaßsäulen, Tragetaschen, Außenaufstellern, Sandwichmen (Plakatträger), durch Hostessen usw.
- **Werbebotschaften im Zusammenhang mit Zugaben,** wie z. B. auf Kugelschreibern, Fähnchen, Taschenkalendern, Kostproben, Ansteckern, Türklebern usw.
- **Werbedias im Kino**
- **Fernsehspots**
  Sie sind auf bestimmten Gebieten ein Konkurrent der Anzeige. Wegen sehr hoher Kosten und großer Streuverluste – sehr viele der Angesprochenen kommen als Käufer gar nicht infrage – sind sie insbesondere für ein Industrieunternehmen interessant.
- **Werbedurchsagen im Rundfunk**
  Hier ist die Situation dagegen anders. Die Regionalprogramme erlauben einen gezielteren Einsatz. Regional ansässige Unternehmen einer bestimmten Größenordnung nutzen die Rundfunkwerbung in zunehmendem Maße gerne als Werbemittel.
- **Telefonwerbung**[1]
  Sie ist nur zulässig, wenn der Angerufene **vor** dem Werbeanruf ausdrücklich eingewilligt hat. Nicht ausreichend ist, wenn die erste Frage des Anrufers lautet: „Sind Sie mit dieser Telefonwerbung einverstanden?" und erst dann oder erst am Ende des Telefongesprächs die Einwilligung erfolgt. Das Einverständnis zur Telefonwerbung kann sich das Unternehmen nur durch individuelle Vereinbarung einholen.
- **Werbung im Internet**
  Im Internet können tagesaktuelle Informationen zur Verfügung gestellt werden, wie Preislisten, Sonderkonditionen, Exklusivangebote, Sortimentserweiterungen und -einschränkungen, Sortimentsgruppierungen, Lieferzeiten und Ähnliches mehr.

Ein entwickeltes neuartiges Medium für Wort- und Bildwerbung ist das **impulsTV.** Es ist eine Kombination aus Fernsehen, Radio, Plakat, Info-Panel, Internet und Datenbank.

Beim impulsTV erhält der Kunde auf seinem Weg durch den Supermarkt gezielt Werbebotschaften. Der Impuls für die Präsentation geht von einem Sensor im Griff des Einkaufswagens aus, der den Start des Spots auf einem Bildschirm auslöst. Streuverluste sind daher minimal und der werbende Auftraggeber (z. B. ein Malergeschäft, ein Textileinzelhändler und andere Mittelständler des Standorts) zahlt nur für die tatsächlichen Kontakte.

Da sämtliche Vorgänge gespeichert werden, lässt sich später mühelos feststellen, welcher Kunde mit welchem

---

1 Telefonwerbung als „unzumutbare Belästigung" siehe Kap. 5.5.

Wagen wo und wann die Werbung gesehen hat. Durch Verknüpfung mit den Bon-Daten lässt sich zudem direkt ableiten, welche Wirkung die Werbung auf den Warenverkauf hatte. Dennoch bleibt der Kunde anonym. Durch die Sensortechnologie kann das System selbstständig auf wechselnde Situationen im Laden reagieren. Durchquert ein Kunde samt Einkaufswagen mehrere Male ein sogenanntes Lesefeld, erhält er jedes Mal eine andere Werbebotschaft.

Für den Supermarktbetreiber arbeitet das System bereits mit 15 Werbetreibenden kostendeckend, ist damit aber erst zu 8 % ausgelastet.

Auswahl der Werbemittel

Bei der Überlegung, ob der Einzelhändler lieber relativ viel Geld für einige Werbemittel ausgeben sollte oder besser weniger Geld für viele einzelne, ist Folgendes zu bedenken:

Die Chance, jeweils neue Käufer zu erreichen, nimmt mit der Anzahl der Werbemittel ab, da es in einem solchen Fall immer häufiger vorkommt, dass mit den letzten Werbemitteln keine neuen Käufer erreicht werden, sondern genau dieselben Verbraucher wie mit den ersten. Es scheint grundsätzlich besser, eine bestimmte

Geldsumme für wenige Werbemittel auszugeben, als sie über viele Werbemittel zu verteilen.

Beeinflusst wird die Auswahl vor allem von:
- dem Werbeziel,
- der anzusprechenden Zielgruppe,
- der Höhe der Geldsumme, die für die Werbung ausgegeben werden kann,
- dem Image des Geschäfts,
- der Werbung der Konkurrenten,
- der möglichen Aufmerksamkeitswirkung des einzelnen Werbemittels in der anzusprechenden Zielgruppe.

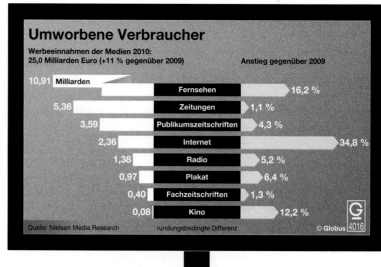

Umworbene Verbraucher

Werbeeinnahmen der Medien 2010:
25,0 Milliarden Euro (+11 % gegenüber 2009) Anstieg gegenüber 2009

	Milliarden	Anstieg gegenüber 2009
Fernsehen	10,91	16,2 %
Zeitungen	5,36	1,1 %
Publikumszeitschriften	3,59	4,3 %
Internet	2,36	34,8 %
Radio	1,38	5,2 %
Plakat	0,97	6,4 %
Fachzeitschriften	0,40	1,3 %
Kino	0,08	12,2 %

Quelle: Nielsen Media Research   rundungsbedingte Differenz   © Globus 4016

AUFGABEN

1. Welcher Unterschied besteht zwischen Werbemitteln und Werbeträgern?

2. Nennen Sie verschiedene Werbeträger.

3. Ein Einzelhändler möchte eine neue Warengruppe einführen. Welche Werbemöglichkeiten sind für diesen Zweck geeignet?

4. Ordnen Sie drei Werbemittel den Werbeträgern zu:

   a) Zeitung,

   b) Litfaßsäule und

   c) Kinoleinwand.

   Werbemittel: Plakat – Modenschau – Werbedia – Werbegeschenk – Inserat – Katalog

5. Welcher Werbeträger ist für Public-Relations-Maßnahmen des Einzelhändlers am besten geeignet?

6. Welche Bedeutung hat das Verkaufsgespräch für den Einzelhandel, insbesondere für Fachgeschäfte?

7. Nennen Sie Werbemittel außerhalb des Einzelhandelsbetriebs.

8. Ein Einzelhandelskaufmann in einer Kleinstadt möchte seine Stammkunden auf die Eröffnung seines Erweiterungsbaus aufmerksam machen. Welches Werbemittel ist hierfür besonders geeignet?

9. Welches Werbemittel hat für den Einzelhändler die größte wirtschaftliche Bedeutung?

10. Warum wird ein Einzelhandelskaufmann ohne Filialgeschäfte für seine Anzeigenwerbung regionale und örtliche Blätter bevorzugen?

11. Aus welchen Anlässen können Werbebriefe versandt werden?

12. Welches Werbemittel hat die größte, welches die zweitgrößte Werbewirkung? Stellen Sie eine Rangfolge auf.

Werbemittel:
Werbebrief – Zeitungsanzeige – Schaufenster – Plakat – Prospekt – Handzettel

AKTIONEN

1. Der Abteilungsleiter hat die von Ihrem Team vorgeführte Präsentation (siehe Kap. 5.6) für gut befunden und beauftragt Ihr Team nun mit der Gestaltung der entsprechenden Werbemittel und verkaufsfördernden Maßnahmen (siehe hierzu Kap.5.1, Aktion 2). Insgesamt werden Ihnen für die Werbekampagne finanzielle Mittel von 50.000,00 € zur Verfügung gestellt.

2. • Sammeln Sie alle Informationen, die für die Gestaltung der Werbemittel wichtig sind.
 • Beachten Sie bei dieser Arbeit die Methoden zur selbstständigen Informationsgewinnung.
 • Fassen Sie anschließend Ihre Ergebnisse in einer Mindmap zum Thema „Merkmale eines aussagekräftigen Plakats und einer Zeitungsanzeige" zusammen.

3. Wählen Sie aus aktuellen Zeitungsanzeigen und Plakaten ein besonders gut gelungenes und ein weniger gut gelungenes Beispiel aus. Erklären Sie Ihren Klassenkameraden/-innen Ihre Entscheidung.

4. Erstellen Sie für die Werbekampagne
 • ein Plakat und/oder
 • eine Zeitungsanzeige (ganzseitig und in Farbe).

a) Beachten Sie dabei die gesetzlichen Regelungen aus dem Kapitel 5.5 sowie die Werbegrundsätze aus dem Kapitel 5.6.

b) Erstellen Sie Ihre Entwürfe mit einer Software, soweit ihr Einsatz für das jeweilige Werbemittel geeignet erscheint.

c) Visualisieren Sie darüber hinaus Ihre Präsentation mithilfe von Abbildungen aus dem Internet. Verwenden Sie dazu die Bildersuche von www.google.de.

d) Bereiten Sie sich darauf vor, Ihre Entwürfe bzw. Ihren Entwurf zu präsentieren.

Hinweise
zur Gestaltung von Plakaten

Überschrift
• markant
• zum Lesen animieren
• hervorheben durch:
  – Farbe   – Größe
  – Schriftart   – Rahmen

Text
• nur Wesentliches
• saubere Schrift
• gliedern
• evtl. Hervorhebungen

Grafik
Veranschaulichung und Hervorhebungen durch:
• Bilder   • Symbole   • Diagramme

---

5. Ermitteln Sie die Kosten der unter Aktion 3 aufgeführten Werbemittel sowie für lokale Kinowerbung und einen Rundfunkspot. Erkundigen Sie sich dafür
 • bei Ihrer örtlichen Zeitung nach den Anzeigenpreisen,
 • bei dem populärsten Radiosender in Ihrer Heimatregion,
 • bei mindestens zwei Druckereien nach den Druckkosten für Ihren Entwurf und
 • im nächstgelegenen Kino nach dessen Angebotspreisen.

Stellen Sie Ihr Ergebnis mithilfe einer Folie dar. Beachten Sie die Hinweise zur Gestaltung von Folien und zur Arbeit mit dem Overheadprojektor.

6. Überlegen Sie genau, welche Werbeträger und Werbemittel Sie benutzen wollen, um Ihre Zielgruppe anzusprechen (Grundsatz der Werbewirksamkeit), ohne dabei aber den Blick für die Kosten zu verlieren (Werbeerfolg).

Erstellen Sie tabellarisch einen Mediastreuplan für die Durchführung der Werbekampagne. Berücksichtigen Sie dabei insbesondere die folgenden Fragen (soweit nicht schon im aufgestellten Werbeplan des Kapitels 5.6 beantwortet):

- Wann soll die gesamte Aktion beginnen?
- Wann sollen einzelne Werbemittel in ihrem Verlauf eingesetzt werden?
- Wann soll die Kampagne enden?
- Gibt es darüber hinaus günstige Werbetermine, die zu berücksichtigen wären?

Hilfreich könnte der folgende Vorschlag sein: Erstellen Sie eine entsprechende Tabelle am Computer mithilfe des Tabellenkalkulationsprogramms Excel.

Mediastreuplan für:			Terminübersicht											
Werbe-träger	Werbe-mittel	Werbe-botschaft	Jan.	Febr.	März	April	Mai	Juni	Juli	Aug.	Sept.	Okt.	Nov.	Dez.

7. In die gesamte Werbekampagne einzubinden sind begleitende Maßnahmen zur Verkaufsförderung (siehe Kap. 5.1, Aktion 3) sowie Überlegungen zu den Werbearten (siehe Kap. 5.2, Aktion 5).

8. Prüfen Sie, ob sämtliche von Ihnen geplanten Maßnahmen der Wirtschaftswerbung (= Kommu-nikationspolitik), siehe Kap. 5.1, 5.2 und 5.6, sinnvoll aufeinander abgestimmt sind.

9. Stellen Sie Ihre Ergebnisse unter Berücksichtigung von Aktion 6 dem Plenum vor. Wählen Sie hierfür geeignete Medien (Pinnwand, Flipchart, Overheadprojektor, Computer, Tafel, Papier/Pappen/Karten).

ZUSAMMENFASSUNG

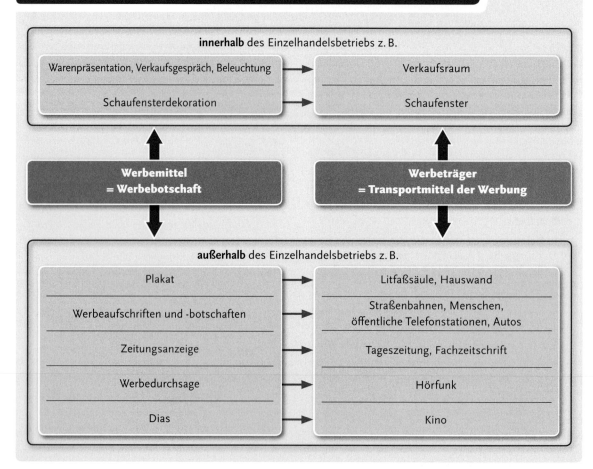

innerhalb des Einzelhandelsbetriebs z. B.

| Warenpräsentation, Verkaufsgespräch, Beleuchtung | → | Verkaufsraum |
| Schaufensterdekoration | → | Schaufenster |

Werbemittel = Werbebotschaft

Werbeträger = Transportmittel der Werbung

außerhalb des Einzelhandelsbetriebs z. B.

Plakat	→	Litfaßsäule, Hauswand
Werbeaufschriften und -botschaften	→	Straßenbahnen, Menschen, öffentliche Telefonstationen, Autos
Zeitungsanzeige	→	Tageszeitung, Fachzeitschrift
Werbedurchsage	→	Hörfunk
Dias	→	Kino

Wir verkaufen Waren unter Berücksichtigung ökonomischer und ökologischer Verpackungsgesichtspunkte

In der Ambiente Warenhaus AG ist man mehr und mehr dazu übergegangen, jene Produkte für das eigene Sortiment zu bevorzugen, die – gleiche Qualität der miteinander konkurrierenden Waren vorausgesetzt – Verpackungsabfälle möglichst gering halten. Wenn Verpackungen nicht vermeidbar sind, sollen zukünftig wesentlich stärker umweltverträgliche[1] Verpackungsmaterialien verwendet werden.

Darüber hinaus werden in regelmäßigen Abständen für das Verkaufspersonal hausinterne Schulungen durchgeführt, damit die Kunden sachgerecht über die Umweltleitlinien der Ambiente Warenhaus AG informiert werden können.

Neue Richtung in der Verpackungspolitik

1. Zeigen Sie, welche Überlegungen die Verantwortlichen in der Ambiente Warenhaus AG dazu veranlasst haben könnten, ihre „Verpackungspolitik" im Rahmen des Umweltmanagements zu ändern.
2. Geben Sie an, welche mögliche Problematik Sie als Verbraucher/-in durch die immer noch anzutreffenden aufwendigen Warenverpackungen bei vielen Produkten sehen.

INFORMATIONEN

Der Einzelhandel sieht sich zunehmend mit umweltpolitischen Anforderungen, vor allem in Bezug auf die angebotene Ware sowie deren Verpackung und Herstellung, konfrontiert. Er muss die Bewältigung dieser Aufgaben zu einem zentralen unternehmenspolitischen Element machen.

Packung und Verpackung

> **DEFINITION**
>
> Die Umhüllung der Ware aus Gründen der Zweckmäßigkeit nennt man **Verpackung.**

Die ursprüngliche Aufgabe der Verpackung war der Schutz der Ware vor äußeren Einflüssen, Feuchtigkeit und schädlichen Temperaturen, Druck und Stoß.

> **DEFINITION**
>
> Wenn eine Verpackung über das Zweckmäßige hinaus einen verkaufsfördernden, werblichen Zusatznutzen aufweist, der als Verkaufsanreiz und Umsatzsteigerung genutzt wird, so wird die Verpackung zur **Packung.**

Die Packung bietet die Ware in einprägsamer Form, wirksam durch Text, Bild und Farbe, oft auch sichtbar durch Glas und glasähnliche Stoffe, zum Kauf an – sie wirbt also für ihren Inhalt.

Neue Entwicklungstendenzen im Bereich des Warenabsatzes und die Wandlung der Verbrauchergewohnheiten haben die ursprüngliche Aufgabe der Verpackung erweitert und sie zum Werbemittel, zur Packung gemacht.

Aufgaben der Packung

Aus der Sicht des Verbrauchers muss die Packung bestimmten Ansprüchen gerecht werden. Sie sollte
- über die Ware informieren (Informationsfunktion) und
- eine bestmögliche Handhabung und Bequemlichkeit gewährleisten (Gebrauchs- und Servicefunktion).

Informationsaufgabe der Packung
Mit dem Aufkommen der Selbstbedienungsgeschäfte fällt der Warenpackung in verstärktem Maße eine Ver-

---

1 Wiederverwendungsfähig, leicht zu vernichten, recyclinggerecht (cycle [engl.]: Kreis. Recycling bedeutet dann sinngemäß „etwas in den Kreislauf zurückführen" bzw. wiederaufbereiten).

kaufsfunktion zu, d. h., die Packung muss verkaufen helfen; sie ersetzt gewissermaßen das Verkaufsgespräch. Dadurch wird sie zu einem wichtigen **Informationsträger.**

Die Packung muss Auskunft geben über:
- Warensorte, Menge, Preis und Herkunft
- Verwendungszweck (von der Ware abhängig)
- Bestandteile, Zusammensetzung, Zusatzstoffe, Haltbarkeit, Behandlungsverfahren, Pflegeanleitungen und Gebrauchsanweisungen, soweit es gesetzlich vorgeschrieben ist bzw. sinnvoll erscheint

Gebrauchs- und Serviceaufgabe der Packung

Die Packung kann den **Umgang mit der Ware erleichtern**, wenn sie bestimmte Gesichtspunkte berücksichtigt:

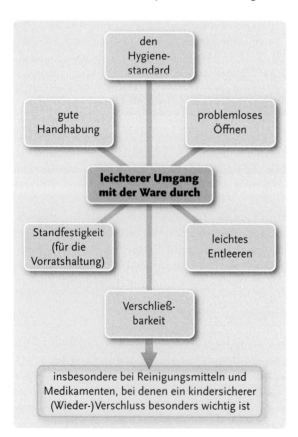

Absatzaufgabe der Packung

Aus Sicht des Einzelhändlers bringt die Packung folgende Vorteile:
- Das Abpacken entfällt.
- Selbstbedienung ist möglich.
- Regalgerechte Lagerung ist möglich.
- Die Packung fördert den Absatz.

War die Verpackung früher eine aus Gründen des Warenschutzes und der Zweckmäßigkeit angefertigte Hülle, wird die Packung nun zum Werbemittel und -träger zugleich. Sie soll die Kunden auf die Ware aufmerksam machen und zum Kauf anregen. Dabei soll sie nicht nur zum einmaligen Kauf reizen, sondern auch den wiederholten Kauf fördern und schließlich zur Markentreue erziehen. Form und Ausstattung müssen so viele Merkwerte und Erinnerungsstützen enthalten und so unverwechselbar sein, dass sie sich bewusst oder unbewusst einprägen. Eine Ware muss daher aus der anonymen Masse herausgehoben werden und ein bestimmtes unverwechselbares Aussehen erhalten. Man kann sagen, dass die „Persönlichkeit" einer Ware durch die Packung geprägt wird.

Die Verpackung regt zum Wiederholungskauf an.

Neben der Selbstbedienung haben der Trend hin zur verpackten Ware und die Gedankenverbindung Warenqualität – Packung den Markengedanken gefördert (Markenartikeleinsatz). Der Käufer sieht in der Packung eine Garantie; vor allem die Marke, die Markierung, das gleichbleibende Bild der Umhüllung sind ihm Kennzeichen für die Beständigkeit der Warengüte.

Schutzaufgabe der Packung

Einen weiteren Anspruch, den Handel und Verbraucher gemeinsam an die Packung stellen, ist der Schutz der Ware.

Damit ist zweierlei gemeint:
- Die Packung soll die Ware bis zum Ge- oder Verbrauch vor Transport- und Lagerschäden (Erschütterungen, Druck) schützen sowie vor sämtlichen Fremdeinflüssen, wie Schmutz, Staub, Feuchtigkeit und Austrocknung. Darüber hinaus hat sie die Aufgabe, Gärungsprozesse, z. B. bei Sekt (Flaschengärung), zu ermöglichen.

5530410

- Die Packung muss einen Beitrag zum **Umweltschutz** leisten.

Viele Waren sind aber aufwendig oder sogar mehrfach verpackt. Sie verursachen dadurch zusätzliche Abfallbelastungen und tragen deshalb nicht unbedingt zum Schutz unserer Umwelt bei.

Die Verpackung schützt die Ware vor Fremdeinflüssen.

Die Nachteile für unsere Umwelt sind nicht zu übersehen. Glas verrottet nicht. Bei der Verbrennung von Kunststoff entstehen giftige Abgase. Jede überflüssige Packung muss als Umweltbelastung, aber auch als Verschwendung der nur begrenzt zur Verfügung stehenden Rohstoffe verurteilt werden.

BEISPIELE

- Aus Sand und Kalk entsteht Glas,
- aus Holz entsteht Papier,
- aus Erdöl entstehen Kunststoffe,
- aus Zinn und Bauxit entstehen Weißblech und Aluminium.

Da unsere Umwelt ständigen Gefahren ausgesetzt ist, auch

- aufgrund der Verpackungsflut und
- dem immer häufiger festzustellenden sorglosen Umgang mit Verpackungsabfällen,

ergeben sich Forderungen nach einer **umweltfreundlichen Packungsgestaltung.** Deshalb hat der Gesetzgeber Regeln für den Umgang mit Verpackungen aufgestellt.

Verordnung über die Vermeidung und Verwertung von Verpackungsabfällen (Verpackungsverordnung)

Die Verpackungsverordnung (VerpackV) verpflichtet Hersteller und Vertreiber zur Rücknahme und stofflichen Verwertung von Transportverpackungen, Umverpackungen und Verkaufsverpackungen.

Abfallwirtschaftliche Ziele (§ 1 VerpackV)

| Verpackungsabfälle sind in erster Linie zu **vermeiden.** | Sofern sie nicht vermieden werden können, sollen sie vorrangig **wiederverwendet** werden. | Sollten die Verpackungsabfälle nicht wiederverwendbar sein, sind sie zu **verwerten (beseitigen).** |

Vermeidung ⟶ **Verminderung** ⟶ **Verwertung**

Die Verpackungsverordnung schreibt ferner eine Pfandpflicht für Verpackungen von Wasch- und Reinigungsmitteln, von Dispersionsfarben sowie für Getränkeeinwegverpackungen vor (§ 9 VerpackV). Der Anteil der in Mehrweggetränkeverpackungen sowie in ökologisch vorteilhaften Einweggetränkeverpackungen abgefüllten Getränke soll durch diese Verordnung einen Anteil von mindestens 80 % erreichen.

Anforderungen übertroffen

Entwicklung der DSD-Gesamtverwertungsquote

95 % | 105 % | 113 % | 120 % | 100 % | 104 %

2005 | 2006 | 2007 | 2008 | 2009 | 2010

Quelle: Duales System Deutschland GmbH (DSD), Juni 2011

Die Verpackungsverordnung zwingt letztlich die Verursacher, d. h. Industrie und Handel, möglichst auf Verpackungen zu verzichten und in den Bereichen, in denen man nicht auf sie verzichten kann, konkrete Verwertungsmöglichkeiten aufzubauen.

Im Einzelnen enthält die Verpackungsverordnung folgende Bestimmungen:

Transportverpackungen

Transportverpackungen sind Verpackungen,

- die den Transport von Waren erleichtern,
- die Waren auf dem Transport vor Schäden bewahren oder
- die aus Gründen der Sicherheit des Transports verwendet werden (z. B. Beschädigungen von Personen oder Sachen durch Herabfallen, Umstürzen usw. der verpackten Ware) und beim Vertreiber anfallen.

§ 4 VerpackV

Rücknahmepflicht: Hersteller und Handel sind verpflichtet, Transportverpackungen nach Gebrauch zurückzunehmen und einer erneuten Verwendung oder einer Verwertung zuzuführen.

Durch diese Regelung haben Mehrwegtransportverpackungen in einigen Branchen deutlich zugenommen.

BEISPIELE

Transportverpackungen sind Fässer, Kanister, Kisten, Säcke einschließlich Paletten, Kartonagen, geschäumte Schalen, Schrumpffolien und ähnliche Umhüllungen.

Transportverpackungen

- beim privaten Endverbraucher: Karton um Elektroherd, Kühlschrank;
- beim gewerblichen Endverbraucher: Folie um Verkaufstheke für Ladengeschäft, Holzkiste für Druckmaschine.

Umverpackungen sind Verpackungen,

- die als zusätzliche Verpackungen zu Verkaufsverpackungen verwendet werden und
- die nicht aus Gründen der Hygiene, der Haltbarkeit oder des Schutzes der Ware vor Beschädigung oder Verschmutzung für die Abgabe an den Endverbraucher erforderlich sind.

§ 5 VerpackV

Rücknahmepflicht: Umverpackungen, die zumeist lediglich einer besseren Warenpräsentation dienen, können im Laden zurückgelassen werden.

Diese Vorschrift bewirkte, da sie einen erheblichen organisatorischen Aufwand für den Einzelhandel nach sich zog, schon nach kurzer Zeit einen weitgehenden Verzicht auf Umverpackungen.

BEISPIELE

- Karton/Folie um Whiskey-Flasche (z. B. auch als Geschenkverpackung), Parfümflaschen oder Badeöl
- Karton um Margarinebecher, Kunststoffeisbecher, Fischdose
- Karton um Zahnpastatube, Marmeladenglas
- Klarsichtfolie um zwei einzeln verpackte Schokoladenriegel

Kauft ein Kunde z. B. ein Shampoo, das zusätzlich in einer Faltschachtel verstaut ist, kann er diese Verpackung im Laden zurücklassen. Die Verordnung verpflichtet sämtliche Geschäfte – von der kleinen Bäckerei bis zum Kaufhauskonzern –, in den Läden gut sichtbar Behälter aufzustellen. Getrennt nach den verschiedenen Müllsorten können Kunden dort Umverpackungen deponieren.

Rücknahmemöglichkeit in der Warenwelt „Lebensmittel" bei der Ambiente Warenhaus AG

Die Entsorgung der Verpackungen, die wiederverwertet werden müssen, übernehmen private Unternehmen.

Die Verpackungsverordnung schreibt zwar vor, dass Handel und Hersteller ihre **Verpackungen kostenfrei** für den Kunden **zurücknehmen** müssen. Sie können sich von der Rücknahmepflicht im Laden allerdings unter bestimmten Voraussetzungen befreien: Sie müssen ein System für das Einsammeln von Verpackungen beim Endverbraucher aufbauen. Und sie müssen dafür sorgen, dass die eingesammelten Verpackungen wiederverwertet („recycelt") werden. Ein solches Erfassungs- und Verwertungssystem hat die Wirtschaft mit der Gründung des „Dualen Systems" und mit der Einführung des „Grünen Punktes" geschaffen (siehe Ausführungen auf den nächsten Seiten).

Verkaufsverpackungen

- sind Verpackungen des Handels, der Gastronomie und anderer Dienstleister,
- dienen dazu, dass der Endverbraucher die erworbene Ware transportieren oder die Ware überhaupt verbrauchen bzw. in Gebrauch nehmen kann (Serviceverpackungen),
- verlieren ihre Funktion erst beim Endverbraucher.

Im Gegensatz zu Umverpackungen und Transportverpackungen umgeben Verkaufsverpackungen die Ware unmittelbar.

BEISPIELE FÜR VERKAUFSVERPACKUNGEN

geschlossene oder offene Behältnisse und Umhüllungen von Waren wie:
Becher, Beutel, Blister, Dosen, Eimer, Fässer, Flaschen, Joghurtbecher, Kanister, Zahnpastatuben, Kar-

tonagen, Schachteln, Säcke, Schalen, Ketchupflaschen, Tragetaschen oder ähnliche Umhüllungen, die vom Endverbraucher zum Transport oder bis zum Verbrauch der Waren verwendet werden. Verkaufsverpackungen sind auch Einweggeschirr und Einwegbesteck.

In Deutschland fallen jährlich rund 6,7 Mio. t Verkaufsverpackungen an. Verkaufsverpackungen stellen am Gesamtverpackungsaufkommen einen Anteil von ca. 45 % dar.

§ 6 VerpackV
Rücknahmepflicht: Hersteller und Handel sind grundsätzlich verpflichtet, Verkaufsverpackungen nach Gebrauch vom Endverbraucher kostenlos zurückzunehmen.

Dies hat im Verkaufsraum oder in unmittelbarer Nähe hierzu zu erfolgen. Die zurückgenommenen Verpackungen sind erneut zu verwenden oder zu verwerten. Erfüllen sie die Rücknahmeverpflichtung selbst (sogenannte Selbstentsorger), müssen sie eigene Verwertungsquoten wie ein duales System nachweisen.

Getränkeverpackungen

§ 8 VerpackV
Getränkeverpackungen sind geschlossene oder überwiegend geschlossene Verpackungen für flüssige Lebensmittel, ausgenommen Joghurt und Kefir. Die Pfandpflicht gilt grundsätzlich für alle Einweggetränkeverpackungen.
Der Pfandbetrag beträgt 25 Cent und gilt für alle Verpackungsgrößen zwischen 0,1 Litern und 3 Litern. Es gilt der Grundsatz: Wer pfandpflichtige Einweg-Getränkeverpackungen – egal aus welchem Material – in Verkehr bringt, muss auch pfandpflichtige Einweg-Getränkeverpackungen **des gleichen Materials** zurücknehmen.

Ausgenommen sind hiervon ökologisch vorteilhafte Einweggetränkeverpackungen (Getränkekartonverpackungen, Getränke-Polyethylen-Schlauchbeutel-Verpackungen, Folien-Standbodenbeutel), Verpackungen von Wein, Spirituosen und bestimmten diätetischen Getränken, Frucht- und Gemüsesäfte sowie Milchgetränke mit einem Mindestanteil von 50 % Milch.

Duales System Deutschland (DSD)

In Sortieranlagen werden Leichtverpackungen sortenrein getrennt.

Gesetzliche Grundlage für die Arbeit des Dualen Systems ist die Verpackungsverordnung. Demnach können Hersteller und Vertreiber (Handel) von der Rücknahmepflicht für Verkaufsverpackungen befreit werden, wenn ein sogenanntes „Duales System" eingerichtet ist, das die Erfassung, Sortierung und Verwertung gebrauchter Verkaufsverpackungen gewährleistet. Zum Aufbau eines solchen Systems wurde „Der Grüne Punkt" – Duales System Deutschland AG" (kurz DSD) – ins Leben gerufen.

Handel und Industrie als Verursacher von Verpackungsmüll schließen mit dem Dualen System Verträge, die sie von ihrer Rücknahme- und Recyclingverantwortung befreien. Im Gegenzug zahlen sie Lizenzentgelte zur Nutzung des Grünen Punktes.

Das Duale System wiederum unterhält vertragliche Beziehungen zu Entsorgungspartnern, die für das Sammeln, Sortieren und die Zuführung zur Verwertung zuständig sind. Als Vierter im Bunde stehen die Garantiegeber für die Abnahme und Verwertung gebrauchter Verpackungen gerade.

Papier und Glas kann recycelt werden, ebenso Aluminium, bekannt von Folien, Tuben und Behältern, sowie Weißblech, verwendet für Konserven, Dosen, Deckel und Verschlüsse. Das Recycling von ca. einer Milliarde Pfandflaschenverschlüssen bringt einen Minderverbrauch von 1 750 t Aluminium jährlich. Das ist wertvoller Rohstoff, der wiederverarbeitet werden kann.

Das vorhandene Mehrwegsystem auszubauen und die Wiederverwertung von Packungsmaterial zu steigern, ist ein wichtiger Beitrag zum Umweltschutz. Dabei darf die Wiederverwertung aber immer nur Ergänzung, nicht aber Ersatz für den sparsamen Umgang mit Packungen sein.

Die getrennte Müllsammlung und Aussortierung von verwertbaren Abfällen erleichtern das Recycling und sind ein Beitrag zum Umweltschutz.

Verbreitung finden können umweltfreundliche Waren allerdings nur, wenn der Handel bereit ist, sie in sein Sortiment aufzunehmen oder sie sogar vom Hersteller zu fordern.

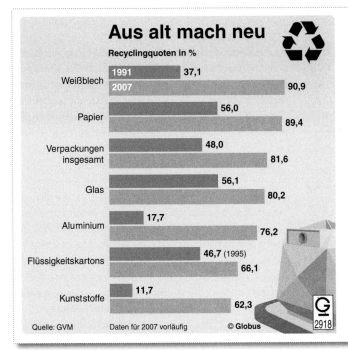

Aus alt mach neu

Recyclingquoten in %

Weißblech	1991	37,1
	2007	90,9
Papier		56,0
		89,4
Verpackungen insgesamt		48,0
		81,6
Glas		56,1
		80,2
Aluminium		17,7
		76,2
Flüssigkeitskartons		46,7 (1995)
		66,1
Kunststoffe		11,7
		62,3

Quelle: GVM   Daten für 2007 vorläufig   © Globus   2918

Aus alt mach neu

Der Schutz der Umwelt sollte die Mühe wert sein, Abfälle getrennt zu sammeln. Denn während von dem Abfall, der in den Restmüll wandert, nur ein winziger Teil wiederverwertet wird, werden die getrennt gesammelten Wertstoffe zu einem großen Teil recycelt. Alte Büchsen aus Blech werden heute zum Beispiel zu fast 91 % in den Wertstoffkreislauf zurückgeführt, 1991 war dies nur zu rund 37 % der Fall. Kunststoffe werden heute zu mehr als 62 % recycelt (1991: 11,7 %).

Der Einzelhändler hat weitere Mittel, um den Umweltschutzgedanken zu fördern.

BEISPIELE

- Der Gebrauch der Einkaufstüten wird kostenpflichtig gemacht.
- Von Kunden verlangte Geschenkverpackungen werden in Rechnung gestellt.
- Auf Leichtschaumschalen und in Kunststoff verschweißte Verpackungen kann verzichtet werden, wenn Wurst, Fleisch oder Käse als lose Ware an der Frischtheke und Obst sowie Gemüse einzeln abgewogen angeboten werden.
- Mineralwasser, Erfrischungsgetränke und Bier können in Mehrwegflaschen ins Sortiment aufgenommen werden. Sie lassen sich bis zu 40-mal befüllen, bevor sie dann zu neuem Glas verarbeitet werden.
- Zahlreiche Wasch- und Reinigungsmittel können zusätzlich auch in Müll sparenden Nachfüllpackungen ins Regal genommen werden.
- Umweltfreundliche Waren werden durch gute Platzierungen gefördert und damit das Umweltbewusstsein von Verbrauchern und Herstellern verstärkt. Außerdem ermöglichen **umweltfreundliche Waren** zusätzliche Werbeaktionen, die so dem Handel und der Umwelt dienen (der „Blaue Engel" hilft dem Verbraucher umweltfreundliche Produkte zu finden).

Gedacht ist das **Umweltzeichen** für Waren, die gegenüber anderen Waren dieser Art umweltfreundlicher sind. Dabei wird ihre Gebrauchstauglichkeit nicht wesentlich verschlechtert oder ihre Sicherheit beeinträchtigt.

Das Umweltzeichen wird auf Antrag des Herstellers durch das Deutsche Institut für Gütesicherung und Kennzeichen (RAL) vergeben.

Ziel dieser Verleihung soll es sein, Wirtschaft und öffentlicher Hand Anreize zu geben, sich umweltfreundlich zu verhalten.

Das Kreislauf- und Abfallgesetz

Bis vor wenigen Jahren war es das Hauptanliegen der bundesdeutschen Abfallpolitik, die wachsende Abfallflut in geordnete Bahnen zu lenken und möglichst schadlos zu beseitigen. Weil auf Dauer aber nicht immer mehr Rohstoffe verarbeitet, verbraucht und dann als Abfall weggeworfen werden können, **setzt das Kreislaufwirtschafts- und Abfallgesetz** (KrW-/AbfG) grundlegend andere Schwerpunkte. Mit dem Ziel, die natürlichen Ressourcen zu schonen, will es schon möglichst früh, nämlich bei der Entstehung von Abfällen, eingreifen.

§ 4 KrW-/AbfG
Abfälle sind in erster Linie zu **vermeiden** [...], in zweiter Linie stofflich zu **verwerten** oder zur Gewinnung von Energie zu nutzen (energetische Verwertung).

Das Gesetz legt in einer dreistufigen Rangfolge die Pflichten im Umgang mit Abfällen fest. Oberstes Gebot ist die **Vermeidung von Abfällen.** Sie soll unter anderem erreicht werden durch die anlageninterne Kreislaufführung von Stoffen (also z. B. die Weiterverarbeitung von Metallresten oder chemischen Nebenprodukten im gleichen Betrieb), durch abfallarme Produktgestaltung und durch ein Konsumverhalten, das abfall- und schadstoffarmen Produkten den Vorzug gibt.

Der Recyclingkreislauf bei Eierverpackungen aus Altpapier

Altpapier

Altpapieraufbereitung/
De-Inkingverfahren
(Farbentzug)

Altpapiercontainer

Formpressung

Haushalt

Trockenprozess

Lebensmittelhandel

Bedruckung

Abpacken und Sortieren der Eier

An zweiter Stelle steht die **Verwertung** der Abfälle, die sich nicht vermeiden lassen. Dabei können die Abfälle entweder stofflich verwertet oder aber als Brennstoff zur Energiegewinnung eingesetzt werden; Vorrang hat jeweils die umweltverträglichere Art der Verwertung. Um eine stoffliche Verwertung handelt es sich, wenn Rohstoffe durch Recyclingmaterial ersetzt werden und wenn die stoffliche Beschaffenheit der Abfälle entweder für den ursprünglichen Zweck (z. B. gereinigtes Öl als Schmiermittel) oder für einen anderen Zweck (z. B. Pflanzenabfälle als Kompost) genutzt wird. Wenn eine Verwertung nicht infrage kommt, hat in dritter Linie die schadlose **Beseitigung** der Abfälle zu erfolgen. Um die Menge des Abfalls zu verringern, verwertbare Stoffe herauszuziehen und schädliche Bestandteile zu zerstören, umzuwandeln oder abzutrennen, ist zunächst eine Behandlung des Abfalls erforderlich. Als Möglichkeit dafür kommt vor allem die Müllverbrennung infrage. Die verbleibenden Mengen sind schließlich dauerhaft abzulagern. Das Gesetz verlangt im Übrigen, dass die Abfälle im Inland beseitigt werden.

Auf dem Weg in die Kreislaufwirtschaft
Rangfolge der Pflichten im Umgang mit Abfällen nach dem Kreislaufwirtschafts- und Abfallgesetz*

1 Oberstes Gebot:
Abfälle vermeiden

▶ im Produktionsverfahren: durch Kreislaufführung der eingesetzten Stoffe

▶ durch abfallarme Produktgestaltung (Materialsparende Konstruktion, langlebige Produkte, sparsamere Verpackung usw.)

▶ durch verändertes Verhalten der Konsumenten

2 Nicht vermeidbare
Abfälle verwerten

▶ stoffliche Verwertung (Recycling) oder

▶ energetische Verwertung (Nutzung des Abfalls als Ersatzbrennstoff zur Energiegewinnung)

je nachdem, welche Art der Verwertung umweltverträglicher ist

3 Nicht verwertbare
Abfälle beseitigen

▶ Behandlung der Abfälle, um deren Menge und Schädlichkeit zu vermindern (z. B. durch Müllverbrennung)

▶ Ablagern auf Deponien

▶ Die Abfallbeseitigung muss im Inland erfolgen; sie darf das Wohl der Allgemeinheit nicht beeinträchtigen.

© Erich Schmidt Verlag

ZAHLENBILDER
126 595

Zur Durchsetzung einer abfallarmen Kreislaufwirtschaft werden Hersteller und Handel besonders in die Pflicht genommen. Sie tragen die **Produktverantwortung,** die sich über den gesamten Lebenszyklus eines Produkts erstreckt, und haben folglich dafür zu sorgen, dass bei dessen Herstellung und Gebrauch möglichst wenig Abfälle entstehen und dass es nach Gebrauch umweltverträglich verwertet und beseitigt werden kann.

Kosten der Verpackung

Durch das Verpacken von Waren entstehen **Kosten,** die letztlich der Endverbraucher bezahlen muss.

Diese Kosten müssen in einem vertretbaren Verhältnis zueinander stehen. Dabei muss allerdings berücksichtigt werden, dass die Leistungsausstattung (Gestaltung, Grafik, Farbe, Form, Zusatznutzen) von Packungen verschieden ist, dass sich die Packgüter in ihrer Empfindlichkeit unterscheiden und auch sehr verschiedene Warenwerte aufweisen. So wird man bei Elektrogeräten mit 3 %–8 % der Selbstkosten für die Packung auskommen, während man bei Lebensmitteln, die in der Regel nicht ohne Verpackung verkauft werden können (Reis, Konserven, Butter, Schokolade usw.), oft mit 30 % rechnen muss.

Daher sind stets Maßnahmen zu begrüßen, die zum Ziel haben, die Verpackung und damit auch die Verpackungskosten zu minimieren (Beispiele siehe auch unter „Mittel des Einzelhändlers, den Umweltschutzgedanken zu fördern", Seite 415).

BEISPIELE

- 100 g sehr gute Pralinen sind unverpackt für 2,25 € zu bekommen. Dieselbe Menge kann in schöner Packung bis zu 3,90 € kosten.
- 100 g Schokolade gleicher Qualität können weniger als 0,50 € oder auch mehr als 1,50 € kosten. Für weniger als 0,50 € bekommt der Verbraucher eine 100-g-Tafel gute Schokolade; für mehr als 1,50 € erhält er zwar ebenfalls 100 g gute Schokolade, aber er bezahlt fast 1,00 € mehr für die Form eines Weihnachtsmanns oder eines Osterhasen.
- Für eine einzelne Flasche Parfüm, die im Kaufhaus 1,49 € kostet, muss der Verbraucher in der „vornehmen Geschenkpackung" mit zusätzlich sechs Briefumschlägen Ton in Ton mit Plastikfolie und Papierschleife schon 5,99 € bezahlen. 4,50 € zusätzlich für Packmaterial, das später sowieso im Mülleimer landet.

Hier zahlt der Verbraucher einmal mehr für die Verpackung, nämlich bei der Müllabfuhr. Denn je mehr Müll anfällt, desto höher sind auch die Kosten für dessen Beseitigung. Zwei Drittel der Verpackungen, die auf den Deponien landen, sind überflüssig.

In der Bundesrepublik Deutschland werden je Einwohner und Jahr 353 kg Hausmüll produziert. Alle Einwohner zusammen bringen es auf fast 29,5 Mio. t häuslicher Abfälle. Daran beträgt der Anteil des Verpackungsmaterials über ein Drittel, ca. 10 Mio. t.

Darüber hinaus belastet Typenwirrwarr das Produktionsprogramm, erschwert die Lagerhaltung und führt bei mi-

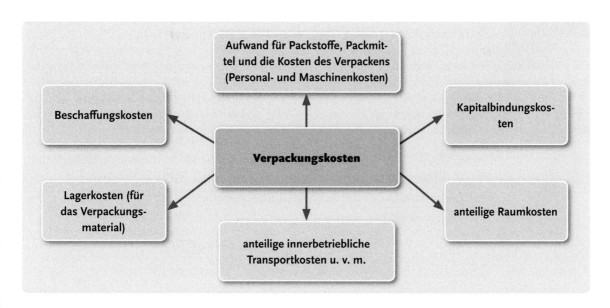

nimalen Umsatzanteilen der verschiedenen Sorten zu hohen Kosten, Unwirtschaftlichkeit und letzten Endes zur Verteuerung der Waren.

20 Jahre Verpackungsverordnung

Die Verordnung verpflichtet Hersteller und Händler zur Rücknahme gebrauchter Verpackungen.

	1991	2008
Verpackungsabfälle in Kilotonnen	15 620	16 045
		13 100
davon verwertet	6 127	
Verwertungsquote in %	39	82

dpa·14622   Quelle: BMU

Die Entstehung dieser sinnlosen Vielfalt liegt häufig daran, dass manche Hersteller durch die Wahl von ständig neuen Zwischengrößen die Preisoptik ihrer Waren verbessern wollen. Weitere Ursachen sind im Wettbewerb zu sehen, der viele Unternehmen dazu verleitet, mit immer neuen Variationen, mit immer neuen Riesen- und Kleinstmengen ihrer verpackten Waren eine Erweiterung oder ein Halten des Marktanteils anzustreben.

Sowohl eine **Bereinigung des Sortiments** als auch eine **Begrenzung der Packungsgrößen** dürften wesentlich

dazu beitragen, den Wettbewerb auf seine wichtigsten Größen, nämlich Preis und Qualität, zu konzentrieren. Den Verbrauchern würde eine bessere Marktübersicht geboten und die Bedarfsbefriedigung erleichtert. Darüber hinaus kann eine wesentliche Kostensenkung erreicht werden, die auch eine Senkung der Verbraucherpreise zur Folge haben müsste.

Des Weiteren werden durch nicht praktiziertes Recycling die Rohstoffe knapper, mit der Folge, dass sich die Waren bzw. Packungen verteuern.

Nicht zu übersehen ist allerdings, dass erst durch den Effekt der Absatzförderung durch marktgerechte Packungen Massenfertigung möglich ist. Vorverpackung und Packung fördern die Nachfrage, Nachfrage schafft höhere Produktion, höhere Produktion führt zu niedrigeren Preisen. Denn je mehr hergestellt wird, desto rationeller und billiger kann produziert werden. Die Rationalisierungsersparnisse bei der Verpackung können dann an den Verbraucher weitergegeben werden.

Umweltverantwortung

Jeder Einzelhändler, der Marketing betreibt, wird den Umweltschutzgedanken in seine absatzpolitischen Bemühungen mit einbeziehen. Insofern berücksichtigt die Unternehmensführung der Ambiente Warenhaus AG bei ihrer Planung, Durchsetzung und Kontrolle der Unternehmensaktivitäten Umweltschutzziele auch und insbesondere im Verpackungsbereich.

Das dadurch **verbesserte Unternehmensimage** erhöht

- die Glaubwürdigkeit und Akzeptanz bei den Nachbarn und der Öffentlichkeit,
- die Vertrauenswürdigkeit gegenüber Behörden, Marktpartnern, Konsumenten, Banken, Versicherungen, Öffentlichkeit usw.,
- die Identifikation der Mitarbeiter mit dem Unternehmen und damit die Förderung der Mitarbeitermotivation in Umweltschutzbelangen.

Umwelterklärung der Ambiente Warenhaus AG über die Situation des betrieblichen Umweltschutzes (Auszug)

Als überregional tätiges Unternehmen müssen wir zu einer sozialen und ökologischen Entwicklung der Gesellschaft beitragen. Unser Warenhaus und unsere Filialen werden täglich von vielen Hunderttausend Menschen besucht und unser Versandbereich erreicht sehr viele

Haushalte in Deutschland. Unsere Mitarbeiter setzen sich dafür ein, dass unsere Kunden zufrieden sind. Die Zahlen zeigen: Wir sind Teil des Lebens vieler Menschen. Daher müssen wir unsere gesellschaftlichen Gestaltungsmöglichkeiten nutzen. [...]

5530418

UMWELT

Wir sind uns unserer Verantwortung für die Erhaltung der Umwelt, in der wir, unsere Familien und unsere Kunden leben und arbeiten, bewusst.

Umweltverantwortung

Umweltfragen spielen eine wichtige Rolle in unserem täglichen Geschäftsablauf und sind integraler Bestandteil unseres Managementsystems. Wir überwachen ständig die umweltrelevanten Gesetze, Standards und Entwicklungen und deren Einfluss auf unsere geschäftlichen Aktivitäten. Gesundheit und Sicherheit unserer Angestellten und aller anderen am Prozess Beteiligten gehören zu unseren Hauptanliegen. [...]

Des Weiteren kümmern wir uns auch um Fragen wie **Abfall- und Energiemanagement**. [...]

VERPACKUNGSABFALL/RECYCLING

Verpackungsreduzierung

Verpackungen sind notwendig, da diese die Ware vor Beschädigung schützen. Zusammen mit unseren Zulieferern vermeiden wir allerdings überflüssige Verpackung. Unsere „allgemeinen Lieferanweisungen" enthalten klare Regelungen bezüglich der Verpackung und sind für alle Zulieferer verbindlich. Die Anweisungen enthalten Hinweise zur Reduzierung von Verpackungsmaterialien und deren Beschränkung auf ein absolutes, zum Schutz der Produkte notwendiges Minimum. Dazu gehört es zum Beispiel, den Einsatz von oftmals gebräuchlichen Kunststoffverpackungen im Textilbereich für jedes einzelne Bekleidungsstück so weit wie möglich zu vermeiden. So muss auch die Größe der Kartons genau auf den Inhalt abgestimmt sein und es darf sich darin keine zusätzliche Verpackung befinden. Alle Kartons in Exportqualität müssen voll recycelbar sein. Sämtliche Informationen zur Vermeidung überschüssiger Verpackung stehen den Zulieferern bereits zusammen mit der Warenorder zur Verfügung.

Verpackungsabfall

Soweit möglich, wird der größte Teil der Verpackung bereits in unseren Vertriebszentren von der Ware entfernt und die Ware geht ohne Verpackung in unsere Niederlassungen. Dabei wird sämtliches Verpackungsmaterial in verschiedene Kategorien wie Pappe, Polyethylen, Polypropylen usw. sortiert. Sowohl unser Vertriebszentrum als auch die Filialen recyceln seit vielen Jahren Papier und Pappe, mehr als 4 500 t allein im letzten Jahr. Im gleichen Zeitraum haben wir rund 350 t Kunststoffverpackung recycelt. Das vorsortierte Material wird von Spezialfirmen abgenommen, die es dann als Rohmaterial weiter auf den Recyclingmärkten vertreiben. Eine kleine Menge an Verpackungsmaterialien, die sich nicht für das Recycling eignet, wird unter Einhaltung der bestehenden gesetzlichen Bestimmungen entsorgt und dabei in Müllverbrennungsanlagen zur Wiedergewinnung von Energie eingesetzt.

Ware

Unverkaufte, beschädigte oder zurückgegebene Ware wird zentral gesammelt und nach Zustand sortiert. Je nach Zustand gibt es für die Ware u. a. folgende Möglichkeiten der Weiterverwertung: Wiederverwendung durch spezialisierte Secondhandunternehmen, Recycling der Materialien oder Verbrennung. Spezifikation, Zustand und Menge eines Produkts entscheiden darüber, ob es in Einzelfällen als Spende auch an Wohltätigkeitsorganisationen gegeben werden kann.

Kleiderbügel

Kleiderbügel werden bei uns nicht weggeworfen. Die Millionen von Kleiderbügeln, die die Kunden nicht benötigen, werden gesammelt, sortiert, geprüft und nach Möglichkeit wiederverwendet. [...]

AUFGABEN

1. Welche Aufgaben hat die Packung
   a) für den Verbraucher und
   b) für den Einzelhändler bzw. Hersteller?

2. Welche wirtschaftliche Bedeutung hat das Vorverpacken der Ware für den Einzelhandel?

3. Was verstehen Sie unter „verkaufsaktiver Packung"?

4. Warum ist es von besonderer Bedeutung, dass die Packung eine Umweltschutzfunktion erfüllt?

5. Nennen Sie Maßnahmen von Verbrauchern und Einzelhändlern bzw. Herstellern, die geeignet sind, Fehlentwicklungen im Verpackungswesen zu vermeiden.

6. Welche Bedeutung bzw. Auswirkungen haben die Packungskosten auf die Verbraucherpreise?

7. Erklären Sie, wie es möglich ist, dass durch fortschrittliche Packungen die Verkaufspreise gesenkt werden können.

8. a) Was verstehen Sie unter der Aussage „Verwertung hat Vorrang vor Beseitigung"?

   b) Nennen Sie Maßnahmen, bei denen es sich um Recycling handelt.

9. Was zeichnet Ihrer Meinung nach eine umweltfreundliche Verpackung aus?

10. Unterscheiden Sie die Verpackungsarten und die jeweilige gesetzliche Bestimmung zu ihrer Rücknahme durch Hersteller bzw. Handel.

11. Was verstehen Sie unter
    a) dem „Dualen System Deutschland",
    b) dem „Grünen Punkt"?

12. In welchen Bereichen/bei welchen Waren Ihres Ausbildungsunternehmens sehen Sie die Möglichkeit, den Verpackungsaufwand zu verringern bzw. ganz auf ihn zu verzichten?

AKTIONEN

1. Schaffen Sie sich eine Übersicht zu diesem Thema:
   a) Bearbeiten Sie dazu das vorliegende Kapitel unter Anwendung der „SQ3R-Methode".
   b) Erstellen Sie beim Lesen Exzerpte mithilfe von Karteikarten im A5-Format.
   c) Suchen Sie arbeitsteilig nach weiteren ergänzenden bzw. vertiefenden Informationen zu diesem Thema im Internet (Verpackungsverordnung – Packung: Aufgaben, Gestaltungselemente, Gefahren – Recycling usw.).
   d) Fassen Sie Ihre umfangreichen Informationen in anschaulichen und einprägsamen Darstellungen zusammen.
   e) Tragen Sie – mit Unterstützung Ihrer angefertigten Darstellungen – die Ergebnisse Ihrer Arbeit zu diesem Thema dem Plenum vor.

2. a) Stellen Sie in Gruppenarbeit mithilfe der Netzwerktechnik (Strukturlegetechnik) die Konsequenzen dar, die sich aus der Forderung nach einer Reduzierung der Verpackung ergeben:
   • Suchen Sie die Konsequenzen aus dieser Forderung.
   • Verbinden Sie die Beziehung zweier Wirkungen mit einem Pfeil in die entsprechende Richtung.
   • Kennzeichnen Sie im weiteren Verlauf die Pfeile
     – nach ihrer Wirkung
       mit + bei einer Beeinflussung in derselben Richtung bzw. mit – bei einer Beeinflussung in entgegengesetzter Richtung.
     – nach ihrem Zeithorizont
       mit unterschiedlichen Pfeilfarben für kurz-, mittel- und langfristig.
     – nach ihrer Intensität
       mit unterschiedlichen Strichstärken:
       0 = keine oder äußerst geringe, 1 = geringe, 2 = starke, 3 = sehr starke Intensität.

   b) Fertigen Sie eine Folie zu Ihrer Arbeit mithilfe des Computers und geeigneter Software an (z. B. durch die Benutzung eines Flussdiagramms). Beachten Sie dabei die Tipps zur Gestaltung von Folien und Plakaten.
   c) Bereiten Sie sich darauf vor, Ihr Arbeitsergebnis mittels Overheadprojektor vorzutragen:
     • Prüfen Sie zuvor, ob der Inhalt der Folie auf der Projektionsfläche zu lesen ist.
     • Achten Sie auf die Anwendung der Präsentationsregeln.

3. a) Erkundigen Sie sich vor dem Hintergrund der Inhalte dieses Kapitels in Ihrem Ausbildungsunternehmen nach dessen Maßnahmen zur Förderung des Umweltschutzgedankens.
   b) Nennen Sie insbesondere auch die herkömmlich verwendeten Verpackungsmaterialien in Ihrem Unternehmen.
   c) Geben Sie an, nach welchen wirtschaftlichen und ökologischen Gesichtspunkten die Verpackungsmaterialien ausgewählt werden.
   d) Machen Sie ggf. Vorschläge, wie das unter Punkt b) aufgeführte Verpackungsmaterial durch alternative, den Umweltschutzgedanken eher fördernde Verpackungen ersetzt werden kann.
   e) Stellen Sie Ihre Informationen und Vorschläge in einem schriftlichen Referat vor.
   f) Bereiten Sie sich auch darauf vor, dieses Referat Ihrer Klasse zu präsentieren.

4. a) Erstellen Sie arbeitsteilig je eine Collage, die
     • Ihre Einstellung zu den Gefahren von Packungen für die Umwelt zum Ausdruck bringt,
     • Maßnahmen aufzeigt, wie den Gefahren durch Packungen für die Umwelt begegnet werden kann.
   b) Stellen Sie anschließend der Klasse mithilfe Ihrer Collage Ihre Meinung zur Packungsproblematik vor.

ZUSAMMENFASSUNG

Packung

Aufgaben:

- Informationsfunktion
- Gebrauchsfunktion
- Rationalisierungsfunktion
- Absatzförderungsfunktion
- Transport- und Lagerungsfunktion
- Umweltschutzfunktion

Gestaltungselemente:

- Form
- Farbe
- Schrift
- Grafik
- Material
- Größe
- Konstruktion

Gefahren für die Umwelt durch:

- nutzlose und zu aufwendige Packungshüllen
- Verschwendung von Rohstoffen
- Einsatz nicht wiederverwertbarer Materialien

Auswirkungen auf die Kosten:

- unnötige Erhöhung der Verkaufspreise durch aufwendige Packungsmittel und -gestaltung;
- Kostensenkung durch Massenproduktion und Rationalisierung (z. B. durch Mehrfachpackungen, weniger Verkaufs- und Lagerfacharbeiter)

- ermöglicht die Einführung von Portionierung, von Markenartikeln, von Selbstbedienung
- erhöht – verbrauchergerecht genutzt – die Lebensqualität

macht die Ware verkaufsaktiv und fördert den Impulskauf

Maßnahmen:

- Recycling
- Mehrwegsystem
- Flaschenpfand
- umweltbewusstes Verhalten des Verbrauchers, des Herstellers und des Handels

- ist getreuer Spiegel des Konsumverhaltens.
- schafft Voraussetzungen für neue Ware, neue Käufer und neue Lebensgewohnheiten.
- ist die Voraussetzung u. a. für die Rationalisierung im Einzelhandel.
- ist Werbeträger und zugleich Werbemittel für Hersteller und Händler.

Verpackungsarten und Rücknahmepflichten in der Verpackungsverordnung

Transportverpackung

- erleichtert den Warentransport
- bewahrt vor Transportschäden
- wird aus Sicherheitsgründen verwendet

  – Fässer   – Säcke
  – Kanister   – Paletten
  – Kisten

Umverpackung (Doppelverpackung)

- wird als zusätzliche Verpackung zur Verkaufsverpackung verwendet
- dient einer besseren Warenpräsentation

  – Blister
  – Folien
  – Kartonagen

Verkaufsverpackung (Einzelverpackung)

- bietet dem Endverbraucher Transportschutz bis zum Warenverbrauch
- verliert ihre Aufgabe beim Endverbraucher

  geschlossene oder offene Behältnisse und Umhüllungen (Servicepackung)
  – Becher   – Fässer
  – Beutel   – Flaschen
  – Dosen   – Tragetaschen
  – Eimer

Rücknahmepflichten

Hersteller und Handel

Handel

Hersteller und Handel

Wiederverwendung oder **stoffliche Verwertung (Recycling)**

Für bestimmte Einweggetränkeverpackungen sowie für Verpackungen von Wasch- und Reinigungsmitteln und von Dispersionsfarben besteht eine **Pfanderhebungspflicht**.

ZUSAMMENFASSUNG

Duales System

Gebrauchte Verpackungen werden beim Endverbraucher gesammelt und der stofflichen Verwertung **(Recycling)** zugeführt.

Grüner Punkt

Hersteller, die sich am dualen System beteiligen, kennzeichnen ihre Produkte mit dem **Grünen Punkt.** Verpackungen mit dem Grünen Punkt sollen nicht mehr zu Abfall, sondern zu Rohstoff für neue Produkte oder zu neuen Verpackungen werden.

Durch Lizenzentgelte für den Grünen Punkt ist das Duale System heute ein wichtiger Impulsgeber für **Verpackungsvermeidung** und **Verpackungsoptimierung**.

Nutzen des Umweltmanagements

- Die Einbeziehung eines Abfall- und Energiemanagements in unternehmerisches Handeln ist für Unternehmer wichtig.
- Vorausschauernder Umweltschutz gerade auch im Bereich Verpackung, Verpackungsabfall und Recycling dient der Langzeitsicherung des Unternehmens, der Produkte und des Standorts.

- Umweltorientierte Unternehmensführung ist innovativ, denkt an die Zukunft und stellt alte Lösungen infrage.
- Das Sortiment steht im Mittelpunkt des Interesses des Kunden. In der Regel wird durch den Kunden die „Umweltfreundlichkeit" eines Einzelhandelsunternehmens mit dem Warensortiment in Verbindung gebracht.

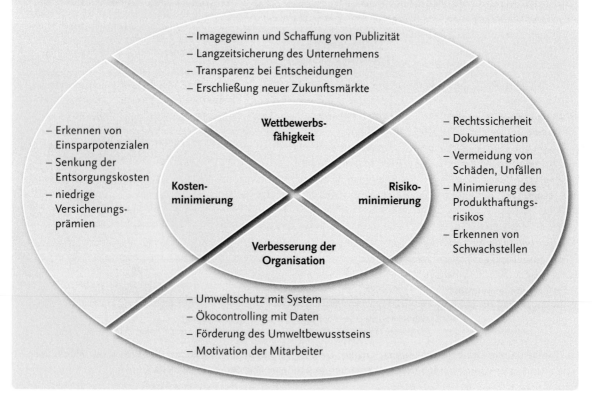

- Imagegewinn und Schaffung von Publizität
- Langzeitsicherung des Unternehmens
- Transparenz bei Entscheidungen
- Erschließung neuer Zukunftsmärkte

Wettbewerbsfähigkeit

- Erkennen von Einsparpotenzialen
- Senkung der Entsorgungskosten
- niedrige Versicherungsprämien

Kostenminimierung

Risikominimierung

- Rechtssicherheit
- Dokumentation
- Vermeidung von Schäden, Unfällen
- Minimierung des Produkthaftungsrisikos
- Erkennen von Schwachstellen

Verbesserung der Organisation

- Umweltschutz mit System
- Ökocontrolling mit Daten
- Förderung des Umweltbewusstseins
- Motivation der Mitarbeiter

5530422

Britta Krombach arbeitet als Auszubildende in der Warenwelt „Unterhaltungselektronik" der Ambiente Warenhaus AG.

Die Kundin Frau Freese interessiert sich für eine hochwertige Hi-Fi-Anlage. Sie ist aber nur bereit, diese Anlage zu kaufen, wenn sie vom Warenhaus in ihre Wohnung geliefert und dort fachgerecht installiert wird.

1. Versetzen Sie sich in die Rolle von Britta Krombach und machen Sie der Kundin Frau Freese ein entsprechendes Angebot.
2. Wählen Sie eine Zustellmöglichkeit aus.
3. Führen Sie sämtliche Tätigkeiten durch, die zur Vorbereitung der Warenzustellung an Frau Freese notwendig sind.

INFORMATIONEN

Durch eine fachkundige und korrekte Auslieferung wird der gute Ruf eines Einzelhandelsbetriebs gefördert. Dabei muss besonders darauf geachtet werden, dass der mit dem Kunden vereinbarte Liefertermin eingehalten wird.

Die firmeneigene Zustellung

Einzelhandelsbetriebe besitzen normalerweise eigene Fahrzeuge, mit denen sie die Ware an ihre Kunden ausliefern. Dieser Gütertransport durch unternehmenseigene Fahrzeuge zu unternehmenseigenen Zwecken wird als **Werkverkehr** bezeichnet. Er ist anmeldepflichtig beim Bundesamt für Güterverkehr bei einer Nutzlast von mehr als 3,5 t.

Die Ware wird vom Auslieferungsfahrer mit einem Lieferschein ausgehändigt. Der Lieferschein enthält:
- die Anschrift des Empfängers,
- die Lieferscheinnummer,
- die zugestellte Warenart und Liefermenge,
- das Lieferdatum.

Der Kunde bescheinigt auf einer Durchschrift des Lieferscheins mit seiner Unterschrift, dass die Ware ordnungsgemäß zugestellt wurde.

Wenn die Ware an einen Kunden durch ein firmeneigenes Fahrzeug des Einzelhandelsbetriebs zugestellt wird, haftet der Händler für Verlust und Beschädigung der Ware bis zur Übergabe an den Kunden.

Vorteile der Warenzustellung mit eigenen Fahrzeugen
- Der Kundendienst (Aufstellen, Anschließen usw.) kann mit eigenen Fahrern besser durchgeführt werden.
- Der Fahrer kann den Kaufpreis kassieren, wenn der Kunde die Ware zuvor noch nicht bezahlt hatte.
- Liefertermine können zuverlässiger eingehalten werden.
- Der eigene Fuhrpark gewährleistet eine stetige Lieferbereitschaft.
- Die Fahrzeuge können als Werbeträger genutzt werden.

Die firmenfremde Zustellung

Wenn der Einzelhändler die Ware nicht selbst zustellen kann oder will, kann er sie durch die Post oder durch einen Frachtführer an die Kunden ausliefern lassen.

Frachtführer sind selbstständige Kaufleute, die gewerbsmäßig Güter befördern.

Zu den Frachtführern zählen

- die Eisenbahnunternehmen,
- Unternehmen der Binnenschifffahrt,
- Luftverkehrsgesellschaften, sofern sie Güter befördern,
- Paketdienste, z. B. UPS (= United Parcel Service) oder DPD (= Deutscher Paketdienst),
- Unternehmen des gewerblichen Güterkraftverkehrs.

Aus dem **Frachtvertrag,** der zwischen Frachtführer und Absender abgeschlossen wird, ergeben sich die Rechte und Pflichten des Frachtführers.

Einzelhändler können bei der Warenzustellung auch die Hilfe von Spediteuren in Anspruch nehmen.

Spediteure sind selbstständige Kaufleute, die auf Rechnung des Versenders, aber in ihrem Namen die Güterversendung durch Frachtführer besorgen.

Aufgrund seiner Berufserfahrung kennt der Spediteur die günstigsten Verkehrsverbindungen und Frachtsätze. Er wählt das günstigste Beförderungsmittel aus, beauftragt einen oder mehrere Frachtführer mit dem Gütertransport und kümmert sich, soweit es notwendig ist, um Verpackung, Versicherung, Umladung und Zwischenlagerung der Gütersendung. Spediteure transportieren die Gütersendungen nicht selbst. Sie sind nur Transportvermittler. Vielfach ist ihnen jedoch ein Unternehmen des gewerblichen Güterkraftverkehrs angegliedert.

Pflichten des Frachtführers	
Beförderungs- und Ablieferungspflicht	Der Frachtführer muss den Gütertransport zu einem bestimmten Ort innerhalb der vereinbarten Zeit durchführen.
Befolgungspflicht	Er hat die Weisungen des Absenders so lange zu befolgen, wie die Ware noch nicht an den Empfänger ausgehändigt worden ist.
Haftpflicht	Der Frachtführer haftet für verschuldeten Verlust, Beschädigung und Lieferfristüberschreitung.

Rechte des Frachtführers	
Frachtbriefausstellung	Der Frachtführer kann die Ausstellung eines Frachtbriefes und die Übergabe der erforderlichen Warenbegleitpapiere verlangen.
Vergütungsanspruch	Der Frachtführer hat Anspruch auf Zahlung der vereinbarten Fracht und Erstattung sonstiger Auslagen.
Pfandrecht	Er hat ein Pfandrecht an dem beförderten Gut wegen aller durch den Frachtvertrag begründeten Forderungen.

Die Wahl des optimalen Transportmittels

Bei der Wahl des optimalen Transportmittels sind im Wesentlichen folgende Bestimmungsgrößen zu berücksichtigen:

- Art der Güter und deren Eigenschaften (Gewicht, Verpackungsart, Sperrigkeit, Verderblichkeit)
- Beförderungszeit
- Pünktlichkeit des Transportmittels
- Sicherheit der Beförderung
- Kapazität des Transportmittels
- Transportkosten
- Umweltverträglichkeit
- vertragliche Vereinbarung mit dem Kunden

Vor- und Nachteile des Güterversands mit Eisenbahnen	
Vorteile sind	**Nachteile** sind
• kostengünstiger Transport von Massengütern, • hohe Transportsicherheit, • gute Umweltverträglichkeit.	höhere Verpackungs- und Umladekosten: Die Transportgüter müssen zum Versand bei der Güterabfertigung des Versandbahnhofs abgeliefert und am Empfangsbahnhof abgenommen werden. Dafür sind Lkw-Transporte vom Versender zum Versandbahnhof und vom Empfangsbahnhof zum Empfänger erforderlich.

Vor- und Nachteile des Luftfrachtverkehrs	
Vorteile	**Nachteil**
• Schnelligkeit • Pünktlichkeit • die Streckendichte • Transportsicherheit • die Einsparung von Verpackungskosten	• die hohe Luftfracht 

Vor- und Nachteile des Güterversands durch Lastkraftwagen	
Vorteile sind	**Nachteile** sind
• die im Vergleich zum Bahntransport häufig kürzere Transportdauer, • der umladefreie Haus-Haus-Verkehr von der Beladerampe des Versenders bis zur Entladerampe des Empfängers. Dadurch können oft erhebliche Umlade- und Verpackungskosten eingespart werden, • direkte Belieferung von Kunden ohne Bahnanschluss.	• geringere Verkehrssicherheit: Das Risiko, im Straßenverkehr einen Unfall zu erleiden, ist 24-mal größer als im Schienenverkehr. Unfallhäufigkeit 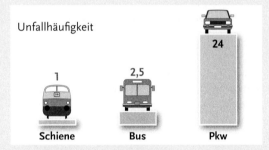 • Witterungsabhängigkeit; • Unwirtschaftlichkeit bei Massengütern aufgrund des hohen Energieverbrauchs je beförderte Tonne: Der Energieverbrauch liegt beim Lkw 8,7-mal so hoch wie bei der Bahn. Energieverbrauch je t 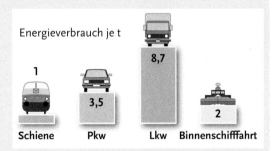 • starke Umweltbelastung: Der Güterverkehr auf der Straße erzeugt 30-mal mehr Schadstoffe als der Schienenverkehr. Er verbraucht mehr Fläche als die Bahn. Während eine zweigleisige Eisenbahnstrecke nur 13,7 m breit ist, benötigt die von der Kapazität her vergleichbare vierspurige Autobahn doppelt so viel Fläche. 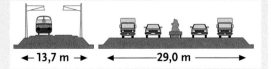 ◄— 13,7 m —► ◄———— 29,0 m ————►

AUFGABEN

1. Welches Begleitpapier muss der Einzelhändler einer Warensendung beifügen, wenn er sie durch ein eigenes Fahrzeug zustellen lässt?

2. Wie kann ein Auslieferungsfahrer nachweisen, dass er eine Ware an einen Kunden ordnungsgemäß ausgehändigt hat?

3. Eine im Werkverkehr zugestellte Ware wird während des Transports beschädigt. Wer trägt den Schaden?

4. Welche Vorteile hat die Warenzustellung mit eigenen Fahrzeugen für den Einzelhandelsbetrieb?

5. Wen kann der Einzelhändler mit der Zustellung beauftragen, wenn er die Ware nicht mit eigenen Fahrzeugen ausliefern kann?

6. Welche Vorteile hat die Warenzustellung durch einen Frachtführer für den Einzelhandelsbetrieb?

7. Die Ambiente Warenhaus AG in Schönstadt muss folgende Warenlieferungen ausführen:
   a) Lieferung von 100 Damenblusen an die Filiale in Karlsruhe; die Filiale benötigt die Ware spätestens in einer Woche.
   b) Lieferung von zwei Herrenhosen an den Kunden Lorenz in Osnabrück; Herr Lorenz benötigt die Hosen in spätestens zwei Tagen.
   c) Lieferung von 200 Seidentüchern an die Filiale in München; die Filiale benötigt die Seidentücher in einer Woche.
   d) Lieferung einer Waschmaschine an den Kunden Klein in Schönstadt.

   Wählen Sie für jede der vier Lieferungen das jeweils beste Transportmittel aus.

8. Welche Aufgaben kann ein Spediteur für den Einzelhändler übernehmen?

9. Unterscheiden Sie Frachtführer und Spediteur.

AKTIONEN

1. Vergleichen Sie die Sendungsart „Postpaket" mit den Sendungsarten „Päckchen", „Warensendung", „Postpaket mit Transportversicherung" und „Nachnahmepaket" hinsichtlich Gebühren und Sicherheit.

   Besorgen Sie sich dazu als Informationsquelle die aktuelle Produktpreisliste der Deutschen Post AG bei einer Postfiliale oder im Internet.

   Stellen Sie das Ergebnis als Übersicht auf einer Overheadfolie dar.

2. Robin Labitzke arbeitet in der Warenwelt „Lebensmittel" der Ambiente Warenhaus AG. Ein Kunde möchte bei ihm für das Berufsjubiläum eines Arbeitskollegen einen Präsentkorb kaufen.

   Versetzen Sie sich in die Rolle von Robin Labitzke. Führen Sie das Beratungsgespräch. Bieten Sie dem Kunden in diesem Gespräch sinnvolle Serviceleistungen an.

ZUSAMMENFASSUNG

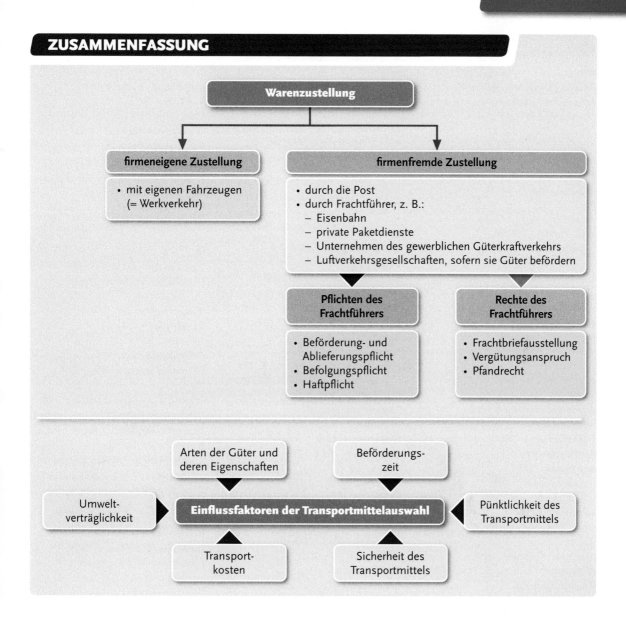

Warenzustellung

firmeneigene Zustellung

- mit eigenen Fahrzeugen
  (= Werkverkehr)

firmenfremde Zustellung

- durch die Post
- durch Frachtführer, z. B.:
  - Eisenbahn
  - private Paketdienste
  - Unternehmen des gewerblichen Güterkraftverkehrs
  - Luftverkehrsgesellschaften, sofern sie Güter befördern

Pflichten des Frachtführers

- Beförderung- und Ablieferungspflicht
- Befolgungspflicht
- Haftpflicht

Rechte des Frachtführers

- Frachtbriefausstellung
- Vergütungsanspruch
- Pfandrecht

Arten der Güter und deren Eigenschaften

Beförderungszeit

Umweltverträglichkeit

Einflussfaktoren der Transportmittelauswahl

Pünktlichkeit des Transportmittels

Transportkosten

Sicherheit des Transportmittels

5530428

5530432

BILDQUELLENVERZEICHNIS

adpic Bildagentur, Bonn: 118 (M. Schlutter), 217.2 (R. Cornesse);

all-five.de, Berlin: 350.2;

Bergmoser + Höller Verlag AG, Aachen: 88, 186, 222, 416;

Der Grüne Punkt - Duales System Deutschland GmbH, Köln: 187.3, 414.1;

Deutsche Messe AG, Hannover: 178;

ECE Projektmanagement G.m.b.H & Co. KG, Hamburg: 47.2 (ECE, Promenaden Hauptbahnhof Leipzig), 47.3 (ECE, Eastgate Berlin);

Eckel, Jochen, Berlin: 177;

fotolia.com, New York: 6, 8 (alle), 114, 157 (Leonid Nyshko), 212, 269 (Fuzzphoto), 286, 306, 318.1 (Kica Henk), 354;

GALERIA Kaufhof GmbH, Köln: 10 (alle), 32.2, 41.3 (Roland Fischer), 311.2, 315.2, 316.2, 324, 333.1, 338.1;

Gall, Reiner, Oberhausen: 140.1;

GDP-Group, Hamburg: 332.1;

Guido Schiefer Fotografie, Köln: 319.2;

Hermes, M. , Göttingen: 268;

KaDeWe Kaufhaus des Westens, Berlin: 319.1, 325.1 (Linus Lintner Fotografie), 327;

KARSTADT Warenhaus GmbH, Essen: 279.1;

Keystone Pressedienst, Hamburg: 349.2 (Version, Sachs);

Kluyver, Urs, Hamburg: 41.4;

Kraft Foods Deutschland GmbH, Bremen: 364;

Laudanna, Saba , Berlin: 318.2;

mauritius images GmbH, Mittenwald: 117.1 (cultúra), 316.1 (John Warburton-Lee);

Metro AG, Düsseldorf: 12 (www.peterrigaud.com), 112, 221, 301, 302, 333.2 (Carlos Albuquerque – pixel&korn), 349.1, 367;

ÖKO-TEST Verlag GmbH, Frankfurt: 390;

Parfümerie Douglas GmbH, Hagen: 41.1;

Picture Press Bild- und Textagentur GmbH, Hamburg: 302.1 (Christian Eisenberg/stern);

Picture-Alliance GmbH, Frankfurt/Main: 32.1, 35, 37, 43, 47.1, 55 (beide), 56.1, 78 (beide), 88 (beide), 92 (beide), 93, 223.1 (Sven Simon), 258.2, 318.3, 318.4, 350.1 (Alexandra Schuler), 360, 372, 378, 404.1 (Friso Gentsch), 406, 414.2, 415, 418;

PictureBox Retail Consulting GmbH, Düsseldorf: 352;

pixelio media GmbH, München: 42.3 (Helmut J. Salzer), 188 (Uwe Steinbrich);

Plant-for-the-Planet Foundation, Paehl: 103;

Porsche: Dr. Ing. h. c. F. Porsche AG, Stuttgart: 383;

QVC Handel GmbH, Düsseldorf: 54;

RAL Deutsches Institut für Gütersicherung und Kennzeichnung e.V., St. Augustin: 187.1;

REWE-Zentral Aktiengesellschaft, Köln: 42.1, 42.2, 84, 311.1, 315.1;

Robert Bosch GmbH , Gerlingen-Schillerhöhe/Stuttgart: 195;

Stiftung Warentest, Berlin: 180;

tchibo GmbH, Hamburg: 369;

Trux, Stefan , Großkarolinenfeld: 52 (beide), 156, 201;

ullstein bild, Berlin: 325.3 (Ilona Studre);

vario images, Bonn: 338.2 (Ulrich Baumgarten);

vdp – Verband deutscher Papierfabriken, Bonn: 411.2;·

Wincor Nixdorf International GmbH, Paderborn: 217.1, 346, 348, 350.3, 351.

Karikaturen: Der Flix Ltd., Berlin;

übrige Infografiken: Claudia Hild, Angelnburg

übrige Fotos: Hartwig Heinemeier, Hannover

Titelfoto: fotolia.com, New York